# A CAPACIDADE CIVIL DAS PESSOAS COM DEFICIÊNCIA E OS PERFIS DA CURATELA

VITOR ALMEIDA

*Prefácios*

Nelson Rosenvald

Heloisa Helena Barboza

*Apresentação*

Gustavo Tepedino

*Posfácio*

Ana Carolina Brochado Teixeira

# A CAPACIDADE CIVIL DAS PESSOAS COM DEFICIÊNCIA E OS PERFIS DA CURATELA

2ª edição revista, ampliada e atualizada

Belo Horizonte

FORUM

CONHECIMENTO JURÍDICO

2021

2021 2ª edição

Luís Cláudio Rodrigues Ferreira
Presidente e Editor

Coordenação editorial: Leonardo Eustáquio Siqueira Araújo
Aline Sobreira de Oliveira

Av. Afonso Pena, 2770 – 15º andar – Savassi – CEP 30130-012
Belo Horizonte – Minas Gerais – Tel.: (31) 2121.4900 / 2121.4949
www.editoraforum.com.br – editoraforum@editoraforum.com.br

Técnica. Empenho. Zelo. Esses foram alguns dos cuidados aplicados na edição desta obra. No entanto, podem ocorrer erros de impressão, digitação ou mesmo restar alguma dúvida conceitual. Caso se constate algo assim, solicitamos a gentileza de nos comunicar através do *e-mail* editorial@editoraforum.com.br para que possamos esclarecer, no que couber. A sua contribuição é muito importante para mantermos a excelência editorial. A Editora Fórum agradece a sua contribuição.

A447d Almeida, Vitor

A capacidade civil das pessoas com deficiência e os perfis da curatela/ Vitor Almeida. 2. ed.– Belo Horizonte : Fórum, 2021.

375p.; 14,5cm x 21,5cm
ISBN: 978-65-5518-263-7

1. Direito Civil. 2. Direito Civil. 3. Direitos Humanos. I. Título.

CDD 342.1
CDU 347

Elaborado por Daniela Lopes Duarte - CRB-6/3500

Informação bibliográfica deste livro, conforme a NBR 6023:2018 da Associação Brasileira de Normas Técnicas (ABNT):

ALMEIDA, Vitor. *A capacidade civil das pessoas com deficiência e os perfis da curatela.* 2. ed. Belo Horizonte: Fórum, 2021. 375p. ISBN 978-65-5518-263-7.

*Aos meus pais, Kilza e Vitor,*
*com infinita gratidão.*

*À Sophia, com amor.*

# AGRADECIMENTOS

Esta obra é fruto da tese elaborada no âmbito do Programa de Pós-Graduação em Direito da Universidade do Estado do Rio de Janeiro (UERJ), defendida perante banca examinadora composta pelos Professores Heloisa Helena Barboza, Gustavo Tepedino, Carlos Nelson Konder, Ana Carolina Brochado Teixeira e Thamis Dalsenter Viveiros de Castro. O percurso ao longo de quatro anos de doutorado é moroso na vivência diária de prazos, seminários e trabalhos, mas ligeiro quando se chega ao final da trajetória. Como sempre afirma minha orientadora: é impossível concluir um doutorado com a mesma forma de enxergar o mundo como no ingresso. Essa caminhada, aliás, não teria sentido se não fossem os laços de amizade e afeto construídos durante essa empreitada, que, na verdade, foi uma extensão do mestrado no mesmo Programa de Pós-Graduação. A resistente UERJ foi minha segunda casa nos últimos sete anos da minha trajetória acadêmica. Entre suas colunas e rampas de concreto conheci e convivi com meus mestres de ontem, hoje e sempre, exemplos para toda uma vida, e construí vínculos perenes de afetividade e admiração.

À professora e orientadora Heloisa Helena Barboza devo muito mais do que a amizade, a compreensão e o incentivo. Devo, acima de tudo, a inspiração para iniciar minhas reflexões e estudos no campo jurídico, quando ainda nem sequer a conhecia. Nutro profunda admiração pela sua trajetória acadêmica, seus textos me encantam e revelam sua sensibilidade com os dilemas humanos. Ao professor Gustavo Tepedino devo um agradecimento especial pelo despertar de uma inquietante vontade em me debruçar sobre a metodologia do direito civil-constitucional. Sua extensa e profícua bibliografia demonstra a nobre preocupação em renovar o direito civil contemporâneo e formar sólidas bases para a construção de uma escola voltada para a proteção integral à pessoa humana. Agradeço, ainda, suas assertivas observações por ocasião da qualificação do projeto que originou a tese. Ao professor Carlos Nelson Konder, a minha admiração é pujante. Sua inteligência é reveladora de uma profunda dedicação e paixão pela docência e pesquisa. Sua paciência é sempre um porto seguro, nossas conversas sempre me ajudaram e suas pertinentes observações na qualificação do projeto de pesquisa foram fundamentais para o desenvolvimento do presente trabalho.

Agradeço imensamente os ensinamentos dos professores Maria Celina Bodin de Moraes, Anderson Schreiber, Carlos Edison do Rêgo Monteiro Filho, Milena Donato Oliva, Danilo Doneda e Carlos Affonso Pereira de Souza, que foram indispensáveis para o desenvolvimento desta obra em razão do sempre rico diálogo nas disciplinas que tive oportunidade de ser aluno. Minha gratidão, ainda, aos meus eternos professores Allan Rocha de Souza e Vanessa Ribeiro Corrêa Sampaio Souza, que tanto me influenciaram nos primeiros passos da vida acadêmica. Hoje, sou amigo e colega de trabalho de ambos e tenho a honra de continuar a admirar o incrível trabalho com os alunos da graduação e no desenvolvimento de pesquisas científicas.

A solidão que uma tese proporciona só é recompensada com a solidariedade e a amizade de diversos amigos e colegas que nos reconfortam em período tão angustiante. Costumo dizer que não há ambiente mais propício para a realização de um trabalho científico do que o Programa de Pós-Graduação em Direito da UERJ, na linha de direito civil. Muito do que este trabalho apresenta é fruto das exposições, debates, aulas, apresentações, leituras, conversas e, acima de tudo, companheirismo, que marcaram minha passagem no curso de doutorado dessa instituição. Inicio com um agradecimento especial à amiga Fernanda Sabrinni Pereira, que tanto me ajudou em momentos cruciais da vida como a transição entre o mestrado e o doutorado, e com quem tenho a honra de manter um vínculo tão especial mesmo com toda a distância. À Thamis Dalsenter Viveiros de Castro, que me permitiu usufruir de sua companhia e conversas em momentos vitais, seja por motivos acadêmicos ou pessoais. Ao Raul Murad, que desde os tempos de iniciação científica e das participações em congressos pelo Brasil afora é presente nessa jornada e na vida. À Paula Moura Francesconi Lemos, que desde antes do mestrado já mostrou sua generosidade e simpatia, cuja admiração só aumenta com a convivência quase que diária e sua energia tão peculiar. Agradeço, ainda, a acolhida de Daniele Chaves Teixeira em terras cariocas, fazendo-me sentir entre amigos e diminuindo as saudades da minha terra natal, e que compartilha comigo de tantos projetos profissionais e momentos especiais. À Aline de Miranda Valverde Terra, agradeço o olhar sempre fraterno, as conversas sempre francas e acolhedoras e por ter a alegria da sua amizade. Agradeço, ainda, ao Daniel Bucar pelos momentos alegres e o apoio de sempre. À Deborah Pereira Pinto dos Santos devo a companhia incessante de uma amiga e os conselhos fundamentais, além da parceria nas aventuras gastronômicas e musicais.

Aos membros dos Civilistas Anônimos – vulgo caveiras – minha admiração por cada um de vocês só cresce e meu agradecimento pela companhia e amizade não cabem em laudas. Ao André Nery, Antônio Pedro Medeiros Dias, Antônio dos Reis Júnior, Caroline Andriotti, Carla Wainer Chalréo Lgow, Eduardo Nunes de Souza, Fernanda Nunes Barbosa, Gabriel Rocha Furtado, Ivana Pedreira Coelho, Luiza Lourenço Bianchini, Marcela Maffei, Rebeca Garcia e Thiago Lins, só posso dizer que guardo como preciosidade a amizade que construímos e os momentos de alegria e solidariedade que tivemos. O ingresso no doutorado me permitiu usufruir da companhia dos inigualáveis Gabriel Schulman e Marcos Gonçalves, amigos mais que fraternos. Aos amigos Pedro Nunes Barbosa, João Victor Rizzati Longhi e Guilherme Magalhães Martins agradeço o companheirismo e por sempre acreditarem e confiarem em mim. Aos amigos uerjianos Livia Barboza Maia, Mariana Ribeiro Siqueira, Paulo Franco Lustosa, Elisa Costa Cruz, Juliana Gomes Lage, Diana Paiva de Castro, Lívia Leal, Micaela Barros Barcelos Fernandes, Renata Vilela Multedo, Cintia Muniz de Souza Konder e Beatriz Capanema Young, meus sinceros agradecimentos pela companhia na trajetória acadêmica e na vida. Às pesquisadoras Carolina Loureiro e Karina Pinhão agradeço o empenho e a dedicação no auxílio à pesquisa.

Entre as horas de leitura e o ofício da escrita, que ocuparam minhas horas dos últimos anos, a certeza de que tenho amigos com quem contar para além dos momentos difíceis, mas principalmente para as risadas e alegrias, deu-me forças. Do ensino fundamental, carrego a energia e a vivacidade de Rebeka Motta Barros. Ainda me encanto com a parceria de Caroline Melo e Livia Gonçalves, que estão sempre presentes, mesmo distantes. Agradeço ao Gabriel Ritter e à Renata França pelos alegres momentos sempre compartilhados. Nos últimos anos, minha vida ganhou amizades indispensáveis como de Jander Soares, Juan Gama, William Guarnieri, Pedro Amorim (Fish), Márcio Vieira de Brito, Marcio Milman, Paulo Miranda e Leandro Popuaski.

Ao Eduardo Bettamio (Duda), com todo meu amor por todos nossos momentos. Obrigado por nunca desistir!

Às minhas amigas Carolina Espinosa, Joana Campinho, Natália Borba, Debóra Nascimento, Mayara Mendonça, Lara Jacyntho, Eloá Oliveira e Cintia Amin, digo que os momentos de amizade vivenciados durante a graduação estão para sempre gravados em minha memória.

À Carolina Espinosa vale um agradecimento especial, por me acompanhar em todas as minhas fases e, juntamente com Camila Vieira, Sarah Linke, Alice Barcelos, amiga e prima, Fernanda Marinho e Flávia Zangerolame, me honram com os laços afetivos e a cumplicidade que são fundamentais em minha recente trajetória. Aos meus amigos fraternais Marcel Corrêa, Vitor Vega e Anderson Oliveira agradeço a companhia e a convivência e tudo que vocês representam em minha vida. À Adriana Cruz pela potência do seu afeto.

Todas essas realizações só encontram sentido no meu forte e afetuoso núcleo familiar. À minha avó materna, Amália, agradeço pelo exemplo de força e vivacidade. Às minhas tias, Kátia e Cora, pelo cuidado e pelo amor maternal. À minha querida e amada mãe, Kilza, os agradecimentos por mais extensos que fossem se dissipariam no ar, tamanho é o amor e a gratidão que sinto. Além de exercer com perfeição a função maternal, seu exemplo como pessoa é um ideal a ser seguido. No fundo, as palavras são escassas para expressar que sem o carinho e a presença dela minhas forças faltariam e muito do que almejo perderia o sentido. Ao meu pai, Vitor, o apoio e a atenção foram e serão imprescindíveis para o alcance dos meus sonhos, além de seu amor incondicional que se traduz em cuidado e presença indispensáveis. Aos irmãos, Vinícius e Guilherme, e à irmã afetiva, Lohaynne, agradeço pelo companheirismo e convivência. Ao Vinícius devo um agradecimento especial: a mim ele confiou a nobre função de apadrinhar sua filha: À Sophia, que com seu sorriso tornou meu mundo diferente e melhor! Sophia, que um dia minhas ausências como tio e padrinho sejam justificadas por estas linhas.

*A loucura só existe em cada homem, porque é o homem que a constitui no apego que ele demonstra por si mesmo e através das ilusões com que se alimenta.*

(Michel Foucault)

SUMÁRIO

CAPÍTULO 2

EM NOME DA PROTEÇÃO DA DIGNIDADE: A RUPTURA DE CONCEITOS CONSOLIDADOS ..... 129



CAPÍTULO 3

A CURATELA FUNCIONALIZADA À EMANCIPAÇÃO DA PESSOA COM DEFICIÊNCIA INTELECTUAL ..... 241

# PREFÁCIO DA 2ª EDIÇÃO

Recebi com indisfarçável alegria o convite de Vítor Almeida para prefaciar a 2ª edição de sua obra: "A capacidade civil da pessoa com deficiência e os perfis da curatela", fruto de sua tese de doutoramento defendida no âmbito do Programa de Pós-Graduação em Direito da Universidade do Estado do Rio de Janeiro (UERJ). O escopo do livro consiste na investigação da capacidade da pessoa com deficiência intelectual e, por consequência, os instrumentos jurídicos de apoio e suporte

Inspirado no romance de Fernando Sabino, confesso que a inserção de minhas palavras neste livro traduz um "encontro marcado". Não obstante a geração que nos separa, o fato é que eu e o autor compartilhamos não apenas ideias, mas lugares e pessoas que realmente fizeram a diferença em nossas trajetórias.

Tal como Vítor, parte da minha educação jurídica forjou-se na UERJ, minha *alma mater*, onde cursei a graduação e acumulei conhecimentos que me conduziram na sequência imediata ao Ministério Público das Gerais e posteriormente à docência e à jornada acadêmica.

Assim como Vítor, tive e tenho na Professora Heloisa Helena Barboza uma sólida referência. Minha primeira professora de direito civil na graduação (talvez a minha turma tenha sido uma de suas primeiras na cátedra). A sua franqueza, energia e disponibilidade aos discentes resta em minha memória. O merecido brilho de sua carreira já estava desenhado naqueles primeiros anos. Apesar da distância geográfica, tenho a fortuna de conviver academicamente com a jurista Heloisa Helena e contar com a sua amizade.

Da mesma forma que Vítor, sou um entusiasta da temática das pessoas com deficiência. Antes mesmo da Convenção de Nova York, já escrevia e alertava sobre a inconsistência do então jovem Código Civil de 2002, que personalizava e funcionalizava contratos, propriedade e famílias, porém, paradoxalmente, alijava o ser humano dessa reconstrução metodológica, distanciando-se da própria principiologia constitucional.

Muitos anos se passaram e nos idos de 2017 recebi de Vítor um primeiro convite. Tratava-se de um texto para a contracapa dos "Comentários ao Estatuto da Pessoa com Deficiência à Luz da Constituição da República" - sob a coordenação dele e da Professora Heloisa Helena – obra de envergadura na qual 26 acadêmicos emprestaram o seu conhecimento jurídico para nortear a hermenêutica dos artigos do EPD, conforme a Convenção Internacional de Nova York.

Nos últimos quatro anos nossa colaboração tem sido uma constante. Por vezes, integro obras coordenadas por Vítor Azevedo enquanto, em obras coletivas que organizo, tenho nele a garantia de um coautor de inegável qualidade

Porém, transcendendo as pessoas, lugares e projetos que iluminam nossa atividade acadêmica, postam-se as ideias comuns. Apesar de todo caminho trilhado (e legislado) e, por mais que possa parecer assentada a premissa da deficiência como um fato jurídico, condição humana orgânica completamente dissociada da incapacidade – não mais se tolerando que um impedimento psíquico de longo prazo seja sancionado como ilícito qualificado pela "interdição" de direitos fundamentais – testemunho com perplexidade a sobrevivência de uma cultura civilista reativa ao viés antropocêntrico do Estatuto da Pessoa com Deficiência.

Com efeito, ao longo dos últimos anos, tenho ouvido e lido críticas abertas ou veladas ao Estatuto da Pessoa com Deficiência. No geral, aproveito as opiniões e textos para refinar conhecimentos e produzir novos escritos sobre esse tema tão sensível ao cidadão comum. Subjacente ao varejo dos questionamentos pontuais da Lei nº 13.146/15, persistem variadas objeções de fundo ideológico à LBI, de um extremo a outro. Comenta-se alhures que o EPD traumatiza institutos tradicionais do direito civil como o negócio jurídico e a prescrição, ou que a teoria das incapacidades teria sido implodida. Diz-se, ainda, que o legislador teria se equivocado ao conceder autonomia existencial a pessoas desprovidas de qualquer discernimento, havendo mesmo uma nostalgia no apelo ao retorno da incapacidade absoluta para pessoas desprovidas de resíduos de autogoverno. Em um sentido diametralmente oposto, encontram-se os que advogam que sequer persiste a incapacidade relativa, com base em uma interpretação ortodoxa do art. 12.2 da CDPD: "Os Estados Partes reconhecerão que as pessoas com deficiência gozam de capacidade legal em igualdade de condições com as demais pessoas em todos os aspectos da vida".

Em resposta a essa oscilação de visões de mundo, há um *lustro redigi*, um texto sobre a curatela como a "terceira margem do rio". O empréstimo ao título de um dos mais impactantes textos de Guimarães Rosa serviu como metáfora ao caminho percorrido pela Lei Brasileira de Inclusão. A escolha entre as três alternativas oscilará conforme o peso que se queira conceder entre o necessário cuidado (proteção) da pessoa com deficiência e a promoção de sua autonomia. Nesse balanceamento, a "primeira margem do rio" consiste em reproduzir o caminho trilhado pela legislação reformista de países como Alemanha ('Betreuung') e Grécia, substituindo-se qualquer forma de restrição de capacidade civil e curatela por modelos jurídicos hábeis a prover o acesso de pessoas com deficiência ao suporte que necessitarem no exercício de sua capacidade legal. Já a "segunda margem do rio" seria um giro de 180 graus, de forma a enfatizar o cuidado em detrimento da autonomia, preservando-se a incapacidade absoluta para aqueles casos em que a pessoa não possua resquícios de autodeterminação. Por fim, a terceira margem do rio ressignifica a deficiência psíquica como a interação de uma condição médica com fatores ambientais que agregam à loteria natural (John Rawls) e potencializam os seus efeitos negativos.

O estudioso perceberá, ao transcurso de uma consistente e agradável leitura, que o autor se distancia de posições extremadas, assumindo a deficiência como uma vulnerabilidade existencial, cuja eficácia será concretizada em cada realidade, parametrizando, objetivamente, as dimensões de proteção (cuidado) e promoção (autonomia) da pessoa com deficiência, mediante a pontual adaptação dos institutos patrimoniais clássicos às exigências de materialização de direitos consubstanciados na LBI em atendimento à CDPD. A curatela por incapacidade relativa será uma resposta residual, que somente procederá frente à absoluta impossibilidade de a pessoa interagir com o seu entorno, ao tempo que o sistema de apoios previsto como inicial auxilio em favor do exercício da capacidade pareça insuficiente.

A LBI segue um modelo semelhante ao do direito italiano, admitindo a convivência entre as medidas de suporte à autonomia (através da regulamentação da Tomada de Decisão Apoiada no CC) e a curatela. Com efeito, o fato jurídico da deficiência será aferido em uma tripla gradação: a) regra geral da deficiência como vulnerabilidade e preservação da capacidade plena; b) a eventualidade da deficiência qualificada pela Tomada da Decisão Apoiada quando houver limitação da aptidão decisória; c) a excepcionalidade da deficiência qualificada pela curatela (art. 84, § 1º), nos casos em que um laudo biopsicossocial possa objetivamente aferir uma absoluta impossibilidade de interação social.

A curatela se associa a uma incapacidade relativa, na qual prepondera um projeto terapêutico individualizado, na qual o decisivo será a abordagem da pessoa em sua singularidade, de forma que a extensão da curatela possa oscilar de uma pequena restrição à capacidade (com a preservação quase integral da autonomia e assistência do curador em situações devidamente delimitadas) a uma drástica limitação da capacidade em casos graves, que recomendem uma curatela de ampla extensão, tendo basicamente o curador um acentuado poder de representação sobre os interesses da pessoa curatelada. O foco na concretude do caso e uma análise multidisciplinar dos espaços residuais de autogoverno do curatelado são as garantias de que a regra da proporcionalidade será preservada. A LBI e o CPC/15 inseriram salvaguardas apropriadas e efetivas que personificam e funcionalizam a curatela, proporcionalizando a sua excepcional incidência, conforme planejamento terapêutico individualizado, de modo compatível com a proteção e promoção internacional dos direitos humanos.

Tal como na ficção colaborativa do "chain novel" de Dworkin, referencio os protagonistas dos capítulos antecedentes, na necessária busca por integridade e coerência. Da 1ª edição deste livro, comungo com a Professora Heloisa Helena Barboza, apontando no prefácio "a preocupação do autor com a efetividade do EPD, lei incontestavelmente de grande alcance social, evidencia-se na parte final do trabalho, que se debruça sobre alguns instrumentos jurídicos de apoio às pessoas com deficiência mental, de todo indispensáveis para conquista de sua autonomia e preservação de sua dignidade". Igualmente, trago à lume a apresentação do Professor Gustavo Tepedino, enaltecendo a investigação meticulosa a que se propôs Vitor Almeida acerca da capacidade civil e da autonomia das pessoas com deficiência: "Humaniza-se, assim, o tratamento normativo das pessoas com deficiência, tornando-as finalmente visíveis, de carne e osso, com otimização de sua autonomia e de suas capacidades".

Nesta 2ª edição – atualizada e ampliada – Vitor Almeida persevera em seu labor de reconstrução da curatela como instrumento de apoio funcionalizado à promoção e emancipação do melhor interesse da pessoa com deficiência. Tenho convicção de que as sucessivas edições virão e, com elas, novos prefácios escritos por valorosos civilistas, imbuídos da mesma convicção externada pelo autor na introdução à obra, quanto à "inafastável necessidade de construir uma disciplina energicamente protetiva e inclusiva em prol das pessoas com deficiência com fins a efetivar a dignidade da pessoa humana (com ou sem deficiência), de maneira a garantir a plenitude da igualdade substancial na vida social, a liberdade de suas ações e a autonomia de suas decisões".

Belo Horizonte, fevereiro de 2021.

**Nelson Rosenvald**
Pós-Doutor em Direito Civil pela Universidade Roma-Tre-IT. Pós-Doutor em Direito Societário pela Universidade de Coimbra. Doutor e Mestre em Direito Civil pela PUC/SP. Procurador de Justiça do Ministério Público de Minas Gerais. Professor do Doutorado e Mestrado do IDP-DF.

# PREFÁCIO DA 1ª EDIÇÃO

A Lei Brasileira de Inclusão da Pessoa com Deficiência (Estatuto da Pessoa com Deficiência), de nº 13.146, foi sancionada 06 de julho de 2015 e entrou parcialmente em vigor em 03 de janeiro de 2016. O que parecia ser mais um diploma de amparo social apresentou desde logo aspectos pouco comuns às demais leis, como dupla ementa e prazos de vigência diversificados para vários de seus dispositivos, como indica seu artigo 125. Durante o tempo de vacância transcorreu praticamente em branco, visto que, salvo alguns trabalhos pioneiros, nada se comentou sobre a nova lei.

A importância do Estatuto da Pessoa com Deficiência (EPD) não tardou, porém, a se revelar e à medida que se aproximava a data de sua vigência aumentavam os questionamentos sobre a profunda modificação que promoveu em um dos institutos basilares do Direito Civil, o qual se espraia por todo ordenamento jurídico, que é o da capacidade.

A verdadeira reforma do regime de (in)capacidade constante do Código Civil levada a efeito pelo EPD atendeu, ainda que com demora, às obrigações assumidas pelo Brasil na Convenção Internacional sobre os Direitos das Pessoas com Deficiência e seu Protocolo Facultativo (CDPD). Ratificada pelo Congresso Nacional por meio do Decreto Legislativo 186, de 9 de julho de 2008, em conformidade com o procedimento previsto no § 3º do art. 5º da Constituição da República, a CDPD entrou em vigor para o Brasil, no plano jurídico externo, desde 31 de agosto de 2008, e no plano interno em 25 de agosto de 2009, data do Decreto nº 6.949, que a promulgou.

Não obstante tenha a CDPD força, hierarquia e eficácia constitucionais, somente cerca de sete anos depois de sua incorporação ao ordenamento brasileiro foi aprovado o EPD e mesmo após sua sanção, como assinalado, a matéria foi preterida pelos doutrinadores brasileiros. Esse silêncio apenas confirmava o estado da arte até então, que era de desinteresse geral sobre o problema que atingia "alguns indivíduos", que constituíam uma minoria já contemplada por alguns dispositivos constitucionais e legislação especial esparsa. Ao olhar desatento, o EPD seria apenas mais uma lei especial para um grupo minoritário.

Essa percepção – de todo equivocada – da questão da deficiência no Brasil amparava a discriminação legalmente estabelecida, especialmente em relação às pessoas com deficiência mental ou intelectual. Observe-se que desde o Código Civil de 1916 até 2002, portanto durante quase um século, aqueles que tinham esse tipo de deficiência sequer eram designados pelo legislador como pessoas, que a elas se referia como loucos de todo gênero. O Código Civil de 2002 fazia menção, até 03 de janeiro de 2016, à enfermidade ou deficiência mental para graduar o discernimento e em função deste a incapacidade absoluta ou relativa. Na mesma linha considerava relativamente incapazes os excepcionais, sem desenvolvimento mental completo. Esse critério, além de discriminatório, particularmente por presumir a incapacidade absoluta em razão da doença mental ou intelectual, era de difícil aplicação prática e resultava em interdições/curatelas genéricas, que cerceavam a autonomia do curatelado, em geral de modo completo, ignorando as reais situações individuais.

O EPD pôs fim a esse regime, ao considerar como absolutamente incapazes apenas os menores de dezesseis anos. Para afastar a injustificada discriminação, o Estatuto igualmente retirou da Lei Civil as referências a esse tipo de deficiência. Mais do que isso, afirmou a plena capacidade legal da pessoa com deficiência (inclusive mental ou intelectual) em igualdade de condições com as demais pessoas, restringindo a curatela aos atos de natureza patrimonial e negocial e afastando sua incidência sobre o direito ao próprio corpo, à sexualidade, ao matrimônio, à privacidade, à educação, à saúde, ao trabalho e ao voto.

Embora o EPD tenha sido bem recebido em sentido amplo, muitas vozes desde logo se levantaram contra a plena capacidade das pessoas com deficiência mental ou intelectual, diante os expressos termos da lei, sob o argumento que serem tais disposições prejudiciais a tais pessoas que deveriam ser protegidas pela lei. As críticas caminharam no sentido de se alterar o EPD, através de projeto de lei que, em franco retrocesso, previa o retorno ao antigo regime, mas acabou por ceder ao clamor da maioria e por propor medidas mais razoáveis.

Este o cenário existente no momento em que a presente obra foi escrita, para enfrentar a parte mais tormentosa do EPD, que consiste, sem dúvida, na sua aplicação às pessoas com deficiência mental ou intelectual. Aliava-se, ainda, à complexidade da lei a escassez de estudos sobre o novo regime de capacidade civil, visto que a bibliografia até então existente não se mostrava compatível com os princípios constitucionais que orientam desde 2008 a matéria.

Assume o estudo, por conseguinte, feição pioneira e de crescente dificuldade, não apenas pela falta de fontes de pesquisa, mas também pelo árduo trabalho de interpretação de vários dispositivos do Código Civil plasmados sob orientação diversa do modelo social de deficiência adotado pelo Brasil, o qual foi bem esclarecido pelo autor.

Constata-se que, sob o título *A capacidade civil das pessoas com deficiência e os perfis da curatela*, o jovem autor, Vitor de Azevedo Almeida Junior, ao focar nas pessoas com deficiência mental acaba por revelar uma verdadeira "história da loucura" brasileira que, a rigor, somente ganha nova perspectiva a partir da Convenção de 2008 e do EPD. É o que se encontra descrito na parte inicial da obra, que trata dessa trajetória da invisibilidade à inclusão, que apenas começou.

O problema da invisibilidade da pessoa com deficiência emerge da análise técnico-jurídica, feita com precisão, do instituto da capacidade civil à luz dos princípios constitucionais, que fazem prevalecer a pessoa humana sobre o sujeito abstrato de direito e conferem proteção especial aos vulneráveis. Nessa linha, a capacidade jurídica assume novos significados e extensão, que permitem conferir à curatela a função emancipatória da pessoa com deficiência, como preconiza a CDPD.

A preocupação do autor com a efetividade do EPD, lei incontestavelmente de grande alcance social, evidencia-se na parte final do trabalho que se debruça sobre alguns instrumentos jurídicos de apoio às pessoas com deficiência mental, de todo indispensáveis para conquista de sua autonomia e preservação de sua dignidade.

A CDPD incluiu a questão da deficiência na agenda dos direitos humanos, situação que lhes confere amparo jurídico de grande magnitude. Não menos importante, contudo, é sua aplicação no âmbito interno dos diferentes países que a ela aderiram. A presente obra se reveste de grande valor, por constituir, sem dúvida, um dos estudos que muito contribuirá para a construção de uma nova doutrina sobre a (in)capacidade civil e especialmente para a efetividade da CDPD e do EPD no Brasil.

Rio de Janeiro, agosto de 2018.

**Heloisa Helena Barboza**

Professora Titular de Direito Civil da UERJ. Doutora em Direito pela UERJ. Doutora em Ciências pela ENSP/FIOCRUZ. Livre Docente em Direito Civil pela UERJ. Especialista em Bioética e Ética Aplicada pelo Instituto Fernandes Figueira/FIOCRUZ. Procuradora de Justiça (aposentada) do Estado do Rio de Janeiro

# APRESENTAÇÃO

Invisibilidade. Eis o eloquente substantivo utilizado pelo Professor Vitor Almeida como ponto de partida de sua substanciosa obra, para caracterizar a pior das formas de exclusão social. O invisível simplesmente não existe na era das imagens, que valoriza ícones e representações visíveis, constituídas por elementos palpáveis. O invisível é também incolor, diáfano, inapto, ausente. É incapaz de agir. Incapaz de querer. Por não ser visível, não se constitui sequer em problema jurídico. Eis a eficiente metáfora da pessoa com deficiência na tradição jurídica brasileira, sumariamente excluída até a profunda e radical alteração axiológica representada pela Constituição da República, pela Convenção Internacional dos Direitos das Pessoas com Deficiência e, mais recentemente, pela promulgação da Lei nº 13.146/2015, o Estatuto da Pessoa com Deficiência.

A essa trajetória da cultura jurídica, que procura promover a inclusão das pessoas com deficiência, resgatando a sua autonomia, dedica-se Vitor Almeida neste livro ora apresentado ao público. Para tanto, inicia com profícuo estudo sobre a obscura história das pessoas com deficiência, em especial daquelas consideradas loucas ou alienadas. Propõe-se, nessa direção, o exame das etapas pelas quais passou a temática das incapacidades, destacando-se a evolução legislativa que culminou no advento da Lei nº 13.146/2015. O legislador finalmente afastou-se da compreensão assistencialista, estática e rígida a partir da qual, ao longo do tempo, foram subtraídas da pessoa com deficiência a capacidade, a autonomia e a liberdade.

Em seguida, analisa-se a evolução conceitual que, a partir da ruptura de axiomas e categorias do passado, permitiu o enaltecimento, na legalidade constitucional, da proteção da pessoa humana e de sua autonomia, privilegiando-se as relações existenciais e o campo de autodeterminação das pessoas com deficiência. Compreende-se, então, a renovada noção de capacidade em perspectiva emancipatória, com o fim da incapacidade absoluta. Daqui a necessária construção de medidas efetivas de apoio, para se assegurar a participação social da pessoa com deficiência, juntamente com a proteção de seus interesses existenciais e patrimoniais.

Tal compatibilização entre proteção e autonomia permite a análise, no terceiro capítulo, da curatela, em sua dimensão funcionalizada à emancipação do curatelado na exata medida de suas necessidades, de modo a salvaguardar e promover ao máximo sua autonomia. Nesta direção, enfrentam-se atualíssimas questões atinentes às declarações antecipadas de vontade, desde a possibilidade de indicação de um futuro curador até as diretrizes relacionadas a tratamentos médicos e decisões cruciais para a hipótese de perda futura de discernimento. Alude-se à autonomia prospectiva da pessoa com deficiência, ao mesmo tempo que se delineiam os contornos da curatela proporcionalmente às necessidades reais, com a possibilidade de modulação dos poderes concedidos ao curador.

Trata-se de investigação meticulosa da capacidade civil e da autonomia das pessoas com deficiência, propondo-se a reconstrução dos instrumentos jurídicos de apoio às vulnerabilidades, com vistas à promoção da pessoa humana. Humaniza-se, assim, o tratamento normativo das pessoas com deficiência, tornando-as finalmente visíveis, de carne e osso, com otimização de sua autonomia e de suas capacidades. Oxalá possa ser este o itinerário irreversível de inclusão social e de afirmação dos princípios constitucionais da igualdade substancial, da dignidade humana e da solidariedade social.

Rio de Janeiro, agosto de 2018.

**Gustavo Tepedino**

Professor Titular de Direito Civil e Ex-Diretor da Faculdade de Direito da Universidade do Estado do Rio de Janeiro (UERJ). Doutor em Direito Civil pela Universidade de Camerino (Itália).

# INTRODUÇÃO

O alvorecer do século XXI presencia uma preocupação sem precedentes na defesa e promoção dos direitos humanos das pessoas com deficiência, visando sua plena inclusão social e exercício da cidadania, em igualdade de oportunidades com os demais atores sociais, superando um passado odioso de invisibilização social e privação de direitos e garantias fundamentais. Apesar do atual cenário de enaltecimento dos direitos da pessoa com deficiência, garantindo-lhes a plena capacidade legal, e, por conseguinte, a autonomia na tomada de decisões sobre suas questões existenciais e patrimoniais, a efetiva inclusão social encontra resistência de parcela da sociedade que não reconhece no *outro* com deficiência a qualidade de pessoas humanas de igual valor e competência para atuar, com independência e voz, em igualdade de condições na vida de relações.

Embora se observe a tendência hodierna dos países ocidentais democráticos em assentar o princípio da dignidade da pessoa humana como valor nuclear de seus respectivos ordenamentos jurídicos, como é o caso brasileiro com a Constituição de 1988, ainda é carente sua efetiva e real concretização nos destinatários mais vulnerados em razão de contextos sociais, culturais e econômicos de longa história de discriminação e exclusão. Indispensável perceber, para que haja respeito a esse princípio fundante, numa perspectiva evolutiva de seu próprio conteúdo, que a própria noção de dignidade ganha nova dimensão quando se consideram as "formações sociais" que integram a construção da pessoa humana como um ser real, corporificado, que não mais se esgota na concepção abstrata de sujeito de direito, nem é apenas uma unidade biológica. Nesse processo de trajetória da abstrata noção de sujeito de direito para a concreta realidade da pessoa humana singularmente considerada, a dignidade deve ser qualificada também como "social", para abranger não somente suas condições materiais de existência, mas, principalmente, o sistema global de relações onde se constrói e desenvolve a pessoa, como ser social e biológico.[1]

Nessa linha, a busca pela concreta dignidade da pessoa humana com deficiência deve partir das novas premissas redesenhadas com a emergente preocupação e reconhecimento das pessoas com deficiência como seres dotados de igual valor e merecedoras de igualdade de condições para efetiva e inclusiva participação social. Nesse percurso, observa-se, paralelamente, no campo do direito civil, a superação da figura do sujeito abstrato construída com base na igualdade formal, que desconsiderava a sua classe social, profissão, condição econômica, gênero e as demais barreiras socialmente impostas, que lastreavam uma sociedade hierarquicamente desigual e excludente, de modo a perseguir o estatuto da pessoa humana concretamente considerada no contexto da teia social no qual está insertado.

No intento de considerar a pessoa humana em dimensão concreta, relacional e sob a ótica de sua posição social, emerge a inafastável necessidade de construir uma disciplina energicamente protetiva e inclusiva em prol das pessoas com deficiência com fins a efetivar a dignidade da pessoa humana (com ou sem deficiência), de maneira a garantir a plenitude da igualdade substancial na vida social, a liberdade de suas ações e a autonomia de suas decisões, independentemente dos impedimentos de longo prazo que em razão de barreiras sociais dificultam o exercício em paridade de condições com as demais pessoas. Fundamental constatar que as vulnerabilidades da pessoa com deficiência não legitimam sua exclusão e cerceamento de direitos, mas impõe, com base na solidariedade social e igualdade substancial, a preservação de sua autonomia e a promoção de instrumentos de apoio ao exercício da capacidade civil, cujo desiderato é a inclusão social.

Indispensável constatar que o reconhecimento, nas bases jurídico-filosóficas formuladas, torna-se o elemento chave para a inclusão social na medida em que envolve a promoção da autoestima e a afirmação de sua dignidade, ou seja, de se compreender como igual ao outro. A permanente invisibilidade do indivíduo, inferiorizado sistematicamente pela sociedade, priva-o do reconhecimento pelo outro, negando-lhe sua própria humanidade, o que interferirá nas suas escolhas e ações que serão pautadas a partir desse sentimento de inferioridade

---

1 RODOTÀ, Stefano. *Dal soggeto alla persona*. Napoli: Scientifica, 2007. *passim*.

e estigma. O reconhecimento, portanto, tem papel fundamental na afirmação dos direitos humanos das pessoas com deficiência diante do legado de opressão e invisibilidade que acompanha esse grupo vulnerável.

De acordo com dados do relatório mundial sobre a deficiência de 2011, "mais de um bilhão de pessoas em todo o mundo convivem com alguma forma de deficiência, dentre os quais cerca de 200 milhões experimentam dificuldades funcionais consideráveis". A preocupação com a deficiência tende a aumentar nos próximos anos em virtude do aumento de sua incidência, que se deve ao envelhecimento da população e ao maior risco de deficiência entre os idosos, bem como ao aumento de doenças crônicas, cardiovasculares e transtornos mentais.[2] No Brasil, estima-se que em uma população de quase 46 milhões de pessoas, correspondente a 25% da população brasileira,[3] que integram os 15% da população mundial, são afetadas por algum tipo de deficiência. Ou seja, trata-se da maior minoria em termos quantitativos.

Os dados revelam que quase todas as pessoas vivenciarão alguma deficiência temporária ou permanente em algum momento de suas vidas, sendo que o envelhecimento propiciará cada vez maiores dificuldades com a funcionalidade de seus corpos. Diante disso, inescapável a afirmação de que a "deficiência faz parte da condição humana",[4] e, portanto, todas as pessoas, ou vivenciam tal condição, ou são suscetíveis a vivenciá-la. A deficiência deve ser encarada como integrante da diversidade humana, na qual as diferenças não nos segregam, mas nos incluem dentro do amplo e plural espectro da condição humana.

---

[2] Relatório mundial sobre a deficiência. (WORLD HEALTH ORGANIZATION. *The World Bank*. (Trad. Lexicus Serviços Linguísticos). São Paulo: SEDPcD, 2012. p. xi. Disponível em: http://www.pessoacomdeficiencia.sp.gov.br/usr/share/documents/RELATORIO_MUNDIAL_COMPLETO.pdf. Acesso em 19 abr. 2017).

[3] IBGE. *Censo Demográfico 2010:* características gerais da população, religião e pessoas com deficiência. Disponível em: https://biblioteca.ibge.gov.br/visualizacao/periodicos/94/cd_2010_religiao_deficiencia.pdf. Acesso em 30 ago. 2014. Ver também matéria veiculada na Agência Brasil, em 29 de junho de 2012. (LEITÃO, Thais. Pessoas com deficiência representam 24% da população brasileira, mostra censo. *Agencia Brasil*, 29 jun. 2012. Disponível em: http://memoria.ebc.com.br/agenciabrasil/noticia/2012-06-29/pessoas-com-deficiencia-representam-24-da-populacao-brasileira-mostra-censo. Acesso 30 ago. 2016).

[4] Relatório mundial sobre a deficiência. (WORLD HEALTH ORGANIZATION. *The World Bank*. (Trad. Lexicus Serviços Linguísticos). São Paulo: SEDPcD, 2012. p. 3. Disponível em: http://www.pessoacomdeficiencia.sp.gov.br/usr/share/documents/RELATORIO_MUNDIAL_COMPLETO.pdf. Acesso em 19 abr. 2017).

No presente livro, estruturado em três capítulos, investigou-se, inicialmente, a obscura e invisível história das pessoas com deficiência, em especial daqueles considerados loucos ou alienados – permita-se utilizar termos próprios de um determinado período histórico –, que revelam mecanismos de exclusão, segregação e controle sociais, que durante milênios marcaram a trajetória de vida dessas pessoas. Com a ascensão do iluminismo, houve o predomínio do discurso médico e, por consequência, a intensa institucionalização, fortalecendo a divisão entre os *loucos* e *não loucos*, sendo aqueles silenciados e enclausurados entre os muros dos manicômios, excluídos da sociedade. Coube a nascente medicina psiquiátrica definir os limites entre a normalidade e a patologia, que pautava o modelo de deficiência com base em padrões médico-científicos da época como condição patológica, de natureza individual. Desse modo, a pessoa deveria ser tratada através de intervenções médicas, ser "reparada", para tornar-se o quanto possível "normal".

No Brasil, o direito civil absorveu, largamente, o paradigma médico binário entre normal e patológico, que refletiu na divisão entre capazes e incapazes no mundo jurídico. A disciplina jurídica dos incapazes em razão da deficiência mental carecia do juízo médico a respeito do seu discernimento para o livre trânsito nos atos da vida civil. Nessa linha, o direito brasileiro assimilou o preponderante discurso psiquiátrico oitocentista de exclusão social das pessoas com deficiência e a necessidade de internação em locais para tratamento. A adoção da expressão "loucos de todo gênero" no Código Civil de 1916 é representativa, portanto, do mecanismo de controle social guiado pelo poder médico e legitimado pelo mundo jurídico, uma vez que os consideravam absolutamente incapazes para os atos da vida civil, retirando-lhe qualquer possibilidade de participação social.

A exclusividade do discurso médico a respeito da deficiência começa a ceder terreno em fins da década de 1970 com a ascensão do chamado modelo social, que forçou a sociedade a enxergar a pessoa com deficiência a partir de suas diferenças, retirando-lhe de um profundo isolamento forçado por meio de sua institucionalização. A principal inovação desse modelo reside na concepção de que a experiência da opressão não é uma consequência natural de um corpo com lesões, mas também um problema social. O principal desafio para superar o antigo modelo, puramente médico, é compreender que o legado de opressão é devido às barreiras sociais impostas e ao não reconhecimento dessas pessoas como agentes sociais de igual valor e competência.

As reinvindicações da sociedade civil e das entidades representativas culminaram na primeira Convenção Internacional do século XX sobre direitos humanos da Organização das Nações Unidas a versar sobre os direitos da pessoa com deficiência. A Convenção Internacional das Nações Unidas sobre os Direitos das Pessoas com Deficiência e seu protocolo facultativo (CDPD) foram ratificados pelo Congresso Nacional através do Decreto Legislativo nº 186, de 09 de julho de 2008, e promulgados pelo Decreto nº 6.949, de 25 de agosto de 2009. As disposições do CDPD encontram-se formalmente incorporadas, com força, hierarquia e eficácia constitucionais, ao plano do ordenamento positivo interno do Estado brasileiro, nos termos do art. 5º, §3º, da Constituição Federal. A internalização à ordem constitucional brasileira da CDPD como Emenda Constitucional revolucionou o tratamento da questão, ao colocá-la no patamar dos direitos humanos e ao adotar o denominado modelo social de deficiência.

No plano infraconstitucional brasileiro, a Lei nº 13.146, denominada de Lei Brasileira de Inclusão da Pessoa com Deficiência (LBI) ou Estatuto da Pessoa com Deficiência (EPD), aprovada em 06 de julho de 2015, instrumentalizou e deu cumprimento à CDPD. Destinado expressamente a assegurar e promover, em condições de igualdade, o exercício dos direitos e das liberdades fundamentais por pessoa com deficiência, visando à sua inclusão social e cidadania, o EPD criou os instrumentos necessários à efetivação dos ditames constitucionais, dentre os quais se inclui a profunda alteração do regime de (in) capacidade jurídica, previsto no Código Civil, cujas consequências se alastram praticamente por todo ordenamento jurídico, especialmente no *giro funcional da curatela*, que transforma-se em instrumento de apoio à emancipação da pessoa com deficiência, afastando-se da noção assistencialista e substitutiva de vontade que sempre a acompanhou.

O regime da incapacidade civil no direito brasileiro sempre foi estanque e absoluto, visando particularizar determinados sujeitos desautorizados ou inabilitados a prática de, pelo menos, certos atos da vida civil. Indispensável, no entanto, à luz da dignidade da pessoa humana e a partir das disposições da CDPD e do EPD, o estabelecimento de novas bases, numa perspectiva emancipatória da capacidade civil, que permita a transição da ótica rígida, estrutural e excludente, para uma concepção dinâmica, promocional e inclusiva do regime de incapacidade. A antiga restrição total da capacidade de exercício aos absolutamente incapazes negava a própria personalidade em seu sentido de valor à pessoa, uma vez que não lhe permitia atuar como sujeito autônomo na vida de relações. Perscruta-se, desse modo, a reconstrução dos consolidados conceitos de pessoa, de personalidade e, sobretudo, da capacidade civil em nome da dignidade humana, de maneira a se afastar da cristalizada noção aplicada ao abstrato "homem médio".

Nessa linha emancipatória, o EPD reconheceu a plena capacidade civil às pessoas com deficiência a partir da expressa dicção do art. 6º, reforçado pelas revogações dos incisos II do art. 3º e a parte final do II e a nova redação dada ao III do art. 4º, todos do Código Civil vigente, que asseguram o exercício de direitos em igualdade de condições com as demais pessoas em todos os aspectos da vida. Definitivamente, afasta-se o caráter discriminatório típico de se considerar como causa da incapacidade a deficiência intelectual. Além disso, findou-se a incapacidade absoluta para as pessoas maiores de idade, as quais agora somente podem ser consideradas como relativamente incapazes em razão de um critério genérico e não discriminatório baseado na impossibilidade objetiva de exprimir sua vontade, transitória ou permanentemente, de forma válida. Nesse sentido, o escopo do presente trabalho objetiva a investigação da capacidade da pessoa com deficiência intelectual e, por consequência, os instrumentos jurídicos de apoio e suporte. O EPD revogou as menções à "deficiência mental" e à "enfermidade mental", bem como ao "discernimento", razão pela qual se prefere a terminologia "pessoa com deficiência intelectual com capacidade restringida", para definir as pessoas que apresentam severa dificuldade cognitiva para a expressão da vontade, de modo a evitar a confusão com os "transtornos mentais".

Com o enaltecimento da proteção da pessoa humana e a prevalência das situações existenciais em detrimento das patrimoniais, amplia-se o campo de autodeterminação do indivíduo, o que exige a demarcação das distinções e convergências entre a autonomia privada e a capacidade civil. Apesar de não se confundir com a capacidade civil, a autonomia a ela se vincula, na medida em que a sujeição do indivíduo ao regime da incapacidade, na forma da lei, restringe à atuação do ser na vida de relações, tolhendo-o da prática de diversos atos civis.

No entanto, imperativa a necessidade de se apartar os conceitos de capacidade civil e autonomia privada, sob pena de ao se admitir a restrição da autonomia se violar a própria dignidade. Assim, ainda que se declare a incapacidade relativa de pessoa com deficiência com base no art. 4º, III, do Código Civil, indispensável que se resguarde ao máximo a sua autonomia, notadamente para as questões existenciais.

Tais mudanças permitem a reapropriação do sujeito no sentido de forjar sua própria identidade e tomar suas próprias decisões, que foram historicamente silenciadas pelos processos de controle e invisibilização dos seus destinos. O EPD, consentâneo com a CDPD, visa "desinterditar" a cidadania das pessoas com deficiência ao reconhecer a plena capacidade civil e, proporcionalmente, apoiá-la nos atos necessários à sua proteção, visando sua emancipação.

Nesse sentido, o reconhecimento da plena capacidade das pessoas com deficiência implica medidas efetivas e apropriadas de apoio, de modo a prevenir abusos e assegurar sua participação social em igualdade de condições, que incluem a adoção de instrumentos proporcionais às circunstâncias de cada pessoa, para fins de proteção de seus interesses de cunho existencial e patrimonial. O sistema de apoios apropriados às pessoas com deficiência é determinação da CDPD, a qual atribui ao Estado signatário o dever de instituir uma rede de suporte e salvaguardas, guiada para viabilizar e promover o exercício da capacidade jurídica reconhecida às pessoas com deficiência com limitação mais severa (art. 12).

A CDPD reconhece que a intensidade do suporte dependerá da gravidade da deficiência e seus efeitos limitadores sobre a condição psíquica da pessoa, impedindo-o de manifestar objetivamente sua vontade de forma válida. Os apoios são necessários para que a pessoa com deficiência tenha uma vida independente e socialmente participativa, evitando o isolamento e a exclusão. A finalidade do modelo de apoio é a inclusão social, de modo a respeitar ao máximo a vontade, os desejos e as preferências da pessoa com deficiência. Os institutos jurídicos de apoio devem ser reconstruídos, portanto, para a promoção do exercício da capacidade das pessoas com deficiência, em conformidade e proporcionais às suas necessidades a partir de formas apropriadas de suporte.

Neste cenário, imperativa a reconstrução da curatela como instrumento de apoio funcionalizado a promover a emancipação e atender o melhor interesse da pessoa com deficiência. O único instrumento jurídico posto à pessoa maior incapaz, antes do advento do EPD, era a curatela, talhada como mecanismo de substituição da vontade, que, basicamente, se destinava a suprir a incapacidade das pessoas maiores ou emancipadas, com discernimento ceifado ou prejudicado, para a prática dos atos da vida civil. Com a CDPD e o EPD, a curatela foi refundada, tendo sido sua estrutura e função modificadas, a partir de novos perfis à luz do plural estatuto da pessoa com deficiência e restrições à capacidade civil.

A funcionalização da curatela exige que ela promova os objetivos constitucionais de dignidade humana e solidariedade social, com o máximo respeito à autonomia da pessoa curatelada, sobretudo nos aspectos existenciais da vida. Por isso, a necessidade de reconstruir sua disciplina jurídica a partir desses vetores, afirmando a sua excepcionalidade e a restrição de seu alcance, que, em regra, afetará somente os atos patrimoniais e negociais (art. 85, EPD). Fundamental ainda personalizar a curatela para torná-la proporcional às necessidades reais e modular os poderes e as atribuições concedidos ao curador, relendo a tradicional distinção entre representação e assistência, a partir do paradigma do apoio, em harmônica e sistemática interpretação do EPD e do Código de Processo Civil (CPC), que disciplina o procedimento da "interdição", à luz da CR/CDPD. Além disso, reforça-se a autonomia prospectiva da pessoa com deficiência que poderá indicar seu futuro curador (ou curadores) por meio das diretivas antecipadas – a chamada autocuratela – e declarar, por meio de procurações de saúde, os cuidados médicos que pretende se submeter ou não, sem afastar, necessariamente, a curatela.

Neste cenário de reconstrução do instituto da curatela, que muito se distancia da então estrutura estabelecida originalmente no Código Civil, o presente livro tem por fim examinar o seu atual perfil, demarcando seu alcance e seus limites, por meio de pesquisa bibliográfica e legislativa, a partir do reconhecimento, pela CDPD e EPD, da capacidade legal às pessoas com deficiência, a fim de promover o respeito e a conquista de sua autonomia e a garantia de uma vida digna.

CAPÍTULO 1

# A TRAJETÓRIA EM CURSO: DA INVISIBILIDADE À INCLUSÃO

A escassez de investigações acerca das representações e práticas sociais das pessoas com deficiência ao longo de boa parte da história da humanidade é representativa dos mecanismos de controle sobre suas vidas, que demonstram o desprestígio social e a invisibilidade de seus destinos. Uma incursão, ainda que breve, na história social das pessoas com deficiência por meio dos processos e do papel social que lhes eram reservados revelam, em qualquer período histórico, um ponto em comum no destino traçado socialmente para esse grupo de pessoas: o silêncio e invisibilização de suas vidas. Esse panorama difere da vida das pessoas que seguem o padrão de normalidade[5] construído ao longo dos tempos e evidencia momentos de extermínio, caridade, institucionalização e, mais recentemente, inclusão social no passado dessas pessoas. Essas fases se sucederam, conjugaram ou se sobrepuseram – e ainda se mantém – na determinação e controle do destino das pessoas com deficiência.[6]

As pessoas com deficiência formam um dos grupos social e economicamente mais excluídos[7] e vulneráveis, o que se pode facilmente

---

5 O conceito de normalidade será abordado em tópico posterior.

6 "Um grande desafio das investigações que tratam dessa questão é a falta de fontes históricas que retratem tais pessoas, suas vidas e lugares que ocuparam nas sociedades e culturas as quais pertenciam". (FRANÇA, Tiago Henrique. A normalidade: uma breve introdução à história social da deficiência. *In*: *Revista Brasileira de História & Ciências Sociais*, v. 6, n. 11, p. 105-120, jul. 2014. p. 105-106).

7 V., por todos, na literatura internacional: BERESFORD, Peter. Poverty and Disabled People: challenging Dominant Debates and Policies. *In*: *Disability & Society*, v. 11, n. 4, p. 553-567, 1996; COLERIDGE, Peter. *Disability, Liberation and Development*. Oxford: Oxfam Publishing, 1993. *passim*. Sobre a relação entre deficiência e pobreza na realidade brasileira,

comprovar em razão de sua sobrerrepresentação entre as camadas mais pobres da população.[8] A relação entre deficiência e pobreza é biunívoca, "o que revela um círculo vicioso de reprodução entre a pobreza e as deficiências".[9] É recorrente a associação entre a existência de deficiências e as trajetórias de mobilidade social descendente e de empobrecimento, constituindo fatos de vulnerabilidade social, "sobretudo devido ao preconceito e à discriminação que geram exclusão social". Em outra direção, afirma-se ainda que a pobreza, por si só, é um fator de "produção de deficiências e incapacidades", em razão das características que geralmente em si guardam, entre outros, como o meio onde as pessoas convivem, o déficit informacional, as condições insalubres de habitação, estilos de vida e padrões de consumo que envolva comportamento de risco, incipiência de práticas de prevenção e fraca incidência de cuidados de saúde.[10]

É de se notar que a desigualdade é um fenômeno muito complexo, que não se reduz à sua dimensão puramente monetária. A deficiência é campo fértil para se investigar as trajetórias das desigualdades, termo que deve ser compreendido no plural, visto que comporta assimetrias entre ricos e pobres, entre homens e mulheres, entre categorias raciais

---

recomenda-se a leitura de: FRANÇA, Tiago Henrique de Pinho Marques. *Deficiência e pobreza no Brasil*: a relevância do trabalho das pessoas com deficiência. Coimbra: Universidade de Coimbra, 2014. Tese (Doutorado em Sociologia). Programa de Pós-Graduação em Sociologia – Relações de Trabalho, Desigualdades Sociais e Sindicalismo). Faculdade de Economia, Universidade de Coimbra, Coimbra, 2014. Disponível em: https://estudogeral.sib.uc.pt/bitstream/10316/27101/1/Defici%C3%AAncia%20e%20Pobreza%20no%20Brasil.pdf. Acesso em 13 dez. 2016.

8 Durante a 9ª sessão da Conferência dos Estados Partes da Convenção sobre Direitos das Pessoas com Deficiência (CDPD), realizada em 14 de junho de 2016, foi divulgado que alguns "estudos apontam que pessoas com deficiência são mais propensas a experimentar a pobreza e essa condição social também aumenta a incidência de problemas de saúde. Em todo o mundo, 20% das pessoas mais pobres têm algum tipo de deficiência e 80% das pessoas com deficiência vivem em países em desenvolvimento". (Cf.: Inclusão de pessoas com deficiência é fundamental para a implementação da agenda 2030. *Nações Unidas do Brasil*. Disponível em: https://nacoesunidas.org/onu-inclusao-de-pessoas-com-deficiencia-e-fundamental-para-a-implementacao-da-agenda-2030/. Acesso em 13 dez. 2016).

9 Cf.: Mais Qualidade de Vida para as Pessoas com Deficiências e Incapacidades – Uma Estratégia para Portugal. *Centro de Reabilitação Profissional de Gaia (CRPG) e Instituto Superior de Ciências do Trabalho e da Empresa (ISCTE)*, 2007. p. 23. Disponível em: http://www.crpg.pt/estudosProjectos/Projectos/modelizacao/Documents/Mais_qualidade_de_vida.pdf. Acesso em 14 dez. 2016.

10 Cf.: Mais Qualidade de Vida para as Pessoas com Deficiências e Incapacidades – Uma Estratégia para Portugal. *Centro de Reabilitação Profissional de Gaia (CRPG) e Instituto Superior de Ciências do Trabalho e da Empresa (ISCTE)*, 2007. p. 23. Disponível em: http://www.crpg.pt/estudosProjectos/Projectos/modelizacao/Documents/Mais_qualidade_de_vida.pdf. Acesso em 14 dez. 2016.

e étnicas, entre orientações sexuais e de identidade de gênero, entre pessoas com e sem deficiência, entre outras dimensões, "que se manifestam na renda, no acesso a serviços, na participação política",[11] enfim, no controle autônomo do destino da própria vida.

Apesar desta realidade, o interesse das ciências sociais – incluído o Direito – permaneceu insignificante, quando se considera a magnitude da questão, até o final da década de noventa do século passado quando se observou a emergência dos estudos da deficiência (*disability studies*).[12] Essa omissão contribuiu para a perpetuação da lógica de invisibilidade e exclusão, o que, em certa medida, surpreende, visto que as ciências sociais se firmaram como espaço de interesse pelas questões de desigualdade e exclusão sociais. O contexto de intenso ativismo das pessoas com deficiência fez emergir a recente preocupação da academia, que tem procurado descortinar a estrutura de opressão e negligência em relação às pessoas com deficiência.

Fundamental nesse contexto foi a politização da questão da deficiência impulsionada pelos movimentos sociais de inclusão dessas pessoas a partir da década de setenta do século passado em países como Estados Unidos e Inglaterra.[13] Inaugura-se, desse modo, ainda que de modo acanhado uma análise da deficiência como questão social, e não meramente patológica, em que procurava dar voz a esse "corpo silencioso".[14] Neste cenário, a investigação da história social das pessoas com deficiência adquire importância para se compreender o recursivo processo de silenciamento, ocultação e reducionismo médico-biológico, de modo a atender a atual exigência de um discurso emancipatório e

---

[11] ARRETCH, Marta. Apresentação. *In*: ARRETCH, Marta (Org.) *Trajetória das desigualdades*: como o Brasil mudou nos últimos cinquenta anos. São Paulo: Editora Unesp/CEM, 2015. p. 6.

[12] Entre tantas obras, destacam-se: BARNES, Colin. A Legacy of Oppression: a History of Disability in Western Culture. *In*: BARTON, Len; OLIVER, Michael (Orgs.). *Disability Studies*: past, Present and Future. Leeds: The Disability Press, 1997. 3-24; BARNES, Colin; MERCER, Geof. *Disability*. Cambridge: Polity Press, 2003;
BARNES, Colin; MERCER, Geof; SHAKESPEARE, Tom. *Exploring Disability – A Sociological Introduction*. Cambridge: Polity Press, 2000; DRAKE, Robert. *Understanding Disability Policies*. London: MacMillan, 1999; OLIVER, Michael; BARNES, Colin. *Disabled People and Social Policy – From Exclusion to Inclusion*. Essex: Addison Wesley Longman, 1998; STRIKER, Henri-Jacques. *A History of Disability*. Ann Arbor: University of Michigan Press, 1999.

[13] MARTINS, Bruno Sena *et al*. A emancipação dos estudos da deficiência. *In*: *Revista Crítica de Ciências Sociais*, n. 98, p. 46, 2012.

[14] Expressão cunhada por Robert Murphy para descrever o fenômeno de invisibilidade estrutural das pessoas com deficiência. V. MURPHY, Robert Francis. *The Body Silent*. New York: H. Holt, 1990.

inclusivo, rompendo com o modelo de perpetuação das desigualdades nas sociedades modernas ocidentais.

## 1.1 Os rastros de exclusão na história e no presente das pessoas com deficiência

Apesar da atual e emergente preocupação com os direitos da pessoa com deficiência, é de se registrar que todos os períodos históricos enfrentaram a questão moral e política em relação à deficiência, ampliando-se, fortemente, o debate, em tempos mais recentes, em razão do envelhecimento populacional verificado nas últimas décadas. Historicamente, contudo, o preconceito e a insensibilidade às "diferenças" levaram a soluções segregacionistas, como o isolamento em asilos ou a criação de escolas especiais, contando ainda com períodos de abandono e exclusão ao longo das épocas.

O tratamento social destinado às pessoas com deficiência é reflexo da construção do padrão de normalidade admitido a partir de determinados contextos histórico-sociais. De forma didática, é possível destacar quatro grandes fases ou momentos da história social da deficiência: (*i*) *fase do extermínio*; (*ii*) *fase da caridade*; (*iii*) *fase da institucionalização*; e, por fim, (*iv*) *fase da inclusão*.[15] É importante notar que os referidos momentos não são lineares e, necessariamente, sucessivos, mas revelam os movimentos globais e genéricos em torno da questão da deficiência, sem atentar para situações específicas. Além disso, é possível observar fases de transição entre o declínio de uma e a mobilização de outra, como, por exemplo, a *fase da integração*, compreendida entre os períodos da institucionalização e da inclusão. Indispensável, por conseguinte, rastrear, ainda que brevemente, os momentos históricos que descortinam a profunda invisibilização e silenciamento da vida das pessoas com deficiência.

A antiguidade observou forte rejeição social às pessoas que apresentassem alguma deformidade física ou mental.[16] Nas cidades-

---

[15] A divisão apresentada foi livremente inspirada a partir do texto de: FRANÇA, Tiago Henrique. A normalidade: uma breve introdução à história social da deficiência. *In*: *Revista Brasileira de História & Ciências Sociais*, v. 6, n. 11, jul., p. 105-120, 2014. p. 105-106.

[16] Tiago Henrique França relata que "o sistema de crenças pagão politeísta outrora vigente tem indicativos pontuais, em suas narrativas mitológicas, do lugar da pessoa e da deficiência. Talvez o mais emblemático seja o caso de Hefesto, filho de Zeus e Era, cuja história indica que foi jogado do topo do Olimpo por seu pai por ser 'coxo'. [...] Imperfeito e feio, Vulcano (nome romano de Hefesto) sofreu adultério e desprezo de

estados gregas, a prática do infanticídio demonstra o forte indicativo de combate à deficiência por meio do extermínio daqueles que não nascessem de acordo com o perfil para se tornarem grandes guerreiros. O corpo e sua funcionalidade se voltavam à reinante belicosidade da época. Assim, por exemplo, "em Esparta, os imaturos, os fracos e os defeituosos eram propositalmente eliminados. Consta que os romanos descartavam-se de crianças deformadas e indesejadas em esgotos localizados, ironicamente, no lado externo do Templo da Piedade".[17]

A eliminação de recém-nascidos em razão da deficiência não é uma lembrança do passado.[18] Questão bastante polêmica na atualidade é o "infanticídio"[19] indígena que consiste no homicídio ou abandono de crianças na mata, em razão de possuírem alguma deficiência física

---

figuras femininas. Outra versão (BULFINCH, 2006) indica que foi jogado para fora do Olimpo e sua queda lesionou a perna como consequência da punição divina, passando a habitar o interior da terra numa ilha vulcânica. Como analisa Stiker (1999), as diversas variações da história de Hefesto encontram unidade em dois pontos: a ligação entre a expulsão do Olimpo e a deficiência; a sua exclusão da vida pública. [...] Por sua vez, Édipo que, etimologicamente, advém de 'pés distendidos' (BULFINCH, 2006), foi abandonado por seus pais, por ser indicado como portador de uma maldição, que traria risco à vida e ao trono de seu pai, prevista em seu destino e confirmada em seu corpo. Depois de matar seu pai que era para ele um desconhecido, casou-se com sua própria mãe, rainha de Tebas, cujo vínculo de sangue também desconhecia. Ao tomar conhecimento do que havia feito, seu duplo crime, fugiu, enlouqueceu e furou os próprios olhos. A história de Édipo apresenta a aquisição de uma lesão e a associação entre a condição física e faculdades mentais". (FRANÇA, Tiago Henrique. A normalidade: uma breve introdução à história social da deficiência. *In*: *Revista Brasileira de História & Ciências Sociais*, v. 6, n. 11, jul., p. 105-120, 2014. p. 106-107).

[17] ARANHA, Maria Salete Fábio. Paradigmas da relação da sociedade com as pessoas com deficiência. *In*: *Revista do Ministério Público do Trabalho*, Ano XI, n. 21, p. 160-173, mar., 2001, p. 161.

[18] A seleção embrionária que se tornou possível com as técnicas de reprodução humana assistida permitem, por meio de diagnóstico genético pré-implantacional realizado através de testes genéticos, identificar a possibilidade de doenças e, com isso, o descarte de embriões, gerando profundas questões éticas e jurídicas que tangenciam os debates eugênicos e críticas do movimento social da deficiência por ofensa aos seus direitos, violando a diversidade. A Resolução CFM nº.2.294/2021 autoriza o diagnóstico genético pré-implantacional de embriões nos seguintes termos: "1. As técnicas de RA podem ser aplicadas à seleção de embriões submetidos a diagnóstico de alterações genéticas causadoras de doenças, podendo nesses casos ser doados para pesquisa ou descartados, conforme a decisão do(s) paciente(s), devidamente documentada com consentimento informado livre e esclarecido específico. No laudo da avaliação genética, só é permitido informar se o embrião é masculino ou feminino em casos de doenças ligadas ao sexo ou de aneuploidias de cromossomos sexuais". O tema transborda os limites do presente trabalho, razão pela qual não será aqui tratado.

[19] Indispensável distinguir o sentido antropológico de infanticídio, aqui empregado, e o sentido técnico-jurídico estampado no artigo 123 do Código Penal: "Matar, sob a influência do estado puerperal, o próprio filho, durante o parto ou logo após".

ou mental, gêmeos ou filhos de mães solteiras.[20] No Brasil, há etnias indígenas[21] que "aceitam e, em alguns casos, até prescrevem a eliminação de determinadas crianças recém-nascidas";[22] As causas, as justificativas e as formas são diversificadas,[23] mas as mulheres da etnia *Yanomami*, por exemplo, "dão à luz na floresta e, em seguida ao parto, decidem se recolhem ou não o neném ao solo, só o considerando efetivamente nascido quando isto ocorre".[24] O abandono e o, consequente, óbito do recém-nascido não é encarado como um homicídio, uma vez que pela tradição cultural do grupo o nascimento sequer chegou a ocorrer.[25]

---

[20] Cf. CAMACHO, Wilsimara Almeida Barreto. "Infanticídio" indígena: uma perspectiva jurídico-antropológica. *In*: *Revista Estudos Políticos*, Rio de Janeiro, v. 6, n. 1, p. 129-147, dez. 2015. Disponível em: http://revistaestudospoliticos.com/. Acesso em 27 jun. 2017.

[21] A prática acontece em pelos menos 13 etnias indígenas do Brasil, principalmente nas tribos isoladas, como os *suruwahas*, *ianomâmis* e *kamaiurás*. (Cf.: Tradição indígena faz pais tirarem a vida de crianças com deficiência física. *G1*, 07 dez. 2014. Disponível em: http://g1.globo.com/fantastico/noticia/2014/12/tradicao-indigena-faz-pais-tirarem-vida-de-crianca-com-deficiencia-fisica.html. Acesso em 22 abr. 2017).

[22] SARMENTO, Daniel. *Dignidade da pessoa humana*: conteúdo, trajetórias e metodologia. Belo Horizonte: Fórum, 2016. p. 288.

[23] Segundo a antropóloga Rita Segato, "são escassas, no Brasil, as etnografias que tratam o tema do infanticídio. Em primeiro lugar, porque não existem menções fidedignas dessa prática nos últimos dez anos. Mesmo em tempos anteriores, quando ocorreu, essa prática sempre foi rara, nunca realizada sob os olhos dos etnógrafos. Houve, aparentemente, um consenso geral de que sua menção poderia ser prejudicial às comunidades e vir a deixá-las expostas à intervenção policial ou a investidas mais intensas por parte de missionários das diversas igrejas cristãs. Apesar disso, sabe-se, pela comunicação oral de vários etnólogos, que dentro da categoria "infanticídio", reúnem-se práticas que, quando submetidas a um escrutínio mais rigoroso, mostram-se muito diversas, tanto no seu sentido e papel dentro do grupo quanto no significado que poderiam adquirir dentro do campo dos direitos. Por exemplo, em algumas sociedades, seria uma regra emanada da cosmologia e que deveria ser obedecida pela comunidade a que determinaria a eliminação dos recém-nascidos quando se trata de gêmeos. Em outras, a comunidade, a família ou a mãe, tem a seu cargo a decisão, sujeita a considerações sobre a saúde do infante, sobre as condições materiais da mãe ou do grupo para poder garantir-lhe a vida a curto e médio prazo, ou sobre a ausência da figura paterna para colaborar com seu cuidado, num ambiente no qual os recursos para a subsistência são estreitos e não existe excedente". (SEGATO, Rita. Que cada povo teça os fios da sua história: o pluralismo jurídico em diálogo didático com legisladores. *In*: *Direito UnB*, v. 1, n. 1, p. 75, jan./jun. 2014).

[24] SARMENTO, Daniel. *Dignidade da pessoa humana*: conteúdo, trajetórias e metodologia. Belo Horizonte: Fórum, 2016. p. 288.

[25] A questão do "infanticídio" indígena era velada até pouco tempo. A apresentação do Projeto de Lei nº 1.057/2007, denominado de Lei *Muwaji*, que propõe a criminalização da suposta prática de "infanticídio" indígena, determina que qualquer pessoa que tenha conhecimento de casos em que haja suspeita ou confirmação de gravidez considerada de risco ou de crianças correndo risco de morte deve comunicar obrigatoriamente à FUNASA, à FUNAI, ao Conselho Tutelar ou, na falta deste, à autoridade judiciária e policial, sob pena de responsabilização por crime de omissão de socorro. De acordo com a proposta, ainda, constatada a persistência da prática, as autoridades devem promover a retirada provisória da criança e/ou dos seus genitores do convívio do respectivo grupo,

O "infanticídio" de crianças indígenas descortina a tensão entre multiculturalismo[26] e proteção dos direitos humanos nas comunidades tradicionais, na qual se opõem os defensores a favor do relativismo cultural[27] e do universalismo moral,[28] evidenciando a relevância

determinar a colocação dos infantes em instituições de acolhimento, e, sendo o caso, sua disponibilização para adoção. O nome do projeto de lei é uma homenagem à Muwaji Suruwaha, mulher indígena da etnia Suruwahá que enfrentou as tradições de seu povo e os empecilhos burocráticos brasileiros para tratar da reabilitação de sua filha para garantir o direito à vida de sua filha Iganani, que sofre de paralisia cerebral. Sobre o caso, v. PINEZI, Ana Keila Mosca. Infanticídio indígena, relativismo cultural e direitos humanos: elementos para reflexão. *In*: *Aurora*: revista de arte, mídia e política, v. 8, p. 33-43, 2010. A antropóloga Rita Segato entende que "essa lei 'ultracriminaliza' o infanticídio indígena porque, por um lado, repete a sanção que já pesa sobre ações devidamente enquadradas na Constituição e no Código Penal e, pelo outro, inclui na acusação não somente os autores diretos do ato, mas todas suas testemunhas reais ou potenciais, isto é, toda a aldeia em que a ação ocorre e outras testemunhas como, por exemplo, o representante da FUNAI, o antropólogo, os agentes de saúde, entre outros possíveis visitantes". (SEGATO, Rita. Que cada povo teça os fios da sua história: o pluralismo jurídico em diálogo didático com legisladores. *In*: *Direito UnB*, v. 1, n. 1, p. 72, jan./jun. 2014). Atualmente, o *Manual de atenção à saúde da criança indígena brasileira* da FUNASA (Fundação Nacional de Saúde), embora não enfrente diretamente a temática, foca na questão da prevenção, ao reconhecer a necessidade de "interferir na detecção precoce dos fatores de risco para alterações de déficit de desenvolvimento, pois uma vez instaladas esta criança sofrerá o descaso, o abandono e as consequências próprias e as impostas pelos valores culturais de cada povo". (YAMAMOTO, Renato Minoru (Org.) *Manual de atenção à saúde da criança indígena brasileira. Promovido pela Sociedade Brasileira de Pediatria.* Brasília: Fundação Nacional de Saúde, 2004. p. 53).

[26] Conforme aduz Will Kymlicka, a "probabilidade de que as reformas multiculturais ganhem apoio popular depende pesadamente, portanto, da confiança de que essas reformas não colocarão em risco os direitos humanos e os valores liberais-democráticos. [...] a revolução dos direitos humanos exerceu uma dupla função. Se ela ajudou a inspirar as minorias a pressionar pelo multiculturalismo, é igualmente verdadeiro que a revolução dos direitos humanos limita a forma na qual as minorias articulam e conquistam os seus direitos de minorias. [...] a revolução dos direitos humanos é uma espécie de faca de dois gumes. Ela criou o espaço político para que grupos étnicos-culturais contestassem hierarquias criadas. Mas ela também exige que os grupos proponham suas reivindicações em uma linguagem muito específica – a saber, a linguagem dos direitos humanos, do liberalismo dos direitos civis e do constitucionalismo democrático". (KYMLICKA, Will. Multiculturalismo Liberal e direitos Humanos. *In*: SARMENTO, Daniel; IKAVA, Daniela; PIOVESAN, Flávia. *Igualdade, diferença e Direitos Humanos.* Rio de janeiro: Lumen juris, 2008. p. 224-225).

[27] De acordo com Daniel Sarmento, "para os relativistas, não existem respostas universalmente válidas sobre o que é justo ou injusto, pois tudo depende do contexto sociocultural. O que há são valores, tradições e moralidades não só diferentes, como também reciprocamente incomensuráveis. Como seres enraizados, não conseguimos julgar as práticas alheias senão através das lentes da própria cultura". Nessa perspectiva, "os direitos humanos são vistos como construções ocidentais, cuja imposição sobre outras culturas seria intrinsecamente ilegítima". (SARMENTO, Daniel. *Dignidade da pessoa humana*: conteúdo, trajetórias e metodologia. Belo Horizonte: Fórum, 2016. p. 284).

[28] Segundo lição de Daniel Sarmento, o universalismo moral absoluto "sustenta a aplicação universal dos direitos humanos, independentemente de considerações sobre as tradições e particularidades culturais dos grupos sobre quais elas incidem. [...] A justiça ou injustiça

da discussão jurídica e moral em torno do respeito à diferença das comunidades não hegemônicas. Sob essa perspectiva, desafia a questão da legitimidade da intervenção estatal para proteger a vida do recém-nascido frente ao respeito à diferença cultural. Daniel Sarmento alerta sobre o paradoxo que surge quando se defende a "não incidência de direitos fundamentais sobre populações tradicionais, em nome do respeito à diferença, atinge justamente as pessoas mais vulneráveis daquele grupo", prejudicando as "minorias dentre as minorias".[29]

Sob o ângulo constitucional, o "infanticídio" de crianças indígenas em razão do nascimento com alguma deficiência encerra um conflito entre o direito à vida, previsto no art. 5º, *caput*, e os direitos culturais,[30] projetados, especificamente, na proteção da manifestação cultural indígena, consoante estampado no art. 215 da Constituição de 1988.[31] A questão é delicada, não sendo viável examiná-la no presente trabalho em toda sua extensão e profundidade. No entanto, um exame, ainda que não detido do tema, permite compreender que a deficiência em grupos tradicionais ainda é um tabu, que descortina as diferenças do tratamento social dado às pessoas com deficiência, convivendo-se em tempos atuais com o abandono de crianças deficientes em comunidades indígenas.

A Declaração das Nações Unidas sobre os Direitos dos Povos Indígenas, aprovada em 2007, em seu art. 22 estabelece atenção prioritária aos direitos e às necessidades de crianças indígenas "portadoras" de deficiência, devendo-se adotar medidas, "junto com os povos indígenas, para assegurar que as mulheres e as crianças indígenas desfrutem de proteção e de garantias plenas contra todas as formas de violência e de discriminação".[32]

---

de uma ação humana não depende da sua aceitação social no âmbito do grupo em que ocorre. Assim, para os universalistas, é legítima a imposição dos direitos humanos a comunidades cuja cultura não os endosse". (SARMENTO, Daniel. *Dignidade da pessoa humana*: conteúdo, trajetórias e metodologia. Belo Horizonte: Fórum, 2016. p. 285-286).

[29] SARMENTO, Daniel. *Dignidade da pessoa humana*: conteúdo, trajetórias e metodologia. Belo Horizonte: Fórum, 2016. p. 288.

[30] Sobre o assunto, cf. SOUZA, Allan Rocha de. *Direitos culturais no Brasil*. Rio de Janeiro: Beco do Azougue, 2012.

[31] "Art. 215. O Estado garantirá a todos o pleno exercício dos direitos culturais e acesso às fontes da cultura nacional, e apoiará e incentivará a valorização e a difusão das manifestações culturais. §1º O Estado protegerá as manifestações das culturas populares, indígenas e afro-brasileiras, e das de outros grupos participantes do processo civilizatório nacional".

[32] "Artigo 22. 1. Particular atenção será prestada aos direitos e às necessidades especiais de idosos, mulheres, jovens, crianças e portadores de deficiência indígenas na aplicação da

A questão não fica restrita ao "infanticídio" em algumas tribos indígenas brasileiras. Com a epidemia de Síndrome Congênita do Zika que se alastrou no Brasil em 2016 e a ocorrência de nascimento de crianças com microcefalia[33] acendeu o debate público a respeito da interrupção da gestação nessas situações.[34] No julgamento da ADPF nº 54, o Supremo Tribunal Federal entendeu ser inconstitucional a interpretação de a interrupção da gravidez de feto anencéfalo ser conduta tipificada nos artigos 124, 126 e 128, incisos I e II, todos do Código Penal,[35] com base na laicidade do Estado brasileiro e com

---

presente Declaração. 2. Os Estados adotarão medidas, junto com aos povos indígenas, para assegurar que as mulheres e as crianças indígenas desfrutem de proteção e de garantias plenas contra todas as formas de violência e de discriminação".

33 "A febre pelo vírus Zika é uma doença febril aguda transmitida por arbovírus do gênero *Flavivírus*, família Flaviviridae, cujos vetores são mosquitos do gênero *Aedes*, com grande dispersão em países tropicais. Outras possíveis formas de transmissão do vírus Zika documentadas na literatura são a transmissão de mãe para filho, por transplante de órgãos e medula óssea, por transfusão sanguínea ou via sexual. Sua apresentação clínica é inespecífica e pode ser diagnosticada como outras doenças infecciosas, causadas especificamente por arbovírus, a exemplo da dengue e da febre de chikungunya. O vírus Zika foi isolado pela primeira vez em 1944 e a infecção humana primeiramente descrita na Nigéria (África) em 1954. Surtos ocorreram na Micronésia em 2007, na Polinésia Francesa em 2013 e na Ilha de Páscoa, Chile em 2014. Em abril de 2015, foi detectada no Brasil a circulação autóctone do vírus Zika. Atualmente, há registro de circulação do vírus nas 27 Unidades da Federação (UFs) do Brasil". (BRASIL. Ministério da Saúde. Secretaria de Vigilância em Saúde. Zika Vírus: perfil epidemiológico em mulheres. *Boletim Epidemiológico*, v. 47, n. 37, p. 1, 2016).

34 A socióloga *Jacqueline Pitanguy defendeu em editorial de opinião que o* "contexto epidemiológico atual demanda, com urgência, um debate público republicano, plural e respeitoso sobre o direito à interrupção da gravidez, ancorado nos parâmetros da opção *versus* imposição autoritária. O vírus da zika – transmitido pelo mosquito *Aedes aegypt*, que há décadas sobrevoa as áreas urbanas de nosso país, tornando a dengue uma enfermidade endêmica e com letalidade preocupante – trouxe um novo componente para o debate sobre saúde pública e direitos humanos: a incidência da microcefalia em fetos de mulheres grávidas que tiveram zika. Entretanto, a discussão sobre a possibilidade de interrupção da gravidez como uma opção dessas mulheres não tem sido colocada, com a devida relevância, no rol dos temas que acompanham o debate público sobre a calamidade nacional. Recomendações veiculadas pela imprensa a partir de autoridades da área da Saúde sugerem que as mulheres evitem engravidar ou mesmo que sejam picadas pelo mosquito e adquiram imunidade antes de engravidar. Gestantes com medo de sair de casa, corrida a repelentes e o pânico de, após ter zika, estar grávida de um feto microcefálico assombram milhares de mulheres pelo Brasil afora. Se a legislação brasileira acompanhasse a de países considerados exemplos de nações civilizadas, as mulheres que hoje enfrentam o pavor de estarem gestando um feto com microcefalia poderiam, em nome de seu direito à autonomia reprodutiva e à integridade emocional sua e de sua família, optar por levar adiante ou interromper essa gestação. Fora dos parâmetros da condenação moral e da criminalização e no marco do respeito à sua dignidade humana". *(PITANGUY, Jacqueline. Zika e direito ao aborto. O Globo, 27 jan. 2016. Disponível em: https://oglobo.globo.com/opiniao/zika-direito-ao-aborto-18548236. Acesso em 22 mai. 2017).*

35 "ESTADO – LAICIDADE. O Brasil é uma república laica, surgindo absolutamente neutro quanto às religiões. Considerações. FETO ANENCÉFALO – INTERRUPÇÃO

fundamento na liberdade sexual e reprodutiva da mulher e de sua própria dignidade. Tal decisão se ancorou, sobretudo, na inviabilidade de vida extrauterina do recém-nascido e nos direitos fundamentais da mulher garantidos na Carta de 1988.

A microcefalia se caracteriza como uma malformação congênita na qual a criança nasce com perímetro cefálico menor que o normal, o que pode comprometer de diferentes formas o seu desenvolvimento, sendo impossível determinar a extensão do comprometimento cerebral na criança, havendo possibilidade de retardo mental, paralisia cerebral, epilepsia, atraso no desenvolvimento global, ou até mesmo nenhum acometimento cerebral.[36] Por isso, o debate em torno da interrupção da gestação de feto com microcefalia se diferencia da anencefalia, em razão das diversas consequências que pode acarretar para cada criança, não necessariamente a inviabilidade de vida extrauterina do feto. O argumento central se funda na possível deficiência que poderá acometer as crianças com microcefalia. A questão da legalização do aborto é assunto que transborda os limites estreitos do presente trabalho,[37] no entanto, a defesa da interrupção da gestação com fundamento nos efeitos da malformação congênita que pode provocar deficiência de diversas naturezas no recém-nascido configura discurso higienista e eugênico,[38] que deve de todo ser evitado, eis que incompatível com

DA GRAVIDEZ – MULHER – LIBERDADE SEXUAL E REPRODUTIVA – SAÚDE – DIGNIDADE – AUTODETERMINAÇÃO – DIREITOS FUNDAMENTAIS – CRIME – INEXISTÊNCIA. Mostra-se inconstitucional interpretação de a interrupção da gravidez de feto anencéfalo ser conduta tipificada nos artigos 124, 126 e 128, incisos I e II, do Código Penal". (BRASIL. Supremo Tribunal Federal. *Arguição de Descumprimento de Preceito Fundamental nº 54/DF*, Tribunal Pleno, Rel. Min. Marco Aurélio, julg. 12 abr. 2012).

[36] CÂMERA, Aline. Vírus Zika e Microcefalia. *IFF – Instituto Nacional de Saúde da mulher, da criança e do adolescente.* Disponível em: http://www.iff.fiocruz.br/index.php/8-noticias/187-viruszika. Acesso em 21 mai. 2017.

[37] Cf., por todos, SARMENTO, Daniel. Legalização do Aborto e Constituição. *In*: SARMENTO, Daniel; PIOVESAN, Flávia (Coords.). *Nos limites da vida*: aborto, clonagem humana e eutanásia sob a perspectiva dos direitos humanos. Rio de Janeiro: Lumen Juris, 2007. p. 3-52. O Partido Socialismo e Liberdade (PSOL) ajuizou a Arguição de Descumprimento de Preceito Fundamental (ADPF) 442 para questionar a interpretação constitucional dos artigos 124 e 126 do Código Penal sobre a descriminalização da interrupção voluntária da gravidez até a 12ª semana de gestação. Considerando o desacordo jurídico razoável sobre a matéria, a ministra relatora Rosa Weber, do Supremo Tribunal Federal, convocou audiência pública que ocorreu nos dias 03 e 06 de agosto com a presença de 60 especialistas sobre o tema. A matéria, portanto, ainda se encontra em discussão no STF e pendente de decisão final.

[38] "Criada no século XIX por Francis Galton, a eugenia é um conjunto de ideias e práticas relativas a um 'melhoramento da raça humana' ou, como foi definida por um de seus seguidores, ao 'aprimoramento da raça humana pela seleção dos genitores, tendo como base o estudo da hereditariedade. Essa proposição teve grande sucesso e, mesmo após o

os princípios constitucionais da pluralidade, não discriminação e solidariedade social. O aborto deve ser encarado como um direito à autodeterminação corporal da mulher nas primeiras semanas de gestação[39] ou como forma terapêutica de antecipação do parto nos casos de inviabilidade extrauterina ou risco à saúde da gestante.

Por isso, não resta dúvida que nos casos em que reste constatada a inviabilidade de vida extrauterina do feto (seja por anencefalia ou outra malformação fetal incompatível com a vida) e/ou a necessidade de preservar a saúde da gestante a interrupção da gestação deve ser autorizada,[40] ainda que não especificamente no caso de anencefalia

---

seu questionamento como ciência, ainda se manteve por longo tempo como justificativa para práticas discriminatórias e racistas. No Brasil, ganhou vulto nas primeiras décadas do século XX, pois seus pressupostos forneciam uma explicação para a situação do País (que seria de um 'atraso') e, ao mesmo tempo, indicava o caminho para a superação dessa situação. [...] O movimento eugenista, ao procurar 'melhorar a raça', deveria 'sanar' a sociedade de pessoas que apresentassem determinadas enfermidades ou características consideradas 'indesejáveis' (tais como doenças mentais ou os então chamados 'impulsos criminosos'), promovendo determinadas práticas para acabar com essas características nas gerações futuras. Todavia, esse quadro não era aplicado apenas a indivíduos, mas, principalmente, às raças, baseando-se num determinismo racial (se pertence a tal raça, será de tal forma) fazia com que a hierarquia social fosse traduzida por hierarquia racial". (MACIEL, Maria Eunice de Souza. A Eugenia no Brasil. *In*: *Anos 90*, Porto Alegre, RS, n. 11, p. 121-122, 1999).

[39] Recentemente, foi noticiado no Brasil que o Supremo Tribunal Federal negou pedido para grávida interromper gestação por entender que o remédio jurídico (Ação de Arguição de Descumprimento de Preceito Fundamental) manejado era inadequado. Após a demora do Tribunal de Justiça do Estado de São Paulo para examinar o Habeas Corpus impetrado, a gestante realizou o aborto licitamente na Colômbia. (PASSARINHO, Nathalia. Grávida que teve pedido para interromper gestação negado pelo Supremo faz aborto na Colômbia. *BBC Brasil em Londres*, 09 dez. 2017. Disponível em: http://www.bbc.com/portuguese/brasil-42292032?ocid=socialflow_facebook. Acesso em 19 dez. 2017).

[40] Neste sentido, o Tribunal de Justiça do Estado do Rio de Janeiro já se pronunciou: "HABEAS CORPUS. AUTORIZAÇÃO PARA INTERRUPÇÃO DA GRAVIDEZ. – Aponta como autoridade coatora o Juiz da 1ª Vara Criminal da Capital. – Aduz a Impetrante que é preciso intervenção jurisdicional para resguardar a integridade física e a dignidade da pessoa humana, utilizando o presente *habeas corpus* como instrumento constitucional para este fim. – COM RAZÃO OS IMPETRANTES: há nos autos documentação médica dando conta da inviabilidade do feto. MAIS: HÁ RISCOS PARA A SAÚDE DA GESTANTE/PACIENTE. Importante ressaltar que não se trata de laudo de médico particular da paciente, mas laudo médico expedido por uma das mais respeitáveis instituições da área médica: Instituto Fernandes Figueira – FIOCRUZ, onde é atestado que o feto em questão apresenta holoprosencefalia semilobar; microcefalia; hipotelorismo; narina única e rins hiperecogênicos. Enfático é dito laudo médico em asseverar tratar-se o caso em questão de pequena chance de sobrevida e que os sobreviventes não apresentam ganhos no desenvolvimento, sem falar na presença de alterações em outros órgãos, o que torna o prognóstico ainda mais reservado. Há risco igualmente à saúde da gestante, quer no aspecto físico quer no aspecto psíquico. Não se pode impor à gestante o sofrimento de levar até o fim gestação de um ser que, infelizmente, apresenta má formação que põe em risco a vida da gestante e se mostram como mínimas as chances de sobrevivência do feto. Dramas como esse exigem sensibilidade e respeito ao sofrimento imposto à gestante, já

consoante se restringiu a decisão do STF. A polêmica da interrupção da gestação nos casos de microcefalia[41] reside no fato de que a malformação não compromete a vida extrauterina, mas existe a probabilidade de provocar deficiências na criança a nascer, o que nos revela forte carga de preconceito subjacente ao debate posto ainda em tempos hodiernos. É de se sublinhar, portanto, que o "infanticídio" de recém-nascidos com deficiência em tribos indígenas brasileiras e a discussão a respeito do aborto de fetos com microcefalia demonstram que a rejeição ao nascimento de crianças com deficiência ainda é uma questão incandescente, a qual apesar de velada circunda os debates atuais.

De volta à Antiguidade, é de se registrar que era comum a associação entre a condição física e as faculdades mentais como forma de restringir os direitos das pessoas com deficiência. Regina Maria Souza narra que "com o aval de filósofos como Aristóteles, até quase o final da Idade Média, os surdos eram considerados imbecis e, portanto, sem direitos legais ou civis".[42] Neste momento, surge ainda a figura do bobo da corte que "personifica a zombaria, o ridículo e o espaço no entretenimento que se criou a partir da imagem das pessoas com corpos diferenciados".[43] A imagem social depreciativa e de zombaria

---

fragilizada não só pelo período gestacional (repleto de incertezas) como pelo temor de que sua própria vida (física ou psíquica) venha a sofrer danos irreversíveis ou, ao menos, profundos o suficiente, de modo a não permitir que se a obrigue a levar a termo situação extremamente dolorosa e perigosa. Parecer da comissão de ética da FIOCRUZ favorável à interrupção da gravidez mediante autorização judicial. RATIFICAÇÃO DA LIMINAR. CONCESSÃO DA ORDEM". (BRASIL. Tribunal de Justiça do Estado do Rio de Janeiro. *Habeas Corpus nº 0059019-10.2015.8.19.0000*, 4ª Câmara Criminal, Rel. Des. Gizelda Leitão Teixeira, julg. 17 nov. 2015).

[41] A Associação Nacional dos Defensores Públicos (Anadep) propôs ação direta de inconstitucionalidade cumulada com arguição de descumprimento de preceito fundamental em face de atos normativos e administrativos do Poder Público (especialmente Congresso Nacional e Governo Federal) para, entre outros pedidos, requerer a interpretação conforme a Constituição dos artigos 124, 126 e 128 do Código Penal, declarando-se a inconstitucionalidade da interpretação, segundo a qual a interrupção da gestação em relação à mulher que comprovadamente tiver sido infectada pelo vírus zika e optar pela mencionada medida é conduta tipificada nos artigos 124 e 126, do Código Penal. (BRASIL. Supremo Tribunal Federal. *Ação Direta de Inconstitucionalidade nº 5581/DF*, Rel. Min. Cármen Lúcia, prop. 24 ago. 2016).

[42] "O Código Justiniano de 529, entretanto, já distinguia surdos congênitos daqueles que haviam adquirido a surdez após terem recebido instrução. A estes, e apenas estes, era concedido o exercício da cidadania". (SOUZA, Regina Maria. Educação Especial, psicologia do surdo e bilinguismo: bases históricas e perspectivas atuais. *In*: *Temas em Psicologia*, Ribeirão Preto, n. 3, v. 2, p. 71-72, 1995).

[43] "People of short stature and deaf people were considered objects of curiosity or ridicule. In the infamous Roman games 'dwarfs' and 'blind men' fought women and animals for amusement of the Roman people". Em tradução livre: "Pessoas de baixa estatura e

em relação às pessoas com deficiência, como nos históricos exemplos mencionados, parece ainda rondar os tempos não tão distantes. Basta lembrar que o Código Civil pretérito (Lei nº 3.071/1916) expressamente elencou os surdos-mudos,[44] que não pudessem exprimir sua vontade, como absolutamente incapazes de exercer pessoalmente os atos da vida civil (art. 5º, III),[45] encontrando-se sujeitos à curatela àqueles que não tivessem educação que os habilitassem a enunciar precisamente a sua vontade (art. 446),[46] bem como eram impedidos de testar (art. 1.627).[47]

Caio Mario da Silva Pereira relata que aos olhos de Clóvis Beviláqua não parecia ser imprescindível diferenciar a surdo-mudez, eis que "se esta isola seu portador do meio social, impedindo-o de exprimir a sua vontade, implica um estado de todo equiparável à alienação mental",[48] sendo abrangido pela genérica expressão "loucos de todo gênero". Contudo, o legislador de 1916 entendeu que a surdo-mudez não decorre de fatores ligados à sanidade mental, mas decorre da educação que lhe é oferecida e, por conseguinte, permite sua adaptação social e a possibilidade de se expressar. Compreendia-se que o surdo-mudo era "um desligado do ambiente social, inapto a expressar a sua vontade e a recolher do meio em que vive os fatores que o habilitem à necessária integração jurídica".[49] Nessa diretriz, um surdo-mudo "deseducado" era considerado um absolutamente

---

pessoas surdas eram considerados objetos de curiosidade ou ridicularização. Nos infames jogos romanos 'anões' e 'cegos' lutavam com mulheres e animais para a diversão do povo romano". (BARNES, Colin. A Legacy of Oppression: a History of Disability in Western Culture. *In*: BARTON, Len; OLIVER, Michael (Orgs.). *Disability Studies*: past, present and future. Leeds: The Disability Press, 1997. p. 14).

[44] É inapropriada, nos dias atuais, a utilização do termo "surdo-mudo". A mudez, em regra, não se relaciona com a surdez. Em geral, com raras exceções, a pessoa que não ouve também não fala, porque é impossível reproduzir sons que ela não conhece, embora o aparelho fonador do surdo seja exatamente igual ao dos ouvintes. Além disso, é comum se referir a todo surdo como deficiente auditivo, porém nem todo deficiente auditivo é surdo. Na medicina, é chamado surdo aquele que é diagnosticado com uma surdez profunda. Já o deficiente auditivo é a pessoa que possui surdez leve ou moderada, muitas vezes podendo ser corrigida por aparelhos.

[45] "Art. 5. São absolutamente incapazes de exercer pessoalmente os atos da vida civil: [...] III. Os surdos-mudos, que não puderem exprimir a sua vontade".

[46] "Art. 446. Estão sujeitos à curatela: [...] II. Os surdos-mudos, sem educação que os habilite a enunciar precisamente a sua vontade (arts. 451 e 456)".

[47] Art. 1.627. São incapazes de testar: [...] IV – Os surdos-mudos, que não puderem manifestar a sua vontade.

[48] PEREIRA, Caio Mário da Silva. *Instituições de direito civil*. 23. ed. rev. e atual. por Maria Celina Bodin de Moraes. Rio de Janeiro: Forense, 2010. v. 1, p. 239.

[49] PEREIRA, Caio Mário da Silva. *Instituições de direito civil*. 23. ed. rev. e atual. por Maria Celina Bodin de Moraes. Rio de Janeiro: Forense, 2010. v. 1, p. 239.

incapaz, enquanto que se educado fosse a ponto de exprimir a sua vontade plenamente capaz seria.[50] Isso demonstra o forte preconceito que envolve o sujeito surdo que se baseia na norma da fala e no mito da leitura da palavra falada,[51] fincado em discursos patologizantes pautados em representações sociais que identificam o surdo como um ser anormal, incapaz, sem cultura própria.[52]

Com a promulgação do Código Civil de 2002, em boa e ultrapassada hora, não se cogitou de hipótese de incapacidade em razão da surdo-mudez, devendo a questão ser resolvida, consoante leciona Caio Mário da Silva Pereira, em termos de *discernimento*, ou seja, se "o tem, não se dirá que o surdo-mudo é incapaz; se não o tiver, sê-lo-á por este fato".[53] Apesar do inegável avanço, algumas restrições ainda se encontram presentes no atual ordenamento. A Lei Civil se preocupou com a pessoa do surdo e do surdo-mudo na disciplina do testamento. O art. 1.866 dispõe que o indivíduo surdo poderá fazer testamento público e, em sabendo ler, o lerá e, se não souber, designará quem o leia em seu lugar, presentes as testemunhas.[54] Enquanto que os surdos-mudos poderão realizar o testamento cerrado, na forma do art. 1.873, conquanto tenha capacidade para tanto.[55]

O atual Código de Processo Civil (Lei nº 13.105/2015) ainda considera como incapaz o surdo, quando a ciência do fato depender dos

---

50 PEREIRA, Caio Mário da Silva. *Instituições de direito civil*. 23. ed. rev. e atual. por Maria Celina Bodin de Moraes. Rio de Janeiro: Forense, 2010. v. 1, p. 239.

51 "A questão de a diferença do ser surdo ser percebida pelo foco da deficiência é que perpetua a obstinação em fazer o surdo falar na mesma modalidade do ouvinte, sob a lógica ouvintista e normalizadora, ancorada no argumento de que se o surdo aprender a falar português estará incluído na sociedade, visto que esta é a língua majoritária (no caso do Brasil). Em nome dessa pseudointegração, os surdos são submetidos a intermináveis sessões de treinamento. No entanto, mesmo quando aprende a falar a língua portuguesa, o surdo continua a não ser aceito na comunidade ouvinte, sendo identificado como deficiente, em função do que muitos referem de "o jeito surdo" de falar, em referência à fala truncada, à diferença na pronuncia ou na clareza articulatória das palavras". (WITKOSKI, Sílvia Andreis. Surdez e preconceito: a norma da fala e o mito da leitura da palavra falada. *In*: *Revista Brasileira de Educação*, v. 14, n. 42, set./dez. 2009. p. 566).

52 WITKOSKI, Sílvia Andreis. Surdez e preconceito: a norma da fala e o mito da leitura da palavra falada. *In*: *Revista Brasileira de Educação*, v. 14, n. 42, set./dez. 2009. p. 570.

53 PEREIRA, Caio Mário da Silva. *Instituições de direito civil*. 23. ed. rev. e atual. por Maria Celina Bodin de Moraes. Rio de Janeiro: Forense, 2010. v. 1, p. 239.

54 "Art. 1.866. O indivíduo inteiramente surdo, sabendo ler, lerá o seu testamento, e, se não o souber, designará quem o leia em seu lugar, presentes as testemunhas".

55 "Art. 1.873. Pode fazer testamento cerrado o surdo-mudo, contanto que o escreva todo, e o assine de sua mão, e que, ao entregá-lo ao oficial público, ante as duas testemunhas, escreva, na face externa do papel ou do envoltório, que aquele é o seu testamento, cuja aprovação lhe pede".

sentidos que lhes faltam, sendo-lhe defeso atuar como testemunha.[56] Nos demais casos, o juiz pode nomear intérprete para testemunhas com deficiência auditiva que se comunique por meio da Língua Brasileira de Sinais, ou equivalente, quando for solicitado, conforme reza o art. 162, inciso III.[57]

O advento do Estatuto da Pessoa com Deficiência (Lei nº 13.146/2015) parece ter dado nova feição ao tratamento normativo da pessoa com deficiência auditiva, uma vez que se deve sempre buscar sua concreta capacidade, essencial para seu pleno desenvolvimento, cabendo a restrição do exercício de direitos ser excepcionalíssima.[58] A Lei Civil projetava (e ainda projeta) uma imagem pejorativa e preconceituosa do surdo-mudo como indivíduo com "déficit civilizatório", ou seja, sem educação, desaculturado, inculto. Com efeito, o forte preconceito social os invisibilizava e excluía do ambiente social, não permitindo seu ingresso no mundo civilizatório,[59] o que, por sua vez, era absorvido pelo Direito, que reproduzia tal ordem de ideais e fomentava esse círculo estigmatizante. Imperioso, portanto, que as restrições no campo testamentário e testemunhal sejam interpretadas com base na plena capacidade das pessoas com deficiência auditiva, assegurando-lhes a acessibilidade de comunicação, mediante emprego de tecnologias assistivas em todas as etapas inerentes ao processo comunicacional.

É de se registrar, ainda no contexto da Antiguidade, que a alienação mental, conforme termo utilizado à época, já era um fator de incapacidade desde o direito romano. Apesar de a regra geral ser no sentido de terem as pessoas físicas – conquanto não fossem escravas –capacidade de fato, ou seja, "aptidão para praticar, por si

---

56 "Art. 447. Podem depor como testemunhas todas as pessoas, exceto as incapazes, impedidas ou suspeitas. §1º São incapazes: [...] IV – o cego e o surdo, quando a ciência do fato depender dos sentidos que lhes faltam".

57 "Art. 162. O juiz nomeará intérprete ou tradutor quando necessário para: [...] III – realizar a interpretação simultânea dos depoimentos das partes e testemunhas com deficiência auditiva que se comuniquem por meio da Língua Brasileira de Sinais, ou equivalente, quando assim for solicitado".

58 O referido Estatuto da Pessoa com Deficiência será abordado mais à frente, neste capítulo, e a capacidade civil da pessoa com deficiência no segundo capítulo.

59 De acordo com Allan Rocha de Souza, "a partir do século XVIII, a antítese semântica entre cultura e civilização adquire novos significados, e o termo cultura passa a designar, ao mesmo tempo, a interioridade, subjetividade humana, e a ser também usado como um índice de civilidade, uma medida de civilização. Em associação com o termo civilização, cultura significa o resultado do processo de formação, educação e aprimoramento da pessoa". (SOUZA, Allan Rocha de. *Direitos culturais no Brasil*. Rio de Janeiro: Beco do Azougue, 2012. p. 17).

só, atos que produzam efeitos jurídicos", diversos fatores acarretavam a incapacidade, tais como a idade, o sexo, a alienação mental e a prodigalidade.[60] Segundo a doutrina romanista, os textos se referiam a diversos termos para designar os chamados alienados mentais, sendo os mais comuns: *furiosi, dementes* e *mentecapti*. Há dissenso entre os romanistas sobre o sentido atribuído aos termos referidos, conforme bem captou José Carlos Moreira Alves,[61] apesar da inclinação, entre a maioria, de que o *furiosi* era o alienado mental com intervalo de lucidez, e os *dementes* (*mentecapti*) eram os portadores de loucura contínua.

Na Idade Média, devido à forte influência da Igreja Católica, as "deficiências passaram a ser espiritualizadas",[62] ou seja, começaram a ser encaradas como um fenômeno espiritual e metafísico. Nesse quadrante, a deficiência era considerada uma benção divina, que poderia ser acrescida do dom da vidência ou do milagre da cura, mas sempre tida como diferente, anormal, fruto de pecado. Na concepção metafísica, imputava-se o nascimento de pessoa com deficiência como castigo divino, sendo encaradas como terríveis consequências das condições da alma, relacionadas à impureza e ao pecado.[63] Segundo Isaías Pessoti, "a ambivalência caridade-castigo constituía a marca definitiva da atitude medieval diante da deficiência mental".[64] Por isso, registra-se que, no período medieval, não raro, os ditos loucos foram violentamente banidos do convívio social, não sendo raros os relatos de que "eles eram surrados e queimados na fogueira".[65]

---

60 ALVES, José Carlos Moreira. *Direito Romano*. 15. ed. Rio de Janeiro: Forense, 2012. p. 131.

61 "Embora Audibert tenha defendido, com argumentos ponderáveis, a tese de que os *furiosi* eram os loucos em geral; e os *dementes* (ou *mentecapti*) eram os monomaníacos (doentes cuja loucura é parcial: por via de regra, é normal seu raciocínio, mas a alienação se manifesta com referência a determinada série de ideias), a maioria dos romanistas se inclina em outro sentido: os *furiosi* eram os loucos com intervalos de lucidez; os *dementes* (ou *mentecapti*) os que sofriam de loucura contínua, sem tais intervalos. Modernamente, há autores que defendem a tese de que, no direito pré-clássico, *furiosus* era qualquer alienado mental; somente no direito pós-clássico é que surgiu o conceito de intervalo de lucidez, do que resultou a distinção entre os *furiosi* e os dementes (ou *mentecapti*)". (ALVES, José Carlos Moreira. *Direito Romano*. 15. ed. Rio de Janeiro: Forense, 2012. p. 133).

62 FRANÇA, Tiago Henrique. A normalidade: uma breve introdução à história social da deficiência. *In*: *Revista Brasileira de História & Ciências Sociais*, v. 6, n. 11, jul., p. 105-120, 2014. p. 109.

63 Tiago Henrique França relata que ganhou força como fator explicativo da deficiência a ação demoníaca e a rejeição divina. (FRANÇA, Tiago Henrique. A normalidade: uma breve introdução à história social da deficiência. *In*: *Revista Brasileira de História & Ciências Sociais*, v. 6, n. 11, jul., p. 105-120, 2014. p. 109).

64 PESSOTTI, Isaías. *Deficiência Mental*: da superstição à ciência. São Paulo: T. A. Queiroz, 1984. p. 6.

65 BRUNETTA, Cíntia Menezes. O direito das pessoas portadoras de transtornos mentais. *In*: *Revista dos Tribunais*, a. 94, v. 835, p. 61, mai. 2005.

Com a paulatina perda do poder da Igreja Católica e o surgimento do Iluminismo, a deficiência passa a se submeter ao crivo do saber biomédico, que descortina o período da institucionalização. Segundo Maria Salete Aranha, o paradigma da institucionalização se caracteriza "desde o início, pela retirada das pessoas com deficiência de suas comunidades de origem e pela manutenção delas em instituições residenciais ou escolas especiais, frequentemente situadas em localidades distantes de suas famílias". Nesse contexto, "as pessoas com retardo mental ou outras deficiências, frequentemente ficavam mantidas em isolamento do resto da sociedade, fosse a título de proteção, de tratamento ou de processo educacional".[66]

Com o Iluminismo, portanto, fortaleceu-se a divisão entre os *loucos* e *não loucos*. Aqueles foram silenciados e enclausurados entre os muros dos manicômios, excluídos da sociedade. A nascente medicina psiquiátrica, a partir do século XIX, definiu os limites entre a normalidade e a patologia.[67] A fronteira entre a razão e a loucura era vigiada e guardada pelos médicos.[68] Nascia o rótulo da *saúde mental* como objeto de preocupação científica e consolidava-se o chamado *poder psiquiátrico*.[69]

Nessa moldura histórica, o modelo médico da deficiência é coroado a partir dos padrões científicos da modernidade, que a encara como condição patológica, de natureza individual. Desse modo, a pessoa deveria ser tratada através de intervenções médicas, ser "reparada", para tornar-se o quanto possível "normal", ou seja, assemelhar-se às demais pessoas normais.[70]

O padrão de normalidade, nesse período, passa a ser ditado pela medicina, especialmente pela nascente psiquiatria, que passa a atuar como instância de controle social, na medida em que seu discurso segregava e excluía os anormais/patológicos, emergindo o paradigma

---

[66] ARANHA, Maria Salete. Paradigmas da relação da sociedade com as pessoas com deficiência. *In*: *Revista do Ministério Público do Trabalho*, Brasília, a. XI, n. 21, p. 168, 2001.

[67] CANGUILHEM, Georges. *O normal e o patológico*. (Trad. Maria de Thereza Redig de C. Barrocas e Luiz Octávio F. B. Leite). 5. ed. Rio de Janeiro: Forense Universitária, 2002. *passim*.

[68] Sobre a história da divisão entre razão e loucura, loucos e não loucos, ver, por todos, FOUCAULT, Michel. *História da loucura*: na idade clássica. São Paulo: Perspectiva, 2012. *passim*.

[69] Cf. FOUCAULT, Michel. *O poder psiquiátrico*. São Paulo: Martins Fontes, 2006. *passim*.

[70] PALACIOS, Agustina. *El modelo social de discapacidad*: orígenes, caracterización y plasmación en la Convención Internacional sobre los Derechos de las Personas con Discapacidad. Cermi. Madrid: Cinca, 2008. p. 37.

da institucionalização, que supervalorizava o saber psiquiátrico e permitia o isolamento das pessoas com deficiência. Michel Foucault ensina que a anormalidade, a partir do final da Idade Média até início do século XX, foi construída pelas instâncias de poder político, médico e judicial de forma intencional com o objetivo de desqualificar o sujeito, considerado como transgressor da lei, cujo desejo de violá-la é "correlativo de uma falha, de uma ruptura, de uma fraqueza, de uma incapacidade".[71] O modelo médico foi utilizado pelo sistema jurídico como justificativa para a aplicação da lei, legitimando a segregação social, e, por conseguinte, a institucionalização das pessoas com deficiência.

Apesar disso, a busca por liberdade e igualdade das pessoas com deficiência não é uma reivindicação recente e nasce no período ápice do modelo médico. Prova disso são as chamadas reformas pinelianas[72] do início do século XIX que visavam a reorganização hospitalar como forma terapêutica para os chamados à época de alienados,[73] de modo a fundar, de forma sistematizada e empírica, uma "nova tradição para a investigação e prática psiquiátricas, marcada pela articulação entre saber e a técnica".[74] Philippe Pinel, um dos precursores da psiquiatria contemporânea, influenciado pelos ecos das Revoluções Francesa e

[71] FOUCAULT, Michel. *Os anormais*: curso no Collège de France (1974-1975). 2. ed. (Trad. Eduardo Brandão). São Paulo: WMF Martins Fontes, 2010. p. 19.

[72] A obra em que as premissas fundamentais do autor se encontram formuladas é considerada como "uma das pedras angulares da história da psiquiatria moderna, peça-chave da primeira revolução psiquiátrica, isto é, da configuração da loucura em doença mental". (FACCHINETTI, Cristiana. Philippe Pinel e os primórdios da Medicina Mental. *Revista Latinoameriana de Psicopatologia Fundamental*, São Paulo, v. 11, n. 3, set. 2008. p. 502). A obra já foi traduzida para o português: PINEL, Philippe. *Tratado médico filosófico sobre a alienação mental ou a mania*. (Trad. de Joice A. Galli). Porto Alegre: Ed. da UFGRS, 2007. [1800-1801].

[73] A respeito da construção do conceito de alienação na modernidade: "No processo de apropriação da loucura pela medicina o *conceito de alienação* tem um papel estratégico, no momento em que se torna sinônimo de erro; algo não mais da ordem do sobrenatural, de uma natureza estranha à razão, mas uma desordem desta. A alienação é entendida como um distúrbio das paixões humanas, que incapacita o sujeito de partilhar do pacto social. Alienado é o que está fora de si, fora da realidade, é o que tem alterada a sua possibilidade de juízo. Através do conceito de alienação o modo de relacionamento da sociedade para com a loucura passa a ser profundamente intermediado por uma ciência que, num primeiro momento, Philippe Pinel define como *o alienismo*. Se o alienado é incapaz do juízo, incapaz da verdade, é, por extensão, perigoso, para si e para os demais". (TORRE, Eduardo Henrique Guimarães; AMARANTE, Paulo. Protagonismo e subjetividade: a construção coletiva no campo da saúde mental. *In*: *Ciência & saúde coletiva*, Rio de Janeiro, v. 6, n. 1, p. 74-75, 2001).

[74] FACCHINETTI, Cristiana. Philippe Pinel e os primórdios da Medicina Mental. *Revista Latinoameriana de Psicopatologia Fundamental*, São Paulo, v. 11, n. 3, set. 2008. p. 503.

Industrial, propõe, embebido dos ideários revolucionários da época, a "liberdade" no hospício, a "igualdade" entre sãos e doentes e a "fraternidade" como filantropia e esclarecimento. É célebre o quadro "Pinel libertando das correntes os alienados de Bicêtre", pintado por Charles Muller, que imortalizou Pinel como o "libertador de loucos" ao retratar a mitificada libertação dos acorrentados do hospital de Bicêtre no ano de 1794.[75]

Estudos mais recentes demonstram, no entanto, que o famoso e difundido gesto libertador de Pinel jamais ocorreu enquanto fato histórico comprovado.[76] O "mito pineliano" foi uma construção imaginária e idealizada, conforme apontado por Gladys Swain,[77] reputado, em grande parte, a seu herdeiro Scipion Pinel. As atuais pesquisas indicam que Pinel não teve responsabilidade na fabricação deste mito,[78] eis que o próprio em seu *Tratado* faz alusão, em nota, sobre a substituição do acorrentamento dos insensatos pelo uso da camisa-de-força, sem maiores esclarecimentos.[79] Em edição posterior, Pinel reconhece que

---

[75] "Quando surge a estrutura de exclusão? 'Nos cento e cinquenta anos que precederam e levaram à formação de uma psiquiatria considerada por nós como positiva' – indica Foucault. Ao constituir-se, a psiquiatria dá acabamento a um processo inaugurado com o 'gesto de separação' promovido pela razão. 'Na história da loucura afirma o filósofo dois acontecimentos assinalam essa alteração com uma singular clareza: 1657, data da criação do Hospital Geral e da 'grande internação' dos pobres, e 1794, ano da mitificada libertação dos acorrentados de Bicêtre'. Os dois marcos históricos o decreto de fundação do Hospital Geral de Paris e o nascimento da psiquiatria moderna são os elementos primordiais da estrutura de exclusão e encarregar-se-ão, segundo Foucault, 'da passagem da experiência medieval e humanista da loucura à essa experiência que é a nossa e que confina a loucura na doença mental'". (FREITAS, Fernando Ferreira Pinto de. A história da psiquiatria não contada por Foucault. *In*: *História, Ciências, Saúde,* Manguinhos, v. 11, p. 75-91, jan./abr. 2004. p. 78).

[76] PEREIRA, Mario Eduardo Costa. Pinel – a mania, o tratamento moral e os inícios da psiquiatria contemporânea. *In*: *Revista Latinoamericana de Psicopatologia Fundamental*, a. VII, n. 3, set. 2004. p. 114.

[77] Pioneiramente, sobre a fabricação do "mito de Pinel", baseada em ampla pesquisa histórica, os motivos e os autores responsáveis por tal falsificação histórica, imprescindível, cf. SWAIN, Gladys. *Le sujet de la folie*. Paris: Calmann-Levy, 1997.

[78] "Podemos atribuir a Gladys Swain (1978), em sua tese de doutorado em medicina, defendida em 1977 e publicada com o título *Le Sujet de la folie*, o mérito de haver analisado detalhadamente, pela primeira vez, a fabricação do mito Pinel, os motivos e os autores responsáveis por tal falsificação histórica. Em nota de rodapé que ocupa três páginas, Swain esmiuça a fabricação do mito. Em resumo, a autora confere ao filho de Pinel, Scipion Pinel, a autoria de boa parte do conteúdo do mito. Pinel não teria tido, de fato, qualquer responsabilidade na sua construção, e seus escritos chegam mesmo a lançar por terra essa hipótese". (FREITAS, Fernando Ferreira Pinto de. A história da psiquiatria não contada por Foucault. *In*: *História, Ciências, Saúde,* Manguinhos, v. 11, p. 75-91, jan./abr. 2004. p. 84).

[79] FREITAS, Fernando Ferreira Pinto de. A história da psiquiatria não contada por Foucault. *In*: *História, Ciências, Saúde,* Manguinhos, v. 11, p. 75-91, jan./abr. 2004. p. 84.

não foi ele que deu fim ao sistema de carceragem: "Não é sem lamentar profundamente que eu não pude ver (durante o exercício de minhas funções a título de médico de Bicêtre durante os primeiros anos da revolução) o fim feliz desse costume bárbaro e rotineiro".[80]

Embora as investigações científicas tenham revelado a farsa do gesto libertador de Pinel, não há dúvidas que tal ato constituiu marco decisivo no tratamento mais humanitário em relação aos ditos loucos,[81] sob o discurso de impedir em absoluto os atrozes atos de violência e se adotarem as máximas de "doçura e filantropia" nos hospícios, ou seja, posto que refletiu uma "mudança de atitude ética e clínica em relação aos indivíduos cujo comportamento desvia de forma acentuada dos padrões de conduta socialmente aceitos". Nas palavras do próprio Philippe Pinel: "Os alienados, longe de serem culpados a quem se deve punir, são doentes cujo doloroso estado merece toda a consideração devida à humanidade que sofre e para quem se deve buscar pelos meios mais simples restabelecer a razão desviada".[82]

Talvez o grande mérito da contribuição de Pinel tenha sido a associação entre a atitude tolerante e humanista com os alienados e a mobilização para se compreender, de forma metódica e sistemática, o fenômeno da alienação, pelas lentes do saber médico.[83] Segundo a concepção pineliana, "a loucura é uma doença essencialmente mental",[84] na qual o indivíduo louco não se encontra em estado de perda da

---

[80] PINEL, Philippe. Traité médico-philosophique sur l'aliénation mentale ou la manie. 2. ed. Paris: Brosson, Richard, Caille et Ravier, IX (1801) *apud*. FREITAS, Fernando Ferreira Pinto de. A história da psiquiatria não contada por Foucault. *In*: *História, Ciências, Saúde*, Manguinhos, v. 11, p. 75-91, jan./abr. 2004. p. 84.

[81] "A inovação pineliana, contudo, não residia na preocupação humanitária e filantrópica no tratamento dos pacientes. Tal tendência já era nitidamente observável, mesmo antes de Pinel, no contexto europeu, sobretudo com as experiências inglesas, como as de William Tuke, em York, e Haslan, no Hospital de Bethleen, em Londres. O que surge de efetivamente novo sob a influência do grande alienista francês e a associação dessa postura tolerante e humanista, bem ao gosto do espírito do tempo da Revolução Francesa, com o esforço de estudar racional e metodicamente o fenômeno da alienação". (PEREIRA, Mario Eduardo Costa. Pinel – a mania, o tratamento moral e os inícios da psiquiatria contemporânea. *In*: *Revista Latinoamericana de Psicopatologia Fundamental*, a. VII, n. 3, set. 2004. p. 114).

[82] PINEL, Philippe. Traité médico-philosophique sur l'aliénation mentale ou la manie. 2. ed. Paris: Brosson, Richard, Caille et Ravier, IX (1801) *apud*. PEREIRA, Mario Eduardo Costa. Pinel – a mania, o tratamento moral e os inícios da psiquiatria contemporânea. *In*: *Revista Latinoamericana de Psicopatologia Fundamental*, a. VII, n. 3, set. 2004. p. 114.

[83] PEREIRA, Mario Eduardo Costa. Pinel – a mania, o tratamento moral e os inícios da psiquiatria contemporânea. *In*: *Revista Latinoamericana de Psicopatologia Fundamental*, a. VII, n. 3, set. 2004. p. 114.

[84] PESSOTTI, Isaías. *A loucura e as épocas*. Rio de Janeiro: Editora 34, 1994. p. 156.

razão, mas em "contradição no seio da razão sempre presente".[85] Dessa maneira, o chamado alienado "não estaria integralmente afastado do comércio afetivo e simbólico com os demais humanos, persistindo sempre uma margem de contato com o outro",[86] o que se confirma pela célebre frase imputada ao médico: "há sempre um resto de razão no mais alienado dos alienados".[87] A loucura, portanto, seria uma expressão das "paixões do sujeito e de seus excessos emocionais",[88] sendo possível "tratá-la reeducando a mente alienada".[89] Contrariava-se a tese então dominante de que todas as alienações mentais seriam incuráveis.[90] As causas mais importantes da loucura para Pinel seriam as de ordem moral, devendo o tratamento seguir esta mesma direção na busca pela socialização, mas ainda confinados dentro dos asilos.[91]

---

85 AMARANTE, Paulo Duarte de Carvalho. *O homem e a serpente*: outras histórias para a loucura e a psiquiatria. Rio de Janeiro: Editora Fiocruz, 1996. p. 47.

86 PEREIRA, Mario Eduardo Costa. Pinel – a mania, o tratamento moral e os inícios da psiquiatria contemporânea. *In*: *Revista Latinoamericana de Psicopatologia Fundamental*, a. VII, n. 3, set. 2004. p. 115.

87 MINISTÉRIO DA SAÚDE. Memória da Loucura. *Influências*: Philippe Pinel (1745-1826). Disponível em: http://www.ccs.saude.gov.br/memoria%20da%20loucura/mostra/influencias.html. Acesso em 19 abr. 2017.

88 PEREIRA, Mario Eduardo Costa. Pinel – a mania, o tratamento moral e os inícios da psiquiatria contemporânea. *In*: *Revista Latinoamericana de Psicopatologia Fundamental*, a. VII, n. 3, set. 2004. p. 115.

89 AMARANTE, Paulo Duarte de Carvalho. *O homem e a serpente*: outras histórias para a loucura e a psiquiatria. Rio de Janeiro: Editora Fiocruz, 1996. p. 47.

90 AMARANTE, Paulo Duarte de Carvalho. *O homem e a serpente*: outras histórias para a loucura e a psiquiatria. Rio de Janeiro: Editora Fiocruz, 1996. p. 47.

91 "No contexto imediatamente posterior à Revolução Francesa, em que Pinel dá início à transformação do hospital de Bicêtre, em 1793, a elaboração do conceito de alienação possibilita a manutenção do internamento do louco, na medida em que ele já era um dos habitantes do antigo 'hospital' que, com a revolução, seria extinto. Isso ocorre na medida em que o internamento deixa de ter uma natureza filantrópica ou jurídico-política, tal qual no período absolutista, e passa a ter o caráter de tratamento. Se a alienação é um distúrbio das paixões, o seu tratamento torna-se a reeducação moral, ou tratamento moral, como prefere Pinel. Somente após um processo pedagógico-disciplinar realizado no interior do hospício, o alienado pode recobrar a razão e, assim, tornar-se sujeito de direito, tornar-se cidadão. Para ser livre, entende-se, é necessário fazer escolhas, desejar e decidir, atributos impossíveis para um alienado. Mas, essa exclusão da cidadania não caracteriza uma violência ao direito do alienado, na medida em que seu internamento é de natureza terapêutica, e não significa perda de direitos. Nesse sentido, o direito maior do alienado é o de receber um tratamento. Para os reformadores de então, trata-se de um processo de inclusão ao direito a um tratamento. A institucionalização da loucura torna-se, enfim, uma regra geral, um princípio universal". (TORRE, Eduardo Henrique Guimarães; AMARANTE, Paulo. Protagonismo e subjetividade: a construção coletiva no campo da saúde mental. *In*: *Ciência & saúde coletiva*, Rio de Janeiro, v. 6, n. 1, p. 74-75, 2001. p. 75).

Nessa linha, deve-se destacar que o chamado "tratamento moral",[92] ou a "polícia do interior", no entendimento de Pinel, se baseia no próprio regime disciplinar do asilo, ou seja, o asilo é o lugar do "tratamento moral", constituindo-se o princípio do "isolamento do mundo exterior" no primeiro e mais fundamental princípio terapêutico do método pineliano.[93] O ato simbólico, portanto, de retirar as correntes "a fim de restituir a liberdade que a loucura sequestrou" não significou o direito de sair do asilo, mas sim de ter direito ao tratamento em local adequado – os hospícios. Sobre esse visível paradoxo, já se escreveu: "Se o louco é libertado das correntes e dos porões, não o é do hospício: é a liberdade intramuros, ou, como mais tarde diria Juliano Moreira apoiando-se em Marandon, 'a ilusão da liberdade'".[94]

O paradoxo vivenciado na nascente terapêutica psiquiátrica se insere perfeitamente no então cenário jurídico dominante, que reflete os ideários da própria época projetada no modelo de Estado Liberal. Como se sabe, o "século da liberdade", como ficou conhecido o período oitocentista, é uma época de paradoxos, pois ao mesmo tempo em que a defesa da liberdade avança como valor central nos países europeus, fruto dos ares da Revolução Francesa, a escravidão se alastra nas Américas,[95] como nos Estados Unidos, Cuba e Brasil. Tal ordem de ideias permite a constatação da falácia da liberdade em

---

[92] "O tratamento moral fundava-se, pois, na crença de que seria possível introduzir mudanças significativas no comportamento dos doentes por meio de atitudes humanas, mas firmes, da equipe técnica para com aqueles. Termos como 'repressão', 'intimidação', 'doçura' e 'filantropia' passam a ser encontrados amiúde no vocabulário técnico cotidiano e, em particular, nos próprios textos de Pinel". (PEREIRA, Mario Eduardo Costa. Pinel – a mania, o tratamento moral e os inícios da psiquiatria contemporânea. *In*: *Revista Latinoamericana de Psicopatologia Fundamental*, a. VII, n. 3, set. 2004. p. 114).

[93] AMARANTE, Paulo Duarte de Carvalho. *O homem e a serpente*: outras histórias para a loucura e a psiquiatria. Rio de Janeiro: Editora Fiocruz, 1996. p. 48-50.

[94] AMARANTE, Paulo Duarte de Carvalho. *O homem e a serpente*: outras histórias para a loucura e a psiquiatria. Rio de Janeiro: Editora Fiocruz, 1996. p. 50.

[95] "O desafio, pelo menos para um historiador do período colonial, está em explicar como um povo pôde desenvolver a dedicação à liberdade e dignidade humanas mostrada pelos próceres da Revolução americana e, ao mesmo tempo, desenvolver e manter um sistema de trabalho que negava essa liberdade e dignidade a cada hora do dia. O paradoxo é evidente em muitos níveis se quisermos vê-lo. Pensemos, por exemplo, na tradicional insistência na liberdade dos mares. O axioma 'Navios livres fazem mercadoria livre' era o ponto cardeal da doutrina americana em política externa à época da Revolução. Mas a mercadoria para a qual os Estados Unidos exigiam liberdade era produzida em grande parte pelo trabalho escravo. A ironia é mais que semântica. A dependência americana do trabalho escravo deve ser vista no contexto da luta do país por uma posição independente e igual no âmbito das nações da Terra". (MORGAN, Edmund S. Escravidão e liberdade: o paradoxo americano. *In*: *Estudos Avançados*, São Paulo, v. 14, n. 38, jan./abr. 2000).

termos jurídicos estruturada em seu aspecto contratual conectada à igualdade formal perante as leis como condutor do ideário burguês estampado nos códigos civis oitocentistas, verdadeiras constituições do direito privado.[96]

Nesse contexto, o movimento de codificação relaciona-se estreitamente com a moldura do Estado Liberal, que, segundo Jürgen Habermas, desenhava-se como "[...] uma sociedade econômica, institucionalizada através do direito privado (principalmente através dos direitos de propriedade e da liberdade de contratos), deveria ser desacoplada do Estado enquanto esfera da realização do bem comum e entregue à ação espontânea de mecanismos de mercado".[97] Neste cenário, caberia ao Código delimitar a esfera de atuação privada dos indivíduos, sobretudo em suas relações econômicas, cerrando os olhos para os interesses das classes desfavorecidas. Na "sociedade de Direito Privado", o papel do Código Civil era o de garantir as regras do jogo, estabilizando as relações econômicas, tendo como pilares a propriedade e o contrato, expressões máximas da autonomia do indivíduo. Uma liberdade camuflada por interesses egoístas e patrimoniais, descuidada das reais necessidades da pessoa em sua nudez existencial, e menos ainda preocupada com os indivíduos desviantes do padrão de conduta socialmente imposto – a exemplo dos chamados alienados mentais.

No então nascente campo da psiquiatria, o paradoxo da liberdade também é percebido, conforme já salientado, eis que a ideia de liberdade é pensada de forma ideológica, encontrando-se fortemente vinculada à disciplinarização dos corpos, conforme apontado por Michel Foucault.[98]

---

[96] Sobre a ascensão da liberdade e da igualdade formal no período liberal, cabe destacar o magistério de Teresa Negreiros: "Refletindo um projeto político de índole burguesa, a codificação civil apreende este indivíduo abstratamente considerado como titular de vontade e garante-lhe proteção patrimonial [...]. A propriedade privada erige-se em fundamento e símbolo da liberdade, ao mesmo tempo que o exercício daquele direito se supõe igualmente livre, assim como a sua circulação, através do livre exercício da autonomia negocial. Todos podem casar, ser proprietários e testar; todos são iguais". (NEGREIROS, Teresa. *Teoria do contrato*: novos paradigmas. Rio de Janeiro: Renovar, 2002. p. 15-16).

[97] HABERMAS, Jürgen. *Direito e Democracia entre Facticidade e Validade*. (Trad. Flávio Beno Siebeneichler). Rio de Janeiro: Tempo Brasileiro, 1997. v. II, p. 138.

[98] Segundo Michel Foucault, "o poder disciplinar, e é essa sem dúvida sua propriedade fundamental, fabrica corpos sujeitados, vincula exatamente a função-sujeito ao corpo. Ele fabrica, distribui corpos sujeitados; ele é individualizante [unicamente no sentido de que] o indivíduo [não é] senão o corpo sujeitado". (FOUCAULT, Michel. *O poder psiquiátrico*. São Paulo: Martins Fontes, 2006. p. 69).

Desse modo, é de ressaltar que a "ênfase de Pinel na circulação dos internos fora das celas, no trabalho, oferta de música, literatura, convive lado a lado com o uso de camisas de força, duchas, aprisionamento e punições para controle dos doentes, todos considerados parte do tratamento moral".[99]

O processo de enclausuramento dos alienados mentais nos hospitais psiquiátricos tem origem, segundo Michel Foucault, na herança deixada pelos vazios leprosários após o desaparecimento da lepra do mundo ocidental em fins da Idade Média,[100] a qual foi incialmente substituída pelas doenças venéreas, que "sucedem a lepra como por direito de herança".[101] No entanto, o verdadeiro "espantalho" que sucede a "lepra nos medos seculares", compartilhando com ela as "reações de divisão, de exclusão, de purificação", é a loucura, apesar do período de latência de quase dois séculos em que a medicina demora a se apropriar de tal fenômeno. De fato, sentencia o filósofo que a verdadeira herança da lepra é a loucura.[102] Cabe destacar que a história dos leprosos e dos loucos no Brasil tem suas particularidades. Eles perambulavam pelas estradas e vilas e não ficavam sujeitos à exclusão dos asilos, eis que os primeiros espaços institucionalizados e especializados de segregação só surgiram em meados do século XIX.[103]

---

[99] FACCHINETTI, Cristiana. Philippe Pinel e os primórdios da Medicina Mental. *Revista Latinoameriana de Psicopatologia Fundamental*, São Paulo, v. 11, n. 3, set. 2008. p. 503.

[100] FOUCAULT, Michel. *História da loucura*: na idade clássica. São Paulo: Perspectiva, 2012. p. 3.

[101] FOUCAULT, Michel. *História da loucura*: na idade clássica. São Paulo: Perspectiva, 2012. p. 7.

[102] FOUCAULT, Michel. *História da loucura*: na idade clássica. São Paulo: Perspectiva, 2012. p. 8.

[103] "Enquanto na França, em 1960, a Salpetrière abrigava mais de 3 mil pessoas, grande parte constituída de indigentes, loucos e vagabundos, no Brasil, essa mesma classe de gente ficaria por muito tempo fora dos asilos. A não ser os heréticos e os pecadores da carne, sob a ira dos comissários da Inquisição, os demais perambulariam pelas estradas, pelas periferias das vilas, com passagens eventuais pelas cadeias, caso exibissem comportamento reprovado ou agressivo e, próximo do século XIX, nas celas de doidos das Santas Casas. Um pouco semelhante ao que aconteceu na Idade Média: embora vistos com desconfiança, desde que não perturbassem a ordem, poderiam circular livremente. Parece que até meados do século XVIII, quando começaram a ser construídos os primeiros lazaretos no Brasil, nem mesmo os leprosos, apesar de evitados pela população, estavam sujeitos à exclusão em estabelecimentos fechados. Assim, os primeiros espaços especializados de separação (exclusão por inclusão) para as algumas categorias de excluídos (loucos, cegos, surdos, mendigos) só aparecerão em meados do século XIX". (LOBO, Lilia Ferreira. Exclusão e inclusão: fardos sociais das deficiências e das anormalidades infantis no Brasil. *In*: PRIORI, Mari del; AMANTINO, Marcia (Orgs.). *História do corpo no Brasil*. São Paulo: Editora Unesp, 2011. p. 410-411).

Ainda assim, o simbolismo do ato de Pinel em desacorrentar os loucos, durante os anos em que chefiou os hospitais em Bicêtre e La Salpêtrière, na França, inicia um percurso que somente agora se concretiza em sua plenitude. Vivemos, portanto, o encerrar de um ciclo que se pode denominar de "*virada de Pinel*", no qual a garantia da liberdade e da igualdade dos outrora chamados alienados mentais deixa de simbolizar discursos formais e utópicos no campo da terapêutica e passam a alcançar efetivamente a integral dignidade das pessoas com deficiência, especialmente de natureza intelectual, a partir de estatuto jurídico-promocional direcionado a estas pessoas.

Foram necessários, portanto, dois séculos para percorrer a trajetória que agora culmina na compreensão de que as pessoas humanas com deficiência são igualmente dotadas de dignidade, mas que foram ao longo desse período de exclusão e encarceramento vulneradas socialmente em razão de um discurso médico-psiquiátrico de tratamento que alijava este grupo do convívio social e refletia no Direito como *marcador* para a incapacidade de gerir a própria vida, impossibilitando-as de atuar pessoalmente no tráfego jurídico em prol de seus próprios interesses. O isolamento nos hospícios os interditava na esfera jurídica por meio de um regime excludente e discriminatório, porém sob um discurso fundado na proteção da pessoa com deficiência.

As primeiras décadas do século XX testemunharam uma revolução na compreensão e no tratamento das doenças mentais, constatando-se, em nome do progresso da ciência, atrocidades cometidas em face das pessoas com deficiência mental a partir do desenvolvimento no âmbito da medicina psiquiátrica de novas técnicas e formas de tratamento. Até então, como visto, os alienados, como eram chamados, eram simplesmente confinados em asilos, onde recebiam apenas alguns cuidados simples, sem que nenhuma terapia de rotina efetiva estivesse disponível. O primeiro grande passo na terapia científica da "loucura" ocorreu com a psicanálise fundada por Sigmund Freud, que se baseava na associação livre por meio do método catártico.[104] No entanto, a partir da década de 30 do século passado,

[104] "Como aponta Assoun (1983), Freud baseia-se na ciência natural para criar a psicanálise, e não a concebe fora desta. Assim acaba por construir a psicanálise através de tentativas que confluem na criação do método de associação livre. A histeria veio a contribuir largamente para o surgimento da psicanálise, pois é na clínica da histeria que Freud (1996a) começa a entrar em contato com as carências apresentadas pelas teorias e métodos de estudo da mente então existentes, e é a partir dessa clínica que ele começa a construir seu próprio método de análise da mente. [...] Inicialmente, Freud utilizava no tratamento de seus

os métodos psicoterapêuticos foram superados ou até substituídos por abordagens físicas, com o uso de medicamentos (drogas), terapia eletroconvulsiva e, em alguns casos, até cirurgia.[105]

No Brasil, a forte biologização da psiquiatria alcançou o discurso médico local e as práticas relacionadas a essas novas técnicas de tratamento se popularizaram no país,[106] apesar de pontuais

---

pacientes o método catártico, desenvolvido por Josef Breuer (1842-1925), que dispunha da hipnose para ampliar-lhes o campo da memória, possibilitando assim o tratamento. De acordo com Freud (1996b), no método catártico o paciente era hipnotizado e levado a lembrar-se da história do desenvolvimento de sua doença; era reconduzido até o momento das primeiras manifestações de seu sofrimento, ou seja, até a cena traumática, e incentivado a revivê-la de forma adequada, liberando a reação afetiva que na época da vivência do trauma, por algum motivo, não fora efetivada". (LEANDRO, Mayra Andrade; HONDA, Hélio. A construção do método psicanalítico nos primórdios da psicanálise (1887 – 1896). *In*: *Revista Cesumar – Ciências Humanas e Sociais Aplicadas*, v. 13, n. 1, p. 146-147, jan./jun. 2008).

105 "Entre 1917 e 1935, quatro métodos para produzir choque fisiológico foram descobertos, testados e usados na prática psiquiátrica, todos no continente europeu: Febre induzida por malária, para tratar paresia neurosifilítica, descoberta em Viena por Julius Wagner-Jauregg, em 1917; coma e convulsões induzidas por insulina, para tratar esquizofrenia, descoberta em Berlim por Manfred J. Sakel, em 1927; convulsões induzidas por metrazol, para tratar esquizofrenia e psicoses afetivas, descoberta em Budapest por Ladislaus von Meduna, em 1934, e Terapia por choque eletroconvulsivo, descoberta por Ugo Cerletti e Lucio Bini em Roma, 1937. O advento do tratamento das psicoses usando choque fisiológico aumentou a oposição entre duas escolas de pensamento em psiquiatria: a psicológica e a biológica. A '*escola psicológica*' interpreta a doença mental como sendo devida a desvios na personalidade, problemas surgidos durante o crescimento, no controle de impulsos internos, e a outros fatores originados externamente. Esta escola, tipificada pelos psicanalistas, foi fundada por Sigmund Freud no começo do século XX. A '*escola biológica*', ao contrário, considera que as doenças mentais, particularmente as psicoses, são causadas por alterações patológicas, químicas ou estruturais do cérebro. Devido à essas diferenças, as abordagens terapêuticas adotadas por cada escola são marcadamente diferentes. O sucesso da terapia por choque, em virtude de, evidentemente, causar alguma alteração drástica no ambiente interno do cérebro, e, consequentemente, nas funções das células nervosas, foi um forte argumento a favor das causas biológicas de muitas doenças mentais". (SABBATINI, Renato M. E. A História das Terapias de Choque na Psiquiatria. *In*: *Revista Cérebro & Mente*, dez. 1997; fev. 1998. Disponível em: http://www.cerebromente.org.br/n04/historia/shock.htm. Acesso em 21 abr. 2017).

106 Em trecho da fotobiografia da psiquiatra Nise da Silveira, revela-se o período de surgimento dessas novas técnicas: "Em 1944, quando foi finalmente anistiada, Nise retornou a seu trabalho, não mais no Hospital da Praia Vermelha, mas no Centro Psiquiátrico Nacional, em Engenho de Dentro, bairro da Zona Norte do Rio. Durante sua ausência, surgiram novas técnicas de tratamento muito valorizadas no meio psiquiátrico da época: o coma insulínico, a lobotomia, o eletrochoque e o cardiazol. Nise logo entrou em confronto com os métodos estabelecidos. O colega psiquiatra que a recebeu lhe explicou e demonstrou o uso do aparelho de eletroconvulsoterapia, solicitando, em seguida, que ela repetisse o procedimento. Nise recusou-se firmemente a acionar o aparelho; sua saudável rebeldia já se manifestava. Como Nise não aceitava esses novos tratamentos, procurou o Dr. Fábio Sodré, que havia transformado um pequeno dormitório do hospital em sala para atividades ocupacionais (costura e bordados). Foi nesse lugar que Nise encontrou uma forma de colaborar com essa iniciativa ainda incipiente e fazê-la crescer. Depois da

resistências, como da psiquiatra Nise da Silveira. De modo a comprovar a franca adesão de boa parte da classe médica aos tratamentos como lobotomia,[107] eletrochoque, entre outros, recentemente descortinou-se a história de algumas das pessoas internadas no maior hospício do Brasil durante o século XX. Colônia, como era conhecida, era localizada na cidade mineira de Barbacena e estima-se que, pelo menos, sessenta mil pessoas morreram ainda internadas.[108] A jornalista Daniela Arbex retirou do esquecimento uma história que precisava ser contada para relembrar às presentes e às futuras gerações os horrores vividos entre os muros de Colônia, um verdadeiro holocausto brasileiro.[109] No prefácio do livro, Eliane Brum destaca que "cerca de 70% [dos internados] não tinham diagnóstico de doença mental. Eram epiléticos, alcoolistas, homossexuais, prostitutas, gente que se rebelava, gente que se tornara

---

saída do Dr. Fábio, ela decidiu criar um espaço realmente adequado para esse caminho, mais humano, de abordagem da doença mental – a terapia ocupacional. [...] A partir de então, os setores ocupacionais foram desenvolvendo-se progressivamente, até atingirem dezessete atividades, entre elas sapataria, cestaria, teatro, jardinagem, música, carpintaria, encadernação e recreação. Antes mesmo dessa expansão, as produções criadas nos ateliês de atividades expressivas, como pintura, modelagem e xilogravura, mostraram-se tão impressionantes e significativas que motivaram Nise a fundar, em 1952, o Museu das Imagens do Inconsciente, com o objetivo de transformá-lo em um centro de estudo e pesquisa para a compreensão do processo psicótico". (MELLO, Luiz Carlos; MELLO, Marisa S. (Coord.). *Nise da Silveira*: caminhos de uma psiquiatria rebelde. 2. ed. Rio de Janeiro: Automática; Hólos Consultores Associados, 2015. p. 15, 17).

[107] A lobotomia foi uma cirurgia comum durante os meados do século passado, conforme se registra: "Apesar de sua incansável luta contra o confinamento e os tratamentos violentos, Nise, em 1949, não conseguiu evitar que um dos frequentadores do ateliê do museu, Lúcio, fosse submetido à lobotomia – operação no cérebro que causa lesão irreversível, com o objetivo de separar o pensamento de suas ressonâncias emocionais. O objetivo 'médico' seria neutralizar a agressividade do indivíduo". (MELLO, Luiz Carlos; MELLO, Marisa S. (Coord.). *Nise da Silveira*: caminhos de uma psiquiatria rebelde. 2. ed. Rio de Janeiro: Automática; Hólos Consultores Associados, 2015. p. 15, 17).

[108] Registra Daniela Arbex: "Se o Colônia foi o que fez mais vítimas no país, cerca de 60 mil brasileiros entre 1930 e 1980, a tragédia que ele produziu está longe de ser superada". (ARBEX, Daniela. *Holocausto brasileiro*. São Paulo: Geração Editorial, 2013. p. 253).

[109] "Um dos lugares mais temidos do Colônia era o prédio localizado entre os pavilhões Arthur Bernardes e Afonso Pena. Usado, inicialmente, como cozinha do hospital, tornou-se setor de administração, sendo, mais tarde, transformado em local de experimentos, como o uso da ducha escocesa, um tipo de banho em jatos em alta pressão. A hidroterapia, feita com temperatura e volume de água controlados, também teve a finalidade deturpada no hospital. Os banhos gelados, promovidos na calada da noite como forma de castigo, eram mais uma maneira de debilitar organismos já fragilizados por doenças físicas e mentais. Quando as denúncias de tortura na instituição provocaram mobilização social, no início do dos anos 80, o prédio foi sendo, paulatinamente, desativado. Dentro dele havia um torreão de difícil acesso que acabou transformado em palco de conspiração. Era li que jovens médicos que chegaram à instituição passaram a se reunir para discutir critérios de internação e mudanças de paradigma em relação à forma de se tratar o doente". (ARBEX, Daniela. *Holocausto brasileiro*. São Paulo: Geração Editorial, 2013. p. 235, *passim*).

incômoda para alguém com mais poder".[110] Colônia presenciou a morte de milhares de pacientes, inclusive em virtude de eletrochoques, e o comércio de cadáveres, como descreve Eliane Brum:

> Os pacientes de colônia morriam de frio, de fome, de doença. Morriam também de choque. Em alguns dias, os eletrochoques eram tantos e tão fortes, que a sobrecarga derrubava a rede do município. Nos períodos de maior lotação, dezesseis pessoas morriam a cada dia. Morriam de tudo – e também de invisibilidade. Ao morrer, davam lucro. Entre 1969 e 1980, 1.853 corpos de paciente do manicômio foram vendidos para dezessete faculdades de medicina do país, sem que ninguém questionasse. Quando houve excesso de cadáveres e o mercado encolheu, os corpos foram decompostos em ácido, no pátio de Colônia, na frente dos pacientes, para que as ossadas pudessem ser comercializadas. Nada se perdia, exceto a vida.[111]

Daniela Arbex realça que a herança do Colônia ainda não foi definitivamente sepultada, ainda que o hospital tenha sido desativado da forma como anteriormente funcionava. De modo contundente, escreve:

> O fato é que a história do Colônia é a nossa história. Ela representa a vergonha da omissão coletiva que faz mais e mais vítimas no Brasil. Os campos de concentração vão além de Barbacena. Estão de volta nos hospitais públicos lotados que continuam a funcionar precariamente em muitas outras cidades brasileiras. Multiplicam-se nas prisões, nos centros de socioeducação para adolescentes em conflito com a lei, nas comunidades à mercê do tráfico. O descaso diante da realidade nos transforma em prisioneiros dela. Ao ignorá-la, nos tornamos cúmplices dos crimes que se repetem diariamente diante dos nossos olhos. Enquanto o silêncio acobertar a indiferença, a sociedade continuará avançando em direção ao passado de barbárie. É tempo de escrever uma nova história e de mudar o final.[112]

Outro caso famoso de completo descaso nos manicômios brasileiros ocorreu na Casa de Repouso Guararapes, na cidade cearense de Sobral. Em 1999, Damião Ximenes, portador de transtorno

---

[110] BRUM, Eliane. Prefácio. *In*: ARBEX, Daniela. *Holocausto brasileiro*. São Paulo: Geração Editorial, 2013. p. 14).

[111] BRUM, Eliane. Prefácio. *In*: ARBEX, Daniela. *Holocausto brasileiro*. São Paulo: Geração Editorial, 2013. p. 14.

[112] ARBEX, Daniela. *Holocausto brasileiro*. São Paulo: Geração Editorial, 2013. p. 255.

mental, morreu em consequência de maus-tratos dentro do hospital psiquiátrico.[113] Após as denúncias de agressão a Damião por profissionais do hospital, diversos segmentos da sociedade civil se mobilizaram, culminando na denúncia à Corte Interamericana de Direitos Humanos, que condenou o Estado brasileiro a indenizar a família da vítima.[114]

A exclusividade do discurso médico no que tange à questão da deficiência começa a ceder terreno em fins da década de 1970 com a ascensão do chamado modelo social, nos Estados Unidos e na Inglaterra, onde existia ampla tradição de campanhas políticas por direitos civis, como resultado do ativismo das próprias pessoas com deficiência, principalmente as que se encontravam em instituições residenciais, que não mais admitiam serem consideradas como "cidadãos de segunda classe". As atividades dessas pessoas impulsionaram mudanças políticas que reorientaram a atenção para o impacto das barreiras sociais e ambientais, como o transporte, a falta de acesso a prédios, as atitudes discriminatórias e os estereótipos culturais negativos que as tornavam consideradas inválidas. Na verdade, tal movimento forçou a sociedade a enxergar a pessoa com deficiência a partir de suas diferenças, retirandolhe de um profundo silenciamento forçado por meio de sua forçada institucionalização.

Com efeito, é no decorrer do século XX que se assiste ao desmoronamento do discurso exclusivo da internação psiquiátrica para o tratamento dos doentes mentais. No Brasil, o movimento antimanicomial foi iniciado ainda nos anos de 1970, mas somente se consolidou na legislação nacional com a promulgação da Lei nº 10.216/2001, que dispôs sobre a proteção e dos direitos das pessoas portadoras de transtornos mentais e redirecionou o modelo assistencial em saúde mental. Apesar do marco legal específico, inevitável constatar que não houve um progresso significativo na inclusão das pessoas com transtorno mental no meio social, sobretudo no que respeita à desospitalização como regra imposta pela citada Lei.

O ápice do percurso de inclusão das pessoas com deficiência se baseia no modelo social de deficiência cuja principal inovação reside na

---

113 Sobre o caso e suas repercussões, cf. SILVA, Martinho Braga Batista e. O caso "Damião Ximenes": saúde mental e direitos humanos. *In*: *Série Anis*, Brasília, Letras Livres, a. IX, n. 67, jul. 2009).

114 ORGANIZAÇÃO DOS ESTADOS AMERICANOS. Comissão Interamericana de Direitos Humanos. *Caso nº 12.237*. Julg. em 21 dez. 2005. Disponível em: http://www.corteidh.or.cr/docs/casos/ximenes/agescidh.pdf. Acesso em 20 set. 2017.

concepção de que a experiência da opressão não é uma consequência natural de um corpo com lesões, ou seja, não é fruto do acaso da natureza. A deficiência, desse modo, não deve ser encarada como um problema individual, resultado de uma tragédia pessoal ou de uma limitação corporal.[115] Com o envelhecimento da população, os idosos se tornam um exemplo significativo de pessoas que experimentam a deficiência pelo desgaste e fragilidade gradual do corpo. A visão da deficiência como um problema social, a partir daí, repercutiu de modo positivo na implementação de políticas de saúde pública e direitos humanos, com prioridade para medidas de reparação de desigualdade, e não às medidas sanitárias de reabilitação.

A deficiência é, assim, um problema social, que exige intervenções na sociedade. As causas da deficiência não são religiosas, nem somente médicas – são predominantemente sociais. As raízes dos problemas não são as restrições ou faltas (diferenças) individuais, mas as limitações ou impedimentos impostos pela sociedade que não tem os meios e instrumentos adequados para que essas pessoas sejam, de fato, incluídas na sociedade. A adoção do modelo social consiste em promover a inversão da perspectiva na apreciação da deficiência, que deixa de ser uma questão unilateral, do indivíduo, para ser pensada, desenvolvida e trabalhada como relação bilateral, na qual a sociedade torna-se efetivamente protagonista, com deveres jurídicos a cumprir.

O modelo social, que consiste em importante mudança paradigmática, impõe o repensar da estrutura e função do regime da capacidade civil para as pessoas com deficiência intelectual[116] no direito brasileiro, que durante muito tempo consagrou a confusão entre doença mental/ deficiência mental e incapacidade civil, calcado no discurso médico preponderante.[117] A rigor, o Direito absorveu, em grande medida, o

---

[115] DINIZ, Débora. *O que é deficiência?* São Paulo: Brasiliense, 2007. *passim*.

[116] Neste trabalho, prefere-se o uso do termo "deficiência intelectual" em vez de "deficiência mental" em razão de dois motivos. Primeiro, porque "é mais apropriado o termo 'intelectual' por referir-se ao funcionamento do intelecto especificamente e não ao funcionamento da mente como um todo". E, em segundo, para evitar a confusão entre "deficiência mental" e "doença mental", termos que devem ser diferenciados. A Organização Pan-Americana da Saúde e a Organização Mundial da Saúde realizaram um evento em Montreal, Canadá, em outubro de 2004, que aprovou o documento chamado Declaração de Montreal sobre Deficiência Intelectual, o que reforça a opção pelo termo. (SASSAKI, Romeu Kazumi. *Deficiência mental ou deficiência intelectual*. Disponível em: http://www.todosnos.unicamp.br:8080/lab/links-uteis/acessibilidade-e-inclusao/textos/deficiencia-mental-ou-deficiencia-intelectual/. Acesso em 12 ago. 2017).

[117] ARAÚJO, Luiz Alberto David; PIANOVSKI RUZYK, Carlos Eduardo. A perícia multidisciplinar no processo de curatela e o aparente conflito entre o estatuto da pessoa com

paradigma médico binário entre normal e anormal/patológico, que, em termos jurídicos, refletia a divisão entre capazes e incapazes. A disciplina jurídica relativa às pessoas com deficiência mental necessitava do juízo médico sobre o discernimento do indivíduo para os atos da vida civil.

O sistema jurídico brasileiro, nessa linha, ecoou o preponderante discurso psiquiátrico oitocentista de exclusão social das pessoas com deficiência e a necessidade de internação em locais exclusivos para tratamento. A adoção da genérica expressão "loucos de todo gênero", conforme se verá, respectivamente, nos primeiros Códigos criminal e civil brasileiros é representativa do mecanismo de controle social guiada pelo poder médico e legitimada pelo mundo jurídico.

## 1.2 Os loucos de todo gênero: um legado de segregação

A utilização da expressão "loucos de todo gênero" no Código Civil de 1916 sempre foi duramente criticada desde sua promulgação. Indispensável, contudo, compreender a origem de expressão tão genérica e estigmatizante, que encontra raízes no direito brasileiro ainda durante o século XIX, mas renasce com vigor na primeira codificação civil nacional e perpassa todo o século XX, desaparecendo somente no atual milênio. A introdução no Código Civil de 1916 é proveniente da infeliz influência do Código Criminal do Império de 1830, que reflete a ligação entre loucura e criminalidade ascendente no período oitocentista e que revela que a nascente psiquiatria atuou como instância de controle social da normalidade. Apesar do termo já ter sido extirpado de nosso ordenamento, a importância de se investigar suas origens e sentidos decorre da forte influência dessa expressão no direito pátrio.

A prática e o saber psiquiátricos ampliaram as fronteiras da anormalidade e se firmaram como instância de controle social[118] no

deficiência e o código de processo civil: reflexões metodológicas à luz da teoria geral do direito. *In*: *Revista de Direitos e Garantias Fundamentais*, Vitória, v. 18, n. 1, p. 227-256, jan./abr. 2017. p. 234.

[118] "Em meio às profundas transformações que marcaram a sociedade brasileira das últimas décadas do século passado, a psiquiatria consolida-se e institucionaliza-se como um campo de conhecimento especializado. Fruto de um longo e contraditório processo – que, no Brasil, desencadeou-se a partir da década de 1830, com as reivindicações médicas defendendo a necessidade premente da criação de um hospício na cidade do Rio de Janeiro –, tal consolidação caracterizou-se, entre outros aspectos, pela incorporação de uma ampla variedade de temas na fixação das fronteiras que separariam a 'doença' da 'saúde', o 'normal' do 'patológico' no âmbito dos distúrbios mentais. Entre os temas privilegiados

século XIX. No Brasil, a psiquiatria estabeleceu estreita relação com a justiça criminal, calcada nas orientações teóricas da degenerescência, que se baseava na hereditariedade dos transtornos mentais, conforme formulada por Benedict-Augustin Morel, que a partir da publicação do *Traité des Dégénérescences*, em 1857, exerceu grande influência no pensamento psiquiátrico até início do século XX.[119] Segundo a teoria propagada por Morel, de forte viés religioso cristão, o homem teria sido criado à semelhança de Deus, em sua perfeição. A degeneração consistiria na "transmissão à descendência das taras, vícios e traços mórbidos adquiridos pelos antecessores", correspondendo ao pecado original. As sucessivas transmissões por meio das gerações tenderiam a acentuar os efeitos da degeneração levando à "completa desnaturação daquela linhagem, chegando até sua extinção pela esterilidade".[120] As causas da degenerescência eram múltiplas, pois incluíam desde abuso de álcool, alimentação deficiente, meio social miserável, imoralidade dos costumes, conduta sexual desregrada, doenças da infância e a própria herança genética, o que implica dizer que sua causa poderia ser herdada ou adquirida.[121] Por força dessa teoria, diversas propostas

pelos alienistas e psiquiatras brasileiros na construção de atos, atitudes, hábitos, comportamentos, crenças e valores 'desviantes', figuravam, por exemplo, a civilização, a raça, a sexualidade, o trabalho, o alcoolismo, a delinquência/criminalidade, o fanatismo religioso e a contestação política. Estes temas são fundamentais para conferir limites extremamente abrangentes à noção de 'anormalidade', conforme pode-se depreender, por exemplo, da definição da categoria dos 'anormais' – que incluía, '...el homicida, el génio, el mentiroso, el pederasta, el filántropo, el avaro, el alienado, el ladrón, el apóstol, el sectário, el enamorado, el vagabundo, la prostituta'". (ENGEL, Magali Gouveia. As fronteiras da anormalidade: psiquiatria e controle social. *In*: *História, Ciências, Saúde, Manguinhos*, v. 3, p. 547-563, nov. 1998; fev. 1999).

119 PEREIRA, Mário Eduardo Costa. Morel e a questão da degenerescência. *In*: *Revista latino-americana de psicopatologias fundamentais*, São Paulo, v. 11, n. 3, set. 2008. p. 490.

120 PEREIRA, Mário Eduardo Costa. Morel e a questão da degenerescência. *In*: *Revista latino-americana de psicopatologias fundamentais*, São Paulo, v. 11, n. 3, set. 2008. p. 490.

121 De acordo com Mário Eduardo Costa Pereira: "Mesmo se a ideia moreliana sobre a degenerescência comporta certas equivocidades e divergências de definição (basta lembrar que o título de sua obra principal remete "às degenerescências", no plural), pode-se afirmar que ela repousa sobre a concepção de que a herança que se transmite através das gerações não se restringe ao plano biológico, mas inclui dimensões morais e de comportamentos – virtuosos ou viciados. Partindo da ideia cristã da perfeição da criação divina, segue-se a hipótese segundo a qual, a partir do pecado original, os erros, males e vícios dos ancestrais transmitem-se às gerações seguintes. Mais do que isso, os efeitos da transmissão hereditária tenderiam a acentuar os traços da tara adquirida pelos predecessores nas gerações subsequentes. Assim, uma linhagem acometida pela degeneração tenderia a acumular e acentuar seus desvios, o que, em seu extremo, acarretaria na sua esterilidade e extinção. Tratar-se-ia, portanto, de uma forma encontrada pela natureza para eliminar os vícios desenvolvidos e acumulados por uma geração". (PEREIRA, Mário Eduardo Costa. Morel e a questão da degenerescência. *In*: *Revista latino-americana de psicopatologias fundamentais*, São Paulo, v. 11, n. 3, set. 2008. p. 492).

de intervenção social de cunho higienistas, com objetivo de controle e regeneração, se consolidaram como forma de manutenção social.

No Brasil, ressalva-se que "apesar da especificidade na recepção de teorias desenvolvidas na Europa e do desenvolvimento tardio do alienismo, a atuação psiquiátrica esteve de acordo com o projeto de construção da nação e de manutenção da ordem social".[122] Nesse cenário, a relação entre loucura e criminalidade ocupou espaço central, influenciando o campo do direito criminal que culminou na criação de um modelo de intervenção penal específico para doentes mentais considerados delinquentes, ou seja, "perigosos" para a vida em sociedade. O primeiro Código Criminal brasileiro foi aprovado em 22 de outubro de 1830 ainda durante o período imperial, tendo sido sancionado pelo imperador D. Pedro I, em 16 de dezembro do mesmo ano, e seguia os preceitos da escola clássica do direito penal, estabelecidos por Cesare Beccaria em 1767, que se firmava em três pressupostos: igualdade dos homens perante a lei; pena como função da gravidade do delito; e, condicionamento do crime à sua definição legal. É importante mencionar que os pilares da igualdade frente à lei e do caráter retributivo da pena são fundados na ideia de livre-arbítrio e responsabilidade, o que punha em questão a prática delitual da pessoa em estado de loucura.

O *Código Criminal do Império do Brazil* estabeleceu em seu §2º do art. 10 que "os loucos de todo gênero, salvo de (*sic*) tiverem lúcidos intervalos e neles cometerem o crime" não se julgarão como criminosos.[123] Não era necessária a presença de especialista para o enquadramento dos loucos de todo gênero, pois caberia ao juiz formular os quesitos sobre o estado de loucura do réu e o "exame" deveria ser realizado diante do júri. "A circunstância da loucura, ainda que de notoriedade pública, só podia ser tomada em consideração pelo júri".[124]

---

122 PERES, Maria Fernanda Tourinho; NERY FILHO, Antônio. A doença mental no direito penal brasileiro: inimputabilidade, irresponsabilidade, periculosidade e medida de segurança. *In*: *História, Ciências, Saúde – Manguinhos*, Rio de Janeiro, v. 9, n. 2, mai./ago. 2002. p. 336.

123 Lei de 16 de dezembro de 1830, Código Criminal: "Art. 10. Tambem não se julgarão criminosos: [...] 2º Os loucos de todo o genero, salvo se tiverem lucidos intervallos, e nelles commetterem o crime".

124 FILGUEIRAS JR., Araújo. Código Criminal do Império do Brazil. Rio de Janeiro: Casa dos editores proprietários Eduardo & Henrique Laemmert, 1876. p. 12, *apud*. PERES, Maria Fernanda Tourinho; NERY FILHO, Antônio. A doença mental no direito penal brasileiro: inimputabilidade, irresponsabilidade, periculosidade e medida de segurança. *In*: *História, Ciências, Saúde – Manguinhos*, Rio de Janeiro, v. 9, n. 2, mai./ago. 2002. p. 337.

O destino dos loucos infratores era regulado no art. 12 do Código Criminal que estabelecia que "os loucos que tiverem commettido (*sic*) crimes, serão recolhidos ás casas para eles (*sic*) destinadas, ou entregues ás suas famílias (*sic*), como ao Juiz parecer mais conveniente". Convêm lembrar que no período em que o Código Criminal foi sancionado não havia ainda um local específico para o tratamento da loucura como asilos, somente as prisões e os hospitais da Santa Casa. O primeiro asilo com essa finalidade somente foi inaugurado no Rio de Janeiro em 1852.[125] Embora nesse período não fosse dado nenhum tratamento específico aos considerados loucos, é de se registrar que a depender da situação social o destino que lhes eram reservados era diferente. Os loucos pobres que "vagavam pelas ruas oferecendo perigo às pessoas" deveriam ser encaminhados às cadeias e à Santa Casa,[126] em clara prática higienista. Essa estratégia alienista permaneceu durante muito tempo sem uma lei que a respaldasse, apesar do pleito dos médicos por uma regularização dos termos de admissão dos loucos nos asilos, o que revela um anseio pela ampliação do poder de intervenção médica.[127]

O Código Criminal do Império foi alvo de críticas em relação ao modelo de intervenção penal destinado aos loucos, sobretudo, por não contemplar a necessidade do perito-psiquiatra para avaliação do estado mental do criminoso, o que propiciava um poder excessivo ao juiz, e por não existir um local específico para os loucos criminosos. Buscava-se a criação de manicômios judiciários e a regulamentação da

---

[125] "As separações institucionalizadas, tanto nos saberes quanto nas práticas dos considerados indesejáveis, começaram de forma incipiente no século XIX em nosso país, com as transformações que a chegada da família real provocou na pequena cidade do Rio de Janeiro. Tornou-se necessário modernizar o espaço urbano, limpar as ruas da paisagem humana que as ocupava: escravos, esmoleiros, loucos e maltrapilhos. A fundação das primeiras faculdades de Medicina, em 1832, no Rio de Janeiro e na Bahia, foi um marco do discurso higienista, preocupado em descolonizar os hábitos dos senhores, disseminando valores burgueses para uma sociedade que vivia o regime escravocrata". (LOBO, Lilia Ferreira. Exclusão e inclusão: fardos sociais das deficiências e das anormalidades infantis no Brasil. *In*: PRIORI, Mari del; AMANTINO, Marcia (Orgs.). *História do corpo no Brasil.* São Paulo: Editora Unesp, 2011. p. 413-414).

[126] PERES, Maria Fernanda Tourinho; NERY FILHO, Antônio. A doença mental no direito penal brasileiro: inimputabilidade, irresponsabilidade, periculosidade e medida de segurança. *In*: *História, Ciências, Saúde – Manguinhos*, Rio de Janeiro, v. 9, n. 2, mai./ago. 2002. p. 337.

[127] PERES, Maria Fernanda Tourinho; NERY FILHO, Antônio. A doença mental no direito penal brasileiro: inimputabilidade, irresponsabilidade, periculosidade e medida de segurança. *In*: *História, Ciências, Saúde – Manguinhos*, Rio de Janeiro, v. 9, n. 2, mai./ago. 2002. p. 337-338.

psiquiatria como especialidade médica,[128] o que revela a forte influência da institucionalização e do saber psiquiátrico nesse período. Ademais, o Código Criminal de 1830 somente contemplava o alienado que cometia um ato criminoso, sendo considerado insuficiente, por não abarcar os loucos não perigosos. Talvez a falha fosse proveniente do imaginário dominante nesse período no sentido de ser a alienação uma degenerescência que propiciava a prática de atos contrários à lei pelos ditos anormais, ou seja, fora do padrão social dominante.[129]

A categoria genérica e ampla dos "loucos de todo gênero" utilizada no Código Criminal do Império "precisava ser delimitada",[130] pois receoso se encontrava o legislador de manter uma fórmula de "amplitude inconveniente e perigosa",[131] o que foi feito, em 1890, no Código Criminal republicano (Decreto nº 847) com a adoção da fórmula "completa privação dos sentidos e da inteligência". Optou-se, dessa forma, pelo critério da "intensidade da perturbação", que deveria "ser completa e não qualquer, porque só aquela tira ao indivíduo a consciência do ato ou a liberdade da determinação".[132]

Contudo, a tentativa de delimitar a noção de loucura surtiu efeito contrário ao pretendido. Nos albores do Código Criminal de 1890, a restrita fórmula da "completa privação dos sentidos e da

---

[128] PERES, Maria Fernanda Tourinho; NERY FILHO, Antônio. A doença mental no direito penal brasileiro: inimputabilidade, irresponsabilidade, periculosidade e medida de segurança. *In*: *História, Ciências, Saúde – Manguinhos*, Rio de Janeiro, v. 9, n. 2, mai./ago. 2002. p. 338.

[129] O advento do primeiro Código Criminal republicano (Decreto nº 847), de 11 de outubro de 1890, estabeleceu significativas alterações no estatuto penal do alienado e seu destino institucional. O art. 27, em seu §4º, substituiu a expressão "loucos de todo gênero" pela fórmula da completa privação dos sentidos e da inteligência. Os alienados seriam inimputáveis, e, nos termos do art. 7º, crime seria a violação imputável e culposa da lei penal. Dito de outro modo, os atos por eles praticados não lhes seriam atribuídos e nem respondem pelos atos praticados, não cabendo a aplicação de sanções penais. O Código republicano previu, ainda, especificamente, em seu art. 29, que os alienados deveriam ser entregues às suas famílias ou, para a segurança do público, serem encaminhados aos hospitais de alienados.

[130] PERES, Maria Fernanda Tourinho; NERY FILHO, Antônio. A doença mental no direito penal brasileiro: inimputabilidade, irresponsabilidade, periculosidade e medida de segurança. *In*: *História, Ciências, Saúde – Manguinhos*, Rio de Janeiro, v. 9, n. 2, mai./ago. 2002. p. 339.

[131] COSTA E SILVA, José da. *Código Penal dos Estados Unidos do Brasil*. São Paulo: Companhia Editora Nacional, 1930. p. 189.

[132] ESCOREL, Manoel Clementino de Oliveira. Codigo Penal Brazileiro. São Paulo: Duprat e comp., 1905. v. I, p. 120, *apud*. PERES, Maria Fernanda Tourinho; NERY FILHO, Antônio. A doença mental no direito penal brasileiro: inimputabilidade, irresponsabilidade, periculosidade e medida de segurança. *In*: *História, Ciências, Saúde – Manguinhos*, Rio de Janeiro, v. 9, n. 2, mai./ago. 2002. p. 339.

inteligência" foi encarada pelos juristas como impeditivo à absolvição dos alienados delinquentes, uma vez que tal estado seria "incompatível com a atividade física e psíquica anormal" para a prática de um ato, compreendendo, desse modo, somente o "cadáver, o corpo inerte e sem vida, incapaz de gesto ou ato".[133] Assim, salvo os casos de "imbecilidade nativa" ou "enfraquecimento senil", previstos no §3º do art. 127, os demais alienados deveriam ser condenados, eis que o §4º do art. 27 não teria aplicação em espécie alguma de loucura. Superada essa curiosa e estreita solução, elasteceu-se a interpretação do dispositivo para abarcar todos os casos de estado de inconsciência, independente da causa, ou seja, todos aqueles que não tinham "possibilidade de obrar livremente",[134] incluindo os loucos de todo gênero, bem como os casos de "sonambulismo, epilepsia, delírio febril, hipnose e embriaguez completa".[135] Com o novo Código, portanto, ampliou-se a noção de loucura e a atuação dos peritos psiquiátricos nos tribunais brasileiros, tornando-se a perícia a prova mais fundamental da alienação mental.[136]

Se ao longo do século XIX o tratamento do alienado no direito penal transitou entre a amplitude da designação dos "loucos de todo gênero" à fórmula, restrita em sua redação, mas flexibilizada em sua interpretação, da "completa privação do sentidos e da inteligência", é preciso salientar que na esfera cível a discussão centrava-se no estatuto do alienado como incapaz para a prática dos atos da vida civil. A inimputabilidade e a incapacidade eram retratos da absorção jurídica da ideia de pessoas com deficiência como anormais, e que, portanto, deveriam ser excluídas da responsabilidade penal e do governo de sua própria vida, ou seja, afastadas do convívio com a sociedade.

---

[133] COSTA E SILVA, José da. *Código Penal dos Estados Unidos do Brasil*. São Paulo: Companhia Editora Nacional, 1930. p. 189-190.

[134] SOARES, Oscar de Macêdo. Código Penal da República dos Estados Unidos do Brasil. Rio de Janeiro: Livraria Garnier, [s. d.]. p. 76, *apud*. PERES, Maria Fernanda Tourinho; NERY FILHO, Antônio. A doença mental no direito penal brasileiro: inimputabilidade, irresponsabilidade, periculosidade e medida de segurança. *In*: *História, Ciências, Saúde – Manguinhos*, Rio de Janeiro, v. 9, n. 2, mai./ago. 2002. p. 340.

[135] PERES, Maria Fernanda Tourinho; NERY FILHO, Antônio. A doença mental no direito penal brasileiro: inimputabilidade, irresponsabilidade, periculosidade e medida de segurança. *In*: *História, Ciências, Saúde – Manguinhos*, Rio de Janeiro, v. 9, n. 2, mai./ago. 2002. p. 340.

[136] "Compete à medicina averiguar o fato da alienação mental, razão por que em todos os casos patológicos os exames médicos são as provas reconhecidas como as mais legítimas e precedentes". (ESCOREL, Manoel Clementino de Oliveira. Codigo Penal Brazileiro. São Paulo: Duprat e comp., 1905. v. I, p. 120, *apud*. PERES, Maria Fernanda Tourinho; NERY FILHO, Antônio. A doença mental no direito penal brasileiro: inimputabilidade, irresponsabilidade, periculosidade e medida de segurança. *In*: *História, Ciências, Saúde – Manguinhos*, Rio de Janeiro, v. 9, n. 2, mai./ago. 2002. p. 340).

A concretização do ideário codificador não alcançou o direito civil brasileiro no período oitocentista, tendo que aguardar a República para promulgação do primeiro Código Civil nacional já em pleno século XX. O movimento de codificação atraca no Brasil logo após a independência. A Constituição do Império, promulgada em 1824, determinou em seu art. 179, nº XVIII a "necessidade de se organizar, quanto antes, um código civil e um criminal, fundado em sólidas bases de Justiça e Equidade". Apesar de o Código Criminal ter sido promulgado em 1830, como visto, e o Código Comercial, em 1850, o aludido dispositivo não foi cumprido em sua plenitude, uma vez que o Código Civil teve que aguardar até o ano de 1916, já sob o manto da Constituição de 1891. Durante o império, as ordenações filipinas continuavam a vigorar por força da lei de 20 de outubro de 1823 que determinou que, enquanto não se organizasse um novo código ou não fossem especialmente alteradas, as Ordenações, regimentos, alvarás, decretos e resoluções promulgadas pelos reis de Portugal até 25 de abril de 1821 permaneceriam a viger no Brasil. Apesar da letargia codificatória em matéria cível, fato é que ao longo do século XIX diversas leis foram sendo promulgadas sobre determinadas matérias cíveis, formando um verdadeiro "labirinto legislativo",[137] eis que nossa legislação encontrava-se "completamente esparsa, sem sistemática e desordenada".[138]

O processo de codificação civil nacional inicia-se com a contratação do jurista Augusto Teixeira de Freitas como encarregado de elaborar a "Consolidação das Leis Civis", documento monumental que ordenou de forma sistemática as normas vigentes naquele período. Após a bem-sucedida empreitada, o governo imperial contrata o reconhecido jurista para elaborar o "Esboço" do Código Civil,[139] que se tornou célebre apesar de não ter logrado êxito em se tornar o primeiro

---

[137] FONSECA, Ricardo Marcelo. A cultura jurídica brasileira e a questão da codificação civil no século XIX. *In*: *Revista da Faculdade de Direito da UFPR*, Curitiba, n. 44, p. 61-76, 2006. p. 67.

[138] PEREIRA, Caio Mário da Silva. *Instituições de direito civil*. 27. ed. Rio de Janeiro: Forense, 2014. v. I, p. 69.

[139] Ricardo Marcelo Fonseca registra que "[O]outras tentativas de codificação da legislação civil (muito menos célebres, contudo) foram ainda tentadas no Brasil imperial: a de Nabuco de Araújo (1872) e a de Felício dos Santos (1881) cujos projetos, que muito deviam ao 'Esboço' de Teixeira de Freitas, acabaram barradas quer pela rejeição do Ministério da Justiça e do parlamento, quer pelo final do regime imperial em 1889". (FONSECA, Ricardo Marcelo. A cultura jurídica brasileira e a questão da codificação civil no século XIX. *In*: *Revista da Faculdade de Direito da UFPR*, Curitiba, n. 44, p. 61-76, 2006. p. 68).

Código Civil brasileiro,[140] embora tenha se tornado referência, sobretudo, nas codificações oitocentistas latino-americanas. A importância em se averiguar o estatuto civil dos deficientes mentais no Esboço Teixeira de Freitas se justifica na medida em que ilumina as discussões e debates no campo do direito civil, especialmente a respeito da incapacidade, na segunda metade do século XIX.

O Esboço Teixeira de Freitas, em seu art. 41, estabelecia que "os alienados declarados por tais em juízo" e os "surdos-mudos que não sabem dar-se a entender por escrito" seriam considerados absolutamente incapazes, tendo em vista que não poderiam "praticar ato algum por impossibilidade física" que fossem válidos. De acordo com o "jurisconsulto do império", seriam consideradas alienadas aquelas pessoas assim declaradas judicialmente "por impossibilidade moral de obrar, e também pela dependência em que vêm a ficar de uma representação necessária", enquanto que os surdos-mudos seriam os que por "impossibilidade física de manifestação exterior da vontade, e até certo ponto também por impossibilidade moral".[141] Teixeira de Freitas distinguiu os alienados entre os declarados judicialmente (art. 41 do Esboço) e os não declarados em juízo, mas em ambos os casos são considerados incapazes, embora o art. 24 trate dos chamados incapazes de fato, abrangendo todas as suas "manifestações, naturais ou acidentais, permanentes ou passageiras, notórias ou dependentes de prova". Em alguns casos, os incapazes de fato dependem de uma representação necessária (art. 25 do Esboço), seja pela própria natureza, como os surdos-mudos, ou por fatos acidentais, a exemplo dos alienados.[142]

---

140 "Embora não haja um consenso entre os autores sobre as razões do fracasso do 'Esboço' em sua pretensão de transformar-se em código, parece efetivamente que contribuíram decisivamente duas razões. A primeira foi a firme e inflexível convicção de Teixeira de Freitas em promover a unificação do direito privado, o que encontrava uma oposição do governo, que, secundado pelos firmes interesses da elite agrária, não via com bons olhos essa mudança. De fato, na sua carta de 1867 que rejeitava os trabalhos já impressos, dizia que resistia 'invencivelmente a essa calamitosa duplicação das leis civis'. A segunda razão encontra-se na decisão de Teixeira de Freitas de, fiel a seu espírito liberal, negar-se a estabelecer uma disciplina jurídica para a escravidão dos negros". (FONSECA, Ricardo Marcelo. A cultura jurídica brasileira e a questão da codificação civil no século XIX. *In*: *Revista da Faculdade de Direito da UFPR*, Curitiba, n. 44, p. 61-76, 2006. p. 68).

141 FREITAS, Augusto Teixeira. *Esboço do Código Civil*. Brasília: Ministério da Justiça, Fundação Universidade de Brasília, 1983. p. 31.

142 FREITAS, Augusto Teixeira. *Esboço do Código Civil*. Brasília: Ministério da Justiça, Fundação Universidade de Brasília, 1983. p. 17-18.

O art. 78 do Esboço estabelece que "ninguém será havido por *alienado*, para que se tenha lugar a representação necessária que neste Código se determina, sem que a *alienação mental* seja previamente verificada, e declarada pelo Juiz do seu domicílio ou residência". Observa-se que tal dispositivo se dirige aos alienados que dependem de representação, ou seja, são declarados incapazes "em relação a todos e quaisquer atos futuros", logo, absolutamente incapazes; enquanto que a declaração de alienação mental dos incapazes de fato – aqueles que não precisam de representação necessária – afeta tão somente "o ato jurídico sobre que ela recai, para o efeito de anular esse ato unicamente".[143]

Baseado nas espécies de alienação mental formulada por Philippe Pinel e adotada por seu discípulo Jean-Étienne Esquirol, Teixeira de Freitas entendia que deveriam ser declarados alienados "os indivíduos de um e outro sexo, que se acharem em estado habitual de mania, demência ou imbecilidade, ainda mesmo que tenham lúcidos intervalos, ou a mania pareça parcial". Desse modo, alienados seriam aqueles em estado habitual, ou seja, "estado permanente e mais ordinário da pessoa, cuja alienação mental se tem de declarar; de onde não bastam acessos passageiros e acidentais de alteração de espírito".[144] Tal requisito é importante pois excluía de serem considerados absolutamente incapazes e, logo, representados, pessoas passageiramente com alienação mental que poderiam ter determinado ato jurídico anulado por ser considerado como incapaz de fato, embora não dependente de representação necessária. O estado habitual, esclarece Teixeira de Freitas, não se confunde com estado permanente e contínuo, por isso, "a existência de lúcidos intervalos nem inibe a declaração de incapacidade absoluta, e a medida da representação necessária; nem tão-pouco faz cessar essa incapacidade e representação".[145]

O "jurisconsulto do império" já alertava que a declaração de alienação mental (e a consequente privação da administração de seus bens) é "medida sumamente grave, e deve-se empregar todos os meios para que não haja abusos, facilitando-se quanto for possível o conhecimento da verdade". Por isso, considera que a classificação adotada no art. 78 é "a da Ciência, que tem minuciosamente descrito os

[143] FREITAS, Augusto Teixeira. *Esboço do Código Civil*. Brasília: Ministério da Justiça, Fundação Universidade de Brasília, 1983. p. 45.

[144] FREITAS, Augusto Teixeira. *Esboço do Código Civil*. Brasília: Ministério da Justiça, Fundação Universidade de Brasília, 1983. p. 46.

[145] FREITAS, Augusto Teixeira. *Esboço do Código Civil*. Brasília: Ministério da Justiça, Fundação Universidade de Brasília, 1983. p. 46.

caracteres de cada um dos tipos de loucura".[146] Apesar de demonstrada a preocupação com a gravidade da medida de declaração de incapacidade absoluta e, por conseguinte, da nomeação do representante necessário, o que descortina a severidade de sua imposição, por outro lado, apega-se ao reinante discurso psiquiátrico, na medida em que avulta a importância do exame de sanidade, nos termos do art. 82 do projeto Teixeira de Freitas. O Esboço revela, portanto, uma sintonia com o emergente campo da psiquiatria, já que adota a classificação da alienação com base em Pinel e Esquirol, o que sinaliza a simbiose entre os poderes médico e jurídico como instrumentos de exclusão da pessoa então denominada de alienada.

A definição de alienação mental calcada em critérios científicos da época, contudo, parece melhor que a fórmula "loucos de todo gênero", que foi adotada no Código Civil de 1916, consagrada no Código Bevilaqua, que os considerou como absolutamente incapazes de exercer, pessoalmente, os atos da vida civil (art. 5º, II). O próprio Clovis Bevilaqua admite que apesar de "loucos de todo gênero" ser a "expressão tradicional" no direito brasileiro à época, já não lhe parecia a melhor,[147] apesar de não a ter censurado por ocasião da alteração realizada pela Comissão Revisora no projeto revisto. O fato de tal locução ser reputada como costumeira no direito nacional se explica em parte por sua utilização no Código Criminal de 1830, embora o Código de 1890 já a tivesse abandonado.

Não há dúvida que sempre foi difícil a conceituação jurídica da loucura, a começar pela escolha da melhor expressão a ser utilizada pelos Códigos vigentes à época. O Projeto Clóvis Bevilaqua seguiu os postulados emanados do Esboço do Código Civil de Teixeira de Freitas[148] que "desconhecia quase completamente a psiquiatria forense; é que Teixeira de Freitas tomou como modelo as classificações de Pinel e de Esquirol, já abandonadas, e até mal copiadas ou mal compreendidas".[149]

---

146 FREITAS, Augusto Teixeira. *Esboço do Código Civil*. Brasília: Ministério da Justiça, Fundação Universidade de Brasília, 1983. p. 48.

147 BEVILAQUA, Clovis. *Código Civil dos Estados Unidos do Brasil Comentado*. 10. ed. atual. por Achilles Bevilaqua. Rio de Janeiro: Editora Paulo de Azevedo Ltda., 1953. v. 1, p. 148.

148 "Na determinação da incapacidade por insanidade mental, o projeto Clovis Bevilaqua, assim como a sua revisão, não se apartaram de uma fonte nacional, Teixeira de Freitas, que infelizmente não pode firmar autoridade na espécie em virtude do atraso em que este autor se deixou ficar em matéria de psiquiatria forense, mesmo para a época em que escreveu". (RODRIGUES, Nina. *O alienado no direito civil brasileiro*. 3. ed. São Paulo: Companhia Editora Nacional, 1939. p. 24).

149 PACHECO, Maria Theresa de Medeiros. Nina Rodrigues e o Direito Civil Brasileiro. *In*: *Gazeta Médica da Bahia*, n. 76, supl. 2, p. 3-10, 2006. p. 4.

O projeto primitivo do Código Civil de 1916 preferia a expressão "alienados de toda espécie", tendo em vista que se entendia que haveria "casos de incapacidade civil, que se não poderiam, com acerto (*sic*), capitular como de loucura". Segundo Clovis Bevilaqua, os alienados seriam "aquêles que, por organização cerebral incompleta, por moléstia localizada no encéfalo, lesão somática ou vício de organização, não gozam de equilíbrio mental e clareza de razão suficientes para se conduzirem, socialmente, nas relações da vida". Nesse sentido, afirmou que enquanto o "diagnóstico importa ao médico; ao jurista o que interessa é a vida social, que pode ser perturbada pela ação dos alienados". Por isso, para ser considerado alienado deveria ser uma perturbação incompatível com o meio social.[150] Revela-se, dessa forma, a preocupação com a sociedade em detrimento do indivíduo vulnerado que precisava de proteção, evidenciando a supremacia do modelo médico de deficiência.

A fórmula "loucos de todo gênero" foi duramente criticada ainda durante o projeto do Código Civil e continuou após a aprovação do texto. Os críticos pronunciavam-se pela substituição da "infeliz" expressão por outra mais adequada como "alienados de todo gênero", adotada no projeto primitivo, ou "loucos e deficientes mentais".[151] Entretanto, se a expressão "loucos" sofreu censuras, a utilização de "alienados" não seria imune às críticas, conforme se pronunciou Raymundo Nina Rodrigues: "Os termos *alienados* e *loucos* conservam seu valor técnico e por mais que se diga dos primeiros, que serão de qualquer espécie e dos segundos que serão de *todo gênero*, deles (*sic*) estarão sempre excluídos certos casos de insanidade mental permanente e os transitórios".[152] Nessa linha, o autor, diante das discussões a respeito da terminológica a ser adotada pelo Código, defende que seria "mesmo difícil encontrar uma expressão capaz de convir como rubrica genérica a todos esses casos de insanidade, de cuja soma o grupo das loucuras é apenas uma parcela".[153]

---

[150] BEVILAQUA, Clovis. *Código Civil dos Estados Unidos do Brasil Comentado*. 10. ed. atual. por Achilles Bevilaqua. Rio de Janeiro: Editora Paulo de Azevedo Ltda., 1953. v. 1, p. 148.

[151] BEVILAQUA, Clovis. *Código Civil dos Estados Unidos do Brasil Comentado*. 10. ed. atual. por Achilles Bevilaqua. Rio de Janeiro: Editora Paulo de Azevedo Ltda., 1953. v. 1, p. 149.

[152] RODRIGUES, Nina. *O alienado no direito civil brasileiro*. 3. ed. São Paulo: Companhia Editora Nacional, 1939. p. 30.

[153] RODRIGUES, Nina. *O alienado no direito civil brasileiro*. 3. ed. São Paulo: Companhia Editora Nacional, 1939. p. 20.

Para muitos juristas e médicos, as expressões alienados e loucos eram sinônimas. No entanto, outros as consideravam como gênero e espécie. Desse modo, loucos seriam "doentes de um processo patológico ativo"; enquanto o "idiota, parado no desenvolvimento, o demente, regredido pela senilidade, são enfermos de um processo patológico estacionário ou crônico: não são loucos, mas, como os outros, são alienados". Por isso, o entendimento de alguns da alienação como noção muito mais ampla do que a de loucura.[154]

A rigor, a doutrina salientava que "loucos de todo gênero" e "alienados de qualquer espécie" eram expressões "vezeiras dos projetos, leis, códigos nacionais, mais ou menos empregadas a êsmo (*sic*)".[155] Milciades Mario de Sá Freire já frisava que não interessava "discutir a propriedade das expressões usadas pelo Código", mas convém "examinar o alcance ou o que pretendeu o legislador expressar, usando a palavra 'loucos'".[156]

De todo modo, apesar das críticas, a expressão "loucos de todo gênero" foi escolhida, permanecendo na redação final do Código Civil e manteve-se até a promulgação do Código Civil de 2002. De acordo com Clovis Bevilaqua, tal expressão designaria os casos de "*insanidade mental permanente ou duradoura*, que determinam a incapacidade, desde que se caracterizem por uma *grave alteração nas faculdades mentais*, seja a inteligência, a emotividade ou o querer".[157] Diante de tal definição, são excluídos os estados de insanidade mental transitórios, que apenas viciam os atos jurídicos praticados durante sua permanência. Além disso, adverte-se que se a "alteração das faculdades mentais não é grave, embora duradoura, e permite ao paciente reger a sua pessoa e os seus bens, não há necessidade nem conveniência de feri-lo com a incapacidade absoluta".[158]

A imprecisão da linguagem, portanto, é reflexo do próprio embate no discurso psiquiátrico acerca da loucura. A rigor, o Código

---

154 SANTOS, João Manuel de Carvalho. *Código Civil brasileiro interpretado principalmente do ponto de vista prático*. 12. ed. Rio de Janeiro: Freitas Bastos, 1980. v. 1, p. 253. (arts. 1-42).

155 SANTOS, João Manuel de Carvalho. *Código Civil brasileiro interpretado principalmente do ponto de vista prático*. 12. ed. Rio de Janeiro: Freitas Bastos, 1980. v. 1, p. 253.

156 FREIRE, Milcíades Mário de Sá. *Manual do Código Civil Brasileiro. Parte Geral*. Rio de Janeiro: Jacintho Ribeiro dos Santos Editor, 1930. v. II, p. 48.

157 BEVILAQUA, Clovis. *Código Civil dos Estados Unidos do Brasil Comentado*. 10. ed. atual. por Achilles Bevilaqua. Rio de Janeiro: Editora Paulo de Azevedo Ltda., 1953. v. 1, p. 149 (grifos no original).

158 BEVILAQUA, Clovis. *Código Civil dos Estados Unidos do Brasil Comentado*. 10. ed. atual. por Achilles Bevilaqua. Rio de Janeiro: Editora Paulo de Azevedo Ltda., 1953. v. 1, p. 149.

Civil de 1916 ao adotar o epíteto "loucos de todo gênero" optou por rubrica genérica e submeteu-se a necessidade de perícia médica para o diagnóstico, apesar da ressalva de Clóvis Bevilaqua no sentido de a insanidade mental permanente somente influir na incapacitação da pessoa se perturbasse sua vida social, eis que se fosse possível reger sua vida e bens não deveria ser declarado absolutamente incapaz em razão da intensidade da medida adotada. Uma vez que o Código Civil de 1916 incluiu os loucos de todo gênero entre os absolutamente incapazes, considerando os atos por eles praticados nulos (art. 145, I)[159] e transferiu sua representação aos curadores para os atos da vida civil (art. 84),[160] estabeleceu-se uma confusão jurídica entre incapacidade, insanidade mental e interdição, que ao longo do século XX eclipsou os direitos das pessoas com deficiência intelectual, que permaneceram à margem do Direito, com suas vontades e desejos negados, na maior parte das vezes, reforçando a segregação e exclusão sociais decorrentes do discurso médico iniciado séculos antes.

Indispensável registrar que a utilização de expressão tão genérica e flexível permitiu a forte penetração do discurso psiquiátrico que condicionou por meio dos laudos periciais a determinação do estado de incapacidade.[161] Já se defendeu que "a questão de saber se há uma doença mental é, sem dúvida, uma questão médica. [...] o juiz pronuncia interdição ou anula o ato, mas tendo em vista sempre o parecer dos profissionais".[162] Sob a chancela do Direito, portanto, hipertrofiou-se a verdade médica em detrimento de uma avaliação mais abrangente que não se baseasse exclusivamente no diagnóstico psiquiátrico, mas levasse em consideração os efeitos concretos de eventual deficiência intelectual na vida de relações mantida por cada pessoa nas suas aptidões ou funcionalidades pessoais.

Os "loucos de todo gênero" são uma expressão simbólica que bem traduz um período no qual a liberdade de atuar na vida social e decidir sobre sua própria vida estava condicionada ao modelo

---

[159] "Art. 145. É nulo o ato jurídico: I. Quando praticado por pessoa absolutamente incapaz (art. 5)".

[160] "Art. 84. As pessoas absolutamente incapazes serão representadas pelos pais, tutores, ou curadores em todos os atos jurídicos (art. 5); as relativamente incapazes pelas pessoas e nos atos que este Código determina (arts. 6, 154 e 427, n VII)".

[161] Vide o art. 450 do Código Civil de 1916: "Antes de se pronunciar acerca da interdição, examinará pessoalmente o juiz o argüido de incapacidade, ouvindo profissionais".

[162] SANTOS, João Manuel de Carvalho. *Código Civil brasileiro interpretado principalmente do ponto de vista prático*. 12. ed. Rio de Janeiro: Freitas Bastos, 1980. v. 1, p. 258.

de normalidade ditado pela medicina, sobretudo, pela psiquiatria, condenando todos os indivíduos patológicos, desviantes da regra imposta, ao ocaso, silenciando seus direitos e negando sua condição de pessoa humana com a garantia da dignidade que lhe é inerente.

## 1.3 Da normalização do indivíduo ao sujeito de direito

A ideia de que a deficiência é puramente um fenômeno biológico e com características universais é uma construção histórico-cultural. A deficiência está relacionada com o próprio padrão de normalidade determinado por processos de poder, evidenciando a inegável historicidade na definição do indivíduo deficiente. A rigor, cada sociedade por meio de mecanismos de poder determina o paradigma de normalidade a partir de convenções sociais que condicionam o destino dos normais, mas, sobretudo, dos anormais e patológicos, que por se desviarem do modelo aceito socialmente acabam excluídos da vida em comunidade. Uma estrutura social que discrimina, oprime e exclui, por não compreender que a diferença constitui a condição humana.

Nessa perspectiva, a análise da deficiência em seu viés histórico assume singular importância na medida em que "auxilia na compreensão do funcionamento e dos valores nas sociedades de modo geral".[163] De acordo com Douglas Baynton, a apropriação da normalidade e a sujeição do outro pelo rótulo de deficiente foi extensivamente utilizado para oprimir minorias ao longo da história, como no caso de mulheres e negros, que geravam restrições de direitos e reduzida participação política e social,[164] o que demonstra o significado

---

[163] FRANÇA, Tiago Henrique. A normalidade: uma breve introdução à história social da deficiência. *In*: *Revista Brasileira de História & Ciências Sociais*, v. 6, n. 11, jul., p. 105-120, 2014. p. 119.

[164] Segundo Douglas Baynton, alguns exemplos históricos demonstram essa apropriação da normalidade para justificar a opressão de minorias a partir da deficiência: "Historians know well how opponents of women's equality frequently cited female deviations from the male norm as justification for the denial of citizenship rights. Women's supposed frailty, irrationality, and excessive emotionality are in essence physical, cognitive, and psychological disabilities, but they are rarely examined as such. With the focus entirely on gender inequality, the significance of this use of disability to justify limitations on political participation receives little attention in history classrooms or research. [...] By the mid-19th century, Europeans routinely associated nonwhite races with disabled people, depicting both as evolutionary laggards or throwbacks. Physical abnormalities were often described as instances of atavism, reversions to earlier stages of evolutionary development. Down Syndrome, for example, was originally called Mongolism by the physician who first identified it in 1866 because he understood it as a biological reversion by Caucasians to the Mongol racial type (a modern version of the medieval monsters of the Orient?)".

cultural da deficiência. Assim, estudos descritivos e analíticos da deficiência, em perspectiva histórica, nos revelam um cenário que sempre provocou desvantagens, opressão e dominação, que "no limite levaram à perseguição e ao extermínio".[165] Tais construções sociais acerca da deficiência propiciaram uma ideologia da normalização,[166] a partir do século XVIII, que impôs uma regulação sobre o corpo de cada indivíduo, evidenciando uma dicotomia entre pessoas normais e anormais.

Sobre o problema do normal e do patológico, tema que suscita acirradas discussões conceituais, Georges Canguilhem critica a visão de que o patológico seria apenas uma variação quantitativa do normal, propondo que haja uma diferenciação qualitativa do estado patológico com relação ao estado normal de um organismo, já que em cada estado o organismo pode produzir comportamentos completamente diferentes. Nessa linha, concebe que "o conceito de *normal* não é um conceito de existência, suscetível, em si mesmo, de ser medido objetivamente", porque o "patológico deve ser compreendido como uma espécie de normal, já que o anormal não é aquilo que não é normal, e sim aquilo

---

Em traduação livre: "Os historiadores sabem bem como os oponentes da igualdade das mulheres freqüentemente citam desvios femininos da norma masculina como justificativa para a negação dos direitos da cidadania. A suposta fragilidade, a irracionalidade e a emoção excessiva das mulheres são essencialmente deficiências físicas, cognitivas e psicológicas, mas raramente são examinadas como tais. Com o foco inteiramente na desigualdade de gênero, o significado desse uso da deficiência para justificar limitações à participação política recebe pouca atenção nas salas de aula da história ou na pesquisa. [...] Em meados do século 19, os europeus rotineiramente associavam raças não brancas com pessoas com deficiência, representando tanto como retardatários evolutivos quanto em retrocessos. As anormalidades físicas foram muitas vezes descritas como casos de atavismo, reversões para estágios iniciais do desenvolvimento evolutivo. A síndrome de Down, por exemplo, foi originalmente chamada mongolismo pelo médico que primeiro a identificou em 1866, porque o entendia como uma reversão biológica dos caucasianos ao tipo racial mongol (uma versão moderna dos monstros medievais do Oriente)". (BAYNTON, Douglas. Disability in History. *In*: *Disability Studies Quartely*, Columbus, n. 28, v. 3, 2008. Disponível em: http://dsq-sds.org/article/view/108/108. Acesso em 17 out. 2017).

165 FRANÇA, Tiago Henrique. A normalidade: uma breve introdução à história social da deficiência. *In*: *Revista Brasileira de História & Ciências Sociais*, v. 6, n. 11, jul., p. 105-120, 2014. p. 120.

166 "A ideologia da normalização consiste na crença que, por meio da habilitação e reabilitação, deve-se prover às pessoas com deficiência serviços que ajam sobre seus corpos para que executem funções mais próximas possíveis do normal. Normalidade, nesse caso, traduz-se na execução de ações como fariam na média as pessoas que não têm deficiência, segundo esperado para sua idade, sendo assim um conceito bioestatístico". (FRANÇA, Tiago Henrique. A normalidade: uma breve introdução à história social da deficiência. *In*: *Revista Brasileira de História & Ciências Sociais*, v. 6, n. 11, jul., p. 105-120, 2014. p. 111).

que é um anormal diferente".[167] A normatividade do conceito de normalidade é evidenciada na medida em que o "normal é o efeito obtido pela execução do projeto normativo, é a norma manifestada no fato", revelando a "relação de exclusão entre o normal e o anormal", sendo este a negação lógica daquele. Acredita-se que "não há, portanto, nenhum paradoxo em dizer que o anormal, que logicamente é o segundo, é existencialmente o primeiro".[168] Nesse sentido, Georges Canguilhem compreende que:

> Para julgar o normal e o patológico não se deve limitar a vida humana à vida vegetativa. Em última análise, podemos viver, a rigor, com muitas malformações ou afecções, mas nada podemos fazer de nossa vida, assim limitada, ou melhor, podemos sempre fazer alguma coisa, e é nesse sentido que qualquer estado do organismo, se for uma adaptação a circunstâncias impostas, acaba sendo, no fundo, normal, enquanto for compatível com a vida. Mas o preço dessa normalidade é a renúncia a qualquer normatividade eventual. O homem, mesmo sob o aspecto físico, não se limita a seu organismo. O homem, tendo prolongado seus órgãos por meio de instrumentos, considera seu corpo apenas como um meio de todos os meios de ação possíveis. É, portanto, para além do corpo que é preciso olhar, para julgar o que é normal ou patológico para esse mesmo corpo. Com uma enfermidade como o astigmatismo ou a miopia, um indivíduo seria normal em uma sociedade agrícola ou pastoril, mas seria anormal na marinha ou na aviação.[169]

Dessa maneira, compreende que são "nos meios próprios do homem, que este seja, em momentos diferentes, normal ou anormal".[170] Portanto, o patológico não possui uma existência em si, podendo apenas ser concebido numa relação.[171] O normal, nessa perspectiva, "não é um conceito estático ou pacífico, e sim um conceito dinâmico e polêmico".[172] Sua análise a partir da oposição entre saúde e doença

---

[167] GANGUILHEM, Georges. *O normal e o patológico*. (Trad. Maria Thereza Redig de Carvalho Barrocas). 6. ed. rev. Rio de Janeiro: Forense Universitária, 2006. p. 153.

[168] GANGUILHEM, Georges. *O normal e o patológico*. (Trad. Maria Thereza Redig de Carvalho Barrocas). 6. ed. rev. Rio de Janeiro: Forense Universitária, 2006. p. 205.

[169] GANGUILHEM, Georges. *O normal e o patológico*. (Trad. Maria Thereza Redig de Carvalho Barrocas). 6. ed. rev. Rio de Janeiro: Forense Universitária, 2006. p. 151-152.

[170] GANGUILHEM, Georges. *O normal e o patológico*. (Trad. Maria Thereza Redig de Carvalho Barrocas). 6. ed. rev. Rio de Janeiro: Forense Universitária, 2006. p. 152.

[171] GANGUILHEM, Georges. *O normal e o patológico*. (Trad. Maria Thereza Redig de Carvalho Barrocas). 6. ed. rev. Rio de Janeiro: Forense Universitária, 2006. p. 140.

[172] GANGUILHEM, Georges. *O normal e o patológico*. (Trad. Maria Thereza Redig de Carvalho Barrocas). 6. ed. rev. Rio de Janeiro: Forense Universitária, 2006. p. 152.

permite compreender que o patológico não é apenas um desvio da norma, mas uma norma diferente, valorizada como inferior.[173] Uma definição de doença possui sempre caráter qualitativo, considerando o funcionamento biológico inadequado em comparação ao que se considera apropriado que é o estado de saúde. A norma que serve de parâmetro para caracterizar a doença ou a saúde de uma pessoa não é natural, mas construída conforme determinados valores.

Calcada em valores, mas apegada a informações descritiva-científicas, a medicina encontra na média "um equivalente objetivo e cientificamente válido do conceito de normal ou de norma",[174] o que não significa que os conceitos de norma e média se confundem, pois, são diferentes e a busca por sua unidade é inútil. Por isso, definir o anormal é reconhecer o "caráter normativo do estado dito normal. Esse estado normal ou fisiológico deixa de ser apenas uma disposição detectável e explicável como um fato para ser a manifestação do apego a algum valor".[175] Por isso, a conceituação de normal não é puramente científica, mas sim normativa, produzida de acordo com os valores de cada indivíduo.

Segundo Georges Canguilhem, o julgamento valorativo da norma que determina o normal não cabe ao médico, mas à própria vida que é em si atividade valorativa, tendendo a valorizar negativamente aquilo que constitui um impedimento ou impossibilidade para a sua conservação. A normatividade descreve a capacidade do ser vivo de determinar normas de funcionamento que lhe permitam continuar vivo. A "normatividade biológica" seria, pois, o conjunto de atividades do organismo que o mantêm vivo.[176] O conceito de normatividade,

---

[173] GANGUILHEM, Georges. *O normal e o patológico*. (Trad. Maria Thereza Redig de Carvalho Barrocas). 6. ed. rev. Rio de Janeiro: Forense Universitária, 2006. p. 136.

[174] GANGUILHEM, Georges. *O normal e o patológico*. (Trad. Maria Thereza Redig de Carvalho Barrocas). 6. ed. rev. Rio de Janeiro: Forense Universitária, 2006. p. 108.

[175] Segundo o autor: "[...] achamos que é muito instrutivo meditar sobre o sentido que a palavra normal adquire em medicina, e que a equivocidade do conceito, assinalada por Lalande, recebe, desse sentido, um esclarecimento muito grande e de alcance absolutamente geral sobre o problema do normal. É a vida em si mesma, e não a apreciação médica, que faz do normal biológico um conceito de valor, e não um conceito de realidade estatística. Para o médico, a vida não é um objeto, é uma atividade polarizada, cujo esforço espontâneo de defesa e de luta contra tudo que é valor negativo é prolongado pela medicina, que lhe traz o esclarecimento da ciência humana, relativo, mas indispensável". (GANGUILHEM, Georges. *O normal e o patológico*. (Trad. Maria Thereza Redig de Carvalho Barrocas). 6. ed. rev. Rio de Janeiro: Forense Universitária, 2006. p. 25-26).

[176] "É por referência à polaridade dinâmica da vida que se podem chamar de normais determinados tipos ou funções. Se existem normas biológicas, é porque a vida, sendo não apenas submissão ao meio mas também instituição de seu próprio meio, estabelece, por

conforme formulado pelo autor, se relaciona com a capacidade de um indivíduo de estabelecer normas, de organizar-se em sua relação com o meio; e o conceito de normalidade como julgamento a respeito da adequação a uma norma de funcionamento eleita como melhor.[177]

Há, contudo, normas que permitem melhores possibilidades adaptativas. Para Georges Canguilhem, é o próprio indivíduo que deve ser o ponto de partida para o julgamento da doença, já que a vida é o valor fundamental. Nesse sentido, o patológico seria uma normatividade inferior, que geraria a diminuição da capacidade individual de relacionar-se com o meio e adaptar-se.[178] Logo, "o doente não é anormal por ausência de norma, e sim por incapacidade de ser normativo".[179]

A norma, nessa perspectiva, deveria ser individual e não coletiva ou formalmente abstrata. Desse modo, a instauração do normal não pode ser reduzida a padrões gerais socialmente preestabelecidos. Nesta visão, se considera que a norma, não sendo uma média estatística,[180] é algo individual, ou seja, uma noção que define as capacidades

---

isso mesmo, valores, não apenas no meio, mas também no próprio organismo. É o que chamamos de normatividade biológica. Não é absurdo considerar o estado patológico como normal, na medida em que exprime uma relação com a normatividade da vida. Seria absurdo, porém, considerar esse normal idêntico ao normal fisiológico, pois trata-se de normas diferentes. Não é a ausência de normalidade que constitui o anormal. Não existe absolutamente vida sem normas de vida, e o estado mórbido é sempre uma certa maneira de viver". (GANGUILHEM, Georges. *O normal e o patológico*. (Trad. Maria Thereza Redig de Carvalho Barrocas). 6. ed. rev. Rio de Janeiro: Forense Universitária, 2006. p. 175).

[177] "Nenhum fato dito normal, por ter se tornado normal, pode usurpar o prestígio da norma da qual ele é a expressão, a partir do momento em que mudarem as condições dentro das quais ele tomou a norma como referência. Não existe fato que seja normal ou patológico em si. A anomalia e a mutação não são, em si mesmas, patológicas. Elas exprimem outras normas de vida possíveis. Se essas normas forem inferiores – quanto à estabilidade, à fecundidade e à variabilidade da vida – às normas específicas anteriores, serão chamadas patológicas. Se, eventualmente, se revelarem equivalentes – no mesmo meio – ou superiores – em outro meio –, serão chamadas normais. Sua normalidade advirá de sua normatividade. O patológico não é a ausência de norma biológica, é uma norma diferente, mas comparativamente repelida pela vida". (GANGUILHEM, Georges. *O normal e o patológico*. (Trad. Maria Thereza Redig de Carvalho Barrocas). 6. ed. rev. Rio de Janeiro: Forense Universitária, 2006. p. 103).

[178] GANGUILHEM, Georges. *O normal e o patológico*. (Trad. Maria Thereza Redig de Carvalho Barrocas). 6. ed. rev. Rio de Janeiro: Forense Universitária, 2006. p. 136.

[179] GANGUILHEM, Georges. *O normal e o patológico*. (Trad. Maria Thereza Redig de Carvalho Barrocas). 6. ed. rev. Rio de Janeiro: Forense Universitária, 2006. p. 138.

[180] "As constantes se apresentam com uma frequência e um valor médios, em um determinado grupo, que lhes confere valor de normal, e esse normal é realmente a expressão de uma normatividade. A constante fisiológica é a expressão de um estado fisiológico ideal em determinadas condições, dentre as quais é preciso lembrar as que o ser vivo em geral,

máximas de uma pessoa. Assim, cada indivíduo teria sua concepção do que é normal para si, já que a média não tolera desvios individuais que não podem ser considerados como patológicos.[181]

Nessa linha, o normal "não tem a rigidez de um fato coercitivo coletivo, e sim a flexibilidade de uma norma que se transforma em sua relação com condições individuais", tornando o limite entre o normal e o patológico impreciso. Georges Canguilhem considera, portanto, que a "fronteira entre o normal e o patológico é imprecisa para diversos indivíduos considerados simultaneamente, mas é perfeitamente precisa para um único e mesmo indivíduo considerado sucessivamente", pois é o indivíduo que avalia o que é normal a partir de determinados valores, afinal "é ele que sofre suas consequências, no próprio momento em que se sente incapaz de realizar as tarefas que a nova situação lhe impõe".[182]

Michel Foucault, a partir do viés valorativo estabelecido por Georges Canguilhem para a normalidade, relata a história do conceito de anormalidade através do discurso psiquiátrico.[183] A loucura, segundo relata, foi a sucessora da lepra no continente europeu, apesar do período de latência de quase dois séculos da medicina em apropriar-se somente em meados do século XVII desse fenômeno como novo "espaço moral de exclusão".[184] A internação é uma criação institucional própria desse período, assumindo uma amplitude "que não lhe permite uma comparação com a prisão tal como era praticada na Idade Média".

---

e o *homo faber* em particular, proporcionam a si mesmos". (GANGUILHEM, Georges. *O normal e o patológico*. (Trad. Maria Thereza Redig de Carvalho Barrocas). 6. ed. rev. Rio de Janeiro: Forense Universitária, 2006. p. 125).

[181] "Se reconhecemos que a doença não deixa de ser uma espécie de norma biológica, consequentemente o estado patológico não pode ser chamado de anormal no sentido absoluto, mas anormal apenas na relação com uma situação determinada. Reciprocamente, ser sadio e ser normal não são fatos totalmente equivalentes, já que o patológico é uma espécie de normal. Ser sadio significa não apenas ser normal em uma situação determinada, mas ser, também, normativo, nessa situação e em outras situações eventuais. O que caracteriza a saúde é a possibilidade de ultrapassar a norma que define o normal momentâneo, a possibilidade de tolerar infrações à norma habitual e de instituir normas novas em situações novas. Permanecemos normais, com um só rim, em determinado meio e em determinado sistema de exigências. Mas não podemos mais nos dar ao luxo de perder um rim, devemos poupá-lo e nos poupar". (GANGUILHEM, Georges. *O normal e o patológico*. (Trad. Maria Thereza Redig de Carvalho Barrocas). 6. ed. rev. Rio de Janeiro: Forense Universitária, 2006. p. 148, 80).

[182] GANGUILHEM, Georges. *O normal e o patológico*. (Trad. Maria Thereza Redig de Carvalho Barrocas). 6. ed. rev. Rio de Janeiro: Forense Universitária, 2006. p. 135.

[183] Cf. FOUCAULT, Michel. *Os anormais*: curso no Collège de France (1974-1975). (Trad. Eduardo Brandão). São Paulo: Martins Fontes, 2001.

[184] FOUCAULT, Michel. *História da loucura*: na idade clássica. São Paulo: Perspectiva, 2012. p. 8.

Além de constituir uma medida econômica e de precaução social, internação expressa um decisivo momento "[...] em que a loucura é percebida no horizonte social da pobreza, da incapacidade para o trabalho, da impossibilidade de integrar-se no grupo; o momento em que começa a inserir-se no texto dos problemas da cidade". Modificou-se a experiência em relação à loucura, traçando uma linha divisória entre loucos e não loucos, "que se procede a uma escolha, a fim de banir". Assim, assistiu-se em menos de meio século setentecista a loucura tornar-se "reclusa, e na fortaleza do internamento, ligada à Razão, às regras da moral e a suas noites monótonas".[185]

A internação serviu como mecanismo social hábil a afastar e eliminar do grupo social todos os "elementos que lhe são heterogêneos ou nocivos", se esgotando numa "obscura finalidade social". Conforme registra Michel Foucault, o "internamento seria assim a eliminação espontânea dos 'a-sociais'; a era clássica teria neutralizado, com segura eficácia – tanto mais segura quanto cega – aqueles que, não sem hesitação, nem perigo, distribuímos entre as prisões, casas de correção, hospitais psiquiátricos ou gabinetes de psicanalistas".[186] A internação não visava um tratamento médico num primeiro momento, mas sim "uma homologação dos alienados aos outros correcionais, como demonstram essas estranhas fórmulas jurídicas que não entregam os insanos aos cuidados do hospital, mas os condenam a uma temporada neles". A presença de um médico nos locais de internação não era "porque se tem a consciência de que aí são internados doentes, é porque se teme a doença naqueles que já estão internados".[187]

A partir do século XVII, de acordo com Michel Foucault, as manifestações de poder centraram-se na vida humana, deixando de lado os conceitos tradicionais de "lei" ou "soberania", bem como a noção de repressão como representação apenas negativa de seus mecanismos. O poder situa-se cada vez mais no plano da norma, que não apenas funciona como repressão a individualidade ou a natureza posta, mas seu mecanismo de forma positiva constitui, forma os indivíduos. Nesse sentido, verificou-se uma "assunção da vida pelo poder", ou seja, "uma tomada de poder sobre o homem enquanto ser vivo, uma

---

185 FOUCAULT, Michel. *História da loucura*: na idade clássica. São Paulo: Perspectiva, 2012. p. 78.

186 FOUCAULT, Michel. *História da loucura*: na idade clássica. São Paulo: Perspectiva, 2012. p. 79.

187 FOUCAULT, Michel. *História da loucura*: na idade clássica. São Paulo: Perspectiva, 2012. p. 115-116.

estatização do biológico".[188] Diante desse cenário de fortalecimento do poder sobre a vida, observa-se que o "poder é cada vez menos o direito de fazer morrer e cada vez mais o direito de intervir para fazer viver, e sobre a maneira de viver, e sobre o 'como' da vida". Dessa maneira, compreende-se que é "a partir desse momento, então, em que o poder intervém, sobretudo a esse nível, para ampliar a vida, para controlar os acidentes, o aleatório, as deficiências, em suma, a morte, como fim da vida, é evidentemente o limite, o extremo do poder".[189]

Segundo Michel Foucault, o exercício do poder nas sociedades ocidentais modernas é instrumentalizado por meio do que denomina de *disciplina*[190] e *biopolítica*, ambos componentes do chamado biopoder, sendo aquela compreendida como o poder exercido em face dos corpos individuais e esta o instrumento de poder que mira as populações.

A partir do século XVII, o poder (biopoder) se centrou em torno da vida humana, do homem como ser vivente, sob duas formas de atuação que visavam o corpo do indivíduo e o plano das populações.[191] Desse modo, por um lado, os mecanismos do biopoder voltam-se para o "corpo-espécie", o corpo suporte dos processos biológicos, tais como a reprodução, nascimento, mortalidade, longevidade, saúde, que se tornaram objeto de uma série de intervenções e controles reguladores do poder, uma verdadeira *"bio-política da população"*. E, por outro lado,

---

[188] FOUCAULT, Michel. *História da loucura*: na idade clássica. São Paulo: Perspectiva, 2012. p. 285-286.

[189] FOUCAULT, Michel. *Em defesa da sociedade*: curso no Collège de France (1975-1976). (Trad. Maria Ermantina Galvão). São Paulo: Martins Fontes, 2005. p. 295-296.

[190] De acordo com Edgardo Castro, encontram-se, principalmente, dois usos do termo "disciplina" nos textos foucaultianos: "Um na ordem do saber (forma discursiva de controle da produção de novos discursos) e outro na do poder (o conjunto de técnicas em virtude das quais os sistemas de poder têm por objetivo e resultado a singularização dos indivíduos). Mas é necessário enfatizar que não são dois conceitos sem relação. Ainda que a questão da disciplina – desde o ponto de vista do poder, isto é, dessa forma de exercício do poder que tem por objeto os corpos e por objetivo sua normalização – tenha sido a que principalmente ocupou os especialistas e interessou aos leitores, não se pode deixar de lado o uso discursivo do conceito de disciplina". (CASTRO, Edgardo. *Vocabulário de Foucault – Um percurso pelos seus temas, conceitos e autores*. (Trad. Ingrid Müller Xavier). Belo Horizonte: Autêntica Editora, 2009. p. 110).

[191] "As disciplinas do corpo e as regulações da população constituem os dois polos em torno dos quais se desenvolveu a organização do poder sobre a vida. A instalação – durante a época clássica, desta grande tecnologia de duas faces – anatômica e biológica, individualizante e especificante, voltada para os desempenhos do corpo e encarando os processos da vida – caracteriza um poder cuja função mais elevada já não é mais matar, mas investir sobre a vida, de cima a baixo". (FOUCAULT, Michel. *História da sexualidade 1*: a vontade de saber. 13. ed. (Trad. Maria Tereza da Costa Albuquerque e J. A. Guillon Albuquerque). Rio de Janeiro: Edições Graal, 1988. p. 130).

o poder voltou-se para o corpo individual, que deveria ser "adestrado", ampliado em suas aptidões, extorquido em suas forças, "docilizado"[192] através de disciplinas, para que pudesse produzir mais, ser mais útil, e assim se integrar nos sistemas de controle eficazes e econômicos.[193]

Dessa maneira, tendo o poder se centrado na vida, biologicamente considerada, a "era do biopoder" se consolida como uma sociedade de normalização, e não somente de disciplinarização, pautada em processos de disciplina dos corpos dos indivíduos e de regulação das populações. Michel Foucault leciona que: "A sociedade de normalização é uma sociedade onde se cruzam, segundo uma articulação ortogonal, a norma da disciplina e a norma da regulação". Nesse sentido, observou-se que: "[D]dizer que o poder, no século XIX, tomou possessão da vida, dizer ao menos, que o poder, no século XIX, se encarregou da vida é dizer que ele chegou a cobrir toda a superfície que se estende do orgânico ao biológico, do corpo à população, pelo jogo duplo das tecnologias de disciplina, por um lado, e das tecnologias de regulação, por outro".[194]

Uma sociedade essencialmente articulada sobre a norma implica vigilância e controle dos indivíduos, importando numa classificação permanente, uma hierarquização. A norma é o critério de divisão dos indivíduos, visto que ela estabelece a fronteira do que lhe é exterior – a normalidade – impondo uma conformidade de condutas que deve ser alcançada, buscando uma homogeneização dos comportamentos, sob pena de exclusão. Enquanto a lei dita as condutas aceitáveis e condenáveis, a norma impõe condutas.[195] A partir do momento em que a sociedade da norma começa a se consolidar, "a medicina, posto que ela é a ciência por excelência do normal e do patológico, será a ciência

---

[192] De acordo com Michel Foucault, "[o] 'homem-máquina' de La Mattrie é ao mesmo tempo uma redução materialista da alma e uma teoria geral do adestramento, no centro dos quais reina a noção de 'docilidade' que une ao corpo analisável o corpo manipulável. É dócil um corpo que pode ser submetido, que pode ser utilizado, que pode ser transformado e aperfeiçoado". (FOUCAULT, Michel. *Vigiar e punir*: nascimento da prisão. 35. ed. (Trad. Raquel Ramalhete). Petrópolis: Vozes, 2008. p. 118).

[193] FOUCAULT, Michel. *História da sexualidade 1*: a vontade de saber. 13. ed. (Trad. Maria Tereza da Costa Albuquerque e J. A. Guillon Albuquerque). Rio de Janeiro: Edições Graal, 1988. p. 130.

[194] FOUCAULT, Michel. *Em defesa da sociedade*: curso no Collège de France (1975-1976). (Trad. Maria Ermantina Galvão). São Paulo: Martins Fontes, 2005. p. 302.

[195] A distinção aqui não corresponde à atual doutrina jurídica que considera como normas tanto os princípios quanto as regras.

régia".[196] Por isso, uma sociedade de normalização é fundamentalmente medicalizada.

Desde então, a vida humana passou a submeter-se ao controle do saber, sobretudo da ciência médica, inaugurando o fenômeno da medicalização da vida ou da sociedade,[197] que constitui "fenômeno social difuso nas sociedades ocidentais, que se instaurou talvez de modo não deliberado, mas, sem dúvida, definitivo",[198] tendo sido potencializado no século XX graças à marcante atuação da biomedicina através das descobertas científicas. Alcança-se em seu apogeu o que se denomina de *healthism* que consiste em movimento que promove a saúde como principal preocupação social, tornando a ausência de doenças e a preservação do vigor físico como um dever de todos. Traduz-se na ideologia ou na moralidade da saúde e do corpo perfeito,[199]

---

[196] CASTRO, Edgardo. *Vocabulário de Foucault – Um percurso pelos seus temas, conceitos e autores.* (Trad. Ingrid Müller Xavier). Belo Horizonte: Autêntica Editora, 2009. p. 310.

[197] AÏACH, P. Les voies de la médicalisation. *In*: AÏACH, P.; DELANOË, D. (Orgs.) *L'`ere de la médicalisation*: ecce homo sanitas. Paris: Economica, 1998. p. 15-36. Conforme observa Heloisa Helena Barboza: "nascimento, desenvolvimento e preservação da vida, e mesmo a morte deixaram de ser fatos naturais, transformando-se em ações médicas, de todo influentes para o direito. Nascimentos e mortes ocorrem em hospitais, para grande parte da população brasileira, incluídos os mais carentes. A medicina determina como nascer, quando morrer, como viver: o que comer, o que fazer ou não, num processo contínuo de acompanhamento do indivíduo, de forma direta ou indireta, como a que ocorre por meio de campanhas ou orientação pelos meios de comunicação em massa". (BARBOZA, Heloisa Helena. Reprodução humana como direito fundamental. *In*: DIREITO, Carlos Alberto Menezes; TRINDADE, Antônio Augusto Cançado; PEREIRA, Antônio Celso Alves (Org.). *Novas Perspectivas do direito internacional contemporâneo.* Rio de Janeiro: Renovar, 2008. p. 778-779).

[198] BARBOZA, Heloisa Helena. Reprodução humana como direito fundamental. *In*: DIREITO, Carlos Alberto Menezes; TRINDADE, Antônio Augusto Cançado; PEREIRA, Antônio Celso Alves (Org.). *Novas Perspectivas do direito internacional contemporâneo.* Rio de Janeiro: Renovar, 2008. p. 778.

[199] "A repolitização da saúde possibilitou a criação de uma forma de sociabilidade apolítica, que chamaremos de biossociabilidade, para distinguir da biopolítica estatal clássica, constituída por grupos de interesses privados, não mais reunidos segundo padrões tradicionais de agrupamento como classe, estamento, orientação política, mas conforme a critérios de saúde, desempenho físico, doenças específicas, longevidade etc. Nessa cultura da biossociabilidade, criam-se modelos ideais de sujeito baseados na *performance* física e estabelecem-se novos parâmetros de mérito e reconhecimento, novos valores com base em regras higiênicas e regimes de ocupação de tempo. As ações individuais passam a serem dirigidas com o objetivo de obter melhor forma física, mais longevidade, prolongamento da juventude etc. Na biossociabilidade, todo um vocabulário médico-fisicalista baseado em constantes biológicas, taxas de colesterol, tônus muscular, desempenho corporal, capacidade aeróbica populariza-se e adquire uma conotação 'quase moral' ao fornecer os princípios de avaliação que definem a excelência do indivíduo, antes medida de acordo com o desempenho na esfera pública ou na esfera privada e familiar. Ao mesmo tempo todas as atividades sociais, lúdicas, religiosas, esportivas, sexuais são ressignificadas

através da qual se incute nas pessoas a necessidade de busca incessante pela vida saudável, relacionando-se com as atividades cotidianas de comer, dormir ou vestir-se, na qual a saúde é um valor e torna-se um dever do cidadão.

A constante e crescente intervenção do biopoder atinge todos os seres humanos individualmente considerados, em decorrência das estratégias adotadas para o gerenciamento da vida, sendo a normalização a forma em que se descreve o funcionamento e a finalidade desse poder, que atua como mecanismo de transformação da vida humana. O desenvolvimento do biopoder[200] implicou, sem dúvida, o crescimento da importância da norma na sociedade contemporânea. Por conseguinte, a própria lei funciona cada vez mais como norma e o judiciário se integra nas instituições reguladoras. Nesse sentido, Michel Foucault já observou: "Não quero dizer que a lei se apague ou que as instituições de justiça tendam a desaparecer; mas que a lei funciona cada vez mais como norma, e que a instituição judiciária se integra cada vez mais num contínuo de aparelhos (médicos, administrativos etc.) cujas

---

como práticas de saúde (Luz, 2000, 2001). O que alguns autores denominaram de *healthism* ou *bodyism*". (ORTEGA, Francisco. Biopolíticas da saúde: reflexões a partir de Michel Foucault, Agnes Heller e Hannah Arendt. *In*: *Interface – Comunicação, Saúde, Educação*, v. 8, n. 14, p. 9-20, set. 2003; fev. 2004. p. 14-15). "Healthism represents a particular way of viewing the health problem, and is characteristic of the new health consciousness and movements. It can best be understood as a form of medicalization, meaning that it still retains key medical notions. Like medicine, healthism situates the problem of health and disease at the level of the individual". Tradução: "O *healthism* representa uma maneira particular de ver o problema de saúde e é característico da nova consciência e movimentos de saúde. Pode ser melhor entendido como uma forma de medicalização, o que significa que ele ainda mantém as principais noções médicas. Como a medicina, o estado de saúde situa o problema da saúde e da doença ao nível do indivíduo" (tradução nossa). (CRAWFORD, Robert. Healthism and the medicalization of everyday life. *In*: *International Journal Health Services*, v. 10, n. 3, p. 365-88, 1980).

[200] Achille Mbembe demonstra que a "noção de biopoder é insuficiente para dar conta das formas de submissão da vida ao poder da morte", que "reconfiguram profundamente as relações entre resistência, sacrifício e terror". Propõe, a partir desse cenário, as noções de necropolítica e necropoder para "dar conta das várias maneiras pelas quais, em nosso mundo contemporâneo, as armas de fogo são dispostas com o objetivo de provocar a destruição máxima de pessoas e criar 'mundos de morte', formas únicas e novas de existência social, nas quais vastas populações são submetidas a condições de vida que lhes conferem o estatuto de 'mortos-vivos'". Em síntese, "a máxima expressão da soberania reside, em grande medida, no poder e na capacidade de ditar quem pode viver e quem deve morrer. Por isso, matar ou deixar viver constituem os limites da soberania, seus atributos fundamentais. Ser soberano é exercer controle sobre a mortalidade e definir a vida como a implantação e manifestação de poder". (MBEMBE, Achille. *Necropolítica*: biopoder, soberania, estado de exceção, biopolítica da morte. (Trad. Renata Santini). São Paulo: n-1 edições, 2018. p. 5, 71).

funções são sobretudo reguladoras. Uma sociedade normalizadora é o efeito histórico de uma tecnologia de poder centrada na vida".[201]

Nessa perspectiva, a função dos tratamentos destinados às pessoas com deficiência mental e intelectual seria exatamente a normalização destes indivíduos. Através da norma socialmente imposta por meio das instâncias reguladoras, visa-se homogeneizar a diversidade de condutas e comportamentos, buscando corrigir os loucos, desviantes, que subvertiam as normas. A normalização é efeito do biopoder e se operacionaliza a partir de uma escolha de uma norma de vida como a melhor para todos os indivíduos, marcada como um conjunto de expressões possíveis para a individualidade, embebida de valores, que gera uma hierarquização, com inferiorização social daqueles que não seguem a norma. As pessoas com deficiência se tornam o principal grupo negligenciado por não se enquadrar nos padrões de normalidade, sendo a invisibilidade e a segregação os destinos que lhes foram ofertados. Um corpo que não é tão produtivo, saudável e perfeito como os demais, torna-se a tônica do discurso social dominante que os inferioriza, como fruto da normalização de suas vidas.

No entanto, a partir da década de 1960, com o declínio da institucionalização das pessoas com deficiência, que tinha demonstrado seu fracasso como método terapêutico, iniciou-se movimento prol desinstitucionalização, baseado na ideologia da normalização, mas que, ao invés de excluir, transformou-se para "adestrar", "normalizar" o quanto possível os corpos até então invisíveis dos denominados "portadores" de deficiência como forma de integrá-los à sociedade, buscando-se com isso sua inserção produtiva no mercado de trabalho.

A partir desse contexto, a normalização se traduzia como movimento que visava integrar essas pessoas "especiais", "extraordinárias", mas que presumia, por isso, a existência de pessoas em condições "normais", representadas pelo maior número de pessoas na curva da normalidade; e as pessoas em condição de "desvio", o que, por si só, já demonstrava o apego à norma imposta socialmente. O movimento de integração buscava o fim da prática de exclusão social, por meio da institucionalização, que atingiu durante séculos as pessoas com deficiência. A exclusão significava o banimento total dessas pessoas de qualquer atividade social, por serem consideradas inválidas, incapazes

---

[201] FOUCAULT, Michel. *História da sexualidade 1*: a vontade de saber. 13. ed. (Trad. Maria Tereza da Costa Albuquerque e J. A. Guillon Albuquerque). Rio de Janeiro: Edições Graal, 1988. p. 134.

de trabalhar, portanto sem utilidade para a sociedade. Apesar do propósito bem-intencionado, a integração dependia da capacidade de moldar-se ao meio, de superar as barreiras físicas e atitudinais presentes na sociedade.[202] Em outros termos, a integração não inseria as pessoas com deficiência de forma plena e integral, eis que ainda fortemente vinculada ao padrão de normalidade.

Por isso, na esteira dos ensinamentos de Georges Canguilhem e Michel Foucault, as fronteiras da normalidade são essencialmente estabelecidas por parâmetros valorativos, dependem, portanto, de legitimação social e do poder atribuído ao discurso que os constroem e as instituições que as regulam, mas que inegavelmente oprimem e excluem socialmente os considerados anormais, patológicos, ou seja, aqueles que subvertem a ordem, a norma. O projeto de normalização das condutas sociais e individuais, encampado pelas intervenções e estratégias psiquiátricas e legitimado pelo discurso jurídico, amalgamou padrões disciplinares normalizadores do corpo do indivíduo-patológico que restringiam seus direitos e sua atuação no universo social como sujeito autônomo, impondo-lhe o ostracismo e esquecimento nos limites dos muros dos asilos e manicômios.

A normalização do indivíduo baseava-se no modelo médico que pautava sua intervenção na medicalização dos corpos e mentes e na reparação da lesão, o que redundava na opressão das pessoas com deficiência, que foram, num primeiro momento, banidas do convívio social, e, depois, objeto de "reparação", "restauração", para assemelhar-se aos ditos normais. Não eram sujeitos de direito, mas objeto de pesquisa da medicina, sujeitos a toda sorte de procedimentos cruéis e invasivos de "normalização". O Direito não foi menos cruel, reforçando os mecanismos de exclusão, rotulando-os de absolutamente incapazes no Código Civil de 1916 e conferindo poderes quase que absolutos ao curador para reger a vida civil, nos aspectos existenciais e patrimoniais, da pessoa com deficiência intelectual, sob o manto do discurso protetivo, mas opressor e excludente, não raras vezes. Lentamente, a preocupação com a pessoa com deficiência foi sendo posta, mas ainda assim de forma acanhada e sem considerar suas diferenças como reveladoras da diversidade humana, mas como sujeito a ser "normalizado", cuja

---

[202] CHICON, José Francisco; SOARES, Jane Alves. *Compreendendo os Conceitos de Integração e Inclusão*. Disponível em: http://www.todosnos.unicamp.br:8080/lab/links-uteis/acessibilidade-e-inclusao/textos/compreendendo-os-conceitos-de-integracao-e-inclusao/. Acesso em 10 jan. 2017.

integração à sociedade seria limitada às suas peculiaridades e de forma superficial.

Somente com os movimentos sociais de reconhecimento dos direitos humanos da pessoa com deficiência no último quartel do século passado é que se rompe com a segregação e a opressão, superando paulatinamente a ideia de normalização do indivíduo. É importante frisar, contudo, que o processo de intervenção médica que visava "reparar", tornar as pessoas deficientes mais próximas possíveis da normalidade já revelava por meio de sua estratégia normalizadora o pressuposto da anormalidade dos "portadores de deficiência". Tal premissa desconsidera a igualdade das diferenças que se baseia na diversidade humana e oprime as pessoas com deficiência a se moldarem ao padrão socialmente aceito, sob pena de exclusão e interdição.

O que se constata é que esse processo de normalização que objetivava integrar as pessoas diferentes por causa da deficiência foi um limitado avanço para consideração desses sujeitos como detentores de direitos, em superação à sua visão como objetos em tempos não tão pretéritos. No entanto, aprisiona-se ainda em modelos de normalidade incompatíveis com a pluralidade e a laicidade preconizadas pela Constituição, que foi ampliada e renovada pela Convenção dos Direitos da Pessoa com Deficiência. O direito a ser diferente floresce e a inclusão é processo de reconhecimento, pautado na alteridade, que visa inserir no seio social as pessoas com deficiência com suas diferenças, ou melhor, a partir das suas diferenças com a superação das barreiras sociais que lhe são impostas.[203]

A compreensão da deficiência, como examinada, perpassa a percepção dos processos de poder que determinam o controle dos corpos e mentes, não sendo uma questão puramente médico-biológica. Por isso, não é um problema das pessoas com deficiência, mas sim de toda coletividade, que precisa, antes de qualquer coisa, reconhecê-los como indivíduos iguais e competentes para a plena participação na vida social.[204]

---

[203] Já se realçou, em outra sede, ser "de fundamental importância a função promocional do atual marco normativo voltado à tutela dos direitos da pessoa com deficiência, na medida em que, além de assegurar o exercício dos direitos e das liberdades fundamentais, promove radicalmente a mudança da cultura de indiferença e invisibilidade, estabelecendo comportamentos socialmente desejáveis e exigíveis que podem resultar no reconhecimento das pessoas com deficiência". (BARBOZA, Heloisa Helena; ALMEIDA JR., Vitor de Azevedo. Reconhecimento e inclusão das pessoas com deficiência. *In*: *Revista Brasileira de Direito Civil – RBDCivil*, Belo Horizonte, v. 13, p. 17-37, jul./set. 2017. p. 37).

[204] Em outra oportunidade, já se teve oportunidade de afirmar que é "indispensável que a sociedade reconheça as pessoas com deficiência como iguais em respeito e

## 1.4 A experiência brasileira: a luta antimanicomial e a Lei nº 10.216/2001

No decorrer do século XX se assistiu ao desmoronamento do discurso exclusivo da internação psiquiátrica para o tratamento dos chamados "doentes mentais". Segundo Michel Foucault, "a psiquiatria clássica reinou e funcionou sem [...] muitos problemas externos entre os anos de 1850 e 1930, a partir de um discurso que ela considerava e fazia funcionar como verdadeiro", no qual se deduzia a necessidade da instituição asilar e do poder médico como "lei interna e eficaz". As críticas "antipsiquiátricas" desenvolvem-se a partir dos anos de 1930 e 1940 fundando-se especialmente na violência do poder médico exercido nas instituições asilares e nos efeitos de seu desconhecimento, colocando em xeque a suposta verdade médica sobre a loucura.[205]

Cabe registrar que, a partir da Primeira Grande Guerra Mundial, com o grande contingente de pessoas mutiladas, "a deficiência começou a ser definida como uma falta, uma insuficiência, algo que necessita de reparação ou compensação daquilo que se havia perdido (sentidos, funções ou órgãos)", o que propiciou a criação de organizações voltadas para atendimento especializado e exclusivo dessas pessoas. Rompe-se, dessa maneira, com a política de segregação institucional que "vigorou desde o final do século XIX até a década de 1940, em que tais pessoas eram consideradas 'inválidas' socialmente 'inúteis'". A partir desse período é que se desenvolveu a ideologia da normalização, em termos de "reparação" do indivíduo, buscando sua integração à comunidade. Nesse sentido, como já se disse, cabiam às pessoas com deficiência "se adaptarem à sociedade, para que pudessem participar da vida social. Todo esse pensamento faz parte do modelo médico, assistencialista ou reabilitador, de caráter protetor, que embasou ações, políticas públicas e a própria legislação então vigente".[206] A partir da década de 1970 é que

---

consideração, sujeitos independentes e com voz para interação com outros parceiros na sociedade, em simetria de oportunidade, para alcançar a estima social desejada e desenvolverem livremente sua personalidade de acordo com seu projeto pessoal de plena realização existencial". (BARBOZA, Heloisa Helena; ALMEIDA JR., Vitor de Azevedo. Reconhecimento e inclusão das pessoas com deficiência. *In*: *Revista Brasileira de Direito Civil – RBDCivil*, Belo Horizonte, v. 13, p. 17-37, jul./set. 2017. p. 36).

205 FOUCAULT, Michel. *O poder psiquiátrico*. São Paulo: Martins Fontes, 2006. p. 49-50.

206 BARBOSA-FOHRMANN, Ana Paula; KIEFER, Sandra Filomena Wagner. Modelo social de abordagem dos direitos humanos das pessoas com deficiência. *In*: MENEZES, Joycene Bezerra de (Org.). *Direito das pessoas com deficiência psíquica e intelectual nas relações privadas*:

se instaura movimento, sobretudo na Inglaterra e nos Estados Unidos, conforme já explanado, que buscava a participação social igualitária e o reconhecimento de direitos humanos inerentes à pessoa com deficiência.

No Brasil, o movimento antimanicomial foi iniciado ainda nos anos setenta do século passado,[207] mas somente se consolidou na legislação nacional com a promulgação da Lei nº 10.216/2001, que trata da proteção e dos direitos das pessoas portadoras de transtornos mentais e redireciona o modelo assistencial em saúde mental. O movimento antimanicomial, também conhecido como Reforma Psiquiátrica Brasileira,[208] reivindicava um tratamento destinado aos "portadores de transtornos mentais" não mais centrado no modelo hospitalocêntrico, que objetivava excluir o paciente do convívio social, tornando-o invisível, mas direcionado à adoção de recursos terapêuticos, preferencialmente, em estabelecimentos extra-hospitalares.[209]

---

convenção sobre os direitos da pessoa com deficiência e Lei Brasileira de Inclusão. Rio de Janeiro: Processo, 2016. p. 70-71.

[207] Cf. BRASIL. Ministério da Saúde. Secretaria de Atenção à Saúde. DAPE. Coordenação Geral de Saúde Mental. *Reforma psiquiátrica e política de saúde mental no Brasil.* Documento apresentado à Conferência Regional de Reforma dos Serviços de Saúde Mental: 15 anos depois de Caracas. Brasília: OPAS, nov. 2005.

[208] Sobre a trajetória histórica do movimento nacional da luta antimanicomial no Brasil, v. LUCHMANN Lígia Helena Hahn; RODRIGUES, Jefferson. O movimento antimanicomial no Brasil. *In*: *Ciênc. saúde coletiva [online]*, v. 12, n. 2, p. 399-407, 2007.

[209] No Brasil, foi promulgado o Decreto nº 24.559, de 3 de julho de 1934, que dispunha sobre a "profilaxia mental, a assistência e proteção à pessoa e aos bens dos psicopatas, a fiscalização dos serviços psiquiátricos" e dava outras providências. O §2º do art. 3º, por exemplo, utilizava o termo "menores anormais". Nos termos do Decreto: "Os menores anormais somente poderão ser recebidos em estabelecimentos psiquiátricos a êles destinados ou em secções especiais dos demais estabelecimentos especiais dos demais estabelecimentos dêsse gênero". Sobre as anormalidades infantis no Brasil, Lilia Ferreira Lobo, em estudo dedicado ao tema, leciona que o "final do século XIX assistiu, na Europa, ao nascimento da criança anormal, restringindo a antiga abrangência da idiotia, ao ocupar com mais apuro o lugar desta. Nossos médicos, imbuídos do ideário estrangeiro da psiquiatria e da higiene, introduziram, logo no início desse período, a perspectiva preventiva medicina que visava à pedagogia da população e, por isso, tinha na infância o alvo privilegiado, fazendo surgir a figura da criança anormal". Registra, ainda, que "os três únicos estabelecimentos para crianças anormais existentes no Brasil em 1923 eram insuficientes. A partir de 1908, os relatórios oficiais ao Ministério da Justiça e Negócios Interiores descrevem seguidamente a superlotação do Pavilhão Bournevill. Na terceira década do século XX, outra denominação, agora de ordem jurídica e judiciária, entra em cena: o menor e seu prolongamento, menor anormal, por sua vez subdividido em anormal de inteligência e de caráter". (LOBO, Lilia Ferreira. Exclusão e inclusão: fardos sociais das deficiências e das anormalidades infantis no Brasil. *In*: PRIORI, Mari del; AMANTINO, Marcia (Orgs.). *História do corpo no Brasil.* São Paulo: Editora Unesp, 2011. p. 419, 421).

O movimento nacional da luta antimanicomial se inscreveu num processo mais amplo de transformações sociais, que consistia no combate a todas as formas de exclusão. Semelhante à trajetória de muitos outros movimentos sociais do país, é no contexto da abertura do regime militar[210] que surgem as primeiras manifestações no setor da saúde, com a criação, em 1976, do Centro Brasileiro de Estudos de Saúde (CEBES) e do movimento de Renovação Médica (REME), que permitiu e impulsionou o surgimento do Movimento dos Trabalhadores de Saúde Mental, que assumiu "papel relevante nas denúncias e acusações ao governo militar, principalmente sobre o sistema nacional de assistência psiquiátrica, que inclui práticas de tortura, fraudes e corrupção".[211]

A reforma psiquiátrica é definida como "um processo histórico de formulação crítica e prática que tem como objetivos e estratégias o questionamento e a elaboração de propostas de transformação do modelo clássico e do paradigma da psiquiatria".[212] A transformação do modelo clássico da psiquiatria se iniciou pela desinstitucionalização na tradição basagliana,[213] segundo a qual "a clínica deixaria de ser o isolamento terapêutico ou o tratamento moral pinelianos, para tornar-se criação de possibilidades, produção de sociabilidades e subjetividades. O sujeito da experiência da loucura, antes excluído do mundo da cidadania, antes incapaz de obra ou de voz, torna-se sujeito, e não objeto de saber".[214] Objetiva-se com esse movimento, gestado no âmbito dos reclames democráticos a cidadania dos loucos, romper com o domínio do saber psiquiátrico, que contribuiu de forma contundente para a consolidação de um imaginário social de associação da indiferença à anormalidade. Buscava-se o fim da cidadania interditada.

---

210 "No Brasil, a reforma psiquiátrica é um processo que surge mais concreta e principalmente a partir da conjuntura da redemocratização, em fins da década de 1970, fundado não apenas na crítica conjuntural ao subsistema nacional de saúde mental, mas também, e principalmente, na crítica estrutural ao saber e às instituições psiquiátricas clássicas, no bojo de toda a movimentação político-social que caracteriza esta mesma conjuntura de redemocratização". (AMARANTE, Paulo (Org.). *Loucos pela vida*: a trajetória da reforma psiquiátrica no Brasil. Rio de Janeiro: Panorama/ENSP, 1995. p. 91).

211 LUCHMANN Lígia Helena Hahn; RODRIGUES, Jefferson. O movimento antimanicomial no Brasil. *In*: *Ciênc. saúde coletiva [online]*, v. 12, n. 2, p. 399-407, 2007. p. 402.

212 AMARANTE, Paulo (Org.). *Loucos pela vida*: a trajetória da reforma psiquiátrica no Brasil. Rio de Janeiro: Panorama/ENSP, 1995. p. 91.

213 Franco *Basaglia* era médico-psiquiatra e foi o precursor do movimento de reforma psiquiátrica italiano conhecido como Psiquiatria Democrática. V. AMARANTE, Paulo. Uma aventura no manicômio: a trajetória de Franco Basaglia. *In*: *Hist. cienc. Saúde [online]*, Manguinhos, v. 1, n. 1, p. 61-77, 1994.

214 AMARANTE, Paulo. Reforma psiquiátrica e epistemologia. *In*: *Cadernos Brasileiros de Saúde Mental*, v. 1, n. 1, jan./abr. 2009. (CD-ROM).

A compreensão mais adequada do processo de reforma psiquiátrica perpassa quatro dimensões. A dimensão epistemológica se refere ao conjunto de questões teórico-conceituais que fundamentam o saber, autorizam e dão suporte ao fazer médico psiquiátrico, revisitando os conceitos produzidos pelo referencial epistêmico da psiquiatria, tais como alienação e doença mental, bem como suas práticas como isolamento terapêutico, entre outros. Por conseguinte, a dimensão técnico-assistencial se baseia no cuidado com o paciente como elemento chave para o tratamento. A dimensão jurídico-política foca na afirmação da cidadania e no reconhecimento dos direitos humanos das pessoas com deficiência, redefinindo seu papel nas relações sociais. E, por fim, a dimensão cultural, que é o principal objetivo desse processo, visa "a transformação do lugar social da loucura, da diferença e da divergência", calcada em um "conjunto de intervenções e estratégias que visam transformar o lugar da loucura no imaginário social", e não somente a transformação do modelo assistencial.[215]

No campo legislativo, a reforma psiquiátrica encontrou respaldo somente com a promulgação da Lei nº 10.216/2001, que constituiu um marco ao estabelecer novas diretrizes para o tratamento de pessoas com transtornos mentais, rompendo com o período manicomial anteriormente vivenciado no país de forte segregação,[216] assegurando-lhes direitos e redirecionando o modelo assistencial no país. Em seu art. 1º, a referida lei prevê que as pessoas acometidas de transtorno mental devem ser merecedoras de respeito "sem qualquer forma de discriminação quanto à raça, cor, sexo, orientação sexual, religião, opção política, nacionalidade, idade, família, recursos econômicos e ao grau de gravidade ou tempo de evolução de seu transtorno, ou qualquer outra".

---

[215] AMARANTE, Paulo. Reforma psiquiátrica e epistemologia. *In*: *Cadernos Brasileiros de Saúde Mental*, v. 1, n. 1, jan./abr. 2009. (CD-ROM).

[216] Cabe registrar que a Lei nº 2.312, de 03 de setembro de 1954, que estabelecia Normas Gerais sobre Defesa e Proteção da Saúde, revogada expressamente pelo art. 55 da Lei nº 8.080, de 19 de setembro de 1990, e o Decreto nº 49.974-A, de 21 de janeiro de 1961, que regulamentou a lei mencionada e foi batizado de Código Nacional de Saúde, já enfatizavam o atendimento psiquiátrico extra-hospitalar, sem, contudo, apresentar significativas mudanças na prática psiquiátrica. O art. 22 da Lei determinava que o "tratamento, o amparo e a proteção ao doente nervoso ou mental serão dados em hospitais, em instituições para-hospitalares ou no meio social, estendendo a assistência psiquiátrica à família do psicopata". Por sua vez, o Decreto, em seu art. 75, estabelecia que a "política sanitária nacional, com referência à saúde mental, é orientada pelo Ministério da Saúde, no sentido da prevenção da doença e da redução, ao mínimo possível, dos internamentos em estabelecimentos nosocomiais". Infere-se que havia um abismo entre o comando legal e a realidade vivenciada pelos pacientes psiquiátricos, pois apesar das diretrizes anteriormente mencionadas, a situação nada ou pouco se alterou.

A excepcionalidade da internação e a finalidade de reinserção na sociedade são determinações cristalinas da lei em comento. O artigo 4º estabelece que "a internação, em qualquer de suas modalidades, só será indicada quando os recursos extra-hospitalares se mostrarem insuficientes" e seu §1º impõe que "o tratamento visará, como finalidade permanente, a reinserção social do paciente em seu meio". Deste modo, a internação psiquiátrica no Brasil deverá ser o último recurso a ser utilizado pelos médicos, e, mesmo assim, exige-se que o tratamento durante o período internado seja no sentido de reintegrar[217] o paciente à sociedade. Dentre os direitos elencados no parágrafo único do art. 2º, assegura-se à pessoa "portadora" de transtornos mentais o "acesso ao melhor tratamento do sistema de saúde, consentâneo às suas necessidades" (inciso I), devendo ser tratado com "humanidade e respeito e no interesse exclusivo de beneficiar sua saúde, visando alcançar sua recuperação pela inserção na família, no trabalho e na comunidade" (inciso II), "direito à presença médica, em qualquer tempo, para esclarecer a necessidade ou não de sua hospitalização involuntária" (inciso V), devendo ser tratada pelos "meios menos invasivos possíveis" e "preferencialmente, em serviços comunitários de saúde mental" (incisos VIII e IX).

O Conselho Federal de Medicina regulamentou o atendimento médico a pacientes "portadores de transtorno mental" através da Resolução nº 1.598, de 09 de agosto de 2000, tendo sido modificada pela Resolução nº 1.952, de 11 de junho de 2010, que adotou as diretrizes para um modelo de assistência integral em saúde mental no Brasil, da Associação Brasileira de Psiquiatria, como instrumento norteador das políticas de saúde mental no país, além de revogar as Resoluções nºs 1.407[218] e 1.408,[219] ambas de 08 de junho de 1994. Nos termos da resolução vigente, "é dever dos médicos assegurar a cada paciente psiquiátrico seu direito de usufruir dos melhores meios diagnósticos cientificamente

---

217 A visão da lei ainda é a de reintegrar, porque a pessoa está "reparada", "consertada" ou "normalizada", o que é diferente da "inclusão", afirmada pelo Estatuto da Pessoa com Deficiência, em que a pessoa é aceita em sua diferença. Por evidente, isso não significa que o tratamento não será possível, mas, ao contrário, estabelece que a inclusão não está vinculada à reparação, como na integração.

218 "Adotou os princípios para a proteção de pessoas acometidas de transtorno mental e para a melhoria da assistência à saúde mental".

219 "Dispôs acerca das responsabilidades do diretor técnico, diretor clínico e dos médicos assistentes no tocante à garantia de que, nos estabelecimentos que prestam assistência médica, os pacientes com transtorno mental sejam tratados com o devido respeito à dignidade da pessoa humana".

reconhecidos e dos recursos profiláticos, terapêuticos e de reabilitação mais adequados para sua situação clínica" (art. 1º). Realça-se, ainda, a autonomia do paciente psiquiátrico ao proibir qualquer tratamento sem seu consentimento esclarecido, "salvo quando as condições clínicas não permitirem a obtenção desse consentimento, e em situações de emergência, caracterizadas e justificadas em prontuário, para evitar danos imediatos e iminentes ao paciente ou a outras pessoas" (art. 6º).

A Lei nº 10.216/2001, sem dúvida, significou expressivo avanço no reconhecimento de direitos para um grupo tradicionalmente invisível, marginalizado e excluído. Ainda assim, as pessoas "portadoras" de transtorno mental encontram-se ainda em graves situações de violação de seus direitos. Em censo realizado no Brasil, em 2011, verificou-se que 3.989 homens e mulheres ainda continuam internados em hospitais ou alas psiquiátricas de presídios – os chamados *loucos infratores*. De acordo com Debora Diniz, a "invisibilidade do louco infrator não foi rompida com as conquistas da Reforma Psiquiátrica dos anos 2000. [...] Os hospitais para loucos infratores resistiram à Reforma Psiquiátrica; alguns foram, inclusive, inaugurados após a Lei nº 10.216 de 2001".[220] O estudo ainda aponta que há, pelo menos, dezoito pessoas internadas em hospitais de custódia e tratamento psiquiátrico há mais de trinta anos, ou seja, se encontram em regime de abandono perpétuo.[221] Embora a Lei tenha reorientado o modelo assistencial às pessoas com transtornos mentais – do modelo asilar para o ambulatorial –, ainda há muito a se percorrer para realmente se efetivar os direitos assegurados pelo legislador e, assim, protegê-las com dignidade, principalmente, incluí-las ao convívio social e familiar.

Cabe sublinhar, embora escape aos limites do presente trabalho, o evidente descompasso da imposição da medida de segurança como pena restritiva de liberdade,[222] que determina a internação como regra

---

220 DINIZ, Debora. *A custódia e o tratamento psiquiátrico no Brasil*: censo 2011. Brasília: Letras Livres e Editora Universidade de Brasília, 2013. p. 13.

221 DINIZ, Debora. *A custódia e o tratamento psiquiátrico no Brasil*: censo 2011. Brasília: Letras Livres e Editora Universidade de Brasília, 2013. p. 14.

222 O art. 26 do Código Penal (Decreto-Lei nº 2.848/1940) determina que a medida de segurança seja aplicada, em regra, aos inimputáveis que, em razão de doença mental, eram ao tempo do crime incapazes de entender e de se manifestar de acordo com seu entendimento; ou às pessoas que, em razão de um retardo mental ou desenvolvimento mental incompleto não eram ao tempo do crime inteiramente capazes de entender o caráter ilícito do seu ato ou de se manifestarem de acordo com esse entendimento. *In verbis*: "Art. 26 – É isento de pena o agente que, por doença mental ou desenvolvimento mental incompleto ou retardado, era, ao tempo da ação ou da omissão, inteiramente incapaz de entender o caráter ilícito

(art. 97 do Código Penal),[223] por tempo indeterminado, conforme disciplinada pelo Código Penal brasileiro e pela Lei de Execução Penal (LEP),[224] com o modelo assistencial em saúde mental instaurado pela Lei nº 10.216/2001,[225] e o quanto se distancia, igualmente, dos princípios da Convenção Internacional dos Direitos da Pessoa com Deficiência e da Lei Brasileira de Inclusão (Lei nº 13.146/2015), embora não tratem especificamente sobre tal matéria. O atual entendimento do Superior Tribunal de Justiça, com base nos princípios da isonomia, da proporcionalidade e da razoabilidade, limita o tempo de cumprimento da medida de segurança, na modalidade internação ou tratamento ambulatorial, ao máximo da pena abstratamente cominada ao delito perpetrado, não podendo ser superior a 30 (trinta) anos, em atenção à vedação constitucional de penas perpétuas na ordem jurídica brasileira.[226] A Lei nº 10.216/2001 prevê os casos de internação voluntária, involuntária e compulsória,[227] nos artigos 6º ao 9º. A internação, mesmo

---

do fato ou de determinar-se de acordo com esse entendimento (Redação dada pela Lei nº 7.209, de 11.7.1984). [...] Parágrafo único – A pena pode ser reduzida de um a dois terços, se o agente, em virtude de perturbação de saúde mental ou por desenvolvimento mental incompleto ou retardado não era inteiramente capaz de entender o caráter ilícito do fato ou de determinar-se de acordo com esse entendimento (Redação dada pela Lei nº 7.209, de 11.7.1984)".

223 "Art. 97 – Se o agente for inimputável, o juiz determinará sua internação (art. 26). Se, todavia, o fato previsto como crime for punível com detenção, poderá o juiz submetê-lo a tratamento ambulatorial. (Redação dada pela Lei nº 7.209, de 11.7.1984) [...] §1º – A internação, ou tratamento ambulatorial, será por tempo indeterminado, perdurando enquanto não for averiguada, mediante perícia médica, a cessação de periculosidade. O prazo mínimo deverá ser de 1 (um) a 3 (três) anos (Redação dada pela Lei nº 7.209, de 11.7.1984)".

224 Vide arts. 171 a 174 que tratam da execução das medidas de segurança na LEP (Lei nº 7.210/1984).

225 Nesse trilho, a "revisão da legislação penal brasileira faz-se necessária e urgente, seguindo a lógica da política em saúde mental disciplinada pela Lei nº 11.216/2001, que determina tratamento extra-hospitalar como regra, cabendo internação somente se laudo médico determinar a sua necessidade". (PRADO, Alessandra Mascarenhas; SCHINDLER, Danilo. A medida de segurança na contramão da Lei de Reforma Psiquiátrica: sobre a dificuldade de garantia do direito à liberdade a pacientes judiciários. *In*: *Revista Direito GV*, São Paulo, v. 13, n. 2, p. 628-652, mai./ago. 2017. p. 648-649).

226 "[...] nos termos do atual posicionamento desta Corte, o art. 97, §1º, do Código Penal, deve ser interpretado em consonância com os princípios da isonomia, proporcionalidade e razoabilidade. Assim, o tempo de cumprimento da medida de segurança, na modalidade internação ou tratamento ambulatorial, deve ser limitado ao máximo da pena abstratamente cominada ao delito perpetrado e não pode ser superior a 30 (trinta) anos" (STJ, *Habeas Corpus nº 208.336* – SP, Rel. Min. Laurita Vaz, julg. 20 mar. 2012, publ. 29 mar. 2012. Disponível em: https://www.stj.jus.br. Acesso em 19 mar. 2020).

227 A internação domiciliar não é uma modalidade admitida em nosso ordenamento, tendo em vista que o artigo 6º da Lei nº 10.216/2001, somente prevê a internação, insista-se,

que consentida, somente poderá ser "realizada mediante laudo médico circunstanciado que caracterize os seus motivos" (art. 6º), devendo ser autorizada nos dois primeiros casos por médico registrado no CRM. Na hipótese de internação voluntária, o paciente deve assinar, no momento da admissão, uma declaração de que optou por esse regime de tratamento, devendo o término da internação se dar por solicitação escrita do paciente ou por determinação do médico assistente. A internação psiquiátrica involuntária, nos termos do §1º do art. 8º, deverá ser comunicada ao Ministério Público Estadual, no prazo de setenta e duas horas, pelo responsável técnico do estabelecimento, devendo o mesmo procedimento ser adotado no caso de alta. O seu término ocorre com a solicitação por escrito do familiar, ou responsável legal, ou quando determinada pelo médico especialista.[228] Por sua vez, a internação compulsória é determinada pelo juiz competente que deverá levar em conta as condições de segurança do estabelecimento, quanto à salvaguarda do paciente, dos demais internados e dos funcionários.

Apesar dos parâmetros legais que autorizam a internação psiquiátrica em cada uma das modalidades legalmente previstas, é de todo indispensável frisar que o objetivo central da lei é proteger a pessoa com transtorno mental contra qualquer forma de discriminação, abuso ou exploração, promovendo sua inclusão no meio social, enfatizando a lógica da desospitalização.

Com a Convenção Internacional dos Direitos das Pessoas com Deficiência e o Estatuto da Pessoa com Deficiência (Lei nº 13.146/2015), os comandos da Lei nº 10.216 foram reforçados e aprofundados, uma vez que a dignidade, autonomia e inclusão social são seus vetores nucleares. Não houve revogação dessa lei por aquela, e muito menos inconstitucionalidade com a internalização da Convenção. Com efeito, as normas constitucionais e o EPD, que hoje se configura como estatuto normativo geral inclusivo das pessoas com deficiência, permitem uma interpretação revigorada e ampliam as suas fronteiras de aplicação.

voluntária, involuntária e compulsória. Neste sentido, se defende que ainda que seja cientificamente indicada ou consensualmente admitida pela prática médica, tal medida afronta a lei.

[228] Sobre a responsabilidade civil do médico-psiquiatra a respeito da internação ou não de paciente potencialmente suicida, permita-se remeter a: ALMEIDA JR., Vitor de Azevedo. Responsabilidade civil dos profissionais liberais no campo da saúde mental: direitos e deveres de psiquiatrias e psicólogos. *In*: BODIN DE MORAES, Maria Celina; GUEDES, Gisela Sampaio da Cruz (Orgs.). *Responsabilidade civil de profissionais liberais*. 1. ed. Rio de Janeiro: Forense, 2016. p. 79-123.

A rigor, o campo de incidência da lei antimanicomial é mais amplo do que o EPD, uma vez que não há de se confundir pessoa com deficiência[229] mental ou intelectual[230] com as pessoas "portadoras de

[229] "Consideremos, em primeiro lugar, a questão do vocábulo deficiência. Sem dúvida alguma, a tradução correta das palavras (respectivamente, em inglês e espanhol) 'disability' e 'discapacidad' para o português falado e escrito no Brasil deve ser deficiência. Esta palavra permanece no universo vocabular tanto do movimento das pessoas com deficiência como dos campos da reabilitação e da educação. Trata-se de uma realidade terminológica histórica. Ela denota uma condição da pessoa resultante de um impedimento ("impairment", em inglês). Exemplos de impedimento: lesão no aparelho visual ou auditivo, falta de uma parte do corpo, déficit intelectual. O termo "impairment" pode, então, ser traduzido como impedimento, limitação, perda ou anormalidade numa parte (isto é, estrutura) do corpo humano ou numa função (isto é, funções fisiológicas) do corpo, de acordo com a Classificação Internacional de Funcionalidade, Deficiência e Saúde (CIF), aprovada pela 54ª Assembleia da Organização Mundial da Saúde em 22 de maio de 2001. Segundo a CIF, as funções fisiológicas incluem funções mentais. O termo anormalidade é utilizado na CIF estritamente para se referir a uma variação significativa das normas estatísticas estabelecidas (isto é, como um desvio da média da população dentro de normas mensuradas) e ele deve ser utilizado somente neste sentido". (SASSAKI, Romeu Kazumi. Atualizações semânticas na inclusão de pessoas: deficiência mental ou intelectual? Doença ou transtorno mental? *In*: *Revista Nacional de Reabilitação*, a. IX, n. 43, mar./abr. 2005. p. 9).

[230] "Agora, um comentário sobre os vocábulos deficiência mental e deficiência intelectual. Ao longo da história, muitos conceitos existiram e a pessoa com esta deficiência já foi chamada, nos círculos acadêmicos, por vários nomes: oligofrênica; cretina; tonta; imbecil; idiota; débil profunda; criança subnormal; criança mentalmente anormal; mongoloide; criança atrasada; criança eterna; criança excepcional; retardada mental em nível dependente/custodial, treinável/adestrável ou educável; deficiente mental em nível leve, moderado, severo ou profundo (nível estabelecido pela Organização Mundial da Saúde, 1968); criança com déficit intelectual; criança com necessidades especiais; criança especial etc. Mas, atualmente, quanto ao nome da condição, há uma tendência mundial (brasileira também) de se usar o termo deficiência intelectual, com o qual concordo por duas razões. A primeira razão tem a ver com o fenômeno propriamente dito. Ou seja, é mais apropriado o termo intelectual por referir-se ao funcionamento do intelecto especificamente e não ao funcionamento da mente como um todo. A segunda razão consiste em podermos melhor distinguir entre deficiência mental e doença mental, dois termos que têm gerado confusão há vários séculos. [...] Há cinco décadas, especialistas se preocupam em explicar a diferença que existe entre os fenômenos deficiência mental e doença mental [...]. Pois são termos parecidos, que muita gente pensa significarem a mesma coisa. Então, em boa hora, vamos separar os dois construtos científicos. Também no campo da saúde mental (área psiquiátrica), está ocorrendo uma mudança terminológica significativa, que substitui o termo doença mental por transtorno mental. Permanece, sim, o adjetivo mental (o que é correto), mas o grande avanço científico foi a mudança para transtorno. Em 2001, o Governo Federal brasileiro publicou uma "lei sobre os direitos das pessoas com transtorno mental" (Lei nº 10.216, de 6/4/01), na qual foi utilizada exclusivamente a expressão transtorno mental. Aqui também se aplica o critério do número: pessoa(s) com transtorno mental e não pessoa(s) com transtornos mentais, mesmo que existam várias formas de transtorno mental. Segundo especialistas, o transtorno mental pode ocorrer em 20% ou até 30% dos casos de deficiência intelectual (Marcelo 3 Gomes, "O que é deficiência mental e o que se pode fazer?", s/d, p.7), configurando-se aqui um exemplo de deficiência múltipla. Hoje em dia cada vez mais se está substituindo o adjetivo mental por intelectual. A Organização Pan-Americana da Saúde e a Organização Mundial da Saúde realizaram um evento (no qual o Brasil participou) em Montreal, Canadá, em outubro de

transtorno mental".[231] Primeiro, merece registro a impropriedade do termo "portador", que se refere à lógica da normalização, "reparação", que sob o manto do modelo social hoje adotado já não se mantém como apropriado. Em segundo lugar, nem todas as pessoas com transtorno mental necessariamente são pessoas com deficiência mental ou intelectual. O EPD exige para a definição de pessoa com deficiência o impedimento de longa duração que obstrui sua plena e efetiva participação na sociedade em paridade de condições com as demais pessoas em razão das barreiras sociais impostas (art. 2º). Tanto é assim que hoje o discurso psiquiátrico procura distanciar os conceitos de "doença mental", "transtorno mental" e "deficiência intelectual",[232] contudo, não é rara sua associação.

Desse modo, fundamental compreender a importância da Lei da reforma psiquiátrica no contexto mais amplo de afirmação dos direitos humanos das pessoas com doenças mentais e como importante marco jurídico no movimento de desospitalização, em diálogo permanente com o Estatuto da Pessoa com Deficiência, em especial nos casos de

---

2004, evento esse que aprovou o documento DECLARAÇÃO DE MONTREAL SOBRE DEFICIÊNCIA INTELECTUAL. Observe-se que o termo intelectual foi utilizado também em francês e inglês. [...] A propósito, uma influente organização espanhola mudou seu nome, conforme notícia publicada em 2002: "Espanha – Resolução exige a substituição do termo deficiência mental por deficiência intelectual. A Confederação Espanhola para Pessoas com Deficiência Mental aprovou por unanimidade uma resolução substituindo a expressão "deficiência mental" por "deficiência intelectual". Isto significa que agora a Confederação passa a ser chamada Confederação Espanhola para Pessoas com Deficiência Intelectual (Confederación Española de Organizaciones en favor de Personas con Discapacidad Intelectual)". (SASSAKI, Romeu Kazumi. Atualizações semânticas na inclusão de pessoas: deficiência mental ou intelectual? Doença ou transtorno mental? *In*: *Revista Nacional de Reabilitação*, a. IX, n. 43, mar./abr. 2005. p. 9-10).

[231] Apesar da preferência pelo uso da expressão "pessoas com transtorno mental", sem o uso do termo "portador", se optou por seguir a locução utilizada pelo legislador neste trabalho.

[232] "O termo *retardo mental* foi usado no DSM-IV. No entanto, deficiência intelectual (transtorno do desenvolvimento intelectual) é o termo que passou a ser de uso comum nas duas últimas décadas entre profissionais da Medicina, de Educação e outros profissionais e pelo público leigo e grupos de apoio. Os critérios diagnósticos enfatizam a necessidade de uma avaliação tanto da capacidade cognitiva (quociente de inteligência – QI) quanto do funcionamento adaptativo. A gravidade é determinada pelo funcionamento adaptativo, e não pelo escore do QI. [...] As características essenciais da deficiência intelectual (transtorno do desenvolvimento intelectual) incluem déficits em capacidades mentais genéricas (critério A) e prejuízo na função adaptativa diária na comparação com indivíduos pareados para idade, gênero e aspectos socioculturais (critério B). [...] O diagnóstico de deficiência intelectual baseia-se tanto em avaliação clínica quanto em testes padronizados das funções adaptativa e intelectual". (AMERICAN PSYCHIATRIC ASSOCIATION. *Manual diagnóstico e estatístico de transtornos mentais*: DSM-5. (Trad. Maria Inês Corrêa Nascimento *et al.*; Revisão técnica de Aristides Volpato Cordioli *et al.*). 5. ed. Porto Alegre: Artmed, 2014).

pessoas com deficiência mental e/ou intelectual em razão de transtornos mentais, sempre à luz da Convenção Internacional dos Direitos das Pessoas com Deficiência. Nesse cenário, em diversas situações, as referidas leis devem atuar de forma complementar, embora não haja, necessariamente, coincidência de campos de aplicação.

## 1.5 O reconhecimento e a emergência tardia dos direitos humanos da pessoa com deficiência

A construção concreta da pessoa humana, necessariamente, perpassa a mundividência a partir de suas relações interpessoais amalgamadas ao longo da vida, por isso, a importância da alteridade no espaço relacional, gregário e plural no qual nos inserimos. Afinal, "o olhar do outro nos constitui",[233] eis que o livre desenvolvimento e a realização da pessoa dependem do reconhecimento pelo outro. Nas palavras de Daniel Sarmento: "o que somos, o que fazemos, a forma como nos sentimentos, nosso bem-estar ou sofrimento, a nossa autonomia ou subordinação, tudo isso depende profundamente da maneira como somos enxergados nas relações que travamos com os outros".[234] O reconhecimento, portanto, é a chave fundamental para a autoestima e a afirmação da dignidade, ou seja, de se compreender como igual ao outro. A permanente invisibilidade do indivíduo, inferiorizado sistematicamente pela sociedade, priva-o do reconhecimento pelo outro, negando-lhe sua própria humanidade, o que interferirá nas suas escolhas e ações que serão pautadas a partir desse sentimento de inferioridade e estigma.

Sob essa perspectiva, afirmou-se que "a falta de reconhecimento oprime, instaura hierarquias, frustra a autonomia e causa sofrimento".[235] Daniel Sarmento expõe que o "não reconhecimento decorre da desvalorização de algum grupo identitário não hegemônico, ao qual são arbitrariamente atribuídos traços negativos, que se projetam sobre todos os indivíduos que o integram".[236] A deficiência é um dos fatores

---

[233] SARMENTO, Daniel. *Dignidade da pessoa humana*: conteúdo, trajetórias e metodologia. Belo Horizonte: Fórum, 2016. p. 241.

[234] SARMENTO, Daniel. *Dignidade da pessoa humana*: conteúdo, trajetórias e metodologia. Belo Horizonte: Fórum, 2016. p. 241.

[235] SARMENTO, Daniel. *Dignidade da pessoa humana*: conteúdo, trajetórias e metodologia. Belo Horizonte: Fórum, 2016. p. 242.

[236] SARMENTO, Daniel. *Dignidade da pessoa humana*: conteúdo, trajetórias e metodologia. Belo Horizonte: Fórum, 2016. p. 242.

de estigma e inferioridade que compromete a valorização, o devido respeito à sua diferença e a possibilidade de participar em paridade de oportunidades na vida social. Sem embargo, o reconhecimento intersubjetivo compõe uma dimensão fundamental da dignidade da pessoa humana,[237] que se denota como imprescindível para o alcance da concreta igualdade e do necessário respeito como igual na rede de interações sociais.

O reconhecimento, no entanto, é um processo ainda em marcha, embora já inserido na agenda de emancipação social de determinados grupos vulneráveis, como as pessoas com deficiência. Indispensável, no entanto, constatar que a efetividade das determinações constitucionais e da legislação infraconstitucional se vincula ao reconhecimento, que "constitui elemento integrante e necessário do processo de inclusão da pessoa com deficiência",[238] crucial para o alcance da igualdade substancial. O reconhecimento, conforme forjado por teóricos contemporâneos, como Charles Taylor, Axel Honneth e Nancy Fraser,[239] é uma categoria relevante para o debate da questão da identidade e da diferença concebido nos domínios da teoria crítica em oposição à política de redistribuição, fincando-se no terreno na justiça social.

O termo "reconhecimento", em sua concepção filosófica, é de origem alemã e tem na linguagem atual, como esclarecem Bethânia Assy e João Feres Junior, "sentido estritamente cognitivo: identificação de pessoa, coisa ou característica por saber prévio, seja ele

---

[237] SARMENTO, Daniel. *Dignidade da pessoa humana*: conteúdo, trajetórias e metodologia. Belo Horizonte: Fórum, 2016. p. 242.

[238] Seja consentido repisar que, "[...] além de constituir mais uma das fontes de legitimação, o reconhecimento é um fator indispensável, se não determinante, a ser considerado no processo de inclusão social das pessoas com deficiência. Nesse sentido, o reconhecimento assume papel indeclinável no combate à discriminação, entendida no EPD como toda forma de distinção, restrição ou exclusão, por ação ou omissão, que tenha o propósito ou o efeito de prejudicar, impedir ou anular o reconhecimento ou o exercício dos direitos e das liberdades fundamentais de pessoa com deficiência". (BARBOZA, Heloisa Helena; ALMEIDA JR., Vitor de Azevedo. Reconhecimento e inclusão das pessoas com deficiência. *In*: *Revista Brasileira de Direito Civil – RBDCivil*, Belo Horizonte, v. 13, p. 17-37, jul./set. 2017. p. 19, 31).

[239] "Em sociedades multiculturais a relevância do reconhecimento social, ou mesmo as consequências diplomáticas do desrespeito, assumem uma posição central no debate político de âmbito doméstico e internacional. É por essa razão que autores como Axel Honneth, Charles Taylor e Nancy Fraser têm concentrado seus esforços na tentativa de elaborar uma teoria social de teor normativo capaz de tipificar e compreender tal problema". (RIBAS, Ranieri. Humanismo e Reconhecimento: a gramática moral do multiculturalismo. *In*: OLIVEIRA, Odete Maria (Org.). *Configuração dos Humanismos e Relações Internacionais*: ensaios. Ijuí, RS: Ed. Unijuí, 2006. p. 349).

produto de experiência direta ou não".[240] Contudo, os significados de reconhecimento extrapolam o plano meramente cognitivo. Assim, reconhecer pode significar desde notar a presença de outra pessoa por sinais corporais em determinado ambiente, como também quer dizer a boa reputação que alguém goza no meio social por seu valor reconhecido. O conceito filosófico de reconhecimento carrega esses significados e não se refere apenas à simples identificação cognitiva de uma pessoa, pois tem como premissa desse ato a "atribuição de um valor positivo a essa pessoa, algo próximo do que entendemos por respeito".[241] O reconhecimento ultrapassa seus domínios filosóficos, configurando hoje como categoria ampla o suficiente para os embates ligados à questão da identidade e da diferença, valores centrais numa sociedade multicultural.

Charles Taylor[242] propõe um modelo de reconhecimento capaz de abranger os conflitos e representações dos diferentes grupos culturais que formam as sociedades contemporâneas, preocupando-se em elaborar uma política com fins a criação de novas práticas de convivência entre as diversas formas de identidades humanas num espaço multicultural. Segundo o autor, o "reconhecimento não é somente uma cortesia que devemos às pessoas, ele é uma necessidade humana vital", por isso, defende que "a negação do reconhecimento não corresponde somente a uma demonstração de desrespeito, pois ela tem uma consequência grave que é a de diminuir a capacidade que a pessoa, ou grupo de pessoas, que é objeto dessa negação, tem de construir sua autoestima".[243]

De acordo com Charles Taylor, a identidade se refere à compreensão de que "as pessoas têm de quem são, de suas características definidoras fundamentais como um ser humano". No entanto, alerta

---

240 ASSY, Bethânia; FERES JR., João. Reconhecimento. *In*: BARRETO, Vicente de Paulo (Coord.). *Dicionário de Filosofia do Direito*. São Leopoldo, RS: Unisinos; Rio de Janeiro: Renovar, 2006. p. 705-710.

241 ASSY, Bethânia; FERES JR., João. Reconhecimento. *In*: BARRETO, Vicente de Paulo (Coord.). *Dicionário de Filosofia do Direito*. São Leopoldo, RS: Unisinos; Rio de Janeiro: Renovar, 2006. p. 705-710.

242 "O reconhecimento entrou no discurso filosófico na obra de Hegel, mas acabou preterido. Atribui-se a Charles Taylor o resgate do conceito em sua obra *The politics of recognition*". (ASSY, Bethânia; FERES JR., João. Reconhecimento. *In*: BARRETO, Vicente de Paulo (Coord.). *Dicionário de Filosofia do Direito*. São Leopoldo, RS: Unisinos; Rio de Janeiro: Renovar, 2006. p. 705-710).

243 TAYLOR, Charles. The Politics of Recognition. *In*: *Multiculturalism*: examining the politics of recognition. New Jersey: Princeton, 1994. p. 25. Disponível em: http://elplandehiram.org/documentos/JoustingNYC/Politics_of_Recognition.pdf. Acesso em 30 nov. 2017.

que "nossa identidade é parcialmente definida pelo reconhecimento ou sua ausência, frequentemente pelo falso reconhecimento (*misrecognition*) dos outros, e assim a pessoa ou grupo de pessoas pode sofrer dano real, deturpação (*distortion*) efetiva, se as pessoas ou a sociedade que os circunda lhes reflete uma imagem limitada, humilhante ou desprezível deles próprios". Nessa esteira, aduz que o não reconhecimento ou o falso reconhecimento "pode infligir dano, pode ser uma forma de opressão, encarcerando alguém num falso, distorcido e reduzido modo de ser".[244]

Axel Honneth,[245] com base em Hegel, por sua vez, defende que o reconhecimento é uma categoria moral e fundamental para examinar os conflitos sociais contemporâneos, que teriam sempre na sua base a luta por reconhecimento em sobreposição à luta pela redistribuição de renda. Assim, os conflitos sociais, mais do que a demanda por uma justa distribuição dos bens materiais, evidenciam a luta pelo reconhecimento do valor das diversas culturas e modos de vida, por conseguinte, pela dignidade humana e integridade física. Desse modo, já se afirmou que "é possível ver nas diversas lutas por reconhecimento uma força moral que impulsiona desenvolvimentos sociais".[246] Há que se destacar que o "tipo de luta social que Honneth privilegia em sua teoria do reconhecimento não é marcado em primeira linha por objetivos de autoconservação ou aumento de poder – uma concepção de conflito predominante tanto na filosofia política moderna como na tradição sociológica, a qual elimina ou tende a eliminar o momento normativo de toda luta social". Antes, contudo, "interessam-lhe aqueles conflitos que se originam de uma experiência de desrespeito social, de um ataque à identidade pessoal ou coletiva, capaz de suscitar uma ação que busque restaurar relações de reconhecimento mútuo ou justamente desenvolvê-las num nível evolutivo superior".[247] Por isso, nos conflitos multiculturais, as lutas por reconhecimento se caracterizam como um aspecto fundamental da coexistência positiva das diferenças.

---

[244] TAYLOR, Charles. The Politics of Recognition. *In*: *Multiculturalism*: examining the politics of recognition. New Jersey: Princeton, 1994. p. 25. Disponível em: http://elplandehiram.org/documentos/JoustingNYC/Politics_of_Recognition.pdf. Acesso em 30 nov. 2017. (Tradução nossa).

[245] Cf. HONNETH, Axel. *A luta por reconhecimento*: a gramática moral dos conflitos sociais. (Trad. Luiz Repa). São Paulo: Ed. 34, 2003.

[246] NOBRE, Marcos. Apresentação. *In*: HONNETH, Axel. *A luta por reconhecimento*: a gramática moral dos conflitos sociais. (Trad. Luiz Repa). São Paulo: Ed. 34, 2003. p. 18.

[247] HONNETH, Axel. *A luta por reconhecimento*: a gramática moral dos conflitos sociais. (Trad. Luiz Repa). São Paulo: Ed. 34, 2003. p. 18.

O reconhecimento, segundo Axel Honneth, se sustenta na natureza ética dos sujeitos, que pretendem afirmar seus direitos mediante a supressão dos particularismos e posições unilaterais que subsistem na relação das diferenças. Entende que a lei, por ser constituída de maneira universalista, tutela os direitos de forma igualitária, formal, desvinculando o reconhecimento jurídico de qualquer espécie de *status* social. Assim, "o reconhecimento dos direitos decorre de uma operação de entendimento puramente cognitiva, que atribui ao outro a imputabilidade moral que o torna autônomo em suas particularidades, porém igual aos demais na perspectiva da universalidade da lei".[248]

Para Axel Honneth, a ausência de reconhecimento intersubjetivo e social é que deflagra os conflitos sociais, eis que compreende a luta por reconhecimento como motor das mudanças sociais e, consequentemente, da evolução das sociedades. Assim, deve-se entender a luta social como "o processo prático no qual experiências individuais de desrespeito são interpretadas como experiências cruciais típicas de um grupo inteiro, de forma que elas podem influir, como motivos diretores da ação, na exigência coletiva por relações ampliadas de reconhecimento".[249]

O reconhecimento cumpre um papel importante na formação do autorrespeito da pessoa, que se firma pela possibilidade de se referir a si mesmo de modo positivo, como sujeito de direitos e como participante dos consensos discursivos de uma coletividade. Assim, a pessoa individualizada é reconhecida socialmente pelas suas contribuições ao outro e à coletividade. Axel Honneth elaborou divisão tripartite de "esferas" de relações de reconhecimento para a formação da identidade do indivíduo, construídas a partir dos estudos da obra de Hegel e Mead, compreendendo que os agentes sociais buscam reciprocamente "a conquista concreta dos três níveis de respeito, ou seja, três dimensões do reconhecimento, a saber: amor, direito e solidariedade".[250]

---

[248] LUCAS, Doglas Cesar; OBERTO, Leonice Cadore. Redistribuição *versus* reconhecimento: apontamentos sobre o debate entre Nancy Fraser e Axel Honneth. *In*: *Revista de Estudos Constitucionais, Hermenêutica e Teoria do Direito*, n. 2, v. 1, p. 31-39, jan./jun. 2010. p. 36.

[249] HONNETH, Axel. *A luta por reconhecimento*: a gramática moral dos conflitos sociais. (Trad. Luiz Repa). São Paulo: Ed. 34, 2003. p. 257.

[250] RIBAS, Ranieri. Humanismo e Reconhecimento: a gramática moral do multiculturalismo. *In*: OLIVEIRA, Odete Maria (Org.). *Configuração dos Humanismos e Relações Internacionais*: ensaios. Ijuí, RS: Ed. Unijuí, 2006. p. 349.

O indivíduo somente consegue identificar-se consigo mesmo quando detém a aprovação e o apoio de seus parceiros de interação por intermédio das esferas de amor,[251] de direito[252] e de solidariedade,[253] que possibilitam aos sujeitos, respectivamente, a autoconfiança, o autorrespeito e a autoestima.[254] Desse modo, "nossa autorrealização prática se concebe a partir de um reconhecimento recíproco normativo de nossos parceiros de interação".[255]

Diante desse panorama, Axel Honneth e Joel Anderson constroem uma concepção de autonomia baseada no reconhecimento, que compreende que "a capacidade real e efetiva de desenvolver e perseguir a própria concepção de vida digna de valor" somente pode ser alcançada "sob condições socialmente favoráveis".[256] Historicamente, aduzem que um dos principais compromissos do liberalismo é o de resguardar a

---

[251] A esfera do amor é aquela relativa às relações primárias travadas pelos indivíduos, que começam a partir do contato que se dá entre mãe e filho após o nascimento. (HONNETH, Axel. *A luta por reconhecimento*: a gramática moral dos conflitos sociais. (Trad. Luiz Repa). São Paulo: Ed. 34, 2003. p. 167).

[252] A esfera jurídica se relaciona com o desenvolvimento do autorrespeito pelo indivíduo, significando o reconhecimento deste como pessoa individual autônoma e moralmente imputável. "Por isso, só com o estabelecimento da 'pessoa de direito' é dada numa sociedade também a medida mínima de concordância comunicativa, de 'vontade geral', que permite uma reprodução comum de suas instituições centrais; pois só quando todos os membros da sociedade respeitam mutuamente suas pretensões legítimas, eles podem se relacionar socialmente entre si da maneira isenta de conflitos que é necessária para a solução cooperativa de tarefas sociais". (HONNETH, Axel. *A luta por reconhecimento*: a gramática moral dos conflitos sociais. (Trad. Luiz Repa). São Paulo: Ed. 34, 2003. p. 95).

[253] A esfera da solidariedade surge quando o indivíduo se relaciona dentro da comunidade em que está inserido, na qualidade de ser um dos atores sociais, atingindo o estágio de reconhecimento da autoestima: "A auto-relação prática a que uma experiência de reconhecimento desse gênero faz os indivíduos chegarem é, por isso, um sentimento de orgulho do grupo ou de honra coletiva; o indivíduo se sabe aí como membro de um grupo social que está em condição de realizações comuns, cujo valor na sociedade é reconhecido por todos os seus demais membros". (HONNETH, Axel. *A luta por reconhecimento*: a gramática moral dos conflitos sociais. (Trad. Luiz Repa). São Paulo: Ed. 34, 2003. p. 211).

[254] "Não é por acaso que Mead fala nessa passagem de 'dignidade', com a qual um sujeito se vê dotado no momento em que ele, pela concessão de direitos, é reconhecido como um membro da sociedade; pois com a expressão está implicitamente associada a afirmação sistemática de que corresponde à experiência de reconhecimento um modo de auto-relação prática, no qual o indivíduo pode estar seguro do valor social de sua identidade. O conceito geral que Mead escolhe para caracterizar uma tal consciência do próprio valor é o de 'auto-respeito'". (HONNETH, Axel. *A luta por reconhecimento*: a gramática moral dos conflitos sociais. (Trad. Luiz Repa). São Paulo: Ed. 34, 2003. p. 137).

[255] HONNETH, Axel. *A luta por reconhecimento*: a gramática moral dos conflitos sociais. (Trad. Luiz Repa). São Paulo: Ed. 34, 2003. p. 155.

[256] ANDERSON, Joel; HONNETH, Axel. Autonomia, vulnerabilidade, reconhecimento e justiça. *In*: *Cadernos de filosofia alemã*, n. 17, p. 81-112, jan./jun. 2011. p. 86.

autonomia dos indivíduos, enquanto que o aspecto central da justiça social liberal é o de proteger os vulneráveis, e, por isso, as sociedades liberais deveriam estar "preocupadas em lidar com as vulnerabilidades dos indivíduos no que diz respeito ao desenvolvimento e à manutenção de sua autonomia". No entanto, no início do período moderno foi moldada uma concepção de liberdade e autonomia que decisivamente prevaleceu na filosofia e no próprio Direito: "a intuição norteadora de que quanto menos os outros constrangem as ações de alguém, maior é a capacidade deste de agir de acordo com suas próprias preferências", ou seja, "permitir aos indivíduos desenvolver tranquilamente seus objetivos pessoalmente escolhidos".[257]

Assim, apontam os autores, que essa concepção individualista de autonomia entranhou-se nas teorias modernas de justiça social, de modo que a "finalidade de criar uma sociedade justa passou a ser entendida como a de permitir que as pessoas sejam dependentes o mínimo possível de outros".[258] Contudo, advertem que essa noção de liberdade negativa é certamente mais apropriada para o que não necessitam dos "benefícios da cooperação social ou de outras formas de amparo", levando a uma "idealização enganosa dos indivíduos como autossuficientes e autoconfiantes".[259] Tal concepção pautada exclusivamente na eliminação de interferências externas equivoca-se ao não contemplar a carência, a vulnerabilidade e a interdependência entre os indivíduos como exigências da justiça social, desconsiderando que a autonomia pessoal requer recursos e circunstância adequados para a condução da vida nos moldes em que elegeu como digna de valor. A autonomia somente pode ser promovida, nesse viés, se forem asseguradas as condições materiais e sociais para seu efetivo e real exercício.[260] Em outros termos, a abordagem da autonomia necessariamente deve levar em contar "a vulnerabilidade social dos agentes nos modos pelos

[257] ANDERSON, Joel; HONNETH, Axel. Autonomia, vulnerabilidade, reconhecimento e justiça. *In*: *Cadernos de filosofia alemã*, n. 17, p. 81-112, jan./jun. 2011. p. 83.

[258] ANDERSON, Joel; HONNETH, Axel. Autonomia, vulnerabilidade, reconhecimento e justiça. *In*: *Cadernos de filosofia alemã*, n. 17, p. 81-112, jan./jun. 2011. p. 83.

[259] ANDERSON, Joel; HONNETH, Axel. Autonomia, vulnerabilidade, reconhecimento e justiça. *In*: *Cadernos de filosofia alemã*, n. 17, p. 81-112, jan./jun. 2011. p. 84.

[260] "Considere, por exemplo, autonomia de pessoas com deficiências que limitam a mobilidade. A menos que adaptações físicas sejam feitas para tais pessoas – rampas para cadeiras de rodas, veículos acessíveis etc., sua aptidão para exercerem suas capacidades básicas será restringida de modo a constituir uma perda de autonomia". (ANDERSON, Joel; HONNETH, Axel. Autonomia, vulnerabilidade, reconhecimento e justiça. *In*: *Cadernos de filosofia alemã*, n. 17, p. 81-112, jan./jun. 2011. p. 85).

quais estar apto a conduzir a própria vida depende de estar amparado por relações de reconhecimento".[261]

O efetivo exercício da autonomia dos agentes requer que os indivíduos "sejam capazes de manter certas atitudes frente a si mesmas (em particular, autoconfiança, autorrespeito e autoestima)" em relação às atitudes adotadas pelos outros, ou seja, a autorrelação resulta de um "processo *intersubjetivo* contínuo, no qual sua atitude frente a si mesmo emerge em seu encontro com a atitude de outro frente a ele".[262] Por isso, compreendem que autoconfiança, autorrespeito e autoestima não são "meramente crenças sobre si mesmo ou estados emocionais, mas propriedades que emergem de um processo dinâmico no qual indivíduos passam a experienciar a si mesmos como possuidores de certo *status*".[263] Indiscutível, portanto, a importância do ambiente social no qual o indivíduo se insere, eis que a condução da própria vida de forma autônoma depende do estabelecimento de relações de reconhecimento mútuo, fazendo jus à natureza intersubjetiva da autonomia.

Por seu turno, Nancy Fraser[264] compreende que o reconhecimento apoia-se numa visão de sociedade "amigável às diferenças", na qual a "assimilação às normas da maioria ou da cultura dominante não é mais o preço do respeito igualitário".[265] Atualmente, observa-se que há uma tensão entre os defensores da linhagem filosófica da redistribuição e do reconhecimento, ressaltando a polarização em razão da dissociação, em alguns casos, entre as lutas reivindicatórias de ambos os lados. A aparente antítese entre os proponentes da redistribuição e do reconhecimento, amparados em argumentos binários como política de classe *versus* política de identidade e multiculturalismo *versus* igualdade social, são refutados pela autora, para quem a "justiça, hoje, requer *tanto* redistribuição *quanto* reconhecimento".[266] A complementariedade entre igualdade social e reconhecimento da diferença impõe a construção de

---

[261] ANDERSON, Joel; HONNETH, Axel. Autonomia, vulnerabilidade, reconhecimento e justiça. *In*: *Cadernos de filosofia alemã*, n. 17, p. 81-112, jan./jun. 2011. p. 87.

[262] ANDERSON, Joel; HONNETH, Axel. Autonomia, vulnerabilidade, reconhecimento e justiça. *In*: *Cadernos de filosofia alemã*, n. 17, p. 81-112, jan./jun. 2011. p. 88.

[263] ANDERSON, Joel; HONNETH, Axel. Autonomia, vulnerabilidade, reconhecimento e justiça. *In*: *Cadernos de filosofia alemã*, n. 17, p. 81-112, jan./jun. 2011. p. 88.

[264] FRASER, Nancy. From redistribution to recognition? Dilemmas of justice in a 'postsocialist' age. *In*: SEIDMAN, S.; ALEXANDER J. (Orgs.). *The new social theory reader*. Londres: Routledge, 2001. p. 285-293.

[265] FRASER, Nancy. Reconhecimento sem ética? *In*: *Lua Nova*, São Paulo, n. 70, 2007. p. 101-102.

[266] FRASER, Nancy. Reconhecimento sem ética? *In*: *Lua Nova*, São Paulo, n. 70, 2007. p. 102-103.

um conceito amplo de justiça, que contemple as "reinvindicações por reconhecimento como *reinvindicações por justiça*".[267]

Nessa senda, Nancy Fraser propõe o rompimento com o modelo padrão de reconhecimento, que o associa com a identidade cultural específica de um grupo, defendendo que se trate o "reconhecimento como uma questão de *status social*", uma vez que "o que exige reconhecimento não é a identidade específica de um grupo, mas a condição dos membros do grupo como parceiros integrais na interação social".[268] Por consequência, entende que o não reconhecimento "não significa depreciação e deformação da identidade de grupo. Ao contrário, ele significa *subordinação social* no sentido de ser privado de *participar como um igual* na vida social".[269] Compreender o reconhecimento como *status* social permite examinar os padrões institucionalizados de valoração cultural a partir da posição relativa de seus atores sociais. Há reconhecimento recíproco e igualdade de *status* quando os padrões impostos reconhecem os sujeitos como parceiros capazes de participar como iguais na vida social. No entanto, se o modelo institucionalizado valorar alguns atores como inferiores, excluídos, tem-se o não reconhecimento e subordinação de *status*. Diante desse padrão, "o não reconhecimento aparece quando as instituições estruturam interação de acordo com normas culturais que impedem a paridade de participação".[270]

O objetivo desse novo modelo de *status* preconizado por Nancy Fraser se assenta na premissa de "desinstitucionalizar padrões de valoração cultural que impedem a paridade de participação e substituí-los por padrões que a promovam". A ideia central é superar a subordinação

---

[267] FRASER, Nancy. Reconhecimento sem ética? *In*: *Lua Nova*, São Paulo, n. 70, 2007. p. 105 (grifos no original).

[268] FRASER, Nancy. Reconhecimento sem ética? *In*: *Lua Nova*, São Paulo, n. 70, 2007. p. 107.

[269] FRASER, Nancy. Reconhecimento sem ética? *In*: *Lua Nova*, São Paulo, n. 70, 2007. p. 107 (grifos no original).

[270] "Exemplos abrangem as leis matrimoniais que excluem a união entre pessoas do mesmo sexo por serem ilegítimas e perversas, políticas de bem-estar que estigmatizam mães solteiras como exploradoras sexualmente irresponsáveis e práticas de policiamento tais como a 'categorização racial' que associa pessoas de determinada raça com a criminalidade. E em todos esses casos, a interação é regulada por um padrão institucionalizado de valoração cultural que constitui algumas categorias de atores sociais como normativos e outros como deficientes ou inferiores: heterossexual é normal, gay é perverso; 'famílias chefiadas por homens' são corretas, 'famílias chefiadas por mulheres' não o são; 'brancos' obedecem à lei. 'negros' são perigosos. Em todos os casos, o resultado é negar a alguns membros da sociedade a condição de parceiros integrais na interação, capazes de participar como iguais com os demais". (FRASER, Nancy. Reconhecimento sem ética? *In*: *Lua Nova*, São Paulo, n. 70, 2007. p. 108-109).

do sujeito vulnerado, tornando-o um "parceiro integral na vida social, capaz de interagir com os outros como um par".[271] Compreender o modelo do *status* dentro do espectro da justiça permite visualizar que "o não reconhecimento é uma questão de impedimentos, externamente manifestados e publicamente verificáveis, a que certos indivíduos sejam membros integrais da sociedade", sendo tais arranjos "moralmente *indefensáveis independentemente de distorcerem ou não a subjetividade dos oprimidos*".[272]

É preciso destacar a divergência entre os teóricos a respeito de o reconhecimento enquadrar-se como uma questão de justiça ou de ética, intersubjetiva. Charles Taylor e Axel Honneth compreendem o reconhecimento como um problema relacionado ao campo da ética, ou seja, a negação do reconhecimento induziria a uma "subjetividade prejudicada e a uma autoidentidade danificada". Nesse ponto, diverge Nancy Fraser ao tratar do reconhecimento como uma questão de justiça, eis que considera "injusto que, a alguns indivíduos e grupos, seja negada a condição de parceiros integrais na interação social, simplesmente em virtude de padrões institucionalizados de valoração cultural". Desse modo, a subordinação institucionalizada de *status* constitui uma "séria violação de justiça".[273]

A partir disso, prioriza-se um modelo abrangente e inclusivo de justiça que abarca as dimensões da redistribuição e do reconhecimento, não em um sentido de contrariedade, mas sim de complementariedade, como dito. A paridade de participação é o núcleo central do seu modelo formulado por Nancy Fraser, sendo que a "justiça requer arranjos sociais que permitam a todos os membros (adultos) da sociedade interagir uns com os outros como parceiros".[274] Nesses termos, a paridade de participação deve satisfazer as chamadas *condição objetiva* e *condição intersubjetiva*. Em primeiro lugar, a "distribuição dos recursos materiais deve dar-se de modo que assegure a independência e voz dos participantes" – condição objetiva. Em seguida, a paridade participativa requer que "os padrões institucionalizados de valoração cultural expressem igual respeito a todos os participantes e assegurem igual oportunidade para alcançar estima social".[275] Indispensável notar que ambas as con-

---

[271] FRASER, Nancy. Reconhecimento sem ética? *In*: *Lua Nova*, São Paulo, n. 70, 2007. p. 109.

[272] FRASER, Nancy. Reconhecimento sem ética? *In*: *Lua Nova*, São Paulo, n. 70, 2007. p. 114 (grifos no original).

[273] FRASER, Nancy. Reconhecimento sem ética? *In*: *Lua Nova*, São Paulo, n. 70, 2007. p. 111-112.

[274] FRASER, Nancy. Reconhecimento sem ética? *In*: *Lua Nova*, São Paulo, n. 70, 2007. p. 118.

[275] FRASER, Nancy. Reconhecimento sem ética? *In*: *Lua Nova*, São Paulo, n. 70, 2007. p. 119.

dições mencionadas são necessárias para o efetivo alcance da paridade de participação. Por isso, afirma-se que "uma concepção ampla de justiça, orientada pela norma de paridade participativa, inclui tanto redistribuição quanto reconhecimento, sem reduzir um ao outro".[276]

Em que pesem as divergências de construção teórica do reconhecimento, os esforços hauridos pelos autores mencionados foram fundamentais para a percepção das diferenças numa sociedade multicultural como a nossa, bem como a compreensão de que todos são iguais, independentemente da valoração cultural que a média social estabeleça. Nesse sentido, indispensável que a sociedade reconheça as pessoas com deficiência como iguais em respeito e consideração, sujeitos independentes e com voz para interação com outros parceiros na sociedade, em simetria de oportunidade, para alcançar a estima social desejada e desenvolverem livremente sua personalidade de acordo com seu projeto pessoal de plena realização existencial, de autorrealização. O reconhecimento no plano jurídico funciona como concretização da dignidade humana, uma vez que somente com a efetivação de direitos o sujeito se vê reconhecido como membro de uma sociedade, como pessoa digna na vida de relações.

Nessa ótica, o reconhecimento torna-se o elemento chave para a inclusão social, como necessidade essencial à vida humana em sentido gregário, na medida em que envolve a atribuição de um valor positivo ao indivíduo que o toma para construção de sua identidade, autoestima e autorrealização. Por conseguinte, sem o reconhecimento social há o risco de as normas protetivas assumirem feição meramente programática, impedindo a implantação que se espera do modelo social[277] e a efetivação dos direitos humanos fundamentais[278] da pessoa com deficiência.

---

[276] FRASER, Nancy. Reconhecimento sem ética? *In*: *Lua Nova*, São Paulo, n. 70, 2007. p. 120.

[277] "[...] partiendo de la premisa de que toda vida humana es igualmente digna, desde el modelo social se sostiene que lo que puedan aportar a la sociedad las personas con discapacidad se encuentra íntimamente relacionado con la inclusión y la aceptación de la diferencia". (PALACIOS, Agustina. *El modelo social de discapacidad*: orígenes, caracterización y plasmación en la Convención Internacional sobre los Derechos de las Personas con Discapacidad. Cermi. Madrid: Cinca, 2008. p. 104).

[278] A doutrina tem convencionado a utilização da locução "direitos fundamentais" para os direitos humanos positivados em determinado sistema constitucional, ao passo que a expressão "direitos humanos" tem sido reservada o âmbito do direito internacional. No presente trabalho, a utilização do termo "direitos humanos fundamentais" demonstra que tais direitos são reconhecidos tanto no plano internacional como nacional. V. por todos. (SARLET, Ingo Wolfgang. *A eficácia dos direitos fundamentais*: uma teoria geral dos direitos fundamentais na perspectiva constitucional. 10 ed. Porto Alegre: Livraria do Advogado, 2009. p. 29).

Nessa perspectiva, o reconhecimento se torna peça chave para a efetividade dos direitos humanos dos grupos vulneráveis. A concessão de direitos exige que o outro reconheça no destinatário da proteção especial um ser dotado de igual valor e competência, como parceiro na vida de interação. A dificuldade é dupla, pois ao mesmo tempo em que os direitos humanos das pessoas vulneráveis dependem do reconhecimento social, eles ainda são alvo da peculiar historicidade[279] e contingencialidades de ordem social, econômica e política, típicas desses direitos, evidenciando seu tortuoso percurso de avanços e retrocessos para seu reconhecimento e afirmação. Como se sabe, os direitos humanos são fruto de árduo processo histórico de conquistas de liberdades e garantias inerentes à condição humana que foram amealhados desde o início da era moderna, mas intensificados após o fim da Segunda Guerra Mundial,[280] em reação às atrocidades do nazismo.

Apesar do caráter histórico dos direitos humanos, convencionou-se a perspectiva de "desenvolvimento gradativo, cumulativo de direitos, cronológico e linear", catalogado por diversas *gerações* ou *dimensões*,[281] [282] de modo a explicar a evolução histórica dos direitos humanos. É célebre a distinção entre os chamados direitos de primeira geração, que se baseiam nos clássicos direitos individuais de liberdade do

---

[279] Norberto Bobbio defende que "os direitos do homem, por mais fundamentais que sejam, são direitos históricos, ou seja, nascidos em certas circunstâncias, caracterizadas por lutas em defesa de novas liberdades contra velhos poderes, e nascidos de modo gradual, não todos de uma vez e nem de uma vez por todas". (BOBBIO, Norberto. *A era dos direitos*. (Trad. Carlos Nelson Coutinho; Apresentação de Celso Lafer). Rio de Janeiro: Elsevier, 2004. p. 5).

[280] Segundo Norberto Bobbio, o problema do reconhecimento dos "direitos do homem" "não nasceu hoje. Pelo menos desde o início da era moderna, através da difusão das doutrinas jusnaturalistas, primeiro, e das Declarações dos Direitos do Homem, incluídas nas Constituições dos Estados liberais, depois, o problema acompanha o nascimento, o desenvolvimento, a afirmação, numa parte cada vez mais ampla do mundo, do Estado de direito. Mas é também verdade que somente depois da Segunda Guerra Mundial é que esse problema passou da esfera nacional para a internacional, envolvendo – pela primeira vez na história – todos os povos". (BOBBIO, Norberto. *A era dos direitos*. (Trad. Carlos Nelson Coutinho; Apresentação de Celso Lafer). Rio de Janeiro: Elsevier, 2004. p. 46).

[281] A teoria das dimensões dos direitos humanos foi desenvolvida por: VASAK, Karel. *Les dimensions internationales des droits de l'homme*: manuel destiné à l'enseignement des droits de l'homme dans les universités. Paris: Unesco, 1980.

[282] A doutrina dominante no Brasil prefere a substituição do termo "geração" por "dimensão", já que aquela indicaria uma falsa alternância de direitos de fases ou gerações distintas, e não um processo cumulativo, de complementaridade. Cf. SARLET, Ingo Wolfgang. A eficácia dos direitos fundamentais. Uma teoria geral dos direitos fundamentais na perspectiva constitucional. 10. ed. Porto Alegre: Livraria do Advogado, 2011. p. 45. No presente trabalho se utilizou de forma indistinta os termos.

século XIX; em seguida, os ditos direitos sociais, econômicos e culturais, que caracterizam, com a ascensão do Estado Social, a segunda geração; e, por conseguinte, os direitos ligados à fraternidade e à paz como direitos da terceira geração.[283]

A complexidade dos processos reivindicatórios e, por consequência, de reconhecimento dos direitos inerentes ao ser humano demonstram, no entanto, a insuficiência da classificação, a ensejar um movimento guiado pelos vetores socioculturais permeados pelo contexto local e temporal no qual se situam. Outra dificuldade relacionada aos direitos humanos reside na sua heterogeneidade, que é característica da amplitude de uma categoria cujo conteúdo abrange todos os interesses que se fundam no respeito pela dignidade e o valor de cada pessoa, vinculando-se às condições históricas o seu florescimento.[284]

A superação do indivíduo abstrato, desapegado da realidade, em busca pela pessoa concretamente considerada dentro de seu contexto socioeconômico, no qual emergem as assimetrias e vulnerabilidades no tecido social, se apresenta como fator decisivo para o movimento de ampliação dos direitos humanos.[285] Nesse âmbito, com o fortalecimento da sociedade civil e, em especial no mundo jurídico, com a emergência de novos direitos e do progressivo reconhecimento de demandas de grupos sociais até então excluídos ou invisíveis, como crianças, adolescentes, idosos e pessoas com deficiência, deflagrou-se a imperiosa necessidade de reconhecimento dos direitos humanos voltados à tutela

---

[283] Observa-se que a doutrina já avançou na tradicional tripartição, inclusive já defendendo a existência de uma quinta geração de direito humanos. Por todos, cf. BONAVIDES, Paulo. A quinta geração de direitos fundamentais. *In*: *Direitos Fundamentais & Justiça*, Porto Alegre, v. 2, n. 3, abr./jun. 2008. p. 82-93.

[284] Nesse sentido, Norberto Bobbio leciona que "os direitos do homem constituem uma classe variável, como a história destes últimos séculos demonstra suficientemente. O elenco dos direitos do homem se modificou e continua a se modificar, com a mudança das condições históricas, ou seja, dos carecimentos e dos interesses, das classes no poder, dos meios disponíveis para a realização dos mesmos, das transformações, etc.". (BOBBIO, Norberto. *A era dos direitos*. (Trad. Carlos Nelson Coutinho; Apresentação de Celso Lafer). Rio de Janeiro: Elsevier, 2004. p. 18).

[285] Sobre o processo de multiplicação ou proliferação dos "direitos do homem", comenta Norberto Bobbio: "Essa multiplicação (ia dizendo 'proliferação') ocorreu de três modos: a) porque aumentou a quantidade de bens considerados merecedores de tutela; b) porque foi estendida a titularidade de alguns direitos típicos a sujeitos diversos do homem; c) porque o próprio homem não é mais considerado como ente genérico, ou homem em abstrato, mas é visto na especificidade ou na concreticidade de suas diversas maneiras de ser em sociedade, como criança, velho, doente, etc. Em substância: mais bens, mais sujeitos, mais *status* do indivíduo". (BOBBIO, Norberto. *A era dos direitos*. (Trad. Carlos Nelson Coutinho; Apresentação de Celso Lafer). Rio de Janeiro: Elsevier, 2004. p. 63).

dos vulneráveis, que emergiram entre o alvorejar do século passado e o alvorecer do século XXI, em processo denominado por Norberto Bobbio de multiplicação por especificação.[286] Os chamados direitos humanos tardios se vinculam, portanto, à proteção e promoção de sujeitos historicamente vulneráveis e invisibilizados.

Conforme Norberto Bobbio já havia alertado, esse movimento descortina o desafio fundamental em relação aos direitos humanos na atualidade "não é tanto o de justificá-los, mas o de protegê-los. Trata-se de um problema não filosófico, mas político".[287] Em outros termos, a mera enunciação legal dos direitos humanos não implica, necessariamente, a ausência de obstáculos à sua efetivação.[288] Pelo contrário, exige-se uma atuação energicamente positiva dos Estados e da sociedade para a efetiva concretização dos direitos humanos dos

---

[286] O autor leciona que "a passagem ocorreu do homem genérico – do homem enquanto homem – para o homem específico, ou tomado na diversidade de seus diversos *status* sociais, com base em diferentes critérios de diferenciação (o sexo, a idade, as condições físicas), cada um dos quais revela diferenças específicas, que não permitem igual tratamento e igual proteção. A mulher é diferente do homem; a criança, do adulto; o adulto, do velho; o sadio, do doente; o doente temporário, do doente crônico; o doente mental, dos outros doentes; os fisicamente normais, dos deficientes, etc. [...] esse processo de multiplicação por especificação ocorreu principalmente no âmbito dos direitos sociais". (BOBBIO, Norberto. *A era dos direitos*. (Trad. Carlos Nelson Coutinho; Apresentação de Celso Lafer). Rio de Janeiro: Elsevier, 2004. p. 64).

[287] BOBBIO, Norberto. *A era dos direitos*. (Trad. Carlos Nelson Coutinho; Apresentação de Celso Lafer). Rio de Janeiro: Elsevier, 2004. p. 63. De acordo com Rafael de Asís Roig: "Una forma mejor de proteger los derechos humanos no radica sólo en el establecimiento de técnicas jurídicas destinadas a servir como garantía de los mismos, sino también en respaldarlos con buenos argumentos a la hora de fundamentarlos, delimitarlos y defenderlos, y esto se consigue mediante el desarrollo y el apoyo de la enseñanza de los derechos. La promoción de una cultura basada en la exaltación de la dignidad humana, de una cultura de la libertad, la igualdad y la solidaridad, en definitiva, de una cultura de los derechos, desde la que sea posible responder a los grandes problemas de la humanidad, no puede lograrse sin el apoyo y desarrollo de una enseñanza, no sólo presidida por esos referentes, sino además, que permita entenderlos y justificarlos". (ROIG, Rafael de Asís. Derechos humanos y discapacidad. Algunas reflexiones derivadas del análisis de la discapacidad desde la teoría de los derechos. *In*: CERVERA, Ignacio Campoy; RIZZO, Augustina Palacios (Coords.). Igualdad, no discriminación y discapacidad: una visión integradora de las realidades española y argentina. *Debates del Instituto Bartolomé de las Casas*, Madrid, n. 8, p. 50, 2007).

[288] A respeito da enorme defasagem entre a amplitude do debate teórico sobre os direitos do homem e os limites dentro dos quais se processa a efetiva proteção dos mesmos, alerta Norberto Bobbio: "Uma coisa é um direito; outra, a promessa de um direito futuro. Uma coisa é um direito atual; outra, um direito potencial. Uma coisa é ter um direito que é, enquanto reconhecido e protegido, outra é ter um direito que deve ser, mas que, para ser, ou para que passe do dever ser ao ser, precisa transformar-se, de objeto de discussão de uma assembleia de especialistas, em objeto de decisão de um órgão legislativo dotado de poder de coerção". (BOBBIO, Norberto. *A era dos direitos*. (Trad. Carlos Nelson Coutinho; Apresentação de Celso Lafer). Rio de Janeiro: Elsevier, 2004. p. 77).

vulneráveis, como se apresentam as pessoas com deficiências, os idosos, as mulheres, os transexuais, entre outros.

Os desafios sobre o tema ainda são muitos, mas a compreensão de que a deficiência é uma expressão da diversidade de estilos de vida é um avanço sem precedentes para a concretização de um projeto de justiça social necessário para a inclusão das pessoas com deficiência. Por força do caráter constitucional da Convenção, conforme se abordará em seguida, impõe-se o reconhecimento da capacidade legal das pessoas com deficiência em igualdade de condições com as demais pessoas em todos os aspectos da vida, incluídas questões de ordem patrimonial e, sobretudo, existencial, à luz da dignidade da pessoa humana, princípio nuclear do ordenamento brasileiro, pautado pelo modelo social e direitos humanos, que necessitam do reconhecimento para sua concreta e efetiva aplicação.

## 1.6 A Convenção Internacional dos Direitos da Pessoa com Deficiência e o modelo social como fundamentos da Lei nº 13.146/2015

As reinvindicações da sociedade civil e das entidades representativas culminaram, em âmbito global, na primeira Convenção Internacional do século XX sobre direitos humanos da Organização das Nações Unidas a versar sobre os direitos da pessoa com deficiência, que, por sua vez, resultou na Lei Brasileira de Inclusão – Lei nº 13.146/2015. Ao entrar em vigor, em 03 de janeiro de 2016, surpreendeu boa parte da comunidade jurídica, que ainda não havia se detido sobre as profundas alterações por elas promovidas, instalando sensíveis controvérsias a respeito, sobretudo, dos novos contornos do instituto da capacidade civil, de natureza basilar para todo o ordenamento jurídico. Tal mudança interferiu e estremeceu, de maneira certeira, diversos outros institutos de direito civil, como se pode constatar no caso da nova disciplina da curatela.

A Lei Brasileira de Inclusão, também denominada de Estatuto da Pessoa com Deficiência, aprovada em 06 de julho de 2015, instrumentaliza e dá cumprimento no plano infraconstitucional a Convenção Internacional das Nações Unidas sobre os Direitos das Pessoas com Deficiência (CDPD), também denominada Convenção de Nova York e seu Protocolo Facultativo, ratificada pelo Congresso Nacional através do Decreto Legislativo nº 186, de 09 de julho de 2008, e promulgada pelo Decreto nº 6.949, de 25 de agosto de 2009.

As disposições do CDPD encontram-se formalmente incorporadas, com força, hierarquia e eficácia constitucionais, ao plano do ordenamento positivo interno do Estado brasileiro, nos termos do art. 5º, §3º, da Constituição Federal. A CDPD foi a primeira Convenção sobre direitos humanos aprovada na forma deste parágrafo, após a inclusão do mencionado dispositivo por meio da Emenda Constitucional nº 45, de 30 de dezembro de 2004.[289] [290]

A Convenção Internacional das Nações Unidas sobre os Direitos das Pessoas com Deficiência guarda a peculiar característica de ser a primeira deste século sobre direitos humanos e ter sido resultado de um processo de elaboração diferente do geralmente verificado nas Convenções sobre direitos humanos, na medida em que contou com a participação ativa e inédita da sociedade civil,[291] o que incluiu

---

[289] Merece registro o entendimento de que "interpretando-se o §3º em análise dentro do *contexto* onde se inserem os tratados de direitos humanos na Constituição, chega-se à conclusão que os tratados de direitos humanos ratificados pelo Brasil já têm *status* de norma constitucional, em virtude do disposto no §2º do art. 5º da Constituição, segundo o qual os direitos e garantias expressos no texto constitucional 'não excluem outros decorrentes do regime e dos princípios por ela adotados, *ou dos tratados internacionais* em que a República Federativa do Brasil seja parte', pois na medida em que a Constituição *não exclui* os direitos humanos provenientes de tratados, é porque ela própria *os inclui* no seu catálogo de direitos protegidos, ampliando o seu 'bloco de constitucionalidade' e atribuindo-lhes hierarquia de norma constitucional. Portanto, já se exclui, desde logo, o entendimento de que os tratados de direitos humanos não aprovados pela maioria qualificada do §3º do art. 5º equivaleriam hierarquicamente à lei ordinária federal ou teria *status* supralegal, por não terem sido os mesmos aprovados pelo *quorum* que lhes impõe a referida norma. O que se deve entender é que o *quorum* que tal parágrafo estabelece serve tão somente para atribuir eficácia *formal* a esses tratados no nosso ordenamento jurídico interno, e não para atribuir-lhes a índole e o nível *materialmente* constitucionais que eles já tem em virtude do§2º do art. 5º da Constituição". (CANOTILHO, J. J. Gomes *et al.* (Coords. científicos). *Comentários à Constituição do Brasil.* São Paulo: Saraiva/Almedina, 2013. p. 520-521). A jurisprudência do Supremo Tribunal Federal se consolidou no sentido da eficácia supralegal dos tratados e convenções internacionais de direitos humanos ratificados no Brasil antes da EC nº 45/2004 a partir do julgamento do Recurso Extraordinário nº 466.343/SP. (BRASIL. Supremo Tribunal Federal. *Recurso Extraordinário nº 466.343/SP*. Tribunal Pleno. Relator: Min. Cezar Peluso. Relator do Acórdão, Min. Gilmar Mendes. Voto do Min. Celso de Melo. Brasília, 12 de março de 2008. p. 136. Disponível em: www.stf.jus.br. Acesso em 13 fev. 2016).

[290] Merece registro a internalização do Tratado de Marraquexe, por meio do Decreto Legislativo nº 261, de 25 de novembro de 2015, que aprovou o texto para facilitar o acesso a obras publicadas às pessoas cegas, com deficiência visual ou com outras dificuldades para ter acesso ao texto impresso, concluído no âmbito da Organização Mundial da Propriedade Intelectual (OMPI), celebrado em Marraquexe, em 28 de junho de 2013. Cf. SOUZA, Allan Rocha de; FAIRBANKS, Alexandre de Serpa Pinto. The marrakesh treaty ratification in Brazil: immediate effects. *In*: *Panorama Brazilian Law*, a. 4, n. 5 e 6, p. 337, 2016.

[291] DHANDA, Amita. Legal capacity in the disability rights convention: stranglehold of the past or lodestar for the future? *In*: *Syracuse Journal of International Law and Commerce*, v. 34, n. 2, p. 429-462, 2007.

organizações não governamentais e entidades representativas de pessoas com deficiência.

O propósito da Convenção é "promover, proteger e assegurar o exercício pleno e equitativo de todos os direitos humanos e liberdades fundamentais por todas as pessoas com deficiência e promover o respeito pela sua dignidade inerente". A CDPD cuida dos direitos humanos e das liberdades fundamentais básicas e universais, como o direito de ir e vir, à acessibilidade, à educação, ao lazer, à cultura, à saúde, à moradia, dentre outros, preocupando-se em consolidar instrumentos que permitam a concreta eficácia dos direitos assegurados. A rigor, não se trata de "criação de novos direitos, mas sua especificação, para que as pessoas com deficiência pudessem deles gozar, em igualdade de condições com as demais".[292] A CDPD reconhece que apesar dos instrumentos e compromissos já existentes, os direitos das pessoas com deficiência têm sido sistematicamente desrespeitados, razão pela qual a eficácia de suas normas é sua preocupação central.

O modelo social é acolhido no Preâmbulo da CDPD que reconhece que a deficiência é um "conceito em evolução e que [...] resulta da interação entre pessoas com deficiência e as barreiras devidas às atitudes e ao ambiente que impedem a plena e efetiva participação dessas pessoas na sociedade em igualdade de oportunidades com as demais pessoas". Emerge, assim, da CDPD a adoção do denominado modelo social da deficiência, novo paradigma na matéria, sobre o qual se encontra estruturado o EPD.[293]

---

[292] BARBOSA-FOHRMANN, Ana Paula; KIEFER, Sandra Filomena Wagner. Modelo social de abordagem dos direitos humanos das pessoas com deficiência. *In*: MENEZES, Joycene Bezerra de (Org.). *Direito das pessoas com deficiência psíquica e intelectual nas relações privadas*: convenção sobre os direitos da pessoa com deficiência e Lei Brasileira de Inclusão. Rio de Janeiro: Processo, 2016. p. 77.

[293] "A prevalência do modelo social de inclusão sobre o modelo médico de integração passou a fazer parte de princípios e políticas internacionais especialmente a partir do 'Ano Internacional das Pessoas Deficientes', em 1981, e do Programa de Ação Mundial para as Pessoas Portadoras de Deficiência, lançado em 1982. A partir de então, foi fixada a Década das Pessoas com Deficiência das Nações Unidas, como parte da estratégia para que, dentre outros, os países pudessem implementar o aludido Programa de Ação Mundial. Os princípios e conceitos do modelo social da deficiência começaram a efetivamente a predominar nas políticas e legislações voltadas às pessoas com deficiência". (BARBOSA-FOHRMANN, Ana Paula; KIEFER, Sandra Filomena Wagner. Modelo social de abordagem dos direitos humanos das pessoas com deficiência. *In*: MENEZES, Joycene Bezerra de (Org.). *Direito das pessoas com deficiência psíquica e intelectual nas relações privadas*: convenção sobre os direitos da pessoa com deficiência e Lei Brasileira de Inclusão. Rio de Janeiro: Processo, 2016. p. 76-77). "O modelo social de direitos humanos considera que o tratamento jurídico devido às pessoas com deficiência (sejam elas capazes ou incapazes) não deve partir de um fundamento exclusivamente científico, porém preponderantemente

Nessa linha, o EPD ao conceituar pessoa com deficiência a considera como "aquela que tem impedimento de longo prazo de natureza física, mental, intelectual ou sensorial, o qual, em interação com uma ou mais barreiras, pode obstruir sua participação plena e efetiva na sociedade em igualdade de condições com as demais pessoas", conforme prevê seu art. 2º, o que igualmente denota a franca adoção do modelo social da deficiência na legislação nacional, apesar de ser desnecessária em face do patamar constitucional da Convenção.

Cabe registrar que ao longo da história a deficiência já foi compreendida por meio de três modelos distintos, pelo menos.[294] O primeiro, designado "modelo moral", vigente na antiguidade, forjado sob forte influência bíblica, se caracterizava por uma explicação religiosa da deficiência e pela percepção de que a pessoa com deficiência nada tem a contribuir para a comunidade, é um indivíduo improdutivo, verdadeiro fardo a ser arrastado pela família ou pela sociedade.[295] O "modelo médico", também denominado de "modelo reabilitador", que decorre de padrões científicos da modernidade, encara a deficiência como condição patológica, de natureza individual. Desse modo, a pessoa deveria ser tratada através de intervenções médicas, ser "reparada", para tornar-se o quanto possível "normal". Esse modelo, de caráter protetor e assistencialista,[296] a despeito dos benefícios como melhoria da qualidade de vida, foi alvo de críticas especialmente a partir do terceiro quartel do século passado, em razão da "obstinação" em realizar intervenções para tornar o indivíduo "normal" e a subestimação dos mesmos, através do foco em seus déficits e não em suas potencialidades. A discriminação, portanto, se mantinha e a pessoa com deficiência continuava a ser o objeto do problema e a sociedade pouco ou nada fazia para mudar esse cenário.

---

social". (ROSENVALD, Nelson. O modelo social de direitos humanos e a Convenção sobre os Direitos da Pessoa com Deficiência – o fundamento primordial da Lei nº 13.146/2015. *In*: MENEZES, Joyceane Bezerra de (Org.). *Direito das pessoas com deficiência psíquica e intelectual nas relações privadas – Convenção sobre os direitos da pessoa com deficiência e Lei Brasileira de Inclusão*. Rio de Janeiro: Processo, 2016. p. 100).

[294] Não confundir os modelos de deficiência, que são os métodos de abordagem, com as fases históricas apresentadas, que são momentos da história social das pessoas com deficiência com determinadas particularidades comuns.

[295] PALACIOS, Agustina. *El modelo social de discapacidad*: orígenes, caracterización y plasmación en la Convención Internacional sobre los Derechos de las Personas con Discapacidad. Cermi. Madrid: Cinca, 2008. p. 37.

[296] Cf. ASÍS, Rafael de. *Sobre discapacidad y derechos. Instituto de Derechos Humanos "Bartolomé de las Casas". Colección Derechos Humanos y Filosofía del Derecho*. Madrid: Dykinson, 2013. p. 19-20.

Agustina Palacios relata que o modelo social surge em fins da década de 1970, nos Estados Unidos e na Inglaterra,[297] como resultado do ativismo das próprias pessoas com deficiência, que não mais admitiam serem consideradas como "cidadãos de segunda classe". Tal movimento impulsionou mudanças políticas que reorientaram a atenção para o impacto das barreiras sociais e ambientais, como o transporte, a falta de acesso a prédios, as atitudes discriminatórias e os estereótipos culturais negativos que as tornavam "inválidas".[298]

Como destaca Romeu Kazumi Sassaki, "o pano de fundo do processo de inclusão é o Modelo Social da Deficiência", o que impõe que, "para incluir todas as pessoas, a sociedade deve ser modificada a partir do entendimento de que ela é que precisa ser capaz de atender às necessidades de seus membros".[299] Desse modo, os problemas historicamente atribuídos às pessoas com deficiência não se concentram somente nelas, visto que também resultam das barreiras impostas pela sociedade, "causando-lhes incapacidade (ou desvantagem) no desempenho de papeis sociais", como, por exemplo, no acesso a serviços, lugares, informações e bens necessários ao desenvolvimento de suas potencialidades.[300] Nessa ótica, é preciso compreender que a deficiência é, também, um problema social, que exige intervenções na sociedade. Os problemas não são as restrições ou faltas individuais, mas as limitações ou impedimentos impostos pela sociedade que não tem os instrumentos adequados para que essas pessoas sejam efetivamente incluídas na sociedade.

O cerne do modelo social repousa na interação da pessoa com deficiência e o ambiente onde vive, que, em geral, não está preparado para propiciar meios dignos de vivência. Demonstra-se, dessa maneira,

---

[297] Cf. BARBOSA-FOHRMANN, Ana Paula; KIEFER, Sandra Filomena Wagner. Modelo social de abordagem dos direitos humanos das pessoas com deficiência. *In*: MENEZES, Joycene Bezerra de (Org.). *Direito das pessoas com deficiência psíquica e intelectual nas relações privadas*: convenção sobre os direitos da pessoa com deficiência e Lei Brasileira de Inclusão. Rio de Janeiro: Processo, 2016. p. 73-76.

[298] PALACIOS, Agustina. *El modelo social de discapacidad*: orígenes, caracterización y plasmación en la Convención Internacional sobre los Derechos de las Personas con Discapacidad. Cermi. Madrid: Cinca, 2008. p. 106-107. Na literatura nacional, para uma visão da deficiência como conceito complexo que reconhece o corpo com lesão, mas também compreende a estrutura social que oprime a pessoa com deficiência, indispensável ver: DINIZ, Debora. *O que é deficiência*. São Paulo: Brasiliense, 2007. *passim*.

[299] SASSAKI, Romeu Kazumi. *Inclusão*: construindo uma sociedade para todos. Rio de Janeiro: WVA, 1997. p. 41.

[300] SASSAKI, Romeu Kazumi. *Inclusão*: construindo uma sociedade para todos. Rio de Janeiro: WVA, 1997. p. 44-45.

o "elo entre a limitação que vivencia cada pessoa com deficiência e o *design*, a estrutura do ambiente e a atitude da sociedade".[301] Por isso, o modelo social estabelecido pela Convenção marca a superação do modelo anterior, segregador, em prol da garantia de uma vida independente da pessoa com deficiência, que implica sua plena inclusão na sociedade e o "asseguramento dos meios para tanto. São instrumentos ou mesmo pessoas que possam apoiar-lhes de forma a viabilizar o exercício pleno dessa participação. Visa-se, com isso, romper os muros de isolamento institucional".[302]

A partir desse cenário, a CDPD, portanto, provocou verdadeira mudança de paradigma (*paradigm shift*) na concepção de deficiência e de tratamento jurídico destinado às pessoas com deficiência. Isso porque o diploma representou a consolidação de uma nova perspectiva de deficiência, baseada no modelo social e na abordagem dos direitos humanos (*human rights-based approach*), que se tornou um vetor promotor de reformas legislativas nacionais à luz da plena efetivação dos princípios da igualdade e da não discriminação.[303]

Na experiência brasileira, a necessidade de "modelagem" da legislação nacional em conformidade com a Convenção é além de

---

[301] BARBOSA-FOHRMANN, Ana Paula; KIEFER, Sandra Filomena Wagner. Modelo social de abordagem dos direitos humanos das pessoas com deficiência. *In*: MENEZES, Joycene Bezerra de (Org.). *Direito das pessoas com deficiência psíquica e intelectual nas relações privadas*: convenção sobre os direitos da pessoa com deficiência e Lei Brasileira de Inclusão. Rio de Janeiro: Processo, 2016. p. 72.

[302] FONSECA, Ricardo Tadeu Marques da. *A ONU e seu conceito revolucionário de pessoa com deficiência*. Disponível em: http://www.ampid.org.br/ampid/Artigos/Onu_Ricardo_Fonseca.php. Acesso em 04 set. 2017.

[303] "The CRPD adoption codified the shift to a human rights-based approach to disability in international law. One indication of this transformation is that, although national reforms in 2014 targeted diverse policy areas, many are linked by a focus on the principles of equality and non-discrimination on the grounds of disability embedded within the convention and consistently highlighted by the CRPD Committee's jurisprudence. 22. Legislating from a human rights perspective requires a shift in traditional approaches to many laws addressing persons with disabilities, to ensure that people with disabilities are treated on an equal basis with others". (UNIÃO EUROPEIA. Agência Europeia dos Direitos Fundamentais. *Fundamental rights:* challenges and achievements in 2014. jun. 2015. p. 32. Disponível em: http://www.refworld.org/docid/558bce674.html. Acesso em 15 ago. 2017). Tradução nossa: "A adoção da CDPD codificou a mudança para uma abordagem baseada em direitos humanos da deficiência no direito internacional. Uma indicação dessa transformação é que, embora as reformas nacionais em 2014 visem áreas políticas diversas, muitas delas estão ligadas ao foco nos princípios de igualdade e não discriminação com base na deficiência incorporada na convenção e consistentemente destacados pela jurisprudência do Comitê da CDPD. 22. A legislação de uma perspectiva de direitos humanos requer uma mudança nas abordagens tradicionais de muitas leis que abordam pessoas com deficiência, para assegurar que as pessoas com deficiência sejam tratadas em igualdade de condições com outras pessoas".

um compromisso do Estado brasileiro como membro signatário, um imperativo da forma de internalização do diploma internacional, que – de todo pertinente repisar – possui *status* e eficácia constitucionais, o que demanda um processo de filtragem de toda normativa infraconstitucional que não seja compatível com a ordem constitucional complementada e conformada pelas normas convencionais. Apesar da observação feita, a CDPD não foi imediatamente observada e cumprida pelas autoridades brasileiras, tendo parcela considerável da doutrina também desconsiderado ou dado feição meramente simbólica às normas previstas na Convenção,[304] as quais já integravam o ordenamento pátrio com estirpe de Emenda Constitucional desde 2009.

Michael L. Perlin identificou como *sanism* as práticas e as condutas das autoridades públicas em completa desatenção às orientações legais em razão da invisibilidade acentuada de determinadas questões. Consiste, portanto, num "'preconceito irracional', da mesma qualidade e caráter de outros preconceitos irracionais que "causam (e estão refletidos em) atitudes sociais predominantes de racismo, sexismo, homofobia, e intolerância étnica, baseados predominantemente em estereótipos, mitos, superstições, que se sustentam e perpetuam pelo uso da alegação do 'senso comum', numa 'reação inconsciente a eventos tanto na vida cotidiana como nos processos legais'".[305] Ocorre a naturalização de práticas que, embora contrárias à orientação legal, não causam reação social seu descumprimento, eis que são socialmente cristalizadas como adequadas e "lícitas".

---

[304] No campo do direito civil, honrosa exceção é atribuída à: MENEZES, Joyceane Bezerra de. A capacidade dos incapazes: o diálogo entre a Convenção da ONU sobre os direitos das pessoas com deficiência e o Código Civil Brasileiro. *In*: RUZYK, Carlos Eduardo Pianovski *et al*. (Org.). *Direito Civil-Constitucional*: a ressignificação da função dos institutos fundamentais do direito civil contemporâneo e as suas consequências. Florianópolis: Conceito, 2014. p. 51-73.

[305] No original: "'Sanism' is an irrational prejudice of the same quality and character of others irrational prejudices that cause (and are refleted in) prevailing social atitudes of racismo, sexism, homophobia, and ethinic bigotry. Sanism is lagerly invisible and lagerly socially acceptable. It is based predominantly upon stereotype, myth, supertition and deinvidualization, and is sustained and perpetuaded by our use of alleged "ordinary common sense" (OSC) and heuristic reasoning in na unconscious response to events both in everyday life and in the legal process". (PERLIN, Michael L. International Human Rights Law and Comparative Mental Disability Law: universal factors. *In*: *Syracuse Journal of International Law and Commerce*, v. 34, n. 2, p. 332, 2007). V. BARBOZA, Heloisa Helena; ALMEIDA, Vitor. A capacidade civil à luz do Estatuto da Pessoa com Deficiência. *In*: MENEZES, Joyceane Bezerra de (Org.). *Direito das pessoas com deficiência psíquica e intelectual nas relações privadas – Convenção sobre os direitos da pessoa com deficiência e Lei Brasileira de Inclusão*. Rio de Janeiro: Processo, 2016. p. 255-256.

Diversas leis foram promulgadas após a Constituição de 1988 com o objetivo de assegurar os direitos da pessoa com deficiência, apesar de baseadas no modelo integracionista, deliberadamente adotado pelo legislador constituinte originário,[306] e pautado no modelo médico da deficiência. Serve de exemplo a Lei nº 7.853, de 24 de outubro de 1989, que assegura o pleno exercício dos direitos individuais e sociais das então chamadas "pessoas portadoras de deficiência", e sua efetiva integração social (art. 1º).[307]

Apesar do razoável arsenal legislativo, o cenário de efetiva e real inclusão da pessoa com deficiência avançou de forma incipiente e com feição paliativa e assistencialista,[308] sob a ótica da integração, que somente se rompe agora com a adoção do modelo social e inclusivo. Inegável reconhecer que apesar dos avanços na esfera legislativa e da

---

[306] São significativos da adoção do modelo da integração social pelo constituinte originário os artigos 24, XIV, 203, IV, 227, §1º, II, a seguir transcritos: "Art. 24. Compete à União, aos Estados e ao Distrito Federal legislar concorrentemente sobre: [...] XIV – proteção e *integração social* das pessoas portadoras de deficiência"; "Art. 203. A assistência social será prestada a quem dela necessitar, independentemente de contribuição à seguridade social, e tem por objetivos: [...] IV – a habilitação e reabilitação das pessoas portadoras de deficiência e a promoção de sua *integração à vida comunitária*"; "Art. 227. É dever da família, da sociedade e do Estado assegurar à criança, ao adolescente e ao jovem, com absoluta prioridade, o direito à vida, à saúde, à alimentação, à educação, ao lazer, à profissionalização, à cultura, à dignidade, ao respeito, à liberdade e à convivência familiar e comunitária, além de colocá-los a salvo de toda forma de negligência, discriminação, exploração, violência, crueldade e opressão (Redação dada Pela Emenda Constitucional nº 65, de 2010). §1º O Estado promoverá programas de assistência integral à saúde da criança, do adolescente e do jovem, admitida a participação de entidades não governamentais, mediante políticas específicas e obedecendo aos seguintes preceitos: (Redação dada Pela Emenda Constitucional nº 65, de 2010) II – criação de programas de prevenção e atendimento especializado para as pessoas portadoras de deficiência física, sensorial ou mental, bem como de *integração social* do adolescente e do jovem portador de deficiência, mediante o treinamento para o trabalho e a convivência, e a facilitação do acesso aos bens e serviços coletivos, com a eliminação de obstáculos arquitetônicos e de todas as formas de discriminação (Redação dada Pela Emenda Constitucional nº 65, de 2010)".

[307] "Art. 1º Ficam estabelecidas normas gerais que asseguram o pleno exercício dos direitos individuais e sociais das pessoas portadoras de deficiências, e sua efetiva integração social, nos termos desta Lei".

[308] Cabe registrar que a Lei Complementar nº 80, de 12 de janeiro de 1994, que organiza a Defensoria Pública da União, do Distrito Federal e dos Territórios e prescreve normas gerais para sua organização nos Estados, e dá outras providências, em seu art. 4º inciso XI, por força de redação dada pela LC nº 32, de 07 de outubro de 2009, ou seja, posterior ao Decreto nº 6.949, de 25 de agosto de 2009, que promulgou a CDPD, inseriu entre as funções institucionais da Defensoria Pública: "exercer a defesa dos interesses individuais e coletivos da criança e do adolescente, do idoso, da *pessoa portadora de necessidades especiais*, da mulher vítima de violência doméstica e familiar e de outros grupos sociais vulneráveis que mereçam proteção especial do Estado". Confira-se a utilização de expressão completamente incompatível com as prescrições convencionais com natureza constitucional.

sua função promocional, a Lei, por si só, é incapaz de alterar estereótipos sociais construídos a partir de padrões de normalidade discriminatórios e excludentes.

Por isso, Rafael de Asís Roig defende que não é somente por meio de alterações de certas regras que a mudança social de fato ocorre, é também necessário moldar os intérpretes da lei para que compreendam e assimilem os novos paradigmas calcados no modelo social e nos direitos humanos das pessoas com deficiência,[309] visando assegurar sua plena inclusão social por meio de uma vida digna, autônoma e independente, o que somente é possível com a reconstrução do regime das incapacidades e dos instrumentos de apoio das pessoas com deficiência intelectual.

Nossos tribunais superiores já tiveram a oportunidade de se manifestar a respeito dos efeitos do modelo social da deficiência em diferentes áreas do Direito. O Supremo Tribunal Federal, no referendo na medida cautelar na Ação Direta de Inconstitucionalidade nº 5.357, julgou constitucionais o parágrafo primeiro do artigo 28 e *caput* do artigo 30 do Estatuto da Pessoa com Deficiência, que estabelecem a obrigatoriedade de as escolas privadas promoverem a inclusão de pessoas com deficiência no ensino regular e prover as medidas de adaptação necessárias sem que ônus financeiro seja repassado às mensalidades, anuidades e matrículas. O Tribunal Pleno converteu o julgamento que indeferiu a medida cautelar pleiteada, por unanimidade, em julgamento definitivo de mérito, julgando improcedente, por maioria e nos termos do Voto do Min. Relator Edson Fachin, a ação direta de inconstitucionalidade. Desse modo, entendeu que a "Convenção Internacional sobre os Direitos da Pessoa com Deficiência concretiza o princípio da igualdade como fundamento de uma sociedade democrática que respeita a dignidade humana". Nessa linha, restou demonstrado que

> pluralidade e igualdade são duas faces da mesma moeda. O respeito à pluralidade não prescinde do respeito ao princípio da igualdade. E na atual quadra histórica, uma leitura focada tão somente em seu aspecto formal não satisfaz a completude que exige o princípio. Assim, a igualdade não se esgota com a previsão normativa de acesso igualitário a bens jurídicos, mas engloba também a previsão normativa de medidas que efetivamente possibilitem tal acesso e sua efetivação concreta.

---

[309] ROIG, Rafael de Asís. Disabilities social model: criticismo and success. *In*: *Pensar*, Fortaleza, v. 21, n. 3, p. 1086-1103, set./dez. 2016. p. 1.100.

Por isso, afirmou-se que o "enclausuramento em face do diferente furta o colorido da vivência cotidiana, privando-nos da estupefação diante do que se coloca como novo, como diferente. [...] É somente com o convívio com a diferença e com o seu necessário acolhimento que pode haver a construção de uma sociedade livre, justa e solidária, em que o bem de todos seja promovido sem preconceitos de origem, raça, sexo, cor, idade e quaisquer outras formas de discriminação (art. 3º, I e IV, CRFB)". Conclui-se, desse modo, que a

> Lei nº 13.146/2015 indica assumir o compromisso ético de acolhimento e pluralidade democrática adotados pela Constituição ao exigir que não apenas as escolas públicas, mas também as particulares deverão pautar sua atuação educacional a partir de todas as facetas e potencialidades que o direito fundamental à educação possui e que são densificadas em seu Capítulo IV.[310]

Ainda no âmbito do Supremo Tribunal Federal, no julgamento do *Habeas Corpus* nº 151.523, proveniente de São Paulo, o Min. Luiz Edson Fachin entendeu que é "inconstitucional a manutenção em Hospital de Custódia e Tratamento Psiquiátrico – estabelecimento penal – de pessoa com diagnóstico de doença psíquica que teve extinta a punibilidade, por configurar-se privação de liberdade sem pena". Segundo entendimento firmado, a

> Convenção Internacional dos Direitos da Pessoa com Deficiência (CDPD), incorporado ao texto constitucional por meio do Decreto nº 6.949/2009, prevê, como princípios gerais, 'a plena e efetiva participação e inclusão na sociedade' das pessoas com deficiência de natureza física, mental, intelectual e sensorial". Como fundamento legal, mencionou a Lei nº 10.216/2001, que "estabelece que a internação tem caráter singular e que o tratamento de pessoa com diagnóstico psíquico 'visará, como finalidade permanente, a reinserção social do paciente em seu meio'.[311]

Por sua vez, o Superior Tribunal de Justiça, no julgamento do Recurso Especial nº 1.733.468-MG, no qual examinou em ação de

---

[310] BRASIL. Supremo Tribunal Federal. *Referendo na Medida Cautelar na Ação Direta de Inconstitucionalidade nº 5357 MC-Ref/DF*. Tribunal Pleno. Relator: Min. Luiz Edson Fachin. Brasília, 09 jun. 2016. Disponível em: www.stf.jus.br. Acesso em 03 abr. 2020.

[311] BRASIL. Supremo Tribunal Federal. *Habeas Corpus nº 151.523/SP*. Segunda Turma. Relator: Min. Luiz Edson Fachin. Brasília, 27 nov. 2018. Disponível em: www.stf.jus.br. Acesso em 03 abr. 2020.

compensação por dano moral a falta de acessibilidade a transporte público municipal à pessoa com deficiência usuária de cadeira de rodas motorizada, asseverou que a CDPD alçou a "acessibilidade a princípio geral a ser observado pelos Estados Partes, atribuindo-lhe, também, o caráter de direito humano fundamental". No caso concreto, restou demonstrado que a concessionária de serviço público "falhou bruscamente no seu dever de promoção da integração e inclusão da pessoa com deficiência, indo na contramão do movimento social-jurídico que culminou na promulgação da Convenção e, no plano interno, na elaboração da LBI". Registra, ainda, que "houve sucessivas falhas na prestação do serviço, a exemplo do não funcionamento do elevador de acesso aos ônibus e do tratamento discriminatório dispensado ao usuário pelos prepostos da concessionária", inclusive com a inusitada situação de o usuário "precisar se esconder e pedir a outra pessoa para dar o sinal, pois o motorista do ônibus não pararia se o visse no ponto".

À luz das circunstâncias do caso narrado, a Min. Nancy Andrighi afirmou que, com a internalização da CDPD com *status* de emenda constitucional, impera atualmente a "visão de que a deficiência não se trata de um problema na pessoa a ser curado, mas de um problema na sociedade, que impõe barreiras que limitam ou até mesmo impedem o pleno desempenho dos papeis sociais (o denominado 'modelo social da deficiência')".[312]

Os julgados anteriormente mencionados demonstram que, após a promulgação do EPD, finalmente, os tribunais pátrios têm assimilado a força constitucional da CDPD e, por conseguinte, o modele social da deficiência, que, como já afirmado, devem balizar a interpretação de todos os dispositivos da lei protetiva, com o objetivo de extrair a máxima efetividade de suas normas, à luz da renovada tábua axiológica constitucional.

---

[312] BRASIL. Superior Tribunal de Justiça. *REsp. nº 1.733.468/MG*. Terceira Turma. Relatora: Min. Nancy Andrighi. Brasília, 19 jun. 2018. Disponível em: www.stj.jus.br. Acesso em 03 abr. 2020. V., ainda, REsp. nº 1.611.915/RS. Quarta Turma. Relator: Min. Marco Buzzi, julg. 06 dez. 2018; REsp. nº 1.838.791/CE. Terceira Turma. Relator: Min. Ricardo Villas Bôas Cueva, julg. 08 out. 2019.

CAPÍTULO 2

# EM NOME DA PROTEÇÃO DA DIGNIDADE: A RUPTURA DE CONCEITOS CONSOLIDADOS

Os conceitos de pessoa, personalidade e capacidade são centrais para a dogmática jurídica e atravessam o ordenamento jurídico brasileiro em toda sua extensão, ultrapassando os muros do direito civil.[313] As últimas décadas foram especialmente importantes para o enaltecimento desses institutos no direito pátrio, principalmente após a consagração, na Constituição de 1988, da dignidade da pessoa humana como princípio fundante da República e vetor axiológico nuclear da ordem jurídica brasileira. Em nome da proteção da dignidade humana em sua ampla acepção é que os conceitos jurídicos basilares que se consolidaram no tempo aparentemente infensos às mudanças sociais e culturas são revisitados e ressignificados em seus perfis estruturais e funcionais, de modo a se adequar aos reais fins que devem ser perseguidos à luz do unitário e sistemático ordenamento normativo nacional.

Em que pese tal necessidade de revitalização e releitura dos conceitos e institutos jurídicos contextualizados em seu tempo e conforme os princípios imantados, sobretudo, pela Constituição, tal tarefa tem sido particularmente intrincada na medida em que o Direito, dominado pela análise estrutural do período liberal até o terceiro quartel do século passado, tornou-se refratário ao conteúdo social ínsito ao fenômeno jurídico, desvinculado da textura sociocultural. Segundo

[313] Cabe ressaltar que apesar da importância desses conceitos estabelecidos no âmbito do direito civil, eles são utilizados pelo Direito em geral, em todos os seus ramos, realçando a unidade do ordenamento jurídico.

Antônio Manuel Hespanha, a renitente continuidade histórica dos conceitos jurídicos é um "postulado básico do pensamento legal do Ocidente desde o Iluminismo, quando o racionalismo criou a utopia de um sistema legal baseado em axiomas racionais desenvolvidos com o apoio da matemática".[314] Essa perspectiva consolidou forte compreensão no mundo jurídico de que "esses paradigmas resultam de um raciocínio legal eterno, e não de universos de crenças esculpidos pela cultura",[315] o que desencadeou uma suposta neutralidade, calcada na cientificidade do Direito, e obscureceu o sistema de valores das normas jurídicas e, por consequência, originou diversos dogmas.

É recente, portanto, a percepção da historicidade e da localidade dos valores sociais amalgamados e projetados nas normas jurídicas,[316] que descortinam a importância das diferenças históricas e culturais na interpretação-aplicação do Direito, compreendido, a partir dessa perspectiva, como produto sociocultural. O fenômeno jurídico exprime-se "como um processo que se desenvolve na dimensão da historicidade e no qual se articulam as normas – momento culminante deste processo –, os fatos que estão na sua origem e os valores ou fins que constituem sua razão de ser".[317] Mesmo os tratados internacionais carreiam normas locais, pois a decisão de internalizá-los é dos legisladores nacionais, a aplicação é instrumentalizada pelos operadores da localidade e os destinatários são os moradores de determinada comunidade. Por isso, segundo Jungen Habermas, "toda ordem jurídica é também expressão de uma forma de vida em particular, e não apenas o espelhamento do teor universal (destas normas)".[318]

Nesse cenário, a historicidade e a relatividade[319] são atributos indissociáveis dos institutos jurídicos, o que implica o entendimento de que pessoa, personalidade e capacidade são conceitos derivados de

---

314 HESPANHA, Antônio Manuel. A imaginação legal nos primórdios da Era Moderna. *In*: *Novos Estudos*, Cebrap, n. 59, mar. 2001. p. 149.

315 HESPANHA, Antônio Manuel. A imaginação legal nos primórdios da Era Moderna. *In*: *Novos Estudos*, Cebrap, n. 59, mar. 2001. p. 149.

316 HESPANHA, Antônio Manuel. A imaginação legal nos primórdios da Era Moderna. *In*: *Novos Estudos*, Cebrap, n. 59, mar. 2001. p. 150.

317 MARTINS-COSTA, Judith; BRANCO, Gerson. *Diretrizes teóricas do novo Código Civil brasileiro*. Rio de Janeiro: Saraiva, 2002. p. 174.

318 HABERMAS, Jungen. *A inclusão do outro*. 2. ed. São Paulo: Edições Loyola, 2004. p. 253.

319 Defende Pietro Perlingieri que é "necessário desancorar-se dos antigos dogmas, verificando sua relatividade e sua historicidade. [...] A reflexão sobre a historicidade do ordenamento, a relatividade dos conceitos e das noções, a individuação dos princípios e dos valores fundamentais, pode nascer somente do estudo comparado dos ordenamentos, das sociedades, das culturas. [...] A relativização dos conceitos introduz o problema da

construções jurídicas localizadas espacial e temporalmente. Com efeito, não pode o Direito prescindir nem da estrutura, nem da função a ser perseguida por cada instituto,[320] contemplando a apreciação integral do fenômeno jurídico a partir de pressupostos históricos e culturais. Por isso, além do reconhecimento do caráter histórico ínsito à experiência jurídica, ressalta-se a valorização da função dos institutos jurídicos, que busca encontrar a síntese dos efeitos essenciais de cada fato jurídico, evidenciando sua vocação dentro de determinado ordenamento jurídico. Almeja-se, por conseguinte, compatibilizar cada situação jurídica à realização dos mandamentos constitucionais,[321] realçando o projeto axiológico democraticamente escolhido pelos legisladores constituintes.

Nesse contexto, indispensável "desvincular-se dos apertos de um sistema historicamente superado, dar maior espaço aos institutos mais presentes na realidade atual e reservar menor atenção àqueles já ultrapassados".[322] Por isso, Pietro Perlingieri salienta que a tutela da

---

sua historicidade". (PERLINGIERI, Pietro. *Direito civil na legalidade constitucional.* (Trad. Maria Cristina de Cicco). Rio de Janeiro: Renovar, 2008. p. 137-143. V. MORAES, Bruno Terra; MAGALHÃES, Fabiano Pinto. Historicidade e relatividade dos institutos e a função promocional do direito civil. *In*: SCHREIBER, Anderson; KONDER, Carlos Nelson (Coords.). *Direito civil constitucional.* São Paulo: Atlas, 2016. p. 125-155).

[320] "Se aplicarmos à teoria do direito a distinção entre abordagem estruturalista e abordagem funcionalista, da qual os cientistas sociais fazem grande uso para diferenciar e classificar as suas teorias, não resta dúvida de que, no estudo do direito em geral (de que se ocupa a teoria geral do direito), nesses últimos cinquenta anos, a primeira abordagem prevaleceu sobre a segunda. [...] acredito ser possível afirmar com certa tranquilidade que, no seu desenvolvimento posterior à guinada kelseniana, a teoria do direito tenha obedecido muito mais a sugestões estruturalistas do que funcionalistas. Em poucas palavras, aqueles que se dedicaram à teoria geral do direito se preocuparam muito mais em saber 'como o direito é feito' do que 'para que o direito serve'". (BOBBIO, Norberto. *Da estrutura à função*: novos estudos da teoria do direito. (Trad. Daniela Beccaria Versiani. Barueri). SP: Manole, 2007. p. 53. "Com o transcorrer das experiências históricas, institutos, conceitos, instrumentos, técnicas jurídicas, embora permaneçam nominalmente idênticos, mudam de função, de forma que, por vezes, acabam por servir a objetivos diametralmente opostos àqueles originais". (PERLINGIERI, Pietro. *Direito civil na legalidade constitucional.* (Trad. Maria Cristina de Cicco). Rio de Janeiro: Renovar, 2008. p. 141).

[321] "A doutrina civil constitucional vai além da verificação funcional e exerce um rigoroso controle de merecimento de tutela das situações jurídicas subjetivas, passando do perfil funcional à funcionalização. Trata-se de um procedimento interpretativo-aplicativo, afastado da lógica da subsunção, que busca sincronizar cada situação jurídica ao atendimento do projeto constitucional, isto é, à realização dos princípios e diretrizes previstos na Constituição, dentre os quais se destacam a dignidade da pessoa humana e a solidariedade social". (SANTOS, Deborah Pereira Pinto dos; MENDES, Eduardo Heitor. Função, funcionalização e função social. *In*: SCHREIBER, Anderson; KONDER, Carlos Nelson (Coords.). *Direito civil constitucional.* São Paulo: Atlas, 2016. p. 124).

[322] PERLINGIERI, Pietro. *Direito civil na legalidade constitucional.* (Trad. Maria Cristina de Cicco). Rio de Janeiro: Renovar, 2008. p. 138.

pessoa humana "não encontra espaço adequado na doutrina tradicional, que discorre sobre a pessoa física somente em termos de subjetividade abstrata e geral, mas não como valor fundamental".[323]

## 2.1 Do indivíduo abstrato à pessoa concreta: o giro fundamental

A preocupação com a tutela integral da pessoa humana, não apenas em sua subjetividade, mas em sua dimensão de valor, somente se descortinou após as duas grandes guerras mundiais e os horrores do Holocausto, tornando-se cada vez mais crescente nas ordens jurídicas ocidentais, que passaram a contemplar e assegurar os direitos humanos fundamentais nas Constituições nacionais e a reconhecer e proteger os direitos da personalidade em seus códigos civis.[324] Diante desses acontecimentos, tornou-se imprescindível uma tutela mais efetiva da pessoa humana, de modo a protegê-la das atrocidades cometidas mundo afora.

Em âmbito internacional, a primeira resposta foi a Declaração Universal dos Direitos Humanos em 1948, na qual se afirmou, de modo expresso, que "o reconhecimento da dignidade inerente a todos os membros da família humana e de seus direitos iguais e inalienáveis é o fundamento da liberdade, da justiça e da paz no mundo". A consagração do princípio da dignidade humana em diversas Declarações Internacionais de Direitos Humanos e na Constituição da República Federativa do Brasil de 1988, art. 1º, inciso III, teve o mérito de fortalecer e priorizar a proteção da pessoa humana, inaugurando o reconhecimento de sua primazia, em todos os aspectos, no ordenamento jurídico pátrio.

A dignidade da pessoa humana fincou-se no ordenamento jurídico nacional como "princípio fundamental de que todos os demais princípios derivam e que norteia todas as regras jurídicas".[325] Por

---

[323] PERLINGIERI, Pietro. *Direito civil na legalidade constitucional*. (Trad. Maria Cristina de Cicco). Rio de Janeiro: Renovar, 2008. p. 138.

[324] Anderson Schreiber observou que as "duas guerras mundiais, os horrores do holocausto nazista e a efetiva utilização da bomba atômica foram apenas alguns dos assustadores acontecimentos que o mundo testemunhou no curto intervalo entre 1914 e 1945". (SCHREIBER, Anderson. *Direitos da personalidade*. São Paulo: Atlas, 2011. p. 6).

[325] FACHIN, Luiz Edson. Fundamentos, limites e transmissibilidade – anotações para uma leitura crítica, construtiva e de índole constitucional da disciplina dos direitos da personalidade no Código Civil brasileiro. *In*: *Revista da EMERJ*, v. 8, n. 31, p. 58, 2005.

conseguinte, o seu reconhecimento como fundamento da República brasileira impõe, necessariamente, a releitura de todo o ordenamento à luz dos ditames constitucionais em prol da reconstrução do sistema vigente a partir de uma índole mais humana e solidária, tendo como bússola axiológica a própria dignidade humana. A doutrina denominou esse movimento, no terreno do direito privado, de "repersonalização", no intuito de demonstrar a centralidade que a pessoa humana passara a desempenhar no ordenamento. De acordo com Paulo Luiz Netto Lôbo, "a repersonalização reencontra a trajetória da longa história da emancipação humana, no sentido de repor a pessoa humana como centro do direito civil, passando o patrimônio ao papel de coadjuvante, nem sempre necessário".[326]

Essa centralidade se impõe à medida que a dignidade da pessoa humana confere unidade axiológica a todo o sistema normativo, exigindo uma releitura de todas as normas infraconstitucionais à luz dos valores maiores albergados na Carta Magna. Dessarte, o vértice do ordenamento jurídico brasileiro se situa no ser, e não mais no ter, alçando a valor máximo a tutela da dignidade da pessoa humana, estampada no art. 1º, III, da Constituição, que se configura como "verdadeira cláusula geral de tutela e promoção da pessoa humana".[327]

A mudança paradigmática operada pela Constituição da República de 1988 elevou – ou realocou – a pessoa humana à categoria central do ordenamento jurídico brasileiro, superando a perenidade e generalizações dos conceitos consolidados como dogmas jurídicos, eis que o indivíduo hoje é considerado a partir de sua situação pessoal e social, ou seja, de forma concreta e real, superando a virtualidade do sujeito, moldurado no recorte patrimonial.[328] O direito civil oitocentista edificou a abstração da figura do sujeito de direito, moldado pelas codificações, sendo definido como aquele que é capaz de adquirir direitos e contrair obrigações, ou seja, aquele indivíduo que contrata e adquire patrimônio. Tal concepção revela a nítida prevalência

[326] LÔBO, Paulo Luiz Netto. Constitucionalização do direito civil. *In*: *Revista de Informação Legislativa*, Brasília, a. 36, n. 141, p. 103, jan./mar. 1999.

[327] TEPEDINO, Gustavo. A tutela da personalidade no ordenamento civil-constitucional brasileiro. *In*: *Temas de Direito Civil*. 4. ed. Rio de Janeiro: Renovar, 2008. p. 54.

[328] "[...] tem-se, de um lado, o que se pode denominar pessoa codificada ou sujeito virtual; e, do lado oposto, há o sujeito que corresponde à pessoa verdadeiramente humana, vista sob o prisma de sua própria natureza e dignidade, a pessoa gente". (MEIRELLES, Jussara Maria Leal de. O ser e o ter na codificação civil brasileira: do sujeito virtual à clausura patrimonial. *In*: FACHIN, Luiz Edson (Coord.). *Repensando fundamentos do Direito Civil Brasileiro Contemporâneo*. Rio de Janeiro: Renovar, 1998. p. 87-114).

de valores patrimoniais em detrimento dos valores existenciais.[329] Sobre a autonomia privada forjada pelas codificações oitocentistas, Carlos Eduardo Pianovski aduz que o "'pacto' constitutivo do sujeito de direito implica inserir-se no modelo formal e abstrato de relação jurídica, sob a égide dos conceitos codificados de contrato, propriedade e família, em que a fruição da autonomia juridicamente protegida se subordina à subsunção a conceitos". Diante desse cenário, o sujeito que "é materialmente livre, acede ao pacto e exerce uma 'autonomia subordinada' para saciar suas aspirações individuais. Aquele que não se insere nos modelos de relação jurídica (por não ser proprietário, por exemplo), resta de plano excluído, e sequer pode aceder ao pacto".[330]

Hodiernamente, a dignidade impõe a construção de uma tutela voltada à pessoa humana, concreta, dotada de necessidades, inserida em uma rede de relações que a forja e constrói sua personalidade. Por sua vez, a solidariedade exige que, num mundo de relações sociais com assimetria de forças e marcado por forte desigualdade, perscrutem-se as vulnerabilidades presentes na sociedade, de modo a reforçar a tutela das pessoas integrantes de grupos minoritários, em aspecto qualitativo, de modo a buscar a concretude da igualdade substancial e a justiça social. O valor dignitário e o norte solidário impostos no projeto constitucional são os responsáveis por balizar a disciplina jurídica da pessoa concreta e real, colocada no epicentro do ordenamento, promovida em seus aspectos existenciais, não mais aprisionada à clausura patrimonial.[331] Nas palavras de Gustavo Tepedino, "a pessoa

---

329 "Sobretudo no século XIX, a assunção pelo sujeito concreto da posição de sujeito de direito autônomo se faz sob a égide da lei: é o Direito Civil apropriado pelo Estado Moderno por meio das grandes codificações8 que define a seara em que aquele que vestir a "máscara" do sujeito de direito abstratamente definido exercerá o gozo de sua autonomia. A liberdade do sujeito no âmbito privado assume a expressão que a lei civil codificada lhe oferece – com a contrapartida da segurança do uso, gozo e disposição da propriedade, espaço privilegiado de exercício dessa liberdade. A liberdade do sujeito de direito [...] se converte, assim, em autonomia da vontade exercida no âmbito da propriedade. Exercer essa autonomia tem um preço: inserir-se na qualidade de sujeito de direito integrante das relações jurídicas pré-definidas no Código Civil". (PIANOVSKI, Carlos Eduardo. *Ensaio sobre a autonomia privada e o sujeito de direito nas codificações civis, ou "A aspiração fáustica e o pacto de Mefisto"*. Disponível em: http://fachinadvogados.com.br/artigos/Ensaio%20sobre%20a%20autonomia.pdf. Acesso 20 nov. 2017).

330 PIANOVSKI, Carlos Eduardo. *Ensaio sobre a autonomia privada e o sujeito de direito nas codificações civis, ou "A aspiração fáustica e o pacto de Mefisto"*. Disponível em: http://fachinadvogados.com.br/artigos/Ensaio%20sobre%20a%20autonomia.pdf. Acesso 20 nov. 2017.

331 "A dignidade humana constitui cláusula geral, remodeladora das estruturas e da dogmática do direito civil brasileiro. Opera a funcionalização das situações patrimoniais às existenciais, realizando assim processo e verdadeira inclusão social, com a ascensão à realidade

humana, portanto – e não mais o sujeito de direito neutro, anônimo e titular de patrimônio –, qualificada na concreta relação jurídica que se insere, de acordo com o valor social de sua atividade, e protegida pelo ordenamento segundo o grau de vulnerabilidade que apresenta, torna-se a categoria central do direito privado".[332]

A supremacia constitucional – em especial, da cláusula geral de tutela da dignidade da pessoa humana – determina que o ordenamento como um todo se volte à concreta tutela da pessoa humana, eis que sua proteção e promoção são objetivos máximos da ordem jurídica, superando a neutralidade e a abstração típicas do período oitocentista. Desse modo, a concepção abstrata do "burguês proprietário" deve ser superada em prol da pessoa humana em sua concreta vulnerabilidade. Tal referência à passagem do sujeito de direito à pessoa humana não é um processo acabado e excludente, mas contínuo e complementar, no qual a construção do sujeito-pessoa deve ser incessantemente realizada, vedando-se qualquer indiferença à realidade das condições materiais e existenciais peculiares a cada ser humano,[333] a exemplo das crianças e adolescentes, das mulheres, dos idosos e das pessoas com deficiência.

Gustavo Tepedino realça, no entanto, que "deve-se ter em mente que a construção do sujeito, não obstante o risco de sua utilização metafísica que acaba por privilegiar a abstração conceitual em detrimento da proteção dos valores da pessoa em concreto, permanece como um dos grandes êxitos da humanidade". Nessa linha, defende a coexistência das construções do sujeito, calcada na igualdade formal como libertadora de preconceitos, da pessoa, baseada na igualdade substancial, logo, protetora das vulnerabilidades. Nessa senda, se, por um lado, "o primado da dignidade humana comporta o reconhecimento da pessoa a partir dos dados da realidade, realçando-lhe as diferenças", de outro, a abstração do sujeito "assume grande relevância nas hipóteses em que a revelação do dado concreto possa gerar restrição à própria dignidade, ferindo a liberdade e a igualdade da pessoa". Por isso, é necessário buscar para compatibilizar a tutela do sujeito abstrato, titular de direitos e deveres nas relações privadas, com o reconhecimento

---

normativa de interesses coletivos, direitos da personalidade e renovadas situações jurídicas existenciais, desprovidas de titularidades patrimoniais, independentemente destas ou mesmo em detrimentos destas". (TEPEDINO, Gustavo. Do Sujeito de Direito à Pessoa Humana. *In*: *Temas de Direito Civil*. Rio de Janeiro: Renovar, 2006. t. II, p. 342).

[332] TEPEDINO, Gustavo. Do Sujeito de Direito à Pessoa Humana. *In*: *Temas de Direito Civil*. Rio de Janeiro: Renovar, 2006. t. II, p. 342.

[333] Cf. RODOTÀ, Stefano. *Dal soggetto alla persona*. Milano: ESI, 2007. p. 15-26.

das diferenças que individualizam as pessoas, desde que sempre funcionalizadas à tutela da dignidade humana.[334]

Não obstante todo esse movimento, a pessoa com deficiência continuou excluída, relegada à igualdade formal, e somente após o EPD tornou-se objeto de preocupação dos civilistas na busca pela real e concreta tutela de sua dignidade. A legalidade constitucional, portanto, requer a compreensão unitária do sistema jurídico, na qual liberdade e solidariedade representam valores sincrônicos e dialógicos, e a tutela das vulnerabilidades serve efetivamente de instrumento para o alcance da igualdade substancial e da justiça social.

## 2.1.1 A tutela da vulnerabilidade da pessoa humana

A dignidade da pessoa humana, chave a guiar o sistema na busca por unidade, determina que qualquer vulnerabilidade humana merece tutela prioritária, tendo em vista que a igual dignidade social só é alcançada quando os direitos fundamentais são assegurados a todos. Assim, é necessário reconhecer os direitos de determinados grupos considerados socialmente vulneráveis, frágeis e que, por tal razão, demandam proteção especial do ordenamento jurídico,[335] a exigir uma tutela mais enérgica com o objetivo de reequilibrar relações sociais tradicionalmente desiguais, com fundamento na solidariedade social, na igualdade substancial e na justiça social.

Indispensável, por conseguinte, para o alcance e a concretização da cláusula geral de tutela da pessoa humana a compreensão das vulnerabilidades inerente às pessoas humanas, bem como ao agravamento da fragilidade em determinadas circunstâncias, seja por questões econômicas, sociais, culturais, entre outras, com o objetivo de se assegurar, na medida do possível, a igualdade substancial. A vulnerabilidade se revela como conceito complexo[336] e, até recentemente, era preterido

---

[334] TEPEDINO, Gustavo. O papel atual da doutrina do Direito Civil entre o sujeito e a pessoa. *In*: TEPEDINO, Gustavo; TEIXEIRA, Ana Carolina Brochado; ALMEIDA, Vitor (Orgs.). *O Direito Civil entre o sujeito e a pessoa*: estudos em homenagem ao professor Stefano Rodotà. Belo Horizonte: Fórum, 2016. p. 18-19.

[335] MORAES, Maria Celina Bodin de. O princípio da dignidade da pessoa humana. *In*: *Na medida da pessoa humana*: estudos de direito civil-constitucional. Rio de Janeiro: Renovar, 2010. p. 84.

[336] No campo do direito privado, poucos são os trabalhos que se dedicaram a aprofundar o conceito de vulnerabilidade. Sobre o assunto, cf. BARBOZA, Heloisa Helena. Vulnerabilidade e cuidado: aspectos jurídicos. *In*: PEREIRA, Tania da Silva; OLIVEIRA, Guilherme de (Orgs.). *Cuidado e vulnerabilidade*. São Paulo: Atlas, 2009. p. 106-118;

pelo Direito,[337] que apegado atavicamente ao sujeito de direito formal, cristalizado nas codificações oitocentistas, descurou da necessária preocupação com um indivíduo real, existente no mundo dos fatos, um ser humano que precisa de proteção, em razão da vulnerabilidade que lhe é inerente. Atualmente, a noção de vulnerabilidade superou as barreiras dos estudos produzidos no campo da saúde pública,

---

MARQUES, Claudia Lima; MIRAGEM, Bruno. *O novo direito privado e a proteção dos vulneráveis*. São Paulo: Revista dos Tribunais, 2012; KONDER, Carlos Nelson. Vulnerabilidade patrimonial e vulnerabilidade existencial: por um sistema diferenciador. *In*: *Revista de Direito do Consumidor*, v. 99, p. 101-123, 2015; BARBOZA, Heloisa Helena; ALMEIDA, Vitor. A tutela das vulnerabilidades na legalidade constitucional. *In*: TEPEDINO, Gustavo; TEIXEIRA, Ana Carolina Brochado; ALMEIDA, Vitor (Orgs.). *Da dogmática à efetividade do Direito Civil*: Anais do Congresso Internacional de Direito Civil Constitucional – IV Congresso do IBDCIVIL. Belo Horizonte, MG: Fórum, 2017. p. 37-50.

337 Convém mencionar que a noção de "vulnerabilidade" na experiência jurídica brasileira tem sido mais profundamente trabalhada pelo Direito do Consumidor, ramo que durante muito tempo foi praticamente o único a definir os contornos da fragilidade da pessoa-consumidora, talvez pela expressa referência ao reconhecimento da vulnerabilidade do consumidor no mercado de consumo, conforme previsto no art. 4º, I, do Código de Defesa do Consumidor. Marcelo Calixto já afirmou que "em relação à Lei nº 8.078/90 pode-se considerar que o princípio da vulnerabilidade é aquele que informa todas as demais normas nele estabelecidas. Assim, é a vulnerabilidade elemento essencial do conceito jurídico de consumidor, seja *strictu sensu* seja equiparado". Por isso, o "reconhecimento da vulnerabilidade do consumidor, afirmado pelo próprio CDC (art. 4º, I), deveria ser um requisito comum para que o intérprete afastasse eventual relação jurídica do âmbito do Código Civil e aplicasse a legislação protetiva". (CALIXTO, Marcelo Junqueira. O princípio da vulnerabilidade do consumidor. *In*: BODIN DE MORAES, Maria Celina (Coord.). *Princípios do direito civil contemporâneo*. Rio de Janeiro: Renovar, 2006. p. 356, 365). Cláudia Lima Marques ensina que a "vulnerabilidade é uma situação permanente ou provisória, individual ou coletiva, que fragiliza, enfraquece o sujeito de direitos, desequilibrando a relação de consumo. Vulnerabilidade é uma característica, um estado do sujeito mais fraco, sinal de necessidade de proteção". (BENJAMIN, Antonio Herman V.; MARQUES, Claudia Lima; BESSA, Leonardo Roscoe. *Manual de direito do consumidor*. 6. ed. rev., atual. e ampl. São Paulo: Revista dos Tribunais, 2014. p. 104). A doutrina consumerista tem apontado, em geral, quatro espécies de vulnerabilidades: técnica, jurídica ou contábil, fática ou socioeconômica, e, mais recentemente, a informacional, também denominada de básica ou intrínseca. V., por todos, BENJAMIN, Antonio Herman V.; MARQUES, Claudia Lima; BESSA, Leonardo Roscoe. *Manual de direito do consumidor*. 6. ed. rev., atual. e ampl. São Paulo: Revista dos Tribunais, 2014. p. 105-114. "A doutrina brasileira defende, igualmente, que os consumidores desfavorecidos (ou pobres) podem ser chamados de hipossuficientes, criando assim uma graduação (econômica) da vulnerabilidade em direito material. A jurisprudência brasileira reconhece a hipervulnerabilidade de alguns consumidores, por idade (idosos, crianças, bebês, jovens), condições especiais de saúde (doentes, contaminados com o vírus HIV, e necessidades especiais, como especificam os arts. 37, §2º e 39, IV, do CDC". (BENJAMIN, Antonio Herman V.; MARQUES, Claudia Lima; BESSA, Leonardo Roscoe. *Manual de direito do consumidor*. 6. ed. rev., atual. e ampl.. São Paulo: Revista dos Tribunais, 2014. p. 111). V., também, SCHMITT, Cristiano Heineck. *Consumidores hipervulneráveis*: a proteção do idoso no mercado de consumo. São Paulo: Atlas, 2014; e, BARLETTA, Fabiana Rodrigues; ALMEIDA, Vitor. *A tutela jurídica da pessoa idosa*: 15 anos do Estatuto do Idoso: melhor interesse, autonomia e vulnerabilidade e relações de consumo. Indaiatuba, SP: Foco, 2020.

especialmente a partir do olhar bioético,[338] e do confinamento na seara do consumidor, para alcançar larga aplicação no mundo jurídico, especialmente no direito civil, que tem se valido do termo como um critério para aferir ou identificar os indivíduos que se encontram em situação de desigualdade por razões pessoais de diferentes naturezas (idade, saúde etc.), reforçando a concretização da dignidade da pessoa humana e da solidariedade social, na marcha da "despatrimonialização" do direito privado.[339]

Segundo Heloisa Helena Barboza, o "conceito de vulnerabilidade (do latim *vulnerabilis*, 'que pode ser ferido', de *vulnerare*, 'ferir', de *vulnus*, 'ferida') refere-se a qualquer ser vivo, sem distinção, o qual pode, em situações contingenciais, ser 'vulnerado'". Cuida-se,

---

338 V., por todos, SCHRAMM, Fermin Roland. Vulnerabilidade, vulneração, saúde pública e bioética da proteção: análise conceitual e aplicação. *In*: TAQUETTE, Stella Regina; CALDAS, Célia Pereira (Org.). *Ética e pesquisa com populações vulneráveis*. Rio de Janeiro: Rubio, 2012. v. 2, p. 37-57. Sobre a construção histórica e os sentidos da vulnerabilidade, Maria do Céu Patrão Neves registra que a "vulnerabilidade é um termo comum na linguagem corrente que, principalmente na última década, tem se tornado cada vez mais frequente no discurso bioético. Este processo culminou com a enunciação do "respeito pela vulnerabilidade humana" como princípio ético na Declaração Universal sobre Bioética e Direitos Humanos, da UNESCO, aprovada em outubro de 2005". Relata, ainda, que, pioneiramente, em 1978, a "noção de vulnerabilidade é introduzida no Relatório *Belmont* para classificar, de forma particular (apenas alguns são ditos vulneráveis) e em termos relativos (comparativamente aos ditos não vulneráveis), tanto pessoas singulares, na seção sobre a voluntariedade, como populações, na seção dedicada à 'avaliação sistemática de riscos e benefícios', que se encontrem numa situação de exposição agravada e que possam vir a ser 'feridas', isto é, serem prejudicadas nos seus interesses pelos interesses de outrem no âmbito da pesquisa biomédica e, mais especificamente, no da experimentação humana". Por isso, a autora observa que "a noção de vulnerabilidade é introduzida e persiste no vocabulário bioético numa função adjetivante, como uma característica, particular e relativa, contingente e provisória, de utilização restrita ao plano da experimentação humana, tornando-se cada vez mais frequente na constatação de uma realidade que se pretende ultrapassar ou mesmo suprimir por meio da atribuição de um poder crescente aos vulneráveis". Contudo, defende que além de configurar como característica peculiar de alguns grupos, a vulnerabilidade também é entendida hoje como condição e princípio. No sentido de condição, a "vulnerabilidade é [...] reconhecida como constitutiva do humano [...]. Deste modo, a noção de vulnerabilidade surge sempre como substantivo e nunca como adjetivo. Por isso não pode ser compreendida ou utilizada como um fator de diferenciação entre pessoas e populações, tal como se verificava na sua acepção como característica". Ressalta, ademais, que "o aspecto fundamental da afirmação da vulnerabilidade como princípio ético é o de formular uma obrigação da ação moral". Por fim, considera que os três sentidos "são articuláveis entre si e se apresentam hoje como constituintes indispensáveis da sua plena compreensão". (NEVES, Maria do Céu Patrão. Sentidos da vulnerabilidade: característica, condição, princípio. *In*: *Revista Brasileira de Bioética*, v. 2, n. 2, p. 157-172, 2006).

339 KONDER, Carlos Nelson. Vulnerabilidade patrimonial e vulnerabilidade existencial: por um sistema diferenciador. *In*: *Revista de Direito do Consumidor*, v. 99, p. 101-123, 2015. p. 102.

portanto, "de característica ontológica de todos os seres vivos". Nessa perspectiva, a vulnerabilidade é reconhecida como constitutiva do humano, ínsita ao ser em projeção à sua humanidade, sendo, portanto, irredutível e inalienável. No entanto, "determinados seres humanos são circunstancialmente afetados, fragilizados, desamparados ou *vulnerados*".[340] Nessa linha, sustenta-se que a vulnerabilidade, para fins de aplicação jurídica, deve ser classificada em vulnerabilidade ontológica ou geral, comum a todas as pessoas em razão da própria condição humana, ou em vulnerabilidade especial ou agravada, contingenciais de determinadas situações de ordem pessoal, social, cultural ou econômica, na qual a pessoa se encontra inserida.

Desse modo, diferenciam-se os *vulneráveis* dos *vulnerados*, sobretudo para fins de proteção jurídica, uma vez que é de todo indispensável focar nas situações específicas que desencadeiam a vulneração das pessoas, individualmente ou em coletividades, para que se identifique a tutela concreta e específica a ser aplicada. Por isso, não basta em diversos casos a invocação genérica à cláusula geral de tutela da pessoa humana, que visa a proteger todas as pessoas em suas intrínsecas dignidade e vulnerabilidade. É preciso verificar as peculiaridades concretas que levam à vulneração, de modo a combater de modo específico tais ameaças à integral dignidade. Nesse ponto, Heloisa Helena Barboza defende que é necessária:

> [...] a existência simultânea de uma *tutela geral* (abstrata) da pessoa humana, ontologicamente vulnerável, não só nas relações econômicas, como as de consumo, mas em todas as suas relações, especialmente as de natureza existencial, e a *tutela específica* (concreta), de todos os que se encontrem em situação de desigualdade, por força de circunstâncias que potencializem sua vulnerabilidade, ou já os tenham vulnerado, como forma de assegurar a igualdade e a liberdade, expressões por excelência da dignidade humana. Neste contexto, impõem-se indagar quais as características mínimas que podem ser consideradas para fazer a distinção entre os *vulneráveis* e os *vulnerados*, noções que permitem a diferenciação do tipo de tutela a ser conferida.[341]

[340] BARBOZA, Heloisa Helena. Vulnerabilidade e cuidado: aspectos jurídicos. *In*: PEREIRA, Tania da Silva; OLIVEIRA, Guilherme de (Orgs.). *Cuidado e vulnerabilidade*. São Paulo: Atlas, 2009. p. 110.

[341] BARBOZA, Heloisa Helena. Vulnerabilidade e cuidado: aspectos jurídicos. *In*: PEREIRA, Tania da Silva; OLIVEIRA, Guilherme de (Orgs.). *Cuidado e vulnerabilidade*. São Paulo: Atlas, 2009. p. 111.

Nessa senda, apesar de todos as pessoas humanas serem, por natureza, vulneráveis, "visto que todos os seres humanos são passíveis de serem feridos, atingidos em seu complexo psicofísico", nem "todos serão atingidos do mesmo modo, ainda que se encontre em situações idênticas, em razão de circunstâncias pessoais, que agravam o estado de suscetibilidade que lhe é inerente. Embora em princípio iguais, os humanos se revelam diferentes no que respeita à vulnerabilidade".[342] A dificuldade reside na identificação das situações de vulnerabilidade substancial e específica que devem exigir uma postura enérgica do ordenamento para minimizar e combater os efeitos da desigualdade social, sem olvidar que novas situações surgem constantemente a demandar uma proteção diferenciada e especial.

A distinção entre os termos vulnerabilidade e vulneração tem sua fonte, especialmente, nos estudos da bioética da proteção.[343] O primeiro se refere à condição existencial humana, sendo uma característica universal e genérica de qualquer pessoa. Enquanto que o conceito de vulneração se aplica a determinadas pessoas ou populações específicas que, por contingências adversas à própria vontade, não possuem os meios necessários para a superação das barreiras impostas, e que, portanto, são, em regra, ameaçadas e estigmatizadas na sociedade, além de invocar posturas paternalistas que reduzem ou eliminam a autonomia do sujeito vulnerado. Por isso, o objeto da proteção bioética é a vulneração, e não a vulnerabilidade.[344] A efetiva "vulneração", portanto, advém de uma situação de fato, concreta, devido a "contingências como o pertencimento a uma determinada classe social, a uma determinada etnia, a um dos gêneros ou dependendo de suas condições de vida, inclusive seu estado de saúde",[345] o que restringe a autonomia das pessoas nessa peculiar condição.

No mesmo sentido, no campo do Direito é a vulneração que exige a intervenção jurídica para reequilibrar as relações desiguais e

---

342 BARBOZA, Heloisa Helena. Vulnerabilidade e cuidado: aspectos jurídicos. *In*: PEREIRA, Tania da Silva; OLIVEIRA, Guilherme de (Orgs.). *Cuidado e vulnerabilidade*. São Paulo: Atlas, 2009. p. 107.

343 V., por todos, SCHRAMM, Fermin Roland. A bioética da proteção em saúde pública. *In*: FORTES, Paulo Antônio de Carvalho; ZOBOLI, Elma Lourdes Campos Pavone (Orgs.). *Bioética e saúde pública*. São Paulo: Loyola, 2003. p. 71-84.

344 KOTTOW, Miguel. Bioética de proteção: considerações sobre o contexto latino-americano. *In*: SCHRAMM, Fermin Roland *et al*. (Orgs.). *Bioética*: riscos e proteção. Rio de Janeiro: Editora Fiocruz, 2005. p. 1-44.

345 SCHRAMM, Fermin Roland. A saúde é um direito ou um dever? *In*: *Revista Brasileira de Bioética*, v. 2, n. 2, p. 192, 2006.

promover a construção de uma sociedade justa e solidária, procurando preservar ao máximo a autonomia do sujeito considerado vulnerado e reduzir as desigualdades nas relações sociais. No entanto, deve-se reconhecer que o uso do termo vulnerabilidade se disseminou, de maneira que vulneráveis e vulnerados são utilizados, no plano jurídico, de forma indistinta.[346]

O próprio legislador se refere aos vulnerados como vulneráveis, como, por exemplo, no art. 4º, I, do Código de Defesa do Consumidor, que reconhece a vulnerabilidade do consumidor nas relações de consumo, e o art. 4º, XI, da Lei Complementar nº 80, de 12 de janeiro de 1994, com redação dada pela Lei Complementar nº 132, de 07 de outubro de 2009, que elenca como função institucional da Defensoria Pública o exercício da defesa dos interesses individuais e coletivos de grupos vulneráveis que mereçam proteção especial do Estado, como as crianças e adolescentes, o idoso, a pessoa com deficiência, a mulher vítima de violência doméstica e familiar, entre outros. O Estatuto da Pessoa com Deficiência traz o termo vulnerabilidade no capítulo dedicado ao direito à assistência social (art. 39, §1º) e na inclusão do §11 no art. 20 da Lei nº 8.742, de 07 de dezembro de 1993, que trata da organização da assistência social,[347] promovida pelo art. 105.[348]

Além das menções legais expressas, é indubitável que a noção de vulnerabilidade permeia as leis especiais que se inserem no contexto que ficou conhecido como "era dos estatutos", que marca o processo de intensificação da intervenção legislativa em razão da nova realidade econômica e política, subtraindo do Código Civil o tratamento de matérias inteiras, que, por sua vez, perde, definitivamente, seu papel de Constituição do direito privado. Com efeito, após a legislação de emergência, leis extracodificadas promulgadas logo após o Código Civil de 1916, que eram episódicas e casuísticas, o caráter de centralidade e

---

346 No presente trabalho, utilizar-se-á o termo vulnerabilidade também para os vulnerados, e não apenas para os vulneráveis.

347 Na verdade, o termo "vulnerabilidade" aparece 08 (oito) vezes na Lei nº 8.742/93, após as modificações provenientes da Lei nº 12.435, de 06 de julho de 2011, que dispõe sobre a organização da assistência social.

348 No Estatuto da Juventude (Lei nº 12.852, de 05 de agosto de 2013) o termo vulnerabilidade é mencionado duas vezes. O art. 33 determina que "a União envidará esforços, em articulação com os Estados, o Distrito Federal e os Municípios, para promover a oferta de transporte público subsidiado para os jovens, com prioridade para os jovens em situação de pobreza e vulnerabilidade, na forma do regulamento" e o art. 38, IV, estabelece como diretriz a "priorização de ações voltadas para os jovens em situação de risco, vulnerabilidade social e egressos do sistema penitenciário nacional".

exclusividade na disciplina das relações privadas é, de fato, afastado com a profusão de leis especiais promulgadas, sobretudo, a partir da metade do século passado, para atender às crescentes demandas sociais, que convivem com a normativa geral e residual estabelecida no Código Civil.[349]

Os chamados "estatutos" são leis que surgem com escopo e objetivos radicalmente diversos das legislações extravagantes de outrora,[350] com características peculiares como a então inovadora técnica legislativa baseada em cláusulas gerais e conceitos indeterminados, linguagem setorial, adoção de normas promocionais, abrangência ampla – com disciplina de relações patrimoniais e extrapatrimoniais, bem como normas substanciais e processuais – , além do caráter contratual na elaboração das leis com a sociedade civil.[351] Mira-se na confecção dos Estatutos não mais o sujeito genérico e abstrato, mas o cidadão comum, com suas demandas específicas em certas situações de vulnerabilidade.

Na verdade, os diplomas deixam de ser *ratione materiae* e se tornam *ratione personae*, o que demonstra singularmente o giro fundamental do legislador após a Constituição de 1988 voltado a realização da personalidade e a tutela da dignidade da pessoa humana, mormente para suavizar as vulnerabilidades existentes na realidade social. Preocupa-se o legislador igualmente em tutelar a pessoa inserida dentro de determinado grupo social cujas contingências a tornam vulnerada ao invés de se preocupar com a disciplina jurídica como fim em si mesma. Nessa esteira, o Estatuto da Criança e do Adolescente[352] e o Estatuto do Idoso,[353] por exemplo, são leis que se baseiam na

---

349 TEPEDINO, Gustavo. Premissas metodológicas sobre a constitucionalização do direito civil. *In*: *Temas de Direito Civil*. 4. ed. Rio de Janeiro: Renovar, 2008. p. 4-8.

350 TEPEDINO, Gustavo. Premissas metodológicas sobre a constitucionalização do direito civil. *In*: *Temas de Direito Civil*. 4. ed. Rio de Janeiro: Renovar, 2008. p. 8.

351 TEPEDINO, Gustavo. Premissas metodológicas sobre a constitucionalização do direito civil. *In*: *Temas de Direito Civil*. 4. ed. Rio de Janeiro: Renovar, 2008. p. 8-11.

352 Lei nº 8.069, de 13 de julho de 1990. Tal diploma utiliza o termo "condição peculiar da criança e do adolescente como pessoa em desenvolvimento" consoante exposto no seu art. 6º. Sobre a proteção prioritária da criança e do adolescente no direito brasileiro, cf., por todos, TEPEDINO, Gustavo. A tutela constitucional da criança e do adolescente: projeções civis e estatutárias. *In*: CHINELLATO, Silmara Juny de Abreu *et al.* (Orgs.). *Direito de Família no Novo Milênio*: estudos em homenagem ao professor Álvaro Villaça Azevedo. São Paulo: Atlas, 2010. p. 415-435; SÊCO, Thaís. Por uma nova hermenêutica do direito da criança e do adolescente. *In*: *Civilistica.com – Revista Eletrônica de Direito Civil*, Rio de Janeiro, a. 3, n. 2, jul./dez. 2014. Disponível em: http://civilistica.com/wp-content/uploads/2015/02/S%C3%AAco-civilistica.com-a.3.n.2.2014.pdf. Acesso em 24 mar. 2020.

353 Lei nº 10.741, de 01 de outubro de 2003. Nos termos do art. 2º, o "idoso goza de todos os direitos fundamentais inerentes à pessoa humana, sem prejuízo da proteção integral de

vulnerabilidade em razão da idade que essas pessoas apresentam, seja decorrente do desenvolvimento infanto-juvenil ou da fragilidade corporal e senilidade típicas da idade avançada. Desse modo, apesar do termo vulnerabilidade não aparecer de forma expressa em tais diplomas normativos, não há dúvida que seu fundamento é assegurar os direitos fundamentais dessas pessoas que, em regra, socialmente sempre tiveram seus direitos violados. A vulnerabilidade é a chave fundamental para descortinar os fins e objetivos que tais estatutos têm por mira, que são os de assegurar a plena dignidade de todos os membros da sociedade, inclusive aqueles tradicionalmente excluídos e invisibilizados.

É de se ressaltar, contudo, que embora a noção de vulnerabilidade tenha se vinculado mais diretamente à esfera existencial, eis que em sua origem na bioética surge da necessidade da proteção de populações vulneradas em sua dimensão psicofísica, no campo jurídico, tem-se observado sua generalização para aplicar-se às "situações de inferioridade contratual apresentadas, de natureza essencialmente patrimonial".[354][355] Diante desse cenário, Carlos Nelson Konder observa

que trata esta Lei, assegurando-se-lhe, por lei ou por outros meios, todas as oportunidades e facilidades, para preservação de sua saúde física e mental e seu aperfeiçoamento moral, intelectual, espiritual e social, em condições de liberdade e dignidade". A respeito da tutela da pessoa idosa, v. BARBOZA, Heloisa Helena. O princípio do melhor interesse da pessoa idosa: efetividade e desafios. *In*: BARLETTA, Fabiana Rodrigues; ALMEIDA, Vitor (Orgs.). *A tutela jurídica da pessoa idosa*: 15 anos do Estatuto do Idoso: melhor interesse, autonomia e vulnerabilidade e relações de consumo. Indaiatuba/SP: Editora Foco, 2020. p. 3-20; ALMEIDA, Vitor; PINTO, Deborah Pinto dos Santos. Reflexões sobre o direito à autodeterminação existencial da pessoa idosa. *In*: BARLETTA, Fabiana Rodrigues; ALMEIDA, Vitor (Orgs.). *A tutela jurídica da pessoa idosa*: 15 anos do Estatuto do Idoso: melhor interesse, autonomia e vulnerabilidade e relações de consumo. Indaiatuba, SP: Foco, 2020.

[354] KONDER, Carlos Nelson. Vulnerabilidade patrimonial e vulnerabilidade existencial: por um sistema diferenciador. *In*: *Revista de Direito do Consumidor*, v. 99, p. 101-123, 2015. p. 110.

[355] Conforme lição de Anderson Schreiber a respeito do princípio da proteção do contratante vulnerável: "O certo é que a noção (não pode falar ainda propriamente de um conceito) de contratante vulnerável talvez não seja a mais adequada por remeter a importante questão da proteção contratual assimétrica a uma característica do sujeito. Parece evidente que o se pretende tutelar com um princípio da proteção do contratante vulnerável é, a rigor, o princípio da igualdade substancial, que impõe tratamento desigual aos desiguais, na medida necessária para garantir uma igualdade que não se afigure puramente formal. Parece certo, ainda, que tal efeito pode ser melhor alcançado por uma proteção que se fundamente no objetivo desequilíbrio contratual, papel que a doutrina já atribui ao princípio do equilíbrio das prestações". (SCHREIBER, Anderson. Princípios fundamentais do direito dos contratos. *In*: MORAES, Carlos Eduardo Guerra; RIBEIRO, Ricardo Lodi (Coords.); MONTEIRO FILHO, Carlos Edison do Rêgo; GUEDES, Gisela Sampaio da Cruz; MEIRELES, Rose Melo Venceslau (Orgs.). *Direito Civil*. Rio de Janeiro: Freitas Bastos,

que "doutrina e jurisprudência passaram a demandar a construção de uma outra categoria, para aplicar-se nos casos em que não haja apenas uma ameaça ao patrimônio da parte vítima da desigualdade, mas uma ameaça à sua própria existência digna",[356] em movimento que tem se denominado de "hipervulnerabilidade"[357] ou "vulnerabilidade agravada"[358] ou potencializada, que apesar do mérito de realçar a máxima relevância dos bens extrapatrimoniais, pode desaguar numa alteração de tutela puramente quantitativa.[359]

---

2015. p. 220). Para Paulo Lôbo, a "admissão da vulnerabilidade como categoria jurídica do direito contratual importa giro copernicano, que desafia a concepção liberal da autonomia privada [...]. A vulnerabilidade do contratante é fruto do Estado social, do século XX, com suas promessas de realização de justiça social e redução das desigualdades sociais, que no Brasil projetaram-se nas Constituições de 1934 e 1988, especialmente nesta". (LÔBO, Paulo. Contratante vulnerável e autonomia privada. *In*: NEVES, Thiago Ferreira Cardoso (Coord.). *Direito & justiça social*: por uma sociedade mais justa, livre e solidária: estudos em homenagem ao Professor Sylvio Capanema de Souza. São Paulo: Atlas, 2013. p. 159).

356 KONDER, Carlos Nelson. Vulnerabilidade patrimonial e vulnerabilidade existencial: por um sistema diferenciador. *In*: *Revista de Direito do Consumidor*, v. 99, p. 101-123, 2015. p. 110.

357 Cf., por todos, MARQUES, Claudia Lima; MIRAGEM, Bruno. *O novo direito privado e a proteção dos vulneráveis*. São Paulo: Revista dos Tribunais, 2012; SCHMITT, Cristiano Heineck. *Consumidores hipervulneráveis*: a proteção do idoso no mercado de consumo. São Paulo: Atlas, 2014. E, na jurisprudência do Superior de Justiça, pode-se mencionar como decisão pioneira a utilizar o termo: "DIREITO DO CONSUMIDOR. ADMINISTRATIVO. NORMAS DE PROTEÇÃO E DEFESA DO CONSUMIDOR. ORDEM PÚBLICA E INTERESSE SOCIAL. PRINCÍPIO DA VULNERABILIDADE DO CONSUMIDOR (...) 04. O ponto de partida do CDC é a afirmação do Princípio da Vulnerabilidade do Consumidor, mecanismo que visa a garantir igualdade formal-material aos sujeitos da relação jurídica de consumo, o que não quer dizer compactuar com exageros que, sem utilidade real, obstem o progresso tecnológico, a circulação dos bens de consumo e a própria lucratividade dos negócios (...) 18. Ao Estado Social importam não apenas os vulneráveis, mas sobretudo os *hipervulneráveis*, pois são esses que, exatamente por serem minoritários e amiúde discriminados ou ignorados, mais sofrem com a massificação do consumo e a "pasteurização" das diferenças que caracterizam e enriquecem a sociedade moderna. 19. Ser diferente ou minoria, por doença ou qualquer outra razão, não é ser menos consumidor, nem menos cidadão, tampouco merecer direitos de segunda classe ou proteção apenas retórica do legislador" (REsp nº 586.316/MG, 2ª Turma, Rel. Min. Herman Benjamin, julg. 17 abr. 2007). V., ainda, outros julgados que, pelo menos, mencionaram o termo hipervulnerabilidade: REsp nº 1.064.009/SC, 2ª Turma, Rel. Min. Herman Benjamin, julg. 04 ago. 2009; REsp. nº 931.513/RS, Rel. Min. Carlos Fernando Mathias, Rel. p/ acórdão, Herman Benjamin, julg. 25 nov. 2009; REsp. nº 1.188.105/RJ, Min. Luis Felipe Salomão, jul. 05 mar. 2013; EREsp. nº 1.192.577/RS, Corte Especial, Rel. Min. Laurita Vaz, julg. 21 out. 2015; AgInt. no REsp. nº 1.573.481, 2ª Turma, Min. Herman Benjamin, julg. 26 abr. 2016; EREsp. nº 1.515.895/MS, Corte Especial, Min. Humberto Martins, julg. 20 set. 2017.

358 Neste sentido, v. MIRAGEM, Bruno. *Curso de direito do consumidor*. 5. ed. rev., atual. e ampl., São Paulo: Revista dos Tribunais, 2014. p. 125-130.

359 KONDER, Carlos Nelson. Vulnerabilidade patrimonial e vulnerabilidade existencial: por um sistema diferenciador. *In*: *Revista de Direito do Consumidor*, v. 99, p. 101-123, 2015. p. 110.

Por isso, com base na distinção entre as situações jurídicas subjetivas existenciais e patrimoniais, sendo aquelas proeminentes sobre estas, Carlos Nelson Konder defende a importância de traçar uma distinção entre a vulnerabilidade de cunho existencial e patrimonial,[360] a exigir uma tutela jurídica qualitativamente diversa e, por conseguinte, instrumentos específicos e próprios de proteção da pessoa vulnerada, especialmente na seara existencial, por força do comando constitucional da dignidade da pessoa humana.[361] A vulnerabilidade existencial, portanto, configura-se como uma "situação jurídica subjetiva em que o titular se encontra sob maior suscetibilidade de ser lesionado na sua esfera extrapatrimonial, impondo a aplicação de normas jurídicas de tutela diferenciada" para a realização máxima da pessoa humana[362] e prescinde de qualquer tipificação ou categorização útil em todas as situações, na medida em que deriva da aplicação direta dos princípios constitucionais da dignidade humana e da solidariedade social, "devendo sempre ser avaliada em atenção às circunstâncias do caso concreto".[363]

A distinção, portanto, das vulnerabilidades na legalidade constitucional em existenciais e patrimoniais parece de todo útil, na medida em que um ordenamento guiado pela dignidade humana e solidariedade social mira no combate mais agudo da fragilidade extrapatrimonial.

[360] Segundo Carlos Nelson Konder, a vulnerabilidade existencial se diferencia "da vulnerabilidade patrimonial, que se limita a uma posição de inferioridade contratual, na qual o titular fica sob a ameaça de uma lesão basicamente ao seu patrimônio, com efeitos somente indiretos à sua personalidade. Diante disso, a intervenção reequilibradora do ordenamento no caso de vulnerabilidade patrimonial costuma ser viabilizada com recurso aos instrumentos jurídicos tradicionalmente referidos às relações patrimoniais, como a invalidade de disposições negociais e a reponsabilidade, com imposição da obrigação de indenizar". (KONDER, Carlos Nelson. Vulnerabilidade patrimonial e vulnerabilidade existencial: por um sistema diferenciador. *In*: *Revista de Direito do Consumidor*, v. 99, p. 101-123, 2015. p. 111).

[361] De acordo com Carlos Nelson Konder: "Mais importante, portanto, do que o esforço de construir ou requalificar tipos padrão de vulnerabilidade é criar e sistematizar instrumentos jurídicos próprios e adequados à tutela das situações existenciais, uma vez que a maior parte do instrumental existente foi moldado para as situações patrimoniais. Nesse sentido, é possível verificar algumas iniciativas esparsas do legislador e, do ponto de vista doutrinário, ainda pendentes de sistematização". (KONDER, Carlos Nelson. Vulnerabilidade patrimonial e vulnerabilidade existencial: por um sistema diferenciador. *In*: *Revista de Direito do Consumidor*, v. 99, p. 101-123, 2015. p. 115).

[362] KONDER, Carlos Nelson. Vulnerabilidade patrimonial e vulnerabilidade existencial: por um sistema diferenciador. *In*: *Revista de Direito do Consumidor*, v. 99, p. 101-123, 2015. p. 111.

[363] KONDER, Carlos Nelson. Vulnerabilidade patrimonial e vulnerabilidade existencial: por um sistema diferenciador. *In*: *Revista de Direito do Consumidor*, v. 99, p. 101-123, 2015. p. 115.

Além disso, permite a criação de parâmetros e contornos mais precisos para minimizar as vulnerabilidades específicas em nossa sociedade. Por conseguinte, indispensável afirmar que a vulnerabilidade passou a desempenhar importante papel no Direito, ultrapassando o discurso doutrinário e hoje já constando em textos de lei, apesar de se encontrar em contextos diversos e com significados variados, o que tem gerado o receio de banalização da sua utilização que acarrete o esvaziamento de seu conteúdo normativo, e a transforme "de importante instrumento jurídico de alteração da realidade em mera invocação retórica, sem força normativa efetiva".[364] Por isso, a necessidade de definir de forma mais precisa os contornos e conteúdo do termo vulnerabilidade, de modo a evitar que sua superutilização desague num uso abrangente, decorativo e simbólico, desprovido de eficácia normativa.

A vulnerabilidade tem por função densificar a cláusula geral de tutela da pessoa humana e promover a igual dignidade social, na medida em que focaliza a pessoa concretamente considerada em seu ambiente social e diante das suas peculiares fraquezas e restrições à plena autonomia. Fundamental, portanto, para promover a autonomia como aspecto primordial da dignidade humana, conforme se verá. A autonomia é fortemente restringida se as vulnerabilidades não são devidamente consideradas e compensadas pelos instrumentos adequados para a preservação da igual participação na vida social. Nesse sentido, Carlos Nelson Konder sustenta que a "vulnerabilidade como categoria jurídica insere-se em um grupo mais amplo de mecanismos de intervenção reequilibradora do ordenamento, com o objetivo de, para além da igualdade formal, realizar efetivamente uma igualdade substancial".[365]

A vulnerabilidade, portanto, é circunstância intrínseca à pessoa humana em razão de sua condição, que é marcada por um extremo grau de fragilidade devido à característica temporal e finita de toda a vida humana. Nesse aspecto, um destino comum a todas às pessoas é o eventual agravamento da situação de vulnerabilidade, mas que atinge com maior frequência, por condições sociais e pessoais peculiares, determinadas pessoas e grupos, que concretamente sofram exclusão,

---

[364] KONDER, Carlos Nelson. Vulnerabilidade patrimonial e vulnerabilidade existencial: por um sistema diferenciador. *In*: *Revista de Direito do Consumidor*, v. 99, p. 101-123, 2015. p. 102.

[365] KONDER, Carlos Nelson. Vulnerabilidade patrimonial e vulnerabilidade existencial: por um sistema diferenciador. *In*: *Revista de Direito do Consumidor*, v. 99, p. 101-123, 2015. p. 103.

discriminação e estigmatização sociais, num processo de negação de seus direitos mais básicos. Desse modo, o reconhecimento da vulnerabilidade como atributo humano inerente induz à percepção de que o respeito integral pela dignidade da pessoa humana perpassa a consideração de que em razão das diferenças sociais, culturais, econômicas e psicofísicas exige-se um cuidado maior com essas pessoas, que são consideradas inferiores socialmente e, logo, não participam em paridade de condições e forças da vida de relações e nem tem a dignidade assegurada.

A vulnerabilidade, portanto, é comum a espécie humana, mas fere e viola somente a dignidade de alguns, que somente será respeitada no cuidado com o outro vulnerado a partir do seu reconhecimento como agente de igual competência e valor, bem como com a promoção de sua autonomia para atuar na vida social de forma independente e empoderada.[366]

### 2.1.2 A prevalência das situações existenciais e o necessário itinerário de promoção e inclusão da pessoa humana

Em razão da primazia do princípio da dignidade da pessoa humana no ordenamento brasileiro, erige-se a preeminência das situações existenciais sobre as patrimoniais, como já afirmado. Sob tal perspectiva, torna-se imperativo que se supere a tradicional primazia da proteção conferida pelo ordenamento às figuras do *ter*, como o contratante, o proprietário, o chefe de família e o testador, para tutelar e promover as esferas mais íntimas do *ser*, entendido como a manifestação dos atributos essenciais de sua personalidade, voltados, prioritariamente,

---

[366] "Embora a utilização crescente do termo *empowerment* tenha se dado a partir dos movimentos emancipatórios relacionados ao exercício de cidadania – movimento dos negros, das mulheres, dos homossexuais, movimentos pelos direitos da pessoa deficiente – nos Estados Unidos, na segunda metade do século XX, a Tradição do *Empowerment* (*Empowerment Tradition*) tem suas raízes na Reforma Protestante, iniciada por Lutero no séc. XVI, na Europa, num movimento de protagonismo na luta por justiça social (HERRIGER, 1997). Neste sentido, conforme assinalam Hermany e Costa (2009), o tema do empoderamento social não é novo, no entanto, o marco histórico que trouxe notoriedade ao conceito foi a eclosão dos novos movimentos sociais contra o sistema de opressão em movimentos de libertação e de contracultura, na década de 1960 do século passado, nos Estados Unidos, passando o *empowerment* a ser utilizado como sinônimo de emancipação social". (BAQUERO, Rute Vivian Ângelo. Empoderamento: instrumento de emancipação social? – uma discussão conceitual. *In*: *Revista Debates*, Porto Alegre, v. 6, n. 1, p. 173-187, jan./abr. 2012. p. 173-174).

à integridade e dignidade da pessoa humana, respeitando as decisões pessoais livres e autônomas ligadas à sua existência, e não somente a liberdade do tráfego jurídico patrimonial.

A célebre tríade *contrato-propriedade-família*, inspirada nos típicos ideais liberais, perdurou durante longo tempo como a essência do direito civil de viés oitocentista, tendo sido reproduzido no Código Civil de 1916, calcado no individualismo e patrimonialismo excessivos. Com a normativa constitucional que alterou o valor axiológico nuclear do ordenamento, atualmente protagonizados pela dignidade humana e solidariedade constitucional, a proeminência da tutela e promoção da pessoa humana no ordenamento brasileiro é um imperativo inafastável, em todas as suas vertentes, manifestações e atributos essenciais ao pleno e livre desenvolvimento de sua personalidade.[367]

É de se sublinhar, contudo, que não existe segregação absoluta e estanque entre situações existenciais e patrimoniais, mas a "atividade

[367] Além do reconhecimento da supremacia constitucional, a proeminência das situações existenciais sobre as patrimoniais é um dos pontos centrais da doutrina do direito civil-constitucional. Dentre todos, cf. PERLINGIERI, Pietro. *Perfis do direito civil*: introdução ao Direito Civil Constitucional. (Trad. Maria Cristina De Cicco). 3. ed. rev. e ampl. Rio de Janeiro: Renovar, 2002. Para uma compreensão mais aprofundada sobre a chamada constitucionalização do direito civil na experiência e cenário brasileiros, torna-se imprescindível a leitura de: BODIN DE MORAES, Maria Celina. A caminho de um direito civil-constitucional. *In*: *Na medida da pessoa humana*: estudos de direito civil-constitucional. Rio de Janeiro: Renovar, 2010. p. 3-20 e Perspectivas a partir do direito civil constitucional. *In*: TEPEDINO, Gustavo. *Direito Civil Contemporâneo*: novos problemas à luz da legalidade constitucional. Anais do Congresso Internacional de Direito Civil-Constitucional da Cidade do Rio de Janeiro. São Paulo: Atlas, 2007. p. 29-41; e, TEPEDINO, Gustavo. Premissas metodológicas sobre a constitucionalização do direito civil. *In*: *Temas de Direito Civil*. 4. ed. Rio de Janeiro: Renovar, 2008. Cabe registrar que "mostram-se injustificadas algumas críticas ao Direito Civil Constitucional. De uma parte, os que se apegam à tradição das codificações, seja por nostálgica referência histórica, seja por aposta ideológica de que o Código Civil seja o anteparo para a não ingerência estatal nos espaços privados. De outra parte, há os que, por desconhecimento, acreditam que se pretendeu com a expressão Direito Civil Constitucional, constituir nova disciplina jurídica por puro diletantismo metodológico. E há ainda os que advertem para o perigo de hipertrofia constitucional, ou da *colonização do Direito Privado* pelo Direito Constitucional, com risco de banalização dos princípios constitucionais. Tais críticas não colhem. Não se trata de hipertrofia do Direito Constitucional, mas da ampliação do campo de atuação do Direito Civil a partir dos valores constitucionais. A alteração da técnica constitucional, a chamada ascensão do Direito Público e a centralidade hermenêutica da Constituição não significam superioridade dogmática ou epistemológica do Direito Constitucional sobre o Direito Privado, mas o processo de reunificação do sistema jurídico, que valoriza a pessoa humana, suas relações patrimoniais e existenciais, enaltecendo a importância do (renovado) Direito Civil na vida contemporânea". (TEPEDINO, Gustavo. O papel atual da doutrina do Direito Civil entre o sujeito e a pessoa. *In*: TEPEDINO, Gustavo; TEIXEIRA, Ana Carolina Brochado; ALMEIDA, Vitor (Orgs.). *O Direito Civil entre o sujeito e a pessoa*: estudos em homenagem ao professor Stefano Rodotà. Belo Horizonte: Fórum, 2016. p. 23.

econômica deve ser subordinada ao atendimento de valores não econômicos previstos na Constituição, como a solidariedade social, a igualdade substancial e, sobretudo, a dignidade da pessoa humana".[368] Tal mudança de perspectiva não exige a redução do espaço destinado às situações patrimoniais, muito menos o afastamento de tais situações do âmbito de proteção do ordenamento.

Com base na funcionalização dos institutos jurídicos, a qual representa o esforço da comunidade jurídica pela superação da concepção estruturalista – "o que é" – em favor da busca pela descoberta da sua função – "para que serve" – , impõe-se que as situações patrimoniais deixem de constituir um fim em si mesmo, com justificativa normativa autônoma e independente, para se tornar instrumento de valorização da dignidade da pessoa humana,[369] com fundamento ainda que mediato na promoção das situações pertinentes ao ser em sua nudez existencial.

Tal centralidade do valor dignitário da pessoa humana, de superioridade constitucional no ordenamento brasileiro, acarreta no fenômeno que a doutrina tem convencionado denominar de "despatrimonialização" do direito civil, outrora vinculado de forma atávica ao predomínio das relações patrimoniais.[370] Como já dito, não se pretende o esvaziamento das situações jurídicas ligadas ao patrimônio, mas sua sujeição ao atendimento de livre desenvolvimento da pessoa. Em consequência, indispensável examinar a valoração qualitativa das relações econômicas, de modo a encontrar seu fundamento hábil a merecer tutela por parte do ordenamento, buscando um suporte normativo idôneo para atribuir à atividade econômica justificativa

---

[368] SCHREIBER, Anderson. *Direito Civil e Constituição. In: Direito Civil e Constituição.* São Paulo: Atlas, 2013. p. 21.

[369] "Uma rígida distinção entre relações jurídicas patrimoniais e relações jurídicas existenciais seria, em primeiro lugar, impossível. Como aspecto da vida social, o patrimônio está direta ou indiretamente envolvido na imensa maioria das relações privadas. [...] Dividir o direito civil, colocando, de um lado, os institutos patrimoniais e, de outro, os institutos existenciais seria, além de artificioso, contrário ao objetivo central da metodologia civil-constitucional, que é a subordinação de todo o direito civil ao atendimento de valores existenciais consagrados na norma fundamental do ordenamento jurídico brasileiro. A dicotomia entre o ser e o ter serve apenas para evidenciar, de modo didático, que a ideologia patrimonialista que marcava a codificação civil de 1916 e ainda marca o Código Civil de 2002 não pode prevalecer sobre os valores existenciais consagrados na Constituição, sob pena de uma inversão sistemática e axiológica". (SCHREIBER, Anderson. *Direito Civil e Constituição. In: Direito Civil e Constituição.* São Paulo: Atlas, 2013. p. 21).

[370] PERLINGIERI, Pietro. *Perfis do direito civil*: introdução ao Direito Civil Constitucional. (Trad. Maria Cristina De Cicco). 3. ed. rev. e ampl. Rio de Janeiro: Renovar, 2002. p. 57-58.

diante da exigência de tutela prioritária da pessoa humana,[371] evidenciando a real vocação dos institutos patrimoniais. Entretanto, em que pese a situação de fisionomia patrimonial não se reverta em valor que por si só mereça tutela, necessário compreender sua relevância para a promoção de situações existenciais, que na vida contemporânea, não raras vezes, tornam nebulosas as fronteiras entre o núcleo do interesse da situação jurídica a ser protegida.

De acordo com Pietro Perlingieri, as situações subjetivas encontram seu fundamento justificador no interesse, que pode se revestir da natureza "patrimonial, existencial ou, por vezes, um e outro juntos, já que algumas situações patrimoniais são instrumento para a realização de interesses existenciais ou pessoais".[372] Por conseguinte, é possível visualizar algumas hipóteses nas quais o interesse merecedor de tutela em determinadas situações jurídicas possui perfil dúplice. Apesar da possibilidade de conteúdo misto, a doutrina ainda ressalta que a "separação entre situações existenciais e patrimoniais é de todo relevante, por ser definidora do regime jurídico aplicável".[373] Tal distinção, contudo, não sinaliza o estabelecimento de "uma nova dicotomia", mas decorre da necessidade de se analisar de maneira qualitativamente diferenciada as situações que se destinam a concretização direta da dignidade humana – como as situações existenciais – daquelas que devem ser instrumentalizadas – a exemplo das situações patrimoniais.[374]

Na experiência constitucional brasileira, a dignidade da pessoa humana foi eleita de forma democrática como fundamento da República, o qual, por sua vez, encontra-se diretamente vinculado ao objetivo primordial de erradicação da pobreza e da marginalização e de redução das desigualdades sociais (art. 3º, III), com vistas à construção de uma sociedade justa e solidária (art. 3º, I), ao mesmo tempo em que garantiu

[371] PERLINGIERI, Pietro. *Perfis do direito civil*: introdução ao Direito Civil Constitucional. (Trad. Maria Cristina De Cicco). 3. ed. rev. e ampl. Rio de Janeiro: Renovar, 2002. p. 121.

[372] PERLINGIERI, Pietro. *Perfis do direito civil*: introdução ao Direito Civil Constitucional. (Trad. Maria Cristina De Cicco). 3. ed. rev. e ampl. Rio de Janeiro: Renovar, 2002. p. 669.

[373] TEIXEIRA, Ana Carolina Brochado; KONDER, Carlos Nelson de Paula. Situações jurídicas dúplices: controvérsias na nebulosa fronteira entre patrimonialidade e extrapatrimonialidade. *In*: TEPEDINO, Gustavo; FACHIN, Luiz Edson (Orgs.). *Diálogos sobre direito civil*. Rio de Janeiro: Renovar, 2012. v. III, p. 23.

[374] TEIXEIRA, Ana Carolina Brochado; KONDER, Carlos Nelson de Paula. Situações jurídicas dúplices: controvérsias na nebulosa fronteira entre patrimonialidade e extrapatrimonialidade. *In*: TEPEDINO, Gustavo; FACHIN, Luiz Edson (Orgs.). *Diálogos sobre direito civil*. Rio de Janeiro: Renovar, 2012. v. III, p. 8.

a não exclusão de quaisquer direitos ou garantias, mesmo que não expressos, desde que decorrentes do regime e dos princípios adotados no texto constitucional (art. 5º, §2º). Cuida-se, desse modo, de inegável "cláusula de inclusão, com vistas à proteção e ao livre desenvolvimento da personalidade".[375]

A rigor, a proeminência das situações existenciais desafia o ordenamento jurídico a promover a personalidade e a identidade das pessoas humanas de forma revigorada e enérgica, uma vez que não basta o mero discurso de preponderância do ser e instrumentalização das situações patrimoniais, mas, acima de tudo, exige uma postura de emancipação de todos, vulnerados ou não, a partir de uma ótica de alteridade e sinergia. Cabe ao Direito proteger as pessoas em suas singularidades e diferentes performances como instrumento de inclusão social, em menoscabo à figura abstrata e elitizada do sujeito de direito em sua acepção tradicional, em nítido movimento de combate à discriminação, direta ou indireta, múltipla[376] ou interseccional,[377] como imperativo imantado pela Constituição.[378]

---

[375] MEIRELES, Rose Melo Venceslau. *Autonomia privada e dignidade humana*. Rio de Janeiro: Renovar, 2009. p. 3.

[376] "O estado da arte aponta para o predomínio da expressão "discriminação múltipla" diante da discriminação motivada por mais de um critério proibido. [...] Discriminação múltipla é considerado, assim, um conceito "guarda-chuva" dentro do cenário mundial de proteção dos direitos humanos. [...] Ao passo que a discriminação aditiva e a discriminação composta atrelam-se a uma perspectiva quantitativa (onde a discriminação em causa é considerada a soma de discriminações diversas), a discriminação interseccional vincula-se a uma perspectiva qualitativa (na qual o fenômeno discriminatório é percebido como uma nova e específica forma de discriminação, distinta da mera adição de critérios). [...] Nesse quadro, discriminação aditiva ocorre quando alguém é discriminado com base em diversos critérios proibidos de discriminação e em momentos diferentes. [...] Como na discriminação aditiva, a discriminação composta pressupõe o somatório de critérios proibidos de discriminação, num sentido quantitativo. O que distingue a discriminação composta da discriminação aditiva é a concomitância de fatores em uma mesma situação". (RIOS, Roger Raupp; SILVA, Rodrigo da. Discriminação Múltipla e Discriminação Interseccional: aportes do feminismo negro e do direito da antidiscriminação. *In*: *Revista Brasileira de Ciência Política*, Brasília, n. 16, p. 11-37, jan./abr. 2015. p. 22-23).

[377] "A discriminação interseccional é conceito que surgiu da percepção do fenômeno peculiar da discriminação sofrida por mulheres negras em contraste com a vivida por mulheres brancas, realidade para cuja análise não se presta a invocação abstrata da proibição de discriminação por sexo. Designada, no âmbito jurídico, sob o conceito amplo de discriminação múltipla, faz-se necessário distinguir, no interior do conceito jurídico, a perspectiva quantitativa (discriminação aditiva e composta, marcadas pela mera soma de critérios) da perspectiva qualitativa (discriminação interseccional). Nesse contexto, utiliza-se a expressão 'discriminação interseccional' para a compreensão da categoria jurídica da discriminação múltipla como fenômeno original, irredutível e inassimilável ao somatório de diversos critérios proibidos de discriminação de forma simultânea. A discriminação interseccional ocorre quando dois ou mais critérios proibidos interagem,

### 2.1.3 A solidariedade social como base da igualdade substancial[378]

A tutela da pessoa humana e sua intrínseca dignidade torna-se instrumento de promoção do seu pleno e livre desenvolvimento. Paralelamente, os princípios da solidariedade e da igualdade devem ser considerados como "instrumentos e resultados da concretização da dignidade social do cidadão". A promoção da dignidade humana somente se alcança na medida em que todas as pessoas têm assegurado seus direitos fundamentais, com o reconhecimento do outro com igual valor dignitário.

Tal compreensão se deve à superação do individualismo, que encapsulava o indivíduo dentro de um microcosmo particular, indiferente às suas relações sociais. Imprescindível, por isso, reconhecer que a pessoa não existe de forma ensimesmada, mas somente coexiste,[379] inserida dentro da teia social que constrói e molda sua personalidade. Nesse diapasão, sua relação com os demais passou a ser considerada como "*constitutiva* de sua existência, uma condição *fundadora*, não pôde ele mais ser estimado, como havia feito o pensamento liberal-individualista, como uma pequena 'totalidade', uma micro-célula

---

sem que haja possibilidade de decomposição deles. Em seu conceito, é composta pelos elementos conceituais de intersecção de identidades consideradas como critérios proibidos de discriminação em estruturas de subordinação. Assim, a discriminação interseccional implica uma análise contextualizada, dinâmica e estrutural, a partir de mais de um critério proibido de discriminação. Por exemplo, uma mulher pertencente a uma determinada minoria está sujeita a estigmas e prejuízos diversos daqueles experimentados por homens pertencentes ao mesmo grupo. A discriminação baseada em mais de um critério deve ser vista, nessas situações, sob a perspectiva e considerando as experiências específicas do grupo subordinado, não de forma meramente quantitativa". (RIOS, Roger Raupp; SILVA, Rodrigo da. Democracia e direito da antidiscriminação: interseccionalidade e discriminação múltipla no direito brasileiro. *In*: *Ciência e Cultura*, v. 69, n. 1, a. 16, p. 44-49, 2017. p. 45). V. também: AKOTIRENE, Carla. *Interseccionalidade*. São Paulo: Sueli Carneiro; Pólen. 2019.

378 V., por todos, RIOS, Roger Raupp. *Direito da antidiscriminação*: discriminação direta, indireta e ações afirmativas. Porto Alegre: Livraria do Advogado, 2008.

379 "O ser humano existe apenas enquanto integrante de uma espécie que precisa de outro(s) para existir (*rectius*, coexistir). A concepção outrora dominante teve, por longo tempo, o homem como um ser hermeticamente fechado ao mundo exterior, isolado, solitário em seu mundo interior, como se fosse uma ilha: era o chamado *homo clausus*. Esta concepção foi abandonada em prol da compreensão a ela oposta, isto e, aquela segundo a qual o indivíduo existe enquanto em relação com outros (o sentido da alteridade) e com o mundo a ele externo". (BODIN DE MORAES, Maria Celina. O princípio da solidariedade. *In*: *Na medida da pessoa humana*: estudos de direito civil-constitucional. Rio de Janeiro: Renovar, 2010. p. 240).

autônoma, auto-suficiente e auto-subsistente".[380] Após o triunfo do individualismo no século XIX, vivenciou-se, ainda que de forma lenta e gradual, a ascensão da solidariedade social como marca do século XX,[381] sobretudo pela busca da inclusão social das minorias fortalecida em fins do período passado e ainda em marcha no limiar deste século.

Leciona Stefano Rodotà que a justiça, a igualdade, a participação e a democracia se empobrecem sem o fio condutor da solidariedade que une todos os cidadãos entre si. A solidariedade, portanto, deveria ser encarada como uma atitude civil imprescindível para o desenvolvimento integral da pessoa.[382] Nessa perspectiva, somente se pode compreender o indivíduo como imerso na sociedade em que (con)vive, como parte de uma trama social na qual a coesão se dá através de uma "rede invisível de mútua interdependência". Nesse contexto, "começava a tomar feitio uma igualdade de direitos fundada em valores sociais, fecundada pela solidariedade social, que servirá de base à igualdade substancial e à justiça social".[383]

A Constituição da República de 1988 possui forte viés solidarista, ancorando-se como um dos seus principais objetivos. Para tanto, estabelece em seu art. 3º e seus incisos a construção de uma sociedade livre, justa e solidária, bem como a erradicação da pobreza e da marginalização e a redução das desigualdades sociais e regionais, de forma a promover o bem de todos, sem preconceitos e discriminação. Sob a égide do Estado Democrático de Direito, alicerçado na dignidade da pessoa humana, na igualdade substancial e na solidariedade social, a diretriz constitucional determina a correção das desigualdades sociais, por meio de uma atuação promocional e com direção distributiva, com o propósito de reduzir os desequilíbrios na busca da melhor qualidade

---

[380] MORAES, Maria Celina Bodin de. O princípio da solidariedade. *In*: PEIXINHO, Manoel Messias; GUERRA, Isabela Franco; NASCIMENTO FILHO, Firly (Orgs.). *Os princípios da Constituição de 1988*. Rio de Janeiro: Lumen Juris, 2001. p. 172 (grifos no original).

[381] "Se o século XIX foi, reconhecidamente, o século do triunfo do individualismo, da explosão de confiança e orgulho na potência do indivíduo, em sua criatividade intelectual e em seu esforço particular, o século XX presenciou o início de um novo tipo completamente novo de relacionamento entre as pessoas. Ele se baseia na solidariedade social, consequência da reviravolta, na consciência coletiva e na cultura de alguns países europeus, decorrente das trágicas experiências vivenciadas ao longo da Segunda Grande Guerra". (BODIN DE MORAES, Maria Celina. O princípio da solidariedade. *In*: *Na medida da pessoa humana*: estudos de direito civil-constitucional. Rio de Janeiro: Renovar, 2010. p. 237-238).

[382] RODOTÀ, Stefano. *Perché laico*. Bari: Laterza & Figli, 2009. p. 170.

[383] BODIN DE MORAES, Maria Celina. O princípio da solidariedade. *In*: *Na medida da pessoa humana*: estudos de direito civil-constitucional. Rio de Janeiro: Renovar, 2010. p. 243.

de vida de seus cidadãos. Maria Celina Bodin de Moraes aduz que a "expressa referência à solidariedade, feita pelo legislador constituinte, longe de representar um vago programa político ou algum tipo de retoricismo, estabelece em nosso ordenamento um princípio jurídico inovador", que deve ser utilizado não somente no processo legislativo e elaboração de políticas públicas, mas "também nos momentos de interpretação e aplicação do direito, por seus operadores e demais destinatários, isto é, por todos os membros da sociedade".[384]

Nessa linha, o princípio da solidariedade reforça e reafirma o caráter da sociabilidade humana, imprescindível à coexistência entre todos, como vetor de natureza jurídica, configurando como verdadeiro dever de todos.[385] A rigor, o princípio constitucional da solidariedade social atua com o conjunto de instrumentos voltados para garantir uma existência digna, como "expressão mais profunda da sociabilidade que caracteriza a pessoa humana". Segundo Maria Celina Bodin de Moraes, "a Lei Maior determina – ou melhor, exige – que nos ajudemos, mutuamente, a conservar nossa humanidade porque a construção de uma sociedade livre, justa e solidária cabe a todos e a cada um de nós".[386]

Pietro Perlingieri ressalta que o personalismo e o solidarismo moldaram a Constituição como valores primordiais.[387] Desse modo, a pessoa passa a ser "entendida como conexão existencial em cada indivíduo da estima de si, do cuidado com o outro e da aspiração de viver em instituições justas", constituindo o "ponto de confluência de uma pluralidade de culturas, que nela reconhecem a sua própria referência de valores".[388] Nesta moldura, o personalismo, baseado na centralidade dos direitos invioláveis da pessoa humana em sua inerente

---

[384] BODIN DE MORAES, Maria Celina. O princípio da solidariedade. *In*: *Na medida da pessoa humana*: estudos de direito civil-constitucional. Rio de Janeiro: Renovar, 2010. p. 239-240.

[385] Maria Celina Bodin de Moraes afirma que "a solidariedade, nos termos invocados pelo constituinte, é um dever de natureza jurídica". Ainda de acordo com a autora, a solidariedade pode ser compreendida sob diversas facetas, como fato social, virtude, vício, pragmatismo e norma jurídica. (BODIN DE MORAES, Maria Celina. O princípio da solidariedade. *In*: *Na medida da pessoa humana*: estudos de direito civil-constitucional. Rio de Janeiro: Renovar, 2010. p. 244, 247).

[386] BODIN DE MORAES, Maria Celina. O princípio da solidariedade. *In*: *Na medida da pessoa humana*: estudos de direito civil-constitucional. Rio de Janeiro: Renovar, 2010. p. 251.

[387] PERLINGIERI, Pietro. *Perfis do direito civil*: introdução ao Direito Civil Constitucional. (Trad. Maria Cristina De Cicco). 3. ed. rev. e ampl. Rio de Janeiro: Renovar, 2002. p. 459.

[388] PERLINGIERI, Pietro. *Perfis do direito civil*: introdução ao Direito Civil Constitucional. (Trad. Maria Cristina De Cicco). 3. ed. rev. e ampl. Rio de Janeiro: Renovar, 2002. p. 460.

dignidade, e a solidariedade,[389] fundada na cooperação e na igualdade diante da afirmação dos direitos fundamentais de todos, revela que a tutela da pessoa humana é inseparável do contexto da solidariedade constitucional, afinal, "ter cuidado com o outro faz parte do conceito de pessoa".[390]

Imprescindível, portanto, reforçar o papel do reconhecimento e da solidariedade social como atitudes civis fundamentais para o desenvolvimento integral da pessoa. Saliente-se, contudo, que embora tenham igual importância, eles não possuem a mesma exigibilidade jurídica. O reconhecimento consiste numa recomendação, eis que se inscreve no âmbito dos deveres morais, enquanto a solidariedade social é um princípio de envergadura constitucional, com força de norma jurídica. É razoável considerar, entretanto, que a solidariedade social compreende o reconhecimento, que lhe confere legitimidade. Desse modo, a emancipação social da pessoa com deficiência necessariamente atravessa o reconhecimento do ser diferente como condição exigível para a efetivação da solidariedade social.

Não resta, dessa maneira, espaço para exclusão social na legalidade constitucional. A inclusão social é um imperativo da ordem constitucional à luz dos princípios da solidariedade social e da dignidade humana. Afinal, uma vida digna pressupõe liberdade, que, por sua vez, depende de reconhecimento social como igual parceiro de interação na comunidade. Por isso, coexistir, logo, ser solidário desnuda o compartilhamento de "uma mesma época e, neste sentido, de uma mesma história",[391] mas que não se permita o risco de uma história única,[392] estereotipada, contada por poucos e sobre poucos.

---

[389] De acordo com Pietro Perlingieri, "Diversa é a solidariedade constitucional em relação àquela do Código Civil: não é mais apenas econômica, voltada para escopos nacionalistas, de eficiência do sistema e de aumento da produtividade, mas tem fins políticos, econômicos, sociais". (PERLINGIERI, Pietro. *Perfis do direito civil*: introdução ao Direito Civil Constitucional. (Trad. Maria Cristina De Cicco). 3. ed. rev. e ampl. Rio de Janeiro: Renovar, 2002. p. 462).

[390] PERLINGIERI, Pietro. *Perfis do direito civil*: introdução ao Direito Civil Constitucional. (Trad. Maria Cristina De Cicco). 3. ed. rev. e ampl. Rio de Janeiro: Renovar, 2002. p. 461.

[391] BODIN DE MORAES, Maria Celina. O princípio da solidariedade. *In*: *Na medida da pessoa humana*: estudos de direito civil-constitucional. Rio de Janeiro: Renovar, 2010. p. 241.

[392] "A história única cria estereótipos, e o problema com os estereótipos não é que sejam mentira, mas que são incompletos. Elas fazem com que uma história se torne a única história. [...] A consequência da história única é esta: ela rouba a dignidade das pessoas. [...] As histórias importam. Muitas histórias importam. As histórias foram usadas para espoliar e caluniar, mas também podem ser usadas para empoderar e humanizar. Elas podem despedaçar a dignidade de um povo, mas também podem reparar essa dignidade

A solidariedade impõe, portanto, a diversidade de modos de vida e a pluralidade de visões de mundo, e determina uma construção múltipla da trajetória de vida de todos.

## 2.2 Pessoa, personalidade e capacidade: novos significados e fronteiras à luz da dignidade humana

O princípio da dignidade da pessoa humana visa a promover uma tutela integral do *ser* concreto, como visto acima, uma pessoa encarnada dentro de determinado contexto sociocultural e com suas vulnerabilidades, evitando uma proteção fragmentada e de um indivíduo abstrato. Apesar da vagueza e indeterminação do conteúdo do princípio da dignidade da pessoa humana, a doutrina tem se esforçado na tarefa de definir os parâmetros para sua aplicação, evitando sua "trivialização",[393] mas levando em consideração a sua necessária elasticidade. Convém percorrer, ainda que na medida do indispensável e cabível nos estreitos limites do presente trabalho, sua origem moderna e os principais contornos do conteúdo material da dignidade humana que norteiam, na doutrina brasileira, sua compreensão jurídica na contemporaneidade.[394]

As ideias clássicas concernentes à formulação moderna da dignidade[395] decorrem, em larga medida, do pensamento do filósofo

despedaçada". (ADICHIE, Chimamanda Ngozi. *O perigo de uma história única*. (Trad. Julia Romeu). São Paulo: Companhia das Letras, 2019. p. 26-27, 32).

393 SARMENTO, Daniel. *Dignidade da pessoa humana*: conteúdo, trajetórias e metodologia. Belo Horizonte: Fórum, 2016. p. 90.

394 Para um aprofundamento – de todo incabível nesta sede – sobre o princípio da dignidade da pessoa humana, v. SARMENTO, Daniel. *Dignidade da pessoa humana*: conteúdo, trajetórias e metodologia. Belo Horizonte: Fórum, 2016; BARROSO, Luís Roberto. *A dignidade da pessoa humana no direito constitucional contemporâneo*: a construção de um conceito jurídico à luz da jurisprudência mundial. 1. reimp. Belo Horizonte: Fórum, 2013; SARLET, Ingo Wolfgang. *Dignidade da pessoa humana e direitos fundamentais na Constituição Federal de 1988*. Porto Alegre: Livraria do Advogado, 2001. E, na perspectiva civil-constitucional, cf. BODIN DE MORAES, Maria Celina. O princípio da dignidade humana. *In*: BODIN DE MORAES, Maria Celina (Org.). *Princípios do direito civil contemporâneo*. Rio de Janeiro: Renovar, 2006. p. 1-61.

395 É preciso ressalvar que "historicamente, o conceito de autonomia nasce na cultura política da democracia grega para indicar as formas autárquicas, e é somente a partir do humanismo individualista da Idade Moderna, que culmina na Aufklärung (Iluminismo) do século XVIII, que o conceito de autonomia se aplica ao indivíduo". O conceito de autonomia antes do século das luzes, portanto, se remetia ao sentido de "poder autárquico, quer dizer, a capacidade das cidades-estado em dar-se suas próprias leis, sem estar submetidas às leis ou vontades de outras cidades-estado". (SCHRAMM, Fermin Roland. A Autonomia Difícil. *In*: *Bioética*, Brasília: Conselho Federal de Medicina, v. 6, n. 1, 1998. p. 27, 31).

Immanuel Kant. No "reino dos fins", segundo a ética kantiana, tudo tem um preço ou uma dignidade. Quando algo é mensurável e substituível por equivalente, pode ser-lhe estabelecido um preço; contudo, quando algo não admite substituição por qualquer equivalente exatamente por se encontrar acima de todo preço e por sua intrínseca natureza, tem-se a dignidade.[396] Desse modo, as coisas possuiriam um preço, enquanto as pessoas seriam dotadas de dignidade.

Maria Celina Bodin de Moraes esclarece, com base no pensamento kantiano, que "enquanto o preço representa um valor exterior (de mercado) e manifesta interesses particulares, a dignidade representa um valor interior (moral) e é de interesse geral".[397] Nessa linha, infere-se que o "valor moral se encontra infinitamente acima do valor de mercadoria, porque, ao contrário deste, não admite ser substituído por equivalente".[398] Disto decorre que a pessoa é um valor em si mesma, não admitindo ser instrumentalizada. A não coisificação da pessoa é um dos postulados basilares da dignidade e que influencia os contornos atuais do princípio da dignidade da pessoa humana.[399]

Na doutrina brasileira, Ingo Sarlet alude à dimensão ontológica da dignidade, ligada ao valor intrínseco da pessoa, e a dimensão intersubjetiva, que se vincula às relações sociais na quais o indivíduo se inserta, a qual se baseia no reconhecimento de direitos e deveres recíprocos.[400] Ressalta, ademais, que o princípio abrange tanto limites

---

[396] "No reino dos fins, tudo tem ou um preço ou uma dignidade. Quando uma coisa tem preço, pode ser substituída por algo equivalente; por outro lado, a coisa que se acha acima de todo preço, e por isso não admite qualquer equivalência, compreende uma dignidade". (KANT, Immanuel. *Fundamentação da Metafísica dos Costumes e Outros Escritos*. (Trad. Leopoldo Holzbach). São Paulo: Martin Claret, 2006. p. 65).

[397] BODIN DE MORAES, Maria Celina. O Princípio da Dignidade Humana. *In*: BODIN DE MORAES, Maria Celina. *Princípios do direito civil contemporâneo*. Rio de Janeiro: Renovar, 2006. p. 12.

[398] BODIN DE MORAES, Maria Celina. O Princípio da Dignidade Humana. *In*: BODIN DE MORAES, Maria Celina. *Princípios do direito civil contemporâneo*. Rio de Janeiro: Renovar, 2006. p. 12.

[399] Segundo Luís Roberto Barroso, pode-se condensar as ideias e conceitos kantianos que têm influenciado os estudos sobre a dignidade humana nas seguintes proposições: "a conduta moral consiste em agir inspirado por uma máxima que possa ser convertida em lei universal; todo homem é um fim em si mesmo, e não deve ser instrumentalizado por projetos alheios; os seres humanos não têm preço nem podem ser substituídos, pois eles são dotados de um valor intrínseco absoluto, ao qual se dá o nome de dignidade". (BARROSO, Luís Roberto. *A dignidade da pessoa humana no direito constitucional contemporâneo*: a construção de um conceito jurídico à luz da jurisprudência mundial. 1. reimp. Belo Horizonte: Fórum, 2013. p. 72).

[400] Segundo o autor, a dificuldade de conceituação da dignidade da pessoa humana decorre de "sua 'ambiguidade e porosidade', assim como por sua natureza necessariamente

quanto tarefas do Estado e da sociedade, contemplando, portanto, as funções defensiva (negativa) e prestacional (positiva). Nessa linha, define a dignidade da pessoa humana como:

> A qualidade intrínseca e distintiva reconhecida em cada ser humano que o faz merecedor do mesmo respeito e consideração por parte do Estado e da comunidade, implicando, neste sentido, um complexo de direito e deveres fundamentais que assegurem a pessoa tanto contra todo e qualquer ato de cunho degradante e desumano, como venham a lhe garantir as condições mínimas existenciais para uma vida saudável, além de propiciar e promover sua participação ativa e corresponsável nos destinos da própria existência e da vida em comunhão com os demais seres humanos.[401]

Maria Celina Bodin de Moraes também empreende importante passo na definição do princípio da dignidade da pessoa humana, partindo do que denomina de "substrato material da dignidade", que se desdobrada em quatro postulados: "i) o sujeito moral (ético) reconhece a existência dos outros como sujeitos iguais a ele, ii) merecedores do mesmo respeito à integridade psicofísica de que é titular, iii) é dotado de vontade livre, de autodeterminação; iv) é parte do grupo social, em relação ao qual tem a garantia de não vir a ser marginalizado". A partir desse substrato, desdobrou a dignidade em quatro corolários ou subprincípios: igualdade (formal e substancial), integridade física e moral – psicofísica –, liberdade e solidariedade (familiar e social).[402]

Por sua vez, Luís Roberto Barroso se propôs a formular um conceito universal de dignidade da pessoa humana, a partir de uma visão minimalista, aberta, plástica, plural e laica, decompondo seu conteúdo mínimo em três elementos: valor intrínseco, autonomia e

---

polissêmica. [...] razão pela qual há de se reconhecer que se trata de conceito em permanente processo de construção e desenvolvimento". Reconhecida a multidimensionalidade da dignidade da pessoa humana, o autor destaca que "[...] tais dimensões, por sua vez, não se revelam como necessariamente incompatíveis e reciprocamente excludentes". (SARLET, Ingo Wolfgang. Notas sobre a dignidade da pessoa humana na jurisprudência do STF. *In*: SARMENTO, Daniel; SARLET, Ingo Wolfgang (Coord.). *Direitos fundamentais no Supremo Tribunal Federal*: balanço e crítica. Rio de Janeiro: Lumen Juris, 2011. p. 39, 42).

401 SARLET, Ingo Wolfgang. As dimensões da dignidade da pessoa humana: construindo uma compreensão jurídico-constitucional necessária e possível. *In*: SARLET, Ingo Wolfgang (Org.). *Dimensões da dignidade*: ensaios de filosofia do direito e direito constitucional. Porto Alegre: Livraria do Advogado, 2005. p. 37.

402 BODIN DE MORAES, Maria Celina. *Danos à pessoa humana:* uma leitura civil-constitucional dos danos morais. 4. tir. Rio de Janeiro: Renovar, 2009. p. 85.

valor comunitário. No plano filosófico, o valor intrínseco é o "elemento ontológico, ligado à natureza do ser. Corresponde ao conjunto de características que são inerentes e comuns a todos os seres humanos". A seu turno, a autonomia se revela como o elemento ético da dignidade humana, se impondo como o "fundamento do livre arbítrio dos indivíduos, que lhes permite buscar, da sua própria maneira, o ideal de viver bem e de ter uma vida boa". O terceiro elemento realça as restrições impostas pelo Estado e pela comunidade sobre "direitos e liberdades individuais em nome de certa concepção de vida boa". Também denominada de heteronomia, enfatiza o lado da sociabilidade humana e impõe limitações à autonomia em prol das relações sociais.[403]

A partir de uma compreensão holística da pessoa humana que decorre de uma leitura constitucional pautada pela moralidade crítica, Daniel Sarmento entende que a pessoa deve ser encarada como "fim em si, e não como mero instrumento a serviço do Estado, da comunidade ou de terceiros; como merecedora do mesmo respeito e consideração que todas as demais, e não como parte de um estamento na hierarquia social", além de um agente autônomo e racional, "mas que tem corpo e sentimentos e, por isso, experimenta necessidades materiais e psíquicas"; e, por fim, como "ser social, imerso em relações intersubjetivas fundamentais para sua identidade, e não como indivíduo atomizado e desenraizado".[404] A partir destas considerações, o autor compreende que o conteúdo essencial do princípio da dignidade da pessoa humana na ordem jurídica brasileira abarca quatro componentes: o valor intrínseco da pessoa, a autonomia, o mínimo existencial e o reconhecimento.[405]

Tais componentes, na visão de Daniel Sarmento, são imbricados entre si, com fronteiras nebulosas e mantem uma relação de

---

[403] BARROSO, Luís Roberto. *A dignidade da pessoa humana no direito constitucional contemporâneo*: a construção de um conceito jurídico à luz da jurisprudência mundial. 1. reimp. Belo Horizonte: Fórum, 2013. p. 72-98.

[404] SARMENTO, Daniel. *Dignidade da pessoa humana*: conteúdo, trajetórias e metodologia. Belo Horizonte: Fórum, 2016. p. 92.

[405] Daniel Sarmento compreende que apesar da igualdade ser um dos componentes, *prima facie*, do princípio da dignidade da pessoa humana, que "implica a rejeição das hierarquias sociais e culturais e impõe que se busque a sua superação concreto", ela não integra o seu núcleo essencial, uma vez que "como a igualdade já é integralmente contemplada por outro princípio constitucional expressamente positivado – o princípio da igualdade, que ombreia, aliás, com a própria dignidade em termos de importância e estatura moral –, não me parece metodologicamente adequado apresenta-la como apenas mais um elemento básico da dignidade humana". (SARMENTO, Daniel. *Dignidade da pessoa humana*: conteúdo, trajetórias e metodologia. Belo Horizonte: Fórum, 2016. p. 93).

"complementação e sinergia".[406] Em seu quadrante, o valor intrínseco da pessoa proíbe a instrumentalização da pessoa em prol de interesses de terceiros ou objetivos coletivos. Por outro lado, a autonomia se apresenta como autodeterminação individual para decidir sobre os rumos da própria existência – em sua dimensão privada – e no ambiente público relacionado ao exercício da democracia. O mínimo existencial, por sua vez, visa garantir condições materiais indispensáveis para uma vida digna. O reconhecimento completa o conteúdo da dignidade humana ao proteger as identidades individuais e coletivas.[407]

Um ponto incontestável, apesar das diferenças apresentadas sobre seu conteúdo como princípio, é que o ordenamento jurídico brasileiro elegeu a dignidade humana como seu valor supremo. Seu conceito vago e carente de conteúdo mínimo material que permita sua real e efetiva concretização, não impede que seja instruído pelos demais valores estabelecidos pelo constituinte. Tal tarefa monumental vem sendo enfrentada pela doutrina brasileira, que tem apontado os elementos essenciais que compõe o conteúdo do princípio, sem olvidar a inevitável amplitude que o caracteriza. Desse modo, a experiência constitucional brasileira revela uma dignidade humana promotora da liberdade individual e do pluralismo, de modo a permitir o livre desenvolvimento da personalidade, que somente é possível a partir do reconhecimento do direito à autodeterminação nas escolhas de cunho existencial, expressão maior do respeito à autonomia e valorização das pessoas humanas em um Estado democrático e laico.

Tal liberdade, no entanto, deve ser exercida dentro de um contexto de solidariedade social e atenta às vulnerabilidades espraiadas na sociedade de modo a preservar a autonomia dos excluídos, sob pena de transformar o princípio da dignidade em mero recurso teórico. Guiados por essa bússola valorativa é que os conceitos de pessoa humana e personalidade devem ser reconstruídos de modo a superar os aspectos estrutural e formal que sempre permearam tais definições para alcançar, à luz da dignidade humana, os seus atuais significados.

---

[406] SARMENTO, Daniel. *Dignidade da pessoa humana*: conteúdo, trajetórias e metodologia. Belo Horizonte: Fórum, 2016. p. 93.

[407] SARMENTO, Daniel. *Dignidade da pessoa humana*: conteúdo, trajetórias e metodologia. Belo Horizonte: Fórum, 2016. p. 92.

### 2.2.1 Pessoa e sentidos da personalidade na legalidade constitucional

Conceituar a pessoa humana no atual contexto de reconstrução da categoria do ser no direito civil contemporâneo não é uma tarefa simples, principalmente a partir do valor intrínseco da dignidade reconhecido a todas as pessoas humanas. Desse modo, pode-se afiançar que um dos consensos a respeito do conceito de pessoa advém da "posição privilegiada na experiência jurídica ocidental, resultado de longa elaboração histórica, influenciada por diversas concepções filosóficas, assim, como pela rica aventura semântica de seu suporte vocabular".[408] [409] Já se afirmou, inclusive, que o "conceito jurídico de pessoa humana não nos foi concedido, mas arduamente construído".[410]

O discurso jurídico tradicional reduzia a pessoa natural à categoria de sujeito de direitos (subjetivos), conquanto fosse aquele detentor de personalidade e, portanto, apto a adquirir direitos e contrair obrigações na órbita civil, polarizando os extremos da relação jurídica.[411] Nessa perspectiva, "pessoa é o sujeito de direito em plenitude, capaz de adquirir e transmitir direitos e deveres jurídicos".[412]

---

[408] César Fiuza registra que "na sociedade romana, encontrou-se a acepção latina 'persona', do verbo latino 'personare' que tinha o sentido de ecoar, fazer ressoar. A 'persona' era a máscara que os atores adaptavam ao rosto, com o intuito de dar eco às suas falas. [...] Na etimologia do vocábulo, encontramos na cultura helênica a expressão 'prósopon' significativa de máscara utilizada pelos atores gregos em suas encenações" (FIUZA, César. Teoria filosófico-dogmática dos sujeitos de direito sem personalidade. *In*: *Revista dos Tribunais*, São Paulo, a. 100, v. 914, dez. 2011. p. 77). Diogo Luna Moreira leciona que "originariamente, a palavra pessoa se referia às *máscaras* utilizadas pelos atores greco-romanos, através das quais podiam ampliar as suas vozes (*per-sonare*) e expressar os sentimentos de personagens retratados. Ligado a essa ideia de máscara (*prósopon*), o termo *persona* passou a ser utilizado também para identificar um *status* social do indivíduo humano". (MOUREIRA, Diogo Luna. *Pessoas e autonomia privada*: dimensões reflexivas da racionalidade e dimensões operacionais da pessoa a partir da teoria do direito privado. Rio de Janeiro: Lumen Juris, 2011. p. XVII).

[409] RIBEIRO, Gustavo Pereira Leite. Personalidade e capacidade do ser humano a partir do novo Código Civil. *In*: TEIXEIRA, Ana Carolina Brochado; RIBEIRO, Gustavo Pereira Leite (Coords.). *Manual de teoria geral do direito civil*. Belo Horizonte: Del Rey, 2011. p. 177.

[410] FIUZA, César. Teoria filosófico-dogmática dos sujeitos de direito sem personalidade. *In*: *Revista dos Tribunais*, São Paulo, a. 100, v. 914, dez. 2011. p. 76-77.

[411] Sobre a diferenciação entre "pessoa" e "pessoa de direito" sob uma perspectiva filosófica, cf. QUANTE, Michael. Pessoa, pessoa de direito e o status moral do indivíduo humano. *In*: *Teoria jurídica contemporânea*, v. 1, n. 1, a. 1, jan./jun. 2016. p. 206-227. (Trad. Ana Paula Barbosa-Fohrmann, Natasha Pereira Silva e Leandro Freire de M. Cavalcante).

[412] LÔBO, Paulo. *Direito civil*: parte geral. 3. ed. São Paulo: Saraiva, 2012. p. 96.

Sob essa ótica, costuma-se definir os sujeitos de direitos como um dos elementos da relação jurídica.[413] Conforme Manuel A. Rodrigues de Andrade, os elementos mesmo "sendo estranhos à estrutura interna da relação jurídica, todavia são necessários para que a relação tenha existência".[414] Emergiu, assim, a paridade entre pessoa e sujeito de direitos, sendo este último qualificado como elemento subjetivo de determinada relação jurídica. Os sujeitos da relação jurídica eram, portanto, definidos como "os pontos terminais da linha em que figuramos a relação jurídica; são os suportes desta relação; as pessoas entre as quais ela se estabelece".[415]

Gustavo Pereira Leite Ribeiro destaca que "o vocábulo pessoa pode assumir diversos significados, em função do contexto no qual é utilizado ou estudado". No entanto, especificamente na acepção jurídica, "designa o ente a quem se atribui direitos e obrigações. É o sujeito de relações jurídicas. É o centro de imputação de situações jurídicas. É o sujeito de direito. É o destinatário de normas jurídicas. É o ator que pode desempenhar diferentes papéis no cenário jurídico".[416] Francisco Amaral também aduz que o termo pessoa "tem um significado vulgar e outro jurídico". Em sentido comum, "pessoa é o ser humano, mas tal sentido não serve ao Direito, que tem vocabulário específico". Na linguagem jurídica, "pessoa é o ser com personalidade jurídica, aptidão para a titularidade de direitos e deveres. [...] Pessoa é o ser humano como sujeito de direitos".[417]

Nessa linha, opõem-se duas concepções a respeito da noção de pessoa após longa evolução semântica do termo. Para os naturalistas, "todos os indivíduos têm personalidade, considerada inerente à condição humana como atributo essencial do ser humano, dotado de vontade, liberdade e razão".[418] Por outro lado, a concepção formal,

---

[413] Costuma-se enumerar como elementos da relação jurídica "os sujeitos, o objecto, o facto jurídico e a garantia". ANDRADE, Manuel A. Rodrigues de. *Teoria geral da relação jurídica*. Coimbra: Almedina, 1997. v. I, p. 19.

[414] ANDRADE, Manuel A. Rodrigues de. *Teoria geral da relação jurídica*. Coimbra: Almedina, 1997. v. I, p. 19.

[415] ANDRADE, Manuel A. Rodrigues de. *Teoria geral da relação jurídica*. Coimbra: Almedina, 1997. v. I, p. 19.

[416] RIBEIRO, Gustavo Pereira Leite. Personalidade e capacidade do ser humano a partir do novo Código Civil. *In*: TEIXEIRA, Ana Carolina Brochado; RIBEIRO, Gustavo Pereira Leite (Coords.). *Manual de teoria geral do direito civil*. Belo Horizonte: Del Rey, 2011. p. 177.

[417] AMARAL, Francisco. *Direito civil*: introdução. 7. ed. rev., atual. e aum. Rio de Janeiro: Renovar, 2008. p. 252.

[418] AMARAL, Francisco. *Direito civil*: introdução. 7. ed. rev., atual. e aum. Rio de Janeiro: Renovar, 2008. p. 253.

"própria da ciência jurídica positivista, a personalidade é atribuição ou investidura do direito. Pessoa e ser humano não coincidiriam. Pessoa não seria o ser humano dotado de razão, mas simplesmente o sujeito de direito criado pelo direito objetivo".[419]

Essa perspectiva estruturante e formalista da noção de pessoa como sujeito de direito (subjetivo) e de mero elemento da relação jurídica, dotado de personalidade jurídica, acaba por se demonstrar como reducionista e artificial, uma vez que funciona como "máquina de exclusão de seres humanos"[420] e descura da complexidade da realidade social a ponto de obscurecer as dimensões inerentes da pessoa humana. Tal concepção não contempla a rica e dinâmica condição humana, tornando o indivíduo um ser encasulado nas construções codificadas, meros sujeitos de relações fictícias. De fato, à medida que buscava contemplar num conceito único a categoria da pessoa no universo jurídico, ampliando-se para abarcar as pessoas coletivas (jurídicas), olvidou-se que no epicentro do Direito se encontra a pessoa humana, um ser complexo e dotado de múltiplos atributos.

Reduzir a pessoa humana a mero elemento subjetivo das relações jurídicas, como sujeito de direitos subjetivos, frustra a exigência de conduzir a pessoa humana à categoria central do ordenamento jurídico, sobretudo de garantir e efetivar as dimensões do princípio da dignidade da pessoa humana. Pietro Perlingieri já afirmou que "a personalidade jurídica é a atitude de ser titular de direitos e de deveres. Este é um perfil apenas estrutural. Trata-se de um centro de estrutura subjetiva, enquanto a pessoa humana é um valor. Tal é a diferença".[421] Rose Melo Vencelau Meireles, por sua vez, esclarece que a "pessoa *é* em si, não apenas tem para si titularidades. O ser alcança patamar central nos valores constitucionais. Consequentemente, as categorias do ser não podem permanecer marginalizadas, como outrora".[422]

Diogo Luna Moureira leciona que há uma diferença entre a *qualidade de ser humano* e a *condição de ser pessoa*, "posto que ambos,

---

419 AMARAL, Francisco. *Direito civil*: introdução. 7. ed. rev., atual. e aum. Rio de Janeiro: Renovar, 2008. p. 253.

420 MARTINS-COSTA, Judith. *Pessoa, personalidade, dignidade (ensaio de uma qualificação)*. Tese de livre-docência em direito civil apresentada à Congregação da Faculdade de Direito da Universidade de São Paulo. Maio, 2003. p. 73.

421 PERLINGIERI, Pietro. Normas constitucionais nas relações privadas. *In*: *Revista da Faculdade de Direito da Universidade do Estado do Rio de Janeiro*, Rio de Janeiro: UERJ, n. 6 e 7, 1998-1999. p. 77.

422 MEIRELES, Rose Melo Vencelau. *Autonomia privada e dignidade humana*. Rio de Janeiro: Renovar, 2009. p. 16.

apesar de poderem ser interpretados como conceitos idênticos pelos desavisados, diferem entre si na medida em que seus conteúdos são distintos".[423] Segundo o autor, é preciso ressaltar que a pessoalidade é "apenas construída no interior de uma esfera de relações na qual a autonomia privada e a alteridade se efetivam, ser pessoa pressupõe uma *condição* que difere de uma mera *qualidade* atribuída a uma espécie, permitindo que esta seja chamada de homem".[424] Nessa ótica, "para o Direito não é suficiente afirmar que a *pessoa* é um ser humano simplesmente porque integra uma determinada espécie [...]. Ser pessoa é ser alguém além de ser apenas humano".[425]

Paulo Lôbo assevera que pessoa é "atributo conferido pelo direito, ou seja, não é conceito que se extrai da natureza. É, portanto, conceito cultural e histórico, que o direito traz para seu âmbito".[426] Luiz Edson Fachin aduz que na travessia do direito civil tradicional para o contemporâneo o debate a respeito do conceito de pessoa se torna relevante, não sendo uma questão meramente teórica.[427] Em tempos de "reinvenção do direito civil",[428] deve-se abandonar a noção de pessoa como integrante dos polos ativo e passivo da relação jurídica, pois "essa ideia não recolhe uma informação a partir de um sujeito em concreto, ou seja, a partir das considerações concretas desse ou daquele sujeito, pois a relação jurídica, classicamente moldada, leva em conta uma noção abstrata e genérica das pessoas".[429] A excessiva abstração da pessoa revela a ausência de referências à sociedade e à cultura na qual se encontra imerso, ou seja, "o sujeito não 'é' em si, mas 'tem' para si titularidades. É menos pessoa real e concreta (cujas necessidades fundamentais como moradia, educação e alimentação não se reputam

---

[423] MOUREIRA, Diogo Luna. *Pessoas e autonomia privada*: dimensões reflexivas da racionalidade e dimensões operacionais da pessoa a partir da teoria do direito privado. Rio de Janeiro: Lumen Juris, 2011. p. 96.

[424] MOUREIRA, Diogo Luna. *Pessoas e autonomia privada*: dimensões reflexivas da racionalidade e dimensões operacionais da pessoa a partir da teoria do direito privado. Rio de Janeiro: Lumen Juris, 2011. p. 98.

[425] MOUREIRA, Diogo Luna. *Pessoas e autonomia privada*: dimensões reflexivas da racionalidade e dimensões operacionais da pessoa a partir da teoria do direito privado. Rio de Janeiro: Lumen Juris, 2011. p. 268.

[426] LÔBO, Paulo. *Direito civil*: parte geral. 3. ed. São Paulo: Saraiva, 2012. p. 96.

[427] FACHIN, Luiz Edson. *Teoria crítica do direito civil*: à luz do novo Código Civil Brasileiro. 3. ed. rev. e atual. Rio de Janeiro: Renovar, 2012. p. 93.

[428] FACHIN, Luiz Edson. *Teoria crítica do direito civil*: à luz do novo Código Civil Brasileiro. 3. ed. rev. e atual. Rio de Janeiro: Renovar, 2012. p. 99.

[429] FACHIN, Luiz Edson. *Teoria crítica do direito civil*: à luz do novo Código Civil Brasileiro. 3. ed. rev. e atual. Rio de Janeiro: Renovar, 2012. p. 101.

direitos subjetivos porque são demandas de 'outra ordem'), e é mais um 'indivíduo patrimonial'".[430]

Na legalidade constitucional, a pessoa humana é mais do que mero titular de situações jurídicas subjetivas, simples sujeito de direitos. Ela é, acima de tudo, alvo de todo arcabouço protetivo dos atributos essenciais à sua dignidade, voltados à tutela e à promoção do livre desenvolvimento da personalidade. A pessoa humana se torna, portanto, valor nuclear e *fim* do ordenamento jurídico.

A redução do conceito de pessoa ao de sujeito de direitos patrimoniais, com perfil excessivamente abstrato, não mais se revela compatível com a concepção vigente. Além disso, nem todas as pessoas são sujeitos de direitos. Por isso, reconhece-se que o atual conceito de sujeito de direito é mais amplo do que o de pessoa. Conforme Manoel Antônio Domingues de Andrade, "todo o sujeito de direito é necessariamente pessoa em sentido jurídico, embora a inversa não seja teoricamente exata".[431] Em outros termos, pode-se afirmar que "há sujeitos de direito que não são pessoas físicas ou jurídicas".[432] Sujeitos de direito seriam, portanto, "todos os seres e entes dotados de capacidade para adquirir ou exercer titularidades de direitos e responder por deveres jurídicos".[433] Logo, "pessoa é uma coisa, sujeito de direitos é outra. Sujeito de direitos é o titular de direitos e deveres na ordem jurídica. [...] Assim, toda pessoa é essencialmente um sujeito de direitos, mas o sujeito de direitos não é essencialmente pessoa".[434]

Manoel Antônio Domingues de Andrade adverte, no entanto, que "sujeito de direito e pessoa em sentido jurídico são de todo a mesma coisa", uma vez que a "personalidade ou subjetividade jurídica vem a ser precisamente a qualidade de pessoa ou sujeito de direito. Pelo exposto se conclui que a teoria dos sujeitos da relação jurídica redunda afinal na teoria das pessoas ou sujeitos jurídicos, ou ainda na teoria da personalidade ou subjetividade jurídica".[435] De fato, tal confusão se deve

---

430 FACHIN, Luiz Edson. *Teoria crítica do direito civil*: à luz do novo Código Civil Brasileiro. 3. ed. rev. e atual. Rio de Janeiro: Renovar, 2012. p. 102-103.

431 ANDRADE, Manuel A. Rodrigues de. *Teoria geral da relação jurídica*. Coimbra: Almedina, 1997. v. I, p. 30.

432 FIUZA, César. Teoria filosófico-dogmática dos sujeitos de direito sem personalidade. *In*: *Revista dos Tribunais*, São Paulo, a. 100, v. 914, dez. 2011. p. 99.

433 FIUZA, César. Teoria filosófico-dogmática dos sujeitos de direito sem personalidade. *In*: *Revista dos Tribunais*, São Paulo, a. 100, v. 914, dez. 2011. p. 96.

434 FIUZA, César. Teoria filosófico-dogmática dos sujeitos de direito sem personalidade. *In*: *Revista dos Tribunais*, São Paulo, a. 100, v. 914, dez. 2011. p. 87.

435 ANDRADE, Manuel A. Rodrigues de. *Teoria geral da relação jurídica*. Coimbra: Almedina, 1997. v. I, p. 30.

a concepção reducionista de pessoa como sujeito da relação jurídica, sem contemplar seus atributos e sua inerente dignidade. Cabe ao Direito não somente compreender o sujeito abstrato e titular de situações jurídicas, mas, sobretudo, a pessoa encarnada, real e concreta. Nesse quadrante, conforme se percebe, embora sejam conceitos nucleares na renovada ordem jurídica, permanecem nebulosos os conceitos e sentidos de pessoa e personalidade, que, embora sejam próximos, não se confundem, cabendo, ainda, refinar os conceitos de personalidade e subjetividade para evitar as confusões conceituais.

Atualmente, a partir do nascimento com vida, todo ser humano, enquanto tal, tem personalidade jurídica no ordenamento brasileiro, conforme estabelece o art. 2º, do vigente Código Civil.[436] Heloisa Helena Barboza ressalta que "este reconhecimento é uma notável conquista do direito moderno, o que não ocorreu em outras épocas".[437]

---

[436] Para a doutrina dominante, caracteriza o nascimento com vida a primeira troca oxicarbônica no ambiente (Por todos, cf. MIRANDA, Francisco Cavalcanti Pontes de. *Tratado de direito privado*. Rio de Janeiro: Borsoi, 1892-1979. p. 162-163; DANTAS, Francisco Clementino de San Tiago. *Programa de direito civil*. 3. ed. rev. e atual. Rio de Janeiro: Forense, 2001. p. 133-134; PEREIRA, Caio Mário da Silva. *Instituições de direito civil*. 23. ed. rev. e atual. por Maria Celina Bodin de Moraes. Rio de Janeiro: Forense, 2010. v. 1, p. 184). No entanto, tal entendimento, denominado de teoria natalista, é contraposto por aqueles que defendem a teoria concepcionista (Nessa direção, cf. AMARAL, Francisco. *Direito civil*: introdução. 6. ed. rev., atual. e aum. Rio de Janeiro: Renovar, 2006. p. 221; ALMEIDA, Silmara J. A. Chinelato. *Tutela civil do nascituro*. São Paulo: Saraiva, 2000. p. 348; FRANÇA, Rubens Limongi. *Instituições de direito civil*. 3. ed. São Paulo: Saraiva, 1994. p. 49; LOTUFO, Renan. *Código Civil comentado*. Rio de Janeiro: Saraiva, 2004. v. I, p. 13; FARIAS, Cristiano Chaves de; ROSENVALD, Nelson. *Curso de direito civil*: parte geral e LINDB. 11. ed. rev., ampl. e atual. Salvador, BA: Juspodivm, 2013. v. 1, p. 315). Há, ainda, teoria intermediária chamada de teoria da personalidade condicionada (V. LOPES, Miguel Maria de Serpa. *Cursos de direito civil*. Rio de Janeiro: Livraria Freitas Bastos S.A., 1953. v. I, p. 210-211; MONTEIRO, Washington de Barros. *Curso de Direito Civil*. 40. ed. São Paulo: Saraiva, 2005. v. I, p. 66; BEVILÁQUA, Clóvis. *Teoria geral do direito civil*. 3. ed. Brasília: Ministério da Justiça e Negócios, 1966. p. 70; RIZZARDO, Arnaldo. *Parte geral do Código Civil*. Rio de Janeiro: Forense, 2002. p. 130). Tal controvérsia reside na controversa interpretação do art. 2º do Código Civil, que embora tenha, em sua primeira parte, afirmado que a personalidade civil começa com o nascimento com vida, garantiu os direitos do nascituro desde a concepção. A respeito do assunto, permita-se remeter a: ALMEIDA JR., Vitor de Azevedo. Personalidade, titularidade e direitos do nascituro: esboço de uma qualificação. *In*: *Revista OAB/RJ – Edição Especial – Direito Civil*, v. 01, p. 01-45, 2018. p. 45, onde defende-se que a "titularidade de situações jurídicas extrapatrimoniais prescinde da atribuição em abstrato da personalidade jurídica, tendo em vista que a existência de centros de interesses merecedores de tutela por parte do ordenamento civil-constitucional brasileiro permite a concessão da titularidade de direitos [...] peculiares à fase de formação do nascituro no útero da mulher. O nascituro é titular de direitos, ou melhor, titular de situações jurídicas subjetivas, não obstante o ordenamento não lhe tenha atribuído personalidade".

[437] BARBOZA, Heloisa Helena. Verbete Capacidad. *In*: CASABONA, Carlos María Romeo (Director). *Enciclopedia de Bioderecho y Bioética*. Granada: Biblioteca Comare de Ciencia Jurídica, 2011. t. I, a-h, p. 324 (tradução livre). No original: "Este reconocimiento es una notable conquista del derecho moderno, lo que no occurrió en otras épocas".

Nessa linha, entende-se que a "personalidade em sentido jurídico é a aptidão reconhecida pela lei para tornar-se sujeito de direitos e deveres; como pressuposto da concreta titularidade das relações, a personalidade corresponde à capacidade jurídica", assim, compreende que a "personalidade é a qualidade inerente ao ser humano que o torna titular de direitos e deveres, sendo pessoa os que a têm".[438] A respeito da conformação da noção de personalidade à luz da tábua axiológica constitucional, Heloisa Helena Barboza entende que:

> Numa visão contemporânea, a personalidade é uma qualidade, própria da condição humana, de pertencer à comunidade jurídica. Trata-se de uma exigência da dignidade humana que se impõe ao direito. O reconhecimento do homem como pessoa pela ordem jurídica é mais do que reconhecê-lo como sujeito de direito ou ter capacidade jurídica. Significa que as normas jurídicas devem ser criadas e aplicadas tendo em conta a dignidade do homem como pessoa e seus atributos.[439]

Cabe lembrar que a personalidade jurídica, em sua acepção clássica, exprime a aptidão genérica para adquirir direitos e contrair obrigações, caracterizando o sujeito de direitos e habilitando-o a integrar as relações jurídicas. Desse modo, a personalidade vista sob uma perspectiva estrutural sempre foi tomada em sua acepção subjetiva, indicando a titularidade das relações jurídicas.[440] A rigor, todavia, identificam-se dois sentidos técnicos para o termo personalidade. Por um lado, tradicionalmente, sob o ponto de vista estrutural, é a qualidade para ser sujeito de direito, titular de direitos e deveres na ordem

---

[438] BARBOZA, Heloisa Helena. Verbete Capacidad. *In*: CASABONA, Carlos María Romeo (Director). *Enciclopedia de Bioderecho y Bioética*. Granada: Biblioteca Comare de Ciencia Jurídica, 2011. t. I, a-h, p. 324 (tradução livre). No original: "Personalidad en sentido jurídico es la aptitud reconocida por la ley para volverse sujeto de derechos y deberes; como presupuesto de la titularidad concreta de las relaciones, la personalidad corresponde a la capacidad jurídica. La personalidad es la cualidad inherente al ser humano que lo torna titular de derechos y deberes, siendo persona aquellos que la tienen".

[439] BARBOZA, Heloisa Helena. Verbete Capacidad. *In*: CASABONA, Carlos María Romeo (Director). *Enciclopedia de Bioderecho y Bioética*. Granada: Biblioteca Comare de Ciencia Jurídica, 2011. t. I, a-h, p. 235 (tradução livre). No original: "En una visión contemporánea, la personalidad es la cualidad, propia de la condición humana, de pertenecer a la comunidad jurídica, la cual se concede a ciertas organizaciones sociales. Se trata de una exigencia de la dignidad humana que se impone al derecho. El reconocimiento del hombre como persona por el orden jurídico es más que reconocerlo como sujeto de derecho o tener capacidad jurídica. Significa que las normas jurídicas deben ser creadas y aplicadas teniendo en cuenta la dignidad del hombre como persona y sus atributos".

[440] TEPEDINO, Gustavo. A Tutela da Personalidade no Ordenamento Civil-Constitucional Brasileiro. *In*: *Temas de Direito Civil*. Rio de Janeiro: Renovar, 2004. p. 29.

jurídica, "centro de estrutura subjetiva", viés que é aplicável tanto às pessoas físicas quanto às jurídicas. Por outro, traduz, na perspectiva valorativa, "o conjunto de características e atributos da pessoa humana, considerada objeto de proteção privilegiada por parte do ordenamento, bem jurídico representado pela afirmação da dignidade humana, sendo peculiar, portanto, à pessoa natural".[441]

Nessa senda, a valorização da pessoa humana em sua dimensão existencial no âmbito do direito civil contemporâneo demonstra a preocupação com o livre desenvolvimento da personalidade e com o respeito à sua dignidade, o que tem levado a doutrina a extremar os conceitos de personalidade – reservado às pessoas naturais em seu projeto pessoal de construção de sua identidade – e subjetividade – que consistiria na capacidade para ser sujeito de direito e comum tanto as categorias de pessoas naturais como jurídicas. A personalidade, desse modo, seria qualidade inerente e exclusiva da pessoa humana, enquanto a subjetividade consiste na aptidão de ser sujeito de direito.[442]

A subjetividade, portanto, é a qualificação jurídica que o ordenamento atribui a certas entidades, concedendo-lhes o papel de sujeito de direitos, isto é, entes portadores de interesses morais ou patrimoniais merecedores de tutela por parte do ordenamento.[443] Em outros termos, a subjetividade se projeta como a qualidade de sujeito de direito, ser titular de situações jurídicas subjetivas, atribuídas tanto as pessoas físicas como às entidades jurídicas – sejam as pessoas jurídicas formalmente constituídas ou entidades desprovidas de reconhecimento formal

---

441 TEPEDINO, Gustavo; BARBOZA, Heloisa Helena; BODIN DE MORAES, Maria Celina. *Código Civil Interpretado Conforme à Constituição da República*. 2. ed. rev. e atual. Rio de Janeiro: Renovar, 2007. v. I, p. 4.

442 Cabe registrar que, segundo Milena Donato Oliva, "a equiparação conceitual entre personalidade (na acepção subjetiva) e capacidade deve ser refutada em um sistema no qual a personalidade (entendida objetivamente) passa a ser objeto de tutela privilegiada, ocupando a dignidade da pessoa humana posição central no ordenamento. Preferível dizer que, tal como a pessoa humana, a pessoa jurídica é dotada de subjetividade, possuindo capacidade para ser sujeito de direito. A subjetividade, assim, indica uma qualidade, a aptidão para ser sujeito de direito – correspondendo ao conceito de capacidade de gozo –, ao passo que a capacidade de fato consiste na intensidade de seu conteúdo, sendo, por isso, mesmo, considerada a medida da subjetividade. Por conseguinte, a subjetividade, não já a personalidade, pode ser atribuída a grupamentos humanos, mediante a criação de pessoas jurídicas. Somente as pessoas naturais, por sua vez, são dotadas de personalidade e, por isso mesmo, constituem objeto de proteção máxima pelo ordenamento". (OLIVA, Milena Donato. Condomínio edilício e subjetividade. *In*: TEPEDINO, Gustavo; FACHIN, Luiz Edson (Orgs.). *Diálogos sobre direito civil*. Rio de Janeiro: Renovar, 2008. v. II, p. 67-68).

443 PERLINGIERI, Pietro. *Direito civil na legalidade constitucional*. (Trad. Maria Cristina de Cicco). Rio de Janeiro: Renovar, 2008. p. 713-714.

(chamados entes despersonalizados). A subjetividade se constitui como um ponto de referência subjetivo, centro de imputação de interesses geradores de situações jurídicas subjetivas.[444]

Embora o uso do termo subjetividade para se referir ao que tradicionalmente denominamos de personalidade em sentido subjetivo tenha a utilidade de evitar a confusão em razão da polissemia do conceito de personalidade, o uso de tal termo permanece de todo apropriado, mesmo porque foi o sentido utilizado pelo legislador no art. 2º do Código Civil, mas com a ressalva de se compreender o duplo aspecto inerente à personalidade em nosso ordenamento. San Tiago Dantas já apontava que o termo personalidade poder ser tomado em duas acepções:

> [...] a palavra personalidade está tomada, aí, em dois sentidos diferentes. Quando falamos em *direitos da personalidade*, não estamos identificando aí a personalidade como a capacidade de ter direitos e obrigações; estamos então considerando a personalidade como um fato natural, como um conjunto de atributos inerentes à condição humana; estamos pensando num homem vivo e não nesse atributo especial do homem vivo, que é a capacidade jurídica em outras ocasiões identificadas como a personalidade.[445]

A personalidade passa a conceber, portanto, ao menos, duplo sentido. Sob o ponto de vista subjetivo, identifica-se com a aptidão para adquirir direitos e contrair obrigações, enquanto que sob o aspecto objetivo se revela "como conjunto de características e atributos da pessoa humana, considerada como objeto de proteção por parte do ordenamento jurídico",[446] que configuram os chamados direitos da personalidade.[447] Estes, após pedregoso trajeto afirmativo no campo

---

[444] PERLINGIERI, Pietro. *Direito civil na legalidade constitucional*. (Trad. Maria Cristina de Cicco). Rio de Janeiro: Renovar, 2008. p. 714.

[445] DANTAS, San Tiago. *Programa de Direito Civil*. Rio de Janeiro: Ed. Rio, 1979. p. 192.

[446] TEPEDINO, Gustavo. A Tutela da Personalidade no Ordenamento Civil-Constitucional Brasileiro. *In*: *Temas de Direito Civil*. Rio de Janeiro: Renovar, 2004. p. 29.

[447] A respeito do tema remete-se a, em doutrina estrangeira, CUPIS, Adriano de. *Os direitos da personalidade*. (Trad. Afonso Celso Furtado Rezende). Campinas: Romana, 2004. *passim*. Na doutrina nacional, além dos já mencionados, recomenda-se: DONEDA, Danilo. Os direitos da personalidade no novo Código Civil. *In*: TEPEDINO, Gustavo. *Parte geral do novo Código Civil*. Rio de Janeiro: Renovar, 2004. p. 35-58; SCHREIBER, Anderson. *Os direitos da personalidade*. São Paulo: Atlas, 2011. *passim*; e Os Direitos da Personalidade no Código Civil de 2002. *In*: FACHIN, Luiz Edson; TEPEDINO, Gustavo. *Diálogos sobre Direito Civil*. Rio de Janeiro: Renovar, 2008. v. 2, p. 231-264; SZANIAWSKI, Elimar. *Direitos da personalidade e sua tutela*. 2. ed. São Paulo: Revista dos Tribunais, 2005; BITTAR, Carlos

doutrinário,[448] foram finalmente objeto de preocupação sistemática do legislador no Código Civil de 2002, reservando-lhe um capítulo específico, mas que não ficou imune à contundentes críticas em virtude da técnica regulamentar que predominou na redação dos dispositivos em detrimento de cláusulas abertas que contemplassem a imensidão de situações concretas em que a pessoa busca promover seu projeto existencial. Gustavo Tepedino, ao se debruçar sobre o tema, observou:

> É que a personalidade, a rigor, pode ser considerada sob dois pontos de vista. Sob o ponto de vista dos atributos da pessoa humana, que a habilita a ser sujeito de direito, tem-se a personalidade como capacidade, indicando a titularidade das relações jurídicas. É o ponto de vista estrutural (atinente à estrutura das situações jurídicas subjetivas), em que a pessoa, tomada em sua subjetividade, identifica-se como elemento subjetivo das situações jurídicas. De outro ponto de vista, todavia, tem-se a personalidade como conjunto de características e atributos da pessoa humana, considerada como objeto de proteção por parte do ordenamento jurídico.[449]

O enaltecimento da pessoa humana na seara existencial guia a preocupação com o livre desenvolvimento da sua personalidade de modo a assegurar o respeito à sua dignidade, recolocando a pessoa como centro e valor nuclear da ordem jurídica e não apenas como elemento subjetivo da relação jurídica, em nítido movimento de repersonalização do direito civil contemporâneo. Ser pessoa é mais do que ter personalidade para titularizar situações subjetivas,

---

Alberto. *Os direitos da personalidade*. 7. ed. Rio de Janeiro: Forense Universitária, 2004; e, BODIN DE MORAIS, Maria Celina. Ampliando os direitos da personalidade. *In*: *Na medida da pessoa humana*: estudos de direito civil-constitucional. Rio de Janeiro: Renovar, 2010. p. 121-148.

[448] Leciona Gustavo Tepedino que: "Destacam-se, antes de mais, as chamadas teorias negativistas (Roubier; Unger; Dabin; Savigny; Thon; Von Tuhr; Enneccerus; Zitelmann; Crome; Iellinek; Ravà; Simoncelli, dentre outros), que, no século passado, refutaram a categoria dos direitos da personalidade. Afirmava-se, em síntese estreita, que a personalidade, identificando-se com a titularidade de direitos, não poderia, ao mesmo tempo, ser considerada objeto deles. Tratar-se-ia de contradição lógica. Segundo a famosa construção de Savigny, a admissão dos direitos da personalidade levaria à legitimação do suicídio ou da automutilação, sendo também eloquente a objeção formulada por Iellinek, para quem a vida, a saúde, a honra, não se enquadrariam na categoria do ter, mas do ser, o que os tornaria incompatíveis coma noção de direito subjetivo, predisposto à tutela das relações patrimoniais e, em particular, do domínio". (TEPEDINO, Gustavo. A Tutela da Personalidade no Ordenamento Civil-Constitucional Brasileiro. *In*: *Temas de Direito Civil*. Rio de Janeiro: Renovar, 2004. p. 25).

[449] TEPEDINO, Gustavo. A Tutela da Personalidade no Ordenamento Civil-Constitucional Brasileiro. *In*: *Temas de Direito Civil*. Rio de Janeiro: Renovar, 2004. p. 26-27.

constitui valor intrínseco a cada ser corporificado e enraizado em sua comunidade, que busca expressar sua identidade a partir das escolhas existenciais que lhe parecem mais adequadas à luz da sua visão de mundo.[450] Indispensável, a partir da compreensão de pessoa humana discorrida acima, examinar a importância do reconhecimento da capacidade da pessoa com deficiência intelectual como indispensável à sua liberdade, igualdade substancial e inclusão social, de modo a dignificar concretamente sua existência.[451]

### 2.2.2 Autonomia e capacidade: convergências e distinções

A busca pela concreta dignidade da pessoa humana encontra-se, inevitavelmente, atrelada à defesa e promoção da liberdade individual. Além de assegurar as condições materiais mínimas e o reconhecimento social necessário à percepção das diferenças, é indispensável proteger a autonomia das pessoas, ou seja, o direito de escolher determinados rumos da vida, de construção da individualidade. A liberdade, portanto, é um dos componentes fundamentais do conteúdo do princípio da dignidade da pessoa humana, conforme entendimento acima exposto, que a ordem constitucional brasileira alçou a um dos direitos de maior envergadura ao anunciá-la no preâmbulo e prevê-la no *caput* do art. 5º da Lei Maior. Segundo Beátrice Maurer, "opor a dignidade à liberdade é ter uma concepção fracionada do homem; é não compreendê-lo em sua totalidade". Afinal, "uma dignidade que não considerasse a liberdade do homem seria uma dignidade truncada".[452]

---

[450] Segundo Ana Carolina Brochado Teixeira, "concretizar a dignidade é atribuir a cada pessoa a ampla liberdade para que ela construa a própria vida, realize suas necessidades, faça suas escolhas e 'adorne-se' de sua existência, dirigindo-a da forma como entender que lhe traga maior realização, pois as concepções de cada um devem ser consideradas, uma vez que todos os valores são possíveis no Estado Democrático de Direito, que, como visto, tem o pluralismo como um dos pilares fundamentais". (TEIXEIRA, Ana Carolina Brochado. Autonomia existencial. *In*: *Revista Brasileira de Direito Civil – RBDCivil*, Belo Horizonte, v. 16, p. 75-104, abr./jun. 2018. p. 80-81).

[451] "Porque o ser humano só se faz digno se tratado com igualdade pela sociedade e por seus pares, ou seja, sem discriminação por suas escolhas, sejam elas quais forem, sendo-lhe resguardado o direito de ser diferente; a pessoa só constrói sua autonomia na interação com o outro, na troca de experiências, no processo dialético do seu amadurecimento e aprendizado de vida, pois, afinal, são nesses espaços de intersubjetividade que ela edifica sua personalidade. Assim entende o legislador constituinte". (TEIXEIRA, Ana Carolina Brochado. Autonomia existencial. *In*: *Revista Brasileira de Direito Civil – RBDCivil*, Belo Horizonte, v. 16, p. 75-104, abr./jun. 2018. p. 99).

[452] MAURER, Béatrice. Notas sobre o respeito da dignidade da pessoa humana... ou pequena fuga incompleta em torno de um tema central. (Trad. Rita Dostal Zanini). *In*:

Apesar de ser um conceito fundado em concepções imemoriais, a liberdade é um anseio comum a todos os seres racionais e definidor da própria singularidade humana,[453] sendo, portanto, de difícil delimitação conceitual. Talvez por isso o conceito de liberdade individual,[454] conforme salientado por Maria Celina Bodin de Moraes, é multifacetado e polissêmico, sendo um dos temas mais importantes e debatidos não só na seara jurídica, mas em outras áreas do saber, como a filosofia, a sociologia e a psicologia.[455] No campo filosófico, todos os grandes pensadores já incursionaram nos meandros da liberdade, eis que "constataram ser infrutífero discorrer sobre a vida humana sem examinar justamente aquilo que a faz humana, e como tal única, individual e singular: o poder sobre si mesmo".[456] Santo Agostinho considerava a liberdade como constitutiva da natureza humana e a vinculou à vontade racional, em superação ao conceito tradicional aristotélico – que entendia a liberdade como "ausência completa de condições ou de limitações"[457] –, descortinando o conceito de livre-arbítrio, que serviu de base para o Direito. Assim, substituiu-se o genérico conceito de liberdade pela noção de livre-arbítrio, que se traduz na "liberdade de 'querer o que se quer', sendo 'o que se quer' um bem ou um mal, à livre escolha do sujeito".[458]

Para Immanuel Kant, a liberdade individual também repousa na noção de livre-arbítrio, prestigiando as escolhas racionais do sujeito,

---

SARLET, Ingo Wolfgang (Org.). *Dimensões da dignidade*: ensaio de filosofia do direito e direito constitucional. 2. ed. Porto Alegre: Livraria do Advogado, 2009. p. 79.

[453] Cecília Meireles resumiu em verso e prosa: "Liberdade – essa palavra que o sonho humano alimenta: que não há ninguém que explique e ninguém que não entenda!". (MEIRELES, Cecília. *Romanceiro da Inconfidência – Romance XXIV*. Rio de Janeiro: Editora Letras e Artes, 1965. p. 70).

[454] Não se pretende, aqui, discorrer acerca do sentido filosófico e jurídico da liberdade, eis que transborda os objetivos do presente trabalho, mas somente percorrer as compreensões jurídico-normativas necessárias para os desdobramentos no entendimento da autonomia privada e da capacidade civil.

[455] BODIN DE MORAIS, Maria Celina. Uma aplicação do princípio da liberdade. *In*: *Na medida da pessoa humana*: estudos de direito civil-constitucional. Rio de Janeiro: Renovar, 2010. p. 183.

[456] BODIN DE MORAIS, Maria Celina. Uma aplicação do princípio da liberdade. *In*: *Na medida da pessoa humana*: estudos de direito civil-constitucional. Rio de Janeiro: Renovar, 2010. p. 183.

[457] BODIN DE MORAIS, Maria Celina. Uma aplicação do princípio da liberdade. *In*: *Na medida da pessoa humana*: estudos de direito civil-constitucional. Rio de Janeiro: Renovar, 2010. p. 184, 186.

[458] BODIN DE MORAIS, Maria Celina. Uma aplicação do princípio da liberdade. *In*: *Na medida da pessoa humana*: estudos de direito civil-constitucional. Rio de Janeiro: Renovar, 2010. p. 184.

a quem se reputa inclusive a introdução de tal conceito no âmbito jurídico. Maria Celina Bodin de Moraes leciona que a "concepção kantiana de liberdade é, portanto, baseada na ausência de coerção e serviu de fundamento para os ordenamentos da família romano-germânica".[459] Tal concepção finita de liberdade predominou, eis que a liberdade "pressupõe, como seu elemento central, a possibilidade de uma escolha".[460] Dito de outro modo, a vontade humana e, por conseguinte, as escolhas individuais são condicionadas e restringidas por diversos fatores, tais como, o cultural, social, econômico, (neuro) genético, entre outros. Em suma, o "homem, livre por natureza, está condicionado pelo mundo".[461] Não há liberdade quando não se tem o que escolher ou quando as escolhas são extremamente escassas, afastando o livre agir das pessoas. É de se registrar que os caminhos eleitos do projeto de vida são sempre contextuais e dependem das contingências emaranhadas no percurso individual, o que pode levar a ilusão da crença desmedida no livre-arbítrio.[462]

A liberdade enquanto constitutiva da natureza humana exige o reconhecimento do valor intrínseco das escolhas pessoais na formação de agentes plenamente morais.[463] Assim, os indivíduos como agentes morais que são devem escolher por si próprios àquilo que confere sentido às suas vidas. Segundo John Stuart Mill, a possibilidade de vivenciar "diferentes experiências de maneiras de vida" é uma condição essencial para a constituição do bem-estar humano, afirmando sua

---

[459] BODIN DE MORAIS, Maria Celina. Uma aplicação do princípio da liberdade. *In*: *Na medida da pessoa humana*: estudos de direito civil-constitucional. Rio de Janeiro: Renovar, 2010. p. 185.

[460] BODIN DE MORAIS, Maria Celina. Uma aplicação do princípio da liberdade. *In*: *Na medida da pessoa humana*: estudos de direito civil-constitucional. Rio de Janeiro: Renovar, 2010. p. 185.

[461] BODIN DE MORAIS, Maria Celina. Uma aplicação do princípio da liberdade. *In*: *Na medida da pessoa humana*: estudos de direito civil-constitucional. Rio de Janeiro: Renovar, 2010. p. 185.

[462] Recentes pesquisas no campo da neurociência indicam que as escolhas humanas são decisões automáticas tomadas pelos cérebros e não escolhas conscientes e racionais. (YARAK, Aretha. O livre-arbítrio não existe, dizem neurocientistas. *Veja*, 6 mai. 2016. Disponível em: https://veja.abril.com.br/ciencia/o-livre-arbitrio-nao-existe-dizem-neurocientistas/. Acesso em 9 dez. 2017).

[463] Segundo a ética kantiana, o indivíduo é compreendido como sujeito moral, que é aquele que faz suas livres escolhas, com base em princípios morais livremente escolhidos. (SCHRAMM, Fermin Roland. A Autonomia Difícil. *In*: *Bioética*, Brasília: Conselho Federal de Medicina, v. 6, n. 1, 1998. p. 32). Deve-se a Kant a invenção da concepção da moralidade como autonomia, isto é, apresentou a autonomia da vontade como o princípio supremo da moralidade. (SCHNEEWIND, J. B. *A invenção da autonomia*. São Leopoldo: Editora da UNISINOS, 2005. p. 29).

individualidade e visando sua felicidade e progressos individual e social.[464] Mesmo escolhas tidas como erradas ou repugnantes aos olhos da maioria são, na verdade, cruciais na afirmação da autonomia pessoal uma vez que apenas por tentativa e erro agentes morais podem encontrar os valores que realmente constituem suas concepções de boa vida. Desse modo, o respeito pela liberdade individual é condição necessária para que as pessoas humanas possam realizar e promover abertamente seus valores e suas crenças sem medo de serem coagidas.

Segundo Joseph Raz, não basta uma visão negativa da liberdade, fundada somente numa ideia de não intervenção no âmbito de escolha do indivíduo. Por isso, sua doutrina da liberdade se baseia na promoção e proteção da "liberdade positiva", compreendida como capacidade para a autonomia e no dever do Estado de impedir a negação da liberdade e também de promover a autonomia das pessoas através da criação de condições necessárias para tanto, bem como a restrição à autonomia das pessoas somente se justifica para proteger ou promover a autonomia das próprias pessoas ou de outras.[465] Desse modo, afirma que "o ideal da autonomia pessoal se constitui na visão das pessoas controlando, até certo ponto, seus próprios destinos", ou seja, autônoma é a pessoa que é "em parte autora de sua vida".[466]

---

464 De acordo com John Stuart Mill: "As it is useful that while mankind are imperfect there should be different opinions, so it is that there should be different experiments of living; that free scope should be given to varieties of character, short of injury to others; and that the worth of different modes of life should be proved practically, when any one thinks fit to try them. It is desirable, in short, that in things which do not primarily concern others, individuality should assert itself. Where, not the person's own character, but the traditions or customs of other people are the rule of conduct, there is wanting one of the principal ingredients of human happiness, and quite the chief ingredient of individual and social progress". Em tradução nossa: "Assim como é útil, enquanto a humanidade seja imperfeita, que haja diferentes opiniões, assim como também o é que haja diferentes experiências de maneiras de vida, que se deem largas livremente, salvo a injúria a outrem, às variedades de caráter, e que o mérito dos diversos modos de vida seja praticamente provado quando alguém se julga em condições de experimentá-los. É desejável, em suma, que nas coisas que não diga respeito primariamente aos outros, a individualidade se possa afirmar. Onde a norma de conduta não é o próprio caráter, mas as tradições e costumes alheios, falta um dos principais ingredientes da felicidade humana e, de modo completo, o principal ingrediente do progresso individual e social". (MILL, John Stuart. *On liberty*. Kitchener, Ontario: Batoche Books, 2001. p. 53).

465 Diz Joseph Raz que "[...] a doutrina da liberdade baseada na autonomia apoia-se fundamentalmente na importância da autonomia e do pluralismo de valor. Autonomia significa que uma boa vida é uma vida de livre criação. Pluralismo de valor significa que haverá uma multiplicidade de opções de valor para se escolher, e condições favoráveis de escolha. O resultado da doutrina da liberdade fornece e protege tais opções e condições". (RAZ, Joseph. *A moralidade da liberdade*. (Trad. Carlos Henrique de Oliveira Blecher e Leandro Mafei Rabelo Queiroz). São Paulo: Elsevier Editora, 2011. p. 412).

466 RAZ, Joseph. *A moralidade da liberdade*. (Trad. Carlos Henrique de Oliveira Blecher e Leandro Mafei Rabelo Queiroz). São Paulo: Elsevier Editora, 2011. p. 347.

Conforme se depreende, a liberdade é princípio fundamental para a realização da dignidade das pessoas humanas, na medida em que permite a construção da trajetória da vida de acordo com o projeto de desenvolvimento pessoal, sempre na perspectiva relacional e no contexto de construção intersubjetiva da identidade.[467] Não basta, no entanto, uma liberdade negativa, encarada somente no sentido de ausência de interferências externas, mas com o reconhecimento das vulnerabilidades específicas de determinados grupos minoritários e enfraquecidos socialmente, é imperioso para se atingir a igualdade substancial e a justiça social a promoção da autonomia dessas pessoas, de modo a permitir que tais atores atuem em paridade de forças no cenário da vida de relações. A liberdade positiva, portanto, é um dever do Estado e da sociedade de preservar e permitir que os excluídos possam também autogovernar a própria existência, mesmo que as escolhas eleitas não sejam compatíveis com o ideal de vida boa compartilhado pela maioria.

Se o aspecto social foi durante muito tempo a chave limitadora da liberdade, no entendimento corrente de que a vida em sociedade depende que todos restrinjam sua liberdade em prol do bem comum, em giro inverso, é também verdade que a solidariedade social, atualmente, impõe que a liberdade dos excluídos seja promovida e preservada, de modo a permitir a concretização da dignidade humana, que depende da autonomia para o governo da sua própria vida.[468]

Na era do direito civil liberal, a liberdade se transformou em autonomia da vontade para a celebração dos negócios jurídicos

---

[467] Ana Carolina Brochado Teixeira leciona que os "espaços de intersubjetividade, por isso, baseiam-se na perspectiva relacional, tendo em vista que a pessoa constrói, no decorrer da vida, sua identidade e personalidade, sendo produto deste feixe de relações com os outros. Enfim, ela vai se edificando em um processo de autoconhecimento e de interação social. É a partir do relacionamento com o outro que ela se molda e, verdadeiramente, constitui-se em todas as suas dimensões. Por conseguinte, edifica, também, a sua dignidade de forma genuína, pois, embora esta seja concebida de forma singular, visto que compõe a humanidade de cada ser, ela só se forma plenamente através do olhar do outro. Por isso, afirmamos que o homem também é visto como um "ser processual", ou seja, muda a partir das experiências que vivencia, construindo a si mesmo constantemente, informado pela relação com os demais, e pelas escolhas que faz durante a vida". (TEIXEIRA, Ana Carolina Brochado. Autonomia existencial. *In*: *Revista Brasileira de Direito Civil – RBDCivil*, Belo Horizonte, v. 16, p. 75-104, abr./jun. 2018. p. 102).

[468] "Afinal, o princípio da dignidade exige que todos os indivíduos sejam igualmente respeitados em suas liberdades, para que possam, autonomamente, construir a si mesmos, a agir segundo seus próprios valores". (TEIXEIRA, Ana Carolina Brochado. Autonomia existencial. *In*: *Revista Brasileira de Direito Civil – RBDCivil*, Belo Horizonte, v. 16, p. 75-104, abr./jun. 2018. p. 103).

patrimoniais que, por sua vez, dependia da capacidade civil para a validade dos ajustes realizados. Tal cenário cristalizou a preocupação do legislador da época somente com o patrimônio do indivíduo e segregou parcela considerável de pessoas do tráfego jurídico por carimbá-las como incapazes para os atos da vida civil. A liberdade das pessoas no mundo do direito privado era enfeixada pelas lentes patrimoniais e excludentes, ou seja, uma liberdade para poucos.[469]

Nesse cenário, a noção de liberdade jurídica, segundo Maria Celina Bodin de Moraes, foi projetada em todo o sistema jurídico, mas especialmente no direito privado se consolidou sob o manto de autonomia privada, que no auge do liberalismo ingressou no imaginário jurídico com feição individualista e patrimonial, pautada na racionalidade dos indivíduos.[470] Diante disso, germinou a díade liberdade-responsabilidade, isto é, uma vez que a liberdade é assegurada a determinadas pessoas (racionais) atrai-se a responsabilidade individual das mesmas, afastando-se essa quando a liberdade pessoal não existe, como em casos de patologia e imaturidade.[471]

Diante desse contexto, tais conceitos foram especialmente influenciados pela moral kantiana, baseada na chamada autonomia da vontade, que, a seu turno, conduz à clássica fórmula que funda a concepção de que o homem deve sempre ser concebido como um fim em si mesmo, impedindo-o de ser considerado como um meio para atingir

---

469 "Isso porque a produção jurídica dos séculos XVIII e XIX erigiu a patrimonialidade como valor em si, assegurando à autonomia privada patrimonial o lugar de princípio fundamental em um sistema no qual a personalidade era tomada apenas como atributo do indivíduo patrimonial. Fundada no ideal liberal burguês, a concepção tradicional de autonomia privada funcionava como instituto capaz de garantir juridicamente um sistema econômico de circulação de bens e acumulação de riquezas a salvo das ingerências estatais. [...] Tratava-se, pois, de uma liberdade ligada não à ideia de pessoa concretamente identificada, mas tão somente à construção abstrata capaz de definir a todos como sujeitos de direito e, por conseguinte, formalmente livres e igualmente possuidores de direitos e deveres. Esse quadro jurídico desprezou a pessoa em sua essência, assegurando somente a dimensão externa, os atributos necessários para o exercício de um papel social previamente definido. Assim, a personalidade jurídica buscava qualificar o sujeito de acordo com as categorias jurídicas que legitimavam a capacidade e a vontade". (BODIN DE MORAES, Maria Celina; CASTRO, Thamis Dalsenter Viveiros de. A autonomia existencial nos atos de disposição do próprio corpo. *In*: *Pensar*, Fortaleza, v. 19, n. 3, p. 779-818, set./dez. 2014. p. 785-786).

470 BODIN DE MORAIS, Maria Celina. Uma aplicação do princípio da liberdade. *In*: *Na medida da pessoa humana*: estudos de direito civil-constitucional. Rio de Janeiro: Renovar, 2010. p. 189.

471 BODIN DE MORAIS, Maria Celina. Uma aplicação do princípio da liberdade. *In*: *Na medida da pessoa humana*: estudos de direito civil-constitucional. Rio de Janeiro: Renovar, 2010. p. 184.

outras finalidades. Por isso, os conceitos de autonomia e dignidade, desde Kant, estão muito próximos, eis que a dignidade da natureza humana e de toda a natureza racional, no trilho do pensamento do filósofo, tem por fundamento a autonomia.[472] Não se pode, contudo, confundir a atual configuração dos conceitos de dignidade e autonomia na contemporânea experiência jurídica nacional com o pensamento desenvolvido por Kant, ainda que este se converta em sua raiz filosófica principal.[473]

O pensamento kantiano, inserido dentro do movimento Iluminista, foi transposto para o domínio do Direito sob a concepção de uma liberdade formal, de índole individualista, voluntarista e patrimonialista, que, por sua vez, neste âmbito implicava a autonomia da vontade. Neste sentido, a liberdade, que sempre foi um valor extremamente caro às exigências humanas, teve no plano jurídico sua expressão maior, erigida e firmada durante os séculos XVIII e XIX, exteriorizada como autonomia privada no terreno do direito privado, sob influência do pensamento liberal baseado, sobretudo, no *ethos* burguês então vigente. Conforme ressalta Denis Franco Silva: "[...] a concepção de autonomia tradicionalmente aceita guarda mais do que uma relação de identidade com ideário liberal sendo, na verdade, fruto do mesmo".[474]

Cabe a ressalva que o conceito de autonomia incorporado pelo movimento voluntarista individualista que reinou como base em todo o direito privado a partir do século XIX,[475] não se confunde com a noção kantiana da ideia de autonomia com a construção jurídica do princípio da autonomia privada, embora possa se dizer que "[...]

---

[472] KANT, Immanuel. *Fundamentação da Metafísica dos Costumes e Outros Escritos*. (Trad. Leopoldo Holzbach). São Paulo: Martin Claret, 2006. p. 66. Segundo Maria Celina Bodin de Moraes, a "liberdade, nesta concepção kantiana que se consagrou no âmbito do direito, está intimamente ligada no pensamento do filósofo à ideia de dignidade, que tem papel central no ordenamento jurídico". (BODIN DE MORAIS, Maria Celina. Uma aplicação do princípio da liberdade. *In*: *Na medida da pessoa humana*: estudos de direito civil-constitucional. Rio de Janeiro: Renovar, 2010. p. 186).

[473] Em que pese tal ressalva, já se observou que a "dignidade kantiana ainda é um parâmetro para a maioria da doutrina". (MEIRELES, Rose Melo Venceslau. *Autonomia privada e dignidade humana*. Rio de Janeiro: Renovar, 2009. p. 99).

[474] SILVA, Denis Franco da. O princípio da autonomia: da invenção à reconstrução. *In*: BODIN DE MORAES, Maria Celina. *Princípios de direito civil contemporâneo*. Rio de Janeiro: Renovar, 2006. p. 136.

[475] Para uma análise histórica densa da autonomia da vontade no direito privado, v. RUZYK, Carlos Eduardo Pianovski. *Institutos fundamentais do direito civil e liberdade(s)*. Rio de Janeiro: GZ Editora, 2011. *passim*.

o conceito kantiano passou por uma nova leitura e se lhe atribuiu sentido condizente com o espírito liberal individualista exacerbado do séc. XIX".[476] Sob esta perspectiva que foi amalgamada uma noção quase absoluta, imponderável do princípio da autonomia da vontade no direito civil oitocentista, tornando-o pilar do então sistema concebido. Como o modelo erigido visava consagrar a plena liberdade individual frente ao Estado, as restrições à autonomia eram externas e excepcionais.[477] Conforme já se observou, "instalado no poder, o ideal de emancipação do sujeito, de inspiração iluminista, se converteu em uma concepção de liberdade individualista, voluntarista e patrimonialista".[478] A liberdade, expressa em âmbito privado como autonomia, se cristalizou na sua ótica negativa, entendida como o espaço de garantia de não intervenção de poderes alheios, isto é, na "ausência de vínculos, pressões ou coações externas".[479]

No entanto, o quadro de estabilidade e segurança estampado nos códigos civis oitocentistas sofreu fortes abalos com a intensificação do processo de industrialização no século XIX, aliado à crescente agitação dos movimentos sociais, culminando com a eclosão das grandes guerras mundiais. Todos esses acontecimentos, agregados a outros, tais como as crises econômicas, contribuíram para a presença cada vez mais acentuada do Estado na economia, o que, sem dúvidas, provocou

---

[476] SILVA, Denis Franco da. O princípio da autonomia: da invenção à reconstrução. *In*: BODIN DE MORAES, Maria Celina. *Princípios de direito civil contemporâneo*. Rio de Janeiro: Renovar, 2006. p. 137.

[477] "O controle da autonomia privada pelo direito não constitui uma noção recente para o civilista – conquanto muito controvertida seja sua extensão, sobretudo quando implica a incidência de normas de direito público (e o exemplo mais claro são as normas constitucionais) sobre as relações particulares, incidência ainda hoje resistida por certos setores da doutrina. Como se sabe, a autonomia privada nunca representou um princípio ilimitado: consolidou-se, nos moldes liberais, com a primeira codificação, na passagem entre os séculos XVIII e XIX, e já nasceu geminada com seu balizamento pela lei (muito embora a legalidade, em um primeiro momento, tenha sido pretendida como um limite externo e excepcional ao exercício de direitos subjetivos)". SOUZA, Eduardo Nunes de. Merecimento de tutela: a nova fronteira da legalidade no direito civil. *In*: MORAES, Carlos Eduardo Guerra de; RIBEIRO, Ricardo Lodi (Orgs.). *Direito UERJ 80*: direito civil. Rio de Janeiro: Freitas Bastos, 2015. v. 2, p. 73.

[478] TEIXEIRA, Ana Carolina Brochado; KONDER, Carlos Nelson de Paula. Autonomia e solidariedade na disposição de órgãos para depois da morte. *In*: *Revista da Faculdade de Direito da UERJ*, v. 18, 2010. Disponível em: http://www.e-publicacoes.uerj.br/index.php/rfduerj/article/viewFile/1357/1145. Acesso em 25 jul. 2017.

[479] BARBOZA, Heloisa Helena. Reflexões sobre autonomia negocial. *In*: TEPEDINO, Gustavo; FACHIN, Luiz Edson (Coords.). *O direito e o tempo*: embates jurídicos e utopias contemporâneas – estudos em homenagem ao Professor Ricardo Pereira Lira. Rio de Janeiro: Renovar, 2008. p. 409.

profundas mudanças nos sustentáculos liberais que alicerçavam o direito privado de feitio tradicional.[480] Neste trilho, a progressiva transformação do Estado Liberal em Estado Social descortinou profundas mudanças na legislação civil, sobretudo a partir da primeira guerra mundial. O intervencionismo estatal na vida econômica dos indivíduos alterou de vez a posição dos códigos no sistema de fontes do direito privado, que passa a conviver com demais leis ordinárias que regulam assuntos antes tidos exclusivamente sob sua incidência, redesenhando as fronteiras do direito civil dentro do sistema jurídico, visando manter sua unidade e sistematicidade.[481]

A principal mudança, entretanto, foi representada pela consagração do princípio da dignidade da pessoa humana na Constituição da República Federativa do Brasil de 1988, ungida a valor nuclear do ordenamento pátrio, que além de limitar o mercado guiado por meio da garantia do livre jogo das vontades, teve o mérito de fortalecer e priorizar a proteção da pessoa humana, reconhecendo a sua primazia, em todos os aspectos, no direito brasileiro, repersonalizando todas as relações jurídicas e impondo uma profunda releitura de todas as normas infraconstitucionais à luz da bússola valorativa dignitária.

Nesse percurso de constitucionalização do direito civil, a autonomia privada, assim como todos os demais institutos civilistas, tornou-se foco de intensas mudanças, estruturais e funcionais, a partir do paradigma estabelecido no ordenamento jurídico brasileiro com a promulgação da Constituição da República de 1988. A vigente orientação constitucional de proteção integral à dignidade da pessoa humana, tornando-a valor cardeal na construção unitária da ordem nacional, impôs uma (re)compreensão da autonomia erguida a partir dos princípios esculpidos na Constituição.

Diante desta nova arquitetura, em especial no âmbito do direito privado, observa Eugênio Facchini Neto que o "poder da vontade também encontra-se limitado", mas, ao contrário, das limitações anteriores

---

[480] TEPEDINO, Gustavo. Premissas metodológicas para a constitucionalização do direito civil. *In*: *Revista da Faculdade de Direito da UERJ*, Rio de Janeiro: Renovar, n. 5, p. 25, 1997. Cf., ainda, GIORGIANNI, Michele. O direito privado e as suas atuais fronteiras. *In*: *Revista dos Tribunais*, São Paulo: Revista dos Tribunais, a. 87, v. 747, jan. 1998.

[481] Segundo Claus-Wilhelm Canaris "a ideia do sistema jurídico justifica-se a partir de um dos mais elevados valores do Direito, nomeadamente do princípio da justiça e das suas concretizações no princípio da igualdade e na tendência para a generalização". (CANARIS, Claus-Wilhelm. *Pensamento sistemático e conceito de sistema na ciência do direito*. (Introdução e tradução de A. Menezes Cordeiro). Lisboa: Fundação Calouste Gulbenkian, 1989. p. 22.

fundadas em virtude de "normas imperativas em proveito de outros particulares", agora pende rumo à "concretização dos princípios constitucionais da solidariedade social e da dignidade da pessoa humana". Por conseguinte, percebe-se que "abandona-se a ética do individualismo pela ética da solidariedade; relativiza-se a tutela da autonomia da vontade e se acentua a proteção da dignidade da pessoa humana".[482]

Gustavo Tepedino leciona que "a noção de autonomia da vontade, como concebida nas codificações do Séc. XIX, dá lugar à autonomia privada, alterada substancialmente nos aspectos subjetivo, objetivo e formal".[483] A preocupação com a pessoa concretamente considerada, ao invés do sujeito abstrato e neutro, representa a modificação em sentido subjetivo da autonomia privada. Sob o aspecto objetivo, reconhece-se que as situações subjetivas existenciais são proeminentes sobre as patrimoniais por força do princípio da dignidade da pessoa humana. E, sob a ótica formal, a estrutura dos atos jurídicos, ao invés de proteger exclusivamente a segurança patrimonial, passa a "exercer papel limitador da autonomia privada em favor de interesses socialmente relevantes e das pessoas em situações de vulnerabilidade".[484]

O ápice da autonomia privada no direito civil de índole voluntarista-contratual foi sucedido pelo valor supremo da dignidade humana. Contudo, esta centralidade da dignidade humana não descura da importância da autonomia privada, sobretudo no que tange à sua projeção existencial, como uma forma legítima de respeitar e concretizar a dignidade das pessoas e permitir a construção das individualidades e afirmação das diferenças. Desse modo, a releitura da autonomia privada face à dignidade humana, não a descarta, mas tão somente a funcionaliza aos comandos constitucionais, ou melhor, à própria dignidade. Por isso, a relevância de, ao contrário de distanciar os conceitos, aproximá-los de modo a efetivar uma tutela da pessoa humana compatível com a preservação de sua autonomia, voltada ao respeito de suas escolhas de vida.

---

[482] FACCHINI NETO, Eugênio. Reflexões histórico-evolutivas sobre a constitucionalização do direito privado. *In*: SARLET, Ingo Wolfgang (Org.). *Constituição, direitos fundamentais e direito privado*. Porto Alegre: Livraria do Advogado, 2003. p. 23.

[483] TEPEDINO, Gustavo. Normas constitucionais e direito civil. *In*: *Revista da Faculdade de Direito de Campos*, Campos dos Goytacazes, RJ: FDC, a. IV, n. 4, e a. V, n. 5, 2003-2004. p. 171.

[484] TEPEDINO, Gustavo. Normas constitucionais e direito civil. *In*: *Revista da Faculdade de Direito de Campos*, Campos dos Goytacazes, RJ: FDC, a. IV, n. 4, e a. V, n. 5, 2003-2004. p. 171-172.

Na medida em que a pessoa humana assume um papel central na ordem jurídica, Heloisa Helena Barboza defende que "não parece razoável entender sua autonomia como uma *concessão* ou *atribuição* do Estado, mas sim como um reconhecimento do *poder* atribuído do sujeito privado de auto-regular-se, nos limites da lei".[485] Nessa mesma linha, Gustavo Tepedino leciona que a "autonomia privada deixa de configurar um valor em si mesma, e será merecedora de tutela somente se representar, em concreto, a realização de um valor constitucional".[486] Por isso, "não há que se admitir um espaço de liberdade que afronte as diretrizes constitucionais".[487]

Por consequência, a diversificação dos alicerces da autonomia privada é uma exigência de sua atual compreensão, carecendo, portanto, do exame de merecimento de tutela[488] a partir do texto constitucional

---

[485] BARBOZA, Heloisa Helena. Reflexões sobre autonomia negocial. *In*: TEPEDINO, Gustavo; FACHIN, Luiz Edson (Coords.). *O direito e o tempo*: embates jurídicos e utopias contemporâneas – estudos em homenagem ao Professor Ricardo Pereira Lira. Rio de Janeiro: Renovar, 2008. p. 410.

[486] TEPEDINO, Gustavo. Normas constitucionais e direito civil. *In*: *Revista da Faculdade de Direito de Campos*, Campos dos Goytacazes, RJ: FDC, a. IV, n. 4, e a. V, n. 5, 2003-2004. p. 311.

[487] BARBOZA, Heloisa Helena. Reflexões sobre autonomia negocial. *In*: TEPEDINO, Gustavo; FACHIN, Luiz Edson (Coords.). *O direito e o tempo*: embates jurídicos e utopias contemporâneas – estudos em homenagem ao Professor Ricardo Pereira Lira. Rio de Janeiro: Renovar, 2008. p. 410.

[488] Eduardo Nunes de Souza, de forma bastante didática, distingue os juízos de licitude, não abusividade e merecimento de tutela da seguinte maneira: "Os juízos de licitude e não abusividade partem da premissa de proibir condutas desconformes ao Direito. Assim, o merecimento de tutela em sentido amplo é a natural consequência da conformidade (estrutural e funcional) de certo ato ao direito (afinal, se um ato não é contrário ao ordenamento, merecerá proteção jurídica). Por vezes, porém, atos particulares que não apresentam fundamento para sua supressão podem sujeitar-se a outra espécie de valoração, baseada em seu potencial de promover valores Os juízos de licitude e não abusividade partem da premissa de proibir condutas desconformes ao Direito. Assim, o merecimento de tutela em sentido amplo é a natural consequência da conformidade (estrutural e funcional) de certo ato ao direito (afinal, se um ato não é contrário ao ordenamento, merecerá proteção jurídica). Por vezes, porém, atos particulares que não apresentam fundamento para sua supressão podem sujeitar-se a outra espécie de valoração, baseada em seu potencial de promover valores do ordenamento. Esse julgamento, o merecimento de tutela aqui proposto em sentido estrito, não classifica os atos como ilegítimos ou legítimos (ainda que, ao final, um dos atos venha a ser reprimido), mas procura identificar qual deles deve merecer tutela privilegiada em face do outro no caso concreto. A valoração, como se nota, é mais quantitativa do que qualitativa. Tal pode ser considerado o conteúdo estrito do juízo de merecimento de tutela, e corresponde ao mais recente estágio alcançado pela legalidade no direito civil – embora nada obste que a prática jurídica continue a empregar a expressão, em sentido amplo, para fazer referência a todas as formas de controle valorativo imposto à autonomia privada". (SOUZA, Eduardo Nunes de. Merecimento de tutela: a nova fronteira da legalidade no direito civil. *In*: MORAES, Carlos Eduardo Guerra de; RIBEIRO, Ricardo Lodi (Orgs.). *Direito UERJ 80*: direito civil. Rio de Janeiro: Freitas Bastos, 2015. v. 2, p. 102-103).

com fins a individuação de seus fundamentos.[489] Supera-se, dessa maneira, o equivocado discurso unitário em torno da livre iniciativa econômica como justificativa única da autonomia contratual para voltar-se a pulverização dos fundamentos da autonomia privada, mas que devem reconduzir necessariamente à concretização de um princípio constitucional.[490]

Nessa direção, deve-se também compreender que a autonomia se insere numa "perspectiva relacional entre subjetividade e intersubjetividade", sendo que sua função se volta ao "papel de guiar as relações sociais de tal modo que o reconhecimento recíproco da condição de sujeitos torne possível que a sociedade goze democraticamente de esferas autônomas de desenvolvimento pessoal".[491] A dimensão relacional da autonomia ressalta o papel da solidariedade na realocação da pessoa humana no epicentro do ordenamento jurídico, de modo a evitar uma recondução ao estatuto do indivíduo liberal-patrimonial com fins a mera segurança do tráfego negocial.

Tanto a necessidade de justificativa constitucional para o exercício merecedor de tutela da autonomia quanto à dimensão intersubjetiva caminham para a imperiosa constatação de que a autonomia privada, sobretudo, abarca as questões ligadas ao desenvolvimento pessoal, à autorrealização existencial de cada indivíduo dentro de suas singularidades e vulnerabilidades. A autonomia existencial tem por objetivo a realização de escolhas ligadas não ao patrimônio, mas aos atributos que constituem a identidade que individualiza e caracteriza cada pessoa em sua teia social, a partir das suas experiências

---

[489] Heloisa Helena Barboza já expôs que: "Melhor do que individuar 'o' fundamento constitucional da autonomia contratual é pesquisar 'os' fundamentos constitucionais da autonomia negocial, que oferecem ao intérprete as coordenadas indispensáveis para emissão dos juízos de valor que o ordenamento assegura aos atos de autonomia simples e concretos". (BARBOZA, Heloisa Helena. Reflexões sobre autonomia negocial. *In*: TEPEDINO, Gustavo; FACHIN, Luiz Edson (Coords.). *O direito e o tempo*: embates jurídicos e utopias contemporâneas – estudos em homenagem ao Professor Ricardo Pereira Lira. Rio de Janeiro: Renovar, 2008. p. 413).

[490] Pietro Perlingieri observa que: "Não é possível um discurso único sobre a autonomia negocial: a unidade axiológica, pois unitário é o ordenamento centrado no valor da pessoa, mas é justamente essa conformação do ordenamento que impõe um tratamento diversificado para atos e atividades que, de modo diferenciado, tocam os referidos valores e regulamentam situações ora existenciais, ora patrimoniais, ora umas e outras juntas". (PERLINGIERI, Pietro. *Direito civil na legalidade constitucional*. (Trad. Maria Cristina de Cicco). Rio de Janeiro: Renovar, 2008. p. 349-350).

[491] BODIN DE MORAES, Maria Celina; CASTRO, Thamis Dalsenter Viveiros de. A autonomia existencial nos atos de disposição do próprio corpo. *In*: *Pensar*, Fortaleza, v. 19, n. 3, p. 779-818, set./dez. 2014. p. 782-783.

intersubjetivas e dentro de um espaço democrático e plural, mas que encontra limites na legalidade constitucional, sobretudo em ponderação com o princípio da solidariedade social.[492] Em virtude da incidência sobre as situações subjetivas existenciais, que são "manifestações diretas da personalidade como valor", é fundamental para a garantia do seu pleno desenvolvimento, "que a pessoa possa escolher a forma

---

[492] Ana Carolina Brochado Teixeira defende que "o exercício da liberdade só é ilimitado quando alude a aspectos existenciais do próprio titular, em nada afetando a esfera jurídica 'do outro'. Quando 'entram em cena' terceiros, aspectos de solidariedade já devem ser invocados de modo a vedar o exercício amplo da liberdade; trata-se da interferência da alteridade, que tem sua justificativa na intersubjetividade. Contudo, quando as questões se referem apenas à subjetividade, deve-se entender presente apenas manifestações genuínas de liberdade. [...] Portanto, dignidade – vez que seu conceito está intimamente relacionado com a autonomia – tem como função limitar a atuação do legislador, do juiz, do médico, da família e de outras entidades intermediárias em situações existenciais, para que seja garantido tal espaço único de decisão pessoal". (TEIXEIRA, Ana Carolina Brochado. Autonomia existencial. *In*: *Revista Brasileira de Direito Civil – RBDCivil*, Belo Horizonte, v. 16, p. 75-104, abr./jun. 2018. p. 101-103). Thamis Dalsenter Viveiros de Castro examina com profundidade as restrições à autonomia existencial a partir das funções desempenhadas pela cláusula geral de bons costumes do Código Civil brasileiro à luz da Constituição Federal de 1988. Denominou sua formulação de teoria tríplice da autonomia privada existencial, que "através de uma classificação que divide os atos de autonomia em três categorias distintas a depender dos efeitos produzidos e das esferas jurídicas por eles afetadas, permite ao intérprete do direito verificar a necessidade e a legitimidade de intervenções restritivas feitas pela lei ou aplicadas pelo julgador sobre o exercício da autonomia no caso concreto. Em decorrência da aplicação dessa teoria, os atos de autonomia serão classificados em: (I) atos de eficácia pessoal; (II) atos de eficácia interpessoal; e (III) atos de eficácia social. Os atos de autonomia de eficácia pessoal são aqueles decorrentes do exercício de situação subjetiva cuja realização de interesses existenciais implica consequências relevantes unicamente para a esfera jurídica do seu titular. Trata-se de situação que não produz efeitos jurídicos diretos e imediatos que acarretem lesão ou ameaça de lesão a esferas jurídicas de terceiros, não admitindo a incidência de elementos limitadores da autonomia. [...] Os atos de autonomia de eficácia interpessoal são consequência do exercício de situação subjetiva que gera repercussão em esferas jurídicas distintas do titular da situação, alcançando pessoas que não praticaram o ato de autonomia. Essas pessoas precisam ser individualmente identificadas e devem comprovar a situação de serem afetadas pelos efeitos diretos e imediatos do ato de autonomia que causaram lesão ou que apresentam risco real de lesão a seus direitos. [...] Nos atos de autonomia de eficácia social a realização de interesses existenciais decorre do exercício de situação subjetiva que apresenta efeitos jurídicos diretos e imediatos que geram ou podem gerar lesão a direitos de um número indeterminado de pessoas. Trata-se de consequências que oferecem risco real de ofensa a direitos de pessoas não necessariamente identificadas ou que causam efetivamente dano a essas pessoas. [...] Através das três funções que a cláusula geral de bons costumes assume na legalidade constitucional e de sua incidência determinada pela produção de efeitos do ato de autonomia existencial, sua aplicação promove o desejado equilíbrio entre os princípios constitucionais da liberdade e da solidariedade, ampliando a tutela da autonomia e da dignidade da pessoa humana nas relações jurídicas de direito privado, como se buscou demonstrar". (CASTRO, Thamis Dalsenter Viveiros de. A função da cláusula de bons costumes no Direito Civil e a teoria tríplice da autonomia privada existencial. *In*: *Revista Brasileira de Direito Civil – RBDCivil*, Belo Horizonte, v. 14, p. 99-125, out./dez. 2017).

de vida que mais lhe realize, bem como concretize o seu projeto de vida individual".[493] Maria Celina Bodin de Moraes leciona que:

> Na legalidade constitucional, a noção de autonomia privada sofre uma profunda e marcante transformação conforme a sua incidência ocorra no âmbito de uma relação patrimonial ou de uma relação pessoal, não-patrimonial. Assim é justamente porque o legislador democrático, também no Brasil, tem perfeita noção de que a vida, para ser digna (CF, ar. 1º, III), precisa, intrinsecamente, da mais ampla liberdade possível no que toca às relações não patrimoniais.

O incremento da autonomia privada no terreno das situações subjetivas de caráter existencial reforça a ideia de desvinculação desta com os negócios jurídicos.[494] O entendimento no sentido que "a liberdade privada pode ter diversos graus de concretude e se expressar como ato de escolha, sem que importe em realização de negócios jurídicos"[495] é crucial para a independência da denominada autonomia existencial, que cada vez mais se traduz em autodeterminação dos sujeitos privados que, em essência, se expressa como poder de escolha das pessoas humanas no que tange ao "núcleo duro da existência".[496]

No intento de densificar e concretizar a diretriz máxima do sistema normativo-constitucional pátrio reclama-se pela ampliação dos meios de exteriorização da vontade real e consciente na deliberação sobre seu próprio projeto existencial, deixando ao alvedrio das pessoas, desde que não atentatório ao dever de solidariedade social e, excepcionalmente, ao conteúdo heterônomo da dignidade humana, às escolhas existenciais manifestadas por intermédio do direito à autodeterminação pessoal. A concretização da dignidade depende da possibilidade de escolha da pessoa humana sobre os aspectos mais íntimos da sua vida e direcionados à construção da sua individualidade

---

[493] TEIXEIRA, Ana Carolina Brochado; KONDER, Carlos Nelson de Paula. Autonomia e solidariedade na disposição de órgãos para depois da morte. *In*: *Revista da Faculdade de Direito da UERJ*, v. 18, 2010. Disponível em: http://www.e-publicacoes.uerj.br/index.php/rfduerj/article/viewFile/1357/1145. Acesso em 25 jul. 2017.

[494] Sobre a profunda correspondência entre os negócios jurídicos e a autonomia privada escreveu Orlando Gomes: "Sempre, pois, que pratica alguém um ato que serve à sua autonomia privada está a realizar um negócio jurídico". (GOMES, Orlando. *Transformações gerais dos direitos das obrigações*. São Paulo: Revista dos Tribunais, 1967. p. 81).

[495] MEIRELES, Rose Melo Vencelau. *Autonomia privada e dignidade humana*. Rio de Janeiro: Renovar, 2009. p. 92.

[496] No original: "nucleo duro dell'asistenza". (RODOTÀ, Stefano. *Perché laico*. 2. ed. Bari: Laterza, 2010. p. 191).

dentro do contexto social no qual se encontra inserida, devendo, portanto, ser assegurado um "espaço vazio"[497] para que o indivíduo possa edificar sua existência de forma digna.[498]

O exercício da autonomia privada, contudo, apesar de não se confundir com a capacidade civil, a ela se vincula, na medida em que a sujeição do indivíduo ao regime da incapacidade, na forma da lei, restringe à atuação do ser na vida de relações, tolhendo-o da prática de diversos atos civis. A capacidade se relaciona com a autonomia, eis que aquela permite o exercício desta, sem eclipsar as vontades, as preferências e os desejos das pessoas.

A rigor, a autonomia privada sempre esteve entrelaçada com a capacidade civil. Não raras vezes, determinados indivíduos não possuem certos requisitos materiais para se autodeterminar no mundo civil. Embora a ordem jurídica não negue a capacidade de gozo ou de aquisição, restringe-lhes a plena autodeterminação, interdizendo o exercício dos direitos, de modo pessoal e direto, condicionando à intervenção de outra pessoa, a quem incumbe a representação ou assistência, o que importa na incapacidade de exercício dessas pessoas.[499] Da mesma forma que a autonomia privada se construiu em

---

[497] BODIN DE MORAIS, Maria Celina. Uma aplicação do princípio da liberdade. *In*: *Na medida da pessoa humana*: estudos de direito civil-constitucional. Rio de Janeiro: Renovar, 2010. p. 190-191.

[498] A garantia de um espaço em prol do respeito às decisões individuais no campo das escolhas existenciais, em que se reconhece a autodeterminação pessoal na construção de uma existência digna, é referida por Stefano Rodotà como um domínio de "impossibilidade de decidir", isto é, "nenhuma vontade externa, mesmo aquela expressa em uníssono por todos os cidadãos ou por um Parlamento Unânime, pode tomar o lugar da vontade do interessado. [...] Se a dimensão da laicidade e da autodeterminação se caracteriza cada vez mais claramente como a salvaguarda da pessoa contra a invasão de qualquer poder, destas novas perspectivas, e dos novos poderes que elas manifestam, não podemos ficar indiferentes. Retorna-se, assim, às palavras iniciais, sem a pretensão de fechar um círculo, mas sublinhando com mais convicção que àquele princípio e àquele direito seja confiada a plenitude da pessoa. Não direi que a laicidade seja o mais humano dos princípios, mas é a ela que é confiada nossa problemática humanidade". (RODOTÀ, Stefano. Autodeterminação e laicidade. (Trad. Carlos Nelson de Paula Konder). *In*: *Revista Brasileira de Direito Civil – RBDCivil*, Belo Horizonte, v. 17, p. 139-152, jul./set. 2018. p. 141, 152). A rigor, não se deve confundir este espaço de liberdade das pessoas com espaços de existência de não direito, na medida em que autonomia privada somente será merecedora de tutela por parte do ordenamento se – e somente se – concretizar os princípios albergados na Constituição. A respeito dos supostos espaços de não direito em face do princípio da liberdade em perspectiva do direito brasileiro, recomenda-se: NAMUR, Samir. A inexistência de espaços de não direito e o princípio da liberdade. *In*: *Revista Trimestral de Direito Civil*, v. 42, p. 131-140, 2010; BANDEIRA, Paula Greco. Espaços de não direito e as liberdades privadas. *In*: *Revista Trimestral de Direito Civil*, v. 52, p. 121-136, 2012.

[499] PEREIRA, Caio Mário da Silva. *Instituições de Direito Civil*. 21. ed. Rio de Janeiro: Forense, 2005. v. I, p. 264-265.

bases liberais e patrimoniais, a capacidade civil também foi forjada sob a mesma acepção. Por isso, a preocupação do legislador com um sistema que definisse de modo estanque as hipóteses de incapacidade para assegurar segurança jurídica nas relações patrimoniais, elegendo uma pessoa interposta para exercer as relações de ordem patrimonial no lugar da pessoa incapaz.

Tal compreensão, contudo, não respeitava o valor da dignidade em sua vertente de autonomia, que, por sua vez, envolve o poder de realizar escolhas sobre a vida no âmbito existencial, assumindo a responsabilidade pelas decisões tomadas.[500] Com efeito, as "decisões sobre a própria vida de uma pessoa, escolhas existenciais sobre religião, casamento, ocupações e outras opções personalíssimas que não violem direitos de terceiros não podem ser subtraídas do indivíduo, sob pena de se violar sua dignidade".[501]

Maria Celina Bodin de Moraes observa que o exercício direto da liberdade, isto é, "gozar em primeira pessoa da liberdade que o ordenamento lhe concede", depende de alguns requisitos estabelecidos pelo Código Civil, sob pena de ser considerado incapacitado para os atos da vida civil.[502] Com efeito, um desses requisitos, que demarcava a linha divisória entre pessoas capazes e incapazes, com base na Lei Civil até a vigência do EPD, era a noção de discernimento. O discernimento "provém de uma característica da condição humana, se não a mais importante, a que melhor define a nossa espécie: a racionalidade". Por isso, como seres racionais somos "'capazes' de raciocinar, refletir, decidir, enfim, de fazer nossas próprias escolhas". Por conseguinte, afirmava-se: "Quando temos discernimento, temos autonomia para

[500] "Não se trata, portanto, da liberdade no sentido liberal, mas de uma autonomia condicionada à responsabilidade e, por isso, dependente das condições materiais, vulnerabilidade individual, informação que cada pessoa tem sobre a situação existencial em jogo que demanda sua decisão. Assim, o diálogo deve ser estabelecido entre dignidade, autonomia e responsabilidade. É nessa trilogia que será possível uma efetiva possibilidade de cada pessoa construir, de forma livre, a própria personalidade, desenvolvê-la em todas as suas potencialidades, pois na base de toda e qualquer relação humana deve estar sempre presente o respeito à dignidade". (TEIXEIRA, Ana Carolina Brochado. Autonomia existencial. *In*: *Revista Brasileira de Direito Civil – RBDCivil*, Belo Horizonte, v. 16, p. 75-104, abr./jun. 2018. p. 81).

[501] BARROSO, Luis Roberto; MARTEL, Letícia de Campos Velho. A morte como ela é: dignidade e autonomia individual no fim da vida. *In*: PEREIRA, Tânia da Silva; MENEZES, Rachel Aisengart; BARBOZA, Heloisa Helena (Coord.). *Vida, morte e dignidade humana*. Rio de Janeiro: GZ, 2010. p. 191-192.

[502] BODIN DE MORAIS, Maria Celina. Uma aplicação do princípio da liberdade. *In*: *Na medida da pessoa humana*: estudos de direito civil-constitucional. Rio de Janeiro: Renovar, 2010. p. 191.

decidir o que queremos".[503] Nessa linha de entendimento, somente com discernimento, a pessoa teria autonomia para livremente tomar as decisões relacionadas à vida civil e, por conseguinte, se responsabilizar por elas.

No entanto, o discernimento é gradativamente adquirido pela pessoa em desenvolvimento (como os adolescentes) ou readquirido (como as pessoas com deficiência intelectual com tratamento adequado). Por conseguinte, a perda ou redução do discernimento nem sempre é irreversível, e em muitos casos se revela como um processo, principalmente em doenças neurodegenerativas. Desse modo, o discernimento, nesse viés, nem sempre era um dado acabado, mas, em muitos casos, um processo.

É preciso atentar que a autodeterminação, especialmente nas questões afetas à própria existência, decorre da dignidade da pessoa humana e não da capacidade civil. Por isso, a necessidade de se apartar os conceitos de capacidade civil e autonomia privada, sob pena de ao se admitir a restrição da capacidade se violar a própria dignidade. É possível restringir a capacidade a partir de categorias previamente definidas pelo legislador, mas não a autonomia, que depende de uma avaliação concreta à luz do caso concreto.

Dessa maneira, o discernimento para o exercício da autonomia, sobretudo no campo existencial, deve ser aferido de acordo com as circunstâncias concretas de cada indivíduo, levando em conta sua maturidade e grau de compreensão a respeito do ato existencial que deseja, com base em sua autodeterminação, exercer,[504] mas sempre e somente nas situações em que isto se for necessário para a proteção da pessoa em sua dignidade.

Nestes termos, a dissociação entre autonomia e capacidade é relevante para assegurar as vontades e as preferências da pessoa considerada legalmente incapaz, mas que apresenta competência para determinados atos íntimos e personalíssimos, como disposição do próprio corpo, autolimitação da privacidade, uso da imagem, criação

---

[503] BODIN DE MORAIS, Maria Celina. Uma aplicação do princípio da liberdade. *In*: *Na medida da pessoa humana*: estudos de direito civil-constitucional. Rio de Janeiro: Renovar, 2010. p. 192.

[504] Ana Carolina Brochado Teixeira defende que o "discernimento de uma criança ou adolescente está diretamente atrelado à minuciosa análise da sua personalidade, do seu caráter, da sua cultura e do seu comportamento, ou seja, ele só é auferível no caso concreto. Não se pode estabelecer uma regra ou um critério geral para seu alcance". (TEIXEIRA, Ana Carolina Brochado. *Família, guarda e autoridade parental*. Rio de Janeiro: Renovar, 2005. p. 214).

de vínculos familiares, bem como atos patrimoniais que não importem em efetivo prejuízo ao patrimônio do incapaz, mas necessários para sua independência na vivência cotidiana, como compra de alimentos e equipamentos para sua casa ou serviços. Por isso, embora inegavelmente ligadas, a autonomia privada não se esgota no rígido esquema da capacidade civil, que depende de um critério geral e estanque, sobretudo, com o objetivo de manter a segurança jurídica no tráfego negocial. Heloisa Helena Barboza leciona que "não há como negar aos que têm a sua capacidade civil restringida, evidentemente nos limites do razoável, o poder de decisão com relação a determinados atos do cotidiano e mesmo da vida civil".[505] Por "limites do razoável" deve-se entender no limite da atuação que não comprometa sua proteção, vale dizer, nos limites do necessário para preservação de sua integridade psicofísica em condições de dignidade.

O regime da incapacidade civil no direito brasileiro sempre foi estanque e absoluto, visando particularizar determinados sujeitos desautorizados ou inabilitados à prática de, pelo menos, certos atos da vida civil. Na medida em que a autonomia privada de índole liberal se esgotava na iniciativa econômica e na liberdade contratual, ela dependia da capacidade civil plena para seu exercício, uma vez que os negócios jurídicos carecem de agentes capazes para sua validade. No entanto, com a expansão do controle jurídico da autonomia sobre situações extrapatrimoniais da vida, constatou-se que esta não se atrelava, intrinsecamente, com o regime da capacidade forjado para relações de ordem patrimonial.

A Lei nº 8.069/90 (Estatuto da Criança e do Adolescente)[506] reconhece, por exemplo, a autonomia da criança e do adolescente, apesar de serem pessoas em desenvolvimento (art. 6º), como decorrência do direito à liberdade[507] e ao respeito que lhes é assegurado.[508] Uma autonomia

---

[505] BARBOZA, Heloisa Helena. Reflexões sobre a autonomia negocial. *In*: TEPEDINO, Gustavo; FACHIN, Luiz Edson (Orgs.). *O Direito e o Tempo*: embates jurídicos e utopias contemporâneas – estudos em homenagem ao Professor Ricardo Pereira Lira. Rio de Janeiro: Renovar, p. 2008. p. 417.

[506] No presente trabalho adota-se simplesmente a sigla "ECA".

[507] Segundo Ana Carolina Brochado Teixeira, "a criança e o adolescente não são apenas titulares do direito fundamental à liberdade do art. 5º da Constituição de 1988, que atinge a toda e qualquer pessoa, mas também, das disposições especiais dirigidas diretamente a eles, tanto da própria Constituição quando do ECA, exatamente em função da sua condição peculiar de pessoa em desenvolvimento". (TEIXEIRA, Ana Carolina Brochado. *Família, guarda e autoridade parental*. Rio de Janeiro: Renovar, 2005. p. 206).

[508] "Art. 17. O direito ao respeito consiste na inviolabilidade da integridade física, psíquica e moral da criança e do adolescente, abrangendo a preservação da imagem, da identidade, da autonomia, dos valores, ideias e crenças, dos espaços e objetos pessoais".

que se revela progressiva, na medida em que o desenvolvimento e as habilidades são gradualmente conquistados pelos menores. O direito à liberdade, especificamente garantido aos infantes nos arts. 15 e 16 do ECA, reforça a autonomia da população infanto-juvenil. Além disso, uma interpretação do art. 142, parágrafo único, à luz do princípio constitucional do melhor interesse da criança e do adolescente impõe que o poder familiar[509] deve ser exercido em respeito à intrínseca autonomia individual dos menores,[510] que na qualidade de pessoas humanas em desenvolvimento gozam de absoluta prioridade na promoção de seus direitos fundamentais, conforme determina o constituinte no art. 227 da Lei Maior.[511] Visa-se promover a tutela da criança e do adolescente em perspectiva emancipatória, com fins a formação da sua personalidade

[509] A doutrina contemporânea, a nosso ver, de forma correta, tem adotado o termo "autoridade parental" em detrimento ao "poder familiar", embora a legislação nacional ainda utilize esta já em feliz substituição ao antigo "pátrio poder". Gustavo Tepedino observa que a "utilização dogmática de uma estrutura caracterizada pelo binômio do direito-dever, típica de situações patrimoniais, apresenta-se como incompatível com a função promocional do poder conferido aos pais. [...] Daqui resulta a crítica justamente oposta por parte da doutrina mais atenta à utilização da expressão *poder* inserida na dicção do Código Civil de 2002, tanto na noção de *pátrio poder* como na de *poder familiar*, adotando-se, ao revés a perspectiva da autoridade parental como 'múnus, significado que transcende o interesse pessoal', numa visão dinâmica e dialética de seu exercício, de modo que 'filhos não são (nem poderiam ser) objeto da autoridade parental', alvitrando-se ao contrário 'uma dupla realização de interesses do filho e dos pais". (TEPEDINO, Gustavo. A disciplina da guarda e a autoridade parental na ordem civil-constitucional. *In*: *Temas de Direito Civil*. Rio de Janeiro: Renovar, 2006. t. II, p. 182-183 (destaque no original).

[510] A melhor doutrina tem construído o conteúdo normativo da autoridade parental à luz do princípio do melhor interesse: "A família democrática impõe uma relação coordenada entre pais e filhos, a assimetria existente entre ambos os polos seja mediada pelo perfil funcional que tem o poder familiar de promoção da pessoa do vulnerável. Cabe à autoridade parental acompanhar o menor no paulatino processo de construção da personalidade, reconhecendo-lhes as possibilidades de protagonizar sua própria história. Como indivíduos em formação, sua personalidade ainda está em desenvolvimento e seu direito geral de liberdade não é pleno. Gozam de uma liberdade assistida, eventualmente vigiada, que vai se expandindo na proporção do seu amadurecimento. A permissão exagerada, embora seja apreciada pela população infanto-juvenil, não representará, frequentemente, a solução mais adequada. Por vezes, é a limitação saudável e motivada que promoverá o melhor interesse do adolescente ou da criança". (MENEZES, Joyceane Bezerra de; BODIN DE MORAES, Maria Celina. Autoridade parental e privacidade do filho menor: o desafio de cuidar para emancipar. *In*: *Revista Novos Estudos Jurídicos*, v. 20, mai./ago. 2015. p. 527-528).

[511] Ana Carolina Brochado Teixeira sentencia: "As relações parentais giram em torno dos filhos, orientando-os para uma relação para uma formação com autonomia, não obstante a imposição de limites. Diante disso, a verdadeira finalidade do instituo é a promoção do autogoverno progressivo dos filhos, proporcionalmente à possibilidade deles assumirem responsabilidades na condução da própria vida, de acordo com seu discernimento". (TEIXEIRA, Ana Carolina Brochado. *Família, guarda e autoridade parental*. Rio de Janeiro: Renovar, 2005. p. 218).

e a sua futura independência, funcionalizando a autoridade parental ao melhor interesse de seus filhos.

Daí se depreende que determinados indivíduos, apesar de incapazes legalmente, tem autonomia garantida por lei para determinados atos.[512] Rafael Garcia Rodrigues defende, nesse sentido, que "é inadmissível que o menor, o deficiente mental, o enfermo, tenham desprezadas suas manifestações de vontade acerca de questões que tocam ao seu desenvolvimento humano".[513] Tal fenômeno de dissociação entre capacidade e autonomia, bem como o enaltecimento desta, notadamente para fins existenciais, não se restringe somente ao caso de crianças e adolescentes, mas também de pessoas submetidas à curatela, especialmente pessoas com deficiência intelectual. A CDPD e seu protocolo facultativo impõe que se conquiste e conserve "o máximo de autonomia e plena capacidade física, mental, social e profissional, bem como plena inclusão e participação em todos os aspectos da vida" (art. 26.1).

Com efeito, as causas da incapacidade transparecem em sujeitos vulnerados, seja em razão da idade, da deficiência intelectual ou do consumo demasiado e inveterado de álcool ou outras drogas consideradas ilícitas. Por isso, com maior vigor, a ordem constitucional brasileira, impõe, com base na dignidade e na solidariedade, a preservação da autonomia dos sujeitos vulneráveis passíveis de enquadramento nas hipóteses de incapacidade.

A rigor, embora a autonomia se revelasse desapegada, sobretudo em questões existenciais, da capacidade civil, o ordenamento brasileiro se preocupou de forma bastante paternalista com as pessoas consideradas incapazes, o que, por si só, já se revelava como forte limitador da autonomia. No campo da autonomia corporal, mais especificamente da disposição em vida de órgãos, tecidos e partes do corpo humano, por exemplo, a Lei nº 9.434, de 04 de fevereiro de 1997, limita o indivíduo juridicamente incapaz, que somente poderá doar nos casos de transplante de medula óssea desde que haja o consentimento de ambos

---

512 Vide ainda a necessidade de consentimento do adolescente para adoção, nos termos do §2º do art. 45 do ECA.

513 "Apesar de o sistema propugnar que o melhor interesse de tais indivíduos seria preservado delegando o poder de escolha a um representante, tal medida implicaria em violação do princípio constitucional da dignidade da pessoa humana (artigo 1º, III da Constituição Federal), de sua liberdade e intimidade". (RODRIGUES, Rafael Garcia. A pessoa e o ser humano no novo Código Civil. *In*: TEPEDINO, Gustavo (Coord.). *O Código Civil na perspectiva civil-constitucional*: parte geral. Rio de Janeiro: Renovar, 2013. p. 13-14).

os pais ou seus responsáveis legais (art. 9º, §6º),[514] independentemente da análise de sua autonomia no caso concreto se revelar como madura o suficiente para a decisão de doar mesmo contrariamente a vontade de seus pais. No caso de autotransplante, se o indivíduo for juridicamente incapaz também é necessário o consentimento de um de seus pais ou responsáveis legais (art. 9º, §8º).[515] A Lei ainda exige que na hipótese de receptor juridicamente incapaz ou com comprometimento de manifestação válida de vontade o consentimento seja dado por um de seus pais ou responsáveis legais (art. 10, §1º).[516] Disso resulta a crítica no sentido de permanência da vinculação entre capacidade e autonomia, embora – permita-se a insistência – sejam institutos distintos entre si, que a legislação brasileira continua a manter atrelados, ainda que contrariamente ao projeto constitucional ancorado na dignidade humana.[517]

Diante desse cenário, patente a necessidade de ressignificação do sujeito de direito, afastando-se de sua versão abstrata e formal para considerar a pessoa humana concreta e inserida no contexto social, sempre em determinada relação jurídica. Como observou Heloisa Helena Barboza, "os até então silenciosos passaram a ter reconhecido seu direito de manifestação, expressando autonomia condizente com seu desenvolvimento",[518] o que, apesar de não autorizar, por si só, a concessão da capacidade civil plena, não pode ser desprezado em nome do princípio da dignidade da pessoa humana. Nessa esteira, a autora reconhece que "em todas as situações envolvendo pessoas vulneráveis, capazes ou incapazes juridicamente, não obstante a legislação já editada para a sua proteção, é o desconhecimento, quando não o

---

[514] "Art. 9º. [...] §6º O indivíduo juridicamente incapaz, com compatibilidade imunológica comprovada, poderá fazer doação nos casos de transplante de medula óssea, desde que haja consentimento de ambos os pais ou seus responsáveis legais e autorização judicial e o ato não oferecer risco para a sua saúde".

[515] "Art. 9º. [...] §8º O auto-transplante depende apenas do consentimento do próprio indivíduo, registrado em seu prontuário médico ou, se ele for juridicamente incapaz, de um de seus pais ou responsáveis legais".

[516] "Art. 10. [...] 1º Nos casos em que o receptor seja juridicamente incapaz ou cujas condições de saúde impeçam ou comprometam a manifestação válida da sua vontade, o consentimento de que trata este artigo será dado por um de seus pais ou responsáveis legais. (Incluído pela Lei nº 10.211, de 23.3.2001)".

[517] Cabe destacar que os mencionados dispositivos da lei de transplante não foram alterados ou revogados pelo EPD.

[518] BARBOZA, Heloisa Helena. Reflexões sobre a autonomia negocial. *In*: TEPEDINO, Gustavo; FACHIN, Luiz Edson (Orgs.). *O Direito e o Tempo*: embates jurídicos e utopias contemporâneas – estudos em homenagem ao Professor Ricardo Pereira Lira. Rio de Janeiro: Renovar, p. 2008. p. 422.

comprometimento de sua autonomia que, mesmo reduzida por força do estado de vulneração em que se encontram, não deve ser preterida em determinadas situações. Na verdade, deve ser protegida, quando não encorajada".[519]

Desse modo, capacidade e autonomia são conceitos que funcionam como promotores do livre agir na vida social, projetando a vontade e os desejos individuais merecedores de tutela na legalidade constitucional para a construção da personalidade de cada pessoa, tendo, portanto, funções próximas. No entanto, eles são distintos em sua estrutura e avaliação. A capacidade pode ser restringida a partir de rígidas e taxativas hipóteses impostas por lei previamente avaliadas em abstrato pelo legislador. A autonomia é dinâmica, por essência, e assegurada a todas as pessoas, embora possa ter restrições de ordem individual ou social, sua modulação é avaliada no caso concreto e sua preservação, na máxima medida, é justificada com base na intrínseca dignidade da pessoa humana. Com efeito, pode-se dizer que a autonomia é um dos componentes que preenchem o conteúdo da capacidade, na medida em que a lei considera que a pessoa plenamente capaz atingiu seu ápice de desenvolvimento pessoal e maturidade intelectual para tomar as próprias decisões no campo patrimonial e existencial, como condutor único da sua vida, sendo, por conseguinte, absolutamente autônomo para se autogovernar. Assim, reclama-se, atualmente, um regime das incapacidades que seja mais compatível com seu conteúdo, ou seja, com maior respeito à autonomia das pessoas, e que permita, em determinados casos, a exemplo das pessoas curateladas, uma dinamicidade maior e uma avaliação à luz das situações concretas apresentadas.

Nessa senda, apesar da ampliação e do enaltecimento da autonomia privada iluminada pela dignidade da pessoa humana, o direito civil brasileiro demorou a reconstruir o sistema de incapacidades, especialmente das pessoas com deficiência intelectual, que há tempos já reclamava por novos ares. Com a incorporação da Convenção sobre os Direitos das Pessoas com Deficiência com *status* constitucional, se tornou inconstitucional o regime das incapacidades como disposto no Código Civil, que dependeu de posterior modificação legislativa com

---

[519] BARBOZA, Heloisa Helena. Reflexões sobre a autonomia negocial. *In*: TEPEDINO, Gustavo; FACHIN, Luiz Edson (Orgs.). *O Direito e o Tempo*: embates jurídicos e utopias contemporâneas – estudos em homenagem ao Professor Ricardo Pereira Lira. Rio de Janeiro: Renovar, p. 2008. p. 423.

o advento do Estatuto da Pessoa com Deficiência para adequar-se às normas constitucionais, conforme se verá a seguir.

## 2.3 Capacidade civil: significado e extensão

O direito brasileiro ao reconhecer a qualidade de pessoa do ser humano atribui-lhe personalidade jurídica em sua vertente de subjetividade, definida como a "aptidão genérica para ser titular de direitos e obrigações",[520] como tradicionalmente afirma a doutrina, ou seja, reconhece "a possibilidade de alguém ser titular de relações jurídicas".[521] Por ter a qualidade para ser sujeito de direito, o indivíduo tem capacidade de direito, entendida como a "faculdade abstrata de gozar os seus direitos",[522] isto é, uma vez pessoa torna-se capaz de direitos e deveres na ordem civil, conforme expresso no art. 1º da Lei Civil.

Tradicionalmente, a doutrina brasileira avezou-se a conceituar a capacidade civil a partir do conceito de personalidade jurídica,[523] definindo a primeira como a medida da segunda.[524] Para tanto, desenhou-se a bifurcação da capacidade civil em duas subespécies: a capacidade de direito – igualmente denominada de capacidade jurídica ou de gozo – e a capacidade de fato – conhecida também como

---

[520] PEREIRA, Caio Mário da Silva. *Instituições de Direito Civil*. 20. ed. Rio de Janeiro: Forense, 2004. v. I, p. 213-214.

[521] AMARAL, Francisco. *Direito Civil:* introdução. 7. ed. rev., atual. e aum. Rio de Janeiro: Renovar, 2008. p. 220.

[522] ASCENSÃO, José de Oliveira. *Direito civil*: teoria geral. Coimbra: Coimbra Editora, 2000. v. I, p. 135.

[523] "A capacidade jurídica nada mais é do que o limite da personalidade jurídica: a personalidade jurídica é a aptidão de ter direitos ou contrair obrigações (ideia absoluta: não admite gradação para mais ou para menos, pois ninguém tem mais ou menos personalidade jurídica), ao passo que a capacidade jurídica encerra maior ou menor número de direitos e obrigações que uma pessoa possa ter (é ideia relativa: admite gradação, bastando pensar, na contraposição entre nacional e estrangeiro, em que a capacidade jurídica daquele é maior do que a deste)". (ALVES, José Carlos Moreira. *A Parte Geral do Projeto de Código Civil Brasileiro*: subsídios históricos para o novo Código Civil brasileiro. 2. ed. São Paulo: Saraiva. 2003. p. 132-133).

[524] "A personalidade tem a sua medida na capacidade [...] o princípio de que todo homem é capaz de direitos e obrigações na ordem civil sofre, em relação a cada qual, limitações impostas pela própria ordem jurídica, em atenção a interesses que resguarda. O exercício de direitos não é permitido senão aos que preenchem certas condições: as pessoas capazes e legitimadas. Para se ter a medida da personalidade, é necessário, primeiramente, distinguir a capacidade de direito da capacidade de fato e finalmente verificar a gradação das limitações". (GOMES, Orlando. *Introdução ao Direito Civil*. 18. ed. Rio de Janeiro: Forense, 2002. p. 165).

capacidade de exercício ou negocial. Enquanto aquela constituiria o próprio conteúdo da personalidade jurídica, isto é, a titularidade de relações jurídicas; esta consistiria no poder de adquirir, modificar e extinguir, por si mesmo, seus direitos e deveres, à qual a lei impõe limitações, em caráter expresso e excepcional.[525]

Nessa linha de íntima ligação entre personalidade jurídica e capacidade de direito, seja como conceitos conexos ou espelho, Clóvis Beviláqua afirmava que a capacidade "é a extensão dada aos poderes de ação, contidos na personalidade".[526] San Tiago Dantas, por sua vez, lecionava que "[...] aquilo que constitui a substância da personalidade é a capacidade jurídica. Dizemos que todo homem é capaz de direitos e obrigações. Esta capacidade é o conteúdo da personalidade, e o homem a tem desde o momento em que nasce até o momento em que morre".[527] Francisco Amaral compreende que "conexo ao de personalidade[528] temos o conceito de capacidade",[529] que, contudo, não é sinônimo daquele. De acordo com o autor:

> A personalidade, mais do que qualificação formal, é um valor jurídico que se reconhece nos indivíduos e, por extensão, a grupos legalmente constituídos, materializando-se na capacidade jurídica ou de direito. A personalidade não se identifica com a capacidade, como costuma defender a doutrina tradicional. Pode existir personalidade sem capacidade, como se verifica com o nascituro, que ainda não tem capacidade, e com os falecidos, que já a perderam. Por outro lado, as pessoas jurídicas têm capacidade de direito e não dispõem de certas

---

525 "A personalidade é o homem jurídico num estado, por assim dizer, estático; a capacidade é o homem jurídico no estado dinâmico. Por outros termos: para ser pessoa, basta que o homem exista, ou seja homem; para ser capaz, o homem precisa de ter os requisitos necessários para agir por si, como sujeito ativo ou passivo duma relação jurídica". (GONÇALVES, Luiz da Cunha. *Tratado de Direito Civil*: em comentário ao Código Civil Português. São Paulo: Max Limonad, 1955. v. 1, t. 1, p. 189-190).

526 BEVILÁQUA, Clóvis. *Código Civil nos Estados Unidos do Brasil*. Rio de Janeiro: Francisco Alves, 1959. p. 139. v. 1.

527 DANTAS, San Tiago. *Programa de direito civil*. (Atualizada por Gustavo Tepedino). 3. ed. rev. e atual. Rio de Janeiro: Forense, 2001. p. 133.

528 Segundo Francisco Amaral: "A personalidade ou subjetividade significa, então, a possibilidade de alguém ser titular de relações jurídicas. É, portanto, o pressuposto dos direitos e dos deveres. Deve ser considerada como um princípio, um bem, um valor em que se inspira o sistema jurídico, superando-se a concepção tradicional, própria do individualismo do séc. XIX, que exaltava a pessoa apenas do ponto de vista formal ou técnico-jurídico". (AMARAL NETO, Francisco dos Santos. *Direito civil brasileiro*: introdução. Rio de Janeiro: Forense, 1991. p. 222).

529 AMARAL NETO, Francisco dos Santos. *Direito civil brasileiro*: introdução. Rio de Janeiro: Forense, 1991. p. 222.

> formas de proteção da personalidade, representadas pelos chamados direitos da personalidade.
>
> [...] Enquanto a personalidade é um valor, a capacidade é a projeção desse valor que se traduz em um *quantum*. Pode-se ser mais ou menos capaz, mas não se pode ser mais ou menos pessoa. Compreende-se, assim, a existência de direitos da personalidade, não de direitos da capacidade. O ordenamento jurídico reconhece a personalidade e concede a capacidade, podendo considerar-se esta como um atributo daquela. A capacidade é então a 'manifestação do poder de ação implícito no conceito de personalidade', ou a 'medida jurídica da personalidade'. E, enquanto a personalidade é valor ético que emana do próprio indivíduo, a capacidade é atribuída pelo ordenamento jurídico.[530]

Segundo Caio Mario da Silva Pereira, "personalidade e capacidade completam-se: de nada valeria a personalidade sem a capacidade jurídica que se ajusta assim ao conteúdo da personalidade, na mesma e certa medida em que a utilização do direito integra a ideia de ser alguém titular dele".[531] Apesar de correlatas, a capacidade de direito não se confunde com a personalidade no sentido de subjetividade.[532] A personalidade é um conceito absoluto, não admite o estado condicional, pois ou se atribui a personalidade em sua completude ou o ente resta desprovido dela. Por seu turno, a capacidade jurídica enquanto "medida da personalidade"[533] é que suporta modulações ou restrições, razão pela qual a legislação civil prevê as figuras dos absolutamente ou relativamente incapazes. Contudo, assim não o

---

530 AMARAL NETO, Francisco dos Santos. *Direito civil brasileiro*: introdução. Rio de Janeiro: Forense, 1991. p. 222-223.

531 PEREIRA, Caio Mário da Silva. *Instituições de direito civil*. 24. ed. Rio de Janeiro: Forense, 2011. p. 223.

532 Nelson Rosenvald defende que "a noção de personalidade só assume concretude se for assumida como direitos da personalidade, valor intrínseco à condição humana que antecede o ordenamento jurídico, concernente aos atributos existenciais de cada ser humano. Trata-se de valor-fonte que não pode ser fracionado pela lei, mas tão somente por ela reconhecido e dignificado. A capacidade, ao contrário, diz respeito à subjetividade, a idoneidade do indivíduo de titularizar relações patrimoniais. Daí que o direito reconhece a personalidade e concede a capacidade, sendo infenso ao legislador mitigar o valor da personalidade. Na qualidade de medida de um valor, a capacidade pode sofrer restrições legislativas, desde que razoáveis e motivadas na própria proteção da pessoa". (ROSENVALD, Nelson. A personalização da personalidade. *In*: *O Direito Civil em movimento. Desafios contemporâneos*. Salvador: Juspodivm, 2017. p. 40).

533 Leciona Luiz Edson Fachin: "O que a capacidade faz, na verdade, é informar a medida da personalidade e o grau da sanção que se volta contra o não atendimento a esse requisito". (FACHIN, Luiz Edson. *Teoria crítica do direito civil*. 2. ed. Rio de Janeiro: Renovar, 2003. p. 36).

fez com a personalidade, que não comporta nenhuma condição ou redução em seu conteúdo. Nessa linha, já se afirmou que "não há meia personalidade ou personalidade parcial. Mede-se ou quantifica-se a capacidade, não a personalidade. Por isso se afirma que a capacidade é a medida da personalidade. Esta é integral ou não existe".[534]

A capacidade, portanto, assenta-se em perspectiva quantitativa que se opõe ao critério qualitativo da subjetividade. Isto é, a capacidade traduz-se num *quantum*, que é variável a depender do caso concreto. Em decorrência disso, afirma-se que a capacidade "é a intensidade do conteúdo da personalidade e por isso mesmo é considerada comumente como a medida da subjetividade".[535] A capacidade é, portanto, parte integrante da personalidade, sua projeção, a investidura concreta na titularidade de determinadas situações jurídicas. Em necessária distinção conceitual, personalidade é conceito que se refere a uma existência, um valor intrínseco à condição humana que, no mundo jurídico, reconhece às pessoas a aptidão abstrata e genérica para adquirir direitos e contrair obrigações. A capacidade jurídica é uma das qualidades ou manifestações essenciais da personalidade, traduzindo-se na concreta titularidade de direitos. Nessa direção, nota-se que os conceitos se exaurem reciprocamente, na medida em que a capacidade jurídica ora configura o núcleo concreto da personalidade, ora sua própria medida.

A personalidade é de existência elementar e estática: ou se tem ou não se tem. Se é pessoa porque se tem personalidade, logo, não se pode fragmentar a pessoa ou mitigar sua qualidade ou condição humana. De forma diferente, a capacidade é um conceito dinâmico e relativo, que admite gradações, limitações ou extensões. Como bem observou Heloisa Helena Barboza, "a personalidade é um *prius* e a capacidade um *posterius*. Se é pessoa porque se tem personalidade, logo, deve haver um mínimo de capacidade".[536]

A capacidade jurídica baseia-se na liberdade e igualdade de todas as pessoas perante a lei, mas, para além da ótica formal, hoje, alcança sua

---

534 ALMEIDA, Silmara J. A. Chinelato. *Tutela civil do nascituro*. São Paulo: Saraiva, 2000. p. 168.

535 TEPEDINO, Gustavo; BARBOZA, Heloisa Helena; BODIN DE MORAES, Maria Celina. *Código Civil Interpretado Conforme a Constituição da República*. 2. ed. rev. e atual. Rio de Janeiro: Renovar, 2007. v. I, p. 5.

536 BARBOZA, Heloisa Helena. Verbete Capacidad. *In*: CASABONA, Carlos María Romeo (Director). *Enciclopedia de Bioderecho y Bioética*. Granada: Biblioteca Comare de Ciencia Jurídica, 2011. t. I, a-h, p. 325.

função na efetiva promoção da liberdade e da igualdade de condições de participação na vida social de todos os indivíduos, encontrando-se embebida também do viés substancial de tais princípios. A capacidade jurídica, portanto, é atributo essencial da pessoa humana, reflexo de sua dignidade, canal de sua liberdade e afirmação da real igualdade de todas as pessoas humanas. Assim, restrições demasiadas, injustificadas e excessivas negam a própria condição humana, impedindo o desenvolvimento da personalidade e silenciando sua existência.

### 2.3.1 A necessária dinâmica do regime de (in)capacidades da pessoa com deficiência após o advento do EPD

A capacidade, numa perspectiva dinâmica, se projeta como a medida da subjetividade. Apesar de tal entendimento, a doutrina, tradicionalmente, remete o *quantum* da capacidade ao efetivo exercício das situações jurídicas, ou seja, a prática de atos civis de forma direta e pessoal num dado caso concreto. Em outros termos, a dinamicidade e a relatividade da capacidade sempre estiveram atreladas à capacidade de fato, e não à capacidade de direito.[537] Esta, inclusive, afeiçoava-se, cada vez mais, à própria personalidade em si,[538] eis que automaticamente no mesmo instante do começo da personalidade, concede-se a capacidade jurídica a todas as pessoas físicas, sem distinção.[539] Um critério estático, sem gradações ou mitigações para a pessoa humana, logo, bem próximo ao conceito de personalidade em si.[540]

---

[537] "A *capacidade de direito*, como titularidade de direitos e deveres, chamada pela doutrina francesa de *capacidade de gozo*, porque é o titular que deles desfruta, distingue-se da *capacidade de fato*, aptidão para o exercício desses direitos ou deveres". (AMARAL NETO, Francisco dos Santos. *Direito civil brasileiro*: introdução. Rio de Janeiro: Forense, 1991. p. 223).

[538] "A capacidade jurídica ou de direito, cujo significado em princípio equivale ao de personalidade civil, é também a aptidão para ter direitos e obrigações. [...] Todavia, a capacidade jurídica é passível de sofrer limitações". (MONTEIRO FILHO, Raphael de Barros *et al.* *Comentários ao novo código civil*: das pessoas (arts. 1º a 78). 2. ed. Rio de Janeiro: Forense, 2012. v. 1, p. 11).

[539] "A privação total de capacidade implicaria a frustração da personalidade: se ao homem, como sujeito de direito, fosse negada a capacidade genérica para adquiri-lo, a consequência seria o seu aniquilamento no mundo jurídico. Como toda pessoa tem personalidade, tem também a faculdade abstrata de gozar os seus direitos". (PEREIRA, Caio Mário da Silva. *Instituições de direito civil*. 24. ed. Rio de Janeiro: Forense, 2011. p. 223).

[540] "A capacidade abstrata, essa que constitui o conteúdo da personalidade, todo homem a tem inalterada desde o momento em que nasce até o momento em que morre. [...] De sorte que a capacidade jurídica não se altera". (DANTAS, San Tiago. *Programa de direito civil*. (Atualizada por Gustavo Tepedino). 3. ed. rev. e atual. Rio de Janeiro: Forense, 2001. p. 134).

Esforça-se a doutrina em afirmar que enquanto a subjetividade seria a aptidão genérica e abstrata para ser sujeito de direito, a capacidade jurídica representaria a investidura concreta e específica para titularizar as situações jurídicas subjetivas,[541] mas que, no plano fático, não revelaria distinções conceituais importantes, importando em confusão entre subjetividade e capacidade jurídica. Desse modo, compreende-se a capacidade de direito como a categoria estática, sendo que a capacidade de fato corresponde ao aspecto dinâmico, calcado na idoneidade do indivíduo para desenvolver por si suas próprias atividades.[542]

No entanto, muito embora a capacidade de direito seja a todos concedida com o nascimento com vida, nem todos os direitos são passíveis de serem titularizados por todas as pessoas, ou seja, também possui "natureza quantitativa, que se refere à suscetibilidade abstrata de titularidade, sem dimensioná-la. [...] A capacidade de direito compreende, portanto, o momento estático e o sujeito como portador imóvel de interesses".[543] Assim, apesar da capacidade jurídica investir o sujeito concretamente como titular de situações jurídicas subjetivas, nem todos os interesses merecedores de tutela são titularizáveis por todos os indivíduos.[544] Desse modo, por exemplo, alguns atos personalíssimos

---

[541] Segundo Paulo Lôbo, "qualquer pessoa, desde o início de sua existência (nascimento com vida) é dotada de capacidade civil. [...] A capacidade de direito, também denominada de capacidade jurídica, é a investidura de aptidão para adquirir direitos e transmitir direitos e para sujeição a deveres jurídicos". (LÔBO, Paulo. *Direito civil*: parte geral. 3. ed. São Paulo: Saraiva, 2012. p. 109-110). Veja-se, a título histórico, o entendimento de Teixeira de Freitas: "Grau de aptidão: não digo aptidão, porque não há pessoa sem capacidade de direito, por maior que fosse o número das proibições do Código. Desta maneira a capacidade de direito envolve sempre uma ideia relativa, mesmo em cada pessoa dada, visto que todas as pessoas são capazes de direito quanto ao que o Código não lhes proíbe. [...] capacidade de direito é grau de aptidão para exercer por si ou por outrem atos que não lhe são proibidos". (FREITAS, Augusto Teixeira. *Esboço do Código Civil*. Brasília: Ministério da Justiça, Fundação Universidade de Brasília, 1983. p. 15).

[542] "A capacidade de agir expressa o aspecto dinâmico, a idoneidade do sujeito para desenvolver atividades jurídicas. A capacidade de agir é, geralmente, relativa, visto que varia de acordo com os pressupostos de cada tipo de ato e pode ser excluída ou limitada para atender objetivos determinados, como o de proteção dos menores de idade ou dos interditos legais". (BARBOZA, Heloisa Helena. Verbete Capacidad. *In*: CASABONA, Carlos María Romeo (Director). *Enciclopedia de Bioderecho y Bioética*. Granada: Biblioteca Comare de Ciencia Jurídica, 2011. t. I, a-h, p. 326).

[543] BARBOZA, Heloisa Helena. Verbete Capacidad. *In*: CASABONA, Carlos María Romeo (Director). *Enciclopedia de Bioderecho y Bioética*. Granada: Biblioteca Comare de Ciencia Jurídica, 2011. t. I, a-h, p. 326.

[544] "Nascido o homem, a sua personalidade jurídica está completa, mas não devemos dizer que a sua capacidade jurídica é a mesma. Desde o momento em que ele nasce, até o momento em que ele morre, a capacidade jurídica dá-se de um modo absoluto – a

dependem de uma capacidade específica, a exemplo da capacidade para o casamento[545] e para testar,[546] visto que necessitam da titularidade e do exercício para a realização do ato, o que revela que a capacidade de direito pode, eventualmente, sofrer restrições.[547] Nesses casos, sequer a titularidade de determinadas situações jurídicas subjetivas é admitida antes da idade legal estabelecida pelo legislador, apesar da capacidade jurídica já concedida. Assim, a capacidade como medida da personalidade impõe restrições de ordem objetiva e subjetiva.[548] No plano objetivo, é possível que algumas situações jurídicas somente possam ser titularizadas por determinadas pessoas, ou seja, a capacidade de direito se refere à extensão ou medida do universo de situações jurídicas subjetivas ou relações jurídicas titularizáveis por uma pessoa. No terreno subjetivo, apesar da titularidade adquirida, nem toda pessoa física poderá exercê-la por si mesma, admitindo-se restrições na chamada capacidade de fato. A capacidade civil, portanto, possui dois sentidos, que correspondem à substância e medida da subjetividade:

---

capacidade de ter direitos e obrigações. Isto não se altera mais; porém sofre limitações. Há certos direitos e obrigações de que o homem só se torna capaz em certas circunstâncias, e essas limitações constituem modificações da capacidade jurídica. [...] Quer dizer, são limitações que a lei vai criando ao longo da vida do homem e que representam, não há dúvida, restrições à capacidade jurídica, mas são restrições à capacidade concreta". (DANTAS, San Tiago. *Programa de direito civil.* (Atualizada por Gustavo Tepedino). 3. ed. rev. e atual. Rio de Janeiro: Forense, 2001. p. 135).

[545] "Art. 1.517. O homem e a mulher com dezesseis anos podem casar, exigindo-se autorização de ambos os pais, ou de seus representantes legais, enquanto não atingida a maioridade civil".

[546] "Art. 1.860. Além dos incapazes, não podem testar os que, no ato de fazê-lo, não tiverem pleno discernimento. Parágrafo único. Podem testar os maiores de dezesseis anos".

[547] "Mas a capacidade de direito ou de aquisição pode sofrer eventualmente restrições. Em regra, ocorre a restrição à capacidade de direito, sem confusão com a falta de capacidade de fato, quando se defrontam direitos personalíssimos, recusados em condições especiais". (PEREIRA, Caio Mário da Silva. *Instituições de direito civil.* 24. ed. Rio de Janeiro: Forense, 2011. p. 224). "A capacidade de gozo tem-na indistintamente todas as pessoas por ser expressão da *personalidade.* No Direito moderno, não se admite sua negação total, mas há incapacidades parciais, relativas. Determinadas pessoas não podem ter certos direitos". (GOMES, Orlando. *Introdução ao Direito Civil.* 15. ed. Rio de Janeiro: Forense, 2000. p. 129-130).

[548] "O que pode acontecer é que a capacidade seja mais ou menos ampla, conforme se é suscetível de adquirir todas as espécies de direitos sem restrições, ou apenas se podem adquirir estes ou aqueles. Quando se toma em conta esta gradação quantitativa, fala-se, de preferência, de capacidade. A personalidade constitui uma noção rígida, absoluta; ou se é pessoa para o Direito ou não se é. Não se pode dizer que alguém seja mais pessoa do que outrem. Mas poderá com propriedade afirmar-se que é mais capaz quem tem, perante a lei, capacidade maior". (OLIVEIRA, Leoni Lopes de. *Direito Civil*: teoria Geral do Direito Civil. Rio de Janeiro: Lumen Iuris, 1999. v. 2, p. 84).

a capacidade de direito e a capacidade de fato.[549] [550] A capacidade de fato pressupõe a capacidade jurídica, uma vez que o exercício de uma situação jurídica depende da aptidão para titularizá-la.

A capacidade de fato, também denominada de capacidade de agir,[551] representa o poder que a pessoa natural tem de dirigir-se autonomamente na ordem civil,[552] correspondente à idoneidade para atuar no exercício direto de direitos e deveres por ato próprio ou

---

549 "Entretanto, da capacidade jurídica, da capacidade de ter direitos, devemos distinguir uma outra, que é a capacidade de exercer o direito. Uma coisa é a capacidade de direito, outra coisa é a capacidade de exercício de direito, o que os juristas alemães exprimem com termos diferentes chamando a uma capacidade de direito e a outra capacidade de negócio. A capacidade de direito é essa a que me tinha referido, é a capacidade de ter direitos e obrigações, que o homem tem desde que nasce até que morre. E a capacidade de negócios é a capacidade de exercer o próprio direito, de dispor dele, de praticar atos jurídicos. [...] De maneira que vemos esta situação: o homem é capaz de ter direitos, mas não é capaz de praticar os atos que conduzem a adquirir, a perder, ou a modificar os seus direitos. Distinguir a capacidade de direitos da capacidade de exercício é uma coisa fundamental. Ninguém pode se enganar neste ponto, isto é uma coisa de somar no direito civil. [...] De onde vem a incapacidade jurídica? De onde vem a incapacidade para negociar? Vem exclusivamente de um fato natural que o direito é obrigado a reconhecer e dar-lhe consequência jurídica. Esse fato natural é a insuficiência da vontade, em certos casos, para a boa conduta do homem na vontade jurídica. [...] De maneira que o único fundamento da incapacidade do direito moderno é esse fundamento psicológico que acabo de dar – a imaturidade do espírito, a circunstância do homem, enquanto jovem, incivilizado, ou doente, não poder usar da sua vontade em pé de igualdade com os outros indivíduos [...]". (DANTAS, San Tiago. *Programa de direito civil.* (Atualizada por Gustavo Tepedino). 3. ed. rev. e atual. Rio de Janeiro: Forense, 2001. p. 135-138).

550 "A esta aptidão oriunda da personalidade, para adquirir os direitos na vida civil, dá-se o nome de *capacidade de direito*, e se distingue da *capacidade de fato*, que é a aptidão para utilizá-los e *exercê-los por si mesmo*. A distinção é certa, mas as designações não são totalmente felizes, porque toda capacidade é uma emanação do direito. Se hoje podemos dizer que toda pessoa é dotada da capacidade de direito, é precisamente porque o direito a todos a confere, diversamente do que ocorria na Antiguidade. E se aqueles que preenchem condições materiais de idade, de saúde etc. se dizem portadores de capacidade de fato, é também porque o ordenamento jurídico lhes reconhece a aptidão para o exercício pessoal dos direitos. À *capacidade de direito* corresponde à *capacidade de gozo*; a *capacidade de fato* pressupõe a *capacidade de exercício*. Podemos dar à primeira uma designação mais precisa, dizendo-a *capacidade de aquisição*, e à segunda *capacidade de ação*. A capacidade de *direito*, de *gozo* ou de *aquisição* não pode ser recusada ao indivíduo, sob pena de despi-lo dos atributos da personalidade. Por isso mesmo dizemos que todo homem é dela dotado, em princípio. Onde falta esta capacidade (nascituro, pessoa jurídica ilegalmente constituída), é porque não há personalidade". (PEREIRA, Caio Mário da Silva. *Instituições de direito civil.* 24. ed. Rio de Janeiro: Forense, 2011. p. 223-224).

551 "Pouco adiantaria ter capacidade de direito e não ter capacidade de exercício, porque é através desta que se adquirem, modificam ou perdem direitos subjetivos. De maneira que, ao lado da incapacidade do exercício, temos de olhar os meios técnicos de que o direito se vale para suprir a incapacidade". (DANTAS, San Tiago. *Programa de direito civil.* (Atualizada por Gustavo Tepedino). 3. ed. rev. e atual. Rio de Janeiro: Forense, 2001. p. 138).

552 EBERLE, Simone. *A capacidade entre o fato e o direito*. Porto Alegre: Sergio Antonio Fabris, 2006. p. 137.

mediante um representante voluntário ou legal.[553] A capacidade de exercício, portanto, significa a idoneidade para exercer por si mesmo, de modo eficaz, os atos da vida jurídica, que "se presume plena, em virtude do princípio do livre desenvolvimento da personalidade".[554] A capacidade de fato,[555] em razão de sua própria natureza quantitativa, é mensurável e, por consequência, admite limitações ao pleno agir individual. Considerando que a capacidade civil é a regra,[556] por força dos princípios da dignidade, liberdade, igualdade e solidariedade, as limitações devem ser expressamente estabelecidas em lei ou por sentença, não se admitindo interpretações extensivas.[557] As limitações atualmente admissíveis no ordenamento jurídico brasileiro são as previstas nos art. 3º e 4º do Código Civil.

Por isso, em razão de algumas situações previstas em lei, a capacidade de exercer pessoalmente direitos e obrigações, designada como capacidade de fato ou de exercício, sofre restrições, sempre sob o discurso de proteção da pessoa,[558] que passa a ser qualificada

---

[553] "A capacidade de exercício ou capacidade de agir – já o dissemos – é a idoneidade para actuar juridicamente, exercendo direito ou cumprindo deveres, adquirindo direitos ou cumprindo obrigações, por acto próprio e exclusivo, ou mediante um representante voluntário ou procurador, isto é, um representante escolhido pelo próprio representado". (MOTA PINTO, Carlos Alberto da. *Teoria Geral do Direito Civil*. 3. ed. Coimbra: Coimbra, 1996. p. 214).

[554] BARBOZA, Heloisa Helena. Verbete Capacidad. *In*: CASABONA, Carlos María Romeo (Director). *Enciclopedia de Bioderecho y Bioética*. Granada: Biblioteca Comare de Ciencia Jurídica, 2011. t. I, a-h, p. 327.

[555] "Aos indivíduos, às vezes faltam requisitos materiais para dirigirem-se com autonomia no direito civil. Embora não lhes negue a ordem jurídica a capacidade de direito, recusa-lhes a autodeterminação, interdizendo-lhes o exercício dos direitos, pessoal e diretamente, porém condicionado sempre à intervenção de uma outra pessoa, que os representa ou assiste. A ocorrência de tais deficiências importa em *incapacidade*. Aquele que se acha em pleno exercício de direitos é *capaz*, ou tem a *capacidade de fato, de exercício* ou *de ação*; aquele a quem falta a aptidão para agir não tem a *capacidade de fato*. [...] Toda pessoa tem a faculdade de assumir direitos, mas nem toda pessoa tem o poder de usá-los pessoalmente e transmiti-los a outrem por ato de vontade". (PEREIRA, Caio Mário da Silva. *Instituições de direito civil*. 24. ed. Rio de Janeiro: Forense, 2011. p. 224).

[556] "Por isso mesmo se diz que a *regra é a capacidade*, e a incapacidade é exceção, ou, enunciado de outra maneira, afirma-se que toda pessoa tem a capacidade de direito ou de aquisição, e presume-se a capacidade de fato ou de ação; somente por exceção, e *expressamente decorrente de lei*, é que se recusa ao indivíduo a capacidade de fato. É por isso, também, que ninguém tem a faculdade de abdicar da sua capacidade, ou de se declarar incapaz, ou de reduzir a sua capacidade, seja de direito, seja de fato". (PEREIRA, Caio Mário da Silva. *Instituições de direito civil*. 24. ed. Rio de Janeiro: Forense, 2011. p. 224).

[557] Segundo Caio Mário da Silva Pereira: "Como a incapacidade é uma restrição ao poder de agir, deve ser sempre encarada *stricti iuris*, e sob a iluminação do princípio segundo o qual *a capacidade é a regra e a incapacidade a exceção*". (PEREIRA, Caio Mário da Silva. *Instituições de direito civil*. 24. ed. Rio de Janeiro: Forense, 2011. p. 226).

[558] "O instituto das *incapacidades* foi imaginado e construído sobre uma razão moralmente elevada, que é a *proteção* dos que são portadores uma deficiência juridicamente apreciável.

como juridicamente incapaz. Se a proibição para a prática dos atos da vida civil é total, a incapacidade diz-se absoluta; se parcial, haverá incapacidade relativa. Em ambos os casos a pessoa incapaz dependerá de alguém que possa representá-la ou assisti-la na vida civil a depender do grau de incapacidade catalogado previamente em lei.[559]

Por isso, o conceito de incapacidade civil[560] é costumeiramente construído pela doutrina nacional como o oposto simétrico da capacidade de fato, isto é, como a inaptidão de exercício independente dos direitos e deveres titularizados. Em outras palavras, uma vez presente uma das causas legais de incapacidade no caso concreto, para que a pessoa declarada incapaz pratique pessoalmente os atos da vida civil, faz-se necessária a presença de seu representante (absolutamente incapaz) ou de seu assistente legal (relativamente incapaz).

---

Esta é a ideia fundamental que o inspira, e acentuá-lo é de suma importância para a sua projeção na vida civil, seja no tocante à aplicação dos princípios legais definidores, seja na apreciação dos efeitos respectivos ou no aproveitamento e na ineficácia dos atos jurídicos praticados pelos incapazes. A lei não institui o regime das incapacidades com o propósito de prejudicar aquelas pessoas que delas padecem, mas, ao contrário, com o intuito de lhes oferecer proteção, atendendo a que uma falta de discernimento, de que sejam portadores, aconselha tratamento especial, por cujo intermédio o ordenamento jurídico procura restabelecer um equilíbrio psíquico, rompido em consequência das condições peculiares dos mentalmente deficitários". (PEREIRA, Caio Mário da Silva. *Instituições de direito civil.* 24. ed. Rio de Janeiro: Forense, 2011. p. 228).

559 "A incapacidade se supre sempre do seguinte modo: colocando ao lado do incapaz alguém que decida por ele ou, então, decida em colaboração com ele. Aí está a técnica do suprimento da incapacidade de exercício do negócio. [...] De maneira que, ao lado do incapaz, existe sempre alguém que supre a sua incapacidade e esse alguém, das duas, uma: ou é representante ou é assistente. É representante quando decide no lugar do incapaz e é assistente quando decide em colaboração com o outro. A incapacidade jurídica, a incapacidade de exercer os direitos divide-se, então, em duas espécies: incapacidade absoluta e incapacidade relativa. Incapacidade absoluta é aquela que se supre com um representante; incapacidade relativa é aquela que se supre por um assistente. Na incapacidade absoluta o homem não tem vontade, não pode deliberar, de modo que outra pessoa delibera por ele. Na incapacidade relativa o homem pode deliberar, mas, como a sua vontade é incipiente, ele precisa de apoio, do auxílio de alguém. Este alguém é o seu assistente. A incapacidade diz-se, por essa razão, relativa". (DANTAS, San Tiago. *Programa de direito civil.* (Atualizada por Gustavo Tepedino). 3. ed. rev. e atual. Rio de Janeiro: Forense, 2001. p. 137-138).

560 "Não se confunde também com incapacidade a restrição que a lei estabelece a que certas pessoas realizem certos negócios jurídicos, como, por exemplo, fazer contratos com outras pessoas determinadas, ou quanto a bens a ela pertencentes. A lei proíbe ao tutor adquirir bens do pupilo (art. 1.749 do Código Civil); interdiz, sob pena de anulação, aos ascendentes vender aos descendentes, sem o expresso consentimento dos demais descendentes (art. 496 do Código Civil). Tais casos, e outros previstos expressamente, importam em *impedimento* para determinado ato jurídico, mas não traduzem incapacidade do tutor ou do ascendente, que conservam poder livre de exercício dos direitos civis. Apenas, por uma razão de moralidade são atingidos de uma restrição limitada especificamente aos atos previstos". (PEREIRA, Caio Mário da Silva. *Instituições de direito civil.* 24. ed. Rio de Janeiro: Forense, 2011. p. 227-228).

Desse modo, o sistema de incapacidades no ordenamento brasileiro estrutura-se em dois níveis, segundo a gradação da *capacidade de fato:* os absolutamente incapazes e os relativamente incapazes. A presunção geral é de que todos são plenamente capazes para a prática de todos os atos da vida civil, uma vez que a incapacidade sempre decorre da expressa previsão da lei.[561] Presumem-se, portanto, capazes todas as pessoas para prática dos atos da vida civil, a exceção corresponde estritamente às hipóteses previstas no rol dos artigos 3º e 4º do Código Civil, como já afirmado, os quais indicam, respectivamente, os absolutamente incapazes e o grupo dos relativamente incapazes, seja por critério etário ou outra causa que afete a manifestação da vontade de forma válida e consciente.

É de se registrar, por oportuno, que a construção do conceito de capacidade jurídica, e, por conseguinte, de incapacidade civil e sua regulamentação, ainda vigente no Brasil, teve orientação liberal, vocacionada para atos de natureza patrimonial. O vigente Código Civil promoveu algumas modificações no instituto da incapacidade, mas que foram pontuais, sem realizar uma profunda alteração no regime já tão criticado desde o Código pretérito, deixando, inclusive, de tratar das situações existenciais. Não é de hoje que a doutrina busca reconstruir as bases da teoria da incapacidade, apesar da forte herança paternalista e excludente que permeava e ainda permeia o tema.[562] Nessa linha, a doutrina identificou que a função do regime das incapacidades "é a proteção daqueles que não têm condições de transitar na vida civil de forma autônoma", sendo que, em razão do "momento da sua criação (época do liberalismo)", sua finalidade primordial era "o resguardo do incapaz no trânsito jurídico patrimonial, para sua proteção nos negócios praticados, oferecendo maior segurança às relações jurídicas, o que ocorreu também no Brasil".[563]

---

[561] "Toda incapacidade é *legal,* independentemente da indagação de sua causa próxima ou remota. É sempre a lei que estabelece, com caráter de ordem pública, os casos em que o indivíduo é privado, total ou parcialmente, do poder da ação pessoal, abrindo na presunção de capacidade genérica, a exceção correspondente estritamente às hipóteses previstas. Toda incapacidade resulta, pois, da lei. Consequência é que não constitui incapacidade qualquer restrição ao exercício dos direitos, originária do ato jurídico, seja *inter vivos,* seja *causa mortis*". (PEREIRA, Caio Mário da Silva. *Instituições de direito civil.* 24. ed. Rio de Janeiro: Forense, 2011. p. 226-227 (grifo nosso).

[562] V., por todos, SÁ, Maria de Fátima Freire de; MOUREIRA, Diogo Luna. *A capacidade dos incapazes*: saúde mental e uma leitura da teoria das incapacidades no direito privado. Rio de Janeiro: Lumen Juris, 2011. p. 131-154.

[563] MENEZES, Joyceane Bezerra de; TEIXEIRA, Ana Carolina Brochado. Desvendando o conteúdo da capacidade civil a partir do Estatuto da Pessoa com Deficiência. *Revista Pensar*, Fortaleza, v. 21, n. 2, mai./ago. 2016. p. 576.

A restrição à liberdade da pessoa para reger sua própria vida só pode ser admitida pelo direito contemporâneo, especialmente após o inegável reconhecimento dos direitos humanos, quando feita no interesse de proteger e promover a dignidade da pessoa, em razão de circunstâncias individuais que justifiquem a limitação no exercício de direitos, sempre orientada para máxima preservação de sua vontade, preferências e desejos na tomada de decisão a respeito da sua vida.

No caso da incapacidade em razão de deficiência intelectual, o regime revogado possibilitava que a experiência judicial brasileira se aproximasse "do que o Comissariado para Direitos Humanos do Conselho da Europa denomina de *outcome approach*, ou enfoque de resultados. Trata-se de modelo de aferição da capacidade dos indivíduos a partir de um juízo de razoabilidade sobre as consequências dos atos a serem praticados". Em outros termos, Luiz Alberto David Araújo e Carlos Eduardo Pianovski Ruzyk esclarecem que "é a razoabilidade das decisões que determinaria a capacidade plena, relativa, ou a incapacidade dos indivíduos. Quem não tivesse – ainda a partir de um juízo médico – condições de tomar decisões razoáveis (assim aferíveis pelos seus prováveis resultados), incorreria em hipótese de incapacidade".[564]

O EPD provocou profunda modificação no sistema de incapacidades ao prever, de forma expressa, em seu art. 6º que a deficiência, *de per si*, não afeta a plena capacidade civil da pessoa,[565] inclusive para:

---

564 ARAÚJO, Luiz Alberto David; PIANOVSKI RUZYK, Carlos Eduardo. A perícia multidisciplinar no processo de curatela e o aparente conflito entre o estatuto da pessoa com deficiência e o código de processo civil: reflexões metodológicas à luz da teoria geral do direito. *Revista de Direitos e Garantias Fundamentais*, Vitória, v. 18, n. 1, p. 227-256, jan./abr. 2017. p. 235.

565 "Sua localização assume caráter estratégico ao reafirmar para o intérprete, de modo claro e objetivo, constituir a capacidade civil verdadeiro pressuposto para que seja possível assegurar a igualdade e a não discriminação às pessoas com deficiência. Constata-se que o EPD utiliza as expressões 'capacidade civil' (art. 6º) e 'capacidade legal' (art. 83 e 84), expressões das quais se vale igualmente a CDPD (art. 12, 2, 3 e 4), mas não alterou o termo 'capacidade' existente no CC. Considerando que o EPD interferiu profundamente no regime de (in)capacidades do CC, inclusive derrogando seus principais dispositivos [...], razoável entender como sinônimas as citadas expressões e correspondentes ao termo 'capacidade', largamente empregado no Direito brasileiro. (BARBOZA, Heloisa Helena; ALMEIDA, Vitor. Art. 6º. *In*: BARBOZA, Heloisa Helena; ALMEIDA, Vitor (Orgs.). *Comentários ao Estatuto da Pessoa com Deficiência à luz da Constituição da República*. Belo Horizonte: Fórum, 2018. p. 61).

I – casar-se e constituir união estável;

II – exercer direitos sexuais e reprodutivos;

III – exercer o direito de decidir sobre o número de filhos e de ter acesso a informações adequadas sobre reprodução e planejamento familiar;

IV – conservar sua fertilidade, sendo vedada a esterilização compulsória;

V – exercer o direito à família e à convivência familiar e comunitária; e

VI – exercer o direito à guarda, à tutela, à curatela e à adoção, como adotante ou adotando, em igualdade de oportunidades com as demais pessoas.

Uma análise sistemática da lei impõe o entendimento de que o rol indicado no art. 6º é meramente exemplificativo. A rigor, os direitos ali elencados foram expressamente reconhecidos pelo legislador com o objetivo de garantir e reforçar o exercício de situações jurídicas subjetivas de índole existencial que eram mais corriqueiramente negadas ou obstadas em razão do forte traço de desigualdade e discriminação, alijando as pessoas com deficiência da efetivação de seus direitos, sobretudo relacionados à esfera da vida familiar e ao livre desenvolvimento da personalidade.[566]

De modo a ratificar o reconhecimento da plena capacidade civil das pessoas com deficiência, espancando dúvida porventura existente, o Estatuto (art. 114)[567] alterou o art. 3º do Código Civil, para declarar como absolutamente incapazes de exercer pessoalmente os atos da vida civil apenas os menores de 16 (dezesseis) anos, uma vez que derrogou os incisos I a III do citado artigo, dando nova redação ao *caput*.[568]

---

[566] "A interpretação sistemática da Lei revela que o elenco de hipóteses ali contido não é exaustivo. Foram, porém, contempladas as situações nas quais mais fortemente se faziam presentes a desigualdade e a discriminação das pessoas com deficiência, inclusive nos textos legais. A presença de uma deficiência era pressuposto bastante para retirar das pessoas a capacidade jurídica para estabelecer relações existenciais, tomando-se sempre como argumento o caso das deficiências mais severas, as quais eram e ainda são generalizadas para impedir, de modo difuso, o exercício de direitos existenciais, notadamente os relacionados à vida familiar". (BARBOZA, Heloisa Helena; ALMEIDA, Vitor. Art. 6º. *In*: BARBOZA, Heloisa Helena; ALMEIDA, Vitor (Orgs.). *Comentários ao Estatuto da Pessoa com Deficiência à luz da Constituição da República*. Belo Horizonte: Fórum, 2018. p. 61).

[567] V. TEIXEIRA, Ana Carolina Brochado; MENEZES, Joyceane Bezerra. Art. 14. *In*: BARBOZA, Heloisa Helena; ALMEIDA, Vitor (Orgs.). *Comentários ao Estatuto da Pessoa com Deficiência à luz da Constituição da República*. Belo Horizonte: Fórum, 2018. p. 352-381.

[568] "Art. 3º São absolutamente incapazes de exercer pessoalmente os atos da vida civil os menores de 16(dezesseis) anos".

Finda, portanto, a incapacidade absoluta de pessoa maior no direito brasileiro, em importante movimento de valorização da autonomia da pessoa com deficiência intelectual ou mental.

Do mesmo modo, os incisos II e III do art. 4º do Código Civil receberam nova redação,[569] tendo sido suprimida a referência aos relativamente incapazes que, por *deficiência mental, tenham seu discernimento reduzido* do inciso II e sido substituída a discriminatória expressão *excepcionais, sem desenvolvimento mental completo*, por "aqueles que, por causa transitória ou permanente, não puderem exprimir sua vontade". Com isso, o EPD tem provocado intenso debate acerca da possibilidade de se reconhecer a plena capacidade às pessoas com deficiência intelectual ou se é cabível, diante do atual cenário normativo, a restrição à capacidade civil.[570]

Embora o art. 6º afirme a plena capacidade da pessoa com deficiência, há de se ressaltar que o art. 84, §1º, ambos do EPD, permite como medida excepcional a curatela, que se torna extraordinária e se legitima apenas como instrumento de proteção, devendo ser deferida de modo "proporcional às necessidades e às circunstâncias de cada caso" e "no menor tempo possível" (art. 84, §3º). A harmonização dos dispositivos mencionados não tem sido uma tarefa fácil. Para alguns, o EPD, ao permitir que a pessoa com deficiência intelectual ou mental seja submetida à curatela, manteve sua capacidade, enquanto, para outros, configuraria hipótese de declaração da incapacidade, ao menos, relativa aos curatelados. Com efeito, as inovações pontuais do EPD têm suscitado tormentosa tarefa de sistematização, eis que as mudanças instauradas com o novo regime de capacidade civil das pessoas com deficiência não foram acompanhadas, por conseguinte, por alterações nos institutos em que a capacidade se apresenta como elemento importante para a sua disciplina e efeitos jurídicos.

---

569 "Art. 4º São incapazes, relativamente a certos atos ou à maneira de os exercer: I – os maiores de dezesseis e menores de dezoito anos; II – os ébrios habituais e os viciados em tóxico; III – aqueles que, por causa transitória ou permanente, não puderem exprimir sua vontade; IV – os pródigos. Parágrafo único. A capacidade dos indígenas será regulada por legislação especial".

570 Entre os críticos ao EPD, especialmente à revisão ao sistema de incapacidades, v.: SIMÃO, José Fernando. *Estatuto da Pessoa com Deficiência causa perplexidade*. 06 ago. 2015. Disponível em: https://www.conjur.com.br/2015-ago-06/jose-simao-estatuto-pessoa-deficiencia-causa-perplexidade. Acesso em 17 dez. 2017.

Desse modo, os institutos como o domicílio,[571] os negócios jurídicos e seu regime das invalidades,[572] a prescrição e a decadência,[573] a responsabilidade civil da pessoa com deficiência intelectual,[574] as

---

[571] Já se propôs a "flexibilização do domicílio necessário, a fim de que seja aplicado como instrumento de proteção da pessoa vulnerável, superando-se a mera subsunção em favor de uma concretização refletida dos institutos jurídicos pertinentes. Quando possível, não há óbice a que se some ao domicílio necessário ao domicílio voluntário, pois não são excludentes e o sistema normativo brasileiro admite a pluralidade domiciliar. Como expressão de liberdade, basta à pessoa com deficiência intelectual que possua a competência de entender e querer para que possa estabelecer seu domicílio voluntário, eis que se trata de ato jurídico em sentido estrito". (YOUNG, Beatriz Capanema; COLOMBO, Maici Barboza dos Santos. O domicílio da pessoa com deficiência intelectual: o domicílio necessário ainda é necessário? *In*: *Revista Nacional de Direito de Família e Sucessões*, v. 21, p. 104-123, 2018. p. 122).

[572] Cf. BARBOZA, Heloisa Helena; ALMEIDA JR., Vitor de Azevedo. A (in)capacidade da pessoa com deficiência mental ou intelectual e o regime das invalidades: primeiras reflexões. *In*: EHRHARDT JR., Marcos (Org.). *Impactos do novo CPC e do EPD no direito civil brasileiro*. Belo Horizonte: Fórum, 2016. p. 205-228; SOUZA, Eduardo Nunes de; SILVA, Rodrigo da Guia. Autonomia, discernimento e vulnerabilidade: estudo sobre as invalidades negociais à luz do novo sistema das incapacidades. *In*: *Civilistica.com*, Rio de Janeiro, a. 5, n. 1, 2016. Disponível em: http://civilistica.com/wp-content/uploads/2016/07/Souza-e-Silva-civilistica.com-a.5.n.1.2016.pdf. Acesso em 14 abr. 2017; SOUZA, Eduardo Nunes de; SILVA, Rodrigo da Guia. Dos negócios jurídicos celebrados por pessoa com deficiência psíquica e/ou intelectual: entre a validade e a necessária proteção da pessoa vulnerável. *In*: MENEZES, Joyceane Bezerra de (Org.). *Direito das pessoas com deficiência psíquica e intelectual nas relações privadas*: convenção sobre os direitos da pessoa com deficiência e Lei Brasileira de Inclusão. 2. ed. Rio de Janeiro: Processo, 2019. p. 343-386.

[573] SOUZA, Eduardo Nunes de; SILVA, Rodrigo da Guia. A proteção da pessoa com deficiência intelectual ou psíquica contra a fluência de prazos prescricionais. *In*: TEPEDINO, Gustavo; MENEZES, Joyceane Bezerra de (Orgs.). *Autonomia privada, liberdade existencial e direitos fundamentais*. Belo Horizonte: Fórum, 2018. p. 227-267; SOUZA, Eduardo Nunes de; SILVA, Rodrigo da Guia. Influências da incapacidade civil e do discernimento reduzido em matéria de prescrição e decadência. *In*: *Pensar*, Fortaleza, v. 22, n. 2, p. 469-499, mai./ago. 2017; AFFONSO, Filipe José Medon. Caminhos para a verdadeira proteção e igualdade: uma releitura do art. 198 do Código Civil. *In*: BODIN DE MORAES, Maria Celina; GUEDES, Gisela Sampaio da Cruz; SOUZA, Eduardo Nunes de (Orgs.). *A Juízo do Tempo*: estudos atuais sobre prescrição. Rio de Janeiro: Editora Processo, 2018. p. 95-112.

[574] Caitlin Mulholland leciona que "a presunção será a de que a pessoa com deficiência psíquica é plenamente capaz e, portanto, responderá direta e integralmente pelo dano causado. A prova de que o deficiente não pode manifestar a sua vontade – e por este motivo será considerado relativamente incapaz – deverá ser realizada pela pessoa com deficiência, ré da ação indenizatória, como forma de permitir a atração da regra do artigo 928, do Código Civil, a possibilitar não só a redução equitativa da indenização devida, mas também a aplicação da subsidiariedade da sua responsabilidade, prevista expressamente no parágrafo único da norma". (MULHOLLAND, Caitlin. A responsabilidade civil da pessoa com deficiência psíquica e/ou intelectual. *In*: MENEZES, Joyceane Bezerra de (Org.). *Direito das pessoas com deficiência psíquica e intelectual nas relações privadas*: convenção sobre os direitos da pessoa com deficiência e Lei Brasileira de Inclusão. 2. ed. Rio de Janeiro: Processo, 2019. p. 727). V., também, SALLES, Raquel Bellini de Oliveira; ZAGHETTO, Nina Bara. Novos contornos da responsabilidade civil da pessoa com deficiência após a Lei Brasileira de Inclusão. *In*: SALLES, Raquel Bellini de Oliveira; PASSOS, Aline Araújo; LAGE, Juliana Gomes (Orgs.). *Direito, vulnerabilidade e pessoa com deficiência*. Rio de Janeiro: Processo, 2019. p. 133-195.

invalidades do casamento[575] e a capacidade testamentária[576] também sofreram com o novo modelo social instaurado pelo EPD, eis que tradicionalmente excluíam as pessoas com deficiência sob o manto do discurso protetivo. Tais impactos sinalizam um sistema normativo fragmentado, fraturado sob a ótica de um eventual conflito entre a perspectiva emancipatória, inaugurado pela CDPD/EPD, e o tradicional regime protetivo estabelecido pelo Código Civil, o que impõe aos intérpretes uma postura metodológica voltada a manter a unidade do sistema à luz da tábua axiológica constitucional renovada com a CDPD.

Controvérsia de destaque reside na capacidade civil como requisito de validade dos negócios jurídicos, a teor do art. 104, inciso I, do Código Civil, que provocava a nulidade ou a anulabilidade do ajuste, a depender da absoluta ou relativa incapacidade (arts. 166, I, e 171, I, do Código Civil) dos sujeitos envolvidos, nos moldes do sistema anterior ao advento do EPD, com base na redação original dos arts. 3º e 4º do Código Civil. A refinada, porém, abstrata moldura legal que permeava o raciocínio subsuntivo do negócio jurídico, que privilegiava o seu aspecto estrutural, foi desafiada pela necessidade de proteger as pessoas com deficiência, mas, ao mesmo tempo, promover a sua autonomia e inclusão social, em observância à diretriz emanada do revigorado projeto constitucional, após internalização da CDPD. Nessa diretiva, a doutrina tem se debruçado sobre o tema de modo a evitar,

---

575 O assunto será abordado por ocasião da análise do direito ao casamento da pessoa com deficiência submetida à curatela em item posterior.

576 A respeito do assunto, há posição no sentido de que a "pessoa sob curatela que não goze de entendimento e compreensão sobre o ato de testar não tem capacidade testamentária ativa. Esta circunstância deve ser analisada diante da apresentação de um caso concreto e o juiz, ao constituir a curatela, deve declarar a ausência de capacidade para exercício do ato". (MENEZES, Joyceane Bezerra de; LOPES, Ana Beatriz Pimentel. O direito de testar da pessoa com deficiência intelectual e/ou psíquica. *In*: *Civilistica.com*, Rio de Janeiro, a. 7, n. 2, 2018. Disponível em: http://civilistica.com/o-direito-de-testar-da-pessoa-com-deficiencia/. Acesso em 31 mar. 2020). Nessa linha, já se advertiu que "ainda que não se admita a realização de testamento sobre direitos patrimoniais, deve ser resguardado a eles, quando dotados do necessário discernimento, a lavratura de testamento que verse exclusivamente sobre direitos existenciais, como a publicação parcial de obras deixadas pelo de cujos, disposição gratuita do próprio corpo, reconhecimento de filho, reprodução assistida *post mortem*. Em todos os casos, inclusive naqueles que envolvam interesses existenciais, será necessário avaliar o concreto grau de discernimento do sujeito, os efeitos produzidos pelo ato e os elementos do caso concreto para que seja afastada qualquer possível invalidade do ato que se justifique em função da proteção da própria vulnerabilidade da pessoa". (COELHO, Camila Aguileira. O impacto do Estatuto da Pessoa com Deficiência no Direito das Sucessões. *In*: BARBOZA, Heloisa Helena; ALMEIDA, Vitor; MENDONCA, Bruna Lima de (Orgs.). *O Código Civil e o Estatuto da Pessoa com Deficiência*. 2. ed. rev. e atual. Rio de Janeiro: Editora Processo, 2020. p. 337).

em algumas situações, um aproveitamento ou abuso da vulnerabilidade da pessoa com deficiência declarada relativamente incapaz, mas que apresenta significativo comprometimento psíquico para manifestar sua vontade de forma válida, uma vez que findou a incapacidade absoluta de pessoa maior de idade no nosso sistema jurídico.

Embora escape dos limites do presente trabalho, indispensável pontuar que navega-se rumo à imprescindibilidade de uma mudança de perspectiva na análise do negócio jurídico, de modo a fornecer um encaminhamento à harmonização do regime das invalidades com o atual estágio de proteção dispensado às pessoas com deficiência, à luz do EPD, com o objetivo de alcançar a tão almejada segurança jurídica das relações entabuladas e em conformidade com a expectativa legítima gerada pela declaração com base na teoria da confiança.[577] Nesse sentido, Eduardo Nunes de Souza defende o

> estabelecimento de critérios para a investigação do merecimento de tutela do negócio jurídico, fundado não em eventuais vícios estruturais que os inquinem desde o momento de sua formação, mas sim em seus efeitos concretos, valorados (positiva ou negativamente) a partir de uma interpretação sistemática do ordenamento.[578]

Sob esse prisma metodológico, calcado no perfil funcional e dinâmico, permite-se a valoração dos negócios jurídicos a partir de seus efeitos, com base na identificação dos interesses e valores envolvidos no negócio concretamente entabulado entre as partes, desvinculando-se, ao menos, aprioristicamente, das "imperfeições estruturais do ato

---

[577] BARBOZA, Heloisa Helena; ALMEIDA JR., Vitor de Azevedo. A (in)capacidade da pessoa com deficiência mental ou intelectual e o regime das invalidades: primeiras reflexões. *In*: EHRHARDT JR., Marcos (Org.). *Impactos do novo CPC e do EPD no direito civil brasileiro*. Belo Horizonte: Fórum, 2016. p. 221-223.

[578] SOUZA, Eduardo Nunes de. Invalidade do negócio jurídico em uma perspectiva funcional. *In*: TEPEDINO, Gustavo (Org.). *O Código Civil na perspectiva civil-constitucional*: parte geral. Rio de Janeiro: Renovar, 2013. p. 372. O autor "destaca a falência da noção segundo a qual nulidade e anulabilidade consistiriam simplesmente em defeitos estruturais do negócio jurídico ou em retrato estático e patológico (em certa medida, desalentador) do fenômeno negocial. Muito mais do que isso, a invalidade negocial representa um juízo valorativo sobre os efeitos produzidos pelo ato: portanto, um *processo*, que é iniciado em abstrato pelo legislador, ao prever as causas de nulidade e anulabilidade, e que deve, necessariamente, ser terminado pelo intérprete à luz do caso concreto, ao investigar os interesses que o ato tangencia e, eventualmente, modular a rigidez da disciplina positiva com base nas peculiaridades fáticas e na axiologia do sistema. (SOUZA, Eduardo Nunes. *Teoria geral das invalidades do negócio jurídico*: nulidade e anulabilidade no direito civil contemporâneo. São Paulo: Almedina, 2017. p. 381).

(embora estas se mostrem também relevantes para a identificação da eficácia negocial)".[579] Tal desafiadora atividade interpretativa confere unidade teórico-dogmática ao regime das invalidades e segurança jurídica aos envolvidos.[580] Percebe-se, nessa linha de raciocínio, que o problema relaciona-se mais estreitamente com a rigidez subsuntiva da categoria dos negócios jurídicos, que com a proteção da vulnerabilidade da pessoa com deficiência, declarada ou não incapaz judicialmente, cujos efeitos podem ser modulados adequadamente a partir do caso concreto, sem se socorrer, necessariamente, da moldura legal prévia e abstrata do antigo sistema das incapacidades.

Com base na premissa de prevalência da análise funcional, parcela da doutrina busca enfrentar o espinhoso tema das invalidades dos negócios jurídicos, de modo a equilibrar a tutela das pessoas com deficiência mental ou intelectual com o regime ainda presente no Código Civil.[581] Desse modo, o exame concreto do negócio ajustado permitirá valorar, de acordo com as circunstâncias e as peculiaridades, o efetivo comprometimento psíquico da pessoa com deficiência mental ou intelectual, hábil a tornar nulo ou anulável o ajuste, independentemente de ter sido submetido à curatela.

---

579 SOUZA, Eduardo Nunes de. Invalidade do negócio jurídico em uma perspectiva funcional. *In*: TEPEDINO, Gustavo (Org.). *O Código Civil na perspectiva civil-constitucional*: parte geral. Rio de Janeiro: Renovar, 2013. p. 379.

580 SOUZA, Eduardo Nunes de. Invalidade do negócio jurídico em uma perspectiva funcional. *In*: TEPEDINO, Gustavo (Org.). *O Código Civil na perspectiva civil-constitucional*: parte geral. Rio de Janeiro: Renovar, 2013. p. 381-382.

581 Eduardo Nunes de Souza e Rodrigo da Guia Silva defendem que "no regime das invalidades em geral propõe-se a possibilidade de o intérprete modular as consequências do regime jurídico de nulidade ou anulabilidade indicado por lei para certos vícios dos atos de autonomia privada – e, particularmente no caso das incapacidades, sustenta-se a necessidade de avaliá-las em concreto, à luz do discernimento e da vulnerabilidade apresentadas pelo agente, tomando-se como norte o referido imperativo de proteção da pessoa humana independentemente do enquadramento *a priori* que lhe seja conferido por lei". (SOUZA, Eduardo Nunes de; SILVA, Rodrigo da Guia. Autonomia, discernimento e vulnerabilidade: estudo sobre as invalidades negociais à luz do novo sistema das incapacidades. *In*: *Civilistica.com*, Rio de Janeiro, a. 5, n. 1, 2016. Disponível em: http://civilistica.com/wp-content/uploads/2016/07/Souza-e-Silva-civilistica.com-a.5.n.1.2016.pdf. Acesso em 14 abr. 2017; BARBOZA, Heloisa Helena; ALMEIDA JR., Vitor de Azevedo. A (in)capacidade da pessoa com deficiência mental ou intelectual e o regime das invalidades: primeiras reflexões. *In*: EHRHARDT JR., Marcos (Org.). *Impactos do novo CPC e do EPD no direito civil brasileiro*. Belo Horizonte: Fórum, 2016. p. 220-225; SOUZA, Eduardo Nunes de; SILVA, Rodrigo da Guia. Dos negócios jurídicos celebrados por pessoa com deficiência psíquica e/ou intelectual: entre a validade e a necessária proteção da pessoa vulnerável. *In*: MENEZES, Joyceane Bezerra de (Org.). *Direito das pessoas com deficiência psíquica e intelectual nas relações privadas*: convenção sobre os direitos da pessoa com deficiência e Lei Brasileira de Inclusão. 2. ed. Rio de Janeiro: Processo, 2019. p. 355-381.

Supera-se, com isso, o sistema estrutural e estático do regime das invalidades para permitir que na dinâmica concreta da vida de relações a aferição seja realizada em cada caso, levando-se em conta os indicadores legais já previstos, de modo a compreender que a nulidade do ajuste em razão da incapacidade absoluta (art. 166, I, CC) deve ser aplicado nos casos de pessoa com deficiência mental e intelectual com severo e profundo comprometimento psíquico, para declarar uma vontade consciente, autônoma e livre, mesmo que não haja mais a incapacidade absoluta de pessoa maior. Por outro lado, em regra, os negócios jurídicos celebrados por pessoa com deficiência intelectual submetida à curatela podem gerar a anulabilidade por causa da incapacidade relativa (art. 171, I), em razão de comprometimento psíquico menos intenso, mas que efetivamente prejudique a avaliação dos riscos do ajuste, a fim de declarar uma vontade consciente e autônoma.[582] Sem dúvida, a possibilidade de declarar a nulidade do negócio é excepcional e cabível somente nas hipóteses de forte comprometimento cognitivo, o qual deve ser avaliado no caso concreto e devidamente comprovado. Uma vez que o EPD, ao modificar o Código Civil no que tange ao regime das incapacidades, não reestruturou o sistema das invalidades, pode-se dizer que a interpretação antes referida permite a modulação dos efeitos a partir do controle de merecimento de tutela, configurando-se medida de salvaguarda aos casos mais graves de deficiência intelectual.

Desse modo, já se afirmou que "o que está em jogo na valoração realizada é a pessoa concretamente considerada, independentemente da prévia moldura legal abstrata, e não mais o *incapaz abstrato*, desprovido de vontade". Por isso, no sopesamento entre "a preservação da autonomia e a proteção da vulnerabilidade encontra-se a chave interpretativa para o correto diálogo entre o atual sistema de incapacidade erigido com o EPD e o regime das invalidades mantido no Código Civil".[583]

---

[582] Cabe pontuar, como já defendido em outra oportunidade, que "os negócios jurídicos entabulados por pessoas com deficiência submetidas à curatela podem ser anulados, com base no art. 171, I, do Código Civil, atentando-se para uma leitura funcional do aludido dispositivo, eis que à luz da sistemática de promoção da autonomia enaltecida pelo Estatuto ora em vigor, não se pode mais permitir a anulação do negócio exclusivamente com base na relativa incapacidade da pessoa com deficiência, eis que é possível que a mesma tenha apresentado autonomia para o ato celebrado, bem como outros interesses envolvidos na cena merecem igual proteção – como a boa-fé objetiva e a confiança". (BARBOZA, Heloisa Helena; ALMEIDA JR., Vitor de Azevedo. A (in)capacidade da pessoa com deficiência mental ou intelectual e o regime das invalidades: primeiras reflexões. *In*: EHRHARDT JR., Marcos (Org.). *Impactos do novo CPC e do EPD no direito civil brasileiro*. Belo Horizonte: Fórum, 2016. p. 224).

[583] Por oportuno, seja consentido repisar raciocínio já esposado em outra sede: "O perfil dinâmico das invalidades desafia, entre outros, a contagem do prazo prevista no art. 178,

Igualmente intrincada é a questão da compatibilização do regime da prescrição e da decadência com o sistema das incapacidades, após a promulgação do EPD, de modo a conciliar a proteção da pessoa com deficiência com a segurança jurídica encampada por tais institutos.[584] Como se sabe, o art. 198, inciso I, do Código Civil estabelece que a prescrição não corre contra os absolutamente incapazes, em expressa referência ao art. 3º do mesmo diploma normativo.[585] No caso dos relativamente incapazes, a Lei Civil faculta o direito de ação contra os seus assistentes que derem causa à prescrição ou que não a alegaram oportunamente.[586] E, por força do art. 208, estendeu essas regras ao instituto da decadência, excepcionando o disposto no art. 207 do Código Civil.[587] A atual redação dada ao art. 3º pela Lei nº 13.146/2015 tem desafiado a doutrina ao descortinar uma questão central: à luz do direito posto, a prescrição e a decadência somente não correm em face dos menores de 16 anos ou é preciso proteger as pessoas com deficiência mental ou

III do Código Civil, eis que se a pessoa não tiver submetida à curatela dificilmente se conseguirá definir a cessação da incapacidade. [...] Como já se afirmou, a incansável tarefa do intérprete deverá levar em conta que tais mecanismos previstos pelo legislador civil atuam em prol proteção da pessoa cujo discernimento seriamente comprometido eclipsa a vontade livre, consciente e autônoma, atraindo as salvaguardas para melhor tutelar pessoa com deficiência mental e intelectual quando necessário. Tais dispositivos continuam úteis na medida em que salvaguardam, evitando abusos e periclitação de direitos, mas não podem mais ser automaticamente aplicados, ensejando uma análise minuciosa da situação da vulnerável pessoa com deficiência mental ou intelectual". (BARBOZA, Heloisa Helena; ALMEIDA JR., Vitor de Azevedo. A (in)capacidade da pessoa com deficiência mental ou intelectual e o regime das invalidades: primeiras reflexões. *In*: EHRHARDT JR., Marcos (Org.). *Impactos do novo CPC e do EPD no direito civil brasileiro*. Belo Horizonte: Fórum, 2016. p. 224-225).

584 "Os problemas decorrentes da compatibilização do regime da prescrição e decadência com o sistema da incapacidade civil, particularmente em sua configuração atual no direito brasileiro, demonstram, como se afirmou anteriormente, a perene necessidade de se revisitar a teoria geral do direito civil. Em perspectiva civil-constitucional, impõe-se mitigar o rigor estruturalista dos referidos institutos em busca de uma lógica funcional e valorativa, que sugere a revitalização do critério do discernimento em matéria de incapacidade civil e uma maior valorização do termo inicial de fluência como parâmetro decisivo para a proteção dos interesses das partes sujeitas à prescrição e decadência, matérias aqui identificadas como problemas de merecimento de tutela em sentido estrito. Não devem prosperar, nesse sentido, os entendimentos que findem, direta ou indiretamente, por fazer da prescrição e da decadência institutos infensos à tábua axiológica constitucional". (SOUZA, Eduardo Nunes de; SILVA, Rodrigo da Guia. Influências da incapacidade civil e do discernimento reduzido em matéria de prescrição e decadência. *In*: *Pensar*, Fortaleza, v. 22, n. 2, p. 469-499, mai./ago. 2017. p. 496).

585 "Art. 198. Também não corre a prescrição: I – contra os incapazes de que trata o art. 3º".

586 "Art. 195. Os relativamente incapazes e as pessoas jurídicas têm ação contra os seus assistentes ou representantes legais, que derem causa à prescrição, ou não a alegarem oportunamente".

587 "Art. 207. Salvo disposição legal em contrário, não se aplicam à decadência as normas que impedem, suspendem ou interrompem a prescrição".

intelectual contra o fenômeno prescricional e decadencial? E mais: a vulnerabilidade da pessoa com deficiência é motivo suficiente para determinar o resgate da aplicação dos arts. 198 e 208, do Código Civil? Em caso afirmativo, em quais casos tal aplicação teria cabimento e com base em quais critérios?

Incursão, ainda que breve e voltada estritamente às causas impeditivas e suspensivas à fluência do prazo prescricional e decadencial contra as pessoas com deficiência com capacidade restringida, provoca aceso debate em razão da relevância da influência do tempo sobre as relações jurídicas e suas repercussões de ordem prática. Indispensável averiguar os atuais fundamentos da prescrição e da decadência à luz da legalidade constitucional, de modo a permitir uma adequada compreensão da proteção dos incapazes em face do fenômeno prescricional e decadencial.[588] Em particular, autorizada doutrina contemporânea sustenta que a prescrição é funcionalizada à segurança jurídica remodelada à luz dos valores constitucionais, com ênfase na efetividade dos direitos fundamentais e no acesso à justiça,[589] em superação à segurança jurídica de índole formal e patrimonial.[590]

---

588 Doutrina abalizada reconhece que o entendimento atual "procura extremar as duas categorias com base nas situações jurídicas de que se originam. A prescrição origina-se do direito subjetivo, já que só o direito subjetivo é dotado da pretensão, consistente na exigibilidade do dever jurídico a ele correspondente. A pretensão prescritível decorre da violação do direito. [...] Já a decadência decorre de direitos potestativos, isto é, situações jurídicas diversas do direito subjetivo, nas quais, ao contrário deste, não há dever jurídico contraposto ao interesse do seu titular". (TEPEDINO, Gustavo; BARBOZA, Heloisa Helena; BODIN DE MORAES, Maria Celina. *Código Civil Interpretado Conforme à Constituição da República*. 2. ed. rev. e atual. Rio de Janeiro: Renovar, 2007. v. I, p. 358).

589 Rachel Saab entende que "o conteúdo da segurança jurídica – que funcionaliza a prescrição – deverá ser reconstruído, de modo que seja informado pelos valores e normas constitucionais, assegurando-se a unidade e a complexidade do ordenamento constitucional. [...] Afastando-se da formal e abstrata noção de certeza jurídica, delineiam-se os contornos da segurança jurídica na estabilização de determinada relação jurídica, na qual se inserem interesses juridicamente colidentes, os quais deverão ser ponderados na individuação do ordenamento do caso concreto". (SAAB, Rachel. Análise funcional do termo inicial da prescrição. *In*: BODIN DE MORAES, Maria Celina; GUEDES, Gisela Sampaio da Cruz; SOUZA, Eduardo Nunes de (Orgs.). *A Juízo do Tempo*: estudos atuais sobre prescrição. Rio de Janeiro: Editora Processo, 2018. p. 115). "Regras prescricionais restritas podem tornar praticamente impossível, ou excessivamente oneroso, o exercício efetivo de direitos garantidos pela Constituição. Com efeito, tais regras dificultam, e eventualmente impedem, a realização do comando do art. 5º, XXXV, CF, que determina que 'a lei não excluirá da apreciação do Poder Judiciário lesão ou ameaça a direito'. A partir dessa constatação é que se pode realizar a interpretação e a aplicação do instituto da prescrição em conformidade com o princípio da máxima efetividade constitucional". (BODIN DE MORAES, Maria Celina. Prescrição, efetividade dos direitos e danos à pessoa humana. Editorial. *In*: *Civilistica.com – Revista Eletrônica de Direito Civil*, v. 6, n. 1, p. 1-7, 2017. p. 7).

590 A prescrição e a decadência comungam, apesar das especificidades, da mesma finalidade de promover a segurança jurídica e a estabilidade das relações sociais em conformidade com os valores constitucionais.

O Código Civil de 2002 estabelece, em seu art. 198, inciso I, o impedimento ou a suspensão dos prazos prescricionais[591] contra os absolutamente incapazes de que trata o art. 3º, o que corresponde à idêntica regra já prevista no art. 169, inciso I, do Lei Civil pretérita.[592] A doutrina tradicionalmente aponta como fundamento para a não fluência do prazo prescricional contra os absolutamente incapazes o princípio da proteção,[593] eis que tais pessoas se encontrariam impedidas de agir. Desse modo, a "isenção da prescrição funcionaria como uma espécie de 'compensação' pela *capitis deminutio*, uma satisfação do ordenamento à suposta 'inferiorização' decorrente do *status* de incapaz".[594] Cabe sublinhar que há muito se entendia que não corre a prescrição em face do absolutamente incapaz, independentemente de estar ou não submetido à curatela, ou seja, o fato de se encontrar representado ou não é irrelevante para fins de aplicação da regra legal.[595]

Ainda, assim, permanecia controvertida a questão em sede doutrinária e jurisprudencial sob a égide da codificação anterior a respeito,

---

[591] A doutrina registra que as "causas de suspensão e de impedimento vinculam-se a situações fáticas objetivas, relacionadas ao status da pessoa ou a situações especiais em que o credor se encontra em face do devedor. [...] A diferenciação entre as causas suspensivas e impeditivas é de ordem temporal, tendo como base o momento em que surge o fato que impede o exercício da pretensão pelo titular: se o óbice se concretizar quando já tiver se iniciado o prazo, se estará diante de causa suspensiva. Do contrário, caso tais circunstâncias sejam anteriores ao próprio surgimento da pretensão, se estará diante de causa impeditiva". (TEPEDINO, Gustavo (Org.); OLIVA, Milena Donato. *Teoria Geral do Direito Civil. Fundamentos do Direito Civil.* Rio de Janeiro: Forense, 2020. v. 1, p. 383).

[592] Código Civil de 1916: "Art. 169. Também não corre a prescrição: I. Contra os incapazes de que trata o art. 5".

[593] De acordo com Caio Mário da Silva Pereira, "[...] razões defensivas ou de proteção impedem ou suspendem a prescrição contra absolutamente incapazes [...]. O caso dos incapazes, embora não seja peculiaridade nossa, não tem paralelo em alguns sistemas, como o alemão e o português, quando o incapaz tem representante, pois que este e responsável com seus bens, se deixa causar prejuízo ao seu representado. O nosso legislador preferiu, contudo, suspender ou impedir a prescrição na pendência da incapacidade absoluta, a sujeitar o incapaz aos azares de uma ação regressiva, com risco de esbarrar na insolvência do representante". (PEREIRA, Caio Mário da Silva. *Instituições de direito civil.* 27. ed. Rio de Janeiro: Forense, 2014. v. I, p. 583).

[594] SOUZA, Eduardo Nunes de; SILVA, Rodrigo da Guia. Influências da incapacidade civil e do discernimento reduzido em matéria de prescrição e decadência. *In*: *Pensar*, Fortaleza, v. 22, n. 2, p. 469-499, mai./ago. 2017. p. 472.

[595] "Vale destacar que a prescrição não corre contra o absolutamente incapaz, independentemente de estar ou não representado". (TEPEDINO, Gustavo; BARBOZA, Heloisa Helena; BODIN DE MORAES, Maria Celina. *Código Civil Interpretado Conforme à Constituição da República.* 2. ed. rev. e atual. Rio de Janeiro: Renovar, 2007. v. I, p. 374). "Se a incapacidade for permanente [...] a consequência será a imprescritibilidade, pouco importando, para os efeitos da lei, que o incapaz esteja representado por curador". (LÔBO, Paulo. *Direito civil*: parte geral. 3. ed. São Paulo: Saraiva, 2012. p. 330).

o que se manteve, em boa medida, no Código vigente, a respeito do termo inicial da suspensão do prazo prescricional. Em outras palavras, debatia-se a necessidade de decretação judicial da "interdição", para obstar a fluência do prazo prescricional. O Superior Tribunal de Justiça, no julgamento do REsp nº 652.837, de relatoria da Ministra Laurita Vaz, assentou entendimento no sentido de que, à luz da inteligência do art. 198, inciso I, do Código Civil, a suspensão ocorre quando a incapacidade é verificada, ainda que a curatela tenha sido posteriormente decretada. Nestes termos, consolidou-se a compreensão de que "conquanto a sentença de interdição tenha sido proferida em data posterior ao decurso do prazo prescricional, a suspensão deste prazo ocorre no momento em que se manifestou a incapacidade mental do indivíduo".[596]

Extrai-se, portanto, que as causas impeditivas e suspensivas da prescrição aludidas no art. 198, inciso I, do Código Civil vinculam-se ao estado de incapacidade absoluta, ou seja, de *déficit* cognitivo severo, tanto que o próprio legislador remete expressamente ao art. 3º, e não faz menção à necessidade de submissão à curatela. Desta vinculação, inclusive, resulta o cerne do problema com a redação dada ao art. 3º do Código Civil pelo art. 114 do EPD, uma vez que somente os menores de 16 anos são considerados absolutamente incapazes, nos termos da legislação vigente. Ao julgar a regra da isenção prescricional como um benefício ou favor legal, de caráter nitidamente protetivo, perscrute-se a manutenção de tal disposição com base no princípio da aplicação da norma mais favorável à pessoa com deficiência, previsto especificamente no parágrafo único do art. 125 do EPD, que se mostra iluminado pelo disposto no art. 4, n. 4, da CDPD, que determina que "disposições mais propícias à realização dos direitos das pessoas com deficiência".

Sob tal perspectiva, discute-se a revitalização do discernimento ou a adoção da vulnerabilidade como critérios possíveis para impedir ou suspender os prazos prescricionais e decadenciais, mesmo sem base legal. À luz da renovada segurança jurídica informada pelos valores constitucionais, ambos os critérios apontados padecem de ressalvas e podem comprometer a própria função conformadora da prescrição e da decadência. O discernimento, como será visto, sempre foi um conceito de difícil compreensão e que não mais encontra assento no Direito brasileiro após a vigência do EPD. Com viés discriminatório

---

[596] BRASIL. Superior Tribunal de Justiça. *REsp. nº 652.837/RJ*, Quinta Turma, Rel. Min. Laurita Vaz, julg. 22 maio 2007, publ. 29 jun. 2007.

e atrelado de forma generalizante à deficiência mental ou intelectual, a ausência completa de discernimento caracterizada a partir de um padrão de "anormalidade" e por meio de perícias médicas padronizadas e baseadas exclusivamente em critérios clínicos parece incompatível com o respeito à vontade, aos desejos e às preferências da pessoa com deficiência, seja com base em seu melhor interesse ou perfil identitário construído ao longo da vida. O discernimento foi largamente utilizado como critério para banir as pessoas do convívio social e excluí-las dos atos da vida civil, sem maiores parâmetros bem delineados para sua identificação, bastando, em muitos casos, laudos superficiais pautados no saber médico. É preciso densificar o critério do discernimento e evitar sua utilização de forma abstrata e generalizada, sob pena de desrespeito ao modelo social da deficiência e aos direitos fundamentais assegurados a essas pessoas.

Por sua vez, o recurso ao critério da vulnerabilidade, em razão da sua amplitude, pode provocar uma generalização desmedida ao ponto de fragilizar a proteção das pessoas com deficiência intelectual ou mental que realmente precisariam desse benefício legal e esvaziar a verdadeira finalidade perseguida pelo legislador. A vulnerabilidade, como já afirmado, é conceito ainda em construção no mundo jurídico e que precisa de aportes mais seguros para sua delimitação conceitual. Além disso, nunca se cogitou impedir ou suspender os prazos prescricionais contra todas as pessoas com deficiência, que, a depender da abrangência da categoria vulnerabilidade, poderia alcançar a todos, inclusive, pessoas com deficiência física e sensorial, o que nunca foi o objetivo da norma.

Os tribunais pátrios já foram instados a se manifestar e algumas posições começam a ser delineadas. Em primeiro lugar, cogita-se da pretensa inconstitucionalidade da reforma legislativa que retirou as pessoas com deficiência mental ou intelectual do rol dos absolutamente incapazes, eis que tal mudança teria os desprotegido. Nessa linha, no julgamento da apelação nº 5017423-95.2013.404.7108 pelo Tribunal Regional Federal da 4ª Região, entendeu-se que

> [...] uma interpretação constitucional do texto do Estatuto deve colocar a salvo de qualquer prejudicialidade o portador de deficiência psíquica ou intelectual que, de fato, não disponha de discernimento, sob pena de ferir de morte o pressuposto de igualdade nele previsto, dando o mesmo tratamento para os desiguais.

Diante desse raciocínio, sustenta-se que,

> sob pena de inconstitucionalidade, o 'Estatuto da Pessoa com Deficiência' deve ser lido sistemicamente enquanto norma protetiva. As pessoas com deficiência que têm discernimento para a prática de atos da vida civil não devem mais ser tratadas como incapazes, estando, inclusive, aptas para ingressar no mercado de trabalho, casar etc.

Conclui-se, a partir da premissa de interpretação sistemática do EPD, que os "portadores de enfermidade ou doença mental que não têm o necessário discernimento para a prática dos atos da vida civil persistem sendo considerados incapazes, sobretudo no que concerne à manutenção e indisponibilidade (imprescritibilidade) dos seus direitos".

Embora se compreenda o intuito protetivo a ser conferido nestes casos, a utilização abstrata da noção de ausência de discernimento remonta ao regime das incapacidades anterior ao EPD, que deve ser de todo afastado em razão da contrariedade em face das normas convencionais. Além disso, é difícil e escapa das lindes processuais uma averiguação mais pormenorizada das condições psíquicas da pessoa com deficiência mental ou intelectual, que dependeria da produção de prova, o que esbarra no escopo de cada procedimento. Em outros termos, há obstáculos à realização de perícia médica e estudo social em demandas estranhas à ação de curatela somente para se verificar o "discernimento" da pessoa com deficiência e, posteriormente, julgar o mérito em si da demanda proposta. Por isso, é preciso que haja critérios mais seguros e eficientes, para uma interpretação mais adequada do objetivo do art. 198, inciso I, do Código Civil, em face da finalidade inclusiva do EPD, sem descurar da ínsita vulnerabilidade, mas, sobretudo, atenta ao postulado da segurança jurídica e estabilidade das relações sociais.

Sem prejuízo de eventual reforma legislativa do art. 198, inciso I, do Código Civil, cabe alinhavar que a *mens legis* do dispositivo fundava-se em proteger as pessoas absolutamente incapazes e que, portanto, deveriam ser representadas nos atos da vida civil. Com a promulgação do EPD, as pessoas com deficiência mental ou intelectual somente podem ser declaradas relativamente incapazes, como já acentuado. No entanto, entende-se que é possível, em casos excepcionais, conferir poderes de representação aos curadores para determinados atos de forma expressa. Desse modo, a incapacidade relativa, nos termos do art. 4º, inciso III, do Código Civil, admite como mecanismos a assistência, em regra, e, excepcionalmente, a representação, conforme será abordado no próximo capítulo. Parece que, ao impedir ou suspender as causas da prescrição e da decadência, especificamente em relação aos absolutamente incapazes de que tratava o art. 3º, em sua versão original, pretendia-se proteger as pessoas incapazes representadas por meio da curatela ou carentes de representação formal, eis que impedidas de manifestar validamente a sua vontade.

Em crítica ao excesso de proteção aos absolutamente incapazes no campo da prescrição e da decadência, Eduardo Nunes de Souza e Rodrigo da Guia Silva destacam que há uma certa "naturalidade" em excluir o relativamente incapaz do mesmo patamar protetivo, mesmo nos casos em que não há a devida assistência. Em particular, endossam a tese da possibilidade de fluência do prazo prescricional e decadencial nas hipóteses em que o incapaz se encontra regularmente representado, o que seria a normalidade dos casos, e ainda teria utilidade no sistema atual diante do entendimento da aplicação analógica do art. 198, inciso I, do Código Civil às pessoas com deficiência mental e intelectual que tenham seu "nível de discernimento" "comprovadamente reduzido ao ponto de impossibilitar o regular exercício dos atos de interrupção da prescrição", em defesa ao resgate desse critério.[597]

Os autores defendem, ainda, que o princípio *contra non valentem*[598] oferece algumas respostas satisfatórias, na medida em que a pessoa com deficiência apresente "uma impossibilidade fática de exercício da pretensão, torna-se possível sustentar a não fluência da prescrição contra a pessoa com deficiência, ao menos durante o tempo em que, por qualquer eventualidade, permaneça sem curador". Por outro lado, tendo em vista

> que a curatela no sistema atual deve ser restrita a atos específicos, não mais se admitindo a interdição total da pessoa com deficiência, eventuais atos não abrangidos pela sentença que nomeia o curador presumem-se compatíveis com o nível de discernimento da pessoa – logo, seu não exercício, quando forem necessários à tutela de um direito, enseja o curso regular da prescrição.[599]

[597] SOUZA, Eduardo Nunes de; SILVA, Rodrigo da Guia. Influências da incapacidade civil e do discernimento reduzido em matéria de prescrição e decadência. *In*: *Pensar*, Fortaleza, v. 22, n. 2, p. 469-499, mai./ago. 2017. p. 495-496.

[598] Tal princípio decorre do brocardo *contra non valentem agere non currit praescriptio* ("contra quem não pode agir não corre a prescrição").

[599] SOUZA, Eduardo Nunes de; SILVA, Rodrigo da Guia. Influências da incapacidade civil e do discernimento reduzido em matéria de prescrição e decadência. *In*: *Pensar*, Fortaleza, v. 22, n. 2, p. 469-499, mai./ago. 2017. p. 485.

De todo razoável a preocupação com a sistematicidade da proteção destinada aos relativamente incapazes ser proporcional aos benefícios legais anteriormente assegurados aos absolutamente incapazes, bem como a excessividade da isenção legal, mesmo nos casos em que o curatelado se encontra curatelado. Por outro lado, em apego ao modelo de apoio inaugurado com a CDPD, há que se assegurar salvaguardas à pessoa com deficiência mental ou intelectual como as causas obstativas à prescrição e decadência, reservada aos casos de impossibilidade concreta e fática de exprimir por si a sua vontade, eis que é possível o resgate da sua autonomia, ainda que remota, em muitos casos. Por isso, permitir a fluência do prazo prescricional ou decadencial nos casos de representação não atende ao modelo de apoio, que deve, cada vez mais, superar o modelo da substituição da vontade, o qual se funda, entre outros, no excessivo poder conferido aos curadores.

De modo a buscar a coerência e a unidade do ordenamento, a partir da releitura das causas suspensivas e impeditivas, propõe-se que o artigo. 198, inciso I, do Código Civil, encontra seu fundamento hoje na máxima efetividade dos direitos da pessoa com deficiência submetida à curatela ou que tiver sua impossibilidade de manifestar sua vontade de forma válida, comprovada judicialmente, ou seja, quando há evidente impossibilidade de exercício da pretensão. Por isso, nas situações em que a pessoa com deficiência estiver submetida à curatela, somente não ocorre a prescrição nos casos em que a sentença definiu que a pessoa curatelada necessita ser excepcionalmente representada nos atos da vida patrimonial, casos em que tal aferição já foi previamente realizada. Nada impede que pessoa com deficiência intelectual não submetida à curatela possa se aproveitar da isenção da prescrição diante de caso concreto no qual apresente severo comprometimento das suas funções cognitivas para a compreensão de seu direito, o que, por sua vez, impede uma atuação vigorosa de seu exercício e a regra do artigo 195 seria prejudicial nessas situações, eis que demandaria uma tutela patológica e riscos à efetividade da pretensão indenizatória. Cabe relembrar que a sentença que declara a incapacidade e determina a submissão à curatela tem natureza declaratória, o que permite a aplicação do art. 198, inciso I, mesmo em casos nos quais a curatela ainda não tenha sido decretada. O mesmo raciocínio se aplica ao impedimento ou à suspensão dos prazos decadenciais, conforme, já em regime de exceção, é previsto no art. 208 do Código Civil.

Há de se destacar, ainda, que uma análise funcional, dinâmica e relacional do termo inicial da prescrição é extremamente útil para a proteção das pessoas com deficiência mental ou intelectual que temporariamente não conseguem exprimir sua vontade de forma válida, nos termos do art. 4º, inciso III, da Lei Civil. Segundo Rachel Saab, "assume centralidade o momento em que a pretensão pode efetivamente ser exercida, de modo que a inação do sujeito possa ser valorada negativamente".[600] Nessa perspectiva, não há que se falar em fluência do prazo prescricional quando a pessoa com deficiência mental ou intelectual não tiver possibilidade de exprimir a sua vontade, eis que impedida, fática e concretamente, de exercer a pretensão, sobretudo nos casos em que não se encontra devidamente submetida à curatela e, portanto, amparada com tratamentos apropriados em prol do resgate de sua autonomia.

Importante sublinhar que não flui o prazo prescricional entre curatelados e curadores, durante a curatela, conforme previsto no art. 197, inciso I, do Código vigente. Tal regra se mantém ilesa mesmo após a vigência do EPD, eis que se justifica na solidariedade familiar e nos vínculos afetivos e íntimos que exigem confiança mútua a impedir o exercício de pretensões entre si.[601] Desse modo, mesmo que não haja vínculo de parentesco entre curador e curatelado, fato é que o cuidado e a confiança que devem permear tal relação impõe a manutenção da regra de não fluência da prescrição, que atende ao escopo de harmonia e estabilização dos vínculos mais próximos, enquanto perdurarem.

---

[600] SAAB, Rachel. Análise funcional do termo inicial da prescrição. *In*: BODIN DE MORAES, Maria Celina; GUEDES, Gisela Sampaio da Cruz; SOUZA, Eduardo Nunes de (Orgs.). *A Juízo do Tempo*: estudos atuais sobre prescrição. Rio de Janeiro: Editora Processo, 2018. p. 146.

[601] Segundo Caio Mário Pereira da Silva, "razões de ordem moral paralisam os prazos nas relações jurídicas entre pessoas que cultivam ou devem cultivar vínculo afetivo mais profundo. Daí não correr a prescrição entre cônjuges na constância da sociedade conjugal, entre ascendentes e descendentes durante o poder familiar, entre tutelados ou curatelados e seus tutores e curadores, durante a tutela ou curatela (Código Civil, art. 197). Tais pessoas são respectivamente ligadas por laços incompatíveis com a constituição de situações contrárias a direito que forem titulares. As relações entre cônjuges, entre pai e filho, entre tutor e pupilo, entre curador e curatelado não se devem perturbar pela desconfiança, nem obrigar a um clima de vigilância, inspirador de choques de interesses inconvenientes à boa harmonia". (PEREIRA, Caio Mário da Silva. *Instituições de direito civil*. 27. ed. Rio de Janeiro: Forense, 2014. v. I, p. 582-583). "As causas de suspensão ou impedimento de que trata este artigo se fundam no status da pessoa, individual ou familiar. São razões de confiança, amizade e de ordem moral, nas quais interesses maiores são preservados pelo legislador, com a paralisação do prazo extintivo da pretensão que uma dessas pessoas acima indicadas tenha com outras". (TEPEDINO, Gustavo; BARBOZA, Heloisa Helena; BODIN DE MORAES, Maria Celina. *Código Civil Interpretado Conforme à Constituição da República*. 2. ed. rev. e atual. Rio de Janeiro: Renovar, 2007. v. I, p. 371).

Cabe, por último, examinar, em matéria de prescrição, o escopo do art. 195 do Código Civil. Conforme abalizada doutrina, o "preceito não cuida diretamente da prescrição, mas sim do direito de ação, decorrente da não alegação da prescrição por parte de quem, ao assistir ou representar, deixa de suscitá-la, ou por dar causa à sua concretização, quando desfavorável ao assistido ou representado".[602] Apesar da redação do dispositivo permitir o entendimento que a responsabilidade dos assistentes dos relativamente incapazes e dos representantes das pessoas jurídicas é baseada na responsabilidade civil sem culpa, consoante disposto no art. 927, parágrafo único, do Código Civil, é preciso ter cautela em sua aplicação, uma vez que "o assistente do relativamente incapaz poderá, em grande parte das vezes, não possuir conhecimentos jurídicos, nem experiência na vida prática, para auxiliar na gestão de interesses de terceiros". Desse modo, não se deve aplicar o mesmo regime de responsabilidade civil para os assistentes dos relativamente incapazes e os representantes das pessoas jurídicas, que normalmente possuem "alguma expertise mínima para a vida negocial".[603]

A categoria das invalidades negociais e as causas obstativas da prescrição e da decadência descortinam, de forma emblemática, as dificuldades enfrentadas pelo intérprete na sistematização do regime protetivo-excludente previsto no Código Civil com o modelo protetivo-emancipador instaurado com a CDPD e o EPD. Indispensável compreender que o legislador pátrio, na linha da orientação da CDPD, afirmou a capacidade plena da pessoa com deficiência, de modo a permitir sua participação social em igualdade de oportunidades com as demais pessoas. Mas igualmente reconhece a sua vulnerabilidade e a necessidade de salvaguardas.

De fato, conforme observa Anderson Schreiber, "o Estatuto representa uma corajosa intervenção legislativa, que tem a genuína virtude de revisitar de modo criativo um setor tradicionalmente intocável: o regime da incapacidade civil". No entanto, ressalta o mesmo autor que a "maior deficiência foi ceder ao peso excessivo da concretização, a ponto de operar uma reforma limitada à situação do deficiente, que acabou por ser introduzida sem uma preocupação

---

[602] TEPEDINO, Gustavo; BARBOZA, Heloisa Helena; BODIN DE MORAES, Maria Celina. *Código Civil Interpretado Conforme à Constituição da República*. 2. ed. rev. e atual. Rio de Janeiro: Renovar, 2007. v. I, p. 370.

[603] TEPEDINO, Gustavo; BARBOZA, Heloisa Helena; BODIN DE MORAES, Maria Celina. *Código Civil Interpretado Conforme à Constituição da República*. 2. ed. rev. e atual. Rio de Janeiro: Renovar, 2007. v. I, p. 370.

sistemática e abrangente", tendo por efeito "reforma tão restrita no regime de incapacidades que gera um resultado fraturado".[604] Nessa linha, advoga o civilista:

> Com isso, em vez de valorizar o dado concreto da realidade, o Estatuto acabou por criar um outro sistema abstrato e formal, no qual agora a pessoa com deficiência é sempre capaz, ingressando-se, mais uma vez, no velho e revelho modelo do "tudo-ou-nada" em relação à capacidade, agora com sinais trocados, mas ainda preso à lógica abstrata e geral que governava a disciplina das incapacidades na codificação de 1916 e que nosso Código Civil de 2002 reproduziu, com impressionante dose de desatualidade. Uma efetiva personalização do regime de incapacidades, que permita a modulação dos seus efeitos, seja no tocante à sua intensidade, seja no tocante à sua amplitude, continua a ser aguardada para completar a travessia do sujeito à pessoa – para usar a expressão de Stefano Rodotà –, e não poderá ser alcançada com a criação de setorizações desnecessárias que, ainda quando compreensíveis à luz das oportunidades legislativas ditadas por uma agenda política, acabam por recortar o sistema quando deveriam reformá-lo.[605]

Apesar das críticas, a doutrina tem reconhecido um verdadeiro "giro estrutural no regime das incapacidades para garantir a inclusão da pessoa com deficiência e por admitir que a lida com os assuntos existenciais não pode ser conduzida pelos mesmos parâmetros talhados para definir a capacidade para a prática de negócios patrimoniais".[606] Nessa medida, ao se afirmar e promover a capacidade jurídica plena à pessoa com deficiência afasta-se o caráter discriminatório típico da categoria da incapacidade e se reconhece a "incindibilidade entre capacidade de gozo e capacidade de exercício quanto aos interesses existenciais presentes no plano dos direitos da personalidade".[607]

---

[604] SCHREIBER, Anderson. Tomada de Decisão Apoiada: o que é e qual sua utilidade? *In*: *Jornal Carta Forense*, 03 jun. 2016. Disponível em: http://www.cartaforense.com.br/conteudo/artigos/tomada-de-decisao-apoiada-o-que-e-e-qual-sua-utilidade/16608. Acesso em 14 jul. 2016.

[605] SCHREIBER, Anderson. Tomada de Decisão Apoiada: o que é e qual sua utilidade? *In*: *Jornal Carta Forense*, 03 jun. 2016. Disponível em: http://www.cartaforense.com.br/conteudo/artigos/tomada-de-decisao-apoiada-o-que-e-e-qual-sua-utilidade/16608. Acesso em 14 jul. 2016.

[606] MENEZES, Joyceane Bezerra de; TEIXEIRA, Ana Carolina Brochado. Desvendando o conteúdo da capacidade civil a partir do Estatuto da Pessoa com Deficiência. *Revista Pensar*, Fortaleza, v. 21, n. 2, mai./ago. 2016. p. 593-594.

[607] MENEZES, Joyceane Bezerra de; TEIXEIRA, Ana Carolina Brochado. Desvendando o conteúdo da capacidade civil a partir do Estatuto da Pessoa com Deficiência. *Revista Pensar*, Fortaleza, v. 21, n. 2, mai./ago. 2016. p. 593-594.

De fato, é no campo das situações existenciais que o sacrifício do sujeito incapaz sempre foi mais sensível. Construído para a proteção do patrimônio do incapaz, as genéricas decisões judiciais que determinavam a curatela acabavam por conferir amplos poderes sobre a "pessoa e bens" do curatelado. Afirmar-se que "consentir equivale a ser"[608] revela que a privação do direito ao livre consentimento a respeito das decisões mais pessoais sempre negou a condição de pessoa aos incapazes, que dependiam da participação alheia para a validade e eficácia de suas declarações de vontade.[609]

Nesse particular, Judith Martins-Costa propõe como terceira espécie a "capacidade para consentir", também denominada de competência, para o "processo de tomada de decisões sobre os cuidados para com a saúde, globalmente considerados, abrangendo, portanto, [...] quaisquer atos de lícita disposição do próprio corpo".[610] Embora útil num regime fechado como o anterior, na linha da atual vocação emancipatória da capacidade civil, despicienda uma nova categoria, uma vez que a capacidade de consentir corresponde à própria capacidade de agir, que não se confina somente nas questões afetas ao cuidado da saúde e ao governo do próprio corpo. A relevância da proposição desta categoria reside na mensuração do discernimento, que atenta para as "singularidades da pessoa ('raciocínio por concreção')". Assim, "não é a pessoa como abstrato sujeito, mas é a pessoa de carne e osso, em sua concretude e em suas circunstâncias, que deverá estar no centro do raciocínio".[611]

As nuances do discernimento[612] constituíam o critério limítrofe entre a capacidade e a incapacidade, mas sempre se apresentaram de

---

[608] RODOTÀ, Stefano. *Dal soggetto ala persona*. Napoli: Editoriale Scientifica, 2007. Item 5.

[609] SCHREIBER, Anderson; NEVARES, Ana Luiza Maia. Do sujeito à pessoa: uma análise da incapacidade civil. *In*: TEPEDINO, Gustavo; TEIXEIRA, Ana Carolina Brochado; ALMEIDA, Vitor (Orgs.). *O Direito Civil entre o sujeito e a pessoa*: estudos em homenagem ao professor Stefano Rodotà. Belo Horizonte: Fórum, 2016. p. 41-42.

[610] MARTINS-COSTA, Judith. Capacidade para consentir e esterilização de mulheres tornadas incapazes pelo uso de drogas: notas para uma aproximação entre a técnica jurídica e a reflexão bioética. *In*: MARTINS-COSTA, Judith; MÖELLER, Letícia Ludwig (Orgs.). *Bioética e responsabilidade*. Rio de Janeiro: Forense, 2009. p. 324-325.

[611] MARTINS-COSTA, Judith. Capacidade para consentir e esterilização de mulheres tornadas incapazes pelo uso de drogas: notas para uma aproximação entre a técnica jurídica e a reflexão bioética. *In*: MARTINS-COSTA, Judith; MÖELLER, Letícia Ludwig (Orgs.). *Bioética e responsabilidade*. Rio de Janeiro: Forense, 2009. p. 326.

[612] Segundo Maria Celina Bodin de Moraes, "ter discernimento é ter capacidade de entender e de querer. Se o indivíduo for dotado desta capacidade, dela decorrem a autodeterminação e a imputabilidade (isto, é a responsabilidade)". (BODIN DE MORAIS, Maria

difícil compreensão por parte do Direito, que, em regra, sempre delegou para o campo da psiquiatria a definição do sujeito "anormal". A noção de "discernimento" sempre foi de tormentosa interpretação e aplicação. Por consequência, o grau de discernimento ou o déficit psíquico sempre foram igualmente gradações de difícil compreensão e que carregavam consigo alto teor do "padrão de normalidade" insculpido pela estrutura social e pelo saber biomédico.

A fórmula da ausência ou redução de discernimento como *standards* jurídicos de inserção da pessoa em categorias padronizadas previamente e estanques – absolutamente incapazes e relativamente incapazes – se consolidou como esquema simplório que visava facilitar a operacionalização dos efeitos nos negócios jurídicos, bem como as demais consequências de ordem legal, como a prescrição e a decadência. Desconsiderava-se, sobretudo, que as restrições à plena capacidade não se perfazem automaticamente, mas configuram-se como processos, cuja progressividade na aquisição e na perda é nítida na maior parte dos casos. O descaso com o exame pormenorizado e casuístico em relação ao grau de discernimento nos laudos periciais protocolares colaborou sensivelmente para a inundação de interdições totais no país.

Sustenta-se, desse modo, que o discernimento não seja um critério puramente médico que se cristaliza como jurídico, mas, a partir da adoção do modelo social conforme preconizado na CDPD, outros fatores sejam igualmente importantes para a justificativa de restrições à capacidade da pessoa humana. Por isso, já se propôs uma "complexa avaliação das condições pessoais do sujeito e daquelas sociais, culturais e ambientais, mas, sempre, em relação ao exclusivo interesse das manifestações do desenvolvimento pessoal".[613] Por isso, ao lado do discernimento, que deixou de apresentar-se como requisito legal, propõe-se como critérios igualmente úteis na avaliação da pessoa supostamente com a capacidade restringida a funcionalidade e o grau de dependência.

Em decorrência da adoção do modelo social, componente importante para se verificar eventuais restrições à capacidade de fato é a funcionalidade. A Organização Mundial da Saúde (OMS)[614] aprovou,

---

Celina. Uma aplicação do princípio da liberdade. *In*: *Na medida da pessoa humana*: estudos de direito civil-constitucional. Rio de Janeiro: Renovar, 2010. p. 192).

613 PERLINGIERI, Pietro. *Direito civil na legalidade constitucional*. (Trad. Maria Cristina de Cicco). Rio de Janeiro: Renovar, 2008. p. 783.

614 Nas classificações internacionais da OMS, os estados de saúde (doenças, perturbações, lesões, etc.) são classificados principalmente na CID-10 (abreviatura da Classificação

em 2001, a Classificação Internacional de Funcionalidade, Incapacidade e Saúde (CIF), considerado um marco na legitimação do modelo social, e que antecipou o principal desafio político na definição de deficiência proposta pela Convenção sobre os Direitos das Pessoas com Deficiência, que reside no estabelecimento de critérios para mensurar as barreiras e a restrição de participação social. Cabe destacar que até a publicação da CIF, a OMS adotava uma linguagem estritamente biomédica para a classificação dos impedimentos corporais. Nessa perspectiva, com a CIF, compreendeu-se, finalmente, que uma "pessoa com deficiência não é simplesmente um corpo com impedimentos, mas uma pessoa com impedimentos vivendo em um ambiente com barreiras".[615] Por isso, o objetivo dessa classificação é proporcionar uma "linguagem unificada e padronizada, assim como uma estrutura de trabalho para a descrição da saúde e de estados relacionados com a saúde".

A CIF dimensiona os domínios da saúde e aqueles relacionados, contemplando as funções e estruturas do corpo, bem como as atividades e a participação do indivíduo, relacionando-os aos fatores ambientais. Na perspectiva da CIF, funcionalidade é um "termo que engloba todas as funções do corpo, atividades e participação; de maneira similar, incapacidade é um termo que inclui deficiências, limitação da *actividade* ou restrição na participação".[616]

A CDPD, com base na adoção do modelo social, propôs um conceito de deficiência que reconhece a experiência da opressão sofrida pelas pessoas com impedimentos, superando a "ideia de impedimento como sinônimo de deficiência", de modo a focar "na restrição de participação o fenômeno determinante para a identificação da desigualdade pela deficiência". Com isso, compreende-se a deficiência como "uma experiência cultural e não apenas o resultado de um diagnóstico biomédico de anomalias".[617] Por isso, é preciso revisitar a ideia de discernimento ligada ao discurso psiquiátrico de exclusão

---

Internacional de Doenças, Décima Revisão), que fornece uma estrutura de base etiológica. A CID-10 e a CIF são complementares e não classificações excludentes.

[615] DINIZ, Debora; BARBOSA, Lívia; SANTOS, Wederson Rufino dos. Deficiência, Direitos Humanos e Justiça. *In*: *Sur – Revista Internacional de Direitos Humanos (Impresso)*, v. 6, n. 11, p. 12-24, 2009.

[616] OMS. *Classificação Internacional de Funcionalidade, Incapacidade e Saúde*. (Trad. e rev. de Amélia Leitão). Lisboa, 2004. Disponível em: http://www.inr.pt/uploads/docs/cif/CIF_port_%202004.pdf. Acesso em 09 nov. 2017.

[617] DINIZ, Debora; BARBOSA, Lívia; SANTOS, Wederson Rufino dos. Deficiência, Direitos Humanos e Justiça. *In*: *Sur – Revista Internacional de Direitos Humanos (Impresso)*, v. 6, n. 11, p. 12-24, 2009.

do século XIX, para reconhecer que, no âmbito jurídico, tal noção é fortemente subjetiva e vincula-se a uma análise da *psique* do agente na declaração de vontade segundo parâmetros de normalidade. Não é apenas um diagnóstico médico que define a restrição ao agir individual, mas a avaliação global do seu *déficit* cognitivo em relação às circunstâncias objetivas que impedem, de forma significativa, seja de maneira permanente ou transitória, a expressão da sua vontade, que leva em conta a posição da pessoa concretamente considerada em seu contexto social. Desse modo, discernimento e funcionalidade caminham juntos como critérios hábeis para a submissão à curatela.

Por outro lado, é o grau de dependência que determinará a modulação da extensão e dos efeitos da curatela. A dependência é uma construção social, que à luz do modelo médico relaciona os impedimentos corporais às desvantagens sociais vivenciadas pelas pessoas com deficiência. Com o modelo social, a dependência foi encarada de forma pejorativa, na medida em que se compreendeu que "o corpo não é um destino de exclusão para as pessoas com deficiência".[618] No entanto, a dependência deve ser vista como um aspecto fundamental da trajetória humana, que, em alguns casos, exige um cuidado maior com aqueles que necessitam, sem, obviamente, negar-lhes visibilidade e direitos. Uma avaliação da dependência que visa a emancipação e conquista da autonomia pode constituir um valioso critério para esse fim.

Em termos jurídicos, o grau de dependência se projeta como uma possível medida do suporte ou auxílio necessários para a realização dos atos da vida civil. Serve de exemplo o caso das pessoas com a síndrome rara, denominada de "locked-in" (LIS), que apesar de plenamente conscientes e lúcidas, ficam com todos os seus movimentos musculares paralisados, preservando somente o movimento voluntário dos olhos. Eis um caso em que o discernimento parece intacto, mas a funcionalidade do corpo com impedimentos encontra barreiras no meio social. Por isso, o sujeito depende de suporte para os atos mais corriqueiros da vida civil. Jean-Dominique Bauby, editor bem sucedido de revista, foi acometido de tal síndrome, após sofrer grave acidente vascular cerebral, mas conseguiu canalizar sua comunicação por meio do piscar do olho esquerdo, tendo sido "capaz de ditar (piscar)

[618] DINIZ, Debora; BARBOSA, Lívia; SANTOS, Wederson Rufino dos. Deficiência, Direitos Humanos e Justiça. *In*: *Sur – Revista Internacional de Direitos Humanos (Impresso)*, v. 6, n. 11, p. 12-24, 2009.

letras do alfabeto, formar palavras, parágrafos e, no final, escrever sua biografia".[619]

No direito brasileiro, o legislador cioso dessa situação havia previsto no art. 1.780 do Código Civil, atualmente revogado por força do art. 123, inc. VII do EPD,[620] que a "requerimento do enfermo ou portador de deficiência física, ou, na impossibilidade de fazê-lo, de qualquer das pessoas a que se refere o art. 1.768, dar-se-lhe-á curador para cuidar de todos ou alguns de seus negócios ou bens". Tal dispositivo introduziu a chamada "curatela do enfermo" ou "curatela especial" no ordenamento jurídico nacional, que ao lado da "curatela do nascituro",[621] se caracterizava como hipótese de curatela sem interdição. Tratava-se, portanto, de curatela que prescindia de processo de interdição, "pois o curatelado se autodetermina", ou seja, não se destinava à pessoa incapaz, mas à pessoa que não possuía plenas condições físicas ou materiais de exercer os atos patrimoniais da vida civil.

Apesar da presença do discernimento, indubitável que algumas pessoas dependem de colaboradores para o exercício de determinados atos de acordo com a vontade manifestada, ainda que a acessibilidade comunicacional seja difícil. Por causa da inerente vulnerabilidade, afasta-se a possibilidade de representação voluntária por meio do contrato de mandato, uma vez que as responsabilidades decorrentes do encargo da curatela são mais adequadas à proteção dessas pessoas. Embora já revogado, tal dispositivo sinaliza que nem sempre somente a noção de discernimento é útil para atrair a necessidade de suporte para os cuidados da pessoa com deficiência, mas, no mundo dos fatos,

---

[619] "O paciente, nesta condição, parece estar ou continuar em coma. Mas só parece. O estado de plena consciência é revelador, contudo. Os movimentos dos músculos verticais dos olhos e a elevação da pálpebra, assim como sua sensibilidade a dor continuam a funcionar, a estar presentes, visto que tal tipo de lesão cerebral não é, portanto, preserva o movimento voluntário dos olhos. No livro e no filme, apesar de drástica e irreversível mudança de vida, Bauby, preso em seu próprio corpo, não se entregou a estados depressivos graves ou profundos. A sua capacidade de sonhar, desejar e seu humor positivo não permitiram que ele se embrenhasse pelo caminho pretensamente mais simples: o de não desejar a vida". (BARBOSA-FORRMANN, Ana Paula. O Escafandro e a Borboleta: a conquista da Autonomia e Dignidade de Deficientes com Síndrome 'Locked-In'. *In*: *Inclusive – inclusão e cidadania*, 11 fev. 2014. Disponível em: www.inclusive.org.br. Acesso em 19 nov. 2017).

[620] Heloisa Helena Barboza defende que: "O ocaso da curatela do enfermo não constitui assim seu desaparecimento, pois a ideia que a gerou e a fez nascer de modo acanhado renasce com o Estatuto da Pessoa com Deficiência de modo renovado e vigoroso". (BARBOZA, Heloisa Helena. Curatela do enfermo: instituto em renovação. *In*: MONTEIRO FILHO, Carlos Edison do Rêgo; GUEDES, Gisela Sampaio da Cruz; MEIRELES, Rose Melo Vencelau (Orgs.). *Direito Civil*. Rio de Janeiro: Freitas Bastos, 2015. p. 451).

[621] V. art. 1.779 do CC.

o grau de dependência pode se revelar como um componente seguro para verificar as restrições à plena capacidade de agir, eis que, embora lúcidas e conscientes, tais pessoas tem a autonomia restringida em razão de limitações de ordem física. Cabe ao curador – além do Poder Público e da sociedade – envidar os esforços necessários para facilitar a declaração de vontade da pessoa com deficiência e buscar sempre diminuir sua dependência, visando a conquista de sua autonomia.

Busca-se, com isso, densificar o critério do discernimento, que pode permanecer útil,[622] apesar de não mais constar expressamente na Lei Civil, mas que carece de componentes mais objetivos para demarcar no território jurídico a necessidade do sistema de suporte da pessoa com deficiência, que possa suprir as restrições eventualmente constatadas na capacidade de agir da pessoa. Desse modo, os critérios para a submissão à curatela em razão das restrições à capacidade se assentam na falta de discernimento e na funcionalidade, enquanto a dependência é critério hábil a modular a extensão da curatela. O que se critica, portanto, é a manutenção do discernimento como critério abstrato, exclusivo e puramente médico, para a incapacidade relativa, buscando-se densificá-lo à luz do modelo social da deficiência.

Por isso, em chave de leitura a partir do paradigma social da deficiência, as restrições socialmente impostas à efetiva participação na sociedade e realização de atividades, que conduzem à maior dependência da pessoa para a prática de atos civis, preenchem e colaboram com o conteúdo do discernimento, que deixa de ser um conceito puramente abstrato e psíquico para contemplar seus impactos

---

[622] Há quem entenda, em sentido contrário ao defendido no presente trabalho de não mais manter o discernimento como critério abstrato e exclusivo, que o "abandono do discernimento como critério para a incapacidade é estratégia completamente inadequada à proteção dos sujeitos com deficiência mental ou intelectual. O ordenamento jurídico não pode se contentar com a mera expressão da vontade. Ao contrário, deve privilegiar uma vontade consciente e que traduza a real intenção do agente. Assim, abolir por completo a possibilidade de incapacitar e nomear um representante legal para pessoas com ausência de discernimento é irrealizável e, acredita-se, não seria sequer desejável". Nessa linha, defende-se que "o que pretende o Comitê sobre os Direitos das Pessoas com Deficiência é simplesmente inexequível. Não podendo fechar os olhos para a realidade de que há pessoas sem qualquer discernimento e que não deixam de ser atores na cena jurídica, alguém vai precisar, necessariamente, decidir por elas. Portanto, defende-se que, em situações excepcionais e quando as demais medidas se mostrarem insuficientes, deve ser declarada a incapacidade para os atos da vida civil e nomeado um representante para a pessoa com discernimento comprometido, por meio do instituto da curatela, em atenção ao princípio da igualdade material". (LARA, Mariana Alves. Em defesa da restauração do discernimento como critério para a incapacidade de fato. *In*: *Revista Brasileira de Direito Civil – RBDCivil*, Belo Horizonte, v. 19, p. 39-61, jan./mar. 2019. p. 58-60).

na restrição e assimetrias causadas nas pessoas que apresentam esse *déficit* volitivo.[623]

Indiscutível, portanto, constatar que a Convenção, seguida pelo Estatuto, não se compraz de um regime de incapacidades que se baseie em um modelo centrado em um conceito geral e abstrato, cuja gradação no caso individualizado pode ser mensurada sempre nos espectros da incapacidade relativa, eis que finda a incapacidade absoluta de pessoa maior. Um juízo funcional do indivíduo, a partir de suas potencialidades e habilidades, permite, para além do diagnóstico médico, aferir o grau de discernimento, a intensidade da dependência e os domínios da funcionalidade, homenageando o art. 12 da CDPD e o art. 6º do EPD, e assegurando as salvaguardas protetivas necessárias, de modo proporcional e temporário.

Diante disso, importante ressalvar que a incapacidade relativa por causa transitória prevista no art. 4º, inc. III, do Código Civil, não pode ser lida como passageira ou repentina. É preciso um mínimo de durabilidade para declarar a incapacidade de alguém e submeter à curatela.[624] Por outro lado, a rigor, a incapacidade, nos termos atuais,

---

[623] De acordo com Nelson Rosenvald: "Corretamente, o legislador optou por localizar a incapacidade no conjunto de circunstâncias que evidenciem a impossibilidade real e duradoura da pessoa querer e entender – e que, portanto, justifiquem a curatela –, sem que o ser humano, em toda a sua complexidade, seja reduzido ao âmbito clínico de um impedimento psíquico ou intelectual. Ou seja, o divisor de águas da capacidade para a incapacidade não mais reside nas características da pessoa, mas no fato de se encontrar em uma situação que as impeça, por qualquer motivo, de conformar ou expressar a sua vontade. [...] Como medida de incapacitação, a Lei nº 13.146/15 viabiliza a substituição do critério subjetivo do déficit cognitivo, embasado em padrões puramente médicos, por outro objetivo. [...] a absoluta impossibilidade de interação e comunicação por qualquer modo, meio ou formato adequado". (ROSENVALD, Nelson. Curatela. *In*: PEREIRA, Rodrigo da Cunha (Org.) *Tratado de Direito das Famílias*. Belo Horizonte: IBDFAM, 2015. p. 744).

[624] "Se já é discutível a hipótese dos intervalos lúcidos, que acaba sendo uma hipótese de incapacidade, o que não dizer da solução que o Projeto dá de incapacitação geral, absoluta e peremptória aos que, ainda se por motivos transitórios, não puderem exprimir sua vontade? Segundo o Projeto são absolutamente incapazes, entre outras, as pessoas que (...) *não puderem exprimir sua vontade*, mesmo se (...) *por motivo transitório* (art. 3º, III). Portanto, alguém que se submete a uma cirurgia e fica por duas, três horas, sem condições de expressar sua vontade, em consequência da aplicação de anestésico, é um incapaz? Podemos incapacitá-lo em definitivo ou ele está incapaz? Essa incapacitação é, manifestamente, de natureza transitória, e não deve levar o alistamento da hipótese junto àquelas em que a restrição é de caráter permanente". (VILLELA, João Baptista. Capacidade civil e capacidade empresarial: poderes de exercício no Projeto. *In*: *Revista CEJ*, v. 3, n. 9, set./dez. 1999. Disponível em: http://www.cjf.jus.br/ojs2/index.php/revcej/article/view/234/396. Acesso em 14 dez. 2017). Nestes casos de inconsciência efêmera melhor utilizar-se o conceito de incompetência para a tomada de decisão relativa ao cuidado com a saúde. As demais decisões devem aguardar o retorno da lucidez da pessoa.

é sempre considerada como temporária,[625] ainda que durável, uma vez que a lei impõe que a curatela durará o "menor tempo possível" (art. 84, §3º, EPD). Com isso, a incapacidade geral e absoluta se despediu do ordenamento, fazendo renascer uma incapacidade (*rectius*: capacidade restringida) sempre limitada no tempo e em sua extensão, de modo a prestigiar a emancipação digna da pessoa humana.

Indispensável, portanto, observar que a atávica visão da incapacidade civil à luz de interesses patrimoniais e a consequente negligência das situações existenciais encerram violação à dignidade da pessoa humana,[626] pois alcança o exercício de sua liberdade existencial. No ordenamento jurídico brasileiro, transformar a incapacidade em um instrumento de limitações, proibições e exclusões estereotipadas[627] que impeça a pessoa de autodeterminar-se, a fim de representar uma prisão à autocriação da pessoa,[628] não é compatível com os valores democraticamente eleitos pelo constituinte. O então sistema codificado de incapacidade estampado originalmente na Lei Civil de 2002 criou uma verdadeira ficção jurídica através de cisões abruptas[629]

---

625 João Baptista Villela já defendia, ainda sob o exame do projeto do Código Civil vigente, que "depois da grande revolução da psiquiatria biológica, reverteu-se a situação anterior na qual os casos de enfermidade mental intermitentes se compunham fundamentalmente de longos períodos de enfermidade, intervalos por períodos de lucidez. Hoje, segundo depoimentos dos especialistas na área médica, é possível por meio do controle por drogas, se não liminar totalmente o período de enfermidade, reverter a situação para o estado anterior; ou seja, podemos ter longos períodos de sanidade pontuados por pequenos lapsos de enfermidade. Então, não há mais sentido estabelecermos uma incapacidade de caráter permanente ou duradoura, quando a situação, em razão dos progressos médicos, mudou radicalmente". (VILLELA, João Baptista. Capacidade civil e capacidade empresarial: poderes de exercício no Projeto. *In*: *Revista CEJ*, v. 3, n. 9, set./dez. 1999. p. 43-44. Disponível em: http://www.cjf.jus.br/ojs2/index.php/revcej/article/view/234/396. Acesso em 14 dez. 2017).

626 LÔBO, Paulo. *Direito civil*: parte geral. 3. ed. São Paulo: Saraiva, 2012. p. 112. Cf. GAMA, Guilherme Calmon Nogueira. Personalidade e Capacidade Jurídica no Código Civil de 2002. *In*: *Revista Brasileira de Direito de Família*, Porto Alegre: Síntese, v. 8, n. 37, ago./set. 2006. p. 36.

627 PERLINGIERI, Pietro. *Perfis do direito civil*: introdução ao Direito Civil Constitucional. (Trad. Maria Cristina De Cicco). 3. ed. rev. e ampl. Rio de Janeiro: Renovar, 2002. p. 164.

628 "Reconhecer ao homem um direito à autonomia permite a autocriação, ou seja, permite que cada um de nós seja responsável pela configuração de nossas vidas de acordo com nossa própria personalidade – coerente ou não, mas de qualquer modo distinta. O direito à autonomia protege e estimula essa capacidade em qualquer circunstância, permitindo que as pessoas que a têm decidam em que medida, e de que maneira, procurarão concretizar esse objetivo". (FARIA, Roberta Elzy Simiqueli de Faria. Autonomia da Vontade e Autonomia Privada: uma distinção necessária. *In*: FIUZA, César; SÁ, Maria de Fátima Freire de; NAVES, Bruno Torquato (Coords.). *Direito Civil*: atualidade II. Da Autonomia Privada nas Situações Jurídicas Patrimoniais e Existenciais. Belo Horizonte: Del Rey, 2007. p. 68).

629 "Ademais, os incapazes ficam ao arbítrio dos seus representantes ou assistentes, além do que todos os tipos de incapacidade são englobados, sem qualquer distinção maior, em

entre capacidade e incapacidade e entre incapacidade absoluta e relativa, que acabam por refletir em uma proteção excessiva[630] e demasiadamente paternalista que se traduzia em "terrível tirania",[631] claramente violadora da dignidade da pessoa humana na medida em que desvaloriza a autonomia privada.

Por isso, insista-se que o regime de capacidade "deve-se despir de ideias patrimonialistas e valorizar a pessoa humana".[632] Assim, não deve prevalecer a segurança jurídica dos atos negociais garantidas por previsões legais abstratas, mas sim as avaliações à luz das características particulares do caso concreto que condizem com a promoção do desenvolvimento da personalidade da pessoa e, com isso, a promoção de seus interesses existenciais. Logo, não se aplica às situações existenciais a dicotomia entre a capacidade de direito e a capacidade de fato, pois esta "não abrange os direitos não patrimoniais, que emergem exclusivamente do estado da pessoa humana, como o direito à identidade pessoa ou ao nome, cujo exercício não depende da capacidade do titular".[633]

Nas situações existenciais, a titularidade decorre necessariamente do seu exercício.[634] Os atos de autonomia existencial são personalíssimos,[635] o que inviabiliza o exercício por outrem, sendo contrários

---

dois níveis (relativa e absoluta), como já visto". (DINIZ, Fernanda Paula; ABRAHÃO, Ingrith Gomes. Autonomia da Vontade, Consentimento e Incapacidade: a possibilidade de doação de órgãos em vida por incapaz. *In*: FIUZA, César; SÁ, Maria de Fátima Freire de; NAVES, Bruno Torquato (Coords.). *Direito Civil*: atualidades II – Da Autonomia Privada nas Situações Jurídicas Patrimoniais e Existenciais. Belo Horizonte: Ed. Del Rey, 2007. p. 136).

630 RODRIGUES, Rafael Garcia. A pessoa e o ser humano no novo Código Civil. *In*: TEPEDINO, Gustavo (Coord.). *O Código Civil na perspectiva civil-constitucional*: parte geral. Rio de Janeiro: Renovar, 2013. p. 25-26.

631 PERLINGIERI, Pietro. *Direito civil na legalidade constitucional*. (Trad. Maria Cristina de Cicco). Rio de Janeiro: Renovar, 2008. p. 782.

632 DINIZ, Fernanda Paula; ABRAHÃO, Ingrith Gomes. Autonomia da Vontade, Consentimento e Incapacidade: a possibilidade de doação de órgãos em vida por incapaz. *In*: FIUZA, César; SÁ, Maria de Fátima Freire de; NAVES, Bruno Torquato (Coords.). *Direito Civil*: atualidades II – Da Autonomia Privada nas Situações Jurídicas Patrimoniais e Existenciais. Belo Horizonte: Ed. Del Rey, 2007. p. 139.

633 LÔBO, Paulo. *Direito civil*: parte geral. 3. ed. São Paulo: Saraiva, 2012. p. 111.

634 MENEZES, Joyceane Bezerra. A capacidade dos incapazes: o diálogo entre a convenção da ONU sobre os direitos das pessoas com deficiência e o Código Civil Brasileiro. *In*: RUZYK, Carlos Eduardo Pianovski *et al*. *Direito Civil Constitucional*: a ressignificação da função dos institutos fundamentais do direito civil contemporâneo e suas consequências. Florianópolis: Conceito Editorial, 2014. p. 57.

635 "Ademais, as situações existenciais normalmente se apresentam como situações personalíssimas, de modo que inaplicáveis os meios de suprimento da incapacidade" (MEIRELES, Rose Melo Venceslau. *Autonomia privada e dignidade humana*. Rio de Janeiro: Renovar, 2009. p. 234).

a natureza da representação e da assistência[636] típicos do regime de (in)capacidade patrimonial. Fundamental, portanto, garantir à pessoa com capacidade restringida a possibilidade de atuar diretamente,[637] ou seja, de contribuir pessoalmente com a sua vontade, desejos e preferências na tomada de decisões a respeito das situações jurídicas existenciais que lhe envolvem, mas sem descuidar de verificar a necessidade de apoio e suporte para tanto à luz do caso concreto. Considerar a pessoa capaz não significa que ela não necessite de auxílio para a prática dos atos da vida civil, mas retirá-la das "camisas-de-força totalmente desproporcionais e, principalmente, contrastantes com a realização do pleno desenvolvimento da pessoa".[638]

Não se pode olvidar que o intuito do Estatuto foi nitidamente de atribuir autonomia a um grupo historicamente vulnerável e marginalizado, que, não raras vezes, era tolhido de livre exercício de suas escolhas, em perceptível movimento personalista.[639] Nessa toada, cabe ao intérprete, de forma diligente e de acordo com os preceitos contidos na CDPD, sistematizar o regime das restrições à capacidade com o tecido normativo atualmente em vigor, desde que de modo excepcional, motivado e em benefício da pessoa, tendo como norte o atendimento ao livre desenvolvimento da personalidade humana.

### 2.3.2 A capacidade na perspectiva emancipatória e o fim da incapacidade absoluta

A capacidade reflete a liberdade pessoal de escolher entre vários modos de viver. No âmbito jurídico, a capacidade civil se revela com o poder de atuar livremente no tráfego negocial, administrando seu patrimônio da maneira como melhor convém a cada pessoa, e autorrealizar-se existencialmente, promovendo suas habilidades e desenvolvendo sua individualidade. A pessoa humana firma-se como autora de sua própria vida, deixando de ser mera expectadora de seu destino, moldando a si própria.

---

[636] MEIRELES, Rose Melo Venceslau. *Autonomia privada e dignidade humana*. Rio de Janeiro: Renovar, 2009. p. 126.

[637] MEIRELES, Rose Melo Venceslau. *Autonomia privada e dignidade humana*. Rio de Janeiro: Renovar, 2009. p. 131.

[638] PERLINGIERI, Pietro. *Perfis do direito civil*: introdução ao Direito Civil Constitucional. (Trad. Maria Cristina De Cicco). 3. ed. rev. e ampl. Rio de Janeiro: Renovar, 2002. p. 164.

[639] V. ROSENVALD, Nelson. A personalização da personalidade. *In*: *O Direito Civil em movimento. Desafios contemporâneos*. Salvador: Juspodivm, 2017. p. 40-42.

Nessa ótica, a capacidade civil é a liberdade de ser do indivíduo no mundo jurídico, que, portanto, deve-se voltar à proteção e emancipação das pessoas com deficiência. A dignidade humana como autodeterminação é que justifica o fim do discriminatório e excludente regime das incapacidades, que sacrificava o livre agir das pessoas com limitações intelectuais ou psíquicas, relegando o controle de suas vidas a um curador nomeado para tanto, que sequer era obrigado a buscar o melhor interesse do curatelado ou reconstruir os desejos e preferências revelados ao longo da vida, no caso em que a deficiência tenha sido adquirida.

Uma das áreas mais sensíveis aos impactos do modelo social adotado pela CDPD e que requer a realização urgente de reparos nas tradicionais legislações nacionais é a capacidade legal (artigo 12).[640] O artigo 12 da referida Convenção, que versa sobre o reconhecimento da capacidade jurídica das pessoas com deficiência com deficiência, foi apontado pelos Estados membros da União Europeia como uma das diretrizes mais desafiadoras.[641] A partir da interpretação do mencionado artigo, o Comitê dos Direitos das Pessoas com Deficiência (ONU) atribui aos Estados signatários da Convenção a obrigação de revogação dos dispositivos legais que declaram, de modo discriminatório, a incapacidade civil das pessoas com deficiência intelectual, e de substituição dos regimes de curatela pelos de assistência, a fim de salvaguardar a autonomia, a vontade e as preferências dessas pessoas.[642]

---

640 O EPD utiliza as expressões "capacidade civil" (art. 6º) e "capacidade legal" (art. 84), que se encontra na CDPD (art. 12, 2 a 4), e não alterou a designação "capacidade" existente no Código Civil. As citadas expressões são aqui consideradas sinônimas e correspondentes ao termo "capacidade".

641 "It did not come as a surprise that Article 12 [on equal recognition before the law] of the Convention [...] was one of the major conflict themes during the negotiations of the treaty. And it is foreseeable that it remains to be the greatest challenge of implementation in all States Parties. [...] In our first five years as a treaty body we have not found one country that fulfils all obligations under Article 12". (UNIÃO EUROPEIA. Agência Europeia dos Direitos Fundamentais. *Fundamental rights*: challenges and achievements in 2014. Jun. 2015. p. 33. Disponível em: http://www.refworld.org/docid/558bce674.html. Acesso em 15 ago. 2017). Tradução livre: "Não surpreendeu que o artigo 12 [sobre o reconhecimento igual perante a lei] da Convenção [...] fosse um dos principais temas de conflito durante as negociações do tratado. E é previsível que continue a ser o maior desafio de implementação em todos os Estados Partes. [...] Nos nossos primeiros cinco anos, como órgão de tratado, não encontramos um país que cumpra todas as obrigações previstas no artigo 12".

642 "Article 12 of the CRPD on equal recognition before the law has consistently proved a focus of legal reforms in EU Member States, reflecting its status as one of the most challenging articles for State Parties to the convention. In April 2014, the CRPD Committee presented its first authoritative guidance, or general comment, on the scope and meaning of Article 12. The committee reiterated the obligations on State Parties that had emerged from

Em contrapartida, defendem alguns Estados membros da União Europeia que a escorreita interpretação do artigo deve permitir a previsão legal de restrições à capacidade jurídica das pessoas com deficiência em certas circunstâncias.[643]

Tensão similar também pode ser notada na interpretação do artigo 14 da Convenção, relativo à liberdade e à segurança das pessoas com deficiência mental ou intelectual, em matéria de internação involuntária. Os Estados membros do Conselho da Europa defendem que a internação compulsória deve ser autorizada desde que a "debilidade mental" grave seja conjugada a outros critérios. O Comitê dos Direitos das Pessoas com Deficiência (ONU), todavia, reitera que a privação da liberdade de uma pessoa, sob o fundamento da existência de uma deficiência, viola o aludido dispositivo da Convenção, não devendo, portanto, ser admitida

---

previous concluding observations, namely that they must abolish denials of legal capacity that discriminate on the grounds of disability, and that regimes where a guardian makes decisions on behalf of a person must be replaced by systems which respect the person's 'autonomy, will and preferences. The general comment also elaborated on key elements of the mechanisms that should replace previous guardianship regimes. To comply with the convention, these systems must, for example, be available to all, irrespective of support needs and mode of communication, and the support person should be legally recognised". (UNIÃO EUROPEIA. Agência Europeia dos Direitos Fundamentais. *Fundamental rights*: challenges and achievements in 2014. Jun. 2015. p. 33. Disponível em: http://www.refworld.org/docid/558bce674.html. Acesso em 15 ago. 2017). Tradução livre: "O artigo 12 da CDPD sobre o reconhecimento igual antes da lei provou consistentemente um foco de reformas legais nos Estados-Membros da UE, refletindo seu *status* como um dos artigos mais desafiadores para os Estados Partes na convenção. Em abril de 2014, o Comitê da CRPD apresentou sua primeira orientação autorizada ou comentário geral sobre o alcance e o significado do Artigo 12. O comitê reiterou as obrigações dos Estados Partes que surgiram de observações finais anteriores, a saber, que eles devem abolir as negativas de legal capacidade que discrimina em razão da deficiência, e que os regimes em que o tutor toma decisões em nome de uma pessoa devem ser substituídos por sistemas que respeitem a 'autonomia, a vontade e as preferências' da pessoa. O comentário geral também elaborou elementos-chave dos mecanismos que devem substituir os regimes anteriores de tutela. Para cumprir com a convenção, esses sistemas devem, por exemplo, estar disponíveis para todos, independentemente das necessidades de suporte e do modo de comunicação, e a pessoa de suporte deve ser legalmente reconhecida".

643 "In their comments on the draft general comment, Denmark, France and Germany, for example, reasserted their view that the convention allows for restrictions of legal capacity in certain circumstances. This suggests that the "divergence" between the Committee's interpretation of Article 12 and that of the State Parties highlighted in Germany's submission is likely to persist". (UNIÃO EUROPEIA. Agência Europeia dos Direitos Fundamentais. *Fundamental rights*: challenges and achievements in 2014. Jun. 2015. p. 33. Disponível em: http://www.refworld.org/docid/558bce674.html. Acesso em 15 ago. 2017). Tradução livre: "Nos seus comentários sobre o projeto de comentário geral, a Dinamarca, a França e a Alemanha, por exemplo, reafirmaram a sua opinião de que a convenção permite restrições de capacidade jurídica em determinadas circunstâncias. Isso sugere que a 'divergência' entre a interpretação do artigo 12º do Comitê e a dos Estados Partes, destacados na submissão da Alemanha, provavelmente persistirá".

em nenhuma hipótese.[644] A Convenção sobre os Direitos das Pessoas com Deficiência sublinha a importância da adoção pelos Estados Partes de medidas que viabilizem a participação social igualitária, absoluta e efetiva das pessoas com deficiência, principalmente em relação a decisões que lhes digam respeito, inclusive, aquelas sobre apoio e assistência.[645] Evita-se, dessa forma, qualquer postura paternalista e a afirmação da autonomia da pessoa com deficiência para decidir a respeito dos rumos da sua própria vida.

A independência da pessoa com deficiência é aspecto chave para compreensão da nova perspectiva emancipatória da pessoa com deficiência. É de se destacar que constitui princípio geral da CDPD, na forma de seu art. 3º, alínea *a*, o "respeito pela dignidade inerente, a autonomia individual, inclusive a liberdade de fazer as próprias escolhas, e a independência das pessoas". A vulnerabilidade antes compreendida como justificativa para um sistema de exclusão torna-se razão e fundamento para exigir uma proteção mais reforçada no que concerne aos mecanismos de apoio ao processo de tomada de decisão sobre os aspectos da vida da pessoa com deficiência.

A determinação constitucional de solidariedade social convoca os atores sociais a promoverem a autonomia das pessoas com deficiência, superando o passado de exclusão e banimento sociais. A rigor, observa-se que não há uma tensão entre liberdade e solidariedade, mas sim, uma exigência de que para que aquela seja promovida é necessária uma atuação da sociedade para sua afirmação e concretização da dignidade da pessoa humana com ou sem deficiência.

A experiência constitucional brasileira descortina uma dignidade humana promotora da liberdade individual e do pluralismo, de modo a permitir o livre desenvolvimento da personalidade e a construção da identidade pessoal, que somente é possível a partir do reconhecimento do direito à autodeterminação nas escolhas de cunho existencial, expressão maior do respeito à autonomia e valorização das pessoas humanas em um Estado democrático e laico, mormente para atenuar as vulnerabilidades de grupos historicamente marginalizados.

---

[644] UNIÃO EUROPEIA. Agência Europeia dos Direitos Fundamentais. *Fundamental rights*: challenges and achievements in 2014. Jun. 2015. p. 33. Disponível em: http://www.refworld.org/docid/558bce674.html. Acesso em 15 ago. 2017.

[645] ASSEMBLEIA GERAL DAS NAÇÕES UNIDAS. Conselho dos Direitos Humanos. *Report of the special rapporteur on the rights of persons with disabilities*. Dez. 2016. p. 9. Disponível em: http://www.refworld.org/cgi-bin/texis/vtx/rwmain?page=search&docid=58b009cd4&skip=0&query=persons%20with%20intellectual%20and%20psychosocial%20disabilities. Acesso em 13 ago. 2017.

O EPD constitui, desse modo, desde que aplicado de modo adequado e em conformidade com a CDPD, medida eficiente para que as pessoas com deficiência obtenham os instrumentos necessários para ter uma vida digna, possibilitando sua autonomia e independência. Nesse aspecto, o apoio à capacidade legal da pessoa com deficiência deve atender à sua diversidade, conforme reconhece a alínea *i* do preâmbulo da CDPD, levando em consideração o grau de comprometimento objetivo na manifestação de vontade válida. Por isso, a necessidade de repensar a extensão e os efeitos dos instrumentos de apoio ao exercício da capacidade legal da pessoa com deficiência, como a curatela, por exemplo.

Sem dúvida, um dos maiores impactos provocados pelo EPD foi a nova redação dada ao art. 3º da Lei Civil, que considera absolutamente incapazes de exercer pessoalmente os atos da vida civil apenas os menores de 16 (dezesseis) anos. Afastou-se a menção à enfermidade, à deficiência mental, ou à falta discernimento como causa da incapacitação absoluta por ser injustificadamente discriminatória. Com isso, finda, de uma vez por todas, a incapacidade absoluta de pessoa maior no direito brasileiro. Segundo Nelson Rosenvald, um "ser humano jamais poderá ser limitado a uma doença ou ao seu diagnóstico médico. O discernimento e a aptidão psíquica formam apenas uma faceta da complexa personalidade humana".[646] Por isso, "neutralizar completamente a possibilidade de uma pessoa protagonizar a sua biografia"[647] não mais condiz com a superada incapacidade absoluta.[648]

---

[646] ROSENVALD, Nelson. As quatro críticas infundadas ao Estatuto da Pessoa com Deficiência. *In*: *O Direito Civil em movimento. Desafios contemporâneos*. Salvador: Juspodivm, 2017. p. 108.

[647] ROSENVALD, Nelson. As quatro críticas infundadas ao Estatuto da Pessoa com Deficiência. *In*: *O Direito Civil em movimento. Desafios contemporâneos*. Salvador: Juspodivm, 2017. p. 108.

[648] "A expressão "absolutamente incapaz" é tecnicamente e eticamente inadmissível. Ela parte da premissa de que existe uma classificação abstrata capaz de albergar seres humanos despersonalizados, inaptos a cumprir o seu destino e substituídos em todo e qualquer ato da vida civil. Isso é moralmente aceitável? É evidente que é da "natureza das coisas" que existam pessoas completamente impossibilitadas de exercer o autogoverno, seja por um grave AVC, estado comatoso, doenças crônicas degenerativas em estágio avançado. Porém, será que é necessário ressuscitar a anacrônica incapacidade absoluta apenas para justificar essas situações extremadas da vida, renunciando a outras alternativas legislativas e interpretativas que, ao invés de "interditar" o ser humano, possam conciliar tais casos excepcionalíssimos com a esmagadora maioria de hipóteses de curatela em que o curatelado remanesce com residuais ou parciais espaços de autodeterminação?". ROSENVALD, Nelson. A "caixa de Pandora" da incapacidade absoluta. Disponível em: https://www.nelsonrosenvald.info/single-post/2017/06/06/A-%E2%80%9Ccaixa-de-Pandora%E2%80%9D-da-incapacidade-absoluta. Acesso em 16 dez. 2017).

Apesar da clareza da nova redação do art. 3º do Código Civil e da compatibilidade do fim da incapacidade absoluta à luz da tábua axiológica constitucional, parte da comunidade jurídica tem criticado severamente a reforma legislativa, sob a justificativa de que o Estatuto mais desprotege que ampara.[649] No plano de proposições legislativas, logo após a promulgação do EPD, foi apresentado o Projeto de Lei do Senado (PLS) nº 757/2015, com o objetivo de alterar o Código Civil, o EPD e o CPC, para dissociar a condição de pessoa com deficiência de qualquer presunção de incapacidade, mas garantindo que qualquer pessoa com ou sem deficiência tenha o apoio de que necessite para os atos da vida civil. O PLS foi inicialmente proposto para a inclusão do inciso II ao art. 3º do Código Civil, com o retorno da incapacidade absoluta para "os que, por qualquer motivo, não tiverem o necessário discernimento para a prática desses atos", bem como a revogação do inciso III do art. 4º e a modificação do inciso II, que passaria a ter a seguinte redação "os ébrios habituais, os viciados em tóxicos e os que, por qualquer causa, tenham o discernimento severamente reduzido". Por ocasião da primeira emenda ao PLS, propôs-se a inclusão de dois incisos ao art. 3º do Código Civil, em redação próxima ao regime revogado pelo EPD, ao estabelecer como absolutamente incapazes: "II - os que não tenham qualquer discernimento para a prática desses atos, conforme decisão judicial que leve em conta a avaliação biopsicossocial. III - os que, mesmo por causa transitória, não puderem exprimir sua vontade".

Por fim, com a apresentação da segunda emenda ao PLS, propôs-se o acréscimo do §2º ao art. 4º do Código Civil, renumerando-se o parágrafo único como §1º, com a seguinte redação:

> [...] §2º As pessoas com deficiência, inclusive mental ou intelectual ou deficiência grave, maiores de 18 (dezoito) anos, têm assegurado o direito ao exercício de sua capacidade civil em igualdade de condições com as demais pessoas, devendo os apoios e salvaguardas, de que

---

[649] SIMÃO, José Fernando. *Estatuto da Pessoa com Deficiência causa perplexidade*. Disponível em: https://www.conjur.com.br/2015-ago-06/jose-simao-estatuto-pessoa-deficiencia-causa-perplexidade. Acesso em 17 dez. 2017. Segundo Flávio Tartuce, "fica a dúvida se não seria interessante retomar alguma previsão a respeito de maiores absolutamente incapazes, especialmente para as pessoas que não têm qualquer condição de exprimir vontade e que não são necessariamente pessoas deficientes. Este autor entende que sim, havendo proposição nesse sentido no citado Projeto de Lei nº 757/2015, com nosso apoio. Cite-se, a esse propósito, justamente a pessoa que se encontra em coma profundo, sem qualquer condição de exprimir o que pensa". (TARTUCE, Flávio. *Direito civil*: lei de introdução e parte geral. 13. ed. rev. atual. e ampl. Rio de Janeiro: Forense, 2017. v. 1, p. 138-139).

eventualmente necessitarem para o exercício dessa capacidade, observarem o quanto segue: I – a curatela, regulada pelos artigos 1.781 e seguintes deste Código, poderá ser utilizada para as pessoas com deficiência apenas quando apresentarem as condições previstas nos incisos II, III e IV do caput deste artigo; II – a presença de deficiência mental ou intelectual ou deficiência grave, por si só, não configura a hipótese prevista no inciso III do caput deste artigo, sendo facultada a essas pessoas a tomada de decisão apoiada regulada nos artigos 1.783-A e seguintes deste Código; III – o acolhimento judicial do pedido de tomada de decisão apoiada pressupõe a vulnerabilidade da pessoa com deficiência mental ou intelectual ou deficiência grave, garantindo à pessoa apoiada a mesma proteção legal prevista nesta e em outras leis às pessoas relativamente incapazes. §3º A curatela das pessoas referidas no inciso III do caput deste artigo outorga ao curador o poder de representação e os atos por ele praticados, nessa qualidade, devem ter como parâmetro a potencial vontade da pessoa representada. (NR)

A proposta da segunda emenda ao PLS nº 757/2015, sem dúvida, apresenta maior compatibilidade com o regime instaurado com a CDPD, uma vez que não repristina a incapacidade absoluta para as pessoas com deficiência e nem revigora o abstrato critério do discernimento. No entanto, permite a outorga de poderes de representação ao curador, de forma genérica, em contrariedade com o sistema de apoios determinado pela CDPD. O referido PLS trata, ainda, de modificações no instituto da curatela tanto no âmbito do direito material previsto no Código Civil, quanto na esfera processual, disciplinado no CPC, bem como prevê o procedimento da tomada de decisão apoiada. Após aprovação em Comissão por decisão terminativa e sem recurso para apreciação pelo Plenário, o Projeto de Lei foi encaminhado para a Câmara dos Deputados, onde, atualmente, tramita, sob o nº 11.091/2018 e aguarda Parecer do Relator na Comissão de Constituição e Justiça e de Cidadania (CCJC).

Tais questionamentos, em âmbito doutrinário e de proposições legislativas, não devem procurar o retorno ao regime anterior de incapacidade absoluta, o que constituiria um injustificável retrocesso, mas sim o encontro de repostas que promovam a emancipação e a inclusão das pessoas com deficiência que constituem os grandes objetivos da CDPD e do EPD. Eventuais modificações legislativas que procurem retomar aspectos do antigo modelo de incapacidade não são compatíveis com a Convenção e, portanto, já nasceriam eivados de vícios de inconstitucionalidade.

Como já reiterado, o EPD estabeleceu que a deficiência não é critério para aferição da capacidade (art.6º, *caput*), em plena sintonia com o CDPD que reconhece a capacidade legal das pessoas com deficiência. Nesse particular, o Comitê da ONU dispôs que devem ser abolidas todas as práticas cujos efeitos vierem a violar o artigo 12, a fim de que as pessoas com deficiência possam recobrar a sua plena capacidade jurídica em igualdade de condição com as demais pessoas.[650]

Nessa senda, alinha-se ao entendimento de Ana Carolina Brochado Teixeira e Joycene Bezerra de Menezes que defendem que "não podemos cogitar repetir que a pessoa com deficiência sob curatela seja incapaz. Até mesmo para evitar os estigmas que o regime das incapacidades produziu ao longo da história, optamos por utilizar a expressão pessoa com capacidade restringida". É importante reconstruir a tutela protetiva da pessoa humana não partindo da premissa das suas limitações em relação ao funcionamento cognitivo, que encerram apenas um aspecto da complexa condição humana, mas sim da emancipação e respeito de suas vontades e preferências. A lógica é de reforço da capacidade, admitindo-se restrições somente quando justificadas e amparadas em proteção e benefício direto da pessoa com deficiência.[651]

---

[650] ONU. CRPD/C/11/4. "Item 8. El artículo 12 de la Convención afirma que todas las personas con discapacidad tienen plena capacidad jurídica. La capacidad jurídica les ha sido negada de forma discriminatoria a muchos grupos a lo largo de la historia, como las mujeres (sobre todo al contraer matrimonio) y las minorías étnicas. Sin embargo, las personas con discapacidad siguen siendo el grupo al que más comúnmente se le niega la capacidad jurídica en los ordenamientos jurídicos de todo el mundo. El derecho al igual reconocimiento como persona ante la ley entraña que la capacidad jurídica es un atributo universal inherente a todas las personas en razón de su condición humana y debe defenderse para las personas con discapacidad en igualdad de condiciones con las demás. La capacidad jurídica es indispensable para el ejercicio de los derechos económicos, sociales y culturales. Adquiere una importancia especial para las personas con discapacidad cuando tienen que tomar decisiones fundamentales en lo que respecta a la salud, la educación y el trabajo. (En muchos casos, la negación de capacidad jurídica a las personas con discapacidad ha conducido a privarlas de muchos derechos fundamentales, como el derecho de voto, el derecho a casarse y fundar una familia, los derechos de reproducción, la patria potestad, el derecho a otorgar su consentimiento para las relaciones íntimas y el tratamiento médico y el derecho a la libertad.)".

[651] Conforme Joyceane Bezerra de Menezes, a mudança substancial foi no sentido de alterar o foco do direito protetivo do sistema de substituição para o sistema de apoio: "[...] em respeito a essa capacidade legal, dispõe que os mecanismos do direito protetivo devem se consubstanciar em apoios e não na substituição de vontade". (MENEZES, Joyceane Bezerra. O direito protetivo no Brasil após a convenção sobre a proteção da pessoa com deficiência: impactos do novo CPC e do Estatuto da Pessoa com Deficiência. *In*: *Civilistica.com*, a. 4, n. 1, jan./jun. 2015. Disponível em: http://civilistica.com/o-direito-protetivo-no-brasil/. Acesso em 20 mai. 2016).

A capacidade é deferida igualmente a todas as pessoas com deficiência, conforme capitulado no art. 12 do CDPD e no art. 6º do EPD. Na hipótese de a pessoa necessitar de apoio ao exercício de sua capacidade, é dever da sociedade e do Estado disponibilizar uma rede de suporte que envolva desde a acessibilidade e fornecimento de tecnologias assistivas, que permitam a liberdade de agir do indivíduo, até instrumentos jurídicos para a promoção da máxima capacidade civil como a tomada de decisão apoiada e a curatela. Vital, portanto, que os Estados desenvolvam mecanismos de respeito ao direito ao reconhecimento da capacidade jurídica das pessoas com deficiência em condições de igualdade e apoio necessário no exercício da sua autonomia.

CAPÍTULO 3

# A CURATELA FUNCIONALIZADA À EMANCIPAÇÃO DA PESSOA COM DEFICIÊNCIA INTELECTUAL

A afirmação dos direitos humanos das pessoas com deficiência e a adoção do modelo social constituem preciosas conquistas promovidas pela CDPD e pelo EPD, que tem como efeitos a inclusão radical e plena da pessoa com deficiência no ambiente social e o dever do Poder Público e da sociedade de tornar o meio em que vivemos um lugar viável para a convivência entre todas as pessoas – com ou sem deficiência – e em condições de exercerem seus direitos, satisfazerem suas necessidades e desenvolverem suas potencialidades. Para alcançar o objetivo central do EPD, é fundamental que as pessoas com deficiência sejam reconhecidas como pessoas humanas de igual valor e competência para com independência e voz atuar em igualdade de condições na vida de relações.

Nessa trajetória, à luz da dimensão social da dignidade, importante considerar os impedimentos de cada pessoa com deficiência para preservar ao máximo sua autonomia e reconhecer sua capacidade civil, permitindo uma vida independente e o respeito às suas vontades, seus desejos e suas preferências. Para tanto, indispensável um sistema de apoio jurídico que permita que "o sujeito portador de deficiência" seja tutelado em nosso ordenamento como real e concreta pessoa humana com deficiência, resguardando sua autonomia e promovendo sua inclusão.

## 3.1 Do sujeito portador de deficiência à pessoa humana com deficiência: a cláusula geral de autonomia e inclusão

O objetivo primordial do EPD, na linha da CDPD, é exatamente assegurar e promover, *em condições de igualdade*, o exercício dos direitos e das liberdades fundamentais pela pessoa com deficiência, visando à sua inclusão social e cidadania. O art. 1º do diploma protetivo já declina que a paridade participativa é fundamental para permitir a inclusão social e pleno exercício da cidadania. O intuito, portanto, do EPD foi nitidamente atribuir autonomia real e efetiva a um grupo historicamente vulnerável e marginalizado, que, não raras vezes, era tolhido do livre exercício de suas escolhas, em perceptível movimento de valorização da pessoa com deficiência.

Nesse intento, o EPD, fiel às determinações da CDPD, reconhece expressamente, em seu art. 6º, que as pessoas com deficiência gozam de capacidade civil – de direito e de exercício – em igualdade de condições com as demais pessoas em todos os aspectos da vida. Por consequência, a deficiência não afeta a plena capacidade civil, inclusive para estabelecer todas as relações existenciais, especialmente as situações familiares, como casar, ter filhos, bem como de preservar sua fertilidade, vedando-se a esterilização compulsória.[652] O art. 84 do EPD ratifica a plena capacidade legal das pessoas com deficiência ao assegurar seu direito ao exercício de capacidade legal em igualdade de condições com as demais pessoas, admitindo o art. 85, sua submissão à curatela, quando necessário, conforme a lei. Ademais, as revogações dos incisos dos arts. 3º e 4º do Código Civil que continham referência aos termos "enfermidade" ou "deficiência" mental e "desenvolvimento mental incompleto"[653] foram em ultrapassada hora banidas do nosso ordenamento.

Visa-se, assim, afastar o discurso de privação de direitos, fundado numa proteção paternalista, para francamente promover a inclusão através do respeito à diferença e às vontades, preferências e desejos da pessoa com deficiência. O objetivo principal é viabilizar a

---

652 Sobre o direito a estabelecer as mencionadas relações familiares, cf. BARBOZA, Heloisa Helena; ALMEIDA, Vitor. O direito de constituir família da pessoa com deficiência intelectual: requisitos e limites. *In*: PEREIRA, Tânia da Silva; OLIVEIRA, Guilherme de; COLTRO, Antônio Carlos Mathias (Org.). *Cuidado e o direito de ser*: respeito e compromisso. Rio de Janeiro: Editora GZ, 2017. p. 229-242.

653 A doutrina sempre associou tal termo à pessoa com espectro autista. A Lei nº 12.764, de 27 de dezembro de 2012, que instituiu a Política Nacional de Proteção dos Direitos da Pessoa com Transtorno do Espectro Autista, em seu art. 1º, §2º, considera todas as pessoas com transtorno do espectro autista como pessoa com deficiência, para todos os fins legais. Com a promulgação do EPD, tal lei permanece em vigor, tendo sido reforçados seus direitos. A Lei nº 13.438, de 26 de abril de 2017, alterou o Estatuto da Criança e do Adolescente, para tornar obrigatória a adoção pelo Sistema Único de Saúde (SUS) de protocolo que estabeleça padrões para a avaliação de riscos para o desenvolvimento psíquico das crianças, incluindo o §5º no art. 14.

conquista de sua independência, sem olvidar que a dependência e a funcionalidade, bem como a situação de vulnerabilidade, são fatores a serem necessariamente considerados para a garantia de sua autodeterminação circunstanciada aos impedimentos de natureza intelectual e as barreiras sociais.

A afirmação da plena capacidade implica, portanto, a necessária preservação da autonomia individual da pessoa com deficiência a fim de promover sua liberdade e o respeito às decisões pessoais, sobretudo as de cunho existencial, que devem ser tuteladas com prioridade pelo ordenamento jurídico. Em especial, em atenção ao princípio da dignidade da pessoa humana, torna-se indispensável dar suporte à pessoa com deficiência, por meio de condições materiais como acessibilidade, tecnologias assistivas e apoio para os atos jurídicos, como instrumento de emancipação e empoderamento, visando a promoção de sua liberdade de fazer as próprias escolhas e a independência (CDPD, art. 3, *a*).

Nesse sentido, o princípio da dignidade da pessoa humana (art. 1º, III, CF), o art. 1º do EPD e o art. 758 do Código de Processo Civil, juntos, atuam como cláusula geral de promoção da autonomia e da inclusão social da pessoa com deficiência, iluminados pelas normas contidas na CDPD. A dignidade impõe que, a partir de sua dimensão social, se promova a autonomia dos vulneráveis, de modo que todos, com ou sem deficiência, sejam tratados como iguais em respeito e consideração, sujeitos independentes e com voz para interação com outros parceiros na sociedade, em simetria de oportunidade, para alcançar o reconhecimento social desejado e desenvolverem livremente sua personalidade de acordo com seu projeto pessoal de plena realização existencial, o que encontra eco no disposto no art. 1º do EPD, como já visto.

No plano da lei processual, o art. 758 determina que o curador busque tratamento e apoio apropriado à conquista da autonomia pelo curatelado. Embora a regra seja destinada, primariamente, às pessoas com deficiência intelectual submetidas à curatela, deve a mesma ser interpretada em conjunto com os demais dispositivos acima mencionados, o que permite, com maior vigor, afirmar-se que, em nosso ordenamento, há uma cláusula geral de promoção da autonomia e da inclusão social das pessoas com deficiência, como já acentuado.

Nessa linha, o reconhecimento da capacidade das pessoas com deficiência exige medidas efetivas e apropriadas de apoio, de modo a prevenir abusos e assegurar a participação social em igualdade de condições, devendo-se, para tanto, adotar instrumentos proporcionais às circunstâncias da pessoa e promocionais de seus interesses de cunho existencial e patrimonial. Desse modo, é necessário examinar os instrumentos de apoio à promoção da autonomia da pessoa com deficiência intelectual, seja por meio da representação ou assistência formalizados através da curatela ou do inovador instituto da tomada de decisão apoiada, seja mediante mecanismos de expressão da autonomia existencial para o futuro, por meio de diretivas antecipadas, como as "procurações de saúde" (*health care proxies*) e a chamada autocuratela.

## 3.2 O sistema de apoios à pessoa com deficiência

O reconhecimento da capacidade de exercício assegurada às pessoas com deficiência intelectual depende de instrumentos hábeis a promover o respeito às suas vontades e suas preferências, prevenindo abusos e influência indevida na formação e manifestação da vontade. Com isso, permite-se a livre e autônoma tomada de decisão em questões existenciais e patrimoniais, amparadas e acompanhadas, sempre que necessário, de mecanismos apropriados e efetivos de apoio,[654] sem privar ou substituir sua vontade, de modo a promover e concretizar sua dignidade e inclusão. Não adianta o reconhecimento legal da capacidade de agir se não há mecanismos de suporte e apoio à pessoa com deficiência para que se assegure o respeito à sua autodeterminação, sobretudo na esfera existencial. A lógica da proteção autoritária e excludente foi finalmente superada pelo paradigma do apoio e da inclusão, desafiando a doutrina a reconstruir todo o sistema protetivo das pessoas com restrições em sua capacidade.

Embora o regime das incapacidades não tenha sido completamente implodido, restando sua manutenção nos termos do art. 3º e 4º do Código Civil, a chave de leitura foi invertida com a internalização da CDPD, especialmente a disposição contida no art. 12, que impõe em termos concretos o reconhecimento da capacidade legal das pessoas com deficiência, superando a lógica abstrata e excludente da regra da capacidade de exercício. É preciso, para afirmar a capacidade civil plena das pessoas, a partir de uma perspectiva substancial, emancipatória e transformadora, a adoção de medidas efetivas e apropriadas de apoio, de modo a prevenir abusos e assegurar a participação social em

---

654 CDPD, art. 12.3. "Os Estados Partes tomarão medidas apropriadas para prover o acesso de pessoas com deficiência ao apoio que necessitarem no exercício de sua capacidade legal".

igualdade de condições em todos os aspectos da vida, devendo-se, para tanto, adotar instrumentos proporcionais às circunstâncias da pessoa e promocionais de seus interesses de cunho existencial e patrimonial.[655]

Antes do advento do EPD, a excepcionalidade da incapacidade e a presunção da capacidade civil tinham se tornado um discurso retórico e abstrato, idealizado para o sujeito neutro e codificado. O regime da incapacidade, portanto, já nasceu excludente e supressor, mas se ampliou na medida em que não seguiu o movimento de funcionalização e personalização do direito civil, permanecendo, de forma atávica, preso ao esquema estrutural e assistencialista do passado.

As mudanças promovidas pelo EPD no regime das incapacidades e na disciplina jurídica da curatela ainda não foram muito bem sedimentadas na comunidade jurídica, que ainda se ressente do fim da incapacidade absoluta das pessoas com deficiência intelectual. No entanto, cabe repisar que as mudanças provocadas pelo EPD nos institutos tradicionais do direito civil encontram-se bem alinhadas à axiologia da Convenção, exigindo um esforço de reconstrução e reinterpretação dos institutos jurídicos. Ao contrário do que se propagou inicialmente, a CDPD e o EPD têm por objetivo a inclusão social da pessoa com deficiência, na busca pela afirmação de sua autonomia, mas atento às suas reais necessidades de apoio e salvaguardas para o alcance da igualdade substancial. De forma alguma, tais diplomas deixam a pessoa desamparada ou desassistida. Inversamente, a promoção da sua autonomia e sua inclusão no meio social permite o descortinar de suas necessidades e, por conseguinte, o seu atendimento. Até então, o direito civil encontrava-se tão voltado para o "homem médio" que ficou cego para as diferenças humanas, apoiando-se em padrões sociais distantes do complexo emaranhado da sociedade.

A CDPD atribui ao Estado signatário o dever de instituir um sistema de apoio e salvaguardas guiado para viabilizar e promover o exercício da capacidade jurídica reconhecida às pessoas com deficiência

[655] CDPD, art. 12.4. "Os Estados Partes assegurarão que todas as medidas relativas ao exercício da capacidade legal incluam salvaguardas apropriadas e efetivas para prevenir abusos, em conformidade com o direito internacional dos direitos humanos. Essas salvaguardas assegurarão que as medidas relativas ao exercício da capacidade legal respeitem os direitos, a vontade e as preferências da pessoa, sejam isentas de conflito de interesses e de influência indevida, sejam proporcionais e apropriadas às circunstâncias da pessoa, se apliquem pelo período mais curto possível e sejam submetidas à revisão regular por uma autoridade ou órgão judiciário competente, independente e imparcial. As salvaguardas serão proporcionais ao grau em que tais medidas afetarem os direitos e interesses da pessoa".

com limitação mais severa (art. 12). Nesse passo, já se observou que o direito protetivo superou o sistema de substituição da vontade pelo sistema de apoio,[656] estruturado para favorecer o exercício da capacidade jurídica da pessoa com deficiência e, portanto, modulado às suas estritas necessidades para o alcance da autonomia possível. Importante visualizar, portanto, que a CDPD, seguido do EPD, impôs importante mudança paradigmática tendente a privilegiar o modelo de apoio[657] e salvaguardas da pessoa com deficiência, sempre proporcional às suas necessidades e voltados à conquista da sua autonomia.[658] O modelo de apoio "diverge da representação tradicional porque respeita a vontade decisória do apoiado na maior medida possível, favorecendo a que ele mesmo, sempre que possível, venha a decidir e se projetar com uma vida independente".[659]

O reconhecimento do direito a uma vida independente pressupõe a inclusão na comunidade, de modo a permitir que tenham liberdade de escolha igual às demais pessoas, sem inferioridade ou segregação.[660] O objetivo da CDPD, projetada em nossa legislação infraconstitucional por meio do EPD, é a proteção da pessoa com deficiência, mas não no sentido assistencialista e excludente, substituindo sua vontade e seu desejo por escolhas alheias. Visa-se proteger para emancipar, uma tutela para libertar e incluir, apoiando e orientando para que as vontades, os

---

[656] MENEZES, Joyceane Bezerra de. O direito protetivo no Brasil após a convenção sobre a proteção da pessoa com deficiência: impactos do novo CPC e do estatuto da pessoa com deficiência. *In*: *Civilistica.com*, a. 4, n. 1, jan./jun. 2015. Disponível em: http://civilistica.com/wp-content/uploads/2016/01/Menezes-civilistica.com-a.4.n.1.2015.pdf. Acesso em 21 nov. 2017.

[657] "Apoio significa ajuda, proteção, auxílio. Na língua inglesa, seria o *support*; no italiano, o *sostegno*; no espanhol, *apoyo*. Visa promover e proteger a autonomia da pessoa para que possa, de um modo independente, realizar as suas próprias escolhas e desenvolver seu projeto de vida (art. 3 – CDPD)". (MENEZES, Joyceane Bezerra de; TEIXEIRA, Ana Carolina Brochado. Desvendando o conteúdo da capacidade civil a partir do Estatuto da Pessoa com Deficiência. *Revista Pensar*, Fortaleza, v. 21, n. 2, mai./ago. 2016. p. 590).

[658] António Pinto Monteiro assevera que: "Temos hoje, pois, em vez do modelo do passado, rígido e dualista, de tudo ou nada, de substituição, um regime que segue um modelo flexível e monista, de acompanhamento ou apoio, casuístico e reversível, que respeita, na medida do possível, a vontade das pessoas e o seu poder de autodeterminação". (MONTEIRO, António Pinto. Das incapacidades ao maior acompanhado – Breve apresentação da Lei nº 49/2018. *In*: *Pensar*, Fortaleza, v. 24, n. 2, p. 1-11, abr./jun. 2019. p. 10).

[659] MENEZES, Joyceane Bezerra de; TEIXEIRA, Ana Carolina Brochado. Desvendando o conteúdo da capacidade civil a partir do Estatuto da Pessoa com Deficiência. *Revista Pensar*, Fortaleza, v. 21, n. 2, mai./ago. 2016. p. 591.

[660] V. art. 19, da CDPD.

desejos e as preferências sejam respeitados.[661] Por isso, garantir uma vida independente e reconhecer a plena capacidade já é amparar e assistir, eis que concretiza a dignidade das pessoas com deficiência.

Importa assinalar que a Convenção é regida, fundamentalmente, pelos princípios do respeito pela dignidade inerente, da autonomia individual, da independência das pessoas com deficiência, da não discriminação, da plena e efetiva participação e inclusão na sociedade, do respeito pela diferença e pela aceitação das pessoas com deficiência como parte da diversidade humana e da humanidade, da igualdade de oportunidades, da acessibilidade e da igualdade entre homem e mulher (art. 3). Em especial, ao afirmar a autonomia individual como um dos princípios nucleares da Convenção, inclui-se e promove-se a liberdade de fazer as próprias escolhas (art. 3, *a*). Segundo Francisco Bariffi, os princípios da igualdade e da não discriminação constituem o eixo interpretativo, a "coluna vertebral" da CDPD,[662] eis que visam garantir o exercício de direitos já assegurados em tratados internacionais de direitos humanos, especificamente às pessoas com deficiência, de forma adaptada e realista, sem discriminação e em igualdade de oportunidades com as demais pessoas.

---

[661] "Proteger sem incapacitar' constitui, hoje, a palavra de ordem, de acordo com os princípios perfilhados pela referida Convenção da ONU (MOLINA, 2016, p. 213), e em conformidade com a transição do modelo de substituição para o modelo de acompanhamento ou de apoio na tomada de decisão (BALDUS, 2016, p. 11; ANDRADE, 2016, p. 135, ss., p. 140, ss.). Há, assim, escrevi-o já há dois anos, uma mudança de paradigma, deixando a pessoa deficiente de ser vista como mero alvo de políticas assistencialistas e paternalistas, para se reforçar a sua qualidade de sujeito de direitos. Em vez da pergunta: 'aquela pessoa possui capacidade mental para exercer a sua capacidade jurídica?', deve perguntar-se: 'quais os tipos de apoio necessários àquela pessoa para que exerça a sua capacidade jurídica?' (ANDRADE, 2016, p. 140; RIBEIRO, 2016, p. 59; MOLINA, 2016, p. 64)". (MONTEIRO, António Pinto. Das incapacidades ao maior acompanhado – Breve apresentação da Lei nº 49/2018. *In*: *Pensar*, Fortaleza, v. 24, n. 2, p. 1-11, abr./jun. 2019. p. 5-6).

[662] "En aplicación del principio de no discriminación, uno de los objetivos fundamentales de la CDPD ha sido adaptar las normas pertinentes de los Tratados de derechos humanos existentes al contexto específico de la discapacidad. Ello significa el establecimiento de los mecanismos para garantizar el ejercicio de dichos derechos por parte de las personas con discapacidad, sin discriminación y en igualdad de oportunidades que el resto de personas. [...] Así, el principal reto en la redacción de los derechos amparados por la CDPD fue el de incluir en cada derecho específico la perspectiva de igualdad y no discriminación, para lo cual fue preciso identificar respecto de cada uno de ellos las medidas necesarias para que tal derecho pueda ser ejercido en la realidad por parte de cada persona con discapacidad. Ello nos obliga a analizar la CDPD desde la perspectiva de la igualdad y no discriminación. Antes de leer este instrumento, debemos ponernos las gafas de la no discriminación y ajustar esta visión a cada derecho en concreto". (BARIFFI, Francisco. *El régimen jurídico internacional de la capacidad jurídica de las personas con discapacidad*. Madrid: Grupo Editorial Cinca, 2014. p. 140-141).

A partir da premissa de valorização das competências da pessoa com deficiência, ao invés do foco exclusivo nos seus impedimentos, como era pautado o modelo médico-reabilitador, o art. 12 da Convenção não permite qualquer forma de negação discriminatória da capacidade legal, mas exige que seja fornecido apoio no exercício da capacidade jurídica. Afinal, a CDPD reconhece, de forma inédita, que todas as pessoas com deficiência são titulares de direitos e que a deficiência não pode ser usada como justificativa para negação ou restrição de direitos humanos, notadamente a partir da perspectiva de abordagem do modelo social que impõe a compreensão da deficiência como um construto social, no qual a interação das pessoas com deficiência é impedida ou limitada em razão das barreiras impostas pela sociedade. Assim, com o modelo social da deficiência e a afirmação dos direitos humanos, o exercício da capacidade legal não mais se concentra nos impedimentos ou limitações individuais da pessoa, mas sim nas barreiras sociais, econômicas e jurídicas que a pessoa com deficiência enfrenta no momento da tomada de decisão pessoal. Nessa direção, a aliança entre os direitos humanos, especificamente os voltados à proteção das pessoas com deficiência, e o modelo social justificam a necessidade de apoios apropriados para superação das barreiras impostas pela sociedade e facilitação na tomada de decisões.

Fundamental, nessa linha, o disposto no art. 12.3 da CDPD, no qual os Estados Partes se comprometem a adotar as "medidas apropriadas para prover o acesso de pessoas com deficiência ao apoio que necessitarem no exercício de sua capacidade legal". A leitura conjunta deste dispositivo com os princípios que regem a CDPD ressoa a deliberada preferência por um paradigma de promoção da autonomia e da independência equilibrado pelo modelo de apoios às pessoas com deficiência. Nessa perspectiva, afirma-se que a Convenção adota o chamado sistema de apoio decisório (*supported decision-making*), em substituição ao modelo de substituição de vontade. Sem embargo, o "artigo 12 deve ser interpretado sistematicamente com todos os artigos da CDPD e, principalmente, dentro da estrutura do modelo social e dos direitos humanos que têm sido sua fonte de inspiração".[663] [664]

---

[663] BARIFFI, Francisco. *El régimen jurídico internacional de la capacidad jurídica de las personas con discapacidad*. Madrid: Grupo Editorial Cinca, 2014. p. 290-291.

[664] Em interessante artigo, Theresia Degener propõe que a CDPD foi além do modelo social da abordagem da deficiência e inaugura o chamado modelo de direitos humanos da deficiência. Nessa linha, a autora defende que o modelo de direitos humanos da deficiência melhora o modelo social da deficiência, eis que, enquanto o modelo social

O reconhecimento da capacidade de agir às pessoas com deficiência em igualdade de condições com as outras implica, em muitos casos, a afirmação do direito de tomar decisões sobre a própria vida, o que pode gerar "um efeito contraproducente e, portanto, de real falta de proteção".[665] Por isso, a necessidade de estabelecer um efetivo sistema de apoio na tomada de decisão. Contudo, a CDPD, ao dispor sobre as "medidas apropriadas" para prover o apoio necessário às pessoas com

---

corresponde à igualdade substantiva, o modelo de direitos humanos parece estar vinculado ao que ela denomina de igualdade transformadora. Nesse sentido: "My intention is not to abandon the social model of disability, but to develop it further. The social model of disability was the most successful dictum during the negotiations of the CRPD. If there is one single phrase which summarizes the success story of the CRPD, it is that it manifests the paradigm shift from the medical to the social model of disability in international disability policy. Not everyone who used the term during the negotiation process was knowledgeable about disability studies. [...] However, given that the drafting of international human rights norms is always a highly political undertaking, the reductionism in the use of the social model is comprehensible. The social model of disability had become the motto of the international disability movement and it served as a powerful tool to demand legal reform. My intention is not to denounce the social model but to carry it further. Like many other human rights projects, the CRPD once planted into this world through adoption by the General Assembly took a life of its own. [...] Thus, it could be concluded that political activism has turned to human rights and the CRPD is a codification of the human rights model of disability. The Committee has embraced the term human rights model of disability in its concluding observations". (DEGENER, Theresia. *Disability in a Human Rights Context*. 5 oct. 2018. Disponível em: http://www.beingtheboss.co.uk/disability-in-a-human-rights-context-theresia-degener/. Acesso em 15 abr. 2020). Em tradução nossa: "Minha intenção não é abandonar o modelo social da deficiência, mas desenvolvê-lo ainda mais. O modelo social de deficiência foi o ditado de maior sucesso durante as negociações da CDPD. Se existe uma única frase que resume a história de sucesso da CDPD, é que ela manifesta a mudança de paradigma do modelo médico para o social da deficiência na política internacional de deficiência. Nem todo mundo que usou o termo durante o processo de negociação conhecia os estudos sobre deficiência. [...] No entanto, considerando que a elaboração de normas internacionais de direitos humanos é sempre um empreendimento altamente político, o reducionismo no uso do modelo social é compreensível. O modelo social da deficiência tornou-se o lema do movimento internacional da deficiência e serviu como uma ferramenta poderosa para exigir reformas legais. Minha intenção não é denunciar o modelo social, mas levá-lo adiante. Como muitos outros projetos de direitos humanos, a CDPD, uma vez plantada neste mundo por meio da adoção pela Assembleia Geral, tirou vida própria. [...] Assim, pode-se concluir que o ativismo político se voltou para os direitos humanos e a CDPD é uma codificação do modelo de direitos humanos da deficiência. O Comitê adotou o termo modelo de deficiência em direitos humanos em suas observações finais".

[665] No original: "Aunque la CDPD deja claro el reconocimiento a la personalidad jurídica de las personas con discapacidad, así como su capacidad jurídica y de obrar en igualdad de condiciones con los demás, la misma también hace eco de que en muchos casos la restitución del derecho a la toma de decisiones de la persona, sin más, podría generar un efecto contraproducente, y, por ende, de real desprotección. Por ello, en lugar de tomar el camino de la representación legal (sustitución en la toma de decisiones), se establece el sistema de apoyos en la toma de decisiones". (BARIFFI, Francisco. *El régimen jurídico internacional de la capacidad jurídica de las personas con discapacidad*. Madrid: Grupo Editorial Cinca, 2014. p. 364).

deficiência para o exercício da capacidade legal foi ambígua e vaga, o que permite uma dose de indeterminação e discricionariedade para que os Estados Partes definam as medidas de apoio cabíveis em cada caso concreto.[666] Decerto, o grau de subjetividade em relação às "medidas apropriadas" esbarra na leitura conjunta dos itens 2 e 3 do art. 12 da CDPD, bem como nos seus propósitos e princípios gerais que guiam e fornecem os elementos-chave da atividade interpretativa. O próprio Comitê sobre os Direitos da Pessoa com Deficiência[667] entende que o art. 12, parágrafo 3, da CDPD, não especifica a forma que o suporte deve assumir.[668]

O apoio, como antes acentuado, não foi conceituado ou especificado na CDPD, sendo termo de abrangência ampla a abarcar medidas informais e formais, de diferentes tipos e intensidades. No Relatório do Relator Especial sobre os direitos das pessoas com deficiência (A/HRC/34/58), restou consignado que:

> O apoio às pessoas com deficiência abrange uma ampla gama de informações formais e intervenções informais, incluindo assistência ao vivo e intermediários, auxílios à mobilidade e dispositivos e tecnologias auxiliares. Também inclui assistência pessoal; suporte na tomada de decisão; suporte de comunicação, como intérpretes de linguagem gestual e alternativas e comunicação aumentativa; suporte à mobilidade, como tecnologia ou serviço de assistência animais; serviços de arranjos de vida para garantir moradia e ajuda domiciliar; e serviços comunitários.

---

[666] "Article 12, paragraph 3, recognizes that States parties have an obligation to provide persons with disabilities with access to support in the exercise of their legal capacity. States parties must refrain from denying persons with disabilities their legal capacity and must, rather, provide persons with disabilities access to the support necessary to enable them to make decisions that have legal effect". (ORGANIZAÇÃO DAS NAÇÕES UNIDAS. *General Comment nº 1* (2014): article 12: equal recognition before the law. Committee on the Rights of Persons with Disabilities. Eleventh session. 31 March, 11 April, 2014. p. 4. Disponível em: https://documents-dds-ny.un.org/doc/UNDOC/GEN/G14/031/20/PDF/G1403120.pdf?OpenElement. Acesso em 15 abr. 2020). Em tradução nossa: "O Artigo 12, parágrafo 3, reconhece que os Estados Partes têm a obrigação de fornecer pessoas com deficiência com acesso a apoio no exercício de sua capacidade legal. Estados as partes devem abster-se de negar às pessoas com deficiência sua capacidade legal e devem, em vez disso, forneça às pessoas com deficiência o apoio necessário para lhes permitir tomar decisões que tenham efeito legal".

[667] O Comitê sobre os Direitos da Pessoa com Deficiência é previsto entre os arts. 34 a 39 da CDPD.

[668] ORGANIZAÇÃO DAS NAÇÕES UNIDAS. *General Comment nº 1* (2014): article 12: equal recognition before the law. Committee on the Rights of Persons with Disabilities. Eleventh session. 31 March, 11 April, 2014. p. 4. Disponível em: https://documents-dds-ny.un.org/doc/UNDOC/GEN/G14/031/20/PDF/G1403120.pdf?OpenElement. Acesso em 15 abr. 2020.

As pessoas com deficiência também podem precisar de apoio para acessar e usar serviços gerais, como saúde, educação e justiça.[669]

O apoio não é uma necessidade exclusiva das pessoas com deficiência, como realçado pelo Relatório do Relator Especial, uma vez que é uma "prática profundamente enraizada em todas as culturas e comunidades, que está na base de todas as nossas redes sociais". O apoio é consequência da dependência, que é intrínseca numa vida de relações, como anteriormente já afirmado, e que deriva de uma condição humana gregária e interdependente. Diante desse cenário, sentencia-se que "todos precisam do apoio de outras pessoas em algum momento, se não durante toda a vida, para participar da sociedade e viver com dignidade".[670] No caso das pessoas com deficiência, o apoio sempre foi marginalizado e consagrou-se um regime excludente de substituição da vontade. No entanto, à luz das diretrizes da CDPD, o

[669] "Support for persons with disabilities encompasses a wide range of formal and informal interventions, including live assistance and intermediaries, mobility aids and assistive devices and technologies. It also includes personal assistance; support in decisionmaking; communication support, such as sign language interpreters and alternative and augmentative communication; mobility support, such as assistive technology or service animals; living arrangements services for securing housing and household help; and community services. Persons with disabilities may also need support in accessing and using general services, such as health, education and justice". (ORGANIZAÇÃO DAS NAÇÕES UNIDAS. General Assembly. Human Rights Council. *Report of the Special Rapporteur on the rights of persons with disabilities*. Thirty-fourth session, 27 February, 24 March, 2017. p. 5. Disponível em: https://documents-dds-ny.un.org/doc/UNDOC/GEN/G16/436/64/PDF/G1643664.pdf?OpenElement. Acesso em 16 abr. 2020).

[670] "Support is the act of providing help or assistance to someone who requires it to carry out daily activities and participate in society. Support is a practice, deeply embedded in all cultures and communities, that is at the basis of all our social networks. Everyone needs support from others at some stage, if not throughout their life, to participate in society and live with dignity. Being a recipient of support and offering support to others are roles we all share as part of our human experience, regardless of impairment, age or social status. However, while some forms of support have been naturally integrated into social design, others, such as that required by persons with disabilities, are still marginal". (ORGANIZAÇÃO DAS NAÇÕES UNIDAS. General Assembly. Human Rights Council. *Report of the Special Rapporteur on the rights of persons with disabilities*. Thirty-fourth session, 27 February, 24 March, 2017. p. 5. Disponível em: https://documents-dds-ny.un.org/doc/UNDOC/GEN/G16/436/64/PDF/G1643664.pdf?OpenElement. Acesso em 16 abr. 2020). Em tradução nossa: "Apoio é o ato de fornecer ajuda ou assistência a alguém que exige que ele realize atividades diárias e participe da sociedade. O apoio é uma prática profundamente enraizada em todas as culturas e comunidades, que está na base de todas as nossas redes sociais. Todos precisam do apoio de outros em algum momento, se não durante toda a vida, para participar da sociedade e viver com dignidade. Ser um destinatário de apoio e oferecer apoio a outras pessoas são papeis que todos compartilhamos como parte de nossa experiência humana, independentemente de deficiência, idade ou *status* social. No entanto, enquanto algumas formas de apoio foram naturalmente integradas ao design social, outras, como as exigidas pelas pessoas com deficiência, ainda são marginais".

apoio se revela como indispensável para a concretização da inclusão social e do exercício da capacidade legal. Destaca-se que a liberdade e a flexibilidade de formas de prestação de apoio, que admite medidas e ações das mais diversificadas e plurais, bem como o variado grau de intensidades, desafiam os Estados Partes a criarem um amplo cardápio de apoios à pessoa com deficiência, de modo a atender à sua diversidade e necessidades individuais.[671]

Cabe sublinhar que o apoio serve, sobretudo, para fomentar e promover a segurança e a confiança das pessoas com deficiência para a tomada de decisões sobre sua vida, seja no âmbito existencial ou patrimonial. Desse modo, os apoios para o exercício da capacidade legal devem projetar-se para além do âmbito da validade dos atos jurídicos[672] e dos instrumentos formais, de maneira a alcançar informações e campanhas de sensibilização em matéria de direitos humanos, apoio de pares, assistência à comunicação, acessibilidade e *design* universal, apoios comunitários de proteção, métodos não convencionais de comunicação e direito de declarar previamente suas vontades, desejos e preferências em diretivas antecipadas.[673]

---

671 Cabe, de forma ilustrativa, mencionar a Lei Colombiana n. 1.996, de 26 de agosto de 2019, que estabeleceu o regime para exercício da capacidade legal das pessoas com deficiência meiores de idade, e que assim dispôs sobre o apoio: ""Apoyos. Los apoyos de los que trata la presente ley son tipos de asistencia que se prestan a la persona con discapacidad para facilitar el ejercicio de su capacidad legal. Esto puede incluir la asistencia en la comunicación, la asistencia para la comprensión de actos jurídicos y sus consecuencias, y la asistencia en la manifestación de la voluntad y preferencias personales. Apoyos formales. Son aquellos apoyos reconocidos por la presente ley, que han sido formalizados por alguno de los procedimientos contemplados en la legislación nacional, por medio de los cuales se facilita y garantiza el proceso de toma de decisiones o el reconocimiento de una voluntad expresada de manera anticipada, por parte del titular del acto jurídico determinado".

672 BACH, Michael. El derecho a la capacidad jurídica a la luz de la Convención de la ONU sobre los derechos de las personas con discapacidad: conceptos fundamentales y lineamientos para una reforma legislativa. *In*: BARIFFI, Francisco; PALACIOS, Agustina (Coords.). *Capacidad Jurídica, Discapacidad y Derechos Humanos*: una revisión desde la Convención Internacional sobre los Derechos de las Personas con Discapacidad. Buenos Aires: Ediar, 2012. p. 85-87.

673 "'Support' is a broad term that encompasses both informal and formal support arrangements, of varying types and intensity. For example, persons with disabilities may choose one or more trusted support persons to assist them in exercising their legal capacity for certain types of decisions, or may call on other forms of support, such as peer support, advocacy (including self-advocacy support), or assistance with communication. Support to persons with disabilities in the exercise of their legal capacity might include measures relating to universal design and accessibility – for example, requiring private and public actors, such as banks and financial institutions, to provide information in an understandable format or to provide professional sign language interpretation – in order to enable persons with disabilities to perform the legal acts required to open

De acordo com Franciso Bariffi, o sistema de apoios apresenta os seguintes traços característicos: gradual, complexo, diverso, respeitoso, aberto e formal. Nesse cenário, reconhece-se a necessidade de implementação gradual do sistema de apoios em substituição ao regime da substituição da vontade, o que não se confunde com a sua adoção como um modelo paralelo, que, na prática, seria relegado a uma aplicação marginal ou excepcional. A complexidade do sistema de apoios decorre da necessidade de ações políticas por parte do Estado, eis que depende de recursos financeiros e de educação para o respeito aos direitos das pessoas com deficiência. É preciso compreender que somente as reformas legislativas não são suficientes para a implementação efetiva do modelo de apoios. A flexibilidade dos mecanismos de apoio é fundamental para o resultado efetivo do sistema e deve adaptar-se a diferentes situações individuais e à diversidade de deficiências intelectuais ou mentais, bem como as espécies de atos jurídicos praticados.[674]

O sistema de apoio deve respeitar os desejos, as preferências e a vontade das pessoas com deficiência, o que impõe, sempre que possível e sem interferências alheias, a própria escolha da figura de apoio, bem como eleger a(s) pessoa(s) que irão desempenhar o papel(is) de apoiador(es). Ao considerar que a CDPD parte do pressuposto de relações humanas interdependentes, por meio do qual o sistema de apoio evidencia a falência da pessoa totalmente autônoma e independente, que toma decisões racionais e sem necessidade de nenhum

---

a bank account, conclude contracts or conduct other social transactions. Support can also constitute the development and recognition of diverse, non-conventional methods of communication, especially for those who use non-verbal forms of communication to express their will and preferences. For many persons with disabilities, the ability to plan in advance is an important form of support, whereby they can state their will and preferences which should be followed at a time when they may not be in a position to communicate their wishes to others. All persons with disabilities have the right to engage in advance planning and should be given the opportunity to do so on an equal basis with others. States parties can provide various forms of advance planning mechanisms to accommodate various preferences, but all the options should be non-discriminatory. Support should be provided to a person, where desired, to complete an advance planning process. The point at which an advance directive enters into force (and ceases to have effect) should be decided by the person and included in the text of the directive; it should not be based on an assessment that the person lacks mental capacity". (ORGANIZAÇÃO DAS NAÇÕES UNIDAS. *General Comment nº 1* (2014): article 12: equal recognition before the law. Committee on the Rights of Persons with Disabilities. Eleventh session. 31 March, 11 April, 2014. p. 4-5. Disponível em: https://documents-dds-ny.un.org/doc/UNDOC/GEN/G14/031/20/PDF/G1403120.pdf?OpenElement. Acesso em 15 abr. 2020).

[674] BARIFFI, Francisco. *El régimen jurídico internacional de la capacidad jurídica de las personas con discapacidad*. Madrid: Grupo Editorial Cinca, 2014. p. 373-376.

apoio de seus pares, defende-se um modelo aberto de apoio que deve ser formulado para ser utilizado por quaisquer pessoas que tenham dificuldade para exercer sua capacidade jurídica e não somente para aquelas que têm uma determinada deficiência.[675] Por fim, embora não decorra nem da literalidade e nem do espírito do art. 12, parágrafo 3, da CDPD, Franciso Bariffi sustenta que, em sistemas jurídicos latino-americanos de tradição romano-germânica, como seria o caso do Brasil, especialmente no âmbito do direito civil, o "modelo de apoios requer certas formalidades adicionais que permitam sua implementação no marco de certas regras e tradições jurídicas muito arraigadas, e que têm como objetivo resguardar a segurança jurídica e a proteção de terceiros de boa-fé".[676]Tais características revelam a abrangência do sistema de apoio, que, em essência, já nasce flexível e maleável para se adequar às mais variadas demandas e necessidades das pessoas com deficiência. Importante destacar as salvaguardas como instrumentos de proteção das pessoas com deficiência em relação aos seus apoiadores, uma vez que estruturas de poder já cristalizadas na sociedade podem influenciar na relação entre apoiado e apoiadores e manter esse já fragilizado grupo excluído e ocultado da sociedade. O sistema de apoio, iluminado pelo modelo social, volta-se ao efetivo exercício da capacidade da pessoa com deficiência.

Ao reconhecer a diversidade das pessoas com deficiência na alínea *i* do preâmbulo, a CDPD admite que o apoio deverá ser mais intenso, a depender das limitações da pessoa com fins a proteger e promover os direitos humanos.[677] O Comitê sobre os Direitos da Pessoa com Deficiência, por meio do Comentário Geral nº 1, assinalou que o "tipo e a intensidade do apoio a ser prestado variarão significativamente de uma pessoa a outra devido à diversidade de pessoas com deficiência. Isto está de acordo com o artigo 3 (d), que estabelece 'respeito pela diferença e aceitação de pessoas com deficiência

---

675 BARIFFI, Francisco. *El régimen jurídico internacional de la capacidad jurídica de las personas con discapacidad*. Madrid: Grupo Editorial Cinca, 2014. p. 376-378.

676 No original: "[...] el modelo de apoyos requiera de ciertas formalidades adicionales que permitan su implementación en el marco de ciertas reglas y tradiciones jurídicas muy arraigadas, y que tienen como objetivo resguardar la seguridad jurídica y la protección de terceros de buena fe". (BARIFFI, Francisco. *El régimen jurídico internacional de la capacidad jurídica de las personas con discapacidad*. Madrid: Grupo Editorial Cinca, 2014. p. 379 (tradução nossa).

677 CDPD, Preâmbulo, alínea *j*: "*Reconhecendo* a necessidade de promover e proteger os direitos humanos de todas as pessoas com deficiência, inclusive daquelas que requerem maior apoio".

como parte da diversidade humana e da humanidade' como princípio geral da Convenção". Embora seja natural a variação da intensidade do apoio prestado, é imperioso afirmar que, "em todos os momentos, inclusive em situações de crise, a autonomia individual e a capacidade das pessoas com deficiência de tomar decisões deve ser respeitada".[678]

O modelo de apoio, insculpido pela Convenção, reconhece que a intensidade do suporte dependerá da gravidade da deficiência e seus efeitos limitadores sobre a higidez psíquica da pessoa, impedindo-o de manifestar objetivamente sua vontade de forma válida. Dessa forma, os institutos jurídicos de apoio devem ser reconstruídos para a promoção do exercício da capacidade das pessoas com deficiência, de acordo e proporcionais às suas necessidades a partir de formas apropriadas de suporte. Os suportes são necessários para que a pessoa com deficiência viva e seja incluída na comunidade, evitando o isolamento e a segregação. A finalidade do modelo de apoio, portanto, é a inclusão social por meio do reforço à capacidade legal, de modo a respeitar os direitos humanos fundamentais, a vontade, os desejos e as preferências da pessoa com deficiência.

Até o advento do EPD, alinhado à CDPD, o único instrumento jurídico posto à pessoa maior incapaz era a curatela, forjada no modelo de substituição da vontade, que, basicamente, se destinava a suprir a incapacidade das pessoas maiores ou emancipadas, com discernimento ceifado ou prejudicado, para a prática dos atos da vida civil. Um instituto, portanto, talhado para os incapazes maiores e voltado à substituição da vontade e eclipse dos desejos e preferências.

---

[678] "The type and intensity of support to be provided will vary significantly from one person to another owing to the diversity of persons with disabilities. This is in accordance with article 3 (d), which sets out "respect for difference and acceptance of persons with disabilities as part of human diversity and humanity" as a general principle of the Convention. At all times, including in crisis situations, the individual autonomy and capacity of persons with disabilities to make decisions must be respected". (ORGANIZAÇÃO DAS NAÇÕES UNIDAS. *General Comment nº 1* (2014): article 12: equal recognition before the law. Committee on the Rights of Persons with Disabilities. Eleventh session. 31 March, 11 April, 2014. p. 5. Disponível em: https://documents-dds-ny.un.org/doc/UNDOC/GEN/G14/031/20/PDF/G1403120.pdf?OpenElement. Acesso em 15 abr. 2020). Em tradução nossa: "O tipo e a intensidade do apoio a ser prestado variarão significativamente de uma pessoa para outra devido à diversidade de pessoas com deficiência. Isso está de acordo com o artigo 3 (d), que estabelece o "'respeito pela diferença e aceitação das pessoas com deficiência como parte da diversidade humana e da humanidade' como um princípio geral da Convenção. Em todos os momentos, inclusive em situações de crise, a autonomia individual e a capacidade das pessoas com deficiência para tomar decisões devem ser respeitadas".

A rigor, a curatela sedimentou-se de forma absoluta e generalizante em nosso ordenamento, pouco atenta às particularidades de cada pessoa submetida ao seu domínio.[679]

Mesmo após a regra instituída no agora revogado[680] art. 1.772 da versão original do Código Civil de 2002,[681] que estabelecia como regra a chamada curatela parcial,[682] determinando que o juiz se pronunciasse a respeito dos limites da curatela de acordo "o estado ou o desenvolvimento mental do interdito", que após redação dada pelo EPD, se tornou "potencialidades da pessoa",[683] na prática forense pouco se alterou, sendo a curatela total estabelecida na maioria esmagadora dos casos judiciais.[684] A indiferença pela avaliação cuidadosa e

---

679 Nina Rodrigues já criticava a interdição completa como disposta no projeto do Código Civil de 1916: "O absolutismo das disposições do Projecto sobre a incapacidade por sanidade mental nem se compadece com os rigorosos princípios da equidade jurídica, nem satisfaz aos desiderata da psychiatria moderna. É na instituição da interdcção que mais sensível se torna esta falha. O erro fundamental de doutrina reside aqui na equiparação absoluta, para os efeitos da interdicção, de todos os estados mentaes que podem modificar a capacidade civil. O Projecto coloca assim no mesmo plano, ao lado do simples fraco de espirito, ou imbecil, o maníaco ou o demente paralytico terminal; a par da simples fraqueza mental senil, a confusão mental declarada: juntamente com as loucuras chronicas ou incuráveis, os episódios delirantes, maio ou menos efêmeros, dos degenerados". (RODRIGUES, Nina. *O alienado no direito civil brasileiro*. 3. ed. São Paulo: Companhia Editora Nacional, 1939. p. 146-147).

680 O art. 1.772 foi revogado por força do art. 1.072, inc. II, da Lei nº 13.105, que instituiu o Código Processual Civil.

681 Redação original do dispositivo no CC/2002: "Art. 1.772. Pronunciada a interdição das pessoas a que se referem os incisos III e IV do art. 1.767, o juiz assinará, segundo o estado ou o desenvolvimento mental do interdito, os limites da curatela, que poderão circunscrever-se às restrições constantes do art. 1.782".

682 Nina Rodrigues defendia: "Assim, interdição com curatela total para os casos de loucura completa e para os graus extremos da invalidez mental incurável ou prolongada; interdição parcial com o conselho judiciário como no direito francês, ou com inabilitação como no direito italiano, ou com curatela limitada ou circunscrita como em diversos códigos, para certas formas de loucura transitória, para os graus mitigados da fraqueza de espírito congênita ou adquirida, para certos alienados mais ou menos lúcidos, para certos casos de surdo-mudez e de afasia; simples curadoria provisória para as loucuras transitórias, assim como para os primeiros períodos das loucuras curáveis, internados ou não os loucos; finalmente, curatela voluntária para os casos de invalidez por moléstia física, inclusive certos casos de moléstias cerebrais, em que não se compromete a inteligência: tal o sistema harmônico e integral de proteção que um código civil moderno deve destinar aos interesses dos alienados e, em geral, dos incapazes por insanidade mental". (RODRIGUES, Nina. *O alienado no direito civil brasileiro*. 3. ed. São Paulo: Companhia Editora Nacional, 1939. p. 175-176).

683 Redação dada pela Lei nº 13.146/2015: Art. 1.772. O juiz determinará, segundo as potencialidades da pessoa, os limites da curatela, circunscritos às restrições constantes do art. 1.782, e indicará curador".

684 "Mesmo com a falta de dados estatísticos sobre o tema, é intuitivo perceber em nossa realidade diária que a grande parte das interdições é requerida de forma a não se determinar os atos que serão exercidos pelo curador (interdição total), condenando-se

individual das habilidades e potencialidade da pessoa curatelada, com base em exames periciais padronizados, descortinou a banalização da curatela total, olvidando-se, não raras vezes, dos interesses do próprio curatelado. A rigor, com o fim da incapacidade absoluta, igualmente desapareceu a "interdição" total do nosso ordenamento. Sempre há algum traço de vontade válida ainda que seja para relações afetivas e existenciais,[685] por isso, a curatela total nem excepcionalmente deve ser admitida atualmente. Nessa linha, Pietro Perlingieri já entendia que a "disciplina da interdição não pode ser traduzida em uma incapacidade legal absoluta, em uma 'morte civil'".[686] A curatela, em seu perfil renovado, é por essência limitada e proporcional, logo sempre parcial.

A curatela não desapareceu com a CDPD – embora não seja mencionada de forma expressa, pelo contrário, sua possibilidade é admitida como instrumento necessário para os casos de comprometimento mais severo das funções cognitivas. Na verdade, a curatela passa a ser qualificada como uma forma de apoio e salvaguarda das pessoas com deficiência intelectual que apresentam impedimento significativo, ao lado de instrumentos já contemplados pelo EPD, em acréscimo ao Código Civil, como a tomada de decisão apoiada e outros que precisam ser idealizados para dar conta da diversidade das deficiências e da intensidade diferenciada de necessidade de suporte.

O que o EPD alterou, na linha da CDPD, foi a exclusividade da curatela como mecanismo solitário de proteção da pessoa maior incapaz. Ao lado da curatela, é preciso construir outros instrumentos jurídicos hábeis e proporcionais à necessidade de suporte e orientação da pessoa com deficiência que apresenta restrições à capacidade. Com efeito, a doutrina mais sensível já sinalizava há tempo a necessidade de

---

dessa forma o interditado a existir civilmente como absolutamente incapaz, privado que é do exercício de qualquer ato, mesmo aqueles não afetados pela deficiência ou enfermidade identificada na pessoa". (MPERJ. *Roteiro de Atuação na ação de interdição*: uma releitura a partir da Convenção sobre os Direitos das Pessoas com Deficiência. Disponível em: http://p-web01.mp.rj.gov.br/Arquivos/geral/2014/livro_v5_web.pdf. Acesso em 21 dez. 2017).

[685] Segundo Pietro Perlingieri, "quando concretas, possíveis, ainda que residuais, faculdades intelectivas e afetivas podem ser realizadas de maneira a contribuir para o desenvolvimento da personalidade, é necessário que sejam garantidos a titularidade e o exercício das expressões de vida que, encontrando fundamento no *status personae* e no *status civitatis*, sejam compatíveis com a efetiva situação psicofísica do sujeito" (PERLINGIERI, Pietro. *Direito civil na legalidade constitucional*. (Trad. Maria Cristina de Cicco). Rio de Janeiro: Renovar, 2008. p. 782).

[686] PERLINGIERI, Pietro. *Direito civil na legalidade constitucional*. (Trad. Maria Cristina de Cicco). Rio de Janeiro: Renovar, 2008. p. 782.

"flexibilização da curatela",[687] promovendo uma releitura do instituto a partir da cláusula geral de dignidade da pessoa humana. No entanto, a proposta do EPD foi ainda mais audaciosa. A curatela foi refundada, tendo sido sua estrutura e função modificadas. Não se trata de novos contornos, mas sim de novos perfis à luz do plural estatuto da pessoa com restrições à capacidade civil. Nem poderia ser diferente, uma vez que a renovação da curatela à luz do sistema de apoios determinado pela CDPD é um imperativo inafastável, sob pena de incompatibilidade com a atual axiologia constitucional.

Pietro Perlingieri leciona que a gravidade da deficiência psíquica atrai diferentes estatutos de proteção, que devem ser justificados na exata medida da severidade da limitação imposta ao indivíduo, sob pena de excessiva proteção que se revela como tirana. Assim, o estado da pessoa deve ser "individuado mediante uma complexa avaliação das condições pessoais do sujeito e daquelas sociais, culturais e ambientais, mas, sempre, em relação ao exclusivo interesse das manifestações do desenvolvimento pessoal", afastando-se alegações baseadas em supostos interesses superiores alheios que legitimariam a instrumentalização da pessoa curatelada.[688]

Desse modo, afirma-se que a remoção de "obstáculos ao pleno e melhor desenvolvimento da pessoa", especialmente seu bem-estar físico e psíquico, constitui a "única legitimação constitucional do estatuto de proteção e promoção", devendo-se funcionalizar a curatela a tal exigência.[689] A vocação contemporânea da curatela é emancipar o sujeito

---

687 Célia Barbosa Abreu defendia, antes da vigência do Estatuto da Pessoa com Deficiência, que "havendo resquícios de faculdades intelectivas e emotivas em um indivíduo, urge respeitá-las e, mais do que isso, contribuir para que se desenvolvam, em observância, em especial, aos princípios da dignidade humana e da solidariedade. É inaceitável partir-se para a curatela plena quando existe alternativa de flexibilizá-la. Desse modo, a consagração da curatela relativa no artigo 1.772 do CC/2002 surge como medida menos restritiva de direitos que a interdição total. A adoção da medida, no entanto, deve ser compatibilizada com o texto constitucional, a fim de assumir abrangência capaz de demonstrar observância à tábua axiológica instituída pelo constituinte de 1988 para o ordenamento jurídico brasileiro. [...] O cotidiano costuma demonstrar que, dentre os absolutamente incapazes, estão pessoas que não são incapazes para a integralidade dos atos da vida civil. Na realidade, desenvolvem-se nas áreas em que apresentam potencialidades, desde que lhes sejam oferecidas oportunidades para tanto. Logo, a capacidade das pessoas deve ser avaliada concretamente, a fim de se verificar se é o caso de permitir a *flexibilização* da curatela, mediante a adoção da interdição parcial e o afastamento da interdição total". (ABREU, Célia Barbosa. *Curatela e interdição civil*. Rio de Janeiro: Lumen Juris, 2009. p. 226, 228 (grifos no original).

688 PERLINGIERI, Pietro. *Direito civil na legalidade constitucional*. (Trad. Maria Cristina de Cicco). Rio de Janeiro: Renovar, 2008. p. 783-784.

689 PERLINGIERI, Pietro. *Direito civil na legalidade constitucional*. (Trad. Maria Cristina de Cicco). Rio de Janeiro: Renovar, 2008. p. 784.

socialmente já alijado de seus direitos fundamentais, promovendo o livre desenvolvimento da sua personalidade, de modo que se respeitem suas vontades e preferências ao máximo, buscando-se que o próprio possa com o apoio e o tratamento adequados exercer, por si, seu poder de autodeterminar-se, de escrever sua própria biografia.

A releitura da curatela denota, portanto, um paradoxo. Embora talhada para a pessoa incapaz, ou seja, com limitações ao livre agir, servindo como instrumento de proteção, a curatela, hoje, volta-se para a promoção da plena capacidade civil da pessoa com deficiência, buscando-se a conquista de sua autonomia e concretização de sua dignidade. Com isso, a curatela deve ser interpretada com base na cláusula geral de promoção da autonomia e inclusão da pessoa com deficiência, fundada conjuntamente no princípio da dignidade da pessoa humana (art. 1º, III, CF), no art. 1º do EPD e no art. 758 do Código de Processo Civil, guiada pelas prescrições contidas na CDPD. Diante desse cenário, não mais persiste a feição protetiva-assistencial da curatela, que, à luz da CDPD e do EPD, somente subsiste se articulada com um instrumento de apoio à pessoa com deficiência psíquica, voltada exclusivamente à sua emancipação e à sua proteção, a partir do seu melhor interesse.

### 3.2.1 Representação, assistência e apoios apropriados: novos perfis

O significado de apoio consiste em "auxílio, suporte, proteção".[690] Na verdade, o apoio é necessidade que decorre na condição humana, em razão da natureza gregária que nos configura. Uma vida de relações pressupõe ajuda recíprocas de modo que cada indivíduo alcance seus projetos pessoais afetivos e profissionais. No entanto, em sentido jurídico, o apoio se direciona as pessoas físicas que necessitam de algum suporte para a manifestação livre e válida da vontade, ou seja, trata-se de instrumento jurídico que possibilita às pessoas que não conseguem exprimir de forma objetiva a vontade à participação no mundo jurídico por meio de auxílio alheio. Com isso, o apoio em sentido jurídico "visa promover e proteger a autonomia da pessoa para que possa, de um modo independente, realizar as suas próprias escolhas e desenvolver seu projeto de vida (art. 3º – CDPD)".[691]

---

[690] FERREIRA, Aurélio Buarque de Holanda. *Dicionário Aurélio da língua portuguesa*. 7. ed. Curitiba: Positivo, 2008. p. 131.

[691] MENEZES, Joyceane Bezerra de; TEIXEIRA, Ana Carolina Brochado. Desvendando o conteúdo da capacidade civil a partir do Estatuto da Pessoa com Deficiência. *Revista Pensar*, Fortaleza, v. 21, n. 2, mai./ago. 2016. p. 590.

Tradicionalmente, os mecanismos de proteção das pessoas incapazes se restringiam à tutela e à curatela, a depender se pessoas menores ou maiores de idade, respectivamente. Tais institutos eram operacionalizados através da representação ou da assistência, formas de suprimento das incapacidades, reservando aquela às pessoas absolutamente incapazes e esta às relativamente incapazes.[692] O esquema binário era estrutural e não atendia às exigências de respeito à vontade dos indivíduos, eis que abstratamente se considerava que os absolutamente incapazes sempre necessitariam de representação, o que acarretava na substituição de vontade do "incapaz" pela vontade do representado. Ademais, a prática pelo incapaz de algum ato sozinho restaria eivado de nulidade, conforme o artigo 166 do Código Civil, de modo que o ato não pudesse ser convalidado por seu representante. Enquanto a assistência se destinaria aos relativamente incapazes, que poderiam, inclusive, praticar validamente alguns atos que fossem permitidos pelo ordenamento sem a presença do assistente.[693] Os atos praticados pelo relativamente incapaz sozinho e que deveriam ser acompanhados pelo seu assistente configuram hipótese de anulabilidade, nos termos do art. 171 do Código Civil, podendo o ato ser ratificado por seu assistente.

O esquema rígido e dualista do regime das incapacidades permitia forte segurança jurídica em sentido formal às relações de cunho patrimonial, uma vez que os efeitos dos atos jurídicos praticados pelo incapaz gerariam nulidade ou anulabilidade a depender da intensidade da incapacidade – se relativa ou absoluta. O demasiado apego ao perfil

---

[692] "Absolutamente incapazes são aquêles que o direito afasta, inteiramente, da atividade jurídica, pondo, ao seu lado, alguém que os represente, e, em nome dêles, exerça os atos da vida civil. [...] Os relativamente incapazes são os que podem praticar, por si, os atos da vida civil, que não lhe são vedados, devendo praticar todos os mais, autorizados por outrem". (BEVILAQUA, C. *Teoria Geral do Direito Civil*. 7. ed. Rio de Janeiro: Paulo de Azevedo Ltda., 1955. p. 73, 79). "Enquanto na representação é o representante que pratica o ato em nome e no interesse do representado, embora, sem interveniência deste, na assistência, São representados os absolutamente incapazes e assistidos os relativamente incapazes". (AMARAL, Francisco. *Direito civil*: introdução. 7. ed. rev., atual. e aum. Rio de Janeiro: Renovar, 2008. p. 270).

[693] "Em alguns casos, o menor relativamente incapaz procede independentemente da presença de um assistente. Assim é que pode exercer função pública, para a qual não seja requisito específico a maioridade (Estatuto dos Funcionários Públicos Civis da União, art. 22); e no regime do Código Civil pode aceitar mandato (art. 666), fazer testamento (art. 1860), ser testemunha em atos jurídicos (art. 228). Precedendo o consentimento do pai e da mãe ou autorização judicial, podem casar-se o homem e a mulher de 16 anos (art. 1517)". (PEREIRA, Caio Mário da Silva. *Instituições de direito civil. Introdução ao Direito Civil*. 22. ed. Rio de Janeiro: Forense, 2008. v. I, p. 283).

estrutural das formas de suprimento da vontade do incapaz levava ao próprio menoscabo dos desígnios volitivos e de seu interesse prioritário, uma vez que atribuía poderes de representação ou assistência sem a modulação necessária, de acordo com os interesses justificativos e as circunstâncias individuais do caso concreto.

No campo do suprimento da pessoa maior incapaz, consolidou-se na prática forense a chamada "interdição" total,[694] o que implicava a declaração da incapacidade absoluta e, por consequência, a representação pelo curador, em típica substituição da vontade do curatelado.[695] Desse modo, a técnica tradicional da representação predominou como forma de proteção dos maiores incapazes por deficiência ou enfermidade mental – nos termos do Código Civil de 2002 antes do EPD, o que acarretou na primazia do modelo genérico de substituição da vontade, eclipsando os desejos e preferências das pessoas com deficiência intelectual submetidas à curatela. A bem da verdade, a uniformidade do modelo de representação menosprezava a diversidade das pessoas com deficiência intelectual ou mental, além de, na prática, configurar mais como uma medida de punição do que um sistema protetivo, na medida em que as excluía da participação na sociedade e da tomada de decisões sobre sua vida.

A doutrina civilística costuma diferenciar os institutos da representação e da assistência, como visto, apenas em relação ao tipo de incapacidade que elas finalizam suprir. Assim, destina-se a representação aos absolutamente incapazes e a assistência aos relativamente incapazes.[696] A distinção entre os institutos, como se vê, foi feita com

---

[694] Em contundente crítica à redação original do art. 1.772 do CC/02, Nelson Rosenvald entende que tal dispositivo "submete a vida pós-incapacitação a uma opção entre incapacidade absoluta e relativa. Essa escolha arbitrária frequentemente despersonaliza o sujeito, silencia a sua voz, oculta a sua vontade e preferências. Seres humanos são deslegitimados na ordem civil, em razão das soluções rígidas e uniformes. A interdição total e ilimitada desacolhe a regra da proporcionalidade e impede a funcionalização da curatela, desvirtuada em sanção punitiva em vez de modelo protetivo da dignidade da pessoa humana". (ROSENVALD, Nelson. Curatela. *In*: PEREIRA, Rodrigo da Cunha (Org.) *Tratado de Direito das Famílias*. Belo Horizonte: IBDFAM, 2015. p. 762-763).

[695] Segundo Nelson Rosenvald: "[...] apenas haveria imposição judicial de limites à curatela quando a sentença fixasse a incapacidade como relativa, ou seja, nas hipóteses em que a pessoa fosse submetida à curatela em razão de *discernimento reduzido*, decorrente de deficiência ou enfermidade mental. Todavia, sendo o provimento jurisdicional fundado na constatação de incapacidade absoluta, o interdito não mais se autodeterminaria, a sua atuação seria neutralizada pelo *alter ego* do curador, que o representaria em todos os atos da vida civil, sem que remanescessem espaços de autonomia para o incapaz". (ROSENVALD, Nelson. Curatela. *In*: PEREIRA, Rodrigo da Cunha (Org.) *Tratado de Direito das Famílias*. Belo Horizonte: IBDFAM, 2015. p. 762).

[696] "E, atendendo à extensão da incapacidade, gradua a forma de proteção, que para os primeiros assume o aspecto de *representação*, de vez que são completamente impedidos

base na gradação do discernimento construído para a separação dicotômica entre absolutamente e relativamente incapazes à luz da legislação anterior.

A representação consiste, basicamente, numa técnica de atuação em nome de outrem. O referido instituto somente adquiriu autonomia dogmática no Código Civil de 2002, sendo que na codificação anterior seu tratamento legislativo restava vinculado à disciplina do contrato de mandato. Extrai-se do artigo 115 do Código Civil de 2002[697] que a representação pode ser legal ou voluntária, a depender se decorre da lei ou da vontade das partes.[698] Portanto, a distinção entre as mencionadas espécies se centra na origem do poder de representação – se deriva diretamente da lei ou da convenção entre os interessados.[699]

No campo da representação legal, é pacífica a sua concepção como mecanismo de substituição da vontade do representado por força de lei, eis que sequer é admitida a outorga de poderes por pessoa incapaz da forma convencional.[700] O fenômeno representativo consiste, portanto,

---

de agir juridicamente, e para os segundos a modalidade de *assistência*, já que têm o poder de atuar na vida civil, porém sob condição de serem autorizados". (PEREIRA, Caio Mário da Silva. *Instituições de direito civil. Introdução ao Direito Civil.* 22. ed. Rio de Janeiro: Forense, 2008. v. I, 2008, p. 273). "Os relativamente incapazes são pessoas que têm possibilidade de manifestar suas vontades, desde que sejam devidamente assistidos – e não representados", situando-se 'a meio caminho entre os casos de integral inaptidão e os de perfeito desenvolvimento intelectual. De modo que a lei procurou tão-somente suprir a aquela deficiência parcial, que lhes é peculiar, quer impedindo apenas a prática de certos atos (como, por exemplo, os atos de alienação para os pródigos), quer determinando a maneira como devem praticar outros tantos' (RODRIGUES, Sílvio. *Direito Civil.* 32. ed. Saraiva: São Paulo, 2002. v. 1, p. 48). Não podem estes exercer determinados atos, nem mesmo com assistência, como, por exemplo, a adoção (CC, art. 1.618); por outro lado, detêm o exercício de alguns atos personalíssimos, como [...]. Vale lembrar que atos realizados por relativamente incapaz, sem a devida assistência exigida por lei, são anuláveis [...]". (TEPEDINO, Gustavo; BARBOZA, Heloisa Helena; BODIN DE MORAES, Maria Celina. *Código Civil Interpretado Conforme à Constituição da República.* 2. ed. rev. e atual. Rio de Janeiro: Renovar, 2007. v. I, p. 14).

697 "Art. 115. Os poderes de representação conferem-se por lei ou pelo interessado".

698 Anderson Schreiber expõe que: "A classificação, consagrada pela doutrina, não está imune a críticas. Alguns autores têm sustentado que a representação legal não se configura propriamente como representação e deve ser afastada do gênero. Isto porque, [...] a atuação do representante é plenamente independente da vontade do representado [...]. Nada obstante, isto não parece suficiente para retirar o caráter representativo da atuação dos representantes legais, já que agem em nome dos representados, e ainda no interesse dos mesmos, sofrendo a sua atividade o controle do poder público". (SCHREIBER, Anderson. A representação no novo Código Civil. *In*: TEPEDINO, Gustavo (Coord.). *A parte geral do novo Código Civil*: estudos na perspectiva civil-constitucional. 3. ed. rev. Rio de Janeiro: Renovar, 2007. p. 239).

699 Para um aprofundamento das modalidades de representação, cf., por todos, DÍEZ-PICAZO, Luis. *La representación en el Derecho Privado.* Civitas: Madrid, 1978. *passim.*

700 "Na representação, é presente uma ideia essencial: desde que o representante procede, atua, emite vontade em nome do representado, o que é quem se torna obrigado ou adquire

no exercício em nome de outrem com imputação jurídica na esfera da pessoa em cujo nome se atua, ocorrendo uma separação entre quem age e sobre quem recaem os efeitos jurídicos da ação,[701] envolvendo, além da substituição da vontade do representado,[702] a legitimação e a interposição.[703] Trata-se de verdadeira representação com fins de proteção do representado.[704] Desse modo, na representação legal autoriza-se o movimento da esfera jurídica do incapaz por outra pessoa, designada pela lei e em conformidade com os limites legais impostos, agindo em nome, no interesse e no lugar daquele. Nessa esteira, traduz-se na substituição da atuação jurídica do incapaz, cuja capacidade de

---

direitos, necessita, para assim proceder, e, com tais consequências, de estar investido de um *poder*. É o *poder de representação*, pois, a alma do instituto, e é nele que repousa a sua fundamental valia e a explicação do desbordamento dos efeitos do negócio jurídico da pessoa de quem o pratica, e sua percussão na esfera jurídica de quem nele não é parte direta. [...] como o representante age em nome do representado, e nos termos da outorga de poderes, é óbvio que não pode o incapaz constituir representante voluntário, e nem lhe falta representante que é o legal, como também não pode romper a barreira da própria incapacidade, para munir alguém de poderes para agir em seu nome". (PEREIRA, Caio Mário da Silva. *Instituições de direito civil. Introdução ao Direito Civil*. 22. ed. Rio de Janeiro: Forense, 2008. v. I, p. 616, 623).

[701] VASCONCELOS, Pedro Pais de. *Teoria Geral do Direito Civil*. 6. ed. Coimbra: Almedina, 2010. p. 319.

[702] "Na representação ocorre um fenómeno de substituição. O representante substitui o representado no exercício jurídico. Esta é a principal utilidade da representação. Ao representado pode não convir agir pessoalmente, pode não o poder fazer, ou pode, muito simplesmente, ter acordado ser outrem a agir. [...] A representação permite suprir o impedimento, fazendo agir outra pessoa em nome do representado. [...] Na representação, embora a autoria jurídica seja do representado, o agir material é do representante, que o substitui. A representação facilita, assim, imensamente, o exercício jurídico". (VASCONCELOS, Pedro Pais de. *Teoria Geral do Direito Civil*. 6. ed. Coimbra: Almedina, 2010. p. 319-320).

[703] "A representação envolve também um fenómeno de legitimação. O representante, não poderia actuar em nome do representado e não poderia agir sobre bens e interesses do representado, por falta de legitimidade. Se o fizesse, sem representação, a eficácia jurídica do seu agir não se produziria na esfera jurídica do representado [...]. A representação atribui ao representante legitimidade para agir em nome do representado, e constitui título de legitimidade ou legitimação. [...] Na representação existe um fenómeno de interposição de pessoas. Entre o representado e a outra parte, ou as pessoas perante quem age, introduz-se uma outra pessoa – o representante". (VASCONCELOS, Pedro Pais de. *Teoria Geral do Direito Civil*. 6. ed. Coimbra: Almedina, 2010. p. 320-321).

[704] "Uns e outros – pais, tutores e curadores – procedem em nome dos filhos, pupilos, curatelados, e, representando-os, emitem a própria vontade, no lugar daqueles que a não podem declarar, adquirindo direitos que acrescem ao patrimônio dos representados, ou contraem obrigações pelas quais estes respondem. Pela própria natureza, a representação legal dos incapazes confere ao representante atribuições de conservação e administração, mas nunca de *disposição*, investido que fica o representante do poder de gerir, e especialmente de zelar pelo patrimônio do representado, o que justifica à maravilha a designação qualitativa de *representação de proteção*". (PEREIRA, Caio Mário da Silva. *Instituições de direito civil. Introdução ao Direito Civil*. 22. ed. Rio de Janeiro: Forense, 2008. v. I, p. 617).

atuação a lei transfere para outra pessoa, modulando-se a ideia de transferência integral, uma vez que cabe repisar que a incapacidade absoluta de pessoa maior resta finda em nosso ordenamento.

Por isso, alguns autores defendem a representação legal como um "ofício de direito privado",[705] ou seja, como o exercício de uma função em nome e no interesse de outra pessoa, conforme um dever e em virtude de um poder. Nesta perspectiva, o representante legal é um sujeito legalmente obrigado a atuar em benefício do representado. Trata-se de poder encapsulado em forma de autoridade, mas que hoje se revela democrática e emancipatória, visando sempre o respeito à autonomia da pessoa sob curatela. Por outro lado, alguns autores esclarecem que a representação legal não é um expediente autônomo, mas uma atribuição integrada num conjunto mais amplo de poderes e deveres.[706] Compreendem, dessa maneira, que o representante legal não atua na qualidade de representante propriamente dito, mas sim na qualidade de titular de um poder que exerce em função do interesse de quem a esse poder está sujeito. A representação legal não basta em si, mas serve ao propósito de cuidar dos interesses superiores de quem precisa e de acordo com sua vontade na medida de sua possibilidade de efetiva participação nas tomadas de decisões.

A rigor, a representação legal corresponde a um poder jurídico que consiste na possibilidade de interferência na esfera jurídica alheia. Trata-se de uma situação jurídica subjetiva,[707] que, do ponto de vista

---

[705] "Pertanto, nel conferire la reppresentanza dell'incapace, la lege non opera ad imitazione dell'autonomia privata mediante un'autorizzazione che non esclude l'interesse proprio dell'autorizzato, bensí provvede a constituire un ufficio di diritto privato. L'ufficio consiste in una somma di attribuzione e di compiti che all'investito sono conferiti in ordine ad un interesse altrui, e si contrappone concertualmente al diritto soggettivo privato, inteso nel senso tradizionale di un potere conferito al singolo per un tipico interesse proprio". (BETTI, Emilio. *Teoria generale del negozio giuridico*. 2. ed. Roma-Napoli: Edizioni Scientifiche Italiane, 1994. p. 570). Em tradução nossa: "Portanto, ao conferir a representação dos incapacitados, a lei não opera de imitação de autonomia privada através de uma autorização que não exclui o interesse próprio da pessoa autorizada, mas prevê o estabelecimento de um *ofício de direito privado*. O ofício consiste em uma soma de atribuição e de tarefas que o investido é conferido para o interesse de outros, e contrasta com o direito subjetivo privado, entendido no sentido tradicional de um poder conferido ao indivíduo para um interesse típico". De acordo com Pietro Perlingieri, o poder jurídico (*potestà*) "constitui um verdadeiro ofício, uma situação de direito-dever: como fundamento da atribuição dos poderes existe o dever de exercê-los". (PERLINGIERI, Pietro. *Direito civil na legalidade constitucional*. (Trad. Maria Cristina de Cicco). Rio de Janeiro: Renovar, 2008. p. 699-700).

[706] RODRÍGUEZ, Remedios Aranda. *La representación legal de los hijos menores*. Madrid: Boletín Oficial del Estado, 1999. p. 13.

[707] "O exercício da *potestà* não é livre, arbitrário, mas necessário no interesse de outrem ou, mais especificamente, no interesse de um terceiro ou da coletividade. [...] A *potestà* é,

estrutural, identifica-se com o direito potestativo.[708] No entanto, a partir do perfil funcional, o poder jurídico "apenas pode ser exercido tendo-se em conta a realização do interesse jurídico que lhe é contraposto, titularizado por aquele que a ele se sujeita",[709] eis que tem por finalidade a proteção da contraparte na relação, sendo comumente constatada nas relações familiares, como a autoridade parental dos pais em relação aos filhos menores ou o poder que é atribuído ao tutor ou curador sobre o pupilo ou o curatelado. Desse modo, independentemente da caracterização da representação legal como ofício, encargo ou atribuição, importante compreendê-la como situação jurídica subjetiva amalgamada sob a forma de poder jurídico essencialmente funcionalizada à realização e ao respeito à pessoa sujeitada, sobretudo nos casos de pessoas maiores, que devem ter sua vontade, desejos e preferências, sempre que possível e em grau máximo, observados, ou ter sua biografia construída ao longo da vida respeitada quando não puder exprimir sua vontade de forma livre e esclarecida.

Com efeito, a representação legal, no ordenamento brasileiro, sempre se confundiu com a própria noção de poder familiar (*rectius*: autoridade parental), da tutela e da curatela.[710] Por isso, a disciplina jurídica da representação se atina muito mais à espécie voluntária e às relações patrimoniais e negociais,[711] como bem demonstram as normas contidas nos arts. 117 a 119 do Código Civil vigente. Nessa esteira, é comum indicar os elementos e conteúdo que se adequam mais à representação voluntária, confinando aos negócios jurídicos,

---

portanto, uma situação complexa, que atribui não simplesmente poderes, mas deveres que não devem ser exercidos no interesse do titular do *potestà*, [...] mas naquele do representado". (PERLINGIERI, Pietro. *Direito civil na legalidade constitucional*. (Trad. Maria Cristina de Cicco). Rio de Janeiro: Renovar, 2008. p. 700).

[708] SOUZA, Eduardo Nunes de. Situações jurídicas subjetivas: aspectos controversos. *In*: *Civilistica.com*, Rio de Janeiro, a. 4, n. 1, 2015. p. 13. Disponível em: http://civilistica.com/wp-content/uploads/2015/08/Souza-civilistica.com-a.4.n.1.2015.pdf. Acesso em 05 nov. 2017.

[709] SOUZA, Eduardo Nunes de. Situações jurídicas subjetivas: aspectos controversos. *In*: *Civilistica.com*, Rio de Janeiro, a. 4, n. 1, 2015. p. 13. Disponível em: http://civilistica.com/wp-content/uploads/2015/08/Souza-civilistica.com-a.4.n.1.2015.pdf. Acesso em 05 nov. 2017.

[710] O art. 120 do CC/02 reforça tal ideia ao reenviar o intérprete aos requisitos e efeitos da representação legal às respectivas normas estabelecidas para as situações correspondentes.

[711] "Em síntese, pode-se dizer que a representação consiste na realização de um negócio jurídico em nome de outra pessoa, sobre quem devem recair os efeitos negociais". (SCHREIBER, Anderson. A representação no novo Código Civil. *In*: TEPEDINO, Gustavo (Coord.). *A parte geral do novo Código Civil*: estudos na perspectiva civil-constitucional. 3. ed. rev. Rio de Janeiro: Renovar, 2007. p. 234).

notadamente àqueles de cunho patrimonial. Desse modo, apontam-se como elementos essenciais da representação a outorga de poderes exigidos pela lei ou pela convenção entre as partes e a atuação declarada do representante em nome do representado. Indispensável, portanto, para sua caracterização "a existência de poderes que lastreiem a atuação do representante e que este aja *declaradamente* em nome de outra pessoa",[712] sendo que "a esta publicidade ou exteriorização de que se está a agir em nome de outrem designa-se *contemplatio domini*, núcleo central da representação".[713]

A natureza jurídica da representação voluntária já foi ponto controvertido na doutrina, principalmente em razão de parte da doutrina confundir a representação voluntária com o contrato de mandato. Em que pese os dissensos, parece razoável entender que a representação voluntária "cuida-se de negócio jurídico unilateral porque a outorga de poderes ocorre sem necessidade da concordância do representante, bastando a manifestação da vontade do representado".[714] A própria autonomia dogmática do instituto da representação no Código Civil de 2002 implica a necessidade de desvinculação da representação voluntária do contrato de mandato.[715] Sobre esta questão, já esclareceu Gustavo Tepedino que:

> A representação [...] não se esgota neste tipo contratual [mandato], podendo se manifestar autonomamente, em contratos típicos ou atípicos. Afinal, [...] a representação voluntária consiste não em espécie contratual, mas em expediente técnico para a manifestação de vontade daquele que outorga poder. [...] A independência da representação em relação ao mandato impede que se reduza a procuração, instrumento

---

[712] TEPEDINO, Gustavo. A Técnica da Representação e os Novos Princípios Contratuais. *In*: *Temas de Direito Civil*, Rio de Janeiro: Renovar, 2009. t. 2, p. 127.

[713] TEPEDINO, Gustavo. A Técnica da Representação e os Novos Princípios Contratuais. *In*: *Temas de Direito Civil*, Rio de Janeiro: Renovar, 2009. t. 2, p. 127.

[714] TEPEDINO, Gustavo. A Técnica da Representação e os Novos Princípios Contratuais. *In*: *Temas de Direito Civil*, Rio de Janeiro: Renovar, 2009. t. 2, p. 129.

[715] Sobre o assunto, Gustavo Tepedino e Milena Donato Oliva lecionam: "A diferenciação entre representação e mandato torna-se imperiosa a partir da consagração da autonomia desses institutos, devendo-se identificar a disciplina pertinente a cada um deles. Essa tarefa mostra-se especialmente árdua, porque a representação, embora autônoma em relação ao mandato, é essencial a este, tendo o legislador, por isso, regulamentado a representação voluntária no âmbito do contrato de mandato. Para que seja possível separar o regramento de cada um, afigura-se necessário efetuar análise funcional, que atente para o papel desempenhado por esses institutos nas relações privadas e a tutela que para tanto necessitam". (TEPEDINO, Gustavo; OLIVA, Milena Donato. Notas sobre a representação voluntária e o contrato de mandato. *In*: *Revista Brasileira de Direito Civil – RBDCivil*, Belo Horizonte, v. 12, p. 17-36, abr./jun. 2017. p. 18).

> jurídico de outorga de poderes, à relação contratual de mandato. A procuração é o termo próprio para designar o negócio jurídico unilateral de atribuição de poderes de representação [...].[716]

Apesar do tradicional confinamento da representação voluntária aos atos patrimoniais, tem-se descortinado, nos últimos tempos, questões emergentes, a exemplo dos chamados testamentos vitais e procurações de saúde, modalidades de diretivas antecipadas de vontade,[717] que viabilizaram a expansão da representação voluntária para os atos de autonomia existencial. A partir da chave de leitura da dignidade humana, nada mais consentâneo com a proteção à pessoa que promover sua autonomia de forma prospectiva, permitindo que sua vontade seja respeitada mesmo nos momentos em que não a possa exprimir de forma livre e esclarecida. No entanto, diante da insuficiência do tratamento legislativo da representação voluntária nos atos existenciais é preciso que o intérprete se ampare numa interpretação conforme a Constituição de 1988, ou seja, é necessário um balanceamento dos princípios de envergadura constitucional postos em jogo. Por conseguinte, na medida em que o poder de representação se amplia de modo a acobertar, inclusive, os atos ligados à esfera existencial da pessoa representada, necessário repensar os limites da representação voluntária neste terreno.

No campo patrimonial, Gustavo Tepedino leciona que "a representação mostra-se mais consentânea com a noção de substituição da manifestação de vontade: embora atue em nome de outrem, o representante não fica adstrito à simples transmissão da vontade do representado". Percebe-se, portanto, que há uma margem de discricionariedade concedida ao representante para a celebração dos atos negociais, "pois examina a conveniência de celebrar ou não o negócio sob determinadas circunstâncias. Neste aspecto, aliás, consiste a distinção fundamental em relação ao núncio, ou mensageiro, que é mero transmissor da declaração negocial de outrem".[718]

Há que se ressalvar, no entanto, que em relação à representação nos atos de autonomia existencial não se pode conceber esta margem de liberdade do representante, tendo em vista que sua finalidade e

---

[716] TEPEDINO, Gustavo. A Técnica da Representação e os Novos Princípios Contratuais. *In*: *Temas de Direito Civil*, Rio de Janeiro: Renovar, 2009. t. 2, p. 141-142.

[717] O tema será abordado em item específico.

[718] TEPEDINO, Gustavo. A Técnica da Representação e os Novos Princípios Contratuais. *In*: *Temas de Direito Civil*, Rio de Janeiro: Renovar, 2009. t. 2, p. 128.

efeitos incidem diretamente sobre a própria pessoa representada, razão pela qual se deve repensar os limites desta representação, eis que funcionalizada à preservação da vontade da pessoa representada e voltada à promoção de sua dignidade e liberdade. Por isso, é necessário realizar uma análise qualitativa do poder de representação frente aos atos de autonomia existencial, de modo a estabelecer uma tutela diferenciada dos atos de autonomia patrimonial.

Diante de um cenário de insuficiência de instrumentos para a promoção da autonomia da pessoa com restrições à capacidade civil, nada mais salutar que permitir que as diretivas antecipadas de vontade sejam utilizadas para tal fim.[719] No entanto, uma das questões centrais a serem superadas para a aceitação da representação no terreno extrapatrimonial ainda permanece arraigada em nosso ordenamento, que é a característica da pessoalidade dos atos de autonomia existencial, eis que configuraria um impeditivo a possibilidade de eleger terceiro para agir em seu nome. Defende-se, no entanto, que limitar a representação ao campo patrimonial configura tese extremamente restritiva, ofendendo a possibilidade de autonomia prospectiva da pessoa e, em consequência, violando a dignidade humana.[720] Contudo, a pessoalidade dos atos de autonomia existencial condiciona a eficácia da declaração prévia de vontade à superveniência da incapacidade, ainda que temporária, visto que alguém em condições de exprimir sua vontade não pode delegar para terceiros que atuem em seu nome.

---

[719] "As declarações antecipadas de vontade ou diretivas antecipadas de vontade são uma modalidade de negócio jurídico existencial, no qual a pessoa, detentora de discernimento, portanto, de capacidade de querer e entender, faz escolhas a serem efetivadas no futuro, caso, naquela época, ela não tenha competência para efetuá-las. As declarações antecipadas são gênero, do qual são espécie o testamento vital ou testamento biológico, a procuração para cuidados de saúde, entre outras". (TEIXEIRA, Ana Carolina Brochado. *Saúde, corpo e autonomia privada*. Rio de Janeiro: Renovar, 2010. p. 349). V., ainda, ALMEIDA JR., Vitor de Azevedo. A autonomia existencial prospectiva e as procurações de saúde no direito brasileiro. *In*: BARBOSA-FOHRMANN, Ana Paula; BARRETO, Gustavo Augusto Ferreira (Orgs.). *A vida dos direitos humanos*: reflexões sobre questões atuais. Rio de Janeiro: Gramma, 2016. p. 197-222).

[720] "[...] as manifestações de autonomia voltadas para o futuro são plenamente admitidas em nosso ordenamento, inclusive para governar fases da vida que estejam prejudicadas pela impossibilidade de querer e compreender, por alguma doença que abale o discernimento e obstaculize a realização de escolhas eficazes. Logo, para que tenham validade, as diretivas antecipadas devem espelhar o projeto de vida do seu autor. Elas devem ser valorizadas porque traduzem o modo de entender a vida, a doença, além de espelhar o projeto de vida que a pessoa construiu, como justificador para suas escolhas, em um Estado pluralista, que abraça todas as concepções morais e opções existenciais, principalmente as autorreferentes". (TEIXEIRA, Ana Carolina Brochado. *Saúde, corpo e autonomia privada*. Rio de Janeiro: Renovar, 2010. p. 354).

O consentir na esfera existencial é constitutivo do ser, é decisão personalíssima, que somente pode ser transferida a pessoa de confiança designada pelo próprio interessado, vinculando-se a eficácia da declaração prévia de vontade à completa impossibilidade do interessado exprimir sua vontade no momento e em relação ao ato que não pode ser adiado. Decisões que envolvam atos postergáveis devem, sempre que possível, aguardar a eventual recuperação da própria pessoa, uma vez que a impossibilidade de manifestação volitiva pode ser transitória.

Assim, mesmo as pessoas com deficiência, inclusive intelectual, submetidas à curatela, agora em regra, restrita às situações patrimoniais e negociais, devem prioritariamente consentir sobre questões existenciais, sobretudo ligadas à sua integridade psicofísica, no máximo grau de participação que lhes é assegurado por meio de processo comunicacional que facilite a compreensão e o esclarecimento, nos termos do artigo 12, §1º do EPD. Nos casos em que o curador ou apoiador[721] verificar que a decisão de natureza existencial da pessoa sob o regime de apoio é atentatória à preservação de vida deverá submeter a questão ao juiz competente, ao invés de simplesmente substituir a vontade do interessado. O consentimento da pessoa com deficiência somente se torna inexigível nos casos de risco de morte e de emergência em saúde, compreendidos como ato médico inadiável, devendo ser resguardado o superior interesse do paciente, de acordo com o artigo 13 do EPD.[722]

Veja-se que o último dispositivo mencionado não se refere à autorização do curador na hipótese de pessoa com deficiência submetida, eis que se trata de hipótese excepcional, que em regra não alcança a esfera existencial. Trata-se de regra que reafirma a prevalência da proteção da pessoa com deficiência, especialmente daquela sem competência para decidir e cuja vida encontra-se em risco ou em situação emergencial.

Assim, a concessão de poderes de representação em razão de restrições à capacidade civil da pessoa com deficiência deve ser excepcional e sempre funcionalizada à sua proteção, devendo ser encarada como uma forma de cuidado e de apoio, evitando-se servir como mero instrumento de substituição de vontade. Convém esclarecer,

---

[721] A tomada de decisão apoiada será abordada ainda neste capítulo.

[722] EPD, "Art. 13. A pessoa com deficiência somente será atendida sem seu consentimento prévio, livre e esclarecido, em casos de risco de morte e de emergência em saúde, resguardado seu superior interesse e adotadas as salvaguardas legais cabíveis".

com base nos artigos. 1.781[723] e 1.747, inciso I,[724] ambos do Código Civil vigente, que os poderes de representação no exercício da curatela não foram abolidos, mas tão somente funcionalizados à proteção da pessoa curatela, embora haja, aparentemente, contrariedade com as disposições da CDPD, conforme será abordado mais à frente. Tal atribuição, judicialmente imposta, encerra diversos deveres e tarefas ao encarregado de ordem legal, que deve buscar sempre respeitar a vontade, os desejos e as preferências do protegido, ainda que sob a reconstrução do seu projeto de vida (vontade biográfica) ou a partir da declaração prévia de vontade externada em documentos autênticos e válidos. O papel do representante legal,[725] portanto, é de suporte e busca da conquista da autonomia da pessoa com deficiência, aproximando-se do espaço antes reservado à assistência, que passa a ser vocacionada à orientação e fiscalização moderada dos atos praticados por pessoa com capacidade restringida.

A excepcional concessão de poderes de representação e a assistência convergem com a determinação de reconhecimento da capacidade legal das pessoas com deficiência, e desfazem a típica função de forma de suprimento de vontade, passando a desempenhar sua atual vocação de modalidades de apoio funcionalizado e salvaguarda, de modo a prevenir abusos contra a pessoa com deficiência. Tais mecanismos devem ser funcionalizados à promoção a autonomia possível do indivíduo sob curatela, e não mais entendidos como outorga de poderes para governo da vida alheia conforme modos de viver estranhos às suas concepções morais e escolhas existenciais, constituindo verdadeira clausura do ser.

Nessa linha, questão central consiste em averiguar se a representação é compatível com o marco do modelo de apoios previsto no artigo 12, §3, da Convenção, que surgiu em alternativa ao modelo clássico da substituição da vontade. Segundo Francisco José Bariffi, a partir do reconhecimento do direito das pessoas com deficiência de tomarem suas

---

[723] "Art. 1.781. As regras a respeito do exercício da tutela aplicam-se ao da curatela, com a restrição do art. 1.772 e as desta Seção".

[724] "Art. 1.747. Compete mais ao tutor: "I – representar o menor, até os dezesseis anos, nos atos da vida civil, e assisti-lo, após essa idade, nos atos em que for parte". Apesar de não mais se reportar às hipóteses de incapacidade absoluta e relativa, o juiz deverá no caso concreto avaliar a extensão dos poderes concedidos ao curador.

[725] Apesar de a atribuição decorrer de ato judicial, a representação, nos casos excepcionais em que for atribuída, tem natureza legal, eis que não decorre de convenção entre as partes, mas se assenta em deveres e poderes legalmente definidos, cujo papel do juiz é modulá-los à luz das circunstâncias e necessidades da pessoa posta em curatela.

próprias decisões, três concepções diferentes adquirem relevância para responder à indagação se é possível a representação diante do sistema de apoios.[726] Uma primeira concepção admite a representação em situações excepcionais nas hipóteses em que se verifica que é realmente necessária no âmbito do modelo de apoios. De modo a se afastar da representação com contornos tradicionais, a doutrina estrangeira tem denominado de "ações de representação", "apoios intensos", "apoios obrigatórios" ou "tomadas de decisões facilitadas", que possuem características em comum, independentemente da nomenclatura adotada.[727] Há, portanto, que se destacar que se trataria, no caso da experiência do ordenamento nacional, de uma representação legal, eis que prevista por norma específica (artigos 1.781 c/c 1.747, inciso I, ambos do Código Civil brasileiro) e deve ser judicialmente fixada, devendo sempre ser excepcional e específica, ou seja, como última medida a ser adotada e sobre certos e determinados aspectos do exercício da capacidade jurídica que deve ser concretamente considerada.[728]

Ademais, frisa-se que, embora a representação traduza-se, a rigor, na tomada de decisão no lugar de outra, na perspectiva do modelo de apoios requer-se que o representante legal demonstre a diligência adequada para decidir em conformidade com as preferências e a vontade da pessoa com deficiência. "Em outras palavras, o representante não pode decidir sobre seu melhor critério, mas sempre levando em conta a vontade presumida da pessoa",[729] quando esta não tiver deixado sua vontade previamente declarada. De acordo com Francisco José Bariffi, a preferência pela expressão "ações de representação" ao invés de meramente representação se deve ao fato de constituírem "ações específicas e excepcionais, previstas na legislação, controladas pela autoridade judicial e que, em última análise, deve sempre ter como objetivo a decisão que é finalmente adotada, respeitar a história de vida, os valores e as preferências de uma pessoa específica".[730]

---

[726] BARIFFI, Francisco. *El régimen jurídico internacional de la capacidad jurídica de las personas con discapacidad.* Madrid: Grupo Editorial Cinca, 2014. p. 379.

[727] BARIFFI, Francisco. *El régimen jurídico internacional de la capacidad jurídica de las personas con discapacidad.* Madrid: Grupo Editorial Cinca, 2014. p. 380.

[728] BARIFFI, Francisco. *El régimen jurídico internacional de la capacidad jurídica de las personas con discapacidad.* Madrid: Grupo Editorial Cinca, 2014. p. 380.

[729] BARIFFI, Francisco. *El régimen jurídico internacional de la capacidad jurídica de las personas con discapacidad.* Madrid: Grupo Editorial Cinca, 2014. p. 380 (tradução nossa). No original: "En otras palabras, el representante no puede decidir sobre su mejor criterio, sino siempre teniendo en cuenta la voluntad presunta de la persona".

[730] BARIFFI, Francisco. *El régimen jurídico internacional de la capacidad jurídica de las personas con discapacidad.* Madrid: Grupo Editorial Cinca, 2014. p. 380 (tradução nossa). No

Essa concepção, no entanto, enfrenta o risco de, ao se admitir, ainda que excepcional e especificamente, a representação dentro do modelo de apoios, que tal prática se converta em regra e se aplique de forma indiscriminada às pessoas com deficiência. Por isso, em casos pontuais, como pacientes em coma permanente ou pessoas com síndrome de Alzheimer em estágio muito avançado, a admissão da representação não parece apresentar resistência, mas quando se cogita estender tal possibilidade aos demais casos de forma abstrata e geral, isso contraria, sem sombra de dúvida, a integridade do modelo de apoio.[731]

Francisco Bariffi defende que existe uma "incompatibilidade absoluta" entre o modelo de apoios e qualquer tipo de representação legal, mesmo se for específica e excepcional. No entanto, ressalva que

> isso não implica que uma pessoa com deficiência não possa, em certas circunstâncias, ter sua capacidade legal limitada e que uma pessoa tenha poderes para decidir em seu nome, sempre e quando esse procedimento for aplicável fora da estrutura dos apoios, em relação a de qualquer pessoa, tenha as salvaguardas necessárias para evitar discriminação por incapacidade e tem efeitos em atos específicos.[732]

Como se sabe, a rigor, a nomeação de um representante legal supõe a limitação da capacidade jurídica, o que, na visão de Francisco Bariffi, estaria expressamente proibido pela CDPD. No entanto, o autor defende que a CDPD não proíbe a implementação de "um sistema ou procedimento para declarar incompetente uma pessoa (qualquer pessoa) sempre e quando o faça com base em um critério que reúna os seguintes elementos: a) legitimidade; b) proporcionalidade; e c) não discriminação".[733] Destaca o autor que tais critérios não decorrem

---

original: "[...] acciones concretas, excepcionales, previstas en la legislación, controladas por la autoridad judicial, y que en última instancia deben siempre estar destinadas a que la decisión que finalmente se adopte, respete la historia de vida, los valores, y las preferencias de la persona concreta.

[731] BARIFFI, Francisco. *El régimen jurídico internacional de la capacidad jurídica de las personas con discapacidad*. Madrid: Grupo Editorial Cinca, 2014. p. 381.

[732] BARIFFI, Francisco. *El régimen jurídico internacional de la capacidad jurídica de las personas con discapacidad*. Madrid: Grupo Editorial Cinca, 2014. p. 383. No original: "Ello no supone que una persona con discapacidad no pueda, en ciertas circunstancias, ver limitada su capacidad jurídica y se habilite a una persona a decidir en su nombre, siempre y cuando dicho procedimiento sea aplicable fuera del marco de los apoyos, respecto de cualquier persona, tenga las salvaguardias necesarias para evitar la discriminación por motivo de discapacidad, y tenga efectos sobre actos concretos".

[733] BARIFFI, Francisco. *El régimen jurídico internacional de la capacidad jurídica de las personas con discapacidad*. Madrid: Grupo Editorial Cinca, 2014. p. 383. No original: "Pero la CDPD

somente da CDPD, mas também dos demais tratados de direitos humanos. Com efeito, extrai-se da não discriminação a exigência de que eventuais limitações à capacidade não sejam realizadas com base na deficiência em si, mas em critérios genéricos e objetivos, aplicáveis a qualquer pessoa, o que configuraria hipótese de representação fora do modelo de apoios, eis que incompatíveis, como afirmado anteriormente.[734]

A rigor, o modelo de apoios inaugurado com a CDPD parece ser contrário à possibilidade de representação, especialmente se encarada como instrumento de substituição de vontade, função que tradicionalmente lhe é imputada. No entanto, diante do atual cenário normativo brasileiro, é razoável permitir a representação, excepcionalmente para determinados atos e mediante prévia e fundamentada decisão judicial, eis que, em regra, diante do fim da incapacidade absoluta, a declaração da incapacidade relativa atrairia o modelo da assistência. Contudo, a questão não é tão simples, na medida em que a flexibilidade da curatela como mecanismo de apoio nem sempre atende aos casos mais rigorosos de deficiência mental/intelectual por meio da assistência. Cabe, portanto, ao magistrado, à luz das circunstâncias do caso concreto, modular a gradação dos poderes outorgados ao curador, sem olvidar que o modelo de apoio não permite que a representação continue como instrumento padrão a ser utilizado de forma indiscriminada e ao menoscabo da vontade do representado, sob pena de violação à CDPD.

Nessa linha, ao lado da representação legal, situa-se a assistência,[735] tradicionalmente voltada como mecanismo de suprimento

---

no prohíbe que el Estado implemente algún sistema o procedimiento para declarar incompetente a una persona (cualquier persona) siempre y cuando lo haga sobre la base de un critério que reúna los siguientes tres elementos: a) legitimidad; b) proporcionalidad; y c) no discriminación".

[734] Segundo Francisco Bariffi: "[...] una persona con discapacidad pude ser declarada incompetente para tomar algún tipo de decisiones, pero ello no en razón de su discapacidad, sino en la medida en la cual pueda quedar contemplada en el supuesto objetivo previsto para cualquier persona". (BARIFFI, Francisco. *El régimen jurídico internacional de la capacidad jurídica de las personas con discapacidad*. Madrid: Grupo Editorial Cinca, 2014. p. 384).

[735] Paulo Lôbo considera que a representação legal engloba a assistência: "Há representação legal para certos atos da vida civil, para pessoas consideradas relativamente incapazes. Para os demais atos da vida civil, que não ponham em risco seus interesses, essas pessoas podem agir diretamente. São submetidos a representação legal parcial: os ébrios habituais, os viciados em tóxicos, os deficientes mentais com discernimento reduzido, os excepcionais com desenvolvimento mental incompleto, os pródigos. O exercício da representação legal pode consistir na assistência, na concordância, na aprovação ou na

da vontade dos relativamente incapazes. A assistência "consiste na intervenção conjunta do relativamente incapaz e do seu assistente, na prática do ato jurídico",[736] por meio da qual "alguém, autorizado em lei, comparece ao ato para validar a manifestação de vontade do relativamente incapaz".[737] Por isso, o assistente pratica o ato juntamente com o assistido, ou seja, o acompanha nos atos da vida civil.[738]

A partir da ideia cristalizada de que o absolutamente incapaz teria sua vontade ceifada,[739] substituída pela do seu representante, que não mais se mantém à luz das diretrizes da CDPD e do EPD, restou tradicionalmente à assistência o papel de acompanhamento da atuação do relativamente incapaz nos atos civis, sobretudo os de matriz patrimonial, ou seja, a sua vontade seria levada em consideração.[740] A disciplina jurídica da assistência se volta, à semelhança da representação do absolutamente incapaz, para as consequências do negócio

---

autorização do representante ao representado (por exemplo, assistir com anuência à venda de determinado bem, autorizar o casamento de maior de dezesseis anos, cuja falta pode levar à invalidação ou ineficácia do ato)". (LÔBO, Paulo. *Direito civil*: parte geral. 3. ed. São Paulo: Saraiva, 2012. p. 265).

736 AMARAL, Francisco. *Direito civil*: introdução. 7. ed. rev., atual. e aum. Rio de Janeiro: Renovar, 2008. p. 270.

737 AMARAL, Francisco. *Direito civil*: introdução. 7. ed. rev., atual. e aum. Rio de Janeiro: Renovar, 2008. p. 418. "A incapacidade relativa não impede as pessoas de exercer os atos da vida civil, mas estes ficam dependendo da confirmação de outra pessoa, que funciona como seu assistente". (LÔBO, Paulo. *Direito civil*: parte geral. 3. ed. São Paulo: Saraiva, 2012. p. 121).

738 "E a diferença entre representação e assistência reside no fato de que, em se tratando de incapazes absolutos, são os mesmos substituídos; se envolvidos incapazes relativos, dá-se a intervenção ou o acompanhamento do negócio". (RIZZARDO, Arnaldo. *Parte Geral do Código Civil*. 7. ed. Rio de Janeiro: Forense, 2011. p. 398).

739 "A noção fundamental, pois, é a de que o representante atua em nome do representado, no lugar do representado. O representante conclui o negócio não em seu próprio nome, mas como pertencente ao representado. Quem é a parte no negócio é o representado e não o representante. Reside aí o conceito básico da representação. Estritamente falando, o representante é um *substituto* do representado, porque o substitui não apenas na manifestação externa, fática do negócio, como também na própria *vontade* do representado". (VENOSA, Sílvio de Sálvio. *Direito Civil*: parte geral. 14. ed. São Paulo: Atlas, 2014. p. 370).

740 "Os relativamente incapazes participam do negócio jurídico coadjuvados por seus assistentes, caso em que inexiste representação". (NADER, Paulo. *Curso de Direito Civil*: parte geral. 9. ed. Rio de Janeiro: Forense, 2013. p. 371). "As consequências da incapacidade relativa são diferentes da absoluta. Os relativamente incapazes têm sua vontade levada em conta. Em outras palavras, os relativamente incapazes já têm direito de expressar sua vontade, necessitando apenas de pessoa que lhes assista. Assistir a relativamente incapaz é autorizar atos que ele queira praticar. Assim, uma pessoa relativamente incapaz poderá, por exemplo, vender um imóvel seu, desde que o responsável por ela concorde, assinando junto. Poderá também discordar, caso em que o ato não será praticado". (FIUZA, César. Teoria filosófico-dogmática dos sujeitos de direito sem personalidade. *In*: *Revista dos Tribunais*, São Paulo, a. 100, v. 914, dez. 2011. p. 159).

jurídico celebrado pela pessoa de forma desassistida, gerando efeitos mais leves diante da maior autonomia da pessoa assistida. Assim, o ajuste eventualmente entabulado sem a participação do assistente é passível de anulação (art. 171, I, CC), podendo ser confirmado pelas partes (arts. 172 e 173, CC) e só produz efeitos após a sentença, devendo ser alegada somente pelos interessados, eis que descabe o pronunciamento de ofício. A preocupação do legislador é com eventual prejuízo que negócios jurídicos celebrados sem a fiscalização do assistente possa causar ao patrimônio do incapaz.

A representação e a assistência deixam, portanto, de apresentarem-se puramente como formas de suprimento da vontade do incapaz, para se transformarem ordinariamente em instrumentos de apoio e auxílio à preservação da autonomia da pessoa com deficiência. E, principalmente, são apoios dinâmicos e mutantes, uma vez que com o fim da incapacidade absoluta de pessoa maior, não se extinguiu com a representação legal.[741] A representação foi convertida em mecanismo residual, só admissível em caráter excepcional e para fins de proteção, sob pena de afronta à CR/CDPD, conforme antes defendido. Em consequência, o juiz deve expressamente determinar na sentença em quais atos jurídicos o curatelado deverá ser representado – e não mais como mera substituição de vontade – pois deverá o curador respeitar os traços volitivos, declarados ou reconstruídos, da pessoa com deficiência, com margem de atuação limitada à proteção e ao superior interesse da mesma.

Assim, com a exigência de ampliação dos mecanismos de apoio conforme o grau de necessidade da pessoa com deficiência, o paradigma do apoio também requer que se examinem os sentidos dos institutos da representação e da assistência no direito brasileiro, investigando sua conformidade com o atual modelo de apoios apropriados, nos termos da CDPD. O objetivo do apoio – insista-se – diverge da representação tradicional, uma vez que exige o respeito à vontade decisória da pessoa apoiada (curatelada ou apoiada em sentido estrito) no grau máximo aferido à luz das circunstâncias do caso concreto.

[741] Nelson Rosenvald defende que "a representação de incapazes prossegue incólume, pois não se trata de uma categoria apriorística, cuida-se de uma técnica de substituição na exteriorização da vontade, que pode perfeitamente migrar da incapacidade absoluta para a relativa, inserindo-se em seu plano de eficácia". (ROSENVALD, Nelson. Curatela. *In*: PEREIRA, Rodrigo da Cunha (Org.) *Tratado de Direito das Famílias*. Belo Horizonte: IBDFAM, 2015. p. 749).

O art. 12, §1º, do EPD[742] exige que as pessoas com deficiência submetidas à curatela tenham assegurada sua participação, no maior grau possível, no processo de consentimento livre e esclarecido para a realização de tratamento, procedimento, hospitalização e pesquisa científica, sendo que tal regra se estende às demais situações de ordem existencial. Tal dispositivo, inclusive, reforça que mesmo em situação de curatela a pessoa com deficiência tem capacidade legal para tomar as suas decisões de forma independente, mesmo que sob o regime de apoio. Por outro lado, as restrições à capacidade devem ser levadas em consideração, uma vez que a interpretação da norma impõe a efetiva participação do curador para possibilitar que a pessoa curatelada não fique desprotegida.

De todo modo, a intensidade do apoio depende das limitações objetivamente aferíveis no caso concreto para a manifestação de vontade livre, esclarecida e consciente da pessoa com deficiência, podendo ser modulado diante dos instrumentos de suporte hoje disponíveis. A própria curatela pode ser mais intensa com a possibilidade de atribuição de maiores poderes e, por conseguinte, deveres ao curador. A rigor, considerando-se que os instrumentos legais de apoio são pouco variados em nosso ordenamento, a curatela tem se moldado às mais diversas situações e exigências de um estatuto protetivo e emancipatório da pessoa curatelada. Essa plasticidade da curatela, por meio da sua personalização e funcionalização, talha o instrumento de acordo com a realidade concreta da pessoa com deficiência, mas suscita a discussão a respeito da extensão dos poderes atribuídos ao curador, ou seja, se de representação ou de assistência. Após a promulgação da Lei nº 13.146/15, a curatela no Brasil tem sido plasmada às mais diversas necessidades, adquirindo uma plasticidade peculiar.

A partir do paradigma inclusivo do apoio, a curatela se transformou em instituto vocacionado à proteção do incapaz por meio do suprimento de sua vontade no tráfego jurídico por meio da assistência. A rigor, a curatela, como regime de apoio, atualmente, é mais condizente com a assistência, mesmo porque, sob a perspectiva estrutural, com o fim da incapacidade absoluta da pessoa maior, inevitavelmente, atrair-se-á com a declaração de incapacidade relativa da pessoa com

---

[742] "Art. 12. O consentimento prévio, livre e esclarecido da pessoa com deficiência é indispensável para a realização de tratamento, procedimento, hospitalização e pesquisa científica. §1º Em caso de pessoa com deficiência em situação de curatela, deve ser assegurada sua participação, no maior grau possível, para a obtenção de consentimento".

deficiência o regime da assistência[743] como forma de instituir os poderes concedidos ao curador.

A partir do perfil funcional, com maior vigor, justifica-se a assistência como regra da curatela, uma vez que o apoio no exercício da capacidade jurídica deve respeitar os direitos, a vontade e as preferências das pessoas com deficiência, afastando-se de uma mera substituição de vontade como tradicionalmente opera-se no caso da representação, buscando-se sempre o prestígio da autonomia do indivíduo, ainda que haja somente vestígios volitivos, que deverão ser levados em consideração pelo curador. Além disso, mesmo nos casos de pessoa com deficiência submetida à curatela, é necessário observar que nos atos patrimoniais em que o curatelado puder praticar por si próprio, sem necessidade de assistência, o negócio jurídico será considerado válido. Não se pode ser mais formalista a ponto de anular um negócio jurídico somente em razão da ausência de intervenção do assistente, sendo necessário averiguar os motivos determinantes do ajuste, o eventual prejuízo produzido e a capacidade suficiente para o determinado e específico negócio entabulado.

A representação e a assistência são mecanismos de apoio da pessoa relativamente incapaz, nos termos do art. 4º, inc. III, sendo que o que os diferencia é o grau de intervenção do apoiador em relação ao apoiado (em sentido amplo). Na representação, considera-se que o grau de participação da pessoa com deficiência submetida à curatela é menor, razão pela qual o representante atuará em seu nome, mas de acordo com as expressões restritas de vontade ou externadas previamente por meio de diretivas antecipadas ou aferíveis por meio do projeto biográfico da pessoa. O que se pretende é o fim da representação irrestrita com recurso à completa substituição da vontade, menosprezando a integridade da pessoa em si.

A excepcionalidade da representação na hipótese de curatela requer adequada fundamentação da sentença que apele para a técnica da representação com a indicação expressa e específica dos atos submetidos a tal recurso. Com isso, o sistema de proteção da pessoa absolutamente incapaz assentado originariamente no Código Civil pode ser

---

[743] Segundo Nelson Rosenvald, "a curatela é alterada, e a partir da vigência da nova lei, o curador se limitará a integrar a atenuada incapacidade de agir da pessoa submetida a um processo, naqueles atos patrimoniais que não puder realizar por si mesma. O curador não será mais um representante, senão um mero assistente legal". (ROSENVALD, Nelson. Curatela. *In*: PEREIRA, Rodrigo da Cunha (Org.) *Tratado de Direito das Famílias*. Belo Horizonte: IBDFAM, 2015. p. 750).

aproveitado nas situações de representação legal determinado pelo juiz de forma fundamentada, como a nulidade do negócio jurídico (art. 166, I, CC) e as causas impeditiva e suspensiva da prescrição (art. 198, I, CC), uma vez que já valorado pelo judiciário que nos casos especificados a vulnerabilidade da pessoa curatelada exige uma proteção mais enérgica do ordenamento. Tal solução é perfeitamente compatível com o ordenamento e visa à proteção da dignidade da pessoa, sem excluí-la completamente das relações jurídicas, como impunha a incapacidade absoluta. Na hipótese descrita, trata-se de avaliação a *priori* do estatuto protetivo da pessoa posta em curatela, o que não impede que tais instrumentos benéficos acima indicados possam ser utilizados em averiguação *a posteriori* do magistrado em que se verificar que a pessoa com deficiência intelectual tinha um comprometimento cognitivo severo para determinado negócio jurídico e que, em atenção à confiança e boa-fé objetiva, a outra parte sabia ou deveria saber.

A flexibilidade de instrumentos para proteger e promover a dignidade da pessoa com deficiência permite, portanto, moldar, à luz das circunstâncias do caso concreto, o instrumento viabilizador do apoio apropriado e necessário – se representação ou assistência, de acordo com o projeto terapêutico personalizado e individualizado.[744] Com o reconhecimento da capacidade plena, no entanto, nos casos em que o juiz não fixar a representação como mecanismo de apoio, a regra recairá sobre a assistência, a qual é mais compatível com a imperiosa exigência de preservação da autonomia das pessoas com deficiência, ainda que submetidas a regime de apoio. É possível, ainda que raro, que o juiz determine que o curador atue como representante em todas as situações patrimoniais e negociais,[745] mas ainda assim a pessoa curatelada será

[744] Nelson Rosenvald, de forma bastante elucidativa, defende que "conforme a concretude do caso, o projeto terapêutico individualizado se desdobrará em três possibilidades: a) o curador será um representante para todos os atos; b) o curador será um representante para alguns atos e assistente para outros; c) o curador será sempre um assistente". (ROSENVALD, Nelson. Curatela. *In*: PEREIRA, Rodrigo da Cunha (Org.) *Tratado de Direito das Famílias*. Belo Horizonte: IBDFAM, 2015. p. 749).

[745] "O modelo de apoio prioriza a autonomia, mas é possível que, a depender do caso concreto e das demandas da pessoa com diversidade, seja recomendável a alternativa da representação, como descrito no preâmbulo da Convenção (item *j*): "Reconhecendo a necessidade de promover e proteger os direitos humanos de todas as pessoas com deficiência, inclusive daquelas que requerem maior apoio". Porém, mesmo nesse caso extremado, quando o apoio se manifesta mais intenso, as preferências e o bem-estar da pessoa apoiada é que devem nortear as decisões praticadas em seu nome e não a perspectiva pessoal do curador". (MENEZES, Joyceane Bezerra de. Tomada de decisão apoiada: instrumento de apoio ao exercício da capacidade civil da pessoa com deficiência instituído pela lei brasileira de inclusão (Lei nº 13.146/2015). *In*: *Revista Brasileira de Direito Civil*, v. 9, p. 38, 2016).

declarada relativamente incapaz,[746] pois sua esfera existencial estará protegida, em respeito à sua dignidade. O Conselho da Justiça Federal, inclusive, aprovou o Enunciado nº 637, que autoriza a "possibilidade de outorga ao curador de poderes de representação para alguns atos da vida civil, inclusive de natureza existencial, a serem especificados na sentença, desde que comprovadamente necessários para proteção do curatelado em sua dignidade".

Indispensável, contudo, que o representante legal busque identificar a vontade tácita da pessoa submetida à curatela, especialmente a partir de sua história biográfica, seus elos afetivos e, eventualmente, sua vontade declarada previamente em documentos autênticos. No entanto, se a pessoa ao nascer ou logo após o nascimento já se encontrar impedida de expressar sua vontade de forma válida em razão do comprometimento psíquico, a solução nesses casos seria recorrer ao critério hermenêutico do superior interesse.[747] Desse modo, a representação total pelo curador depende de uma análise casuística e somente é cabível em situações peculiares e excepcionalíssimas, devendo o julgador se desincumbir do seu ônus argumentativo para afastar os comandos impostos pelos arts. 6º e 85, §1º EPD.

---

[746] Insta registrar que os tribunais brasileiros têm abolido a aplicação do regime da incapacidade absoluta às pessoas com deficiência e empregado a incapacidade relativa nas hipóteses de comprometimento da formação e da expressão de vontade, em função de deficiência mental permanente (art. 4º, III, CC). "[...] Com o advento da Lei nº 13.146/2015 (Estatuto da Pessoa com Deficiência), a pessoa com deficiência mental ou intelectual deixou de ser considerada absolutamente incapaz, porquanto a deficiência não afeta a plena capacidade". (TJSP. Ap. nº 0005786-07.2012.8.26.0066. 10ª Câm. de Direito Privado, Rel. Des. Élcio Trujillo, julg. 14 mar. 2017. Disponível em: https://esaj.tjsp.jus.br/cjsg/consultaCompleta.do. Acesso em 06 dez. 2017). "[...] 1 – O indivíduo não pode ser mais considerado absolutamente incapaz, para os atos da vida civil, diante das alterações feitas no Código Civil pelo Estatuto da Pessoa com Deficiência – Lei nº 13.146/2015. 2 – A patologia psiquiátrica descrita configura hipótese de incapacidade relativa, não sendo caso de curatela ilimitada (art. 4º, inciso III, e 1.767, inciso I do CC, com a redação dada pelo Estatuto da Pessoa com Deficiência)". (TJMG. Apelação Cível nº 0114946-38.2013.8.13.0245, Relª. Desª. Alice Birchal, julg. 14 fev. 2017. Disponível em: http://www5.tjmg.jus.br/jurisprudencia/formEspelhoAcordao.do. Acesso em 06 dez. 2017). "[...] Diante das alterações feitas no Código Civil pelo Estatuto da Pessoa com Deficiência (Lei nº 13.146/2015), o apelante não pode ser mais considerado absolutamente incapaz para os atos da vida civil". (TJRS. Apelação cível nº 70069713683. 8ª CC, Des. Rel. Rui Portanova, julg. 15 set. 2016. Disponível em: https://www.tjrs.jus.br/site/jurisprudencia/. Acesso 08 dez. 2017).

[747] A respeito da questão da distanásia em crianças de tenra idade e sem a possibilidade de exprimir sua vontade, seja consentido remeter a: BARBOZA, Heloisa Helena; CORRÊA, Marilena Cordeiro Dias Villela; ALMEIDA JR., Vitor de Azevedo. Morte digna na Inglaterra: análise do caso Charles Gard. *In*: SÁ, Maria de Fátima Freire de; DADALTO, Luciana (Coords.). *Direito e medicina*: a morte digna nos tribunais. Indaiatuba, SP: Editora Foco, 2018. p. 141-158.

Nessa linha, interessante decisão judicial foi proferida pelo Tribunal de Justiça do Estado de Minas Gerais, que anulou um ato praticado pelo curador ao considerar que desrespeitou a vontade tácita da curatelada. No caso concreto, o curador extinguiu um contrato de seguro de vida celebrado pela curatelada quando ainda preservava sua capacidade para decidir em benefício de uma neta com a qual mantinha forte laço afetivo. Entendeu-se que a vontade biográfica da curatelada não poderia ter sido desrespeitada pelo curador.[748]

## 3.2.2 A tomada de decisão apoiada: contornos e fins

Com a adoção do paradigma do apoio, rompeu-se com a exclusividade da curatela como única forma de proteger e promover a autonomia da pessoa com deficiência intelectual com impossibilidade de expressar sua vontade de forma objetiva e esclarecida. Atualmente, o suporte jurídico mira a máxima preservação da capacidade civil – ainda que ela esteja fortemente restringida –, admitindo-se dois instrumentos jurídicos: a curatela e a tomada de decisão apoiada, inserida no art. 1.783-A do Código Civil por força do art. 116 do EPD. A diversidade das pessoas com deficiência e a necessária modulação e gradação do apoio demonstram que, apesar do intento legislativo de ampliar e diversificar, os mecanismos de apoio às pessoas com deficiência com limitações na expressão da vontade, ainda não são satisfatórios diante da ainda presente escassez de instrumentos adequados.

O ideal seria deixar a curatela para os casos de comprometimento cognitivo mais severo, criando um instituto protetivo intermediário e deixando a tomada de decisão apoiada para as pessoas com deficiência plenamente capazes, mas que apresentam vulnerabilidade acentuada e necessitam de apoio, mas que não compromete suas funções cognitivas e nem as tornam dependentes em grau significativo. Ademais, seria importante ampliar e criar institutos com finalidades especificas no campo patrimonial e existencial, evitando-se adaptações, que apesar de bem-intencionadas, nem sempre atendem à função perseguida. A curatela, por exemplo, forjada para situações de proteção patrimonial, tem exigido da doutrina peculiar esforço para atender eventualmente situações existenciais, diante da ausência de mecanismo próprios para tais circunstâncias.

---

[748] TJMG. AI nº 1.0000.16.003070-6/001, 16ª CC, Rel. Des. Wagner Wilson, julg. 30 jun. 2017, publ. 03 jul. 2017. Disponível em: www.tjmg,jus.br. Acesso em 17 abr. 2020.

Tais construções são determinantes e cruciais para o respeito à autonomia das pessoas com deficiência, assegurando-se ao máximo a tomada de suas próprias decisões a respeito das escolhas da vida, de acordo com as preferências pessoais e disponibilizando o apoio aos casos necessários para o exercício da capacidade legal (art. 12.3, CDPD), de modo a permitir o direito à vida independente e à plena inclusão social, em respeito à sua intrínseca dignidade.

Nessa esteira, o direito protetivo assume perspectiva emancipatória diante da tutela integral da dignidade humana, não mais excluindo da sociedade as pessoas consideradas diferentes, mas esforçando-se para incluir todas as pessoas num mundo plural e tolerante. Por isso, ampliou-se o apoio para além das pessoas declaradas judicialmente relativamente incapazes e não mais não se comprime às formas tradicionais de suprimento da vontade – representação legal e assistência, mas viabiliza a promoção e o respeito à sua vontade. Desse modo, busca-se assegurar as condições de exercício da capacidade civil de maneira bem informada e esclarecida.

Neste sentido, o EPD criou um instrumento de promoção dos interesses das pessoas com deficiência com o objetivo de assegurar o exercício da capacidade civil, sem submetê-las ao instituto da curatela – tradicionalmente o único modelo existente para a proteção dos direitos da pessoa incapaz maior de idade. O art. 116 do Estatuto incluiu o art. 1.783-A e seus onze parágrafos no Código Civil, facultando à pessoa com deficiência a adoção de processo de "tomada de decisão apoiada", no qual a pessoa com deficiência elege pelo menos 2 (duas) pessoas idôneas, para prestar-lhe apoio na tomada de decisão sobre atos da vida civil, fornecendo-lhes os elementos e informações necessários para que possa exercer sua capacidade".

A tomada de decisão apoiada concretiza a CDPD que estabeleceu que os "Estados Partes tomarão medidas apropriadas para prover o acesso de pessoas com deficiência ao apoio que necessitarem no exercício de sua capacidade legal".[749] Com efeito, este novo instituto já

[749] A tomada de decisão apoiada se inspira em modelos estrangeiros, como a figura do *amministratore di sostegno* (administrador de apoio), introduzido no Código Civil italiano (arts. 404 a 413) através da Lei nº 6/2004, e do sistema de apoio ao exercício da capacidade, previsto no art. 43 do Código Civil e Comercial da Argentina, que tem a seguinte redação: "ARTICULO 43 – Concepto. Función. Designación. Se entiende por apoyo cualquier medida de carácter judicial o extrajudicial que facilite a la persona que lo necesite la toma de decisiones para dirigir su persona, administrar sus bienes y celebrar actos jurídicos en general. Las medidas de apoyo tienen como función la de promover la autonomía y facilitar la comunicación, la comprensión y la manifestación de voluntad de la persona

nasce diferenciado na medida em que visa preservar a capacidade civil das pessoas com deficiência, propiciando condições de seu exercício e promovendo sua autonomia e dignidade. A curatela, por sua vez, se caracteriza como instituto destinado a proteger as pessoas que tem comprometida sua plena capacidade.

A tomada de decisão apoiada serve, portanto, para auxiliar as pessoas com deficiência na conservação de sua plena capacidade de fato, sendo que os apoiadores funcionam como coadjuvantes do processo de tomada de decisões a respeito das escolhas de vida da pessoa com deficiência. Em outros termos, os apoiadores atuam ao lado e como auxiliares da pessoa com deficiência, que será a verdadeira responsável pela tomada de decisão. Trata-se de instituto promotor da autonomia e da dignidade da pessoa com deficiência, sem amputar ou restringir sua vontade nas decisões de índole existencial e patrimonial.[750]

Cabe esclarecer que o apoiador não se confunde com a fisionomia do representante e do assistente, mas trata-se de figura completamente inédita em nosso ordenamento, atraindo disciplina jurídica distinta dos demais institutos. A partir do atual sistema de apoio instituído pela CDPD e reforçado pelo EPD, admitem-se como instrumentos de apoio em sentido *lato* os institutos da tomada de decisão apoiada, cujo auxílio será prestado por dois apoiadores em sentido estrito, e da curatela, que é instrumentalizada por meio de assistentes e representantes, a depender do projeto terapêutico individualizado para cada situação. Com isso, atualmente, os curadores (com poderes de assistência ou representação) não deixam de ser apoiadores em sentido lato.

---

para el ejercicio de sus derechos. El interesado puede proponer al juez la designación de una o más personas de su confianza para que le presten apoyo. El juez debe evaluar los alcances de la designación y procurar la protección de la persona respecto de eventuales conflictos de intereses o influencia indebida. La resolución debe establecer la condición y la calidad de las medidas de apoyo y, de ser necesario, ser inscripta en el Registro de Estado Civil y Capacidad de las Personas".

[750] "Cuida-se de figura bem mais elástica do que a tutela e a curatela, pois estimula a capacidade de agir e a autodeterminação da pessoa beneficiária do apoio, sem que sofra o estigma social da curatela, medida nitidamente invasiva à liberdade da pessoa. Não se trata de um modelo limitador da capacidade de agir, mas de um remédio personalizado para as necessidades existenciais da pessoa, no qual as medidas de cunho patrimonial surgem em caráter acessório, prevalecendo o cuidado assistencial e vital ao ser humano. Enquanto a curatela e a incapacidade relativa parecem atender preferentemente à sociedade (isolando os incapazes) e à família (impedindo que dilapide o seu patrimônio), em detrimento do próprio interdito, a Tomada de Decisão Apoiada objetiva resguardar a liberdade e a dignidade da pessoa com deficiência, sem amputar ou restringir indiscriminadamente seus desejos e anseios vitais". (ROSENVALD, Nelson. *A tomada da decisão apoiada*. Disponível em: http://www.cartaforense.com.br/conteudo/artigos/a-tomada-da-decisao-apoiada/15956. Acesso em 27 dez. 2017).

A tomada de decisão apoiada depende de processo judicial, com natureza de jurisdição voluntária, e que não encontra disciplina processual específica no vigente Código de Processo Civil. Uma semelhança com a curatela, portanto, reside no fato de que ambas dependem de decisão judicial. No entanto, na tomada de decisão apoiada o acordo submetido ao juiz determinará o âmbito de atuação dos apoiadores de acordo com a vontade das partes. Na curatela, contudo, a extensão dos poderes concedidos ao curador dependerá da avaliação do comprometimento e das necessidades do curatelado, a cargo do juiz, a partir das provas periciais e do estudo social produzidos na instrução processual.

Apesar da festejada inovação, o instituto não ficou imune às críticas, sobretudo em razão da escolha legislativa pela "judicialização", o que talvez impeça sua efetividade,[751] forçando uma burocratização desnecessária, a exemplo da controvertida necessidade de intervenção do Ministério Público em demanda de pessoa plenamente capaz, como determina o art. 1.783-A, §3º do CC.[752] Em razão do rígido controle judicial do procedimento de tomada de decisão apoiada, tem-se sustentado que o contrato de mandato seria uma alternativa mais prática à pessoa com deficiência capaz, que poderá outorgar poderes para o mandatário representar seus interesses sem a necessidade da via judicial.[753] Nada impede tal solução alvitrada por muitos operadores

---

[751] "O excessivo controle judicial que o Estatuto impõe ao processo de tomada de decisão apoiada tampouco se justifica, à luz da plena capacidade do beneficiário. [...] A 'judicialização' da tomada de decisão apoiada em um país como o Brasil, em que a celeridade na tramitação dos processos judiciais ainda é um objetivo a se conquistar, traz significativo risco de desinteresse sobre o novo instituto". (SCHREIBER, Anderson. Tomada de Decisão Apoiada: o que é e qual sua utilidade? *In*: *Jornal Carta Forense*, 03 jun. 2016. Disponível em: http://www.cartaforense.com.br/conteudo/artigos/tomada-de-decisao-apoiada-o-que-e-e-qual-sua-utilidade/16608. Acesso em 14 jul. 2017).

[752] O art. 178, II do CPC determina a intimação do Ministério Público para intervir como fiscal da ordem jurídica nos processos que envolvam interesse de incapaz, o que não parece ser o caso do procedimento da tomada de decisão apoiada. Anderson Schreiber é contundente ao advogar que a "oitiva do Ministério Público, aliás, é uma exigência equivocada. Trata-se, aqui, de pessoa que, segundo o próprio Estatuto, é plenamente capaz, de modo que a intervenção do Parquet não encontra fundamento jurídico senão no próprio preconceito que o Estatuto pretendia extirpar: o de se tratar a pessoa com deficiência como alguém inapto a decidir sobre seus próprios rumos". (SCHREIBER, Anderson. Tomada de Decisão Apoiada: o que é e qual sua utilidade? *In*: *Jornal Carta Forense*, 03 jun. 2016. Disponível em: http://www.cartaforense.com.br/conteudo/artigos/tomada-de-decisao-apoiada-o-que-e-e-qual-sua-utilidade/16608. Acesso em 14 jul. 2017).

[753] "Mais prático será ao deficiente, plenamente capaz, recorrer ao mandato ou a outros instrumentos semelhantes quando necessário lhe parecer, sem se submeter a um processo judicial, com todas as agruras que o ingresso em juízo implica, especialmente para a população mais carente de recursos econômicos – e mais necessitada, por isso mesmo, da

do direito, eis que o agente é plenamente capaz, no entanto, necessário frisar que não se confunde a figura dos apoiadores com o mandatário.

A tomada de decisão apoiada é instrumento específico para as pessoas com deficiência, que, nos termos do acordo submetido ao crivo judicial, permite que duas pessoas idôneas prestem apoio nas decisões da vida civil, esclarecendo e colaborando no processo formativo da vontade. Contudo, a própria pessoa apoiada que atua diretamente nos atos civis, pois não há representação, uma vez que não se verifica outorga de poderes para atuar em nome de outrem.[754] Cuida-se de um encargo, ofício privado, por meio de acordo, com a fiscalização do judiciário, que atribui ao apoiador um conjunto de deveres para acompanhar e fiscalizar os atos praticados pela pessoa com deficiência, de modo a colaborar e cuidar, prevenindo eventuais abusos sofridos, devendo recorrer ao judiciário para dirimir os eventuais casos de prejuízo ou abuso, uma vez que não possui poderes para representar ou assistir o apoiado.

O EPD, portanto, faculta a adoção de processo de tomada de decisão apoiada (art. 84, §3º) como forma de assegurar o direito ao exercício de sua capacidade legal em igualdade de condições com as demais pessoas. Assim, a lei reserva ao apoiado o direito de requerer o pedido de tomada de decisão apoiada,[755] bem como indicar de forma expressa as pessoas aptas a lhe prestarem o apoio (art. 1.783-A, §2º), demonstrando o vínculo e a confiança existente entre apoiadores e apoiado. Embora a lei resguarde à pessoa a ser apoiada a escolha em relação aos seus apoiadores, o §3º do art. 1.783-A determina que, antes de se pronunciar sobre o pedido, o juiz deve, acompanhado por equipe

---

proteção que o Estatuto deveria oferecer". (SCHREIBER, Anderson. Tomada de Decisão Apoiada: o que é e qual sua utilidade? *In*: *Jornal Carta Forense*, 03 jun. 2016. Disponível em: http://www.cartaforense.com.br/conteudo/artigos/tomada-de-decisao-apoiada-o-que-e-e-qual-sua-utilidade/16608. Acesso em 14 jul. 2017).

[754] Joyceane Bezerra de Menezes é enfática ao afirmar: "Não há transferência de poderes do apoiado para o apoiador". (MENEZES, Joyceane Bezerra de. Tomada de decisão apoiada: instrumento de apoio ao exercício da capacidade civil da pessoa com deficiência instituído pela lei brasileira de inclusão (Lei nº 13.146/2015). *In*: *Revista Brasileira de Direito Civil*, v. 9, 2016. p. 56).

[755] "A tomada de decisão apoiada constitui um acordo por meio do qual a pessoa interessada e, somente ela, apresenta ao juiz os termos e duração do apoio que requer, indicando duas ou mais pessoas idôneas com as quais mantenha vínculo e relação de confiança para que sejam suas apoiadoras". (MENEZES, Joyceane Bezerra de. Tomada de decisão apoiada: instrumento de apoio ao exercício da capacidade civil da pessoa com deficiência instituído pela lei brasileira de inclusão (Lei nº 13.146/2015). *In*: *Revista Brasileira de Direito Civil*, v. 9, 2016. p. 56).

multidisciplinar, após oitiva do Ministério Público, ouvir pessoalmente o requerente e as pessoas indicadas a lhe prestar apoio.[756]

O pedido de tomada de decisão apoiada exige a apresentação de termo em que constem os limites do apoio a ser oferecido e dos compromissos dos apoiadores, contendo inclusive o "prazo de vigência do acordo e o respeito à vontade, aos direitos e aos interesses da pessoa que devem apoiar", conforme prescreve o art. 1.783-A, §1º, sendo possível a prorrogação do prazo. Independentemente do prazo de vigência estipulado no acordo firmado em processo de tomada de decisão apoiada, a lei permite que a pessoa apoiada, a qualquer tempo, solicite o término do acordo firmado (art. 1.783-A, §9º), como forma de resguardar o direito de escolha da pessoa com deficiência, que pode não mais confiar ou ter um vínculo suficiente com o apoiador.[757] Nestes casos, entende-se que se trata de verdadeiro direito da pessoa apoiada, não sendo o caso do juiz ou outra autoridade perquirir os eventuais fundamentos da decisão já tomada.

O apoiador pode requerer sua exclusão do processo de tomada de decisão apoiada, consoante autoriza o §10 do art. 1.783-A, que condiciona seu desligamento à manifestação do juiz, que deverá intimar o beneficiário para indicar novo apoiador caso queira continuar com o regime de apoio. Descabe investigar os motivos do pedido de desligamento do apoiador, tendo em vista que o encargo cria inúmeros deveres e responsabilidades, e, por isso, não seria razoável forçar uma pessoa a continuar a exercer tal atribuição, ainda que o prazo estipulado não tenha expirado, exigindo-se, no entanto, a prestação de contas (art. 1.783-A, §11, CC).[758] Observa-se, portanto, um direito potestativo

---

[756] Nada impede que o magistrado, de ofício ou a pedido do Ministério Público, solicite a substituição de um ou ambos os apoiadores, desde que o(s) mesmo(s) não apresente(m) um sólido vínculo com a pessoa a ser apoiada, não seja confirmada a confiança esperada ou o(s) apoiador(es) não apresente(m) a idoneidade necessária para o exercício da função. De modo a preservar a vontade da pessoa com deficiência, antes do juiz designar novo apoiador, deve ser instada a pessoa a ser apoiada a indicar novas pessoas aptas a prestarem o apoio requerido.

[757] "No pleito da tomada de decisão apoiada, o requerente deverá informar o prazo de vigência do acordo (art. 1.783-A, §1º), sendo possível a sua prorrogação. Não obstante, a pessoa beneficiária do apoio poderá, a qualquer tempo, requerer a extinção da medida, uma vez que preserva sua capacidade e autonomia". (MENEZES, Joyceane Bezerra de. Tomada de decisão apoiada: instrumento de apoio ao exercício da capacidade civil da pessoa com deficiência instituído pela lei brasileira de inclusão (Lei nº 13.146/2015). *In*: *Revista Brasileira de Direito Civil*, v. 9, 2016. p. 51).

[758] "Os apoiadores podem requer sua liberação do encargo ao juiz, ocasião em que devem prestar contas à semelhança do que se impõe ao curador". (MENEZES, Joyceane Bezerra de. Tomada de decisão apoiada: instrumento de apoio ao exercício da capacidade civil

de ambas as posições jurídicas – apoiado e apoiadores – em relação à extinção da relação jurídica, cabendo à outra parte apenas à sujeição.

O apoiador deverá ser destituído se a denúncia dirigida ao Ministério Público ou ao juiz for procedente e restar comprovada a ação negligente, a pressão indevida ou o descumprimento das obrigações assumidas.[759] A denúncia pode ser apresentada pela própria pessoa apoiada ou qualquer outra (art. 1.783-A, §§7º e 8º). Tais disposições reforçam o dever do apoiador de atuar de forma diligente e em benefício da pessoa apoiada, cuidando dos seus interesses e colaborando com a promoção de sua autonomia.

O alcance da tomada de decisão apoiada é questão debatida na doutrina pátria, especialmente com a restrição da curatela somente aos atos de natureza patrimonial e negocial, nos moldes do art. 85 do EPD. A rigor, embora a lei tenha previsto alguns dispositivos especificamente em relação aos atos negociais, a exemplo dos §§5º e 6º do art. 1.783-A do Código Civil, nada impede que a tomada de decisão apoiada alcance as situações existenciais,[760] visto que no *caput* do dispositivo diz expressamente que o apoio deve ser prestado em relação aos atos da vida civil, compreendendo, portanto, os atos patrimoniais e extrapatrimoniais. A disciplina pontual dos efeitos relativos à celebração de negócios jurídicos revela tão-só o apego do legislador aos aspectos patrimoniais da vida. Inclusive, de todo recomendável que as partes convencionem no termo do acordo as decisões existenciais que deverão ser objeto do apoio. Nessa linha, imputa-se ao apoiador o dever de cuidado, razão pela qual, em alguns casos mais graves e urgentes, como em situações irreversíveis e inadiáveis, deverá recorrer ao juiz para

---

da pessoa com deficiência instituído pela lei brasileira de inclusão (Lei nº 13.146/2015). *In*: *Revista Brasileira de Direito Civil*, v. 9, 2016. p. 57).

[759] "Os apoiadores têm deveres em relação à pessoa apoiada, respondendo civilmente pelos prejuízos que causarem-na por negligencia, imprudência ou imperícia". (MENEZES, Joyceane Bezerra de. Tomada de decisão apoiada: instrumento de apoio ao exercício da capacidade civil da pessoa com deficiência instituído pela lei brasileira de inclusão (Lei nº 13.146/2015). *In*: *Revista Brasileira de Direito Civil*, v. 9, 2016. p. 57).

[760] "Como a pessoa apoiadora não ocupará a função de representante ou assistente, não haverá razão para aplicar a limitação do art. 85, §1º, do EPD à Tomada de Decisão Apoiada. No caso, não está em jogo a renúncia ao exercício de direitos fundamentais tampouco a transmissão do exercício de direitos personalíssimos. Dessa forma é que se entende possível ao apoiador auxiliar o apoiado até no que diz respeito às decisões existenciais, tais como aquelas pertinentes ao casamento, ao divórcio, ao planejamento familiar, à educação, à saúde etc.". (MENEZES, Joyceane Bezerra de. Tomada de decisão apoiada: instrumento de apoio ao exercício da capacidade civil da pessoa com deficiência instituído pela lei brasileira de inclusão (Lei nº 13.146/2015). *In*: *Revista Brasileira de Direito Civil*, v. 9, 2016. p. 47).

dirimir eventual conflito de interesses, sempre atentando para o melhor interesse da pessoa apoiada e sua capacidade de autodeterminação, que pode estar comprometida e carecer de um mecanismo de apoio mais intenso. O alcance da tomada de decisão apoiada, portanto, se confunde com o da curatela. Embora ambas se mostrem ordinariamente voltadas às questões patrimoniais, é possível, excepcionalmente, que incidam sobre situações existenciais.

A extensão e os limites do termo de apoio não foram nitidamente definidos pela lei, razão pela qual o acordo deve ser submetido à apreciação judicial a fim de evitar afronta ao texto legal ou interferência desarrazoada na vida do apoiado a ponto de lhe retirar sua autodeterminação. A função do apoiador é de esclarecimento e colaboração, auxiliando a retirar as barreiras sociais (sobretudo no campo comunicacional) para permitir que a pessoas apoiada possa livremente decidir. Por isso, indispensável constar no acordo o objeto do encargo, a especificação dos atos negociais em que o apoiador terá que prestar apoio, as situações existenciais em que deverá auxiliar, entre outros. Isto porque, em relação aos negócios jurídicos celebrados por pessoas apoiadas, o Estatuto estabelece que quando eles trouxerem risco ou prejuízo relevante, a questão deverá ser submetida ao juiz, que deverá decidir a matéria, ouvido o Ministério Público. Ou seja, o papel do apoiador é de supervisionar e não atuar em nome do apoiado.

Além disso, de acordo com o §4º do art. 1.783-A, a decisão tomada por pessoa apoiada terá validade e efeitos sobre terceiros, mas desde que inseridas nos limites do apoio acordado. A parte final do dispositivo provoca dúvida a respeito da validade do negócio jurídico entabulado na hipótese de atuação da pessoa apoiada sem a colaboração do apoiador conforme estipulado no acordo firmado. O §5º do art. 1.783-A reforça tal ideia ao estipular que terceiro com que a pessoa apoiada mantiver alguma relação negocial poderá solicitar que os apoiadores contra assinem o documento firmado, especificando, por escrito, sua função em relação ao apoiado. Tal dispositivo se orienta com base na boa-fé objetiva, eis que impede que futuras invalidades sejam arguidas em razão da não participação dos apoiadores no ato negocial celebrado ou da ausência da plena capacidade do apoiado.

Apesar dos argumentos expandidos em prol da validade do negócio jurídico realizado sem a participação dos apoiadores, mesmo nos casos em que o acordo assim estipule, é acesa a discussão doutrinária, em especial sobre o significado do §4º do art. 1.783-A do

Código Civil. Já se afirmou que tal dispositivo revela um *truísmo*,[761] na medida em que expressar a validade da decisão da pessoa apoiada considerada plenamente capaz é repetição desnecessária. Nessa linha, compreende-se que a tomada de decisão apoiada funcionaria como um reforço de validade dos atos praticados pelas pessoas com deficiência.[762] No entanto, doutrina abalizada tem defendido que a tomada de decisão apoiada atribui aos apoiadores um poder de assistência e que, uma vez homologado e registrado no Registro Civil de Pessoas Naturais, o apoiado é privado da legitimidade (ou idoneidade) para a prática dos atos civis constantes no acordo.[763]

Cabe sublinhar que, atualmente, a lei não impõe o registro da sentença homologatória da tomada de decisão apoiada. No entanto, o Projeto de Lei nº 11.091/2018, que tem por origem o Projeto de Lei do Senado nº 757/2015, e visa alterar o Código Civil e o Código de Processo Civil para dispor sobre o direito à capacidade civil das pessoas com deficiência em igualdade de condições com as demais pessoas e sobre as medidas apropriadas para prover o acesso das pessoas com deficiência ao apoio de que necessitarem para o exercício de sua capacidade civil, objetiva modificar a redação do inciso III do art. 9º do Código Civil, para acrescentar a obrigatoriedade de registrar em registro público a tomada de decisão apoiada e seus limites. Ainda assim, mesmo que tal projeto fosse aprovado, insta sublinhar que tal registro não altera o status do apoiado, uma vez que a tomada de decisão apoiada não interfere na capacidade do sujeito. Na contramão da CDPD, o referido projeto limita o alcance do instituto ao determinar que a TDA pressupõe a vulnerabilidade da pessoa com deficiência mental ou intelectual ou deficiência grave para o acolhimento judicial do pedido. A rigor, tal restrição não se coaduna com o escopo do paradigma do apoio instituído pela CDPD e somente gera maiores limitações ao pleno acesso aos suportes necessários para uma vida independente.

---

[761] SOARES, Thiago Rosa. *Proteger sem incapacitar*: o diálogo necessário entre a tomada de decisão apoiada e o regime de invalidades no Código Civil. 195f. Dissertação (Mestrado em Direito). Faculdade de Direito, Universidade do Estado do Rio de Janeiro, Rio de Janeiro, 2020. p. 101.

[762] SOUZA, Eduardo Nunes de; SILVA, Rodrigo da Guia. Autonomia, discernimento e vulnerabilidade: estudo sobre as invalidades negociais à luz do novo sistema das incapacidades. *In*: *Civilistica.com*, Rio de Janeiro, a. 5, n. 1, 2016. p. 436. Disponível em: http://civilistica.com/wp-content/uploads/2016/07/Souza-e-Silva-civilistica.com-a.5.n.1.2016.pdf. Acesso em 14 abr. 2017.

[763] ROSENVALD, Nelson. Curatela. *In*: PEREIRA, Rodrigo da Cunha (Org.) *Tratado de Direito das Famílias*. Belo Horizonte: IBDFAM, 2015. p. 774-775.

De todo modo, tendo em vista que a capacidade civil se mantém intacta na tomada de decisão apoiada, os negócios celebrados pela pessoa apoiada, ainda que sem a presença do apoiador, são plenamente válidos. O art. 1.783-A, §6º do Código Civil reforça a validade dos negócios jurídicos ao determinar que os ajustes entabulados que possam trazer riscos ou prejuízos ao apoiado devem ser submetidos à apreciação judicial, ouvido o Ministério Público. A rigor, se a tomada de decisão apoiada não afeta a plena capacidade civil, não há motivos para supor que os requisitos de validade previstos no art. 104 do Código Civil não foram atendidos, salvo se o juiz entender que embora ainda não judicialmente declarado incapaz, suas condições psíquicas já estivessem comprometidas e o declaratário soubesse ou tivesse como saber, em atenção ao princípio da boa-fé objetiva. Cabe sublinhar que a tomada de decisão apoiada pode anteceder a curatela,[764] como nos casos de doenças neurodegenerativas progressivas, nas quais a pessoa ainda se encontra no estágio inicial da enfermidade e, portanto, tem condições de decidir, preservando sua capacidade civil. Contudo, ciente de que futuramente o desenvolvimento da doença afetará sua capacidade de autodeterminação, pode valer-se da decisão apoiada para formular diretiva antecipada de vontade sobre sua autocuratela, conforme se abordará mais a frente, e indicar seu curador ou curadores, que nada impede sejam seus próprios apoiadores. Pelo contrário, ainda na fase da lucidez e higidez mental, ou seja, plena capacidade para expressar sua vontade, a pessoa com deficiência poderá avaliar se os apoiadores são realmente aptos a exercerem em prol de seu melhor interesse o encargo da curatela.[765]

O enunciado nº 640, aprovado na VIII Jornada de Direito Civil, em interpretação do art. 1783-A do CC, enuncia que a "tomada de decisão

[764] "A tomada de decisão apoiada não surge em substituição à curatela, mas lateralmente a ela, em caráter concorrente, jamais cumulativo. Em razão dessa forçosa convivência, paulatinamente a doutrina terá que desenvolver critérios objetivos para apartar a sutil delimitação entre o âmbito de aplicação de cada uma dessas medidas. Desde já podemos cogitar das zonas cinzentas em que concorrem todos os pressupostos legais para a incapacitação judicial, porém, antes que se inicie o processo de interdição, o vulnerável delibera por requerer a Tomada de Decisão Apoiada". (ROSENVALD, Nelson. *A tomada da decisão apoiada*. Disponível em: http://www.cartaforense.com.br/conteudo/artigos/a-tomada-da-decisao-apoiada/15956. Acesso em 27 dez. 2017).

[765] "Como a nomeação do curador, segundo o NCPC (art. 755, §1º), será atribuída a quem melhor possa atender aos interesses do curatelado, nada obsta que o apoiador designado venha a ser designado o curador". (MENEZES, Joyceane Bezerra de. Tomada de decisão apoiada: instrumento de apoio ao exercício da capacidade civil da pessoa com deficiência instituído pela lei brasileira de inclusão (Lei nº 13.146/2015). *In*: *Revista Brasileira de Direito Civil*, v. 9, 2016. p. 57).

apoiada não é cabível, se a condição da pessoa exigir aplicação da curatela", deixando claro que na hipótese de severo comprometimento psíquico para a manifestação de vontade, a restrição à capacidade de agir deve ser apoiada por meio da curatela. Por sua vez, o enunciado nº 639 reafirmou a autonomia da pessoa com deficiência ao entender que a opção pela tomada de decisão apoiada é de sua legitimidade exclusiva[766] e que a "pessoa que requer o apoio pode manifestar, antecipadamente, sua vontade de que um ou ambos os apoiadores se tornem, em caso de curatela, seus curadores", o que reforça que tal instituto pode anteceder a curatela, sem se confundirem. Em razão da legitimidade exclusiva da pessoa com deficiência para requerer a tomada de decisão apoiada, não se cogita da legitimidade do Ministério Público, tampouco atribui-se a iniciativa a um terceiro. Qualquer entendimento contrário é feito ao arrepio do EPD e da própria Convenção, especialmente dos princípios gerais.

Trata-se, a rigor, de um ato personalíssimo, de legitimidade exclusiva da pessoa com deficiência que dele se beneficiará, por isso deve ser requerida pelo próprio interessado e nunca por terceiros. Assim, não poderá o juiz, *ex officio* ou mediante provocação do Ministério Público, designar a decisão apoiada em favor do jurisdicionado, tampouco indicar novos apoiadores em substituição àqueles indicados pelo apoiado. Uma vez que se verifique a inaptidão da pessoa indicada para prestar o apoio, o beneficiário deve ser intimado para renovar a indicação, ocasião em que poderá até manifestar o interesse em extinguir a decisão apoiada (art. 1.783-A, §8º).

Interessante questão suscitada pela doutrina e de grande importância prática diz respeito à fungibilidade entre os pedidos de decisão apoiada e curatela. Joyceane Bezerra de Menezes defende que "não há fungibilidade entre os pedidos de decisão apoiada e curatela, muito embora seja deferido ao juiz o poder de adaptação dos procedimentos para melhor atender ao direito material da parte requerente, nos limites

---

[766] A esse propósito: "APELAÇÃO CÍVEL. INTERDIÇÃO. CAPACIDADE CIVIL. EXISTÊNCIA. IMPROCEDÊNCIA DO PEDIDO. TOMADA DE DECISÃO APOIADA. DESCABIMENTO, NO CASO. 1. No caso, deve ser mantida a sentença de improcedência do pedido de interdição, porquanto a prova pericial atesta a capacidade do réu para a prática dos atos da vida civil. 2. Considerando que a legitimidade para requerer a tomada de decisão apoiada é exclusiva da pessoa a ser apoiada (inteligência do art. 1.783-A do CCB), não possui a apelante legitimidade ativa para requerê-lo, sopesado que o réu é pessoa capaz. APELAÇÃO DESPROVIDA". (TJRS. *Apelação Cível nº 70072156904*. 8ª Câm. Cív., Re. Des. Ricardo Moreira Lins Pastl, julg. 09 mar. 2017).

da lei".[767] Essa adequação jurisdicional do processo deve respeitar o devido processo legal, a ampla defesa e o contraditório, sob pena de grave violação aos interesses da pessoa com deficiência. Por isso, nos casos em que ocorre o ajuizamento de ação com pedido de decisão apoiada, porém, verifica-se que a curatela seria o melhor remédio de apoio à pessoa com deficiência intelectual, o *iter* processual mais adequado seria:

> [...] no pedido de decisão apoiada, se o juiz, ao ouvir a parte requerente, assistido por uma equipe multidisciplinar, identificar indícios de que a mesma sofre limitações severas à capacidade de discernir, considerando o parecer do MP, poderá adaptar o feito. Poderia intimar os legitimados ativos da ação de curatela (C.Civ. art. 747), fazendo uso do que dispõe o art. 139, VI, do NCPC, para lhes facultar a propositura do pedido de curatela, a fim de resguardar os interesses da pessoa em questão. Se a pessoa apresentar uma limitação psíquica grave, o próprio Ministério Público poderá, em caráter subsidiário, propor a ação de curatela. Nos termos do art. 748, do Código Civil, a legitimidade ativa do MP somente se justifica se as pessoas designadas no artigo anterior não existirem, quedarem inertes ou, existindo, forem incapazes. Uma vez proposta a ação e decretada a curatela, extingue-se a tomada de decisão apoiada.[768]

Desse modo, "se a pessoa sob apoio tiver as suas limitações psíquicas ou intelectuais agravadas no curso da TDA, qualquer pessoa com legitimidade para a propositura da curatela poderá fazê-lo, sendo prevento o juízo que conheceu o processo de decisão apoiada". Convém sublinhar que uma vez nomeado um curador provisório no curso da ação com pedido de curatela, "já se esvazia o papel do apoiador, especialmente se o âmbito do apoio coincidir com a extensão do que se pede na curatela".[769] Logo, uma vez decretada a curatela, a tomada de decisão apoiada é encerrada. Em chave inversa, igualmente não cabe ao juiz, de ofício, converter um pedido de curatela em decisão apoiada. Nada obsta, no entanto, que o pedido de curatela seja julgado

---

[767] MENEZES, Joyceane Bezerra de. Tomada de decisão apoiada: instrumento de apoio ao exercício da capacidade civil da pessoa com deficiência instituído pela lei brasileira de inclusão (Lei nº 13.146/2015). *In*: *Revista Brasileira de Direito Civil*, v. 9, 2016. p. 57.

[768] MENEZES, Joyceane Bezerra de. Tomada de decisão apoiada: instrumento de apoio ao exercício da capacidade civil da pessoa com deficiência instituído pela lei brasileira de inclusão (Lei nº 13.146/2015). *In*: *Revista Brasileira de Direito Civil*, v. 9, 2016. p. 57.

[769] MENEZES, Joyceane Bezerra de. Tomada de decisão apoiada: instrumento de apoio ao exercício da capacidade civil da pessoa com deficiência instituído pela lei brasileira de inclusão (Lei nº 13.146/2015). *In*: *Revista Brasileira de Direito Civil*, v. 9, 2016. p. 55.

improcedente e o juiz possa recomendar a tomada de decisão apoiada como alternativa mais apropriada à situação. O juiz pode, inclusive, nos autos da ação de curatela, ao entender pela inadequação de uma medida tão extrema, antes de extinguir a ação, intimar a pessoa do curatelado, para que este viesse a manifestar eventual interesse pela decisão apoiada e, seguidamente, apresentar um termo de acordo para homologação com os indicados apoiadores. Não lhe é facultado, porém, determinar a conversão da curatela em TDA e à revelia do interessado, uma vez que a legitimidade é exclusiva da pessoa com deficiência.

Como se vê, o EPD, portanto, na diretriz emanada pela CDPD, impactou significativamente o direito protetivo no Brasil, antes de feitio assistencialista e calcado no modelo de substituição de vontade, inaugurando um sistema protetivo-emancipatório de apoio à pessoa com deficiência, de modo a preservar ao máximo sua autodeterminação para conduzir sua própria vida, prevendo instrumentos de suporte e salvaguarda, caso seja necessário e na medida exata de que realmente precisa. Com isso, o regime de apoio apropriado reforça o reconhecimento da autonomia em âmbito patrimonial e existencial da pessoa com deficiência, funcionalizando os mecanismos de suporte para permitir uma vida digna e independente.

## 3.3 A curatela digna e necessária

A doutrina brasileira, tradicionalmente, atribui à curatela a natureza jurídica de encargo público, conceituando-a como múnus legal de certo alguém quanto à direção da pessoa e à administração dos bens daquele que, por si próprio, é inabilitado de fazê-lo, ou seja, de maior incapaz,[770] com nítido caráter assistencialista. Os civilistas

[770] "É o encargo público, conferido, por lei, a alguém, para dirigir a pessoa e administrar os bens de maiores, que por si não possam fazê-lo". (BEVILÁQUA, Clóvis. *Código Civil dos Estados Unidos do Brasil Comentado*. 8. ed. Rio de Janeiro: Francisco Alves, 1950. v. 2, notas do art. 447). "Curatela ou curadoria é o cargo conferido pela autoridade pública a alguém para reger a pessoa e bens, ou tão somente os bens, de pessoas emancipadas que por si mesma não o podem fazer, impossibilitadas por uma causa determinada. Chama-se curador aquêle que exerce a curatela; interditos, os que lhe são sujeitos. Pode a curatela abranger a pessoa e bens, como a curatela dos loucos; ou somente os bens, como a dos bens do ausente". (PEREIRA, Lafayette Rodrigues. *Direitos de família*: anotações e adaptações ao código civil por José Bonifácio de Andrada e Silva. 5. ed. Rio de Janeiro: Freitas Bastos, 1956. p. 387-388). "A *curatela* é como a *tutela*, um encargo, que a lei confere a uma pessoa para a direção e defesa de outra, pessoal e patrimonialmente, ou apenas para a administração dos bens". (ESPÍNOLA, Eduardo. *A família no direito civil brasileiro*. Rio de Janeiro: Conquista, 1957. p. 619-620).

também costumam definir a finalidade do instituto como pública e assistencial, visando à proteção de incapazes e à garantia de terceiros de boa-fé contratantes.

O Código Civil estruturou-se, inicialmente, num modelo tricotômico assistencialista nas relações familiares, destinado à regência das pessoas incapazes no âmbito do direito das famílias, cujo escopo de proteção se fissionava em poder familiar, tutela e curatela, servindo, respectivamente, aos menores sob a autoridade dos pais, aos menores incapazes com pais falecidos ou com poder familiar decaído e aos maiores incapazes.[771] A "trilogia assistencial",[772] em feliz expressão de Caio Mário Pereira da Silva, é composta de "mecanismos que atendem, no plano de proteção, emergências jurídicas de representação e de incapacidade".[773]

Topograficamente localizada ao lado da tutela no Código, em razão das similitudes estruturais que apresentam, a doutrina sempre se esforçou para demarcar a autonomia da curatela[774] e suas distinções,[775]

---

771 "Com o instituto da curatela completa o Código, o sistema assistencial dos que não podem, por si mesmos, reger sua pessoa e administrar seus bens. O primeiro é o poder familiar, em que incorrem os menores sob direção e autoridade do pai e da mãe; o segundo é a tutela, concedida aos órfãos e àqueles cujos pais foram destituídos do poder familiar; o terceiro é a curatela, 'encargo cometido a alguém, para dirigir a pessoa e administrar os bens de maiores incapazes'. A definição, todavia, não abrange todas as espécies de curatela, algumas das quais, pela natureza e efeitos específicos, mais tecnicamente se denominam curadorias, e desbordam da proteção aos maiores incapazes, para, às vezes, alcançarem menores, e até nascituros". (PEREIRA, Caio Mário da Silva. *Instituições de direito civil*. 23. ed. Rio de Janeiro: Forense, 2015. v. 5, p. 569-570).

772 PEREIRA, Caio Mário da Silva. *Instituições de direito civil*. 23. ed. rev. e atual. por Maria Celina Bodin de Moraes. Rio de Janeiro: Forense, 2010. v. 1, p. 245.

773 FACHIN, Luiz Edson. *Direito de família*: elementos críticos à luz do novo Código Civil brasileiro. 2. ed. Rio de Janeiro: Renovar, 2003. p. 257.

774 "O regime da curatela não é autônomo, pois se vale dos princípios da tutela, tendo em vista os evidentes pontos comuns. Assim é que o art. 453 (atual, art. 1.774) determina que se aplicam à curatela as disposições concernentes à tutela, com as modificações dos artigos seguintes. Portanto, os curadores devem se ater aos atos de administração, alguns subordinados a autorização judicial. Idênticas obrigações são exigidas do curador, mormente a prestação de contas. O mesmo sistema de escusas da tutela se aplica. O mesmo que se examinou acerca das garantias da tutela, remoção e dispensa do tutor, também se amolda à curatela". (VENOSA, Sílvio de Salvo. *Direito civil*: direito de família. 8. ed. São Paulo: Atlas, 2008. p. 437-438).

775 "Ao lado da tutela, alinha-se, no campo mesmo do Direito de Família, o instituto da *curatela*, assim localizado devido às analogias que apresenta com a estrutura daquela. Destina-se, do mesmo modo, à regência de pessoas incapazes, mas se organiza para a defesa e proteção daquilo cuja incapacidade não resulta da idade. Configura-se em traços que não admitem a total aplicação das normas que regem a tutela. Trata-se, pois, de instituto autônomo". (SANTOS, Orlando Gomes dos. *Direito de família*. 10. ed. rev. e atual. Rio de Janeiro: Forense, 1998. p. 417).

talvez em virtude de aplicar-se extensivamente as disposições concernentes à tutela que não contrariam a sua finalidade e essência, nos moldes do art. 1.781 do Código Civil, mormente na parte relativa à administração dos bens incide a aplicação das mesmas regras.

O art. 1.778 do presente Código, na mesma linha do anterior, dispõe que a autoridade do curador se estende à pessoa e aos bens dos filhos do curatelado, enquanto estes forem menores e incapazes, denominada de "curatela extensiva", na qual era subtraído do curatelado o controle de sua própria vida, bem como a autoridade parental sobre seus filhos. A finalidade do dispositivo repousava na facilitação da administração dos bens, pois seria de todo inconveniente a nomeação concomitante de um curador e de um tutor. Muito embora o art. 1.778 do Código Civil não tenha sido revogado pelo EPD, doutrina mais atenta tem defendido que tal dispositivo é incompatível com o art. 85 e §1º do Estatuto da Pessoa com Deficiência, que restringe a curatela aos atos patrimoniais e negociais, bem como com o art. 6º que assegura a plena capacidade civil inclusive para fins procriativos e de adoção, ou seja, de exercer seu projeto parental, apregoando o fim da curatela extensiva com acerto.

O vigente Código de Processo Civil reiterou tal extensão da curatela ao dispor no art. 757 que a "autoridade do curador estende-se à pessoa e aos bens do incapaz que se encontrar sob a guarda e a responsabilidade do curatelado ao tempo da interdição, salvo se o juiz considerar outra solução como mais conveniente aos interesses do incapaz". Apesar da redação do dispositivo ser melhor do que a da Lei Civil, ainda permanece com o raciocínio de que a pessoa curatelada não tem sequer condições de exercer, em regra, a autoridade parental sobre seus filhos. Nelson Rosenvald advoga que "se a pessoa deficiente interditada possuir autodeterminação residual para exercer a autoridade parental, não poderá invadir o curador o espaço reservado à privacidade familiar".[776]

A aplicação automática da regra da curatela extensiva configura mais um aspecto sancionatório da curatela e viola o direito fundamental à convivência familiar, estampado no art. 227 da Constituição. É preciso, à luz do princípio do melhor interesse da criança e do adolescente, averiguar se a pessoa curatelada não tem condições de

---

[776] ROSENVALD, Nelson. Curatela. *In*: PEREIRA, Rodrigo da Cunha (Org.) *Tratado de Direito das Famílias*. Belo Horizonte: IBDFAM, 2015. p. 769.

exercer a função parental, ainda que a administração dos bens seja atribuída ao curador. Ademais, tal regra descura da atual concepção da autoridade parental que não se resume a gestão do patrimônio dos filhos, mas como processo educacional, democrático e emancipatório, preocupado com o pleno desenvolvimento da personalidade da prole. Em nome do melhor interesse do curatelado, a ampliação dos efeitos da curatela a atos existenciais não deve alcançar, com base nos mesmos fundamentos, o exercício da guarda ou da autoridade parental da prole, eis que, em ponderação com o melhor interesse de crianças e adolescentes, prepondera o último. Nem sempre o curador será a pessoa mais indicada para os cuidados com os filhos do curatelado. Ademais, a extensão da curatela, sobretudo para tratamentos de saúde, intervenções cirúrgicas, internações, guarda como interessado direto à própria pessoa curatelada, ou seja, em seu benefício, o que justifica tal alcance da curatela, ainda que diante da restrição legal ao campo patrimonial/negocial.

Decerto, a doutrina tradicional sempre realçou a finalidade de proteção da curatela do incapaz,[777] ainda que eminentemente patrimonial,[778] mas sempre com viés nitidamente assistencialista e supressora do exercício dos direitos fundamentais da pessoa curatelada. No modelo codificado, em razão da natureza de múnus público, a curatela sempre foi encarada como ofício em favor daqueles que não se encontravam em condições de agir juridicamente por si próprios, funcionando como "um encargo ou um ônus", que compreenderia basicamente "duas circunscrições de atribuições: representação e proteção".[779] Por isso, na disciplinada da curatela predominavam normas de ordem pública,

[777] "A curatela deve ser, em sua gênese, um instituto de proteção do incapaz, àquele que não tem condições de cuidar de si, principalmente, e de seu patrimônio. Por isso é nomeado alguém que auxilie neste intento. Em todas as situações, a proteção deve ocorrer na exata medida de ausência de discernimento, para que não haja supressão da autonomia dos espaços de liberdade". (PEREIRA, Caio Mário da Silva. *Instituições de direito civil*. 23. ed. Rio de Janeiro: Forense, 2015. v. 5, p. 570).

[778] "A finalidade da curatela é principalmente conceder proteção aos incapazes no tocante a seus interesses e garantir a preservação dos negócios realizados por eles com relação a terceiros. Enquanto a tutela é sucedânea do pátrio poder, a curatela constitui um poder assistencial ao incapaz maior, completando-lhe ou substituindo-lhe a vontade. O principal aspecto é o patrimonial, pois o curador protege essencialmente os bens do interdito, auxiliando em sua manutenção e impedindo que sejam dissipados. Nesse sentido, fica realçado o interesse público em não permitir que o incapaz seja levado à miséria, tornando-se mais um ônus para a Administração". (VENOSA, Sílvio de Salvo. *Direito civil*: direito de família. 8. ed. São Paulo: Atlas, 2008. p. 437).

[779] FACHIN, Luiz Edson. *Direito de família*: elementos críticos à luz do novo Código Civil brasileiro. 2. ed. Rio de Janeiro: Renovar, 2003. p. 278.

ainda que o instituto se encontrasse no âmbito do direito privado, fruto, provavelmente, da forte dicotomia ainda reinante no Direito.[780] Com efeito, a finalidade protetiva do instituto lhe conferia tal feição pública, eis que por força de lei o curador exerceria uma função no lugar e por delegação do Estado. O redesenho do direito privado na sua trajetória de constitucionalização não permite mais tal entendimento, uma vez que os deveres atribuídos ao encargo decorrente da curatela encontram seu fundamento na própria Constituição, ou seja, na solidariedade familiar.

A curatela, como já sinalizava Orlando Gomes,[781] possui duplo alcance, ou seja, é termo que abarca tanto a proteção dos adultos incapazes, objeto do presente trabalho, bem como a regência de pessoas capazes, mas que temporariamente não podem ou possuem maiores dificuldades de cuidar dos seus próprios interesses, a exemplo da hipótese atualmente revogada inscrita no art. 1.780 do Código Civil, denominada de curatela do enfermo e portador de deficiência física. Foge ainda dos casos antes mencionados, a chamada curatela do nascituro que visa o resguardo dos interesses do ser em desenvolvimento no útero materno na hipótese de falecimento do pai e a mulher grávida não detiver o poder familiar (art. 1.779, CC), sendo que caso ela já se encontrasse submetida à curatela, o seu curador seria também o do nascituro (art. 1.779, p.u., CC). Tal hipótese é remota e atualmente parcela da doutrina não encontra grande utilidade no instituto, embora em casos excepcionalíssimos possam ser encontrados resíduos para sua aplicação em conformidade com os valores constitucionais.[782]

---

[780] "O Estado incumbiu-se da proteção dos incapazes como um dever social, assumindo a curatela, a exemplo da tutela, a natureza de um *múnus* público. Curatelado ou interdito é a pessoa submetida à curatela, a exemplo do tutelado ou pupilo, submetido à tutela. A curatela, como a tutela, o serviço militar e eleitoral, o serviço do Júri, é *múnus* público, ou seja, um encargo imposto pelo Estado em benefício coletivo. Por isso, tal como na tutela, para a curatela concorrem princípios de Direito Público e de Direito Privado". (VENOSA, Sílvio de Salvo. *Direito civil*: direito de família. 8. ed. São Paulo: Atlas, 2008. p. 438-439).

[781] "A *curatela* tem duplo-alcance. Ora é deferida para reger as pessoas e os bens de quem, sendo maior, está impossibilitado, por determinada causa de incapacidade, de o fazer por si mesmo, ora para a regência de interesses que não podem ser cuidados pela própria pessoa, ainda que esteja no gozo de sua capacidade. A primeira tem caráter permanente; a outra é necessariamente temporária. É da curatela dos *adultos incapazes* que os tratadistas se ocupam preferencialmente ao estudarem o instituto. Nessa modalidade, constitui um ofício que deve ser exercido para a proteção e a representação dos que não se acham em condições de agir juridicamente por si próprios, seja em relação a todos os negócios, seja em relação, tão-somente, aos patrimoniais". (SANTOS, Orlando Gomes dos. *Direito de família*. 10. ed. rev. e atual. Rio de Janeiro: Forense, 1998. p. 417-422).

[782] Em outra sede, já se teve oportunidade de registrar que: "Não pode, como já afirmado por Pontes de Miranda, "o nascituro ficar à mercê de azares quanto aos seus direitos e

Em geral, a curatela distingue-se da tutela, basicamente, em razão dos destinatários, origem e poderes. Assim, antes da vigência do EPD, podiam-se apontar os seguintes traços distintivos: (*i*) a curatela é destinada à proteção dos maiores e aos que são equiparados aos maiores; enquanto a tutela aos menores; (*ii*) a curatela é sempre deferida pelo juiz; enquanto a tutela pode ser conferida em testamento ou codicilo;[783] (*iii*) a curatela podia consistir simplesmente no poder de administrar os bens; enquanto a tutela sempre compreendia o governo da pessoa e a administração dos bens; (*iv*) os poderes do curador eram mais restritos que os do tutor.[784]

---

interêsses (sic)". Tal preocupação consistia, sobretudo a partir da lógica patrimonialista do Código Civil de 1916, em resguardar os direitos patrimoniais assegurados ao nascituro, como a herança e a doação. Para Maria Berenice Dias 'não há muita justificativa para a determinação de nomeação de curador ao nascituro. [...] Não se atina como se possa afastar o poder familiar da mãe, quando ainda não nascido o filho'. A crítica da autora, em parte, tem sentido, considerando-se que, de fato, são excepcionais as hipóteses de perda do poder familiar da gestante, embora possa ocorrer como demonstrado. No entanto, tendo em vista que a finalidade do instituto reside no resguardo dos direitos do nascituro, assegurados desde a concepção (art. 2º, CC) e cada vez mais alcançando a esfera extrapatrimonial, a curatela do nascituro é um instrumento hábil a dirimir eventuais conflitos entre os interesses da gestante e do nascituro, além de se fazer presente nas hipóteses legais previstas de falecimento do pai e afastamento do poder familiar da mulher em estado gravídico. [...] A curatela do nascituro serve como um instrumento preventivo e de caráter temporário dos direitos do nascituro, uma vez que com o nascimento com vida a criança deverá ser colocada sob tutela (art. 1.728, II). Evita-se, assim, a periclitação dos mesmos e volta-se sua atenção, sob a atual lógica de todo o sistema normativo, para os interesses extrapatrimoniais do nascituro". (ALMEIDA JR., Vitor de Azevedo. *A tutela extrapatrimonial do nascituro no ordenamento jurídico brasileiro*. 195f. Dissertação (Mestrado em Direito) – Faculdade de Direito, Universidade do Estado do Rio de Janeiro, Rio de Janeiro, 2013. p. 112-113 e 115).

783 No caso de testamento ou codicilo é só a indicação do tutor, pois quem defere a tutela também é o juiz, nos termos do art. 1.729 e 1.732 do CC.

784 "A curatela difere da tutela nos pontos seguintes: 1. A curatela é dada aos maiores e aos que são equiparados aos maiores; a tutela aos menores; 2. A curatela é sempre deferida pelo juiz; a tutela pode ser conferida em testamento ou codicilo; 3. A curatela às vezes é dada somente aos bens, a tutela compreende sempre o govêrno da pessoa e a administração dos bens". (PEREIRA, Lafayette Rodrigues. *Direitos de família*: anotações e adaptações ao código civil por José Bonifácio de Andrada e Silva. 5. ed. Rio de Janeiro: Freitas Bastos, 1956. p. 387-388). "A *curatela* distingue-se da *tutela* pelos seguintes traços: *a)* é dada aos maiores; *b)* é sempre deferida pelo juiz; *c)* pode consistir simplesmente no poder de administrar bens; *d)* os poderes do curador são mais restritos do que os do tutor". (SANTOS, Orlando Gomes dos. *Direito de família*. 10. ed. rev. e atual. Rio de Janeiro: Forense, 1998. p. 418). "A curatela não se confunde com a tutela: 1) Destinatários: Se a tutela ocupa o espaço jurídico, até então reservado para a autoridade parental, isto significa que ela tem como destinatários aqueles que estão ou podem estar submetidos à autoridade parental. Isto não se passa na curatela. Se na tutela o destinatário é menor e incapaz, na curatela trata-se do maior e incapaz. 2) Origem: A tutela destina-se a proteger e assistir e, desta forma, poder prover de uma manifestação de vontade (voluntária) ou dativa (determinação judicial). Não há curatela voluntária. A curatela, na sua origem, provém de uma determinação judicial. 3) Poderes: A curatela compreende poderes

Indispensável, portanto, que a curatela seja deferida pelo juiz em processo judicial,[785] que tem por fim a apuração dos fatos que justificam a declaração de incapacidade, com poderes fixados de acordo com o caso concreto, com fundamento na prova, principalmente pericial, estabelecendo os limites da curatela, uma vez que o juiz poderá restringir ou alargar o campo de atuação do curador. No entanto, intuitivo, como já visto, a recorrente prática forense de declarar a incapacidade absoluta e conceder poderes amplos ao curador. Assim, o pressuposto fático da curatela é a incapacidade, ou melhor, as restrições à capacidade dos adultos por causas congênitas ou adquiridas que por imposição das barreiras sociais os impedem de expressar sua vontade, de forma permanente ou temporária, de forma válida.

Com efeito, podem ser submetidas à curatela as pessoas com deficiência que não podem exprimir sua vontade de forma permanente ou duradoura, bem como os ébrios habituais, os viciados em tóxico[786] e os pródigos,[787] nos termos do art. 4º, incisos II, III e IV. Com as modificações provocadas pelo EPD no regime de incapacidade existente na Lei Civil, o disposto no citado inciso III, do art. 4º, na redação dada pelo EPD, é hoje norma geral, que se aplica a todas as pessoas, tenham ou não deficiência. Por isso, mesmo os ébrios habituais e os viciados em tóxicos devem apresentar severa dificuldade ou impossibilidade

---

mensuráveis caso a caso, que poderão ser da mais ampla expansão, como por exemplo curatela de um louco, ou de menor dimensão, como na hipótese de prodigalidade. Já na tutela os poderes são todos os inerentes à autoridade parental". (FACHIN, Luiz Edson. *Direito de família*: elementos críticos à luz do novo Código Civil brasileiro. 2. ed. Rio de Janeiro: Renovar, 2003. p. 280-283).

[785] A competência para processamento do feito é da Justiça Estadual, por se tratar de procedimento que diz respeito ao "estado" da pessoa.

[786] Não será objeto de exame a incapacidade e, por conseguinte, a curatela dos ébrios habituais e dos viciados em tóxicos, mantida na nova versão do art. 4º antes mencionado, por se tratar de matéria de alta indagação não comportada nestas modestas considerações.

[787] Apesar da prodigalidade como causa da incapacidade relativa escapar dos limites do presente trabalho, convém registrar que parcela da doutrina critica sua manutenção no rol do art. 4º do Código Civil, apregoando sua inconstitucionalidade, o que afastaria a aplicação da curatela dos pródigos. Rafael Esteves defendeu que seu anacronismo é "patente, pois o instituto promove uma injustificada restrição à autonomia privada. Injustificada porque, seguindo o prospecto constitucional, a família da atualidade não é mais fundada no patrimônio, mas nas relações afetivas, constituindo um ambiente onde se concentram as realizações existenciais. De outra parte, o ordenamento jurídico oferece uma série de outros mecanismos menos gravosos e mais adequados à proteção material dos integrantes do núcleo familiar, razão que dificulta a atribuição de alguma função ao instituto que seja compatível com os desígnios constitucionais, do que se faz flagrante, então, sua inconstitucionalidade". (ESTEVES, Rafael. O pródigo e a autonomia privada: aspectos da autonomia existencial na metodologia civil constitucional. *In*: *Revista Trimestral de Direito Civil*, Rio de Janeiro, Padma, a. 11, v. 41, jan./fev. 2010. p. 115).

de manifestar sua vontade, ainda que transitoriamente. O art. 4º, II do Código Civil, deve ser interpretado conjuntamente com o art. 4º, III, de caráter geral, eis que não se destina exclusivamente às pessoas com deficiência. De acordo com o art. 1.767 do Código Civil, estão sujeitas à curatela as pessoas que, por causa transitória ou permanente, não puderem exprimir sua vontade (inciso III), situação que legitimará a sua submissão à curatela, vale dizer, a restrição da prática sem apoio dos atos da vida civil que forem indicados em decisão judicial, devendo ser acompanhados de curador.

A interdição[788] – como ainda denominada pelo Código de Processo Civil de 2015 – é um procedimento especial de jurisdição voluntária,[789] que tem como principal objetivo a comprovação da incapacidade no caso concreto de modo a justificar a nomeação do curador. Assim, o pressuposto jurídico da curatela é uma decisão judicial, uma vez que ela somente pode ser deferida pelo juiz, mediante processo judicial que assegure a ampla defesa e o contraditório.

Controvérsia existiu, por muito tempo, em relação aos efeitos da sentença judicial em "ação de interdição". A jurisprudência pátria, contudo, emanou orientação pacífica, nos dias atuais, pela consolidação do entendimento de que embora sua natureza seja declaratória, seus efeitos, contudo, são, salvo pronunciamento judicial expresso em sentido contrário, *ex nunc*.[790] Ou seja, não é a sentença que cria a

---

[788] "Interdição é o ato pelo qual o juiz declara a incapacidade real e efetiva de pessoa maior, para a prática de certos atos da vida civil e para a regência de si mesma e de seus bens". (SARMENTO, Eduardo Sócrates Castanheira. *A interdição no direito brasileiro*: doutrina, jurisprudência, prática, legislação. Rio de Janeiro: Forense, 1981. p. 2). "Interdição. A demanda visa a constituir o estado de interdição. Trata-se de providência constitutiva. O juiz decreta a interdição. A demanda tem por objetivo decretar a incapacidade de alguém". (ARENHART, Sérgio Cruz; MARINONI, Luiz Guilherme; MITIDIERO, Daniel. *Novo Código de Processo Civil Comentado*. 2. ed. rev. atual. e ampl. São Paulo: Revista dos Tribunais, 2016. p. 825).

[789] "O procedimento da interdição está regulado na Seção IX, do Capítulo XV, que trata dos 'Procedimentos de Jurisdição Voluntária' (Parte Especial, Livro I, Título III). O Código de 2015 conservou a interdição entre os procedimentos especiais de jurisdição voluntária por nela reconhecer o exercício pelo Estado de uma atividade assistencial em benefício exclusivo da pessoa do incapaz, marcada pela ausência de conflito ou antagonismo entre os interessados da medida protetiva, o que não dispensa o juiz da observância de todas as normas fundamentais do processo civil (arts. 1º a 11) e das demais garantias fundamentais do processo justo impostas pela Constituição como decorrência da dignidade humana dos destinatários da função jurisdicional (GRECO, 2003b, p. 26)". (SHENK, Leonardo Faria *et al. Comentários ao Novo Código de Processo Civil*. Rio de Janeiro: Forense, 2016. p. 1.063-1.064).

[790] "A sentença de interdição tem caráter declaratório e não constitutivo. Assim, o decreto de interdição não cria a incapacidade, pois esta decorre da doença. Desse modo, a incapacidade, mesmo não declarada, pode ser apreciada caso a caso". (STJ. *REsp nº 1206805-PR*,

incapacidade, mas apenas a reconhece. Cabe sobrelevar, todavia, que, para a nulidade de atos praticados pelo curatelado anteriormente à sentença de interdição, é fundamental a apresentação de provas que demonstrem a existência da falta de discernimento do curatelado no momento da celebração do negócio jurídico em questão, bem como a boa-fé do contratante capaz.

A interdição, portanto, sempre foi apresentada como a via processual de jurisdição voluntária para a obtenção da declaração judicial de incapacidade da pessoa sujeita à curatela e, por conseguinte, a nomeação do curador com a extensão dos limites dos seus poderes. Nesse sentido, pode-se dizer que a curatela é "mensurável", pois diante do caso concreto "deve-se observar o sentido que funda o pedido e a dimensão da incapacidade em quem se imputa a interdição".[791] Em regra, no entanto, no estado extremo da incapacidade absoluta o sujeito "interditado" era integralmente substituído pela pessoa do curador em todos os aspectos da vida civil.

Nelson Rosenvald defende o fim do vocábulo "interdição" na ordem infraconstitucional brasileira após a internalização da CDPD, "pois relaciona a curatela a um processo de supressão de direitos patrimoniais e existenciais da pessoa, quando na verdade, a curatela será funcionalizada à promoção da autonomia. De fato, o termo 'interdição' remete a uma sanção civil de natureza punitiva contra uma pessoa que não praticou qualquer ato ilícito".[792] Por mais que o Código de Processo Civil vigente (Lei nº 13.105/15) tenha conservado os termos "interdição" e "interdito" em diversas passagens (arts. 747 a

---

Rel. Min. Raul Araújo, 4ª T., julg. 21 out. 2014. Disponível em: www.stj.jus.br. Acesso em 27 dez. 2018); "Segundo o entendimento desta Corte Superior, a sentença de interdição, salvo pronunciamento judicial expresso em sentido contrário, opera efeitos *ex nunc*. Precedentes". (STJ. *AgRg no REsp nº 1152996-RS*, Rel. Min. Luís Felipe Salomão, 4ª T., julg. 8 abr. 2014. Disponível em: www.stj.jus.br. Acesso em 27 dez. 2018).

791 FACHIN, Luiz Edson. *Direito de família*: elementos críticos à luz do novo Código Civil brasileiro. 2. ed. Rio de Janeiro: Renovar, 2003. p. 278-279.

792 ROSENVALD, Nelson. Curatela. *In*: PEREIRA, Rodrigo da Cunha (Org.) *Tratado de Direito das Famílias*. Belo Horizonte: IBDFAM, 2015. p. 736. "Interdição, por conseguinte, é uma palavra incompatível com o pluralismo inerente ao Estado Democrático de Direito. Além de medida coercitiva e opressiva, que imprime uma marca indelével na pessoa, ela remete a uma sentença nulificante do exercício de situações existenciais e redutiva da complexidade e singularidade do ser humano a um quadro psíquico, que, por si só, legitimaria a neutralização da subjetividade pelo álter ego do curador. Ao contrário, a eficácia positiva da Dignidade da Pessoa Humana requer a potencialização da autonomia, para que cada indivíduo seja autor de sua própria biografia e desenvolva seu *modus vivendi*". (ROSENVALD, Nelson. O fim da interdição – a biografia não autorizada de uma vida. *In*: *O Direito Civil em movimento. Desafios contemporâneos*. Salvador: Juspodivm, 2017. p. 116).

757), em razão da superioridade normativa da CDPD, a permanência do vocábulo é, de fato, incompatível com as suas diretrizes. Mais do que mero preciosismo linguístico, trata-se de afirmar as novas bases da curatela em nosso ordenamento, voltada para a promoção da autonomia do curatelado.[793] Nesse ponto, o EPD encontra-se em consonância com a CDPD, uma vez que não utiliza o termo "interdição".[794]

O atual Código de Processo Civil, no entanto, regulamenta o procedimento de interdição (arts. 747 a 758), do qual resulta a instituição da curatela, com a nomeação do curador. De início, a nomeação de curador deve ser requerida por uma das pessoas indicadas no art. 747, sendo que se restringe a legitimidade do Ministério Público somente nos casos previstos no art. 748. Este dispositivo equivoca-se no uso da terminologia "doença mental" ao invés de "deficiência intelectual", além de adjetivar como casos graves. Sob a atual lógica, somente se submetem à curatela pessoas com deficiência intelectual severa com efetivo comprometimento da expressão da vontade, sendo redundante tal adjetivo.[795] Embora o Código de Processo Civil tenha revogado expressamente o inciso IV do art. 1.768 do CC, após a vigência da redação dada pelo EPD, a possibilidade de requerimento da curatela pelo interessado não se extingue. Por força dos princípios da CDPD e do EPD, não se pode retirar da pessoa com deficiência a legitimidade para requerer sua própria curatela, sob pena de negar sua capacidade e ignorar sua autonomia, em franca violação ao principal objetivo da Convenção, que tem força de norma constitucional.[796]

---

[793] "Não se trata de censurar a perda de uma chance de um simples giro linguístico. Em verdade, o descaso terminológico perpetua a narrativa da medieval interdição como morte civil e túmulo da personalidade, postergando o inevitável porvir de uma mentalidade afinada com a funcionalização, flexibilização e personalização da curatela". (ROSENVALD, Nelson. O fim da interdição – a biografia não autorizada de uma vida. *In*: *O Direito Civil em movimento. Desafios contemporâneos*. Salvador: Juspodivm, 2017. p. 116).

[794] A rigor, o EPD utilizou o termo "interditando" em duas passagens do art. 114, que deu nova redação aos arts. 1.771 e 1.772, parágrafo único, do Código Civil.

[795] Luiz Cláudio Carvalho de Almeida defende que "[...] independentemente da caracterização de 'doença mental grave', se a curatela, num contexto de atuação ministerial, surgir como medida adequada à proteção dos interesses da pessoa com deficiência em situação de risco, estará o Ministério Público legitimado para a deflagração da ação respectiva. [...] Todavia, em qualquer caso, a atuação do Ministério Público tem caráter subsidiário, ou seja, pressupõe a omissão dos demais legitimados para a propositura da ação (art. 748, do NCPC, e art. 1.769, do Código Civil, com redação dada pela LBI). (ALMEIDA, Luiz Cláudio Carvalho de. A Convenção sobre os Direitos das Pessoas com Deficiência e a ação de curatela no Novo Código de Processo Civil Brasileiro. *In*: BARBOSA-FOHRMANN, Ana Paula (Coord.). *Autonomia, reconhecimento e dignidade*: sujeitos, interesses e direitos. Rio de Janeiro: Gramma, 2017. p. 162).

[796] Segundo Fredie Didier Jr.: "A Lei nº 13.146/2015 claramente quis instituir essa nova hipótese de legitimação, até então não prevista no ordenamento – e, por isso, não pode

Incumbe ao requerente, na petição inicial, especificar os fatos que demonstram a incapacidade do interditando para administrar seus bens e, se for o caso, para praticar atos da vida civil, bem como o momento em que a incapacidade se revelou. Na sentença que declarar a incapacidade, o juiz nomeará curador e fixará os limites da curatela, segundo o estado e o desenvolvimento mental do interdito, consideradas suas características pessoais, e observadas suas potencialidades, habilidades, vontades e preferências (art. 755, I e II, CPC).

Nos termos do Código de Processo Civil, a interdição só ocorrerá após: (*i*) a citação do interditando para comparecer perante o juiz, que o entrevistará minuciosamente acerca de sua vida, negócios, bens, vontades, preferências e laços familiares e afetivos e sobre o que mais lhe parecer necessário para convencimento quanto à sua capacidade para praticar atos da vida civil, devendo ser reduzidas a termo as perguntas e respostas (art. 751, CPC); (*ii*) a abertura de prazo ao interditando para apresentação de defesa (art. 752, CPC); (*iii*) a produção de prova pericial para avaliação da capacidade do interditando para praticar atos da vida civil. A perícia pode ser realizada por equipe composta por expertos com formação multidisciplinar, devendo o laudo pericial indicar especificadamente, se for o caso, os atos para os quais haverá necessidade de curatela (art. 753, §§1º e 2º, CPC).

Luiz Alberto David Araújo e Carlos Eduardo Pianovski Ruzyk, acertadamente, defendem que é direito da pessoa com deficiência a perícia realizada por equipe multidisciplinar no processo e não mera faculdade do juiz. De fato, a leitura isolada do §1º do art. 753 do Código de Processo Civil vigente pode resultar na equivocada interpretação de que a perícia realizada por equipe multiprofissional é mera faculdade do juiz. No entanto, à luz das determinações da CDPD e do EPD, é direito da pessoa com deficiência uma perícia que contemple todas as suas potencialidades, com base no modelo social hoje adotado. Nesse sentido, os autores advogam que:

---

ser considerada como 'revogada' pelo CPC. O CPC não poderia revogar o que não estava previsto. Assim, será preciso considerar que há um novo inciso ao rol do art. 747 do CPC, que permite a promoção da interdição pela "própria pessoa". (DIDIER JR., Fredie. *Estatuto da Pessoa com Deficiência, Código de Processo Civil de 2015 e Código Civil*: uma primeira reflexão. Disponível em: http://www.frediedidier.com.br/editorial/editorial-187/. Acesso em 16 dez. 2017). V. tb. BARBOZA, Heloisa Helena; ALMEIDA, Vitor. A capacidade à luz do Estatuto da Pessoa com Deficiência. *In*: MENEZES, Joyceane Bezerra (Org.). *Direito das Pessoas com Deficiência Psíquica e Intelectual nas Relações Privadas – Convenção sobre os Direitos da Pessoa com Deficiência e Lei Brasileira de Inclusão*. 2. ed. rev. e ampl. Rio de Janeiro: Processo, 2020. p. 317-320).

> O novo Código de Processo Civil, quando trata da perícia no processo, deixa ao juiz a decisão. É a regra do parágrafo primeiro, do artigo 753 do novo dispositivo: 'A perícia pode ser realizada por equipe composta por expertos com formação multidisciplinar'. Não. Há equívoco, porque o dispositivo desobedece a Convenção da ONU. A perícia deve ser realizada por equipe composta por expertos com formação multidisciplinar. Como seria possível detectar as potencialidades dessa pessoa, desse ser humano, com um perito único? Que saber deveria reunir tal experto? Se for apenas um médico, a discussão se volta a um conceito antigo, já superado, de pessoa com deficiência: o modelo médico, já ultrapassado. Por isso, a leitura do Código de Processo Civil deve ser feita em consonância com a Convenção e com o Estatuto. A perícia deve ser feita por equipe multidisciplinar. Não pode ser deixada a tarefa ao juiz. Apenas a perícia médica não é suficiente. É necessária? Inegável, mas não só ela. Por isso, a nova redação do artigo 1772 do Código Civil, dada pelo artigo 114 do Estatuto: 'art. 1772 – O juiz determinará, *segundo as potencialidades da pessoa*, os limites da curatela, circunscritos às restrições constantes do artigo 1782 e indicará curador' (grifos nosso). Assim, há um direito novo, consagrado pela Convenção da ONU, ratificado pelo Estatuto da Pessoa com Deficiência: a busca de potencialidades do indivíduo, em consonância com o já explicitado 'enfoque funcional'. Como decorrência desse novo direito e da mudança do conceito de pessoa com deficiência, há um direito à análise das potencialidades de cada indivíduo, diante de uma perícia completa, íntegra e sofisticada. Só assim poderemos entender as potencialidades de cada um. Isso não é faculdade do juiz; é direito da pessoa com deficiência.[797]

Nessa linha, indispensável afirmar que com o EPD em conjugação com o vigente CPC, a curatela adquire novo perfil, distante do instituto tradicional então previsto na feição inicial do Código Civil. Dentre suas novas características, destacam-se: (*i*) sua admissão é feita "quando necessário", o que deve ser entendido como "for necessário para atender o melhor interesse da pessoa com deficiência" e não outro qualquer (art. 84, §1º); (*b*) constitui medida protetiva extraordinária, que deve ser proporcional às necessidades e às circunstâncias de cada caso, e durar o menor tempo possível (art. 84, §3º); (*c*) afeta tão somente os atos relacionados aos direitos de natureza patrimonial e negocial

---

797 ARAÚJO, Luiz Alberto David; PIANOVSKI RUZYK, Carlos Eduardo. A perícia multidisciplinar no processo de curatela e o aparente conflito entre o estatuto da pessoa com deficiência e o código de processo civil: reflexões metodológicas à luz da teoria geral do direito. *In*: *Revista de Direitos e Garantias Fundamentais*, Vitória, v. 18, n. 1, p. 227-256, jan./abr. 2017. p. 247.

(art. 85); e (*d*) não alcança o direito ao próprio corpo, à sexualidade, ao matrimônio, à privacidade, à educação, à saúde, ao trabalho e ao voto (art. 85, §1º).

Reafirma-se, com o novo perfil da curatela, a preservação da capacidade civil da pessoa com deficiência ao máximo possível, no que diz respeito a seus interesses existenciais, como prevê o art. 6º do Estatuto, bem como em relação à sua excepcionalidade enquanto medida protetiva. Altera-se, igualmente, a definição da curatela, isto é, dos poderes do curador e das restrições impostas ao curatelado, a qual deve ser feita diante de cada caso concreto, uma vez que a curatela constitui medida extraordinária, devendo constar da sentença as razões de sua definição, preservados os interesses do curatelado (art. 85, §2º). É importante observar que deve ser deferida de modo "proporcional às necessidades e às circunstâncias de cada caso" e "no menor tempo possível".

Com o novo desenho do EPD, a decisão judicial que decreta a curatela, obrigatoriamente, deve estabelecer o projeto terapêutico individualizado, indicando, em cada caso, quais são os atos submetidos ao regime da curatela e, que, portanto, devem necessariamente ser assistidos ou representados pelo curador. Naturalmente, os atos que não constarem na decisão judicial podem ser livremente exercidos pelo curatelado, mesmo desacompanhado do curador. Contudo, com a atual feição de cuidado atribuída à curatela, nada impede que, como medida geral de cautela, o curador que não tiver poderes para assistir ou representar o curatelado em determinadas situações não contempladas pelo projeto terapêutico individualizado recorra ao judiciário para evitar abusos e prejuízos, eis que deverá atuar sempre em benefício da pessoa com deficiência submetida à curatela.[798]

---

[798] Em interessante caso julgado pelo Tribunal de Justiça do Estado do Rio de Janeiro, entendeu-se que, com o novo regime das incapacidades instituído pelo EPD e a restrição da curatela aos interesses de cunho patrimonial, portanto, não alcançando a esfera existencial da pessoa com deficiência, a exemplo do direito à saúde e à disposição do próprio corpo, a curatela não seria a medida mais adequada, eis que não haveria indicação de patrimônio a zelar, mas tão somente requerimento de medida judicial de suprimento de consentimento, na forma da lei, para prática de atos da vida civil voltados a garantir a saúde e a vida da pessoa com deficiência. Nos termos da ementa: "AGRAVO DE INSTRUMENTO. PROCESSUAL CIVIL. TUTELA PROVISÓRIA DE URGÊNCIA. Paciente portador de diabetes *mellitus* internado com quadro de gangrena mista do membro inferior, irreversível até o joelho, com áreas de necrose e indicação de amputação em caráter urgente. Quadro demencial do paciente atestado por laudo psiquiátrico. Aplicação do Estatuto da Pessoa com deficiência (Lei nº 13.146/15). Revisão do conceito de capacidade civil e dos institutos protetivos correlatos à luz do princípio da dignidade

O EPD determina que constem da sentença as razões e motivações de sua definição, preservados os interesses do curatelado, proibindo as fundamentações genéricas, infelizmente utilizadas largamente em provimentos jurisdicionais antes do EPD. A fundamentação da decisão de curatela, além de previsão expressa no EPD no seu §2º do art. 85, também tem amparo na regra instituída pelo art. 11 do vigente CPC, sob pena de nulidade, determinando-se o fim de sentenças padrão. A simples referência a dispositivos legais ou precedentes jurisdicionais, conclusões do perito médico ou ao parecer do Promotor de Justiça não indica motivação suficiente do provimento judicial. Indispensável que conste na decisão judicial a condição concreta e específica do curatelado, apresentando os motivos pelos quais, naquele caso específico, a curatela é imprescindível e quais seus limites. A decisão judicial de curatela baseada em formulários padronizados, com mero preenchimento de campos, é definitivamente nula. Uma fundamentação clara e precisa do caso concreto, com a exposição da situação que justifica a curatela e limita a atuação do curador é uma forma de defesa da pessoa que necessita de apoio.

A decisão judicial que determina a curatela e nomeia o curador, portanto, torna-se fundamental para a proteção da pessoa humana, a partir da exigência de uma forte carga argumentativa para justificar o projeto terapêutico individualizado e a restrição à capacidade civil e a autonomia privada da pessoa submetida à curatela, regulamentando a extensão dos poderes do curador. É direito do curatelado, com base na CDPD, no EPD e no CPC, ter parametrizada a sua curatela de acordo com suas particularidades e proporcionais às suas necessidades, preservados seus superiores interesses, sem o apelo a fórmulas genéricas e neutras. A pessoa com deficiência submetida ao regime da curatela deve ser encarada como uma pessoa concreta, encarnada e real,

---

da pessoa humana. Impedimento de longo prazo, de natureza física, mental, intelectual ou sensorial, que não mais implica em incapacidade civil. Nova perspectiva da curatela, restrita aos atos de conteúdo patrimonial ou negocial. Não indicação de patrimônio a zelar em prol da pessoa com deficiência. Requerimento destinado a garantir a saúde e a vida do agravado, que extrapola os limites da curatela. Risco de evolução do quadro para infecção generalizada e óbito, a autorizar o suprimento do consentimento do paciente por seu representante legal, diante da impossibilidade de manifestação livre e consciente da própria vontade. Recurso provido em parte, confirmados os efeitos da tutela recursal anteriormente deferida". (TJRJ. *Agravo de Instrumento nº 0057265-57.2020.8.19.0000*, 18ª CC, Rel. Des. Carlos Eduardo da Fonseca Passos, julg. 21 out. 2020. Disponível em: https://www.tjrj.jus.br. Acesso 30 jan. 2020).

com vulnerabilidades acentuadas que exigem um sistema de apoio mais intenso, mas sem alijá-la por completo da vida de relações, devendo-se afastar decisões que determinam a curatela como instrumento sancionatório e extintivo do exercício dos direitos fundamentais.

A depender do grau de comprometimento da pessoa com deficiência para a manifestação válida de vontade, a curatela deve se moldar às necessidades individuais, de modo a propiciar uma vida digna e a inclusão social. Por isso, em atenção ao *caput* do art. 4º do CC, necessário constar da decisão judicial, após averiguação da incapacidade relativa da pessoa com deficiência, a extensão relativamente a certos atos ou à maneira de os exercer da pessoa curatelada, uma vez que, permita-se a insistência, findou em nosso ordenamento a incapacidade absoluta de pessoa maior. Por isso, além de especificar em quais atos o curatelado tem necessidade de apoio, indispensável apontar se o suporte será por meio da representação ou assistência, como já visto, sendo esta a forma principal de apoio.

Diante disso, importante repisar o *tríplice formato* que a curatela pode assumir após o EPD: (*i*) o curador pode representar a pessoa relativamente incapaz em todos os atos patrimoniais e alguns existenciais (mencionados expressamente na decisão judicial); *(ii)* o curador pode ser um representante para certos e específicos atos e assistente para outros, em um regime misto; (*iii)* o curador será sempre um assistente para atos patrimoniais ou negociais, regra quando na decisão não especificar a forma de apoio. Impossível, no entanto, hipótese na qual todas as situações existenciais sejam suprimidas da própria pessoa curatelada, sob pena de afronta às diretrizes da CDPD e à própria dignidade da pessoa. Suprimir completamente a liberdade existencial da pessoa é atentatório à sua condição humana.

A funcionalização da curatela evidencia que ela deve promover os objetivos constitucionais de dignidade humana e solidariedade social, com o máximo respeito à sua autonomia, sobretudo nos aspectos existenciais da vida. Em diversos casos, as potencialidades afetivas do incapaz se mantêm idôneas e devem ser preservadas. Assim, não obstante seu comprometimento psíquico, nada impede que, por exemplo, para fins de formação de uma entidade familiar, seja pelo casamento ou união estável, a pessoa curatelada possa compreender o ato e, portanto, praticá-lo livremente, apesar da restrição para outros, mantendo seu projeto de conjugalidade, ou seja, de formação do seu núcleo familiar nos seus próprios domínios de decisão.

Nessa esteira, a CDPD assegura o reconhecimento do direito das pessoas com deficiência de constituir família pelo casamento, com base no livre e pleno consentimento dos pretendentes e desde que em idade núbil (art. 23, a). O EPD, por sua vez, afirma expressamente, sem qualquer exceção, que a deficiência não afeta a plena capacidade civil da pessoa para casar-se e constituir união estável (art. 6º, I). Em reforço, alterou significativamente o sistema de invalidades do casamento, revogando os incisos I do art. 1.548 e IV do art. 1.557 do Código Civil que, respectivamente, disciplinavam a invalidade do casamento contraído pela pessoa com deficiência mental "sem o necessário discernimento para os atos da vida civil", e a possibilidade de anulação por erro essencial sobre a pessoa do outro cônjuge em razão da "ignorância, anterior ao casamento, de doença mental grave que, por sua natureza, torne insuportável a vida em comum ao cônjuge enganado". Não há mais nulidade ou anulabilidade de casamento em decorrência de deficiência, o que descortinava forte ranço discriminatório.

Com isso, a hipótese única de nulidade nupcial passou a ser a violação de impedimentos matrimoniais. Desse modo, o curatelado pode se casar, independentemente de anuência do representante ou assistente, conforme autoriza o art. 85, §1º do EPD. Causa estranheza a redação do §2º do art. 1.550 do Código Civil, que autoriza que a "pessoa com deficiência mental ou intelectual em idade núbia poderá contrair matrimônio, expressando sua vontade diretamente ou por meio de seu responsável ou curador", porque se uma pessoa curatelada não consegue sequer expressar sua vontade para se casar, ou seja, consentir para sua celebração, de forma que compreenda o ato em si, não poderá ocorrer o casamento. A vontade de casar-se somente pode ser manifestada pelo nubente ou por seu procurador, com poderes especiais carreados em procuração pública específica (art. 1.542, CC). Não é razoável que o curador manifeste a vontade no lugar do nubente curatelado. A melhor interpretação para o dispositivo mencionado consiste no papel de apoio e de auxílio do curador, permitindo e facilitando a emissão de vontade durante o processo comunicacional da pessoa curatelada perante o oficial de registro civil,[799] mas nunca em seu lugar. É fundamental o consentimento para a celebração do

---

[799] O EPD dispõe no art. 83 que os serviços notariais e de registro não podem negar, criar condições diferenciadas ou mesmo óbice à prestação de seus serviços em razão da deficiência do solicitante, devendo reconhecer-lhe a capacidade legal plena e a garantia de acessibilidade. O descumprimento do dispositivo constituirá discriminação (art. 83, parágrafo único, EPD).

casamento, sendo necessário que a pessoa tenha condições mínimas de expressar sua vontade e compreenda o ato.[800]

A diretriz da CDPD, de natureza constitucional, e a disposição do EPD, reforçada pelas revogações mencionadas, asseguram à pessoa com deficiência, inclusive intelectual, a liberdade na constituição da família, fundada ou não no casamento,[801] bem como o direito fundamental ao planejamento familiar (art. 226, §7º, CR), como decorrência dos princípios da liberdade, solidariedade familiar e dignidade da pessoa humana, desde que observe os requisitos e os limites gerais impostos a todas as pessoas e o consentimento é a pedra angular do casamento.[802]

Questão tormentosa é a intervenção do curador na escolha do regime de bens, eis que o casamento é uma situação dúplice, que irradia efeitos de espectro existencial e patrimonial. Em linha de princípio, o curatelado pode, inclusive, escolher o regime de bens do casamento, salvo se expressamente constar na sentença que a celebração de pacto antenupcial com escolha do regime de bens diverso da comunhão parcial deverá ser assistida ou representada pelo curador. Ou ainda, com base na cláusula geral de proibição de abuso do direito (art. 187, CC), o juiz pode, excepcionalmente, impor o regime da separação obrigatória, salvaguardando a boa-fé e impedindo prejuízos ao curatelado, mas desde que tal decisão não configure uma espécie de sanção nem se compreenda que é um regime legalmente imposto, como o art. 1.641 do CC. Tal decisão deve somente ser permitida em hipóteses

---

[800] Cf. TEIXEIRA, Ana Carolina Brochado; MENEZES, Joyceane Bezerra de. Comentários ao art. 114. *In*: BARBOZA, Heloisa Helena; ALMEIDA, Vitor (Coords.). *Comentários ao Estatuto da Pessoa com Deficiência à luz da Constituição da República*. Belo Horizonte: Fórum, 2018. p. 362-371.

[801] Nada impede a formação de família monoparental ou multiparental, por decisão autônoma da pessoa com deficiência, através de técnicas de reprodução assistida, de acordo com as determinações deontológicas do CFM (Res. nº 2.294/17) e que o consentimento possa ser obtido nos termos do art. 12 do EPD.

[802] Para um maior aprofundamento do tema, cf. BARBOZA, Heloisa Helena; ALMEIDA JR., Vitor de Azevedo. O direito de constituir família da pessoa com deficiência intelectual: requisitos e limites. *In*: PEREIRA, Tânia da Silva; OLIVEIRA, Guilherme de; COLTRO, Antônio Carlos Mathias (Org.). *Cuidado e o direito de ser*: respeito e compromisso. Rio de Janeiro: Editora GZ, 2017. p. 229-242; MENDES, Vanessa Correia. O casamento da pessoa com deficiência psíquica e intelectual: possibilidades, inconsistências circundantes e mecanismos de apoio. *In*: MENEZES, Joyceane Bezerra de (Org.). *Direito das pessoas com deficiência psíquica e intelectual nas relações privadas*: convenção sobre os direitos da pessoa com deficiência a Lei Brasileira de Inclusão. Rio de Janeiro: Processo, 2016. p. 387-413; YOUNG, Beatriz Capanema. A Lei Brasileira de Inclusão e seus reflexos no casamento da pessoa com deficiência psíquica e intelectual. *In*: BARBOZA, Heloisa Helena; ALMEIDA, Vitor; MENDONCA, Bruna Lima de (Orgs.). *O Código Civil e o Estatuto da Pessoa com Deficiência*. 2. ed. rev. e atual. Rio de Janeiro: Editora Processo, 2017. p. 185-216.

excepcionais e sob rigorosa fundamentação. Neste caso, diante de eventual prejuízo ao curatelado, deverá o curador mesmo sem poderes para intervir na escolha do regime de bens submeter o caso ao juiz por medida de prudência e salvaguarda contra eventuais abusos e prejuízo ao patrimônio do curatelado.

Desse modo, a pessoa com deficiência mental ou intelectual sujeita à curatela poderá escolher o regime de bens que entender adequado para reger a sua sociedade conjugal, sem a assistência do curador, salvo se constar tal restrição de forma expressa na decisão judicial com a atribuição de poderes ao curador, para a assistir ou representar na eventual celebração de pacto antenupcial.[803] Uma leitura restritiva do direito ao casamento, amplamente assegurado à pessoa com deficiência nos arts. 6º, inciso I e 85, §1º, é contrária à lógica da lei, que não fez ressalvas quanto ao regime de bens, além de mutilar o seu direito à conjugalidade, que inclui os aspectos econômicos subjacentes à relação conjugal. Afinal, é defeso a intervenção na comunhão de vida instituída pela família, como preceituam os arts. 226, §7º da Constituição de 1988 e 1.513 do Código Civil, e, portanto, descabe limitação onde o legislador não o fez. O direito de casar-se pressupõe a liberdade de escolha de regime de bens, salvo se excepcionado por lei ou decisão judicial que determine a necessidade de assistência ou representação para a realização do ato.[804] Entendimento contrário pode incorrer em

---

[803] Cabe registrar e entendimento de Ana Carolina Brochado Teixeira e Joyceane Bezerra de Menezes, que diverge, em parte, do ora defendido: "[...] é recomendável que a sentença esclareça se a escolha do regime de bens, na hipótese de ulterior casamento, também estará no âmbito da curatela. Todavia, nota-se que, em decorrência do EPD ter limitado a incidência da curatela aos atos patrimoniais, como um gênero, se a sentença não especificar quais desses atos estarão sob o poder do curador, optando por afirmar que a curatela recairá sobre os atos patrimoniais, há que se incluir, dentre estes, o pacto antenupcial – a escolha do estatuto patrimonial que regerá o casamento, bem como contrato de convivência ou pedido de mudança de regime. Nesse caso, será necessária a participação do curador na formalização da escolha do regime de bens. Deverá assinar, em conjunto com o nubente, o pacto antenupcial com o companheiro, no caso do contrato de convivência ou qualquer outro documento que importe na escolha do regime de bens, como aquele que traz a opção pelo regime convencional da comunhão parcial de bens. O mesmo se diga em relação ao pedido judicial que visa à modificação do regime de bens, previsto no art. 1.639, §2º, do Código Civil". (BARBOZA, Heloisa Helena; ALMEIDA, Vitor (Coords.). *Comentários ao Estatuto da Pessoa com Deficiência à luz da Constituição da República*. Belo Horizonte: Fórum, 2018. p. 370-371).

[804] Em sentido contrário, Beatriz Capanema Young defende: "Quando a pessoa está submetida à curatela, entende-se que o curador deverá assistir na escolha do regime de bens do curatelado, na medida em que se trata de aspecto patrimonial, podendo ser, portanto, abarcado pelo alcance da curatela, nos termos da sentença que a determinou. Se houver conflito de interesses entre a decisão do curatelado e do curador, a questão poderá ser levada ao juízo da interdição para que este solucione a divergência. A pessoa com

discriminação e restrições sem justificativa na capacidade das pessoas com deficiência.

No entanto, é possível que entre a sentença que declarou a incapacidade para alguns atos patrimoniais e a celebração do casamento, com a opção anterior de regime de bens diferente do legal (art. 1.640, CC), tenha ocorrido um comprometimento mais severo das funções cognitivas que acarrete na possibilidade de invalidação do pacto antenupcial. Por mais que o curador tenha, na atualidade, a sua atuação restrita aos atos indicados na sentença, obviamente, o encargo que exerce lhe impõe um dever de cuidado e de fiscalização, que inclusive lhe reserva a obrigação de acionar o judiciário para ampliação ou redução dos poderes que lhe foram atribuídos em razão das condições cognitivas do curatelado que podem se modificar ao longo do tempo. Desse modo, eventual escolha pelo regime de comunhão universal ou de separação de bens, ou mesmo de regime híbrido, pode ensejar a anulação do pacto antenupcial, nos termos do art. 171, I, do Código Civil, desde que comprovada sua impossibilidade de manifestar, de forma válida, sua vontade, para a escolha do regime de bens, o que pode não afetar sua manifestação para o casamento em si. O prazo decadencial para pleitear a anulação segue o prescrito no art. 178, III, da Lei Civil.

Busca-se evitar com a anulação do pacto antenupcial eventual abuso por parte do outro nubente em aproveitar-se da pessoa com deficiência com comprometimento severo da função cognitiva, para compreender a escolha de um regime de bens. Nada impede, com base na cláusula geral de proibição de abuso do direito (art. 187, CC) e nas salvaguardas apropriadas à proteção da pessoa com deficiência, previamente à celebração do pacto antenupcial, submeter o caso ao juiz, diante de comprovada incapacidade relativa ao ato específico da opção pelo regime de bens, como medida preventiva e mecanismo de salvaguarda contra eventuais abusos e prejuízos ao patrimônio do

---

deficiência, mesmo quando submetida à curatela, não pode sofrer obstáculo ao exercício do direito à conjugalidade, quando mantiver condições mínimas de manifestar uma vontade jurígena e de entender o que o negócio representa e suas consequências jurídicas. Apenas se exigirá a presença do curador, quando houver, para resguardar as questões patrimoniais decorrentes do ato matrimonial, sempre visando o melhor interesse da pessoa com deficiência". (YOUNG, Beatriz Capanema. A Lei Brasileira de Inclusão e seus reflexos no casamento da pessoa com deficiência psíquica e intelectual. *In*: BARBOZA, Heloisa Helena; ALMEIDA, Vitor; MENDONCA, Bruna Lima de (Orgs.). *O Código Civil e o Estatuto da Pessoa com Deficiência*. 2. ed. rev. e atual. Rio de Janeiro: Editora Processo, 2017. p. 198).

curatelado. Neste caso, o juiz competente, em hipóteses excepcionais e sob rigorosa fundamentação, fixaria os poderes ao curador, para o representar ou assistir, conforme for o caso, na celebração do pacto antenupcial ou na escolha pelo regime supletivo da comunhão parcial de bens. É preciso compreender que a garantia ao casamento às pessoas com deficiência, nos termos da CDPD e do EPD, contempla a comunhão de vida em seu sentido mais amplo, inclusive nas repercussões patrimoniais, salvo se comprovada a impossibilidade de exprimir sua vontade em relação às consequências econômicas do casamento. Cindir o casamento em situações existenciais e patrimoniais de forma estanque parece não atender às prescrições da CDPD e ao direito de constituir família, como expressão da liberdade, que o EPD, de forma sistemática, assegura.

Em regra, não cabe, *a priori*, também a participação do curador nos casos de alteração do regime de bens. Nos termos do art. 1.641, §2º, do Código Civil, a mudança do regime de bens depende de autorização judicial em pedido motivado por ambos os cônjuges, com a ressalva dos direitos de terceiros. Desse modo, eventual pedido no qual um dos cônjuges ou ambos estejam curatelados impõe que o magistrado verifique a extensão dos poderes do curador e a capacidade de compreensão da pessoa curatelada em promover o ato, de modo a evitar prejuízos ou abusos indevidos. Diante de comprovada incapacidade relativa para alteração do regime, o pedido deve restar improcedente. Cabe mencionar que o procedimento judicial de alteração do regime de bens do casamento é previsto no art. 734 do Código de Processo Civil, o qual dispõe, em seu §1º, sobre a participação do Ministério Público, que velará pela tutela da pessoa incapaz. Depreende-se, desse modo, que o ordenamento jurídico brasileiro possui mecanismos de salvaguardas para evitar abusos e prejuízos ao cônjuge curatelado, por ocasião do pedido de alteração do regime de bens.

A união estável, por sua vez, é situação de fato, na qual não se exige o consentimento formal, o qual se pressupõe presente. A eventual falta de consentimento só poderá ser apurada, em regra, no caso de violação de direitos ou disputa patrimonial. O reconhecimento da existência de união estável da pessoa com deficiência mental ou intelectual deve observar, no que couber, os limites e requisitos anteriormente abordados, guardadas as suas peculiaridades. No entanto, eventual litígio que envolva interesses existenciais e patrimoniais sobre união estável de pessoa com deficiência mental ou intelectual cabe verificar, à luz dos requisitos previstos no art. 1.723 do

Código Civil, se o comportamento é concludente e consciente no sentido de constituição de família, de modo que produza seus regulares efeitos. Em relação a eventual contrato de convivência a ser firmado entre os companheiros (art. 1.725, CC), a mesma lógica anteriormente defendida para a celebração de pactos antenupciais deve ser aqui observada

Como se vê, assegurar os direitos ao casamento e à união estável da pessoa com deficiência não prescinde da necessária observância dos requisitos exigidos pelo Código Civil, cuja verificação deve ser redobrada nos casos de pessoas com deficiência submetidas à curatela de forma a evitar abusos. O consentimento é elemento essencial para a celebração do casamento e da constituição da união estável. Em leitura sistemática, portanto, cabe ao curador promover os laços afetivo-familiares da pessoa com deficiência, permitindo o exercício mais amplo do seu direito à família, salvo de toda sorte de discriminações, de modo a assegurar o seu direito à convivência familiar. A curatela não exige o afastamento da pessoa com deficiência do ambiente familiar, mas reforça sua necessidade de amparo afetivo para o resgate da sua dignidade, inclusive por meio do combate a práticas alienadoras e nocivas à ampla convivência familiar e comunitária.[805]

A reconstrução da curatela como instrumento, a um só tempo, de proteção e promoção da autonomia da pessoa com deficiência, sobretudo nas questões existenciais, permite que se reserve o processo decisório na medida da compreensão cognitiva de cada indivíduo

---

805 Em outra sede, já se teve a oportunidade de analisar o fenômeno da alienação de pessoas com deficiência no ambiente familiar em cotejo com os atos de alienação parental, previstos, de forma exemplificativa, na Lei nº 12.318/2010. Desse modo, defendeu-se que em uma "leitura sistemática do Estatuto do idoso e do EPD à luz da legalidade constitucional impõe que as práticas de alienação de pessoas vulneráveis idosas e/ou com deficiência sejam arduamente combatidas, eis que o direito à convivência familiar, a proteção à integridade psicofísica e a coibição de qualquer forma de violência, sobretudo quando em situação de risco, permite uma aplicação extensiva, no que couber, da lei de alienação parental (Lei nº 12.318/2010). A prática de atos alienadores em desfavor de pessoas vulneráveis no contexto familiar independe da sujeição à curatela, mesmo porque em diversas situações se percebe que tal instituto é desvirtuado e serve como mecanismo para induzimento e promoção do afastamento da pessoa curatelada do convívio com os demais parentes próximos. Por isso, a curatela compartilhada surge como relevante mecanismo de combate às práticas de alienação entre parentes em proveito da condição de vulnerabilidade de sujeitos com autonomia reduzida ou vontade menosprezada dentro do contexto familiar. A defesa por uma aplicação extensiva das ferramentas de proteção contra práticas alienadoras encontra fundamento legal, como visto, bem como decorre da primordial necessidade de uma democratização das famílias e da redução das assimetrias de poder no espaço, por excelência, de desenvolvimento da autonomia existencial". (ALMEIDA, Vitor. Reflexões sobre alienação familiar da pessoa com deficiência. *In*: *Revista Eletrônica de Direito do Centro Universitário Newton Paiva*, v. 41, p. 128-144, 2020. p. 142).

ao próprio autor da sua vida, mesmo na seara patrimonial. É um processo de *personalização* da curatela sem precedentes, pois com a excepcionalidade da medida e a individualização do instituto, por meio do projeto terapêutico singularizado, enxergam-se as reais necessidades da pessoa. É uma "curatela sob medida"[806] porque ela passa a ter como função o respeito às vontades, desejos e preferências da pessoa concretamente considerada, sem formulações genéricas e amplas, que retiravam qualquer chance de reabilitação e inclusão social da pessoa com deficiência. Fundamental para a preservação da dignidade da pessoa com deficiência submetida à curatela que se reservem espaços de autonomia, oportunizando a participação social em igualdade de condições na máxima extensão.

Por isso, ao afirmar que uma curatela digna é aquela flexibilizada e moldada às necessidades da pessoa humana que necessita de apoio permite-se a travessia da abstração do indivíduo idealizado pela norma ao ser humano real e concreto, com todas as suas vulnerabilidades e potencialidades. Por tal razão, deve ser afastada a curatela calcada em sentenças reducionistas e padronizadas, que rotulam as pessoas "na praticidade do *pret a porter* de regras estanques", para se atingir no apoio apropriado, com "respostas mais complexas e ajustadas as circunstâncias de cada pessoa, soluções artesanais e ajustadas a cada perfil humano".[807]

A curatela, em seu novo perfil, há de ser *digna e necessária,* ou seja, promover a dignidade da pessoa curatela, bem como ser *episódica e temporária,* de modo a preservar ao máximo a capacidade civil da pessoa com deficiência, em igualdade de oportunidades, com as demais pessoas no cenário social, sempre visando sua inclusão e cidadania. Uma curatela que emancipe o sujeito posto em regime de apoio enquanto necessitar, mas que fomente sua participação social e promova sua autonomia privada. O EDP e o CPC devem ser interpretados conforme as diretrizes constitucionais da CDPD, permitindo uma curatela humanizada, personalizada e temporária, corolários de sua função promocional.

---

806 Cf., por todos, ABREU, Célia Barbosa. A curatela sob medida: notas interdisciplinares sobre o Estatuto da Pessoa com Deficiência e o novo CPC. *In*: MENEZES, Joyceane Bezerra de (Org.). *Direito das pessoas com deficiência psíquica e intelectual nas relações privadas*: convenção sobre os direitos da pessoa com deficiência a Lei Brasileira de Inclusão. Rio de Janeiro: Processo, 2016. p. 545-568.

807 ROSENVALD, Nelson. Curatela. *In*: PEREIRA, Rodrigo da Cunha (Org.) *Tratado de Direito das Famílias*. Belo Horizonte: IBDFAM, 2015. p. 766.

### 3.3.1 Excepcionalidade e alcance da curatela

O reconhecimento da incapacidade relativa de uma pessoa e a consequente nomeação de seu curador é medida extraordinária e se legitima apenas como medida de proteção, como deixa evidente o EPD (art. 84, §3º). Só tem cabimento, portanto, quando insuficientes ou inexistentes outros meios de proteção dos interesses da pessoa que será curatelada, eis que se caracteriza como o instrumento de apoio mais intenso no direito brasileiro. A excepcionalidade da curatela decorre do princípio da plena capacidade das pessoas, sendo a restrição sempre extraordinária, pois depende de efetiva comprovação nos autos de processo judicial. Provada a existência de uma das hipóteses indicadas, taxativamente, pelo art. 4º do Código Civil, o juiz poderá admitir a curatela, em caráter excepcional.

A submissão à curatela só deve ser decretada quando necessária, isto é, nos casos em que a pessoa comprovadamente precise de apoio para a prática de certos atos da vida civil, conforme dispõe o §1º do art. 84 do EPD. Além disso, deve o julgador necessariamente observar que a definição de curatela de pessoa com deficiência constitui medida protetiva extraordinária, admitida quando estabelecida de modo proporcional às necessidades e às circunstâncias de cada caso, para durar o menor tempo possível (art. 85, §2º, EPD).

O EPD restringe expressamente os efeitos da curatela das pessoas com deficiência aos atos relacionados aos direitos de natureza patrimonial e negocial (art. 85, *caput*). Tal dispositivo é reforçado pelo seu §1º que explicitam quais são os direitos não alcançados pela curatela: o direito ao próprio corpo, à sexualidade, ao matrimônio, à privacidade, à educação, à saúde, ao trabalho e ao voto. Essa restrição tem provocado vivo debate em relação à proteção das pessoas com deficiência, caso não tenham condições para exercer seus direitos existenciais. Além disso, com a utilização dos termos "patrimonial" e "negocial", indaga-se se (*i*) somente os negócios jurídicos de cunho patrimonial seriam objeto da curatela, como parece indicar o texto; ou se contemplaria, além da primeira categoria, (*ii*) os negócios jurídicos extrapatrimoniais. Na medida em que o legislador foi enfático ao resguardar um núcleo intangível ao curatelado no §1º do art. 85, parece que somente, em regra, os negócios jurídicos patrimoniais são atingidos pela curatela. Não parece ter sido intenção do legislador ampliar o alcance da curatela com adoção do termo negocial.[808]

---

[808] Em sentido contrário, Aline de Miranda Valverde Terra e Ana Carolina Brochado Teixeira entendem que são submetidos à curatela tanto aqueles atos relacionados a direitos de

Desse modo, em razão da incindibilidade entre a titularidade e o exercício das situações existenciais, os atos de disposição do próprio corpo (como tatuagens e *piercings*, além de cirurgias estéticas), o direito à sexualidade (como o planejamento familiar, a orientação sexual e a mudança de sexo),[809] o direito ao casamento, o direito à privacidade (como a liberdade de crença), o direito à educação (no que tange à escolha de sua própria formação), o direito à saúde (como a escolha do médico responsável e dos tratamentos médicos), o direito ao trabalho e o direito ao voto não podem estar limitados à autorização prévia do curador, pois devem ser praticados independentemente de representação ou assistência. São atos de inegável natureza existencial, não sendo autorizadas restrições.

É de se indagar, contudo, se em situações extremas e irreversíveis pode o curador recorrer ao juiz para a solução de eventual conflito entre a decisão de cunho existencial da pessoa curatelada e o curador ou se é possível constar no projeto terapêutico individualizado (sentença) a atribuição sobre determinados direitos existenciais ao curador, sempre em busca da proteção e do melhor interesse da pessoa com deficiência. Em outros termos, se, apesar da expressa vedação legal, a curatela não poderia eventualmente incidir sobre as situações existenciais,

---

natureza patrimonial, bem como aqueles relacionados a direitos de natureza negocial, pois "permite a ampliação dos confins da curatela, de regra, admitindo-a para qualquer direito de natureza patrimonial, seja ele decorrente de ato jurídico stricto sensu ou de negócio jurídico, bem como para os direitos decorrentes de negócios jurídicos existenciais, sempre que tal expansão se revele medida necessária e proporcional à promoção prioritária da dignidade humana, dos desejos e preferências da pessoa com deficiência. Estariam fora do escopo da curatela, de regra, os direitos existenciais decorrentes de ato jurídico stricto sensu bem como aqueles decorrentes de negócios jurídicos existenciais expressamente excluídos pelo Estatuto do alcance da curatela (art. 85, §1º) e aqueles para os quais não se admite a restrição da capacidade civil (art. 6º). Assim, parece possível, por exemplo, submeter à curatela negócio jurídico referente a alguns direitos morais de autor, como o direito de conservar a integridade da obra e o direito de modificação da obra. Pense-se, por exemplo, em um famoso escritor que, acometido por alguma deficiência ao longo de sua vida, é submetido à curatela. Poderia o juiz, ao que parece, determinar a necessária manifestação de vontade do curador, ao lado da vontade do curatelado, para a celebração de negócios jurídicos voltados à modificação de obra de sua autoria, sempre com o escopo de proteger e promover seus desejos, preferências e interesses". (TERRA, Aline de Miranda Valverde; TEIXEIRA, Ana Carolina Brochado. A capacidade civil da pessoa com deficiência no Direito brasileiro: reflexões a partir do I Encuentro Internacional sobre los derechos de la persona con discapacidad en el Derecho Privado de España, Brasil, Italia y Portugal. *In*: *Revista Brasileira de Direito Civil – RBDCivil*, Belo Horizonte, v. 15, p. 223-233, jan./mar. 2018).

[809] Permita-se remeter a: BARBOZA, Heloisa Helena; ALMEIDA, Vitor. Afirmação de gênero na tutela da pessoa com deficiência: um tabu a ser quebrado. *In*: TEIXEIRA, Ana Carolina Brochado; MENEZES, Joyceane Bezerra de (Orgs.). *Gênero, vulnerabilidade e autonomia*: repercussões jurídicas. 1. ed. Indaiatuba, SP: Foco, 2020. p. 103-120.

ampliando seu alcance, com base na cláusula geral de proteção e promoção da dignidade da pessoa humana, e desde que respeitado o melhor interesse da pessoa com deficiência.

A garantia de reserva legal de que os direitos existenciais da pessoa curatelada são intangíveis há de ser entendida nos limites da razoabilidade, sob pena de violar a dignidade da pessoa com deficiência. O respeito a esses direitos e à autonomia existencial não significa o abandono da pessoa a suas próprias decisões, quando o comprometimento psíquico severo não permite que a manifestação de vontade seja válida para a tomada de decisões, sobretudo em relação ao corpo e a saúde da pessoa. Não seria razoável permitir, por exemplo, que pessoa com deficiência intelectual se autoamputasse, a pretexto de lhe assegurar o direito sobre o próprio corpo. Certamente haverá situações em que o curador deverá tomar providências que impliquem interferência no corpo e na saúde do curatelado, mas sempre preservando ao máximo a vontade livre, esclarecida e válida da pessoa curatelada.[810]

Indiscutível que o curador não tem poder sobre o corpo e demais situações existenciais do curatelado. Em geral, interferências severas sobre o corpo da pessoa curatelada serão realizadas com autorização judicial, como, por exemplo, no caso de transplante, como já determina o §6º do art. 9º da Lei nº 9.434/97, que exige ainda a concordância das responsáveis legais e o ato não oferecer risco para sua saúde, e não parece ter sido revogado tacitamente pelo EPD e nem contrariar os princípios da CDPD.

O respeito à vontade do curatelado na máxima extensão possível a depender das circunstâncias do caso concreto e de sua condição de saúde é imperativo inafastável a partir da lógica instituída pelo EPD. Medidas irreversíveis de qualquer natureza, especialmente as físicas, como amputações ou esterilizações, somente se justificam diante da falta

---

[810] Mais uma vez, recorre-se ao caso julgado pelo TJRJ exposto na nota 812, no qual pessoa diabética e com quadro de gangrena mista do membro inferior esquerdo, com indicação de amputação suprapatelar, que se encontrava desorientado, com quadro demencial, além de não possuir discernimento suficiente para responder pelos próprios atos, o que evidenciava a urgência da medida dado o risco de evolução do quadro para infecção generalizada e óbito. O Tribunal fluminense entendeu pela autorização do suprimento do consentimento do paciente por seu representante legal, diante da impossibilidade de manifestação livre e consciente da própria vontade, bem como pela inadequação da curatela, eis que ausente patrimônio a ser zelado. (TJRJ. *Agravo de Instrumento nº 0057265-57.2020.8.19.0000*, 18ª CC, Rel. Des. Carlos Eduardo da Fonseca Passos, julg. 21 out. 2020. Disponível em: https://www.tjrj.jus.br. Acesso 30 jan. 2020).

de alternativa e quando de todo indispensáveis à preservação da saúde do curatelado e jamais deverão ser permitidas por interesses alheios, como impossibilidade de cuidados com os filhos da pessoa curatelada. O juiz, o Ministério Público e o curador serão os responsáveis diretos pelo respeito aos direitos do curatelado.

Dessa forma, com fundamento nos princípios constitucionais e para atender os interesses da pessoa curatelada, especialmente para fins de sua proteção, a curatela poderá – em caráter excepcional – afetar situações de natureza existencial da pessoa com deficiência curatelada. Nesse sentido, foi aprovado o Enunciado nº 637 do Centro da Justiça Federal, com o seguinte conteúdo:

> Admite-se a possibilidade de outorga ao curador de poderes de representação para alguns atos da vida civil, inclusive de natureza existencial, a serem especificados na sentença, desde que comprovadamente necessários para proteção do curatelado em sua dignidade. Assim, o eventual recurso ao Judiciário é admissível em nome da proteção da pessoa com deficiência.[811]

O perfil funcionalizado da curatela, calcado na cláusula geral de proteção e promoção da dignidade da pessoa humana, não permite que o instituto seja exclusivamente vocacionado à conservação do patrimônio do incapaz, apesar da restrição legal adotada pelo legislador do EPD. Deve-se, contudo, diante da inexistência de instrumentos jurídicos adequados, flexibilizar a curatela, de modo a compreendê-la como modelo jurídico instrumentalizado à proteção e promoção das situações patrimoniais e, excepcionalmente, existenciais da pessoa humana submetida à curatela. Por isso, como instrumento de apoio, a curatela se destina à promoção de direitos fundamentais da pessoa deficiente, sem lhe amputar situações existenciais, mas as promovendo sempre que se revelar em seu benefício e em sua proteção.

---

[811] Segundo Heloisa Helena Barboza, "a possibilidade de interdição do exercício dos direitos, inclusive dos existenciais, deve ser admitida apenas em caráter excepcional, em decorrência e por força de previsão constitucional, através de decisão judicial, sempre proferida para proteção ou benefício, e no interesse da pessoa com deficiência. O excepcional impedimento para prática de algum ato poderá se dar também para proteção de terceiro, de que é exemplo a criança, cujo superior interesse deverá prevalecer, conforme determina o art. 23. 2, da CDPD. Lembre-se que a admissão da curatela, exclusivamente para fins patrimoniais, já constitui medida extraordinária". (BARBOZA, Heloisa Helena. A importância do CPC para o novo regime de capacidade civil. *In*: *Revista da EMERJ*, Rio de Janeiro, v. 20, n. 1, p. 209-223, jan./abr. 2018. p. 217).

A aplicação das normas da CDPD, em especial nas situações excepcionais, como é o caso da extensão da curatela às questões existenciais, deve ser feita à luz do princípio da norma mais favorável, como prevê o art. 4, nº 4, da CDPD.[812] O STF já adotou o citado princípio como critério hermenêutico na aplicação da CDPD no acórdão proferido no agravo regimental no recurso ordinário em mandado de segurança nº 32.732.[813] Heloisa Helena Barboza defende que as "respostas para os problemas postos pelo EPD encontram-se na CDPD, vale dizer, na Constituição da República e, sob essa orientação, na interpretação harmônica do CC e do CPC".[814]

O item 4 do art. 12 da CDPD determina que as salvaguardas "se apliquem pelo período mais curto possível e sejam submetidas à revisão regular por uma autoridade ou órgão judiciário competente, independente e imparcial". A partir dessa diretriz e do dever do curador de buscar tratamento e apoio apropriados à conquista da autonomia da pessoa curatelada (art. 758, CPC), indiscutível a necessidade de restringir a decretação da incapacidade relativa ao período mais curto possível. Nesses termos, além da imperiosa exigência de motivação das decisões judiciais, igualmente é necessário que a curatela seja submetida a prazo. Em atenção à CDPD, o EPD dispõe no §3º do art. 4º que a curatela "durará o menor tempo possível".

Importante observar o disposto no art. 1.764 do Código Civil, que determina que as funções do tutor cessem ao expirar o termo em

---

812 "Art. 4. [...] 4. Nenhum dispositivo da presente Convenção afetará quaisquer disposições mais propícias à realização dos direitos das pessoas com deficiência, as quais possam estar contidas na legislação do Estado Parte ou no direito internacional em vigor para esse Estado. Não haverá nenhuma restrição ou derrogação de qualquer dos direitos humanos e liberdades fundamentais reconhecidos ou vigentes em qualquer Estado Parte da presente Convenção, em conformidade com leis, convenções, regulamentos ou costumes, sob a alegação de que a presente Convenção não reconhece tais direitos e liberdades ou que os reconhece em menor grau".

813 "HERMENÊUTICA E DIREITOS HUMANOS: O PRINCÍPIO DA NORMA MAIS FAVORÁVEL COMO CRITÉRIO QUE DEVE REGER A INTERPRETAÇÃO DO PODER JUDICIÁRIO. – O Poder Judiciário, no exercício de sua atividade interpretativa, deve prestigiar, nesse processo hermenêutico, o critério da norma mais favorável (que tanto pode ser aquela prevista no tratado internacional de direitos humanos como a que se acha positivada no próprio direito interno do Estado), extraindo, em função desse postulado básico, a máxima eficácia das declarações internacionais e das proclamações constitucionais de direitos, como forma de viabilizar o acesso dos indivíduos e dos grupos sociais, notadamente os mais vulneráveis, a sistemas institucionalizados de proteção aos direitos fundamentais da pessoa humana". (BRASIL. STF. *RMS nº 32732 AgR /DF*. 2ª Turma. Rel. Min. Celso de Mello. Julg. 03 jun. 2014).

814 BARBOZA, Heloisa Helena. A importância do CPC para o novo regime de capacidade civil. *In*: *Revista da EMERJ*, Rio de Janeiro, v. 20, n. 1, p. 209-223, jan./abr. 2018. p. 219.

que era obrigado a servir, que, segundo o art. 1.765 da Lei Civil, são de dois anos, podendo continuar o tutor no exercício da tutela se o juiz julgar conveniente ao menor. Uma vez que por força dos arts. 1.774 e 1.781, ambos do Código Civil, aplicam-se à curatela às disposições concernentes à tutela, especialmente relacionadas ao seu exercício, cabe indagar se o prazo da curatela não seria de dois anos nos casos em que o juiz não fixar outro prazo. Parece razoável entender que se a tutela não é por prazo indeterminado, deve-se aplicar a mesma *ratio* à curatela, com fins a implementar as revisões periódicas que objetivam avaliar se a capacidade foi restaurada ou ainda mais comprometida. Decerto, o juiz avaliaria as condições da pessoa curatelada e no seu estrito interesse poderia manter a curatela.

Por seu turno, o vigente Código de Processo Civil perdeu a oportunidade de regulamentar a curatela com prazo. Previu somente que a curatela poderá ser levantada a qualquer tempo, sendo bastante que cesse a sua causa originária (art. 756, CPC). Estabelece, ainda, que o pedido poderá ser feito pelo curatelado, pelo curador ou pelo Ministério Público. Veja-se que a autonomia do curatelado foi enaltecida para fins de pedido de levantamento, o que reforça a sua legitimidade para requerer a própria curatela, mesmo com a revogação do art. 1.778, inc. IV do Código Civil, na redação dada pelo EPD, pelo art. 1.072, inc. II, do CPC, em nítida desatenção do legislador, que não se atentou para os diferentes períodos de vacância das leis publicadas no mesmo ano e que revogavam ou alteravam dispositivos do Código Civil. Nos termos da lei, o juiz decretará o levantamento após exame pericial ou de equipe multidisciplinar (art. 756, §§2º e 3º, CPC). No entanto, como antes defendido, da mesma forma que a perícia realizada por equipe multidisciplinar é fundamental para a instituição da curatela, por óbvio, que igualmente é direito da pessoa com deficiência e não mera faculdade do juiz tal providência, para fins de levantamento da curatela.

O §4º do art. 756 do Código de Processo Civil ineditamente permite o levantamento parcial da curatela quando o curatelado demonstrar capacidade para a prática de determinados atos da vida civil, com grande utilidade para as curatelas decretadas antes da vigência do EPD e que restringia totalmente a autonomia privada da pessoa curatelada.[815] Tal disposição reforça a periodicidade com que a curatela

---

[815] "Art. 756, [...] §4º A interdição poderá ser levantada parcialmente quando demonstrada a capacidade do interdito para praticar alguns atos da vida civil".

tem que ser revista, evidenciando a relevante função do prazo.[816] Apesar da omissão da lei processual, nada impede que o magistrado delimite um marco temporal para a revisão da curatela de modo que se reavalie a necessidade de sua manutenção. Pelo contrário, a interpretação sistemática da CDPD, do EPD e do próprio CPC permitem concluir que a regra em nosso ordenamento deveria ser a curatela com prazo assinalado na sentença, evitando-se, a todo custo, as curatelas vitalícias, que tornam o curatelado refém de uma pena perpétua.[817]

Segundo Nelson Rosenvald, a "curatela deve ser compreendida na lógica de um processo, ou seja, um conjunto de atos coordenados cuja finalidade é a restituição à pessoa do direito fundamental da capacidade civil". Por conseguinte, a manutenção do sistema de "curatela sem prazo subverte essa dinâmica, institucionalizando a incapacidade, sem que os sujeitos do processo terapêutico percebam claramente a premência da função de *libertação* da pessoa humana submetida ao *status* de incapaz".[818]

A CDPD também exige que as salvaguardas, a exemplo da curatela, se submetam a uma revisão regular, independente e imparcial (art. 12.4, CDPD). A Lei Civil, em sua modelagem original, remete, por força do art. 1.774, às disposições concernentes à tutela, que impõe aos tutores, logo, extensível aos curadores, a obrigação de prestar contas bianualmente de sua administração, nos termos do art. 1.757 do Código

---

816 "Trata-se de corolário lógico da previsão genérica de fixação de limites da curatela, ao permitir que a pessoa, mediante melhora ou em virtude de tratamento, contudo, ainda sem condições de autogovernar-se por completo, possa buscar o levantamento parcial nos limites de seu discernimento e autonomia. Outra conclusão não é possível senão a de que a interdição deve ser, sempre, modulada às condições particulares do interdito. Ela deve ser móvel e revista sempre que a incapacidade sofrer quaisquer mudanças. O Estatuto também determina que a curatela, exatamente pela sua excepcionalidade, deve durar o menor tempo possível, razão pela qual a mudança do contexto fático deve receber a respectiva modulação dos limites da interdição". (TEIXEIRA, Ana Carolina Brochado; RETTORE, Ana Cristina de Carvalho; SILVA, Beatriz de Almeida Borges e. O impacto da conformação do novo Código de Processo Civil à Constituição Federal no direito material da interdição e sua eficácia normativa. *In*: EHRHARDT JÚNIOR, Marcos; MAZZEI, Rodrigo. *Direito Civil*. Salvador: Juspodivm, 2017. p. 860-861).

817 "Nos moldes do Código Civil de 2002 a 'interdição' seguramente ostenta o posto de mais grave sanção punitiva do direito brasileiro: ao contrário da prisão, não há proporcionalidade entre o delito e o apenamento; inexiste previsão de duração da pena, assim como progressão de regime, revisão de condições ou qualquer benefício no transcurso de seu cumprimento. Em regra, ela será vitalícia e desprovida de controle sobre a situação pessoal do interdito e fiscalização do comportamento do curador". (ROSENVALD, Nelson. Curatela. *In*: PEREIRA, Rodrigo da Cunha (Org.) *Tratado de Direito das Famílias*. Belo Horizonte: IBDFAM, 2015. p. 771).

818 ROSENVALD, Nelson. Curatela. *In*: PEREIRA, Rodrigo da Cunha (Org.) *Tratado de Direito das Famílias*. Belo Horizonte: IBDFAM, 2015. p. 771.

Civil. O EPD, por outro lado, determina a prestação anual de contas da sua administração, apresentando o balanço do respectivo ano, podendo ser exigida pelos interessados ou pelo Ministério Público. Apesar do reforço com a preocupação patrimonial,[819] tal dispositivo descura "do necessário cuidado com o ser humano subjacente aos bens fiscalizados, como se houvesse uma presunção absoluta de diligência na conduta do curador perante a pessoa do curatelado".[820]

Isso demonstra a omissão legal em relação à efetiva fiscalização da conduta do curador, tendo em vista que a "funcionalização desse modelo jurídico se extraí que a atuação do representante somente será merecedora de tutela se ele se compromete objetivamente a apoiar a recuperação do interdito. O interesse digno de proteção da pessoa submetida à curatela se vincula à diuturna humanização do tratamento".[821] A curatela caracterizada como poder jurídico, espécie de situação jurídica subjetiva, em seu perfil funcional, impõe deveres mais proeminentes do que as prerrogativas que lhe são concedidas na medida do necessário para atender os interesses do curatelado. Seu exercício se volta ao interesse exclusivo da pessoa curatelada, com o progressivo respeito da vontade da pessoa que a ele se sujeita. Por isso, com o dever imposto de buscar o tratamento adequado e a busca da conquista da autonomia, conforme se extrai do art. 758 do CPC, fundamental a temporalidade da curatela, bem como sua regular revisão.

Indispensável, portanto, apesar do aparente silêncio no tocante à necessidade de submissão da curatela a uma revisão regular, independente e imparcial, que o magistrado além de fixar um prazo, determine a realização de novo exame multidisciplinar para a aferição das condições do tratamento, a reavaliação do comprometimento das funções cognitivas da pessoa com deficiência intelectual, a revisão da extensão dos poderes do curador, a possibilidade de levantamento parcial da curatela ou a cessação da incapacidade relativa e, por conseguinte, a extinção da curatela. Assim, o prazo e a periódica revisão

---

[819] "Certamente não se pode menosprezar a criteriosa aferição da legalidade dos atos de gestão econômica por parte de quem administra bens alheios e a sua eventual responsabilização pelos prejuízos constatados, mesmo porque a esmagadora maioria dos curatelados depende daquele patrimônio mínimo para extrair o necessário à sua sobrevivência". (ROSENVALD, Nelson. Curatela. *In*: PEREIRA, Rodrigo da Cunha (Org.) *Tratado de Direito das Famílias*. Belo Horizonte: IBDFAM, 2015. p. 771-772).

[820] ROSENVALD, Nelson. Curatela. *In*: PEREIRA, Rodrigo da Cunha (Org.) *Tratado de Direito das Famílias*. Belo Horizonte: IBDFAM, 2015. p. 772.

[821] ROSENVALD, Nelson. Curatela. *In*: PEREIRA, Rodrigo da Cunha (Org.) *Tratado de Direito das Famílias*. Belo Horizonte: IBDFAM, 2015. p. 772.

da curatela permitem, além da fiscalização da atuação patrimonial do curador, que se investigue o "estado de saúde do ser humano curatelado e do zeloso cumprimento pelo curador do papel promocional da dignidade da pessoa submetida à curatela",[822] sob pena de tornar o art. 758 do CPC letra morta de lei.

### 3.3.2 A curatela emancipatória e o princípio do melhor interesse da pessoa com deficiência

A curatela foi completamente modificada em sua estrutura e função por força das modificações operadas pelo EPD e, do ponto de vista processual, mas com inegáveis efeitos no campo material, pelo vigente CPC. Contudo, não se olvide que a CDPD constitui a principal responsável pela "reinvenção" da curatela, na medida em que, internalizada com *status* de norma constitucional, impõe uma incessante releitura das normas infraconstitucionais para alcançar a máxima efetividade de seus mandamentos, de forma a prestigiar os direitos humanos fundamentais das pessoas cm deficiência. Muito embora a curatela sequer seja mencionada na Convenção e, como visto, tradicionalmente configura instrumento incompatível com o modelo de apoio, eis que forjado sob a ótica da substituição de vontade, ainda assim, diante da permanência do instituto em nosso ordenamento, impõe-se sua releitura a partir dos comandos da Convenção.

Nos termos da CDPD, reconhece-se o "igual direito de todas as pessoas com deficiência de viver na comunidade, com a mesma liberdade de escolha que as demais pessoas, e tomarão medidas efetivas e apropriadas para facilitar às pessoas com deficiência o pleno gozo desse direito e sua plena inclusão e participação na comunidade" (art. 19), uma vez que foi expressamente reconhecida a capacidade legal em igualdade de condições das pessoas com deficiência com as demais pessoas em todos os aspectos da vida (art. 12.2). Com este norte, a curatela passa a ser um instrumento de apoio com fins de resgatar a autonomia da pessoa com deficiência mediante o tratamento adequado, sempre que possível, conforme determina o art. 758 do CPC, que se encontra francamente compatível com o sistema axiológico imantado pela CDPD e, por consequência, pelo EPD.

---

822 ROSENVALD, Nelson. Curatela. *In*: PEREIRA, Rodrigo da Cunha (Org.) *Tratado de Direito das Famílias*. Belo Horizonte: IBDFAM, 2015. p. 772.

Com efeito, o apoio pretendido como salvaguarda pela CDPD impõe que ao lado da busca pela emancipação do curatelado, se resguardem seus direitos fundamentais, uma vez que a acentuada vulnerabilidade impõe que o curador mais do que mero gestor patrimonial, também exerça o papel de "cuidador" nas questões existenciais, ainda que não tenha poderes de representação e assistência nessas situações.[823] Como visto, as formas tradicionais de suprimento não se adequam às situações existenciais, que impedem a cindibilidade entre titularidade e exercício, salvo em hipóteses excepcionais, como diante da impossibilidade de exprimir sua vontade.

O art. 8º do EPD[824] estabelece ser dever do Estado, da sociedade e da família assegurar à pessoa com deficiência, com prioridade, a efetivação de diversos direitos humanos fundamentais, não excluídos outros decorrentes da Constituição Federal, da Convenção sobre os Direitos das Pessoas com Deficiência e seu Protocolo Facultativo e das leis e de outras normas que garantam seu bem-estar pessoal, social e econômico. Tal dispositivo funciona como "cláusula geral de proteção do melhor interesse da pessoa com deficiência", uma vez que atua como norma geral que visa à efetiva e integral proteção e promoção dos direitos fundamentais da pessoa com deficiência, de forma prioritária, em razão da enérgica vulnerabilidade que atinge esse grupo, como forma de concretizar os princípios constitucionais da solidariedade social e da isonomia substancial.

O princípio do melhor interesse da pessoa com deficiência, sem expresso reconhecimento na legislação brasileira, atrela-se com a cláusula geral de promoção e tutela da pessoa humana, bem como com diversos outros dispositivos constitucionais, incluídas as disposições

---

[823] Nas palavras de Nelson Rosenvald, "não se pode mais reduzir a curatela a um encargo ou a um *múnus*", uma vez que a "reconfiguração, ou a despatrimonialização do instituto necessariamente se prende a uma imposição solidarista pela qual todo curador será um 'cuidador da saúde' que promoverá a autonomia do sujeito incapaz, favorecendo as decisões que respondam às suas preferências". (ROSENVALD, Nelson. Curatela. *In*: PEREIRA, Rodrigo da Cunha (Org.) *Tratado de Direito das Famílias*. Belo Horizonte: IBDFAM, 2015. p. 773).

[824] "Art. 8º É dever do Estado, da sociedade e da família assegurar à pessoa com deficiência, com prioridade, a efetivação dos direitos referentes à vida, à saúde, à sexualidade, à paternidade e à maternidade, à alimentação, à habitação, à educação, à profissionalização, ao trabalho, à previdência social, à habilitação e à reabilitação, ao transporte, à acessibilidade, à cultura, ao desporto, ao turismo, ao lazer, à informação, à comunicação, aos avanços científicos e tecnológicos, à dignidade, ao respeito, à liberdade, à convivência familiar e comunitária, entre outros decorrentes da Constituição Federal, da Convenção sobre os Direitos das Pessoas com Deficiência e seu Protocolo Facultativo e das leis e de outras normas que garantam seu bem-estar pessoal, social e econômico".

da CDPD. Por isso, o reconhecimento do referido princípio possui inegavelmente índole constitucional, que tem por objetivo a proteção efetiva e integral das pessoas com deficiência, sobretudo aquelas que se encontrem em situação de dependência e, por conseguinte, vulneradas de forma mais acentuada. No caso das pessoas com deficiência intelectual submetidas à curatela, evidencia-se a forma particular desse princípio que é o "melhor interesse do curatelado".[825] Sem embargo, a defesa desse princípio, que também atua como cláusula geral,[826] tem por intuito instrumentalizar o Estado para o melhor atendimento das pessoas com deficiência, cuja situação de vulnerabilidade está concretamente acentuada, sendo certo que se trata também de um dever exigível da sociedade em geral e da família, nos termos do art. 8º do EPD, sem olvidar do seu núcleo que está na proteção da pessoa com deficiência curatelada.

Uma das formas de materialização do "princípio do melhor interesse do curatelado" reside justamente na nomeação da pessoa por ele designada, pela via da diretiva antecipada de vontade, especificamente chamada de *autocuratela*, conforme veremos mais a frente. O respeito à autonomia prospectiva permite que no período da capacidade plena lhe seja facultada a designação de uma – ou mais de uma pessoa –, para o futuro papel de curador, "consubstanciando um guia de orientações fundamentais acerca das vontades, desejos e crenças de alguém que eventualmente não possa mais se reconhecer no porvir da curatela".[827]

No entanto, nem sempre a pessoa exercerá a faculdade de escolha prévia do curador, e mesmo nestes casos deverá ser submetida ao crivo do judiciário para a análise da idoneidade da pessoa escolhida e do vínculo de confiança entre o curador e o curatelado. Por isso, o EPD e o CPC alteraram a estática ordem de preferência por um parâmetro mais flexível que obriga o juiz a escolher a pessoa que melhor atenderá o interesse do curatelado. Neste sentido, a escolha do curador deve

---

[825] Apesar de não ter sido contemplado expressamente pela legislação brasileira ainda, o PLS nº 470/2013, que trata do Estatuto das Famílias, traz em seu art. 133, no capítulo dedicado à curatela, que: "Rege-se o instituto da curatela pelo princípio do melhor interesse do curatelado".

[826] A amplitude de aplicação que uma cláusula geral permite à interpretação e solução de casos não previstos expressamente na lei, desde que não haja colisão com outras normas constitucionais.

[827] ROSENVALD, Nelson. Curatela. *In*: PEREIRA, Rodrigo da Cunha (Org.) *Tratado de Direito das Famílias*. Belo Horizonte: IBDFAM, 2015. p. 777.

observar o parâmetro acima, que poderá ser o próprio requerente da curatela, nos termos do art. 755, I e §1º do vigente CPC.[828]

Em sentido idêntico, o EPD incluiu o parágrafo único ao art. 1.772 do Código Civil, que determina que "para a escolha do curador, o juiz levará em conta a vontade e as preferências do interditando, a ausência de conflito de interesses e de influência indevida, a proporcionalidade e a adequação às circunstâncias da pessoa", que embora tenha sido revogado posteriormente pelo CPC era compatível com a CDPD. Por conseguinte, os critérios apontados na norma revogada permanecem como úteis para concretizar o parâmetro geral definido no art. 755, §1º do CPC. O art. 1.775 do Código Civil,[829] no entanto, foi preservado, conservando a anacrônica ordem de preferência de nomeação do curador, com prioridade para o cônjuge ou o companheiro, e sucessivamente aos ascendentes e descendentes do curatelado.

Segundo Nelson Rosenvald, o art. 1.775 da Lei Civil "praticamente perde a sua vitalidade, pois a ordem nele consagrada só será respeitada se coincidir com a pessoa que tenha condições efetivas de velar pela mais ampla tutela aos direitos fundamentais da pessoa interditada".[830] Com efeito, a ordem de preferência estampada no Código Civil somente será observada se atender o parâmetro do melhor interesse do curatelado e sua vontade, uma vez que ele pode ter indicado através da autocuratela. O dispositivo, portanto, se torna desnecessário diante do parâmetro constante no art. 755, §1º do CPC. Neste sentido, foi aprovado

---

[828] "A permeabilidade do §1º do art. 755, do CPC/15 atraí a aplicação do princípio da afetividade jurídica objetiva. Vale dizer, na designação da pessoa que melhor possa conduzir o processo – de decretação da curatela até o seu levantamento –, o magistrado localizará fatos signo-presuntivos que indiquem objetivas manifestações de afetividade na pregressa relação entre o curatelado e alguém que materialmente já o tratava como curador. O seu substrato envolve relações de cuidado, entreajuda, respeito, manutenção de subsistência, educação, proteção, carinho etc. A externalidade pública de todos ou alguns desses signos identificadores de um dignificante convívio, edificarão o fato jurídico da socioafetividade, que a seu turno receberá eficacização no processo de curatela através da sua atribuição em prol do detentor fático da função de curador. A percepção dessa realidade pelo direito será decisiva para a conformação do encargo aos interesses patrimoniais e existenciais concretamente merecedores de tutela da pessoa curatelada". (ROSENVALD, Nelson. Curatela. *In*: PEREIRA, Rodrigo da Cunha (Org.) *Tratado de Direito das Famílias*. Belo Horizonte: IBDFAM, 2015. p. 777).

[829] "Art. 1.775. O cônjuge ou companheiro, não separado judicialmente ou de fato, é, de direito, curador do outro, quando interdito. §1º Na falta do cônjuge ou companheiro, é curador legítimo o pai ou a mãe; na falta destes, o descendente que se demonstrar mais apto. §2º Entre os descendentes, os mais próximos precedem aos mais remotos. §3º Na falta das pessoas mencionadas neste artigo, compete ao juiz a escolha do curador".

[830] ROSENVALD, Nelson. Curatela. *In*: PEREIRA, Rodrigo da Cunha (Org.) *Tratado de Direito das Famílias*. Belo Horizonte: IBDFAM, 2015. p. 777.

o Enunciado nº 638 do Centro da Justiça Federal, que estabeleceu que: "A ordem de preferência de nomeação do curador do art. 1.775 do Código Civil deve ser observada quando atender ao melhor interesse do curatelado, considerando suas vontades e preferências, nos termos do art. 755, II, e §1º, do CPC".

No caso de pessoa em situação de institucionalização, o juiz deve dar preferência à pessoa que tenha vínculo de natureza familiar, afetiva ou comunitária com o curatelado, conforme prevê o §3º do art. 85 do EPD. Cumpre observar, todavia, que a institucionalização deve ser evitada, devendo as pessoas que não podem exprimir sua vontade receber todo o apoio necessário para ter preservado, o tanto quanto possível, seu direito à convivência familiar e comunitária, conforme prescreve o art. 1.777 do Código Civil,[831] com redação dada pelo EPD, como forma de atender o princípio do melhor interesse da pessoa curatelada.

Na nomeação de curador para pessoa com deficiência, o juiz poderá estabelecer curatela compartilhada a mais de uma pessoa (art. 1.775-A, CC), de ofício ou a requerimento, nomeando duas ou mais pessoas para exercerem o encargo, simultaneamente. Apesar da omissão legislativa antes do EPD, a jurisprudência pátria já admitia tal hipótese.[832] Nelson Roselvald propõe que a curatela conjunta é

---

[831] "Art. 1.777. As pessoas referidas no inciso I do art. 1.767 receberão todo o apoio necessário para ter preservado o direito à convivência familiar e comunitária, sendo evitado o seu recolhimento em estabelecimento que os afaste desse convívio".

[832] "APELAÇÃO CÍVEL. CURATELA COMPARTILHADA. INTERDIÇÃO. NOMEAÇÃO DE CURADOR. INTERDITO PORTADOR DE SÍNDROME DE DOWN. PRETENSÃO DOS GENITORES DO INTERDITO DE EXERCER A CURATELA DE FORMA COMPARTILHADA. POSSIBILIDADE. MEDIDA QUE SE COADUNA COM A FINALIDADE PRECÍPUA DO INSTITUTO DA CURATELA. PROTEÇÃO DOS INTERESSES DO INCAPAZ. PRECEDENTES. 1. A curatela, assim como a tutela, é um *munnus* público a ser exercido na proteção dos interesses do curatelado e de seus bens, incumbindo aos curadores aos curadores, por exemplo, o dever de defesa, sustento e representação do interdito. Assim, a designação de curador deve se pautar pela prevalência dos interesses do incapaz. 2. *Nessa perspectiva, revela-se possível o exercício da curatela compartilhada, conforme postulado pelos autores, que são pais do interdito, considerando que, embora não haja regra expressa que a autorize, igualmente não há vedação à pretensão. Em situações como a dos autos, em que expressamente requerido o exercício da curatela compartilhada e que não há, sob qualquer perspectiva, conflito entre os postulantes, nada obsta que seja ela concedida, notadamente por se tornar, na espécie, uma verdadeira extensão do poder familiar e da guarda – que, como sabido, pode ser compartilhada.* 3. Além de se mostrar plausível e conveniente, no caso, *a curatela compartilhada bem atende à proteção do interdito, tratando-se de medida que vai ao encontro da finalidade precípua do instituto da curatela, que é o resguardo dos interesses do incapaz*, razão pela qual é de ser deferido o pleito. DERAM PROVIMENTO. UNÂNIME". (TJRS. *Ap. Cív. nº 70054313796*, Oitava Câmara Cível, Rel. Des. Luiz Felipe Brasil Santos, julg. 01 ago. 2013. Disponível em: www.tjrs.jus.br. Acesso em 27 dez. 2017 (grifos nossos).

gênero que admite duas espécies: (*i*) curatela conjunta compartilhada; (*ii*) curatela conjunta fracionada.[833]

Na primeira hipótese, sua origem reside no caso de filho com deficiência, que após alcançar a maioridade, somente um dos genitores era nomeado como seu curador, rompendo com o convívio familiar caso os pais não mais morassem sob o mesmo teto. Nada mais natural que o filho maior incapaz continue a ser cuidado por ambos os pais, como forma de promover o direito fundamental à convivência da pessoa curatelada,[834] como projeção da própria guarda compartilhada, regra em nosso ordenamento.[835] Nada impede que a curatela conjunta seja igualmente exercitada por outros integrantes do núcleo familiar ou por pessoas escolhidas pelo próprio curatelado em declaração prévia. A curatela compartilhada é caracterizada pela responsabilização conjunta e o exercício de direitos e deveres dos curadores concernentes ao melhor interesse da pessoa posta em curatela. Os curadores compartilhados devem atuar sem distinção de funções ou periodicidade, devendo ambos, simultaneamente, buscar o tratamento mais apropriado e a conquista da autonomia do curatelado.

Com o EPD e a redefinição do papel do curador, naturalmente que tal encargo demandará uma postura mais dedicada e proativa do curador, em atuação que nem sempre conseguirá de maneira isolada e sem a divisão de tarefas exercer da forma determinada pelo ordenamento. Com o protagonismo do curatelado, a função do curador-cuidador[836] se torna ainda mais árdua. Assim, em razão da complexidade desse novo modelo de apoio, torna-se aconselhável a curatela fracionada, quando possível, com "o fracionamento das funções entre os cocuradores, cada qual empenhado nas atividades para as quais se dirijam as suas afinidades e talentos".[837] De acordo com Rodrigo Mazzei,

---

[833] ROSENVALD, Nelson. Curatela. *In*: PEREIRA, Rodrigo da Cunha (Org.) *Tratado de Direito das Famílias*. Belo Horizonte: IBDFAM, 2015. p. 773.

[834] "Assim, o requerimento de curatela compartilhada pelos pais, não significa apenas mais uma opção concedida pelo art. 1775-A, do Código Civil, senão o desfecho prioritário e vinculativo do magistrado na eleição da pessoa do curador, que só poderá ser rechaçado por razões justificáveis, justamente por se tratar da solução virtuosa que melhor dignifica a pessoa do interdito". (ROSENVALD, Nelson. Curatela. *In*: PEREIRA, Rodrigo da Cunha (Org.) *Tratado de Direito das Famílias*. Belo Horizonte: IBDFAM, 2015. p. 774).

[835] Vide art. 1.584, §2º do Código Civil.

[836] ROSENVALD, Nelson. Curatela. *In*: PEREIRA, Rodrigo da Cunha (Org.) *Tratado de Direito das Famílias*. Belo Horizonte: IBDFAM, 2015. p. 775.

[837] ROSENVALD, Nelson. Curatela. *In*: PEREIRA, Rodrigo da Cunha (Org.) *Tratado de Direito das Famílias*. Belo Horizonte: IBDFAM, 2015. p. 775.

ainda antes da promulgação do EPD, já era "perfeitamente possível a ocorrência de situações em que o curador virtual, embora possa atuar com exemplar empenho para a preservação dos atos para a vida e dignidade do interdito, não tenha aptidão para a atuação patrimonial em prol do curatelado, reconhecendo o fato perante o juiz". Embora o EPD, com a inclusão do art. 1.775-A, tenha previsto tão somente a curatela compartilhada a mais de uma pessoa, não havia antes do advento da lei e, com maior razão, não há atualmente "motivo para se negar pedido de nomeação conjunta a fim de que as tarefas sejam fracionadas, assumindo cada um dos nomeados função distinta, com sujeição de ambos aos efeitos (e deveres) do *múnus público* atrelado à figura do curador, especialmente quando há postulação fundamentada e consensual assinada por aqueles que pretendem dividir a curatela".[838]

O fracionamento das responsabilidades e das tarefas entre dois ou mais curadores é extremamente benéfico para os cuidados com o curatelado, uma vez que as potencialidades de cada cuidador serão levadas em consideração no momento da atribuição dos respectivos encargos, que poderão ser cindidos em questões patrimoniais devido à complexidade da gestão dos negócios do incapaz ou entre questões patrimoniais e cuidados com a saúde e o corpo do curatelado.[839] Desse modo, com a "disjunção de áreas de atuação em prol dos melhores interesses do curatelado, simultaneamente valorizamos o exercício dos deveres relacionados à afetividade e a fiscalização dos assuntos econômicos".[840]

A curatela compartilhada e a curatela fracionada são importantes ferramentas de cuidado e atendimento ao melhor interesse da pessoa curatelada, que, em última instância, concretiza o prioritário interesse da pessoa com deficiência. A principal utilidade das espécies de curatela é permitir um cuidado efetivo e integral da pessoa curatelada, a fim

---

838 MAZZEI, Rodrigo. Curatela compartilhada: exemplo (e possibilidade) de curatela conjunta. Necessidade de uma nova concepção da curatela, adequando-se aos reclames da atual sociedade. *In*: *Revista de Direito de Família e Sucessões*, Porto Alegre, v. 1, n. 2, p. 179-187, set./out. 2014,.p. 179-187.

839 Nelson Rosenvald defende a utilização analógica da figura do protutor também nos casos de curatela – o *procurador*. "Portanto, em um processo de curatela, as circunstâncias concretas podem aconselhar o recurso ao art. 1742 do Código Civil, que instituí a figura do *protutor*, pessoa designada pelo juiz para a fiscalização dos atos do tutor, beneficiando a conservação do patrimônio do infante e legitimando a prestação de contas". (ROSENVALD, Nelson. Curatela. *In*: PEREIRA, Rodrigo da Cunha (Org.) *Tratado de Direito das Famílias*. Belo Horizonte: IBDFAM, 2015. p. 775).

840 ROSENVALD, Nelson. Curatela. *In*: PEREIRA, Rodrigo da Cunha (Org.) *Tratado de Direito das Famílias*. Belo Horizonte: IBDFAM, 2015. p. 775-776.

de propiciar um tratamento mais adequado e uma gestão patrimonial mais eficiente, de modo a promover, sempre que possível e com menor ônus possível, o resgaste de sua autonomia.

## 3.4 As diretivas antecipadas de vontade e a autonomia prospectiva da pessoa com deficiência

As declarações antecipadas de vontade ou diretivas antecipadas de vontade são uma modalidade de negócio jurídico unilateral com viés existencial, no qual a pessoa com capacidade civil plena faz escolhas a serem efetivadas no futuro, caso, naquele momento, não possa exprimir sua vontade. A projeção futura da autonomia existencial por meio das diretivas antecipadas tem sido crescentemente pleiteada em razão dos avanços da medicina, sendo de especial importância para as pessoas com deficiência como forma de resguardar sua vontade nos momentos em que não puder exprimir sua vontade.[841] Segundo Luciana Dadalto, as diretivas antecipadas "são gênero e suas espécies, o mandato duradouro e a declaração prévia de vontade do paciente terminal",[842] entre outras, como a autocuratela, por exemplo.

O respeito à autonomia existencial prospectiva permite que as manifestações de autonomia voltadas para o futuro sejam plenamente admitidas em nosso ordenamento, para garantir as escolhas pessoais nas fases da vida em que a pessoa não consegue declarar autonomamente sua vontade, obstaculizando a realização de seus desejos. As diretivas antecipadas, em regra, espelham o projeto de vida do seu autor, logo, devem ser valorizadas porque traduzem suas escolhas e opções existenciais,[843] permitindo que a pessoa possa construir sua personalidade de acordo com suas decisões mesmo nos períodos em que não é possível exprimir sua vontade.

---

[841] V. MEIRELLES, Jussara Maia Leal de. Diretivas antecipadas de vontade por pessoa com deficiência. *In*: MENEZES, Joyceane Bezerra de (Org.). *Direito das pessoas com deficiência psíquica e intelectual nas relações privadas*: convenção sobre os direitos da pessoa com deficiência a Lei Brasileira de Inclusão. Rio de Janeiro: Processo, 2016. p. 713-731.

[842] PENALVA, Luciana Dadalto. Declaração prévia de vontade do paciente terminal. *In*: *Revista Bioética*, v. 17, n. 3, 2009. p. 524.

[843] A respeito dos delineamentos conceituais e fundamentos da autonomia existencial, seja consentido remeter a: CASTRO, Thamis Dalsenter Viveiros de. A função da cláusula de bons costumes no Direito Civil e a teoria tríplice da autonomia privada existencial. *In*: *Revista Brasileira de Direito Civil – RBDCivil*, Belo Horizonte, v. 14, p. 99-125, out./dez. 2017; TEIXEIRA, Ana Carolina Brochado. Autonomia existencial. *In*: *Revista Brasileira de Direito Civil – RBDCivil*, Belo Horizonte, v. 16, p. 75-104, abr./jun. 2018.

Não há regulamentação específica para as diretivas antecipadas, mas parece não haver impedimento jurídico para sua admissão. Diante da omissão legislativa, o Conselho Federal de Medicina editou a Resolução nº 1.995/2012, que dispõe sobre as diretivas antecipadas de vontade dos pacientes, que foram definidas nos termos do art. 1º da citada resolução:

> Art. 1º Definir diretivas antecipadas de vontade como o conjunto de desejos, prévia e expressamente manifestados pelo paciente, sobre cuidados e tratamentos que quer, ou não, receber no momento em que estiver incapacitado de expressar, livre e autonomamente, sua vontade.

Neste cenário crescem em importância as denominadas "diretivas antecipadas de vontade", cada vez mais comuns para fins de gerenciamento da própria vida em momentos de impossibilidade de declaração da própria vontade, embora pensadas originalmente para tratar da própria morte.[844] Concebidas para registrar os desejos de uma pessoa prévia e expressamente manifestados, sobre cuidados e tratamentos que quer, ou não, receber no momento em que estiver incapacitada de expressar, livre e autonomamente, sua vontade, as diretivas ganham novos objetivos a cada avanço médico e com o envelhecimento da população. Abrem perspectivas interessantes em face da curatela e da tomada de decisão apoiada,[845] particularmente nos casos de doenças degenerativas progressivas, sobretudo para fins de escolha do curador ou curadores, bem como diretrizes para os cuidados da própria saúde.

---

844 Cf. por todos, DADALTO, Luciana. *Testamento Vital*. Rio de Janeiro: Lumen Juris, 2010. *passim*.

845 Nelson Rosenvald esclarece que, em regra, não há fungibilidade entre a tomada de decisão apoiada e as diretivas antecipadas de vontade: "Em princípio, estamos diante de institutos estruturalmente e funcionalmente distintos. A TDA surge para acompanhar um sujeito fragilizado, tutelando a sua vontade residual. Portanto, opera efeitos imediatos e requer a comprovação de uma atual e efetiva limitação no autogoverno em audiência de entrevista perante o juiz. Em contrapartida, as diretivas antecipadas pressupõem a capacidade plena de quem redige o "testamento biológico" e somente produzirá efeitos sob a condição suspensiva de uma eventual impossibilidade absoluta de manifestação de vontade. Cuida-se de instrumento adequado para o exercício de uma autonomia terapêutica prospectiva. A outro lado, a TDA requer a atualidade da condição de impossibilidade de gestão dos próprios interesses por parte de quem a pleiteie, cenário este que em nada se assemelha a incerteza e indeterminação do "se e quando" da configuração de um objetivo processo de morte". (ROSENVALD, Nelson. *Há fungibilidade entre a tomada de decisão apoiada e as diretivas antecipadas de vontade?* Disponível em: https://www.nelsonrosenvald.info/single-post/2016/05/31/H%C3%A1-fungibilidade-entre-a-tomada-de-decis%C3%A3o-apoiada-e-as-diretivas-antecipadas-de-vontade-1. Acesso em 17 jan. 2018).

A nomeação de representantes para cuidados com a saúde por pessoas com deficiência, para a proteção e defesa, recai na questão da ausência de fiscalização ou apoio quando da outorga de poderes. A respeito desse obstáculo cabe lembrar que, se o próprio Estatuto considera que a pessoa com deficiência é plenamente capaz e não é hipótese de curatela, não há motivos para qualquer restrição, salvo na hipótese de as pessoas com deficiência não terem condições psíquicas para decidir os rumos da própria vida, inclusive para escolher alguém que atue em seu nome.

A atualidade do consentimento para situações existenciais que interfiram na integridade psicofísica é outro requisito a ser superado para a plena aceitação das declarações prévias de vontade. Em respeito à autonomia existencial prospectiva, contudo, há de se entender como exceção à atualidade da disposição das situações existenciais os instrumentos de representação, visto que expressam a vontade emanada em pleno gozo da capacidade civil. É de todo razoável superar, assim, as controvérsias existentes acerca da impossibilidade de consentimento por representação. O que há, de fato, é uma transmissão da vontade da pessoa com deficiência a ser atendida em momento futuro, quando estiver impossibilitada de responder por si. Mas não se trata de mera transmissão que chegue a caracterizar a figura do núncio, pois é a partir das declarações do representado que devem ser moldadas as escolhas dramáticas em relação ao incapaz com curador sem poderes para os atos existenciais.

Por essa razão, a necessidade de vinculação da atuação do representante às manifestações de vontade do representado, de modo que se preserve, ao máximo, a integridade do perfil do representado. Os atuais instrumentos de representação cujo objetivo toca à esfera existencial do representado se destinam a respeitar as vontades declaradas do representado em momento de consciência e plena capacidade, por isso, a relevância de observar as diretrizes deixadas pelo representado. Ainda assim, é possível que haja conflitos de interesses entre representante e representado, principalmente nas hipóteses em que a representação fica a cargo de um dos entes familiares que não concorda com as escolhas existenciais declaradas pelo incapaz. Essas situações são complexas, pois envolvem conflitos dentro da própria comunidade familiar. Em casos extremos, a exemplo da opção pela ortotanásia, poderia uma mãe, embora constituída como representante do filho incapaz, se declarar impossibilitada de exercer a representação em razão do conflito de interesses. Assim, seria possível em raciocínio análogo, admitir nestas hipóteses a existência de um direito à objeção de consciência do representante?

Sabe-se que a objeção de consciência é um direito reconhecido aos médicos em razão de eventual discordância em relação ao procedimento a ser realizado. O médico pode neste caso, por razões religiosas ou filosóficas, por exemplo, se recusar a realizar determinada intervenção, mesmo que de acordo com a prescrição contida no Código de Ética Médica.[846] Assim, cabe à doutrina examinar em que medida igualmente seria possível estender às hipóteses aqui tratadas esse direito de objeção de consciência, quando o entendimento pessoal do representante for contrário às disposições contidas no instrumento deixado em período de plena capacidade do incapaz. Na verdade, entre as diretrizes volitivas registradas na diretiva antecipada e a vontade do representante deve prevalecer a vontade declarada previamente em respeito à autonomia prospectiva.

Neste cenário merecem exame as procurações de saúde e a denominada autocuratela, no que respeita a sua interferência na curatela, para fins de preservação da vontade previamente manifestada pelo curatelado, em efetivação do princípio do seu melhor interesse, bem como o papel do curador diante da ampliação de instrumentos de proteção da pessoa que não consegue exprimir sua vontade.

### 3.4.1 As procurações de saúde: função e limites

Os "mandatos duradouros" (*durable power of attorney*) ou "procurações de saúde" (*health care proxies*), como espécie das declarações antecipadas de vontade, consistem na escolha de um representante para a tomada de decisões em relação ao paciente que se encontra impossibilitado de exprimir sua vontade, ainda que temporariamente. A relevância deste instrumento reside na confiança da figura do representante, que se acredita irá agir de acordo com o projeto existencial do paciente declarado quando de sua plena capacidade.[847]

---

846 Resolução nº 2.217/2018 do CFM, capítulo II, inciso IX: "Recusar-se a realizar atos médicos que, embora permitidos por lei, sejam contrários aos ditames de sua consciência".

847 José de Oliveira Ascenção, em análise da lei portuguesa nº 25/12, esclarece que a "procuração de cuidados de saúde é também um documento [...]. Por esse documento se atribuem a uma pessoa poderes representativos para decidir sobre os cuidados de saúde a receber, ou a não receber, pelo outorgante, quando este estiver incapaz de expressar a própria vontade". No ordenamento português, as "decisões do procurador de cuidados de saúde devem ser respeitadas pelas pessoas que prestem cuidados de

De acordo com Paula Távora Vitor, o "[...] procurador para cuidados da saúde é o representante escolhido pelo paciente, num momento em que se encontra na posse de suas capacidades intelectuais e volitivas, para que, na eventualidade de se encontrar incapaz de tomar decisões, este tome as decisões necessárias para prover à sua saúde".[848]

Importante traçar a distinção necessária entre as diretivas antecipadas e o contrato de mandato. Gustavo Tepedino e Anderson Schreiber são enfáticos ao expor que "[...] há que se evitar, a todo custo, a analogia com a disciplina de instrumentos de cunho essencialmente patrimonial, como o contrato de mandato, cuja função se distancia, imensamente, do escopo existencial das procurações de saúde".[849] Por isso, não se comunga do entendimento que defende "[...] que a regulamentação da procuração para cuidados de saúde se baseie na disciplina civilística do mandato, no que couber".[850] É de todo desaconselhável que se utilize instrumentos que foram elaborados e formulados sob uma ótica patrimonialista para o regramento de questão que envolva situações existenciais. É preciso formular, assim, novos instrumentos que sejam construídos sob a lógica da proteção integral da pessoa e sua dignidade.

---

saúde ao outorgante [...]. Em todo caso, havendo conflito entre essas decisões e as D.A.V., prevalecem as D.A.V. [...]. A procuração de cuidados de saúde suscita preocupações graves. A lei fala em procuração. Reforça dizendo que atribui poderes representativos, o que é condizente: a procuração é o instrumento que está na origem da representação voluntária; e pela representação uma pessoa recebe poderes para agir na esfera jurídica alheia, sobre a qual se repercutem os efeitos dos atos que pratica como representante. Mas aqui, há um aspecto essencial a ter em conta: os poderes exercidos em representação são poderes pessoais. Os seus efeitos vão-se repercutir na esfera jurídica do representado. O que é muito grave. Se não há D.A.V., um procurador de cuidados de saúde fica com poderes que chamamos de vida ou de morte [...]. Isto não pode ser aceite sem mais. Vai contra princípios fundamentais do nosso ordenamento personalístico que a vida de uma pessoa seja colocada na totalidade nas mãos de outrem. Não é a representação, mesmo a voluntária, seja incompatível com a prática de atos pessoais; mas essas situações têm de ser cuidadosamente delimitadas e nunca podem significar o abandono de decisões de consciência à consciência de outrem". (ASCENSÃO, José de Oliveira. As disposições antecipadas de vontade – o chamado "testamento vital". *In*: *Revista da Faculdade de Direito da Universidade Federal de Minas Gerais*, Belo Horizonte, n. 64, jan./jun. 2014. p. 510-511).

[848] VÍTOR, Paula Távora. Procurador para cuidados de saúde: importância de um novo decisor. *In*: *Revista Lex Medicine*, Coimbra, v. 1, n. 1, jan./jun. 2004. p. 121.

[849] TEPEDINO, Gustavo; SCHREIBER, Anderson. O extremo da vida. Eutanásia, *accanimento terapeutico* e dignidade humana. *In*: *Revista Trimestral de Direito Civil*, Rio de Janeiro: Padma, v. 39, 2009. p. 16.

[850] TEIXEIRA, Ana Carolina Brochado; RIBEIRO, Gustavo Pereira Leite. Procurador para cuidados de saúde do idoso. *In*: PEREIRA, Tânia da Silva; OLIVEIRA, Guilherme de (Coords.). *Cuidado e vulnerabilidade*. São Paulo: Atlas, 2009. p. 14.

A doutrina aponta alguns elementos para a validade das "procurações de saúde" no direito brasileiro. No tocante ao elemento de ordem subjetiva se exige capacidade de fato, tanto do outorgante quanto do outorgado. Além disso, há a exigência de um vínculo qualificado de confiança entre outorgante e outorgado, razão pela qual se entende pela não restrição dos legitimados a figurar na qualidade de outorgados os integrantes da comunidade familiar.

Em relação aos elementos objetivos se deve atentar para a outorga de poderes delimitados de forma clara, precisa e inequívoca, de modo a evitar ou diminuir as dúvidas no momento em que o emissor se encontrar incapacitado, sob pena da finalidade do instrumento restar desvirtuado, em razão da falta de clareza do conteúdo do documento. Ademais, exige-se o vínculo de confiança entre representante e representado, na medida em que o escolhido poderá reconstruir, nos casos omissos ou imprecisos do documento, a real vontade do incapaz.

Diante da falta de regulamentação a respeito das procurações de saúde em nosso ordenamento, é de todo razoável ter a liberdade de forma como regra para sua realização, com base no art. 107 do Código Civil. Mesmo com a edição de eventual lei, devem-se evitar as formalidades extremas, de maneira a evitar que o instrumento seja pouco utilizado. Ainda assim, parece aconselhável que a regulamentação vindoura exija a forma por instrumento público.[851]

O §1º do art. 2º[852] da Resolução CFM nº 1.995/12 faz referência ao representante nomeado para os cuidados com a saúde, recomendando ao médico o dever de respeitar estas decisões previamente declaradas pelo paciente, muito embora a expressão utilizada pela norma deontológica – "levá-las em consideração" – pudesse ter sido substituída por outra mais incisiva. A menção genérica contida na Resolução a respeito de se levar em consideração as informações do representante do paciente constituído para os assuntos ligados à sua saúde descortina uma miríade de questões que não foram – e talvez nem devessem ser – tratadas pelo Conselho Federal de Medicina. Daí a necessidade de se enfrentar o tema, de modo a se aprofundar o estudo das chamadas procurações de saúde no direito brasileiro, sobretudo na extensão de seus efeitos.

---

851 TEIXEIRA, Ana Carolina Brochado; RIBEIRO, Gustavo Pereira Leite. Procurador para cuidados de saúde do idoso. *In*: PEREIRA, Tânia da Silva; OLIVEIRA, Guilherme de (Coords.). *Cuidado e vulnerabilidade*. São Paulo: Atlas, 2009. p. 14-16.

852 "§1º Caso o paciente tenha designado um representante para tal fim, suas informações serão levadas em consideração pelo médico".

No terreno das procurações de saúde a diretriz é a tutela do melhor interesse do paciente ou, mais especificamente no presente caso, da pessoa com deficiência curatelada enferma, que deve ser respeitada em suas decisões, nos termos e pelas razões já expostas. Há de se ressaltar a relevância do dever de cuidado[853] e a vulnerabilidade em que se encontram os representados, o que enseja uma tutela construída com base na dignidade da pessoa humana, especialmente nos casos de pessoas com deficiência, que devem ter sua autonomia e dignidades resguardadas mesmo em momentos de impossibilidade de exprimir sua vontade, preservando-se a efetividade dos instrumentos apropriados de apoio.

Nada impede que, ao lado do curador, haja um procurador de saúde que tenha sido escolhido ainda durante a plena capacidade da pessoa com deficiência. Assim, curador e representante agirão em esferas distintas de atuação. O primeiro nos aspectos patrimoniais e nos limites da decisão judicial; enquanto o segundo ficará responsável pelos cuidados com a saúde do outorgante e nos limites das diretrizes deixadas na declaração prévia mediante diretiva antecipada. O procurador de saúde, no entanto, não poderá jamais atuar no campo reservado ao curador, mas nada impede que este seja também designado como procurador. Além do mais, cabe ao curador a fiscalização do procurador de saúde para que as diretrizes sejam atendidas. Ambos, no entanto, devem agir de acordo com o dever de cuidado e com a finalidade de emancipação, sempre que possível, da pessoa e respeito à sua autonomia.

### 3.4.2 Autocuratela

A autonomia privada não se limita ao exercício atual, sendo lícito, à luz da dignidade humana e do respeito à autodeterminação preventiva, antecipar a manifestação de vontade sobre as diretrizes de cuidados com a saúde que deseja se submeter ou não na eventualidade de uma futura submissão à curatela, bem como indicar seu futuro curador ou curadores, de modo a não seguir a ordem legalmente

---

853 "[...] o cuidado manifesta-se nos poderes-deveres de proteção e assistência de um sujeito por outro, mediante ações concretas que se sustentam na assunção de uma consciência de responsabilidade pela melhor decisão para o outro". (ALFAIETE, Ana Rita. Autonomia e Cuidado. *In*: PEREIRA, Tânia da Silva; OLIVEIRA, Guilherme de (Coords.). *O cuidado como valor jurídico*. Rio de Janeiro: Forense, 2008. p. 13).

estabelecida ou a escolha judicial, que embora calcada no melhor interesse do curatelado, nem sempre no caso concreto permitirá ao juiz realizar extensa investigação para fazer a melhor escolha.

A autocuratela é termo polissêmico. Em sua acepção inicial, remete à legitimidade do próprio interessado para promover sua curatela criada pelo EPD[854] ao alterar a redação do art. 1.768, IV, também denominada de autointerdição.[855] Apesar de ter sido revogado pelo CPC poucos meses após ter entrado em vigor, conforme visto, em grave retrocesso social, a legitimidade da pessoa com deficiência que necessita do apoio da curatela permanece em nosso ordenamento, seja em razão de interpretação conforme a Constituição, com base nas diretrizes da CDPD, ou por revogação tácita por incompatibilidade sucessiva.[856] Assim, permanece no direito brasileiro a autocuratela entendida como a legitimidade do próprio interessado para promover sua curatela.

---

[854] A legitimidade do próprio interessado para requerer sua curatela já encontrava assento no CC antes da vigência do EPD somente na hipótese de curatela do enfermo, nos moldes do art. 1.780, na qual o enfermo ou a pessoa com deficiência física poderia requerer sua curatela, sem interdição, para nomear curador para a administração patrimonial de forma parcial ou total. Tal possibilidade foi ampliada pelo art. 1.768, IV, na redação dada pelo EPD, que foi revogado pelo CPC, permitindo que qualquer pessoa com deficiência pudesse promover a sua curatela. Sobre a curatela do enfermo, cf. (BARBOZA, Heloisa Helena. Curatela do enfermo: instituto em renovação. *In*: MONTEIRO FILHO, Carlos Edison do Rêgo; GUEDES, Gisela Sampaio da Cruz; MEIRELES, Rose Melo Vencelau (Orgs.). *Direito Civil*. Rio de Janeiro: Freitas Bastos, 2015. *passim*).

[855] Segundo Paula Grego Bandeira, "o Estatuto da Pessoa com Deficiência introduziu inovação importante no sistema jurídico brasileiro, consistente no instituto da autocuratela, consoante o qual a pessoa com deficiência, por iniciativa própria, requer a nomeação de curador para a prática de determinados atos. [...] Na linha da tomada de decisão apoiada, a autocuratela permite que a pessoa com deficiência eleja o curador de sua confiança, e que, no seu entender, atuará no seu melhor interesse por ocasião da celebração dos atos pretendidos". (BANDEIRA, Paula Greco. Notas sobre a autocuratela e o Estatuto da Pessoa com Deficiência. *In*: MENEZES, Joyceane Bezerra de (Org.). *Direito das pessoas com deficiência psíquica e intelectual nas relações privadas*: convenção sobre os direitos da pessoa com deficiência a Lei Brasileira de Inclusão. Rio de Janeiro: Processo, 2016. p. 577).

[856] No julgamento do HC nº 72.435-3/SP, invocou-se o magistério de J. Dias Marques para resolver a questão da norma preponderante no caso de edição sucessiva de estatutos legais conflitantes: "A lei revogatória deve ser posterior à lei revogada, determinando-se a posteridade pela data da promulgação e não pela entrada em vigor. Por isso, de duas leis, uma das quais foi primeiro promulgada e entra em vigor depois, e a outra que foi promulgada depois e entre em vigor primeiro será esta que, em caso de contradição, deve prevalecer sobre aquela". No caso submetido ao STF, tratava-se da lei penal a ser aplicada, uma vez que a Lei nº 8.069/90 (Estatuto da Criança e do Adolescente) foi promulgada primeiro, mas entrou em vigor depois da promulgação da Lei de crimes hediondos (Lei nº 8.072/90). O STF entendeu pela inaplicabilidade do art. 263 do ECA e vigência imediata da Lei nº 8.072/90. Assim, compreendeu pela possibilidade de revogação, ainda que tácita, de lei que ainda se encontra em período de *vacatio legis*. (STF. *HC nº 72.435-3/SP*, 1ª Turma, Rel. Min. Celso de Mello, julg. 12 set. 1995).

Em sua segunda acepção, a autocuratela se firma como declaração prévia de vontade na qual a pessoa ainda plenamente capaz escolhe o curador ou os curadores – em curatela compartilhada ou fracionada –, bem como nada impede que registre no documento algumas diretrizes para a gestão patrimonial e eventuais cuidados com a saúde, que serão levadas em conta pelo curador, desde que atendam ao seu melhor interesse.[857] Neste sentido, a autocuratela se insere dentro do gênero das diretivas antecipadas de vontade, como mais um instrumento de promoção da autonomia prospectiva, de respeito à vontade declarada pela pessoa em momento pretérito, mas com projeção e eficácia futuras.[858] Em seu segundo sentido é que se aborda a autocuratela neste trabalho.

Não há regulamentação legislativa, como também não há para as demais espécies de diretivas antecipadas, mas parece não haver impedimento para sua plena admissão, de modo a orientar uma curatela futura. Uma pessoa que sofre de doença incapacitante poderia antecipar sua vontade com relação à própria curatela, para indicar curador ou curadores, determinar os poderes que lhes devem ou podem ser atribuídos, além dos procedimentos médicos que deseja ou não realizar. Rolf Madaleno entende possível a declaração antecipada da vontade correspondente à chamada "autocuratela", que se configuraria em um "mandato preventivo", ou seja, "uma declaração de vontade firmada por uma pessoa capaz, que de forma preventiva, diante de uma situação

---

[857] Segundo Thaís Câmara Maia Fernandes Coelho, "[...] autocuratela é o instrumento que possibilita uma pessoa capaz, mediante um documento apropriado, deixar de forma preestabelecida questões patrimoniais e existenciais de forma personalizada, para serem implementadas em uma eventual incapacidade como, por exemplo, um coma. Segundo ela, a autocuratela é uma forma de evitar conflitos, pois impediria as discussões judiciais entre familiares sobre quem seria o melhor curador para aquele incapaz". (COELHO, Thaís Câmara Maia Fernandes. *Autocuratela evita discussões judiciais entre familiares*. Disponível em: www.ibdfam.org.br/noticias/6078/Autocuratela+evita+discussões+judiciais+entre+familiares. Acesso em 18 dez. 2017). Cf., ainda, COELHO, Thaís Câmara Maia Fernandes. Autocuratela: mandato permanente relativo a questões patrimoniais para o caso de incapacidade superveniente. *In*: *Revista brasileira de direito das famílias e sucessões*, v. 13, n. 24, p. 5-15, 2011. p. 8.

[858] "Ainda no escopo da autocuratela, inserem-se as diretivas antecipadas ou declarações antecipadas de vontade, as quais traduzem negócio jurídico de natureza existencial, em que a pessoa, com pleno discernimento, nomeia curador que atuará em seu nome e no seu interesse, caso, por razão superveniente, se configure sua falta de discernimento para a efetivação dos atos almejados". (BANDEIRA, Paula Greco. Notas sobre a autocuratela e o Estatuto da Pessoa com Deficiência. *In*: MENEZES, Joyceane Bezerra de (Org.). *Direito das pessoas com deficiência psíquica e intelectual nas relações privadas*: convenção sobre os direitos da pessoa com deficiência a Lei Brasileira de Inclusão. Rio de Janeiro: Processo, 2016. p. 577-578).

de incapacidade, previsível ou não, por padecer de uma enfermidade degenerativa, por exemplo, organiza sua futura curatela [...]",[859] para assegurar o respeito à vontade e preferências do curatelado.[860]

Como já afirmado, a forma mais eficaz de atender ao "melhor interesse do curatelado" é justamente permitir a eleição da pessoa por ele designada por meio da autocuratela como medida de respeito à autonomia prospectiva no período da capacidade plena. Segundo Paula Greco Bandeira, a finalidade da autocuratela consiste em "assegurar que a pessoa, ao indicar seu curador, exercite sua autonomia, escolhendo aquele em quem tenha confiança, em geral alguém com quem mantenha algum vínculo de afetividade ou proximidade, que lhe dê segurança de que os atos serão praticados no seu melhor interesse".[861]

A autocuratela, portanto, permite que, no exercício de sua autonomia prospectiva existencial, a pessoa com deficiência possa previamente à sua incapacidade relativa escolher a pessoa mais indicada para atuar futuramente como seu curador por entender que o escolhido por vínculo de confiança, afetividade e afinidade melhor o atenderá no futuro, em busca do tratamento mais adequado e da gestão patrimonial mais eficiente. A autocuratela é expressão maior da preservação da autonomia e da capacidade da pessoa com deficiência, atendendo plenamente aos desígnios constitucionais de promoção da dignidade da pessoa humana.

---

[859] MADALENO, Rolf. *Curso de direito de família*. 5. ed. Rio de Janeiro: Forense, 2013. p. 1211.

[860] Thaís Câmara Maia Fernandes Coelho defende a autocuratela como mandato permanente nos seguintes moldes: "[...] tem-se que o mandato somente começará a ser eficaz caso sobrevenha a falta de aptidão patrimonial ou pessoal do mandante, e que se aplicará, de forma complementar, ao instituto da curatela quando o mandado não assegurar plenamente a proteção patrimonial do mandante. Pode ocorrer também a figura do mandato para as questões patrimoniais e a curatela ou instruções prévias para questões existenciais. O juiz pode, ainda, verificar somente a existência do mandato permanente e nomeá-lo curador para as outras funções existenciais e patrimoniais que não foram abrangidas pelo mandato. [...] Dessa forma, seria concedida maior segurança jurídica aos atos de vontade da pessoa que, de forma precavida e cautelosa, dispõe acerca de seus interesses patrimoniais para o suposto dia que não conseguir governar-se por si mesma ou quando não puder mais comunicar sua vontade. Faz-se mister a positivação desse novo instituto do mandato permanente, posto que somente o próprio indivíduo sabe o que é melhor para ele e ao seu patrimônio. Desta forma, a vontade da pessoa deve ser respeitada, mesmo após a sua interdição". (COELHO, Thaís Câmara Maia Fernandes. Autocuratela: mandato permanente relativo a questões patrimoniais para o caso de incapacidade superveniente. *In*: *Revista brasileira de direito das famílias e sucessões*, v. 13, n. 24, p. 5-15, 2011. p. 13-14).

[861] BANDEIRA, Paula Greco. Notas sobre a autocuratela e o Estatuto da Pessoa com Deficiência. *In*: MENEZES, Joyceane Bezerra de (Org.). *Direito das pessoas com deficiência psíquica e intelectual nas relações privadas*: convenção sobre os direitos da pessoa com deficiência a Lei Brasileira de Inclusão. Rio de Janeiro: Processo, 2016. p. 578.

# CONCLUSÃO

*"Poetas, como os cegos,*
*Podem ver no escuro".*

Jorge Luís Borges

A deficiência é parte do mosaico da condição humana, um modo de vida como qualquer outro. O reconhecimento do corpo com impedimentos como expressão da diversidade humana é recente e ainda um desafio para a sociedade, tão acostumada com o discurso médico de normalização dos corpos, que segregava essas pessoas em instituições asilares, sob a vigilância da medicina e longe do meio social. Com o envelhecimento da população, inevitavelmente quase todas as pessoas vivenciarão, temporária ou permanentemente, restrições à funcionalidade do seu corpo. A compreensão de que a deficiência não é uma questão apenas individual relativa a um corpo com impedimento é fundamental para a efetiva inclusão dessas pessoas. Apenas no último quartel do século passado iniciou-se o percurso de superação do modelo médico, ancorado na ideia de isolamento e "reparação" para, após tratamento, assemelhar-se ao dito "normal" e integrar-se a sociedade. A deficiência não se reduz a impedimentos corporais, mas traduz o resultado da opressão social vivenciada diariamente por esse grupo historicamente vulnerável.

A ascensão do modelo social da deficiência rompe com o passado de silêncio e descortina a responsabilidade da sociedade no enfrentamento da questão. A deficiência é um problema social, na medida em que a opressão a um corpo com impedimentos é que gera as barreiras. As causas da deficiência não são religiosas, nem somente médicas, mas são predominantemente sociais. Por essa razão, a CDPD deve ser considerada um marco histórico na evolução da abordagem da deficiência, ao configurá-la sob perspectiva inédita como uma questão de direitos humanos e com a adoção do modelo social, cujo efeito imediato consiste em promover a inversão na apreciação da deficiência, que deixa de ser uma questão unilateral, do indivíduo, para ser pensada como relação bilateral, na qual a sociedade torna-se efetivamente protagonista, com deveres jurídicos a cumprir. Na linha da CDPD, fica claro ser a deficiência resultante da interação entre um impedimento pessoal e uma barreira existente na sociedade, como se constata do art. 2º, da Lei nº 13.146/2015.

Nessa linha, o reconhecimento social é um fator indispensável a ser considerado no processo de inclusão social das pessoas com deficiência, assumindo um papel indeclinável no combate à discriminação. Necessário, portanto, que a sociedade reconheça as pessoas com deficiência como iguais em respeito e consideração, sujeitos independentes e com voz para interação com outros parceiros na sociedade, em simetria de oportunidade, para alcançar o reconhecimento desejado e desenvolverem livremente sua personalidade de acordo com seu projeto pessoal de plena realização existencial. Por conseguinte, sem o reconhecimento social há o risco de as normas protetivas assumirem feição meramente programática, impedindo a concretização do modelo social e a efetivação dos direitos humanos fundamentais da pessoa com deficiência.

O EPD instrumentaliza no plano infraconstitucional a CDPD, formalmente incorporada, com força, hierarquia e eficácia constitucionais, ao plano do ordenamento positivo interno do Estado brasileiro – permita-se a insistência. Trata-se, portanto, de lei de estirpe constitucional, cuja interpretação há de ser feita em harmonia com as normas da Constituição da República, especialmente com os dispositivos da CDPD que deve servir-lhe de matriz orientadora.

Ao se considerar a concreta dimensão da pessoa humana, a partir das suas vulnerabilidades e da primazia das situações existenciais, merece destaque a afirmação da capacidade civil das pessoas com deficiência para o exercício de direitos existenciais, como casar, ter filhos, como prevê o art. 6º do EPD, preservando o direito ao próprio corpo, à sexualidade, ao matrimônio, à privacidade, à educação, à saúde, ao trabalho e ao voto, mesmo em caso de curatela, que passa a constituir medida extraordinária, a exigir explicitação das razões e motivações na sua definição por sentença (art. 85, §1º, EPD).

Diante dos expressos termos do Estatuto, que atribui nova redação ao art. 3º, do Código Civil, conclui-se pelo fim da incapacidade absoluta da pessoa maior. Assim, a incapacidade de pessoa com deficiência intelectual, quando admissível, será sempre relativa, mas não pela deficiência em si, mas pelo fato objetivo da impossibilidade de expressão da vontade de forma consciente e autônoma. Indispensável, portanto, uma perspectiva emancipatória da capacidade civil, que permita a transição da ótica rígida, estrutural e excludente, para uma concepção dinâmica, promocional e inclusiva do regime de (in) capacidade.

Por força da CDPD, foi instituído um sistema de apoio e salvaguardas para viabilizar e promover o exercício da capacidade jurídica reconhecida às pessoas com deficiência com limitações mais severas (art. 12). Na legislação infraconstitucional, o direito protetivo foi profundamente modificado com o objetivo de superar o sistema de substituição da vontade pelo sistema de apoio, estruturado para favorecer o exercício da capacidade jurídica da pessoa com deficiência e, portanto, modulado às suas estritas necessidades para o alcance da autonomia.

Dessa forma, o reconhecimento da incapacidade relativa de uma pessoa e a sua consequente submissão à curatela é medida extraordinária e se legitima apenas como medida de proteção. É importante observar que deve ser deferida de modo "proporcional às necessidades e às circunstâncias de cada caso" e "no menor tempo possível" (art. 84, §3º, EPD).

A curatela, nessa perspectiva, transforma-se em instrumento de proteção e apoio da pessoa com deficiência declarada como relativamente incapaz, mas que se volta, como sua função precípua, à conquista da autonomia perdida ou fortemente mitigada da pessoa com deficiência, em razão do impedimento de longo prazo intelectual que em interação com as barreiras sociais dificultam a plena participação social com as demais pessoas. Sua flexibilidade permite moldar, à luz das circunstâncias do caso concreto, o apoio da forma mais apropriada – se representação ou assistência, de acordo com o projeto terapêutico personalizado e individualizado.

A definição da curatela, isto é, dos poderes do curador e das restrições impostas ao curatelado, deve ser feita diante de cada caso concreto, uma vez que a curatela constitui medida extraordinária, devendo constar da sentença as razões de sua definição, preservados os interesses do curatelado (art. 85, §2º, EPD). Nos casos em que o juiz não fixar os poderes de representação como mecanismo de apoio, a regra recairá sobre a assistência, a qual é mais compatível com a imperiosa exigência de preservação da autonomia das pessoas com deficiência, ainda que submetidas a regime de apoio.

Com o *giro funcional da curatela*, preserva-se a capacidade civil da pessoa com deficiência ao máximo possível, no que diz respeito, sobretudo, a seus interesses existenciais, como prevê o art. 6º do EPD, bem como em relação à sua excepcionalidade enquanto medida protetiva. Apesar da restrição do alcance da curatela aos atos patrimoniais e negociais, nos termos do art. 85, *caput*, do EPD, é admissível estendê-la as situações existenciais, apenas em caráter excepcional, em decorrência e por força da cláusula geral da dignidade da pessoa humana, através de decisão judicial, sempre proferida para proteção ou benefício, e no interesse da pessoa com deficiência.

O item 4 do art. 12 da CDPD determina que as salvaguardas "se apliquem pelo período mais curto possível e sejam submetidas à revisão regular por uma autoridade ou órgão judiciário competente, independente e imparcial". Por essa razão, indiscutível a necessidade de restringir a decretação da incapacidade relativa ao período mais curto possível, sendo necessário que a curatela seja submetida a prazo e a revisões periódicas, de modo a evitar "curatelas perpétuas" que afrontam a dignidade das pessoas curateladas.

O curador deve envidar os esforços necessários para emancipar a pessoa curatelada, promovendo seus interesses a partir da sua vontade, desejos e preferências, sempre enaltecendo suas potencialidades e não suas limitações, com base no art. 758 do CPC, que atua, juntamente como o art. 1º, III da CR, como cláusula geral de autonomia e inclusão da pessoa com deficiência em nosso ordenamento. O papel do curador foi remodelado de modo a lhe atribuir função promocional da autonomia do curatelado, ainda que sua atuação fique restrita aos atos patrimoniais e negociais, uma vez que a busca pelo tratamento adequado para a conquista da autonomia independe do alcance da curatela. Cuida-se de autoridade democrática, cujos poderes devem ser exercidos no interesse do curatelado e em respeito às suas vontades, desejos e preferências sempre que for manifestada de forma consciente.

A curatela compartilhada, prevista no art. 1.775-A do Código Civil, e a curatela fracionada são importantes ferramentas de cuidado e atendimento ao melhor interesse da pessoa curatelada, na medida em que permite um cuidado efetivo e integral, a fim de propiciar um tratamento mais adequado e uma gestão patrimonial mais eficiente. Além disso, permite uma mútua fiscalização entre os encarregados, sendo útil inclusive a analogia a figura do protutor (art. 1.742, CC), que pode ser utilizada na curatela.

É lícita, com base na autonomia existencial prospectiva, a manifestação de vontade da pessoa com deficiência, ainda na plenitude de sua capacidade civil, no sentido de indicar seu futuro curador ou curadores, por meio de diretiva antecipada de vontade, denominada de autocuratela, bem como eventual procurador de saúde para atuar ao lado do curador em hipótese de incapacidade superveniente. Assim, afastam-se do âmbito da curatela os cuidados com a saúde, de modo a promover a autonomia da pessoa com deficiência.

A declaração prévia de vontade objetiva consistente na autocuratela visa afastar a ordem legalmente estabelecida (art. 1.775, CC) ou a escolha judicial, que embora calcada no melhor interesse do curatelado (art. 775, §1º, CPC), nem sempre permitirá ao juiz realizar extensa investigação diante das circunstâncias do caso concreto para realizar a escolha mais adequada. Cuida-se de mais um instrumento a disposição da pessoa com deficiência com o intuito de permitir o respeito à sua vontade. Nada mais digno do que ter o direito de escolher a pessoa que se encarregará da administração dos seus bens e, em última instância, dos cuidados existenciais com a própria pessoa submetida à curatela. É, sem dúvida, uma forma de humanização de instrumento que já alija e eclipsa a livre atuação do ser na vida de relações.

A reconstrução da disciplina jurídica da curatela, nos termos preconizados pelo sistema de apoio e salvaguardas adotado pela CDPD, é uma questão de justiça e promoção da igualdade substancial. Cada pessoa com deficiência submetida à curatela demanda um estatuto particular e moldado às suas necessidades, hábil a preservar sua autonomia na medida do possível, como forma de respeitar sua dignidade humana. O giro funcional da curatela consiste, basicamente, em respeitar a pessoa com deficiência como pessoa humana em sua intrínseca dignidade.

A curatela, em sua versão construída a partir do modelo de apoio inaugurado pela CDPD, há de ser *digna e necessária*, ou seja, promover a dignidade da pessoa curatelada, de modo a permitir ao máximo o respeito às suas decisões, bem como ser *episódica e temporária*, de maneira a preservar o tanto possível a capacidade civil da pessoa com deficiência, em igualdade de oportunidades com as demais pessoas no cenário social. Uma curatela que vise à emancipação do sujeito posto em regime de apoio enquanto necessitar, e que, ao mesmo tempo, fomente sua participação social e promova a sua autonomia privada. O EDP e o CPC devem ser interpretados conforme as diretrizes constitucionais da CDPD, permitindo uma curatela *digna, humanizada, personalizada, necessária, limitada* e *temporária,* corolários de sua função promocional.

O legado de opressão, exclusão e discriminação que cerca a deficiência é fruto de uma concepção que sempre a enxergou como desvantagem social. Uma desigualdade inscrita no corpo com impedimentos permanentes de ordem física, mental, intelectual ou sensorial. É o resultado do padrão de normalidade socialmente imposto, compreendido como o funcionamento esperado do corpo humano a partir da perspectiva biomédica, o qual decorre de preceitos morais de produtividade e adequação às normas sociais. O escritor argentino Jorge Luis Borges ditou grande parte de sua obra. Em *A cegueira,* ele relata sua vida como escritor cego: "A cegueira não foi para mim uma desgraça total. Deveria ser considerada como um modo de viver, nem por isso completamente infeliz; um estilo de vida como qualquer outro. [...] É mais um instrumento que o destino ou a sorte colocou em nosso caminho".[862] O estudo realizado revela, portanto, que a deficiência nada mais é do que um modo diferente de viver, que precisa ser respeitado e compreendido pelas pessoas sem deficiência no festejo da diversidade humana.

---

862 BORGES, Jorge Luís. *Borges, oral & Sete noites.* (Trad. Heloisa Jahn). São Paulo: Companhia das Letras, 2011. p. 197 e ss.

# REFERÊNCIAS


ABREU, Célia Barbosa. A curatela sob medida: notas interdisciplinares sobre o Estatuto da Pessoa com Deficiência e o novo CPC. *In*: MENEZES, Joyceane Bezerra de (Org.). *Direito das pessoas com deficiência psíquica e intelectual nas relações privadas*: convenção sobre os direitos da pessoa com deficiência a Lei Brasileira de Inclusão. Rio de Janeiro: Processo, 2016.

ABREU, Célia Barbosa. *Curatela e interdição civil*. Rio de Janeiro: Lumen Juris, 2009.

ADICHIE, Chimamanda Ngozi. *O perigo de uma história única*. (Trad. Julia Romeu). São Paulo: Companhia das Letras, 2019.

AFFONSO, Filipe José Medon. Caminhos para a verdadeira proteção e igualdade: uma releitura do art. 198 do Código Civil. *In*: BODIN DE MORAES, Maria Celina; GUEDES, Gisela Sampaio da Cruz; SOUZA, Eduardo Nunes de (Orgs.). *A Juízo do Tempo*: estudos atuais sobre prescrição. Rio de Janeiro: Editora Processo, 2018.

AÏACH, P. Les voies de la médicalisation. *In*: AÏACH, P.; DELANOË, D. (Orgs.) *L'`ere de la médicalisation*: ecce homo sanitas. Paris: Economica, 1998.

AKOTIRENE, Carla. *Interseccionalidade*. São Paulo: Sueli Carneiro; Pólen. 2019.

ALFAIETE, Ana Rita. Autonomia e Cuidado. *In*: PEREIRA, Tânia da Silva; OLIVEIRA, Guilherme de (Coords.). *O cuidado como valor jurídico*. Rio de Janeiro: Forense, 2008.

ALMEIDA JR., Vitor de Azevedo. A autonomia existencial prospectiva e as procurações de saúde no direito brasileiro. *In*: BARBOSA-FOHRMANN, Ana Paula; BARRETO, Gustavo Augusto Ferreira (Orgs.). *A vida dos direitos humanos*: reflexões sobre questões atuais. Rio de Janeiro: Gramma, 2016.

ALMEIDA JR., Vitor de Azevedo. *A tutela extrapatrimonial do nascituro no ordenamento jurídico brasileiro*. 195f. Dissertação (Mestrado em Direito) – Faculdade de Direito, Universidade do Estado do Rio de Janeiro, Rio de Janeiro, 2013.

ALMEIDA JR., Vitor de Azevedo. Personalidade, titularidade e direitos do nascituro: esboço de uma qualificação. *In*: *Revista OAB/RJ – Edição Especial – Direito Civil*, v. 01, p. 01-45, 2018.

ALMEIDA JR., Vitor de Azevedo. Responsabilidade civil dos profissionais liberais no campo da saúde mental: direitos e deveres de psiquiatrias e psicólogos. *In*: BODIN DE MORAES, Maria Celina; GUEDES, Gisela Sampaio da Cruz (Orgs.). *Responsabilidade civil de profissionais liberais*. 1. ed. Rio de Janeiro: Forense, 2016.

ALMEIDA, Luiz Cláudio Carvalho de. A Convenção sobre os Direitos das Pessoas com Deficiência e a ação de curatela no Novo Código de Processo Civil Brasileiro. *In*: BARBOSA-FOHRMANN, Ana Paula (Coord.). *Autonomia, reconhecimento e dignidade*: sujeitos, interesses e direitos. Rio de Janeiro: Gramma, 2017.

ALMEIDA, Silmara J. A. Chinelato. *Tutela civil do nascituro*. São Paulo: Saraiva, 2000.

ALMEIDA, Vitor. Reflexões sobre alienação familiar da pessoa com deficiência. *In*: *Revista Eletrônica de Direito do Centro Universitário Newton Paiva*, v. 41, p. 128-144, 2020.

ALMEIDA, Vitor; PINTO, Deborah Pinto dos Santos. Reflexões sobre o direito à autodeterminação existencial da pessoa idosa. *In*: BARLETTA, Fabiana Rodrigues; ALMEIDA, Vitor (Orgs.). *A tutela jurídica da pessoa idosa*: 15 anos do Estatuto do Idoso: melhor interesse, autonomia e vulnerabilidade e relações de consumo. Indaiatuba, SP: Foco, 2020.

ALVES, José Carlos Moreira. *A Parte Geral do Projeto de Código Civil Brasileiro*: subsídios históricos para o novo Código Civil brasileiro. 2. ed. São Paulo: Saraiva. 2003.

ALVES, José Carlos Moreira. *Direito Romano*. 15. ed. Rio de Janeiro: Forense, 2012.

AMARAL NETO, Francisco dos Santos. *Direito civil brasileiro*: introdução. Rio de Janeiro: Forense, 1991.

AMARAL, Francisco. *Direito civil*: introdução. 6. ed. rev., atual. e aum. Rio de Janeiro: Renovar, 2006.

AMARAL, Francisco. *Direito civil*: introdução. 7. ed. rev., atual. e aum. Rio de Janeiro: Renovar, 2008.

AMARANTE, Paulo (Org.). *Loucos pela vida*: a trajetória da reforma psiquiátrica no Brasil. Rio de Janeiro: Panorama/ENSP, 1995.

AMARANTE, Paulo Duarte de Carvalho. *O homem e a serpente*: outras histórias para a loucura e a psiquiatria. Rio de Janeiro: Editora Fiocruz, 1996.

AMARANTE, Paulo. Reforma psiquiátrica e epistemologia. *In*: *Cadernos Brasileiros de Saúde Mental*, v. 1, n. 1, jan./abr. 2009. (CD-ROM).

AMARANTE, Paulo. Uma aventura no manicômio: a trajetória de Franco Basaglia. *In*: *Hist. cienc. Saúde [online]*, Manguinhos, v. 1, n. 1, p. 61-77, 1994.

AMERICAN PSYCHIATRIC ASSOCIATION. *Manual diagnóstico e estatístico de transtornos mentais*: DSM-5. (Trad. Maria Inês Corrêa Nascimento *et al.*; Revisão técnica de Aristides Volpato Cordioli *et al.*). 5. ed. Porto Alegre: Artmed, 2014.

ANDERSON, Joel; HONNETH, Axel. Autonomia, vulnerabilidade, reconhecimento e justiça. *In*: *Cadernos de Filosofia Alemã*, n. 17, p. 81-112, jan./jun. 2011.

ANDRADE, Manuel A. Rodrigues de. *Teoria geral da relação jurídica*. Coimbra: Almedina, 1997. v. I.

ARANHA, Maria Salete. Paradigmas da relação da sociedade com as pessoas com deficiência. *In*: *Revista do Ministério Público do Trabalho*, Brasília, a. XI, n. 21, p. 168, 2001.

ARAUJO, Luiz Alberto David; PIANOVSKI RUZYK, Carlos Eduardo. A perícia multidisciplinar no processo de curatela e o aparente conflito entre o estatuto da pessoa com deficiência e o código de processo civil: reflexões metodológicas à luz da teoria geral do direito. *In*: *Revista de Direitos e Garantias Fundamentais*, Vitória, v. 18, n. 1, p. 227-256, jan./abr. 2017.

ARBEX, Daniela. *Holocausto brasileiro*. São Paulo: Geração Editorial, 2013.

ARENHART, Sérgio Cruz; MARINONI, Luiz Guilherme; MITIDIERO, Daniel. *Novo Código de Processo Civil Comentado*. 2. ed. rev. atual. e ampl. São Paulo: Revista dos Tribunais, 2016.

ARRETCH, Marta. Apresentação. *In*: ARRETCH, Marta (Org.) *Trajetória das desigualdades*: como o Brasil mudou nos últimos cinquenta anos. São Paulo: Editora Unesp/CEM, 2015.

ASCENSÃO, José de Oliveira. As disposições antecipadas de vontade – o chamado "testamento vital". *In*: *Revista da Faculdade de Direito da Universidade Federal de Minas Gerais*, Belo Horizonte, n. 64, jan./jun. 2014.

ASCENSÃO, José de Oliveira. *Direito civil*: teoria geral. Coimbra: Coimbra Editora, 2000. v. I.

ASÍS, Rafael de. *Sobre discapacidad y derechos. Instituto de Derechos Humanos "Bartolomé de las Casas". Colección Derechos Humanos y Filosofía del Derecho*. Madrid: Dykinson, 2013.

ASSEMBLEIA GERAL DAS NAÇÕES UNIDAS. Conselho dos Direitos Humanos. *Report of the special rapporteur on the rights of persons with disabilities*. Dez. 2016. p. 9. Disponível em: http://www.refworld.org/cgi-bin/texis/vtx/rwmain?page=search&docid=58b009cd4&skip=0&query=persons%20with%20intellectual%20and%20psychosocial%20disabilities. Acesso em 13 ago. 2017.

ASSY, Bethânia; FERES JR., João. Reconhecimento. *In*: BARRETO, Vicente de Paulo (Coord.). *Dicionário de Filosofia do Direito*. São Leopoldo, RS: Unisinos; Rio de Janeiro: Renovar, 2006.

BACH, Michael. El derecho a la capacidad jurídica a la luz de la Convención de la ONU sobre los derechos de las personas con discapacidad: conceptos fundamentales y lineamientos para una reforma legislativa. *In*: BARIFFI, Francisco; PALACIOS, Agustina (Coords.). *Capacidad Jurídica, Discapacidad y Derechos Humanos*: una revisión desde la Convención Internacional sobre los Derechos de las Personas con Discapacidad. Buenos Aires: Ediar, 2012.

BANDEIRA, Paula Greco. Espaços de não direito e as liberdades privadas. *In*: *Revista Trimestral de Direito Civil*, v. 52, p. 121-136, 2012.

BANDEIRA, Paula Greco. Notas sobre a autocuratela e o Estatuto da Pessoa com Deficiência. *In*: MENEZES, Joyceane Bezerra de (Org.). *Direito das pessoas com deficiência psíquica e intelectual nas relações privadas*: convenção sobre os direitos da pessoa com deficiência a Lei Brasileira de Inclusão. Rio de Janeiro: Processo, 2016.

BAQUERO, Rute Vivian Ângelo. Empoderamento: instrumento de emancipação social? – uma discussão conceitual. *In*: *Revista Debates*, Porto Alegre, v. 6, n. 1, p. 173-187, jan./abr. 2012.

BARBOSA-FOHRMANN, Ana Paula; KIEFER, Sandra Filomena Wagner. Modelo social de abordagem dos direitos humanos das pessoas com deficiência. *In*: MENEZES, Joycene Bezerra de (Org.). *Direito das pessoas com deficiência psíquica e intelectual nas relações privadas*: convenção sobre os direitos da pessoa com deficiência e Lei Brasileira de Inclusão. Rio de Janeiro: Processo, 2016.

BARBOSA-FOHRMANN, Ana Paula. O Escafandro e a Borboleta: a conquista da Autonomia e Dignidade de Deficientes com Síndrome 'Locked-In'. *In*: *Inclusive – inclusão e cidadania*, 11 fev. 2014. Disponível em: www.inclusive.org.br. Acesso em 19 nov. 2017.

BARBOZA, Heloisa Helena. A importância do CPC para o novo regime de capacidade civil. *In*: *Revista da EMERJ*, Rio de Janeiro, v. 20, n. 1, p. 209-223, jan./abr. 2018.

BARBOZA, Heloisa Helena. Curatela do enfermo: instituto em renovação. *In*: MONTEIRO FILHO, Carlos Edison do Rêgo; GUEDES, Gisela Sampaio da Cruz; MEIRELES, Rose Melo Venceslau (Orgs.). *Direito Civil*. Rio de Janeiro: Freitas Bastos, 2015.

BARBOZA, Heloisa Helena. O princípio do melhor interesse da pessoa idosa: efetividade e desafios. *In*: BARLETTA, Fabiana Rodrigues; ALMEIDA, Vitor (Orgs.). *A tutela jurídica da pessoa idosa*: 15 anos do Estatuto do Idoso: melhor interesse, autonomia e vulnerabilidade e relações de consumo. Indaiatuba/SP: Editora Foco, 2020.

BARBOZA, Heloisa Helena. Reflexões sobre autonomia negocial. *In*: TEPEDINO, Gustavo; FACHIN, Luiz Edson (Coords.). *O direito e o tempo*: embates jurídicos e utopias contemporâneas – estudos em homenagem ao Professor Ricardo Pereira Lira. Rio de Janeiro: Renovar, 2008.

BARBOZA, Heloisa Helena. Reprodução humana como direito fundamental. *In*: DIREITO, Carlos Alberto Menezes; TRINDADE, Antônio Augusto Cançado; PEREIRA, Antônio Celso Alves (Org.). *Novas Perspectivas do direito internacional contemporâneo*. Rio de Janeiro: Renovar, 2008.

BARBOZA, Heloisa Helena. Verbete Capacidad. *In*: CASABONA, Carlos María Romeo (Director). *Enciclopedia de Bioderecho y Bioética*. Granada: Biblioteca Comare de Ciencia Jurídica, 2011. t. I.

BARBOZA, Heloisa Helena. Vulnerabilidad e cuidado: aspectos jurídicos. *In*: PEREIRA, Tania da Silva; OLIVEIRA, Guilherme de (Orgs.). *Cuidado e vulnerabilidade*. São Paulo: Atlas, 2009.

BARBOZA, Heloisa Helena; ALMEIDA JR., Vitor de Azevedo. A (in)capacidade da pessoa com deficiência mental ou intelectual e o regime das invalidades: primeiras reflexões. *In*: EHRHARDT JR., Marcos (Org.). *Impactos do novo CPC e do EPD no direito civil brasileiro*. Belo Horizonte: Fórum, 2016.

BARBOZA, Heloisa Helena; ALMEIDA JR., Vitor de Azevedo. O direito de constituir família da pessoa com deficiência intelectual: requisitos e limites. *In*: PEREIRA, Tânia da Silva; OLIVEIRA, Guilherme de; COLTRO, Antônio Carlos Mathias (Org.). *Cuidado e o direito de ser*: respeito e compromisso. Rio de Janeiro: Editora GZ, 2017.

BARBOZA, Heloisa Helena; ALMEIDA JR., Vitor de Azevedo. Reconhecimento e inclusão das pessoas com deficiência. *In*: *Revista Brasileira de Direito Civil – RBDCivil*, Belo Horizonte, v. 13, p. 17-37, jul./set. 2017.

BARBOZA, Heloisa Helena; ALMEIDA, Vitor (Coords.). *Comentários ao Estatuto da Pessoa com Deficiência à luz da Constituição da República*. Belo Horizonte: Fórum, 2018.

BARBOZA, Heloisa Helena; ALMEIDA, Vitor. A capacidade à luz do Estatuto da Pessoa com Deficiência. *In*: MENEZES, Joyceane Bezerra (Org.). *Direito das Pessoas com Deficiência Psíquica e Intelectual nas Relações Privadas – Convenção sobre os Direitos da Pessoa com Deficiência e Lei Brasileira de Inclusão*. 2. ed. rev. e ampl. Rio de Janeiro: Processo, 2020.

BARBOZA, Heloisa Helena; ALMEIDA, Vitor. A capacidade civil à luz do Estatuto da Pessoa com Deficiência. *In*: MENEZES, Joyceane Bezerra de (Org.). *Direito das pessoas com deficiência psíquica e intelectual nas relações privadas – Convenção sobre os direitos da pessoa com deficiência e Lei Brasileira de Inclusão*. Rio de Janeiro: Processo, 2016.

BARBOZA, Heloisa Helena; ALMEIDA, Vitor. A tutela das vulnerabilidades na legalidade constitucional. *In*: TEPEDINO, Gustavo; TEIXEIRA, Ana Carolina Brochado; ALMEIDA, Vitor (Orgs.). *Da dogmática à efetividade do Direito Civil*: Anais do Congresso Internacional de Direito Civil Constitucional – IV Congresso do IBDCIVIL. Belo Horizonte, MG: Fórum, 2017.

BARBOZA, Heloisa Helena; ALMEIDA, Vitor. Afirmação de gênero na tutela da pessoa com deficiência: um tabu a ser quebrado. *In*: TEIXEIRA, Ana Carolina Brochado; MENEZES, Joyceane Bezerra de (Orgs.). *Gênero, vulnerabilidade e autonomia*: repercussões jurídicas. 1. ed. Indaiatuba, SP: Foco, 2020.

BARBOZA, Heloisa Helena; ALMEIDA, Vitor. Art. 6º. *In*: BARBOZA, Heloisa Helena; ALMEIDA, Vitor (Orgs.). *Comentários ao Estatuto da Pessoa com Deficiência à luz da Constituição da República*. Belo Horizonte: Fórum, 2018.

BARBOZA, Heloisa Helena; ALMEIDA, Vitor. O direito de constituir família da pessoa com deficiência intelectual: requisitos e limites. *In*: PEREIRA, Tânia da Silva; OLIVEIRA, Guilherme de; COLTRO, Antônio Carlos Mathias (Org.). *Cuidado e o direito de ser*: respeito e compromisso. Rio de Janeiro: Editora GZ, 2017.

BARBOZA, Heloisa Helena; CORRÊA, Marilena Cordeiro Dias Villela; ALMEIDA JR., Vitor de Azevedo. Morte digna na Inglaterra: análise do caso Charles Gard. *In*: SÁ, Maria de Fátima Freire de; DADALTO, Luciana (Coords.). *Direito e medicina*: a morte digna nos tribunais. Indaiatuba, SP: Editora Foco, 2018.

BARIFFI, Francisco. *El régimen jurídico internacional de la capacidad jurídica de las personas con discapacidad*. Madrid: Grupo Editorial Cinca, 2014.

BARLETTA, Fabiana Rodrigues; ALMEIDA, Vitor. *A tutela jurídica da pessoa idosa*: 15 anos do Estatuto do Idoso: melhor interesse, autonomia e vulnerabilidade e relações de consumo. Indaiatuba, SP: Foco, 2020.

BARNES, Colin. A Legacy of Oppression: a History of Disability in Western Culture. *In*: BARTON, Len; OLIVER, Michael (Orgs.). *Disability Studies*: past, Present and Future. Leeds: The Disability Press, 1997.

BARNES, Colin; MERCER, Geof. *Disability*. Cambridge: Polity Press, 2003.

BARNES, Colin; MERCER, Geof; SHAKESPEARE, Tom. *Exploring Disability – A Sociological Introduction*. Cambridge: Polity Press, 2000.

BARROSO, Luís Roberto. *A dignidade da pessoa humana no direito constitucional contemporâneo*: a construção de um conceito jurídico à luz da jurisprudência mundial. 1. reimp. Belo Horizonte: Fórum, 2013.

BARROSO, Luís Roberto; MARTEL, Letícia de Campos Velho. A morte como ela é: dignidade e autonomia individual no fim da vida. *In*: PEREIRA, Tânia da Silva; MENEZES, Rachel Aisengart; BARBOZA, Heloisa Helena (Coord.). *Vida, morte e dignidade humana*. Rio de Janeiro: GZ, 2010.

BAYNTON, Douglas. Disability in History. *In*: *Disability Studies Quartely*, Columbus, n. 28, v. 3, 2008. Disponível em: http://dsq-sds.org/article/view/108/108. Acesso em 17 out. 2017.

BENJAMIN, Antonio Herman V.; MARQUES, Claudia Lima; BESSA, Leonardo Roscoe. *Manual de direito do consumidor*. 6. ed. rev., atual. e ampl. São Paulo: Revista dos Tribunais, 2014.

BERESFORD, Peter. Poverty and Disabled People: challenging Dominant Debates and Policies. *In*: *Disability & Society*, v. 11, n. 4, p. 553-567, 1996.

BETTI, Emilio. *Teoria generale del negozio giuridico*. 2. ed. Roma-Napoli: Edizioni Scientifiche Italiane, 1994.

BEVILAQUA, C. *Teoria Geral do Direito Civil*. 7. ed. Rio de Janeiro: Paulo de Azevedo Ltda., 1955.

BEVILAQUA, Clovis. *Código Civil dos Estados Unidos do Brasil Comentado*. 10. ed. atual. por Achilles Bevilaqua. Rio de Janeiro: Editora Paulo de Azevedo Ltda., 1953. v. 1.

BEVILÁQUA, Clóvis. *Código Civil dos Estados Unidos do Brasil Comentado*. 8. ed. Rio de Janeiro: Francisco Alves, 1950. v. 2.

BEVILÁQUA, Clóvis. *Código Civil nos Estados Unidos do Brasil*. Rio de Janeiro: Francisco Alves, 1959. v. 1.

BEVILÁQUA, Clóvis. *Teoria geral do direito civil*. 3. ed. Brasília: Ministério da Justiça e Negócios, 1966.

BITTAR, Carlos Alberto. *Os direitos da personalidade*. 7. ed. Rio de Janeiro: Forense Universitária, 2004.

BOBBIO, Norberto. *A era dos direitos*. (Trad. Carlos Nelson Coutinho; Apresentação de Celso Lafer). Rio de Janeiro: Elsevier, 2004.

BOBBIO, Norberto. *Da estrutura à função*: novos estudos da teoria do direito. (Trad. Daniela Beccaria Versiani. Barueri). SP: Manole, 2007.

BODIN DE MORAES, Maria Celina. A caminho de um direito civil-constitucional. *In*: *Na medida da pessoa humana*: estudos de direito civil-constitucional. Rio de Janeiro: Renovar, 2010.

BODIN DE MORAES, Maria Celina. *Danos à pessoa humana:* uma leitura civil-constitucional dos danos morais. 4. tir. Rio de Janeiro: Renovar, 2009.

BODIN DE MORAES, Maria Celina. O princípio da dignidade humana. *In*: BODIN DE MORAES, Maria Celina (Org.). *Princípios do direito civil contemporâneo*. Rio de Janeiro: Renovar, 2006.

BODIN DE MORAES, Maria Celina. O princípio da solidariedade. *In*: *Na medida da pessoa humana*: estudos de direito civil-constitucional. Rio de Janeiro: Renovar, 2010.

BODIN DE MORAES, Maria Celina. Prescrição, efetividade dos direitos e danos à pessoa humana. Editorial. *In*: *Civilistica.com – Revista Eletrônica de Direito Civil*, v. 6, n. 1, p. 1-7, 2017.

BODIN DE MORAES, Maria Celina; CASTRO, Thamis Dalsenter Viveiros de. A autonomia existencial nos atos de disposição do próprio corpo. *In*: *Pensar*, Fortaleza, v. 19, n. 3, p. 779-818, set./dez. 2014.

BODIN DE MORAIS, Maria Celina. Ampliando os direitos da personalidade. *In*: *Na medida da pessoa humana*: estudos de direito civil-constitucional. Rio de Janeiro: Renovar, 2010.

BONAVIDES, Paulo. A quinta geração de direitos fundamentais. *In*: *Direitos Fundamentais & Justiça*, Porto Alegre, v. 2, n. 3, abr./jun. 2008.

BORGES, Jorge Luís. *Borges, oral & Sete noites*. (Trad. Heloisa Jahn). São Paulo: Companhia das Letras, 2011.

BRASIL. Ministério da Saúde. Secretaria de Atenção à Saúde. DAPE. Coordenação Geral de Saúde Mental. *Reforma psiquiátrica e política de saúde mental no Brasil*. Documento apresentado à Conferência Regional de Reforma dos Serviços de Saúde Mental: 15 anos depois de Caracas. Brasília: OPAS, nov. 2005.

BRASIL. Ministério da Saúde. Secretaria de Vigilância em Saúde. Zika Vírus: perfil epidemiológico em mulheres. *Boletim Epidemiológico*, v. 47, n. 37, p. 1, 2016.

BRASIL. STF. *RMS nº 32732 AgR /DF*. 2ª Turma. Rel. Min. Celso de Mello. Julg. 03 jun. 2014.

BRASIL. Superior Tribunal de Justiça. *REsp. nº 1.733.468/MG*. Terceira Turma. Relatora: Min. Nancy Andrighi. Brasília, 19 jun. 2018. Disponível em: www.stj.jus.br. Acesso em 03 abr. 2020.

BRASIL. Superior Tribunal de Justiça. *REsp. nº 652.837/RJ*, Quinta Turma, Rel. Min. Laurita Vaz, julg. 22 maio 2007, publ. 29 jun. 2007.

BRASIL. Supremo Tribunal Federal. *Ação Direta de Inconstitucionalidade nº 5581/DF*, Rel. Min. Cármen Lúcia, prop. 24 ago. 2016.

BRASIL. Supremo Tribunal Federal. *Arguição de Descumprimento de Preceito Fundamental nº 54/DF*, Tribunal Pleno, Rel. Min. Marco Aurélio, julg. 12 abr. 2012.

BRASIL. Supremo Tribunal Federal. *Habeas Corpus nº 151.523/SP*. Segunda Turma. Relator: Min. Luiz Edson Fachin. Brasília, 27 nov. 2018. Disponível em: www.stf.jus.br. Acesso em 03 abr. 2020.

BRASIL. Supremo Tribunal Federal. *Recurso Extraordinário nº 466.343/SP*. Tribunal Pleno. Relator: Min. Cezar Peluso. Relator do Acórdão, Min. Gilmar Mendes. Voto do Min. Celso de Melo. Brasília, 12 de março de 2008. Disponível em: www.stf.jus.br. Acesso em 13 fev. 2016.

BRASIL. Supremo Tribunal Federal. *Referendo na Medida Cautelar na Ação Direta de Inconstitucionalidade nº 5357 MC-Ref/DF*. Tribunal Pleno. Relator: Min. Luiz Edson Fachin. Brasília, 09 jun. 2016. Disponível em: www.stf.jus.br. Acesso em 03 abr. 2020.

BRASIL. Tribunal de Justiça do Estado do Rio de Janeiro. *Habeas Corpus nº 0059019-10.2015.8.19.0000*, 4ª Câmara Criminal, Rel. Des. Gizelda Leitão Teixeira, julg. 17 nov. 2015.

BRUM, Eliane. Prefácio. *In*: ARBEX, Daniela. *Holocausto brasileiro*. São Paulo: Geração Editorial, 2013.

BRUNETTA, Cíntia Menezes. O direito das pessoas portadoras de transtornos mentais. *In*: *Revista dos Tribunais*, a. 94, v. 835, p. 61, mai. 2005.

CALIXTO, Marcelo Junqueira. O princípio da vulnerabilidade do consumidor. *In*: BODIN DE MORAES, Maria Celina (Coord.). *Princípios do direito civil contemporâneo*. Rio de Janeiro: Renovar, 2006.

CAMACHO, Wilsimara Almeida Barreto. "Infanticídio" indígena: uma perspectiva jurídico-antropológica. *In*: *Revista Estudos Políticos*, Rio de Janeiro, v. 6, n. 1, p. 129-147, dez. 2015. Disponível em: http://revistaestudospoliticos.com/. Acesso em 27 jun. 2017.

CÂMERA, Aline. Vírus Zika e Microcefalia. *IFF – Instituto Nacional de Saúde da mulher, da criança e do adolescente*. Disponível em: http://www.iff.fiocruz.br/index.php/8-noticias/187-viruszika. Acesso em 21 mai. 2017.

CANARIS, Claus-Wilhelm. *Pensamento sistemático e conceito de sistema na ciência do direito*. (Introdução e tradução de A. Menezes Cordeiro). Lisboa: Fundação Calouste Gulbenkian, 1989.

CANGUILHEM, Georges. *O normal e o patológico*. (Trad. Maria de Thereza Redig de C. Barrocas e Luiz Octávio F. B. Leite). 5. ed. Rio de Janeiro: Forense Universitária, 2002.

CANOTILHO, J. J. Gomes *et al*. (Coords. científicos). *Comentários à Constituição do Brasil*. São Paulo: Saraiva/Almedina, 2013.

CASTRO, Edgardo. *Vocabulário de Foucault – Um percurso pelos seus temas, conceitos e autores*. (Trad. Ingrid Müller Xavier). Belo Horizonte: Autêntica Editora, 2009.

CASTRO, Thamis Dalsenter Viveiros de. A função da cláusula de bons costumes no Direito Civil e a teoria tríplice da autonomia privada existencial. *In*: *Revista Brasileira de Direito Civil – RBDCivil*, Belo Horizonte, v. 14, p. 99-125, out./dez. 2017.

CENTRO DE REABILITAÇÃO PROFISSIONAL DE GAIA (CRPG) E INSTITUTO SUPERIOR DE CIÊNCIAS DO TRABALHO E DA EMPRESA (ISCTE). *Mais Qualidade de Vida para as Pessoas com Deficiências e Incapacidades – Uma Estratégia para Portugal*. 2007. Disponível em: http://www.crpg.pt/estudosProjectos/Projectos/modelizacao/Documents/Mais_qualidade_de_vida.pdf. Acesso em 14 dez. 2016.

CHICON, José Francisco; SOARES, Jane Alves. *Compreendendo os Conceitos de Integração e Inclusão*. Disponível em: http://www.todosnos.unicamp.br:8080/lab/links-uteis/acessibilidade-e-inclusao/textos/compreendendo-os-conceitos-de-integracao-e-inclusao/. Acesso em 10 jan. 2017.

COELHO, Camila Aguileira. O impacto do Estatuto da Pessoa com Deficiência no Direito das Sucessões. *In*: BARBOZA, Heloisa Helena; ALMEIDA, Vitor; MENDONCA, Bruna Lima de (Orgs.). *O Código Civil e o Estatuto da Pessoa com Deficiência*. 2. ed. rev. e atual. Rio de Janeiro: Editora Processo, 2020.

COELHO, Thaís Câmara Maia Fernandes. *Autocuratela evita discussões judiciais entre familiares*. Disponível em: www.ibdfam.org.br/noticias/6078/Autocuratela+evita+discussões+judiciais+entre+familiares. Acesso em 18 dez. 2017).

COELHO, Thaís Câmara Maia Fernandes. Autocuratela: mandato permanente relativo a questões patrimoniais para o caso de incapacidade superveniente. *In*: *Revista brasileira de direito das famílias e sucessões*, v. 13, n. 24, p. 5-15, 2011.

COLERIDGE, Peter. *Disability, Liberation and Development*. Oxford: Oxfam Publishing, 1993.

COSTA E SILVA, José da. *Código Penal dos Estados Unidos do Brasil*. São Paulo: Companhia Editora Nacional, 1930.

CRAWFORD, Robert. Healthism and the medicalization of everyday life. *In*: *International Journal Health Services*, v. 10, n. 3, p. 365-88, 1980.

CUPIS, Adriano de. *Os direitos da personalidade*. (Trad. Afonso Celso Furtado Rezende). Campinas: Romana, 2004.

DADALTO, Luciana. *Testamento Vital*. Rio de Janeiro: Lumen Juris, 2010.

DANTAS, Francisco Clementino de San Tiago. *Programa de direito civil*. 3. ed. rev. e atual. Rio de Janeiro: Forense, 2001.

DANTAS, San Tiago. *Programa de direito civil*. (Atualizada por Gustavo Tepedino). 3. ed. rev. e atual. Rio de Janeiro: Forense, 2001.

DANTAS, San Tiago. *Programa de Direito Civil*. Rio de Janeiro: Ed. Rio, 1979.

DEGENER, Theresia. *Disability in a Human Rights Context*. 5 oct. 2018. Disponível em: http://www.beingtheboss.co.uk/disability-in-a-human-rights-context-theresia-degener/. Acesso em 15 abr. 2020.

DHANDA, Amita. Legal capacity in the disability rights convention: stranglehold of the past or lodestar for the future? *In*: *Syracuse Journal of International Law and Commerce*, v. 34, n. 2, p. 429-462, 2007.

DIDIER JR., Fredie. *Estatuto da Pessoa com Deficiência, Código de Processo Civil de 2015 e Código Civil*: uma primeira reflexão. Disponível em: http://www.frediedidier.com.br/editorial/editorial-187/. Acesso em 16 dez. 2017.

DÍEZ-PICAZO, Luis. *La representación en el Derecho Privado*. Civitas: Madrid, 1978.

DINIZ, Debora. *A custódia e o tratamento psiquiátrico no Brasil*: censo 2011. Brasília: Letras Livres e Editora Universidade de Brasília, 2013.

DINIZ, Debora. *O que é deficiência*. São Paulo: Brasiliense, 2007.

DINIZ, Debora; BARBOSA, Lívia; SANTOS, Wederson Rufino dos. Deficiência, Direitos Humanos e Justiça. *In*: *Sur – Revista Internacional de Direitos Humanos (Impresso)*, v. 6, n. 11, p. 12-24, 2009.

DINIZ, Fernanda Paula; ABRAHÃO, Ingrith Gomes. Autonomia da Vontade, Consentimento e Incapacidade: a possibilidade de doação de órgãos em vida por incapaz. *In*: FIUZA, César; SÁ, Maria de Fátima Freire de; NAVES, Bruno Torquato (Coords.). *Direito Civil*: atualidades II – Da Autonomia Privada nas Situações Jurídicas Patrimoniais e Existenciais. Belo Horizonte: Ed. Del Rey, 2007

DONEDA, Danilo. Os direitos da personalidade no novo Código Civil. *In*: TEPEDINO, Gustavo. *Parte geral do novo Código Civil*. Rio de Janeiro: Renovar, 2004.

DRAKE, Robert. *Understanding Disability Policies*. London: MacMillan, 1999.

EBERLE, Simone. *A capacidade entre o fato e o direito*. Porto Alegre: Sergio Antonio Fabris, 2006.

ENGEL, Magali Gouveia. As fronteiras da anormalidade: psiquiatria e controle social. *In*: *História, Ciências, Saúde, Manguinhos*, v. 3, p. 547-563, nov. 1998; fev. 1999.

ESCOREL, Manoel Clementino de Oliveira. Codigo Penal Brazileiro. São Paulo: Duprat e comp., 1905. v. I.

ESPÍNOLA, Eduardo. *A família no direito civil brasileiro*. Rio de Janeiro: Conquista, 1957.

ESTEVES, Rafael. O pródigo e a autonomia privada: aspectos da autonomia existencial na metodologia civil constitucional. *In*: *Revista Trimestral de Direito Civil*, Rio de Janeiro, Padma, a. 11, v. 41, jan./fev. 2010.

FACCHINETTI, Cristiana. Philippe Pinel e os primórdios da Medicina Mental. *Revista Latinoameriana de Psicopatologia Fundamental*, São Paulo, v. 11, n. 3, set. 2008.

FACCHINI NETO, Eugênio. Reflexões histórico-evolutivas sobre a constitucionalização do direito privado. *In*: SARLET, Ingo Wolfgang (Org.). *Constituição, direitos fundamentais e direito privado*. Porto Alegre: Livraria do Advogado, 2003.

FACHIN, Luiz Edson. *Direito de família*: elementos críticos à luz do novo Código Civil brasileiro. 2. ed. Rio de Janeiro: Renovar, 2003.

FACHIN, Luiz Edson. Fundamentos, limites e transmissibilidade – anotações para uma leitura crítica, construtiva e de índole constitucional da disciplina dos direitos da personalidade no Código Civil brasileiro. *In*: *Revista da EMERJ*, v. 8, n. 31, p. 58, 2005.

FACHIN, Luiz Edson. *Teoria crítica do direito civil*. 2. ed. Rio de Janeiro: Renovar, 2003.

FACHIN, Luiz Edson. *Teoria crítica do direito civil*: à luz do novo Código Civil Brasileiro. 3. ed. rev. e atual. Rio de Janeiro: Renovar, 2012.

FACHIN, Luiz Edson; TEPEDINO, Gustavo. *Diálogos sobre Direito Civil*. Rio de Janeiro: Renovar, 2008. v. 2.

FARIA, Roberta Elzy Simiqueli de Faria. Autonomia da Vontade e Autonomia Privada: uma distinção necessária. *In*: FIUZA, César; SÁ, Maria de Fátima Freire de; NAVES, Bruno Torquato (Coords.). *Direito Civil*: atualidade II. Da Autonomia Privada nas Situações Jurídicas Patrimoniais e Existenciais. Belo Horizonte: Del Rey, 2007.

FARIAS, Cristiano Chaves de; ROSENVALD, Nelson. *Curso de direito civil*: parte geral e LINDB. 11. ed. rev. ampl. e atual. Salvador, BA: Juspodivm, 2013. v. 1.

FERREIRA, Aurélio Buarque de Holanda. *Dicionário Aurélio da língua portuguesa*. 7. ed. Curitiba: Positivo, 2008.

FILGUEIRAS JR., Araújo. Código Criminal do Império do Brazil. Rio de Janeiro: Casa dos editores proprietários Eduardo & Henrique Laemmert, 1876.

FIUZA, César. Teoria filosófico-dogmática dos sujeitos de direito sem personalidade. *In*: *Revista dos Tribunais*, São Paulo, a. 100, v. 914, dez. 2011.

FOUCAULT, Michel. *Os anormais*: curso no Collège de France (1974-1975). (Trad. Eduardo Brandão). São Paulo: Martins Fontes, 2001.

FONSECA, Ricardo Marcelo. A cultura jurídica brasileira e a questão da codificação civil no século XIX. *In*: *Revista da Faculdade de Direito da UFPR*, Curitiba, n. 44, p. 61-76, 2006.

FONSECA, Ricardo Tadeu Marques da. *A ONU e seu conceito revolucionário de pessoa com deficiência*. Disponível em: http://www.ampid.org.br/ampid/Artigos/Onu_Ricardo_Fonseca.php. Acesso em 04 set. 2017.

FOUCAULT, Michel. *Em defesa da sociedade*: curso no Collège de France (1975-1976). (Trad. Maria Ermantina Galvão). São Paulo: Martins Fontes, 2005.

FOUCAULT, Michel. *História da loucura*: na idade clássica. São Paulo: Perspectiva, 2012.

FOUCAULT, Michel. *História da sexualidade 1*: a vontade de saber. 13. ed. (Trad. Maria Tereza da Costa Albuquerque e J. A. Guillon Albuquerque). Rio de Janeiro: Edições Graal, 1988.

FOUCAULT, Michel. *O poder psiquiátrico*. São Paulo: Martins Fontes, 2006.

FOUCAULT, Michel. *Os anormais*: curso no Collège de France (1974-1975). 2. ed. (Trad. Eduardo Brandão). São Paulo: WMF Martins Fontes, 2010.

FOUCAULT, Michel. *Vigiar e punir*: nascimento da prisão. 35. ed. (Trad. Raquel Ramalhete). Petrópolis: Vozes, 2008.

FRANÇA, Rubens Limongi. *Instituições de direito civil*. 3. ed. São Paulo: Saraiva, 1994.

FRANÇA, Tiago Henrique de Pinho Marques. *Deficiência e pobreza no Brasil*: a relevância do trabalho das pessoas com deficiência. Coimbra: Universidade de Coimbra, 2014. Tese (Doutorado em Sociologia). Programa de Pós-Graduação em Sociologia – Relações de Trabalho, Desigualdades Sociais e Sindicalismo). Faculdade de Economia,

Universidade de Coimbra, Coimbra, 2014. Disponível em: https://estudogeral.sib.uc.pt/bitstream/10316/27101/1/Defici%C3%AAncia%20e%20Pobreza%20no%20Brasil.pdf. Acesso em 13 dez. 2016.

FRANÇA, Tiago Henrique. A normalidade: uma breve introdução à história social da deficiência. *In*: *Revista Brasileira de História & Ciências Sociais*, v. 6, n. 11, p. 105-120, jul. 2014.

FRASER, Nancy. From redistribution to recognition? Dilemmas of justice in a 'postsocialist' age. *In*: SEIDMAN, S.; ALEXANDER J. (Orgs.). *The new social theory reader*. Londres: Routledge, 2001.

FRASER, Nancy. Reconhecimento sem ética? *In*: *Lua Nova*, São Paulo, n. 70, 2007.

FREIRE, Milciades Mário de Sá. *Manual do Código Civil Brasileiro. Parte Geral*. Rio de Janeiro: Jacintho Ribeiro dos Santos Editor, 1930. v. II.

FREITAS, Augusto Teixeira. *Esboço do Código Civil*. Brasília: Ministério da Justiça, Fundação Universidade de Brasília, 1983.

FREITAS, Fernando Ferreira Pinto de. A história da psiquiatria não contada por Foucault. *In*: *História, Ciências, Saúde*, Manguinhos, v. 11, p. 75-91, jan./abr. 2004.

G1. *Tradição indígena faz pais tirarem a vida de crianças com deficiência física*. 07 dez. 2014. Disponível em: http://g1.globo.com/fantastico/noticia/2014/12/tradicao-indigena-faz-pais-tirarem-vida-de-crianca-com-deficiencia-fisica.html. Acesso em 22 abr. 2017.

GAMA, Guilherme Calmon Nogueira. Personalidade e Capacidade Jurídica no Código Civil de 2002. *In*: *Revista Brasileira de Direito de Família*, Porto Alegre: Síntese, v. 8, n. 37, ago./set. 2006.

GANGUILHEM, Georges. *O normal e o patológico*. (Trad. Maria Thereza Redig de Carvalho Barrocas). 6. ed. rev. Rio de Janeiro: Forense Universitária, 2006.

GIORGIANNI, Michele. O direito privado e as suas atuais fronteiras. *In*: *Revista dos Tribunais*, São Paulo: Revista dos Tribunais, a. 87, v. 747, jan. 1998.

GOMES, Orlando. *Introdução ao Direito Civil*. 15. ed. Rio de Janeiro: Forense, 2000.

GOMES, Orlando. *Introdução ao Direito Civil*. 18. ed. Rio de Janeiro: Forense, 2002.

GOMES, Orlando. *Transformações gerais dos direitos das obrigações*. São Paulo: Revista dos Tribunais, 1967.

GONÇALVES, Luiz da Cunha. *Tratado de Direito Civil*: em comentário ao Código Civil Português. São Paulo: Maz Limonad, 1955. v. 1, t. 1.

HABERMAS, Jungen. *A inclusão do outro*. 2. ed. São Paulo: Edições Loyola, 2004.

HABERMAS, Jürgen. *Direito e Democracia entre Facticidade e Validade*. (Trad. Flávio Beno Siebeneichler). Rio de Janeiro: Tempo Brasileiro, 1997. v. II.

HESPANHA, Antônio Manuel. A imaginação legal nos primórdios da Era Moderna. *In*: *Novos Estudos*, Cebrap, n. 59, mar. 2001.

HONNETH, Axel. *A luta por reconhecimento*: a gramática moral dos conflitos sociais. (Trad. Luiz Repa). São Paulo: Ed. 34, 2003.

IBGE. *Censo Demográfico 2010:* características gerais da população, religião e pessoas com deficiência. Disponível em: https://biblioteca.ibge.gov.br/visualizacao/periodicos/94/cd_2010_religiao_deficiencia.pdf. Acesso em 30 ago. 2014.

KANT, Immanuel. *Fundamentação da Metafísica dos Costumes e Outros Escritos*. (Trad. Leopoldo Holzbach). São Paulo: Martin Claret, 2006.

KONDER, Carlos Nelson. Vulnerabilidade patrimonial e vulnerabilidade existencial: por um sistema diferenciador. *In*: *Revista de Direito do Consumidor*, v. 99, p. 101-123, 2015.

KOTTOW, Miguel. Bioética de proteção: considerações sobre o contexto latino-americano. *In*: SCHRAMM, Fermin Roland *et al.* (Orgs.). *Bioética*: riscos e proteção. Rio de Janeiro: Editora Fiocruz, 2005.

KYMLICKA, Will. Multiculturalismo Liberal e direitos Humanos. *In*: SARMENTO, Daniel; IKAVA, Daniela; PIOVESAN, Flávia. *Igualdade, diferença e Direitos Humanos*. Rio de janeiro: Lumen juris, 2008.

LARA, Mariana Alves. Em defesa da restauração do discernimento como critério para a incapacidade de fato. *In*: *Revista Brasileira de Direito Civil – RBDCivil*, Belo Horizonte, v. 19, p. 39-61, jan./mar. 2019.

LEANDRO, Mayra Andrade; HONDA, Hélio. A construção do método psicanalítico nos primórdios da psicanálise (1887 – 1896). *In*: *Revista Cesumar – Ciências Humanas e Sociais Aplicadas*, v. 13, n. 1, p. 146-147, jan./jun. 2008.

LEITÃO, Thais. Pessoas com deficiência representam 24% da população brasileira, mostra censo. *Agencia Brasil*, 29 jun. 2012. Disponível em: http://memoria.ebc.com.br/agenciabrasil/noticia/2012-06-29/pessoas-com-deficiencia-representam-24-da-populacao-brasileira-mostra-censo. Acesso 30 ago. 2016.

LOBO, Lilia Ferreira. Exclusão e inclusão: fardos sociais das deficiências e das anormalidades infantis no Brasil. *In*: PRIORI, Mari del; AMANTINO, Marcia (Orgs.). *História do corpo no Brasil*. São Paulo: Editora Unesp, 2011.

LÔBO, Paulo Luiz Netto. Constitucionalização do direito civil. *In*: *Revista de Informação Legislativa*, Brasília, a. 36, n. 141, p. 103, jan./mar. 1999.

LÔBO, Paulo. Contratante vulnerável e autonomia privada. *In*: NEVES, Thiago Ferreira Cardoso (Coord.). *Direito & justiça social*: por uma sociedade mais justa, livre e solidária: estudos em homenagem ao Professor Sylvio Capanema de Souza. São Paulo: Atlas, 2013.

LÔBO, Paulo. *Direito civil*: parte geral. 3. ed. São Paulo: Saraiva, 2012.

LOPES, Miguel Maria de Serpa. *Cursos de direito civil*. Rio de Janeiro: Livraria Freitas Bastos S.A., 1953. v. I.

LOTUFO, Renan. *Código Civil comentado*. Rio de Janeiro: Saraiva, 2004. v. I.

LUCAS, Doglas Cesar; OBERTO, Leonice Cadore. Redistribuição *versus* reconhecimento: apontamentos sobre o debate entre Nancy Fraser e Axel Honneth. *In*: *Revista de Estudos Constitucionais, Hermenêutica e Teoria do Direito*, n. 2, v. 1, p. 31-39, jan./jun. 2010.

LUCHMANN Lígia Helena Hahn; RODRIGUES, Jefferson. O movimento antimanicomial no Brasil. *In*: *Ciênc. saúde coletiva [online]*, v. 12, n. 2, p. 399-407, 2007.

MACIEL, Maria Eunice de Souza. A Eugenia no Brasil. *In*: *Anos 90*, Porto Alegre, RS, n. 11, p. 121-122, 1999.

MADALENO, Rolf. *Curso de direito de família*. 5. ed. Rio de Janeiro: Forense, 2013.

MARQUES, Claudia Lima; MIRAGEM, Bruno. *O novo direito privado e a proteção dos vulneráveis*. São Paulo: Revista dos Tribunais, 2012.

MARTINS, Bruno Sena *et al*. A emancipação dos estudos da deficiência. *In*: *Revista Crítica de Ciências Sociais*, n. 98, p. 46, 2012.

MARTINS-COSTA, Judith. Capacidade para consentir e esterilização de mulheres tornadas incapazes pelo uso de drogas: notas para uma aproximação entre a técnica jurídica e a reflexão bioética. *In*: MARTINS-COSTA, Judith; MÖELLER, Letícia Ludwig (Orgs.). *Bioética e responsabilidade*. Rio de Janeiro: Forense, 2009.

MARTINS-COSTA, Judith. *Pessoa, personalidade, dignidade (ensaio de uma qualificação)*. Tese de livre-docência em direito civil apresentada à Congregação da Faculdade de Direito da Universidade de São Paulo. Maio, 2003.

MARTINS-COSTA, Judith; BRANCO, Gerson. *Diretrizes teóricas do novo Código Civil brasileiro*. Rio de Janeiro: Saraiva, 2002.

MAURER, Béatrice. Notas sobre o respeito da dignidade da pessoa humana... ou pequena fuga incompleta em torno de um tema central. (Trad. Rita Dostal Zanini). *In*: SARLET, Ingo Wolfgang (Org.). *Dimensões da dignidade*: ensaio de filosofia do direito e direito constitucional. 2. ed. Porto Alegre: Livraria do Advogado, 2009.

MAZZEI, Rodrigo. Curatela compartilhada: exemplo (e possibilidade) de curatela conjunta. Necessidade de uma nova concepção da curatela, adequando-se aos reclames da atual sociedade. *In*: *Revista de Direito de Família e Sucessões*, Porto Alegre, v. 1, n. 2, p. 179-187, set./out. 2014.

MBEMBE, Achille. *Necropolítica*: biopoder, soberania, estado de exceção, biopolítica da morte. (Trad. Renata Santini). São Paulo: n-1 edições, 2018.

MEIRELES, Cecília. *Romanceiro da Inconfidência – Romance XXIV*. Rio de Janeiro: Editora Letras e Artes, 1965.

MEIRELES, Rose Melo Venceslau. *Autonomia privada e dignidade humana*. Rio de Janeiro: Renovar, 2009.

MEIRELLES, Jussara Maia Leal de. Diretivas antecipadas de vontade por pessoa com deficiência. *In*: MENEZES, Joyceane Bezerra de (Org.). *Direito das pessoas com deficiência psíquica e intelectual nas relações privadas*: convenção sobre os direitos da pessoa com deficiência a Lei Brasileira de Inclusão. Rio de Janeiro: Processo, 2016.

MEIRELLES, Jussara Maria Leal de. O ser e o ter na codificação civil brasileira: do sujeito virtual à clausura patrimonial. *In*: FACHIN, Luiz Edson (Coord.). *Repensando fundamentos do Direito Civil Brasileiro Contemporâneo*. Rio de Janeiro: Renovar, 1998.

MELLO, Luiz Carlos; MELLO, Marisa S. (Coord.). *Nise da Silveira*: caminhos de uma psiquiatria rebelde. 2. ed. Rio de Janeiro: Automática; Hólos Consultores Associados, 2015.

MENDES, Vanessa Correia. O casamento da pessoa com deficiência psíquica e intelectual: possibilidades, inconsistências circundantes e mecanismos de apoio. *In*: MENEZES, Joyceane Bezerra de (Org.). *Direito das pessoas com deficiência psíquica e intelectual nas relações privadas*: convenção sobre os direitos da pessoa com deficiência a Lei Brasileira de Inclusão. Rio de Janeiro: Processo, 2016.

MENEZES, Joyceane Bezerra de. A capacidade dos incapazes: o diálogo entre a Convenção da ONU sobre os direitos das pessoas com deficiência e o Código Civil Brasileiro. *In*: RUZYK, Carlos Eduardo Pianovski *et al.* (Org.). *Direito Civil-Constitucional*: a ressignificação da função dos institutos fundamentais do direito civil contemporâneo e as suas consequências. Florianópolis: Conceito, 2014.

MENEZES, Joyceane Bezerra de. O direito protetivo no Brasil após a convenção sobre a proteção da pessoa com deficiência: impactos do novo CPC e do estatuto da pessoa com deficiência. *In*: *Civilistica.com*, a. 4, n. 1, jan./jun. 2015. Disponível em: http://civilistica.com/wp-content/uploads/2016/01/Menezes-civilistica.com-a.4.n.1.2015.pdf. Acesso em 21 nov. 2017.

MENEZES, Joyceane Bezerra de. Tomada de decisão apoiada: instrumento de apoio ao exercício da capacidade civil da pessoa com deficiência instituído pela lei brasileira de inclusão (Lei nº 13.146/2015). *In*: *Revista Brasileira de Direito Civil*, v. 9, 2016.

MENEZES, Joyceane Bezerra de; BODIN DE MORAES, Maria Celina. Autoridade parental e privacidade do filho menor: o desafio de cuidar para emancipar. *In*: *Revista Novos Estudos Jurídicos*, v. 20, mai./ago. 2015.

MENEZES, Joyceane Bezerra de; LOPES, Ana Beatriz Pimentel. O direito de testar da pessoa com deficiência intelectual e/ou psíquica. *In*: *Civilistica.com*, Rio de Janeiro, a. 7, n. 2, 2018. Disponível em: http://civilistica.com/o-direito-de-testar-da-pessoa-com-deficiencia/. Acesso em 31 mar. 2020.

MENEZES, Joyceane Bezerra de; TEIXEIRA, Ana Carolina Brochado. Desvendando o conteúdo da capacidade civil a partir do Estatuto da Pessoa com Deficiência. *Revista Pensar*, Fortaleza, v. 21, n. 2, mai./ago. 2016.

MENEZES, Joyceane Bezerra. A capacidade dos incapazes: o diálogo entre a convenção da ONU sobre os direitos das pessoas com deficiência e o Código Civil Brasileiro. *In*: RUZYK, Carlos Eduardo Pianovski *et al. Direito Civil Constitucional*: a ressignificação da função dos institutos fundamentais do direito civil contemporâneo e suas consequências. Florianópolis: Conceito Editorial, 2014.

MENEZES, Joyceane Bezerra. O direito protetivo no Brasil após a convenção sobre a proteção da pessoa com deficiência: impactos do novo CPC e do Estatuto da Pessoa com Deficiência. *In*: *Civilistica.com*, a. 4, n. 1, jan./jun. 2015. Disponível em: http://civilistica.com/o-direito-protetivo-no-brasil/. Acesso em 20 mai. 2016.

MILL, John Stuart. *On liberty*. Kitchener, Ontario: Batoche Books, 2001.

MINISTÉRIO DA SAÚDE. Memória da Loucura. *Influências*: Philippe Pinel (1745-1826). Disponível em: http://www.ccs.saude.gov.br/memoria%20da%20loucura/mostra/influencias.html. Acesso em 19 abr. 2017.

MIRAGEM, Bruno. *Curso de direito do consumidor*. 5. ed. rev., atual. e ampl., São Paulo: Revista dos Tribunais, 2014.

MIRANDA, Francisco Cavalcanti Pontes de. *Tratado de direito privado*. Rio de Janeiro: Borsoi, 1892-1979.

MONTEIRO FILHO, Raphael de Barros *et al*. *Comentários ao novo código civil*: das pessoas (arts. 1º a 78). 2. ed. Rio de Janeiro: Forense, 2012. v. 1.

MONTEIRO, António Pinto. Das incapacidades ao maior acompanhado – Breve apresentação da Lei nº 49/2018. *In*: *Pensar*, Fortaleza, v. 24, n. 2, p. 1-11, abr./jun. 2019.

MONTEIRO, Washington de Barros. *Curso de Direito Civil*. 40. ed. São Paulo: Saraiva, 2005. v. I.

MORAES, Bruno Terra; MAGALHÃES, Fabiano Pinto. Historicidade e relatividade dos institutos e a função promocional do direito civil. *In*: SCHREIBER, Anderson; KONDER, Carlos Nelson (Coords.). *Direito civil constitucional*. São Paulo: Atlas, 2016.

MORAES, Maria Celina Bodin de. O princípio da dignidade da pessoa humana. *In*: *Na medida da pessoa humana*: estudos de direito civil-constitucional. Rio de Janeiro: Renovar, 2010.

MORAES, Maria Celina Bodin de. O princípio da solidariedade. *In*: PEIXINHO, Manoel Messias; GUERRA, Isabela Franco; NASCIMENTO FILHO, Firly (Orgs.). *Os princípios da Constituição de 1988*. Rio de Janeiro: Lumen Juris, 2001

MORGAN, Edmund S. Escravidão e liberdade: o paradoxo americano. *In*: *Estudos Avançados*, São Paulo, v. 14, n. 38, jan./abr. 2000.

MOTA PINTO, Carlos Alberto da. *Teoria Geral do Direito Civil*. 3. ed. Coimbra: Coimbra, 1996.

MOUREIRA, Diogo Luna. *Pessoas e autonomia privada*: dimensões reflexivas da racionalidade e dimensões operacionais da pessoa a partir da teoria do direito privado. Rio de Janeiro: Lumen Juris, 2011.

MPERJ. *Roteiro de Atuação na ação de interdição*: uma releitura a partir da Convenção sobre os Direitos das Pessoas com Deficiência. Disponível em: http://p-web01.mp.rj.gov.br/Arquivos/geral/2014/livro_v5_web.pdf. Acesso em 21 dez. 2017.

MULHOLLAND, Caitlin. A responsabilidade civil da pessoa com deficiência psíquica e/ou intelectual. *In*: MENEZES, Joyceane Bezerra de (Org.). *Direito das pessoas com deficiência psíquica e intelectual nas relações privadas*: convenção sobre os direitos da pessoa com deficiência e Lei Brasileira de Inclusão. 2. ed. Rio de Janeiro: Processo, 2019.

MURPHY, Robert Francis. *The Body Silent*. New York: H. Holt, 1990.

NAÇÕES UNIDAS DO BRASIL. *Inclusão de pessoas com deficiência é fundamental para a implementação da agenda 2030*. Disponível em: https://nacoesunidas.org/onu-inclusao-de-pessoas-com-deficiencia-e-fundamental-para-a-implementacao-da-agenda-2030/. Acesso em 13 dez. 2016.

NADER, Paulo. *Curso de Direito Civil*: parte geral. 9. ed. Rio de Janeiro: Forense, 2013.

NAMUR, Samir. A inexistência de espaços de não direito e o princípio da liberdade. *In*: *Revista Trimestral de Direito Civil*, v. 42.

NEGREIROS, Teresa. *Teoria do contrato*: novos paradigmas. Rio de Janeiro: Renovar, 2002.

NEVES, Maria do Céu Patrão. Sentidos da vulnerabilidade: característica, condição, princípio. *In*: *Revista Brasileira de Bioética*, v. 2, n. 2, p. 157-172, 2006.

NOBRE, Marcos. Apresentação. *In*: HONNETH, Axel. *A luta por reconhecimento*: a gramática moral dos conflitos sociais. (Trad. Luiz Repa). São Paulo: Ed. 34, 2003.

OLIVA, Milena Donato. Condomínio edilício e subjetividade. *In*: TEPEDINO, Gustavo; FACHIN, Luiz Edson (Orgs.). *Diálogos sobre direito civil*. Rio de Janeiro: Renovar, 2008. v. II.

OLIVEIRA, Leoni Lopes de. *Direito Civil*: teoria Geral do Direito Civil. Rio de Janeiro: Lumen Iuris, 1999. v. 2.

OLIVER, Michael; BARNES, Colin. *Disabled People and Social Policy – From Exclusion to Inclusion*. Essex: Addison Wesley Longman, 1998; STRIKER, HenriJacques. *A History of Disability*. Ann Arbor: University of Michigan Press, 1999.

OMS. *Classificação Internacional de Funcionalidade, Incapacidade e Saúde*. (Trad. e rev. de Amélia Leitão). Lisboa, 2004. Disponível em: http://www.inr.pt/uploads/docs/cif/CIF_port_%202004.pdf. Acesso em 09 nov. 2017.

ORGANIZAÇÃO DAS NAÇÕES UNIDAS. General Assembly. Human Rights Council. *Report of the Special Rapporteur on the rights of persons with disabilities*. Thirty-fourth session, 27 February, 24 March, 2017. p. 5. Disponível em: https://documents-dds-ny.un.org/doc/UNDOC/GEN/G16/436/64/PDF/G1643664.pdf?OpenElement. Acesso em 16 abr. 2020.

ORGANIZAÇÃO DAS NAÇÕES UNIDAS. *General Comment nº 1* (2014): article 12: equal recognition before the law. Committee on the Rights of Persons with Disabilities. Eleventh session. 31 march, 11 April, 2014. p. 4. Disponível em: https://documents-dds-ny.un.org/doc/UNDOC/GEN/G14/031/20/PDF/G1403120.pdf?OpenElement. Acesso em 15 abr. 2020.

ORGANIZAÇÃO DOS ESTADOS AMERICANOS. Comissão Interamericana de Direitos Humanos. *Caso nº 12.237*. Julg. em 21 dez. 2005. Disponível em: http://www.corteidh.or.cr/docs/casos/ximenes/agescidh.pdf. Acesso em 20 set. 2017.

ORTEGA, Francisco. Biopolíticas da saúde: reflexões a partir de Michel Foucault, Agnes Heller e Hannah Arendt. *In*: *Interface – Comunicação, Saúde, Educação*, v. 8, n. 14, p. 9-20, set. 2003; fev. 2004.

PACHECO, Maria Theresa de Medeiros. Nina Rodrigues e o Direito Civil Brasileiro. *In*: *Gazeta Médica da Bahia*, n. 76, supl. 2, p. 3-10, 2006.

PALACIOS, Agustina. *El modelo social de discapacidad*: orígenes, caracterización y plasmación en la Convención Internacional sobre los Derechos de las Personas con Discapacidad. Cermi. Madrid: Cinca, 2008.

PASSARINHO, Nathalia. Grávida que teve pedido para interromper gestação negado pelo Supremo faz aborto na Colômbia. *BBC Brasil em Londres*, 09 dez. 2017. Disponível em: http://www.bbc.com/portuguese/brasil-42292032?ocid=socialflow_facebook. Acesso em 19 dez. 2017.

PENALVA, Luciana Dadalto. Declaração prévia de vontade do paciente terminal. *In*: *Revista Bioética*, v. 17, n. 3, 2009.

PEREIRA, Caio Mário da Silva. *Instituições de Direito Civil*. 20. ed. Rio de Janeiro: Forense, 2004. v. I.

PEREIRA, Caio Mário da Silva. *Instituições de Direito Civil*. 21. ed. Rio de Janeiro: Forense, 2005. v. I.

PEREIRA, Caio Mário da Silva. *Instituições de direito civil*. 23. ed. rev. e atual. por Maria Celina Bodin de Moraes. Rio de Janeiro: Forense, 2010. v. 1.

PEREIRA, Caio Mário da Silva. *Instituições de direito civil*. 23. ed. Rio de Janeiro: Forense, 2015. v. 5.

PEREIRA, Caio Mário da Silva. *Instituições de direito civil*. 24. ed. Rio de Janeiro: Forense, 2011.

PEREIRA, Caio Mário da Silva. *Instituições de direito civil*. 27. ed. Rio de Janeiro: Forense, 2014. v. I.

PEREIRA, Caio Mário da Silva. *Instituições de direito civil. Introdução ao Direito Civil*. 22. ed. Rio de Janeiro: Forense, 2008. v. I.

PEREIRA, Lafayette Rodrigues. *Direitos de família*: anotações e adaptações ao código civil por José Bonifácio de Andrada e Silva. 5. ed. Rio de Janeiro: Freitas Bastos, 1956.

PEREIRA, Mário Eduardo Costa. Morel e a questão da degenerescência. *In*: *Revista latino-americana de psicopatologias fundamentais*, São Paulo, v. 11, n. 3, set. 2008.

PEREIRA, Mario Eduardo Costa. Pinel – a mania, o tratamento moral e os inícios da psiquiatria contemporânea. *In*: *Revista Latinoamericana de Psicopatologia Fundamental*, a. VII, n. 3, set. 2004.

PERES, Maria Fernanda Tourinho; NERY FILHO, Antônio. A doença mental no direito penal brasileiro: inimputabilidade, irresponsabilidade, periculosidade e medida de segurança. *In*: *História, Ciências, Saúde – Manguinhos*, Rio de Janeiro, v. 9, n. 2, mai./ago. 2002.

PERLIN, Michael L. International Human Rights Law and Comparative Mental Disability Law: universal factors. *In*: *Syracuse Journal of International Law and Commerce*, v. 34, n. 2, p. 332, 2007.

PERLINGIERI, Pietro. *Direito civil na legalidade constitucional.* (Trad. Maria Cristina de Cicco). Rio de Janeiro: Renovar, 2008.

PERLINGIERI, Pietro. Normas constitucionais nas relações privadas. *In*: *Revista da Faculdade de Direito da Universidade do Estado do Rio de Janeiro*, Rio de Janeiro: UERJ, n. 6 e 7, 1998-1999.

PERLINGIERI, Pietro. *Perfis do direito civil*: introdução ao Direito Civil Constitucional. (Trad. Maria Cristina De Cicco). 3. ed. rev. e ampl. Rio de Janeiro: Renovar, 2002.

PESSOTTI, Isaías. *A loucura e as* épocas. Rio de Janeiro: Editora 34, 1994.

PESSOTTI, Isaías. *Deficiência Mental*: da superstição à ciência. São Paulo: T. A. Queiroz, 1984.

PIANOVSKI, Carlos Eduardo. *Ensaio sobre a autonomia privada e o sujeito de direito nas codificações civis, ou "A aspiração fáustica e o pacto de Mefisto"*. Disponível em: http://fachinadvogados.com.br/artigos/Ensaio%20sobre%20a%20autonomia.pdf. Acesso 20 nov. 2017.

PINEL, Philippe. *Tratado médico filosófico sobre a alienação mental ou a mania.* (Trad. de Joice A. Galli). Porto Alegre: Ed. da UFGRS, 2007.

PINEZI, Ana Keila Mosca. Infanticídio indígena, relativismo cultural e direitos humanos: elementos para reflexão. *In*: *Aurora*: revista de arte, mídia e política, v. 8, p. 33-43, 2010.

*PITANGUY, Jacqueline. Zika e direito ao aborto. O Globo, 27 jan. 2016. Disponível em: https://oglobo.globo.com/opiniao/zika-direito-ao-aborto-18548236. Acesso em 22 mai. 2017.*

PRADO, Alessandra Mascarenhas; SCHINDLER, Danilo. A medida de segurança na contramão da Lei de Reforma Psiquiátrica: sobre a dificuldade de garantia do direito à liberdade a pacientes judiciários. *In*: *Revista Direito GV*, São Paulo, v. 13, n. 2, p. 628-652, mai./ago. 2017.

QUANTE, Michael. Pessoa, pessoa de direito e o status moral do indivíduo humano. (Trad. Ana Paula Barbosa-Fohrmann, Natasha Pereira Silva e Leandro Freire de M. Cavalcante). *In*: *Teoria jurídica contemporânea*, v. 1, n. 1, a. 1, jan./jun. 2016.

RAZ, Joseph. *A moralidade da liberdade*. (Trad. Carlos Henrique de Oliveira Blecher e Leandro Mafei Rabelo Queiroz). São Paulo: Elsevier Editora, 2011.

REsp. nº 1.611.915/RS. Quarta Turma. Relator: Min. Marco Buzzi, julg. 06 dez. 2018; REsp. nº 1.838.791/CE. Terceira Turma. Relator: Min. Ricardo Villas Bôas Cueva, julg. 08 out. 2019.

RIBAS, Ranieri. Humanismo e Reconhecimento: a gramática moral do multiculturalismo. *In*: OLIVEIRA, Odete Maria (Org.). *Configuração dos Humanismos e Relações Internacionais*: ensaios. Ijuí, RS: Ed. Unijuí, 2006.

RIBEIRO, Gustavo Pereira Leite. Personalidade e capacidade do ser humano a partir do novo Código Civil. *In*: TEIXEIRA, Ana Carolina Brochado; RIBEIRO, Gustavo Pereira Leite (Coords.). *Manual de teoria geral do direito civil*. Belo Horizonte: Del Rey, 2011.

RIOS, Roger Raupp. *Direito da antidiscriminação*: discriminação direta, indireta e ações afirmativas. Porto Alegre: Livraria do Advogado, 2008.

RIOS, Roger Raupp; SILVA, Rodrigo da. Democracia e direito da antidiscriminação: interseccionalidade e discriminação múltipla no direito brasileiro. *In*: *Ciência e Cultura*, v. 69, n. 1, a. 16, p. 44-49, 2017.

RIOS, Roger Raupp; SILVA, Rodrigo da. Discriminação Múltipla e Discriminação Interseccional: aportes do feminismo negro e do direito da antidiscriminação. *In*: *Revista Brasileira de Ciência Política*, Brasília, n. 16, p. 11-37, jan./abr. 2015.

RIZZARDO, Arnaldo. *Parte Geral do Código Civil*. 7. ed. Rio de Janeiro: Forense, 2011.

RIZZARDO, Arnaldo. *Parte geral do Código Civil*. Rio de Janeiro: Forense, 2002.

RODOTÀ, Stefano. Autodeterminação e laicidade. (Trad. Carlos Nelson de Paula Konder). *In*: *Revista Brasileira de Direito Civil – RBDCivil*, Belo Horizonte, v. 17, p. 139-152, jul./set. 2018.

RODOTÀ, Stefano. *Dal soggetto ala persona*. Napoli: Editoriale Scientifica, 2007.

RODOTÀ, Stefano. *Dal soggetto alla persona*. Milano: ESI, 2007.

RODOTÀ, Stefano. *Perché laico*. 2. ed. Bari: Laterza, 2010.

RODOTÀ, Stefano. *Perché laico*. Bari: Laterza & Figli, 2009.

RODRIGUES, Nina. *O alienado no direito civil brasileiro*. 3. ed. São Paulo: Companhia Editora Nacional, 1939.

RODRIGUES, Rafael Garcia. A pessoa e o ser humano no novo Código Civil. *In*: TEPEDINO, Gustavo (Coord.). *O Código Civil na perspectiva civil-constitucional*: parte geral. Rio de Janeiro: Renovar, 2013.

RODRIGUES, Sílvio. *Direito Civil*. 32. ed. Saraiva: São Paulo, 2002. v. 1.

RODRÍGUEZ, Remedios Aranda. *La representación legal de los hijos menores*. Madrid: Boletín Oficial del Estado, 1999.

ROIG, Rafael de Asís. Derechos humanos y discapacidad. Algunas reflexiones derivadas del análisis de la discapacidad desde la teoría de los derechos. *In*: CERVERA, Ignacio Campoy; RIZZO, Augustina Palacios (Coords.). Igualdad, no discriminación y discapacidad: una visión integradora de las realidades española y argentina. *Debates del Instituto Bartolomé de las Casas*, Madrid, n. 8, p. 50, 2007.

ROIG, Rafael de Asís. Disabilities social model: criticismo and success. *In*: *Pensar*, Fortaleza, v. 21, n. 3, p. 1086-1103, set./dez. 2016.

ROSENVALD, Nelson. *A "caixa de Pandora" da incapacidade absoluta*. Disponível em: https://www.nelsonrosenvald.info/single-post/2017/06/06/A-%E2%80%9Ccaixa-de-Pandora%E2%80%9D-da-incapacidade-absoluta. Acesso em 16 dez. 2017.

ROSENVALD, Nelson. A personalização da personalidade. *In*: *O Direito Civil em movimento. Desafios contemporâneos*. Salvador: Juspodivm, 2017.

ROSENVALD, Nelson. *A tomada da decisão apoiada*. Disponível em: http://www.cartaforense.com.br/conteudo/artigos/a-tomada-da-decisao-apoiada/15956. Acesso em 27 dez. 2017.

ROSENVALD, Nelson. As quatro críticas infundadas ao Estatuto da Pessoa com Deficiência. *In*: *O Direito Civil em movimento. Desafios contemporâneos*. Salvador: Juspodivm, 2017.

ROSENVALD, Nelson. Curatela. *In*: PEREIRA, Rodrigo da Cunha (Org.) *Tratado de Direito das Famílias*. Belo Horizonte: IBDFAM, 2015.

ROSENVALD, Nelson. *Há fungibilidade entre a tomada de decisão apoiada e as diretivas antecipadas de vontade?* Disponível em: https://www.nelsonrosenvald.info/single-post/2016/05/31/H%C3%A1-fungibilidade-entre-a-tomada-de-decis%C3%A3o-apoiada-e-as-diretivas-antecipadas-de-vontade-1. Acesso em 17 jan. 2018.

ROSENVALD, Nelson. O fim da interdição – a biografia não autorizada de uma vida. *In*: *O Direito Civil em movimento. Desafios contemporâneos*. Salvador: Juspodivm, 2017.

ROSENVALD, Nelson. O modelo social de direitos humanos e a Convenção sobre os Direitos da Pessoa com Deficiência – o fundamento primordial da Lei nº 13.146/2015. *In*: MENEZES, Joyceane Bezerra de (Org.). *Direito das pessoas com deficiência psíquica e intelectual nas relações privadas – Convenção sobre os direitos da pessoa com deficiência e Lei Brasileira de Inclusão*. Rio de Janeiro: Processo, 2016.

RUZYK, Carlos Eduardo Pianovski. *Institutos fundamentais do direito civil e liberdade(s)*. Rio de Janeiro: GZ Editora, 2011.

SÁ, Maria de Fátima Freire de; MOUREIRA, Diogo Luna. *A capacidade dos incapazes*: saúde mental e uma leitura da teoria das incapacidades no direito privado. Rio de Janeiro: Lumen Juris, 2011.

SAAB, Rachel. Análise funcional do termo inicial da prescrição. *In*: BODIN DE MORAES, Maria Celina; GUEDES, Gisela Sampaio da Cruz; SOUZA, Eduardo Nunes de (Orgs.). *A Juízo do Tempo*: estudos atuais sobre prescrição. Rio de Janeiro: Editora Processo, 2018.

SABBATINI, Renato M. E. A História das Terapias de Choque na Psiquiatria. *In*: *Revista Cérebro & Mente*, dez. 1997; fev. 1998. Disponível em: http://www.cerebromente.org.br/n04/historia/shock.htm. Acesso em 21 abr. 2017.

SALLES, Raquel Bellini de Oliveira; ZAGHETTO, Nina Bara. Novos contornos da responsabilidade civil da pessoa com deficiência após a Lei Brasileira de Inclusão. *In*: SALLES, Raquel Bellini de Oliveira; PASSOS, Aline Araújo; LAGE, Juliana Gomes (Orgs.). *Direito, vulnerabilidade e pessoa com deficiência*. Rio de Janeiro: Processo, 2019.

SANTOS, Deborah Pereira Pinto dos; MENDES, Eduardo Heitor. Função, funcionalização e função social. *In*: SCHREIBER, Anderson; KONDER, Carlos Nelson (Coords.). *Direito civil constitucional*. São Paulo: Atlas, 2016.

SANTOS, João Manuel de Carvalho. *Código Civil brasileiro interpretado principalmente do ponto de vista prático*. 12. ed. Rio de Janeiro: Freitas Bastos, 1980. v. 1.

SANTOS, Orlando Gomes dos. *Direito de família*. 10. ed. rev. e atual. Rio de Janeiro: Forense, 1998.

SARLET, Ingo Wolfgang. A eficácia dos direitos fundamentais. Uma teoria geral dos direitos fundamentais na perspectiva constitucional. 10. ed. Porto Alegre: Livraria do Advogado, 2011.

SARLET, Ingo Wolfgang. *A eficácia dos direitos fundamentais*: uma teoria geral dos direitos fundamentais na perspectiva constitucional. 10 ed. Porto Alegre: Livraria do Advogado, 2009.

SARLET, Ingo Wolfgang. As dimensões da dignidade da pessoa humana: construindo uma compreensão jurídico-constitucional necessária e possível. *In*: SARLET, Ingo Wolfgang (Org.). *Dimensões da dignidade*: ensaios de filosofia do direito e direito constitucional. Porto Alegra: Livraria do Advogado, 2005.

SARLET, Ingo Wolfgang. *Dignidade da pessoa humana e direitos fundamentais na Constituição Federal de 1988*. Porto Alegre: Livraria do Advogado, 2001.

SARLET, Ingo Wolfgang. Notas sobre a dignidade da pessoa humana na jurisprudência do STF. *In*: SARMENTO, Daniel; SARLET, Ingo Wolfgang (Coord.). *Direitos fundamentais no Supremo Tribunal Federal*: balanço e crítica. Rio de Janeiro: Lumen Juris, 2011.

SARMENTO, Daniel. *Dignidade da pessoa humana*: conteúdo, trajetórias e metodologia. Belo Horizonte: Fórum, 2016.

SARMENTO, Daniel. Legalização do Aborto e Constituição. *In*: SARMENTO, Daniel; PIOVESAN, Flávia (Coords.). *Nos limites da vida*: aborto, clonagem humana e eutanásia sob a perspectiva dos direitos humanos. Rio de Janeiro: Lumen Juris, 2007.

SARMENTO, Eduardo Sócrates Castanheira. *A interdição no direito brasileiro*: doutrina, jurisprudência, prática, legislação. Rio de Janeiro: Forense, 1981.

SASSAKI, Romeu Kazumi. Atualizações semânticas na inclusão de pessoas: deficiência mental ou intelectual? Doença ou transtorno mental? *In*: *Revista Nacional de Reabilitação*, a. IX, n. 43, mar./abr. 2005.

SASSAKI, Romeu Kazumi. *Deficiência mental ou deficiência intelectual*. Disponível em: http://www.todosnos.unicamp.br:8080/lab/links-uteis/acessibilidade-e-inclusao/textos/deficiencia-mental-ou-deficiencia-intelectual/. Acesso em 12 ago. 2017.

SASSAKI, Romeu Kazumi. *Inclusão*: construindo uma sociedade para todos. Rio de Janeiro: WVA, 1997.

SCHMITT, Cristiano Heineck. *Consumidores hipervulneráveis*: a proteção do idoso no mercado de consumo. São Paulo: Atlas, 2014.

SCHNEEWIND, J. B. *A invenção da autonomia*. São Leopoldo: Editora da UNISINOS, 2005.

SCHRAMM, Fermin Roland. A Autonomia Difícil. *In*: *Bioética*, Brasília: Conselho Federal de Medicina, v. 6, n. 1, 1998.

SCHRAMM, Fermin Roland. A bioética da proteção em saúde pública. *In*: FORTES, Paulo Antônio de Carvalho; ZOBOLI, Elma Lourdes Campos Pavone (Orgs.). *Bioética e saúde pública*. São Paulo: Loyola, 2003.

SCHRAMM, Fermin Roland. A saúde é um direito ou um dever? *In*: *Revista Brasileira de Bioética*, v. 2, n. 2, p. 192, 2006.

SCHRAMM, Fermin Roland. Vulnerabilidade, vulneração, saúde pública e bioética da proteção: análise conceitual e aplicação. *In*: TAQUETTE, Stella Regina; CALDAS, Célia Pereira (Org.). Ética *e pesquisa com populações vulneráveis*. Rio de Janeiro: Rubio, 2012. v. 2.

SCHREIBER, Anderson. A representação no novo Código Civil. *In*: TEPEDINO, Gustavo (Coord.). *A parte geral do novo Código Civil*: estudos na perspectiva civil-constitucional. 3. ed. rev. Rio de Janeiro: Renovar, 2007.

SCHREIBER, Anderson. *Direito Civil e Constituição*. *In*: *Direito Civil e Constituição*. São Paulo: Atlas, 2013.

SCHREIBER, Anderson. *Direitos da personalidade*. São Paulo: Atlas, 2011.

SCHREIBER, Anderson. *Os direitos da personalidade*. São Paulo: Atlas, 2011.

SCHREIBER, Anderson. Princípios fundamentais do direito dos contratos. *In*: MORAES, Carlos Eduardo Guerra; RIBEIRO, Ricardo Lodi (Coords.); MONTEIRO FILHO, Carlos Edison do Rêgo; GUEDES, Gisela Sampaio da Cruz; MEIRELES, Rose Melo Venceslau (Orgs.). *Direito Civil*. Rio de Janeiro: Freitas Bastos, 2015.

SCHREIBER, Anderson. Tomada de Decisão Apoiada: o que é e qual sua utilidade? *In*: *Jornal Carta Forense*, 03 jun. 2016. Disponível em: http://www.cartaforense.com.br/conteudo/artigos/tomada-de-decisao-apoiada-o-que-e-e-qual-sua-utilidade/16608. Acesso em 14 jul. 2017.

SCHREIBER, Anderson; NEVARES, Ana Luiza Maia. Do sujeito à pessoa: uma análise da incapacidade civil. *In*: TEPEDINO, Gustavo; TEIXEIRA, Ana Carolina Brochado; ALMEIDA, Vitor (Orgs.). *O Direito Civil entre o sujeito e a pessoa*: estudos em homenagem ao professor Stefano Rodotà. Belo Horizonte: Fórum, 2016.

SÊCO, Thaís. Por uma nova hermenêutica do direito da criança e do adolescente. *In*: *Civilistica.com – Revista Eletrônica de Direito Civil*, Rio de Janeiro, a. 3, n. 2, jul./dez. 2014. Disponível em: http://civilistica.com/wp-content/uploads/2015/02/S%C3%AAco-civilistica.com-a.3.n.2.2014.pdf. Acesso em 24 mar. 2020.

SEGATO, Rita. Que cada povo teça os fios da sua história: o pluralismo jurídico em diálogo didático com legisladores. *In*: *Direito UnB*, v. 1, n. 1, jan./jun. 2014.

SHENK, Leonardo Faria *et al*. *Comentários ao Novo Código de Processo Civil*. Rio de Janeiro: Forense, 2016.

SILVA, Denis Franco da. O princípio da autonomia: da invenção à reconstrução. *In*: BODIN DE MORAES, Maria Celina. *Princípios de direito civil contemporâneo*. Rio de Janeiro: Renovar, 2006.

SILVA, Martinho Braga Batista e. O caso "Damião Ximenes": saúde mental e direitos humanos. *In*: *Série Anis*, Brasília, Letras Livres, a. IX, n. 67, jul. 2009.

SIMÃO, José Fernando. *Estatuto da Pessoa com Deficiência causa perplexidade*. 06 ago. 2015. Disponível em: https://www.conjur.com.br/2015-ago-06/jose-simao-estatuto-pessoa-deficiencia-causa-perplexidade. Acesso em 17 dez. 2017.

SOARES, Oscar de Macêdo. Código Penal da República dos Estados Unidos do Brasil. Rio de Janeiro: Livraria Garnier, [s. d.].

SOARES, Thiago Rosa. *Proteger sem incapacitar*: o diálogo necessário entre a tomada de decisão apoiada e o regime de invalidades no Código Civil. 195f. Dissertação (Mestrado em Direito). Faculdade de Direito, Universidade do Estado do Rio de Janeiro, Rio de Janeiro, 2020.

SOUZA, Allan Rocha de. *Direitos culturais no Brasil*. Rio de Janeiro: Beco do Azougue, 2012.

SOUZA, Allan Rocha de; FAIRBANKS, Alexandre de Serpa Pinto. The marrakesh treaty ratification in Brazil: immediate effects. *In*: *Panorama Brazilian Law*, a. 4, n. 5 e 6, p. 337, 2016.

SOUZA, Eduardo Nunes de. Invalidade do negócio jurídico em uma perspectiva funcional. *In*: TEPEDINO, Gustavo (Org.). *O Código Civil na perspectiva civil-constitucional*: parte geral. Rio de Janeiro: Renovar, 2013.

SOUZA, Eduardo Nunes de. Merecimento de tutela: a nova fronteira da legalidade no direito civil. *In*: MORAES, Carlos Eduardo Guerra de; RIBEIRO, Ricardo Lodi (Orgs.). *Direito UERJ 80*: direito civil. Rio de Janeiro: Freitas Bastos, 2015. v. 2.

SOUZA, Eduardo Nunes de. Situações jurídicas subjetivas: aspectos controversos. *In*: *Civilistica.com*, Rio de Janeiro, a. 4, n. 1, 2015. p. 13. Disponível em: http://civilistica.com/wp-content/uploads/2015/08/Souza-civilistica.com-a.4.n.1.2015.pdf. Acesso em 05 nov. 2017.

SOUZA, Eduardo Nunes de; SILVA, Rodrigo da Guia. A proteção da pessoa com deficiência intelectual ou psíquica contra a fluência de prazos prescricionais. *In*: TEPEDINO, Gustavo; MENEZES, Joyceane Bezerra de (Orgs.). *Autonomia privada, liberdade existencial e direitos fundamentais*. Belo Horizonte: Fórum, 2018.

SOUZA, Eduardo Nunes de; SILVA, Rodrigo da Guia. Autonomia, discernimento e vulnerabilidade: estudo sobre as invalidades negociais à luz do novo sistema das incapacidades. *In*: *Civilistica.com*, Rio de Janeiro, a. 5, n. 1, 2016. Disponível em: http://civilistica.com/wp-content/uploads/2016/07/Souza-e-Silva-civilistica.com-a.5.n.1.2016.pdf. Acesso em 14 abr. 2017.

SOUZA, Eduardo Nunes de; SILVA, Rodrigo da Guia. Dos negócios jurídicos celebrados por pessoa com deficiência psíquica e/ou intelectual: entre a validade e a necessária proteção da pessoa vulnerável. *In*: MENEZES, Joyceane Bezerra de (Org.). *Direito das pessoas com deficiência psíquica e intelectual nas relações privadas*: convenção sobre os direitos da pessoa com deficiência e Lei Brasileira de Inclusão. 2. ed. Rio de Janeiro: Processo, 2019.

SOUZA, Eduardo Nunes de; SILVA, Rodrigo da Guia. Influências da incapacidade civil e do discernimento reduzido em matéria de prescrição e decadência. *In*: *Pensar*, Fortaleza, v. 22, n. 2, p. 469-499, mai./ago. 2017.

SOUZA, Eduardo Nunes. *Teoria geral das invalidades do negócio jurídico*: nulidade e anulabilidade no direito civil contemporâneo. São Paulo: Almedina, 2017.

SOUZA, Regina Maria. Educação Especial, psicologia do surdo e bilinguismo: bases históricas e perspectivas atuais. *In*: *Temas em Psicologia*, Ribeirão Preto, n. 3, v. 2, p. 71-72, 1995.

STF. *HC nº 72.435-3/SP*, 1ª Turma, Rel. Min. Celso de Mello, julg. 12 set. 1995.

STJ. *AgRg no REsp nº 1152996-RS*, Rel. Min. Luís Felipe Salomão, 4ª T., julg. 8 abr. 2014. Disponível em: www.stj.jus.br. Acesso em 27 dez. 2018.

STJ. *Habeas Corpus nº 208.336* – SP, Rel. Min. Laurita Vaz, julg. 20 mar. 2012, publ. 29 mar. 2012. Disponível em: https://www.stj.jus.br. Acesso em 19 mar. 2020.

STJ. *REsp nº 1206805-PR*, Rel. Min. Raul Araújo, 4ª T., julg. 21 out. 2014. Disponível em: www.stj.jus.br. Acesso em 27 dez. 2018.

SWAIN, Gladys. *Le sujet de la folie*. Paris: Calmann-Levy, 1997.

SZANIAWSKI, Elimar. *Direitos da personalidade e sua tutela*. 2. ed. São Paulo: Revista dos Tribunais, 2005.

TARTUCE, Flávio. *Direito civil*: lei de introdução e parte geral. 13. ed. rev. atual. e ampl. Rio de Janeiro: Forense, 2017. v. 1.

TAYLOR, Charles. The Politics of Recognition. *In*: *Multiculturalism*: examining the politics of recognition. New Jersey: Princeton, 1994. p. 25. Disponível em: http://elplandehiram.org/documentos/JoustingNYC/Politics_of_Recognition.pdf. Acesso em 30 nov. 2017.

TEIXEIRA, Ana Carolina Brochado. Autonomia existencial. *In*: *Revista Brasileira de Direito Civil – RBDCivil*, Belo Horizonte, v. 16, p. 75-104, abr./jun. 2018.

TEIXEIRA, Ana Carolina Brochado. *Família, guarda e autoridade parental*. Rio de Janeiro: Renovar, 2005.

TEIXEIRA, Ana Carolina Brochado. *Saúde, corpo e autonomia privada*. Rio de Janeiro: Renovar, 2010.

TEIXEIRA, Ana Carolina Brochado; KONDER, Carlos Nelson de Paula. Situações jurídicas dúplices: controvérsias na nebulosa fronteira entre patrimonialidade e extrapatrimonialidade. *In*: TEPEDINO, Gustavo; FACHIN, Luiz Edson (Orgs.). *Diálogos sobre direito civil*. Rio de Janeiro: Renovar, 2012. v. III.

TEIXEIRA, Ana Carolina Brochado; KONDER, Carlos Nelson de Paula. Autonomia e solidariedade na disposição de órgãos para depois da morte. *In*: *Revista da Faculdade de Direito da UERJ*, v. 18, 2010. Disponível em: http://www.e-publicacoes.uerj.br/index.php/rfduerj/article/viewFile/1357/1145. Acesso em 25 jul. 2017.

TEIXEIRA, Ana Carolina Brochado; MENEZES, Joyceane Bezerra de. Comentários ao art. 114. *In*: BARBOZA, Heloisa Helena; ALMEIDA, Vitor (Coords.). *Comentários ao Estatuto da Pessoa com Deficiência à luz da Constituição da República*. Belo Horizonte: Fórum, 2018.

TEIXEIRA, Ana Carolina Brochado; RETTORE, Ana Cristina de Carvalho; SILVA, Beatriz de Almeida Borges e. O impacto da conformação do novo Código de Processo Civil à Constituição Federal no direito material da interdição e sua eficácia normativa. *In*: EHRHARDT JR., Marcos; MAZZEI, Rodrigo. *Direito Civil*. Salvador: Juspodivm, 2017.

TEIXEIRA, Ana Carolina Brochado; RIBEIRO, Gustavo Pereira Leite. Procurador para cuidados de saúde do idoso. *In*: PEREIRA, Tânia da Silva; OLIVEIRA, Guilherme de (Coords.). *Cuidado e vulnerabilidade*. São Paulo: Atlas, 2009.

TEPEDINO, Gustavo (Org.); OLIVA, Milena Donato. *Teoria Geral do Direito Civil. Fundamentos do Direito Civil*. Rio de Janeiro: Forense, 2020. v. 1.

TEPEDINO, Gustavo. A disciplina da guarda e a autoridade parental na ordem civil-constitucional. *In*: *Temas de Direito Civil*. Rio de Janeiro: Renovar, 2006. t. II.

TEPEDINO, Gustavo. A Técnica da Representação e os Novos Princípios Contratuais. *In*: *Temas de Direito Civil*, Rio de Janeiro: Renovar, 2009. t. 2.

TEPEDINO, Gustavo. A tutela constitucional da criança e do adolescente: projeções civis e estatutárias. *In*: CHINELLATO, Silmara Juny de Abreu *et al*. (Orgs.). *Direito de Família no Novo Milênio*: estudos em homenagem ao professor Álvaro Villaça Azevedo. São Paulo: Atlas, 2010.

TEPEDINO, Gustavo. A tutela da personalidade no ordenamento civil-constitucional brasileiro. *In*: *Temas de Direito Civil*. 4. ed. Rio de Janeiro: Renovar, 2008.

TEPEDINO, Gustavo. A Tutela da Personalidade no Ordenamento Civil-Constitucional Brasileiro. *In*: *Temas de Direito Civil*. Rio de Janeiro: Renovar, 2004.

TEPEDINO, Gustavo. *Direito Civil Contemporâneo*: novos problemas à luz da legalidade constitucional. Anais do Congresso Internacional de Direito Civil-Constitucional da Cidade do Rio de Janeiro. São Paulo: Atlas, 2007.

TEPEDINO, Gustavo. Do Sujeito de Direito à Pessoa Humana. *In*: *Temas de Direito Civil*. Rio de Janeiro: Renovar, 2006. t. II.

TEPEDINO, Gustavo. Normas constitucionais e direito civil. *In*: *Revista da Faculdade de Direito de Campos*, Campos dos Goytacazes, RJ: FDC, a. IV, n. 4, e a. V, n. 5, 2003-2004.

TEPEDINO, Gustavo. O papel atual da doutrina do Direito Civil entre o sujeito e a pessoa. *In*: TEPEDINO, Gustavo; TEIXEIRA, Ana Carolina Brochado; ALMEIDA, Vitor (Orgs.). *O Direito Civil entre o sujeito e a pessoa*: estudos em homenagem ao professor Stefano Rodotà. Belo Horizonte: Fórum, 2016.

TEPEDINO, Gustavo. Premissas metodológicas para a constitucionalização do direito civil. *In*: *Revista da Faculdade de Direito da UERJ*, Rio de Janeiro: Renovar, n. 5, p. 25, 1997.

TEPEDINO, Gustavo. Premissas metodológicas sobre a constitucionalização do direito civil. *In*: *Temas de Direito Civil*. 4. ed. Rio de Janeiro: Renovar, 2008.

TEPEDINO, Gustavo; BARBOZA, Heloisa Helena; BODIN DE MORAES, Maria Celina. *Código Civil Interpretado Conforme* à *Constituição da República*. 2. ed. rev. e atual. Rio de Janeiro: Renovar, 2007. v. I.

TEPEDINO, Gustavo; OLIVA, Milena Donato. Notas sobre a representação voluntária e o contrato de mandato. *In*: *Revista Brasileira de Direito Civil – RBDCivil*, Belo Horizonte, v. 12, p. 17-36, abr./jun. 2017.

TEPEDINO, Gustavo; SCHREIBER, Anderson. O extremo da vida. Eutanásia, *accanimento terapeutico* e dignidade humana. *In*: *Revista Trimestral de Direito Civil*, Rio de Janeiro: Padma, v. 39, 2009.

TERRA, Aline de Miranda Valverde; TEIXEIRA, Ana Carolina Brochado. A capacidade civil da pessoa com deficiência no Direito brasileiro: reflexões a partir do I Encuentro Internacional sobre los derechos de la persona con discapacidad en el Derecho Privado de España, Brasil, Italia y Portugal. *In*: *Revista Brasileira de Direito Civil – RBDCivil*, Belo Horizonte, v. 15, p. 223-233, jan./mar. 2018.

TJMG. *AI nº 1.0000.16.003070-6/001*, 16ª CC, Rel. Des. Wagner Wilson, julg. 30 jun. 2017, publ. 03 jul. 2017. Disponível em: www.tjmg,jus.br. Acesso em 17 abr. 2020.

TJMG. *Apelação Cível nº 0114946-38.2013.8.13.0245*, Relª. Desª. Alice Birchal, julg. 14 fev. 2017. Disponível em: http://www5.tjmg.jus.br/jurisprudencia/formEspelhoAcordao.do. Acesso em 06 dez. 2017.

TJRJ. *Agravo de Instrumento nº 0057265-57.2020.8.19.0000*, 18ª CC, Rel. Des. Carlos Eduardo da Fonseca Passos, julg. 21 out. 2020. Disponível em: https://www.tjrj.jus.br. Acesso 30 jan. 2020.

TJRJ. *Agravo de Instrumento nº 0057265-57.2020.8.19.0000*, 18ª CC, Rel. Des. Carlos Eduardo da Fonseca Passos, julg. 21 out. 2020. Disponível em: https://www.tjrj.jus.br. Acesso 30 jan. 2020.

TJRS. *Ap. Cív. nº 70054313796*, Oitava Câmara Cível, Rel. Des. Luiz Felipe Brasil Santos, julg. 01 ago. 2013. Disponível em: www.tjrs.jus.br. Acesso em 27 dez. 2017.

TJRS. *Apelação cível nº 70069713683*. 8ª CC, Des. Rel. Rui Portanova, julg. 15 set. 2016. Disponível em: https://www.tjrs.jus.br/site/jurisprudencia/. Acesso 08 dez. 2017.

TJRS. *Apelação Cível nº 70072156904*. 8ª Câm. Cív., Re. Des. Ricardo Moreira Lins Pastl, julg. 09 mar. 2017.

TJSP. *Ap. nº 0005786-07.2012.8.26.0066*. 10ª Câm. de Direito Privado, Rel. Des. Élcio Trujillo, julg. 14 mar. 2017. Disponível em: https://esaj.tjsp.jus.br/cjsg/consultaCompleta.do. Acesso em 06 dez. 2017.

TORRE, Eduardo Henrique Guimarães; AMARANTE, Paulo. Protagonismo e subjetividade: a construção coletiva no campo da saúde mental. *In*: *Ciência & saúde coletiva*, Rio de Janeiro, v. 6, n. 1, p. 74-75, 2001.

UNIÃO EUROPEIA. Agência Europeia dos Direitos Fundamentais. *Fundamental rights:* challenges and achievements in 2014. jun. 2015. Disponível em: http://www.refworld.org/docid/558bce674.html. Acesso em 15 ago. 2017.

VASAK, Karel. *Les dimensions internationales des droits de l'homme*: manuel destiné à l'enseignement des droits de l'homme dans les universités. Paris: Unesco, 1980.

VASCONCELOS, Pedro Pais de. *Teoria Geral do Direito Civil*. 6. ed. Coimbra: Almedina, 2010.

VENOSA, Sílvio de Sálvio. *Direito Civil*: parte geral. 14. ed. São Paulo: Atlas, 2014.

VENOSA, Sílvio de Salvo. *Direito civil*: direito de família. 8. ed. São Paulo: Atlas, 2008.

VILLELA, João Baptista. Capacidade civil e capacidade empresarial: poderes de exercício no Projeto. *In*: *Revista CEJ*, v. 3, n. 9, set./dez. 1999. Disponível em: http://www.cjf.jus.br/ojs2/index.php/revcej/article/view/234/396. Acesso em 14 dez. 2017.

VÍTOR, Paula Távora. Procurador para cuidados de saúde: importância de um novo decisor. *In*: *Revista Lex Medicine*, Coimbra, v. 1, n. 1, jan./jun. 2004.

WITKOSKI, Sílvia Andreis. Surdez e preconceito: a norma da fala e o mito da leitura da palavra falada. *In*: *Revista Brasileira de Educação*, v. 14, n. 42, set./dez. 2009.

WORLD HEALTH ORGANIZATION. *The World Bank*. (Trad. Léxicus Serviços Linguísticos). São Paulo: SEDPcD, 2012. Disponível em: http://www.pessoacomdeficiencia.sp.gov.br/usr/share/documents/RELATORIO_MUNDIAL_COMPLETO.pdf. Acesso em 19 abr. 2017.

YAMAMOTO, Renato Minoru (Org.) *Manual de atenção à saúde da criança indígena brasileira. Promovido pela Sociedade Brasileira de Pediatria*. Brasília: Fundação Nacional de Saúde, 2004.

YARAK, Aretha. O livre-arbítrio não existe, dizem neurocientistas. *Veja*, 6 mai. 2016. Disponível em: https://veja.abril.com.br/ciencia/o-livre-arbitrio-nao-existe-dizem-neurocientistas/. Acesso em 9 dez. 2017.

YOUNG, Beatriz Capanema. A Lei Brasileira de Inclusão e seus reflexos no casamento da pessoa com deficiência psíquica e intelectual. *In*: BARBOZA, Heloisa Helena; ALMEIDA, Vitor; MENDONCA, Bruna Lima de (Orgs.). *O Código Civil e o Estatuto da Pessoa com Deficiência*. 2. ed. rev. e atual. Rio de Janeiro: Editora Processo, 2017.

YOUNG, Beatriz Capanema; COLOMBO, Maici Barboza dos Santos. O domicílio da pessoa com deficiência intelectual: o domicílio necessário ainda é necessário? *In*: *Revista Nacional de Direito de Família e Sucessões*, v. 21, p. 104-123, 2018.

# A CAPACIDADE CIVIL DAS PESSOAS COM DEFICIÊNCIA E OS PERFIS DA CURATELA, DE VITOR ALMEIDA

Finda a leitura deste belo livro, verificou-se a reconstrução consistente da curatela feita por Vitor Almeida, a partir da proposta de uma curatela funcionalizada à dignidade da pessoa com deficiência, que se realiza verdadeiramente por meio de um viés emancipatório que tem a autonomia como coluna dorsal.

Conquanto o Estatuto da Pessoa com Deficiência (EPD) seja datado de 2015, ainda se verifica resistência na sua aplicação plena, o que traduz a dificuldade de verdadeira inclusão da pessoa com deficiência. O EPD, em consonância com a Convenção sobre os Direitos das Pessoas com Deficiência (CDPD), determina que a deficiência deve ser verificada não como um dado em si, mas sim, em sua funcionalidade, no impacto que ela gera na vida de cada um e, a partir daí, tanto a família quanto o Estado e a sociedade devem se adequar, promovendo as adaptações necessárias para a plena igualdade material da pessoa com deficiência.

Nessa toada, devem ser superadas as barreiras atitudinais para que haja verdadeira acessibilidade, entendida modernamente não apenas como obstáculos físicos, mas como atitudes e comportamentos sociais que reforçam a exclusão e a discriminação.[1]

O que o autor propõe, através de uma nova interpretação da curatela, é a suplantação dessas barreiras atitudinais pela família, pelo

1 PONTEA, Aline Sarturi; SILVA, Lucielem Chequim da. A acessibilidade atitudinal e a percepção das pessoas com e sem deficiência. *Cad. Ter. Ocup.* UFSCar, São Carlos, v. 23, n. 2, p. 262, 2015.

curador e pelo Poder Judiciário, a partir de uma hermenêutica que vise à promoção da pessoa com deficiência com vistas à igualdade material.

A superação pela família significa tratar a pessoa com deficiência sem paternalismos, mas oferecer-lhe um ambiente adequado para que ela seja estimulada a desenvolver todas as suas potencialidades nos mais diversos aspectos de sua vida, principalmente os existenciais, de modo que o exercício autônomo das situações jurídicas existenciais possa, de fato, ser uma realidade.

Vencer as barreiras atitudinais pelo curador é, nas palavras do autor, exercer uma "autoridade democrática" que prime pela gradação do tratamento da pessoa com deficiência que 1º) priorize o respeito às suas vontades declaradas e preferências; se isso não for possível, que 2º) busque e reconstrução da sua vontade biográfica, por meio da forma pela qual vive a vida e das opiniões que expressa/expressou e 3º) se só então isso não for possível, buscar, de forma heterônoma, a implementação de seus melhores interesses. Trata-se de um papel que vai muito além da antiga representação ou assistência para os atos da vida civil, mas que busca todos os meios possíveis para que o curatelado possa exercer sua autonomia, tanto em termos de proteção quanto de promoção, de estímulos, de tratamentos que possam desenvolver suas funcionalidades em todos os âmbitos.

Ultrapassar as barreiras atitudinais pelo Poder Judiciário também é outro ponto fundamental, pois é no processo de curatela que é possível construir, de acordo com as necessidades concretas verificadas por meio das mais variadas provas produzidas no processo, um plano de curatela específico para o curatelado, que seja proporcional ao apoio que ele necessita para a efetivação da igualdade material, promoção à sua saúde e superação das dificuldades de expressão da sua vontade. Como trabalhado pelo autor, é preciso sair de esquemas prontos aos quais se espera que o curatelado se adeque às categorias legais estanques, mudando completamente a perspectiva: o que se espera é uma construção personalizada de um plano de curatela, que efetivamente contemple a sua realidade, sobre o que ele, nesse momento da sua vida, pode e não pode se manifestar e decidir de maneira autônoma. Para tanto, é preciso que os demais atores do processo também compartilhem dessa mesma visão, ou seja, tanto peritos quanto assistentes sociais e Ministério Público, busquem mergulhar nesse caso como único, para que possam observar de forma atenta e profunda, as peculiaridades da pessoa com deficiência, a fim de se modular o apoio necessário, proporcional.

Foi com esse recorte que Vitor Almeida propôs uma curatela "*digna, humanizada, personalizada, necessária, limitada* e *temporária*", pois só com essas características ela conseguirá cumprir a sua verdadeira função de atenuar a vulnerabilidade da pessoa com deficiência em busca da igualdade material.

Não há dúvidas de que se trata de um livro que se constitui em um grande marco no estudo das pessoas com deficiência, que contribuiu significativamente para que elas fossem retiradas da invisibilidade, restabelecendo-as no lugar do qual nunca deveriam ter saído: de cidadãos no gozo de seus plenos direitos.

A leitura dessa obra demonstra a pesquisa profunda feita pelo autor, cujas conclusões contribuem para superar as barreiras e construir uma nova hermenêutica na aplicação da curatela, seja pela doutrina, seja pela jurisprudência. As reflexões dessa obra já influenciam estudiosos dispostos a aprofundar esse tema tão caro à plena eficácia dos valores constitucionais.

Belo Horizonte, abril de 2021.

**Ana Carolina Brochado Teixeira**

Doutora em Direito Civil pela UERJ. Mestre em Direito Privado pela PUC Minas. Coordenadora da Revista Brasileira de Direito Civil – RBDCivil. Professora de Direito Civil do Centro Universitário UNA. Advogada.

Esta obra foi composta em fonte Palatino Linotype, corpo 10
e impressa em papel Pólen Bold 70g (miolo) e Supremo 250g (capa)
pela Gráfica Paulinelli, em Belo Horizonte/MG.